徳川家光公傳

一　徳川家光公畫像

徳川家正氏所藏

日光輪王寺所蔵

徳川家光公傳序

東照公不世出の資を以て撥亂反正の鴻業を擧げ、三代將軍大猷公豪邁果敢器宇宏大、群侯を操縱し、諸大名を威服して、日本近世封建制度を樹立し、徳川幕府の基礎を磐石の固きに置く。其一因は蓋し腹心の臣を置いて、側近その人を得たるにあり。その一例は澤菴に於ても之を見るを得べし、澤菴が大德・妙心兩寺の紫衣法度に觸れ、幕府に抗辯して出羽に流され、やがて赦されて歸り、終に家光公の信任を得て品川に東海寺を建てられたる際、其顚末を京都の知人に報告したる時の書翰によつて見るも、公が澤菴に對する應接の如何にも寛量の德に富めるを見るべし。家光公はかねてより澤菴の爲めに江戸に一箇寺を立てんことを欲し、屢之を澤菴に語りしが、澤菴は心之を欲せず、只管故郷但馬の山中に籠りて餘生を送らんことを望みしが、家光公之を許さず、江戸城近き所に置かんとせり。ある日數寄屋座敷に於て公と澤菴とたゞ二人の對談、また江戸住居のことに及び、家光公はつひに「奥州にてもあれ、筑紫にてもあれ、僧にてもあれ、俗にてもあれ、何人と雖も家光の命に從はぬものはあるまじ、」といふ。澤菴つひに屈して已むを得ず返事は重ねてせんといへば、いやそれは心が殘つてよからず、この場にすぐに返事せよといふ。家光公は尙追究したるが、澤菴は內心已むを得ざるに決したれど、輕々しく答ふるもいかゞと思ひ、强ひて外の話に轉じて、その日は濟せり。間もなく東海寺建立の事は家光公と老臣等の間に於て決定したり。將軍家光公が澤菴に傾倒するの如何に深かりしかを見るに足る。

鎖國令の如きも下に諸老臣のよく之を贊襄し、よくそれ等諸老臣を包容せる將軍の勇斷あるに非ずんば、終に成果を擧ぐること能はざりしならん。

家光公は慶安四年（一六五一）四月二十日薨ず、今茲昭和二十五年（一九五〇）正に三百年忌辰に相當す。東照宮々司古川左京氏之を機とし、公の略傳を草して之を公にせんと欲し、其編纂者の選任を託せらる。仍て廣野三郎君を選んで之を推擧したり。廣野君は久しく東京大學史料編纂所に在りて近世史料編纂の功を累ねたる練達の史學者なり。家光公傳成るに及んで其稿を示さる。全篇十八章第一章誕生より第十八章結語に至る。主として家光公の個人經歷及び個性を說き併せて寬永時代に於ける鎖國令其他について略說せり。從來家光公の傳をいふもの未だ一部の成書を成す者なし。この書出るに及んで始めて其闕典を補ふを得、學者の利便を獲ること大なりといふべし。乃ち一言を陳べて之を江湖に紹介す。

昭和三十年五月

辻　善之助

序

徳川家光公は徳川家三代の将軍として、幕府の基礎を鞏固にし、機構を完からしめんと努め、治績大いに見るべきもののあつた不世出の英雄である。そして公はわが日光東照宮と最も因縁深い方である。

家光公は、祖父徳川家康公卽ち東照大權現を景仰すること深く篤く、殆んど信仰の域にまで入つてゐられた。さればわが日光東照宮に社參せらるること歷代將軍中もつとも數多く、前後十回に及んでゐられる。

壯麗優美、日本近世建築の粹として、その輪奐の美を世界に誇るわが日光東照宮を、寬永十一年（一六三四）十一月より同十三年（一六三六)四月までのわづか一年有半の間に、秋元泰朝を總奉行とし、當時の建築界の巨匠甲良宗廣を大棟梁として、巨費を投じて造替せしめたのも家光公であり、その太祖東照神君に對する崇敬の至情より出づるものにほかならなかつた。

公はまた、後光明天皇に奏請して東照社に宮號の宣下を仰ぎ、同時に神階を正一位に昇敍し、更に日光例幣使制の創始を請ひ奉つて一層神威を宣揚せられた。

慶安四年(一六五一年)四月二十日、家光公は奕々たる治績を遺して世を捐てられたが、薨去に際し、遺命して家康公の神靈永へに鎭まります東照宮靈域の側近く、日光大黑山の地に塋域を營ましめられた。大猷廟即ちこれであり、幽冥界にあつてもなほ東照神君に親昵しまつらんとする景仰の至念にほかならなかつた。

彼を思ひ此を思ふに、家光公こそわが日光東照宮にとつて、まことに比類のない大氏子と申すべき方であつた。

昭和二十五年（一九五〇）は宛も家光公の薨後三百年に相當し、四月二十日、徳川家當主徳川家正氏夫妻參列して、當東照宮では盛んな祭儀が執行され、輪王寺でも大猷廟に於て大法要が營まれたが、それを記念して、前宮司古川左京氏が家光公の功業を永く傳へんがために、徳川家光公傳の編纂刊行を企劃されたことは、まことに時宜に適したことであつた。

この編纂事業は、故東京大學名譽教授文學博士辻善之助氏監修の下に、執筆を東京大學史料編纂所員廣野三郎氏に委囑し、古川前宮司の下に、權宮司額賀大興氏はじめ事務擔當の禰宜池上宗義、囑託柴田豐久兩氏これを輔けて進行せしめられ、昭和三十年（一九五五）三月、つひにその脫稿を見、監修を完了した。

予は昭和三十三年（一九五八）十一月古川前宮司が病氣退職ののち、

翌年（一九五九）二月、乏しきを日光東照宮宮司の職に承けたが、宛も德川家光公傳刊行の緒に就かんとするの際であつた。よつて喜んでこれを上梓することとしたのである。

家光公傳を閲するに、公の誕生より說き起し、將軍世嗣確立、師傅、將軍繼職、治政等十八章に及び、島原の亂、鎖國、上洛、家康公景仰、日光東照宮造營、日光社參、薨去等の大事蹟より、公の家族、人格、逸話、武技、遊獵、文藝など、あらゆる面に及び、更に公を祀る大猷廟ならびに薨後の忌辰法會について敍し、なほ公の乳母春日局、殉死者堀田正盛・阿部重次・內田正信・三枝守恵・奧山安重等の事から、終生公の廟側に奉仕した梶定良の事歷にまで及んでゐる。實に細大漏らさず詳密なる點に於て類稀なるものといふべきであり、故辻博士の周到なる監修の下、廣野三郎氏もまた大いに努めたりといふべきであらう。

今や將にこの著の刊行成らんとするに當り、題簽を賜はつた徳川家正氏、終始懇切なる監修の勞を執られ、序文を下された故文學博士辻善之助氏、執筆者たる廣野三郎氏、古川前宮司の病むや昭和三十一年（一九五六）七月より同三十三年（一九五八）秋まで宮司代務者として、及びその以後も引續き編纂出版の事業を推進せられた額賀權宮司、事務を擔當された池上、柴田兩氏幷に明善印刷株式會社の勞に深く感謝の意を表する。

史上まことに光輝ある大足跡を印し、わが日光東照宮と最も深き由縁ある徳川家光公は、斯くてその事蹟を永く後昆に傳へらるるであらう。予は日光東照宮奉仕者として深くその喜びに堪へず、いささか蕪辭をつらねて序とする。

昭和三十五年九月一日

日光東照宮宮司　青木仁藏

凡例

一本書は昭和二十五年四月、わが日光東照宮大造營の大願主たる德川家光公の三百回忌を記念して編纂事業を企劃し、それを推進して成れるものである。

一本書編纂に當つては、故文學博士辻善之助氏を監修に仰ぎ、東京大學史料編纂所員廣野三郎氏に編纂主任を囑し、辻博士監修の下に廣野氏が附錄に至るまで全編執筆したものである。

一本書は誕生、將軍世嗣確立、師傅、將軍繼職、治政、鎖國、上洛、家康公景仰、日光東照宮造營、日光社參、薨去家族、人格・逸話、武技遊獵、文藝、大猷廟、忌辰法會、結語の十八章より成り、記述は詳密を旨とした。

一家光公の家康公景仰、日光東照宮造營、日光社參は、鎖國、上洛とともに、公の事蹟中、重要なことであるので、特に記述に意を用ゐた。

一大猷廟、忌辰法會について詳述したことは、普通の傳記書としては、やや異例に屬するの觀もあらうが、一は家光公の英靈の鎮まります所であり、一は後人の公への追福、敬慕の顯現であるので之を敢てした。公の薨去後、終生獨身、廟側に奉仕した梶定良の傳を第十六章に附載したのも、この隱れたる忠誠の人を顯彰したかつたからにほかならぬ。

一本書の記述には歷史假名遣を用ゐ、將軍、前將軍、將軍世子には公の敬稱を用ゐた。

一本書編纂について、東京大學史料編纂所、德川家正氏、日光山輪王寺、その他の史料提供者より史料の閱覽、謄寫、撮影を許された。

一日光東照宮の造營については文學博士平泉澄氏及び工學博士・經濟學博士大熊喜邦氏の研究に負ふ所が多く、大猷廟の建築については工學博士田邊泰氏の調査に負ふ所が多い。

一本書刊行に當り、徳川宗家當主徳川家正氏の題簽揮毫を辱うした。

一附錄には各項に凡例を附したので參照ありたい。

昭和三十五年十月

編纂者識

目次

第十四章　武技・遊獵……三九三

挿入圖版目次

第一章　誕　生

一、誕　生

徳川家光公は慶長九年（一六〇四）七月十七日未《ひつじ》の刻（午後二時）江戸城中に於て徳川秀忠公の次男として生誕された。母は秀忠公夫人淺井氏徳子である。平産であり、殊に男子であつたから上下の歡喜大方ならず、あたかもその頃鎌倉八幡宮造營中であつたので、神慮感應のいたす所と衆人謳歌したのであつた。十箇月に滿たずと雖も平産で（當代記三、創業記考異）あつたと傳へられてゐる。

引目《ひきめ》の役は酒井河内守重忠、篦刀《へらかたな》の役は酒井右兵衞大夫忠世が勤め、御腰物奉行坂部左五右衞門正重が秀忠公の命によつて御抱上をうけたまはつた。これによつて正重は稟米百俵を加へられた。

公生誕の吉報は、秀忠公の使安藤次右衞門正次によつて直ちに、當時伏見に在城した祖父征夷大將軍徳川家康公に齎らされた。家康公は喜悅一方ならず、自らの幼名竹千代をもつて家光公に名づけられた。諸大名は家康、秀忠兩公に群參して家光公生誕を賀したのであつた。（當代記、慶長見聞錄案紙上、慶長年錄、續本朝通鑑二三八、寛永諸家系圖傳二九、武德編年集成五〇、寛政重修諸家譜五九五七七、上杉年譜四四、東照宮御實紀九、台德院殿御實紀一）

當時秀忠公は從二位權大納言にして右近衞大將を兼ね右馬寮御監に補せられてゐた。將軍繼職前年であつた。公にはすでに千代姫また千姫。慶長二年四月十一日生。子々《ねね》姫《ひめ》慶長四年六月十一日生。勝姫慶長五年五月十二日生。長丸慶長六年十二月三日生。初姫慶長七年七月九日生。の一男四女があつたが、長丸はこれより先、慶長七年（一六〇二）七月二十五日わづか二歳で卒したので、公の嗣子を得た悦喜はひとしほであつたことが察せられる。徳川幕府家譜乾。

家光公の生誕に際し、結構された御殿は、後に武藏川越城内に引移され、將軍遊行の旅館に充てられたが、川越郊外小仙波村喜多院（川越東照宮別當）の囘祿に當り、同院に下賜されて客殿となつた。新編武藏風土記稿百六十三。

これより先、家康公は慶長五年（一六〇〇）關ヶ原の役に石田三成等を降して大捷を得、人心漸く徳川氏に歸し、慶長八年（一六〇三）二月十二日、家康公内大臣より右大臣に遷り、征夷大將軍に拜し、源氏長者、淳和・奬學兩院別當となし、牛車兵仗を聽し、權大納言廣橋兼勝、參議勸修寺光豐を伏見に遣して宣旨を賜うた。公卿補任、御湯殿上日記、實條公記、義演准后日記、萩藩閥閲錄、光豐公記、慶長日件錄、言經卿記、時慶卿記、壬生家四卷之日記、鹿苑日錄、東照宮將軍宣下之記、創業記考異、續本朝通鑑、慶長年錄、落穗集追加、寬政重修諸家譜、日本耶蘇會年報、千代のためし、將軍宣下三十一度儀不同次第、續本朝通鑑、朝野舊聞裒稿、憲教類典。兼勝、光豐はこの日武家傳奏に補せられたのであつた。

ついで三月二十五日、家康公參内拜賀の禮あり、二十七日には勅使を二條城に遣し、將軍宣下及び歲首に依り、太刀馬代等を家康公に賜ひ、親王、公家衆、諸門跡等も二條城に抵つてこれを賀することあり、家康公は四月四日より三日間、能樂を二條城に張行し、公家衆・諸大名を饗した。御湯殿上日記、義演准后日記、光豐公記、鹿苑日錄、時慶卿記、慶長日件錄、東照宮將軍宣下之記、大谷派本願寺日記、大谷本願寺通紀、惠照山歷代編年略記。

一方、幕府に於ては三月三日、諸大名に課して江戶の街衢を經營せしめ、はじめて日本橋を架した。毛利氏三代實錄考證、萩藩閥閲錄、細川家記、吉川家譜、奥相秘鑑、年々世間聞書、當代記、慶長見聞錄案紙、御手傳覺書、慶長見聞集。

また徳川秀忠公の長女千姫は、七月二十八日、大坂城に入輿、右大臣豐臣秀頼に婚嫁し、十一日權大納言秀忠公は

右近衞大將、右馬寮御監に爲され、勅使烏丸頭辨光廣宣旨を奉じて江戶に下向した。（時慶卿記、梵舜日記、慶長日件錄、當代記、慶長見聞錄案紙、家忠日記增補、細川家記、寛政重修諸家譜、吳服師由緒書、德川系譜、德川幕府家譜、武德編年集成、日本耶蘇會年報、訂正增補日本西教史、公卿補任、公卿傳、御湯殿上日記、言經卿記、創業記考異。）

この年のうちにあつて、二月二十四日、筑前福岡城主黑田長政、肥前平戶城主松浦鎭信、阿波德島城主蜂須賀至鎭等江戶に參勤し、（創業記考異、慶長年錄、黑田家傳、別本黑田家譜、松浦平戶家譜、深江記、大曲記、蜂須賀家記、渭水聞見錄、續武者物語、）八月六日、薩摩鹿児島城主島津忠恆（○後、家久と改む、）は幕府の命を奉じて、家臣桂忠詮等に命じて、宇喜多秀家を伏見に護送せしめ、ついで九月二日、幕府は忠恆の請により、秀家の死罪を宥めて駿河の久能に放つた。（島津家覺書、島津國史、西藩野史、薩藩舊記後集、黃薇古簡集、難波文書、前田文書、島津文書、板坂卜齋覺書、難波經之舊記、盛香集、地理纂考。）この日、忠恆は家臣比志島國貞を大坂及び伏見に遣して家康公の將軍宣下を賀し、豐臣秀頼の新婚を祝したのであつた。（島津文書、譜牒餘錄、島津國史。）

家康公は、かねて毛利輝元に家族を携へて歸國することを許し、且つ封内の要地を相して居城を築くことを命じたが、輝元は九月二十一日、伏見を發して歸國の途に就いた。かくて輝元は十月十八日、周防熊毛郡三尾（三丘）の築城に着手した。（萩藩閥閱錄、毛利氏三代實錄考證、長防風土記。）幕府の威漸く強く、強力な大名をはじめ、天下の人心が德川氏に歸嚮しはじめ、江戶の市街も擴充の緒に就いたと見るべきである。

明くれば慶長九年（一六〇四）二月三日、幕府は、曩に毛利輝元が、居城を新築せんとして、三田尻、山口、萩の三地を相して、狀を具して指揮を請うたのに對して、之を裁可し、萩の指月山に城《きつ》くことを令した。（毛利氏三代實錄考證、萩藩閥閱錄、毛利文書、江氏家譜、長防風土記八、江萩名所圖書。）

家康公は三月二十九日上洛して、伏見城に入つたが、この月、島津陸奧守忠恆の上洛するや、公はこれに邸地を京都木下に賜うた。（御湯殿上日記、義演准后日記、言經卿記、時慶卿記、慶長日件錄、板坂卜齋覺書、當代記、島津國史、島津鹿兒島家譜、薩藩舊記。）六月二日には福島左衞門大夫正則が江戶に參勤し、當代記、大谷派本願寺日記。同月二十日には肥後人吉城主相良左兵衞佐長毎が、その母了玄院豐永氏を證人として江戸に出した。これは大名が幕府に出した最初の人質であつたので、幕府はこれを嘉《よ》みするところがあつた。了玄院時に年五十三、一行は了玄院の弟豐永彥右衞門、今村宗槃夫婦、東喜雲、犬童覺兵衞そのほか男女三十餘人であつた。譜牒餘錄、相良文書、歷代參考、寬政重修諸家譜。

同月二十二日、家康公は參内、後陽成天皇に拜謁したが、この日、堀尾可晴を從四位下に、遠藤慶隆、分部光信、松平忠利等十數名が從五位下に敍せられた。御湯上日記、義演准后日記、言經卿記、時慶卿記、慶長日件錄、當代記、續武家補任、寬政重修諸家譜、遠藤家譜、松平島原家譜、略譜。二十三日、親王、門跡、公家衆は二條城に抵り、歲首を家康公に賀した。義演准后日記、言經卿記、時慶卿記。かくて家康公は七月一日、京都を發して伏見城に還つた。言經卿記、梵舜日記、當代記、慶長日件錄、鹿苑日錄。

この日、幕府は伊勢、美濃、尾張等七箇國の大名に課して、近江佐和山城主井伊右近大夫直勝を助けて、新たに彥根城を築かしめた。慶長見聞錄、當代記、木俣土佐紀年自記、寬永諸家系圖傳、井伊直政直孝略傳、井伊彥根家譜、三河國額田郡土呂村浪人松平甚助所藏文書、譜牒餘錄、松平島原家譜、寬政重修諸家譜、別本遠藤家譜、鷲峰文集、近江國輿地誌略、瑞石歷代雜記、淡海地誌、翁物語、主圖合結記。同日、幕府はまた西國の諸大名に課して伏見城を修築せしめた。創業記考異、當代記、高山公實錄。

かかる際にあつて、家光公は前にも記したごとく、この月十七日、江戸城内に呱々の聲を擧げられたのである。

幕府は八月、江戸城を修築せんとして、諸大名に令し、石材を運送せしめ、また木材を諸國に徵した。御手傳覺書、神田佐久間町里叟舊記、當代記、年々世間聞書、高鍋藩實錄、奥相秘鑑。

家康公は閏八月十四日、伏見を發して江戸に還られ、藤堂佐渡守高虎等これに從つた。之は、家光公誕生の祝儀と、傳通院夫人水野氏三回忌法事のためであつた。義演准后日記、言經卿記、時慶卿記、慶長見聞錄案紙、紀藩無名書、高山公實錄。

是より先き、出羽秋田郡久保田に築城して移徙した佐竹右京大夫義宣も九月二十二日江戸に參勤し、羽陰史略、寬政重修諸家譜、住竹氏記錄、柞山峰之嵐、昔物語、秋田沿革史大成、澁江文書。ついで十月十日、陸奥仙臺城主伊達政宗江戸に參勤し、伊達政宗記錄事蹟考記、伊達貞山治家記錄。土佐高知城主山內一豐もこの歳江戸に參勤した。御當家年表、土佐國群書類從拾遺。

翌十年（一六〇五）正月九日には、家康公は江戸を發し、二月十九日、上洛して伏見城に入り、吉備津彥神社文書、當代記、慶長見聞錄案紙、鐵醬塵蓋抄、德川和歌山家譜、義演准后日記、輝資卿記、言經卿記、時慶卿記、慶長日件錄、孝亮宿禰日次記、梵舜日記、鹿苑日錄。ついで二月二十四日、秀忠公が上洛せんとして江戸を發した。扈從の諸大名も前後して出發した。從兵十萬餘騎或は十六萬騎と傳へられた。扈從の諸大名のうちには、伊達越前守政宗、米澤中納言上杉景勝、蒲生飛驒守秀行、最上出羽守義光、佐竹右京大夫義宣、南部信濃守利直等が加はつてゐた。慶長見聞錄案紙、神君御年譜、義演准后日記、東照宮御實紀、榊原系譜、榊原家傳、伊達貞山治家記錄、上杉年譜、祐清私記、掛川志、松山叢談。この上洛は「兩上樣天下御治世之御祝儀御上洛」榊原系譜と唱へられた。幕府乃至德川家の武威愈〻加はり、天下の人心の益〻歸嚮しつつあることを知るべきである。

秀忠公は三月二十一日、上洛して伏見城に入つたが、幕府は朝鮮の使者孫文彧、僧惟政等をしてその行裝を觀覽せしめた。路次の行粧眼を驚かすばかりであつた。義演准后日記、言經卿記、慶長日件錄、梵舜日記、鹿苑日錄、天野毛利文書、薩藩舊記、當代記、朝鮮物語付柳川始末、聞見集、伊達貞山治家記錄。

これに先だち三月七日、豐前中津城主細川忠興上洛し、同十八日には薩摩鹿兒島城主島津忠恆、伏見に抵り、家康公に謁し、尋でその族島津久賀の妹を證人として幕府に出した。翌十九日には肥後熊本城主加藤肥後守清正も伏見に抵つた。鹿苑日錄、慶長日件錄、細川家記、梵舜日記、鹿苑寺文書、薩藩舊記、島津國史、西藩野史、薩州舊傳記、時慶卿記。

かくして二十九日、秀忠公參內して任官の恩を謝し、四月七日、家康公は、將軍職を辭し、秀忠公を以て之に代へんことを奏請し、十日、參內、十六日、征夷大將軍德川家康を罷め、權大納言德川秀忠を征夷大將軍に拜し、內大臣正二位に陞せ、淳和奬學兩院別當に補し、牛車兵仗を聽し、勅使伏見城に臨み、宣旨を賜うた。義演准后日記、時慶卿記、慶長日件錄、鹿苑

日錄、慶長見聞錄案紙、安井文書、家忠日記增補、創業記考異、慶長日記、武德編年集成、日本耶蘇會年報、公卿補任、言經卿記、壬生家四巻之日記、孝亮宿禰日次記、慶長元和將軍宣下之記、慶長見聞書。

なほ、この事に先だち、四月十二日、内大臣豐臣秀頼を右大臣に爲されたのであつた。公卿補任、慶長見聞錄案紙、義演准后日記、春日記錄。

當時の大勢はかくの如くであつたのである。

さて慶長九年（一六〇四）七月二十三日、江戸城において竹千代七夜の祝があつた。松平上總介忠輝、設樂甚三郎貞代、松平伊豆守信一、西郷新太郎康員、松平右馬允忠頼、小笠原兵部大輔秀政、松平外記忠實、松平丹波守康長、水野市正忠胤、小笠原右衞門佐信之、牧野駿河守忠成（註）本多伊勢守康紀、松平周防守康重が賀莚に伺候著座した。譜牒餘錄三十、東照宮御實紀九。

八月八日には三七夜の祝があり、松平左馬允忠頼、松平安房守信吉、松平甲斐守忠良、西郷新太郎康員、松平主殿忠利、本多伊勢守康紀、牧野駿河守忠成、最上駿河守家親、松平外記忠實が著座した。いづれも譜第衆であつて、濱松城の舊例に依つたものである。慶長見聞錄案紙上、東照宮御實紀九。

註。譜牒餘錄四十　別本當代記及び東照宮御實紀九に、七夜の祝儀に牧野右馬允康成が着座したやうに記されてゐる。然し康成は慶長五年（一六〇〇）八月關ケ原役に際し、秀忠公に扈從したが、軍令を犯して卒爾に戰つたため、その咎めとして上野國吾妻の砦を守らしめられ、數月にして宥免されたが、なほ憚つて吾妻に在り、九年七月、家光公生誕の嘉儀によつて、譜第の諸將に宴を賜ふ時、康成もその席に召加ふべき旨恩命があつたが、なほ恐縮して多病の故をもつて男忠成をして代官として江戸に赴かしめたのであつた。然るに意外にも忠成も祝宴の席に著座の數に加へられたので、康成は滿悅感涙し、領地上野國多胡郡大胡二萬石に歸り、隱居を願ひ出て閑居した。慶長見聞錄案紙上、寛政重修諸家譜三六四。かういふ事情であるから譜牒餘錄四十に、七夜の祝儀著座衆の列名に、牧野右馬允とあるのは誤りであり、また牧野駿河守〇忠成の名は慶長見聞錄案紙上の家光公三七夜の祝儀席著座衆のうちに見えるのみであるが、七夜の祝儀著座の右馬允は駿河守の誤であらう。斯く認めてここに掲記した。

二　乳母春日局

家光公の生誕とともに、かねて江戸城大奥に仕へてゐた故美濃清水城主稲葉重通の養女齋藤氏福子は召されて公の乳母となつた。齋藤氏は卽ち後の春日局である。以下行文の便宜上春日局と稱する。

福子は明智日向守光秀の臣齋藤内藏助利三の末女で、母は稲葉刑部少輔通明の女であつた。利三は天正十年（一五八二）六月十二日、攝津山崎合戰に敗れて、近江大津で生捕られ、山城粟田口に於て磔刑に處せられたのであるが、福子は稲葉兵庫頭重通の養女となり、稲葉佐渡守正成に嫁した。はじめ正成には福子の養父重通の女が嫁したのであるが、死去したために福子が繼室となつたのである。

福子は正成との間に丹後守正勝、七之丞正定、内記正利の三子を生んだが、夫妻相和せず離婚した。しかもなほ重通に養はれ、のち幕府の大奥に仕へたのであつた。家光公の乳母となつたのは民部卿局の推擧に依るのである。家傳史料二、春日局別記、稲葉淀文書、寛政重修諸家譜八〇〇、柳營婦女傳系八。

福子は幼時（或は中年の頃ともいふ）金龍懐に入ると夢みたが、家光公は辰年の生れなので、公に乳母として仕へるに至つたことは龍夢の符合するものであると家人には信じられた。このことは、家傳史料、春日局譜略、春日局別記に記するばかりでなく、すでに木下長嘯子が寛永六年に記した「春日の御局の餞別」に述べてゐるところである。福子が公に仕へて保養調護日夜その心を竭したことは洽く世に知られるところであり、後年大奥に於て一大勢力を得たのも亦偶然ではない。その主なる事蹟については、以下その都度述べるであらう。

福子の夫稲葉佐渡守正成は初め小早川秀秋に仕へたが、故あつてその家を立退いてからは、何れの諸侯にも仕官を求めず本國美濃に住居した。關東に於ては家光公の誕生に當り、然るべき乳母を京都に求めたが、何れも關東を恐れて召に應ずるものがなかつた。よつて粟田口に札を立ててこれを募つた。福子はこれを聞いて上京して板倉伊賀守勝重を訪ひ、己れのごとき卑賤の者にても宜しくば關東の召に應ずべきことを申出た。勝重は、その俗姓も正しく、夫も武名が高いので、これを關東に下した。その後正成をも召出されんとの內命があつたが、妻の脚布に包まれて出で仕へるやうな武士ではないといつて受諾せず、その上思ふところありとて、福子を離別したといふ說明良洪範二十四。があるが、蓋し俗說であらう。

なほ、福子の母方の祖父稲葉刑部少輔通明は同備中守通則の子であり、同伊豫守貞通入道一鐵の兄である。また夫正成は舊稱林氏である。林氏は伊豫河野通有より出で、通有の第三子通種始め拜志氏を稱し、後ち林に更ためた。通種の子通任、伊豫を去つて美濃に住して、後ち七世政秀の子正成（また政成）が稲葉重通の婿となつてから稲葉氏に改めたのである。稲葉淀家譜。

三　小性

幕府は竹千代以下行文しばらく幼名を用ゐることとする。の生誕した卽日、永井右近大夫直勝の三男熊之助直貞を召して竹千代の小性とし、ついで水野市正義忠の二男淸吉郎光綱稲葉佐渡守正成の三男千熊正勝岡部庄左衛門長綱の季子七之助永綱を召して同じく小性とした。熊之助は五歳、淸吉郎は六歳、千熊は八歳、七之助は九歳であつた。慶長見聞録案紙上、寛政重修諸家譜六二二、三三五、八七四、六〇八。

千熊は卽ち春日局の產むところであり、この年幕府に召出され、上野、下野兩國のうちにおいて五百石の采地を給せられ、小性となると共に月俸二十口を添へられた。七之助は秀忠の乳母大姥の局岡部氏（はじめ川村善右衛門重忠の妻）の甥である。寛政重修諸家譜六〇八、八七四。

ついで七月二十五日、松平右衛門佐正綱の養子長四郎信綱が召されて竹千代の小性となつた。時に九歳であつた。長四郎は大河内金兵衛久綱の子である。家康公の命により松平甚右衛門正次に養はれて、その家號を繼ぎ松平を稱した叔父正綱の養子となつたのである。日記摘要、信綱記、寛政重修諸家譜二五五。

信綱と竝び稱せらるる阿部小平次忠秋が小性として竹千代に附せられたのは、慶長十五年（一六一〇）十二月二十五日である。小平次は阿部左馬助正吉が男、時に九歳であつた。家忠日記增補二十、寛政重修諸家譜六三五、藩翰譜五、慶長見聞錄案紙上。また三浦甚太郎〇はじめ土井を稱す、のち名を正次といふ。も是より先、慶長十二年（一六〇七）五月朔日、家康、秀忠兩公に謁し、竹千代の小性とせられた。彼は三浦五左衛門正重の長子であつて、母は土井氏、大炊頭利勝の妹である。その關係で父子共に利勝の許に寓してゐた。慶長十七年（一六一二）二月二十八日、秀忠の命によつて、三浦を改めて土井を稱し、甚太郎と名づけられたが、元和三年（一六一七）三月、命により左兵衛と改め、左文字の刀を賜はつた。土井を改めて三浦に復したのは元和九年（一六二三）二月である。寛政重修諸家譜五二一

家光公の小性はこのほかに幾多の交替があるがここには一々述べない。ただここに記すべきは元和五年（一六一九）五月十四日夜、公が小性坂部五左衛門某を手刄したことである。坂部某は公の生誕に際し、秀忠公の命によつて御抱上をうけたまはつた御腰物奉行坂部左五右衛門正重の子であつて、公は近習として召使ひ、これを寵愛せられた。この夜、公入浴あり、小性衆も同じく入浴したが、公は某が他の小性衆と密戲したるを見られて、風呂より上らるるとともに一刀のもとに誅せられたのである。公、時に十六歳、その氣象と手練とを見るべきである。元寛日記二、寛政重修諸家譜五七七、元延實錄、慶延略記。

四　山王社参詣

慶長九年（一六〇四）十一月八日、竹千代は、はじめて江戸山王社に參詣した。所謂お宮參りである。山王社は卽ち今の日枝神社であるが、文明年中（一四六九―一四八七）太田道灌の勸請と傳へられ、當時は半藏門外貝塚の地にあり、江戸城の產土神であつて、現在の溜池の上に移されたのは、この後承應三年（一六五四）のことである。

扈從は傅役靑山伯耆守忠俊、內藤若狹守淸次、水野勘八郎重家、川村善次郎重久、大草治左衞門公繼、內藤甚十郎忠重等であり、歸途靑山常陸介忠成の邸に立寄られた。慶長見聞錄案紙上、慶長見聞書、寬政重修諸家譜三三四、一〇六六、八四〇、八一四（この書、內藤忠重の家光公傳となることを慶長十五年（一六一〇）に係けてゐる。）江戸砂子、別本當代記。

將軍世子の生誕後、山王社に初めてお宮參りすることは、この後、永く例となつた。

第二章　將軍世嗣確立

一　嫡庶の分別

竹千代家光公は幼時父秀忠公、母崇源院淺井氏からあまり愛せられなかつた。兩親の愛は專ら弟の國松に鍾つてゐたやうである。

これを最も悲しんだのは竹千代の乳母春日局齋藤氏であつた。春日局は或る年ひそかに駿府に赴き、家康公に嫡庶の別を明らかにし、竹千代を將軍世子と定められんことを訴へたといふ。

家康公は、竹千代の幼時より天下を統御すべき規模の備はつてゐることを認め、一しほこれを慈しまれた。或る年家康公は、竹千代兄弟に久しく對面せぬから、懷かしいとて、わざわざ駿府より江戸に出府あり、竹千代、國松連れだちて家康公の前に出られた時、公は

「竹千代殿これへ、これへ。」

とて、その手を引いて上段に著かせ、國松も同じく上段に上らんとした時、

「いないな勿體なし、國はそれに居候へ。」

と言つて下段に著かしめられた。

そして、菓子などを進めるに當つては、家康公は

「先づ竹千代殿に參らせよ、次に國にも遣せ。」

と言はれ、殊更に差別を立てて待遇されたので、嫡庶の別が明らかとなり、諸人の竹千代に對する態度も自ら異るところがあつた。家康公は秀忠公幷に淺井氏にも諭さるるところがあつたので、竹千代は正しく動きなき將軍世子と定まつたと傳へられる。（武野燭談）。

春日局譜略には、局が家康公に訴へたことを元和元年（一六一五）のこととし、然もそれは、竹千代、この時十二歳にして、密かに父母の意に叶はざることを料り、自殺せんとしたのに因るとしてゐる。卽ち同書には左の如く記してゐる。

元和元年（一六一五）乙卯、竹千代君十二歳、密料レ不レ叶二御父母之尊意一、而既欲レ有二御自殺一時、春日局奉レ抱レ之、切諫曰、是非二大行之事一、暫可レ被レ任レ我。于レ時東照大權現在二駿府一、春日局密告二其趣於侍女英勝院（水戸中納言頼房公養母）一而達二大權現之尊聽一、大權現感二其言一而諭二春日局一曰、予東來之日宜レ謀レ之、汝勿レ勞レ心云々。其後　大權現到二江戸一告二　台德公及崇源院殿一曰、竹千代及二十六歳一則予携レ之入洛可レ揚二三代將軍之名一、自レ此而後　台德公及崇源院殿特加二禮重一、傳二聞之一者無レ不二尊崇一焉。

と。この書は貞享三年（一六八六）九月十四日に記されたものの如くであるが、竹千代が自殺を謀つたといふやうなことは信ぜらるべくもない。また春日局が駿府に赴き家康公に訴へ、公が江戸に出府せられて嫡庶の分を明らかにせられたといふのも明かなことではない。然し乍らかういふ傳説が全く根據のないことでなかつたことは考へられる。（春日局譜略）。

春日局筆と傳へらるる日光輪王寺所藏の東照大權現祝詞（一卷、大正十一年（一九二二）四月十三日國寶に指定せられた。）

は寛永十六年（一六三九）頃の起草と想定せらるるものであるが、その中に

大権現するが《駿河》御ざいせの御おんどく《恩徳》をかんじたてまつりたまへは《ば》、そうげんいん様《崇源院夫人淺井氏》、君《家光公》をにくませられ、あしくおぼしめすにつき、たいとくいん《台徳院、德川秀忠公》さまも、おなし御事に、二しん《親》ともににくませられ、すでに、そし《庶子》、そうりやう《總領》をつがせられへきていに、なり申ところに、大こ《ご》んけんさま、するがにて、きこしめしつけられ、二しんともに、にくみ、あしきやうに、おほしめし候はゝ、　君をするがへよび御申候て、　ごんげんさまの、御こ《子》にあそはされ、三代せうぐんに　これあるへきと上意御さ候間、やうやく、するかへ御のほり候はんかと、下〳〵もよほし申うちに、こんけんさま御せんげあり、されとも、上い《意》のひゞき、ゐどへきこしめされ、たいとくいん様も、そうげんいん様も、右之御こゝろにかはらせられ、君の御事あしきやうに、あそはされず候、そのうへに、　ごんげん様御ゆいげん《遺言》として、　公方様、中ほとの御事に御さ候はゝ、天下をつかはされ候へと、かたく土井大いの《炊頭》守に、おほせおかれ候御事、これだい一の御かうおん、あさ夕きもにそみさせられ、御身にあまり、ハ《わ》すれがたく、ありがたく、おほしめし候也。

と記してゐるのは、この間の消息を物語るものと言つていいであらう。秀忠公はもとより篤恭の徳のあつた明君であるが、人間的感情は如何ともし難く、夫人淺井氏とともに、多少國松君を偏愛する傾向はあつたのではあるまいか。

祝詞のうちにまた左の一節がある。

こゝにするが大なごんどの、たま〳〵神こくにうまれて、佛神のみやうけん《宴験》をも、ハ《わ》きまへたまハず、ほしいまゝに、君にぎやく《逆》なるむねをもよほし、そし《庶子》、そうりやうをつぎたまふべきとたくみたまふ事、いかでか神りよ《慮》、天とうにかなはんや、ごんげんさま、ふしぎの御神ばつにて、おのづからめつしたまへり。されは、大なごんどの、

君にてきたいたまふところを、ごんげん様、これをたいじなされ候と、あらたに、くの《(久能)》ゝ神ぬしに、む《(夢)》中に、たしかに、御つげあり、ゆめのごとく、ほどもなく、大なごんどの、ほろびたまふと、いつはりなく、神ぬしたしかに申候事なり。

これまた家光公と忠長公の宿命的な關係の源の深いことを示すものといへるであらう。

それはそれとして、家康公の明察が、家光公を以て、天下統御の大器ある者として、徳川家三代の統を繼ぐべきものと定めて遺言せられ、公の將軍世子たることが確立され、嫡庶の分別が明らかにされたことは疑ふべくもないのである。

家康公が竹千代の上に常々心を用ゐられたことは、その生前、公の師傅について○次章参照 また元服について配慮せられたことによつてもその一端が知られるであらう。

秀忠公及び崇源院夫人淺井氏の偏愛を否定する說として左のことが傳へられる。

元和四年(一六一八)十月九日、西城の堀に鴨のゐたるを、國千代《國松》橋の上より鐵炮にてあやまたず打つて、淺井氏の方に進上したので、淺井氏は喜ぶこと一方ならず、秀忠公が奥に入られた時、その鴨を羹に調じて御酒を勸められたが、秀忠公はこの鴨のことを聞いて、にはかに氣色變り、「此城は父家康公新たに修築し給ひ、我に讓らせられ、我また竹千代に進ずべき所である。それを國千代人臣の身として主君の城に向ひ、鐵炮を放つ事言語道斷、天道にそむき、神慮に恐れあり」とて座を起つた、といふのである。

說者はこの一事を以てしても、秀忠公に偏愛のなきは明らかであり、聞く人また千古の疑を解くものとしたのであるが、この時はすでに嫡庶の分が明らかにせられた後のことであり、一旦定められた以上それを嚴守して枉げられぬ秀忠公の聰明を示すものであるが、それ以前に於て必しも偏愛せられなかつたといふことにはならぬであらう。藩翰譜。

家光公が上記の祝詞にいふごとく深く家康公の御恩德を感じ、公を尊崇景仰した事實は枚擧に遑ないほどであり、それについては後に述べる○第八章參照が、その因つて來ることの深いことを思ふべきである。

なほ、秀忠公が國松の發砲を怒られたといふ元和四年(一六一八)に先ち、同三年(一六一七)十一月二十一日、竹千代は西丸に移徙せられた。同二十三日祝儀の能があり、諸大名よりは太刀、樽肴を獻じてこれを賀した。この頃、松平十左衞門長正、川井五兵衞昌等、中川勘三郎忠幸、池田左門長治、三島彌八郎政吉、大草利熊公利、鈴木友之助重氏等が竹千代に附屬せられた。元和年錄坤、萬年記一、細川家記十五、寬政重修諸家譜、大日本史料十二ノ二八。

この事は、次章に述ぶる幕府が酒井備後守忠利、靑山伯耆守忠俊、内藤若狹守淸次を竹千代の傅としたよりも後のことであるが、公が西丸を居所とせられたことは、世子であることをいよいよ明確にすることなので、前後するがここに記しておく。

二 元服・敍位・任官

竹千代の元服については、家康公は元和二年(一六一六)九月、京都に於てこれを行はんとの考を持つて居た。家康公は元和元年(一六一五)十二月十九日、明年四月を以て參朝せんとし、本多上野介正純、金地院崇傳連署の書狀を廣橋兼勝、三條西實條に致さしめ、勅使の下向を停め、それ以前何れの公家衆も下向無用の旨を傳へしめた。ついで同月二十二日、金地院崇傳をして、板倉伊賀守勝重に宛て、公は明年五月上洛し、九月まで在京すべきこと、竹千代は八月に上洛し、九月、京都に於て元服せしむべき内意を傳へしめた。

しかしこの事は確定したことではなく、元和二年（一六一六）正月に至り、竹千代の官位の儀も先づ江戸へ勅使を立てられ、その以後上洛あるべきやうの内意を崇傳に示してゐられる。事は同月四日附板倉勝重宛、崇傳の書狀案に見え、崇傳はその中で

さりながら此儀はしかと重而仰出候はゝ、御左右可ㇾ申候、先可ㇾ被ㇾ成二御隱密一候、御前にても我等一人を召候而、ひそかに御諚候間、御内證申入事ニ候、必御沙汰有間敷候、必定しれさる事ニ候。

といつてゐるごとく、全く隱密のことであつた。本光國師日記十九。

元和二年（一六一六）正月に至り、家康公は、東鑑の例に倣つて竹千代の元服には勅使の下向を奏請せざることとし、當年中に江戸に出府し、竹千代に元服を加へらるべき旨、同月九日の夜土井大炊頭利勝に傳へ、この命を傳ふべく駿府を發して江戸に歸つた。家康公は九日の夜詰に、崇傳に月は何月がよいかと尋ねられたが、崇傳は、竹千代の生れ月を承つて考へ申すべしと答へた。この事を板倉勝重に報じた崇傳の正月十三日附書狀に「定而江戸ゟ可ㇾ有二御左右一候間、其上には月も相定り可ㇾ申候、猶重而樣子可二申入一候」と記してゐる。本光國師日記二十、大日本史料十二ノ二十三。

然しこの年竹千代元服のことはつひに實現しなかつた。正月二十一日、駿河田中に放鷹した家康公が、つひに疾を發し、四月十七日には薨去せられたからである。從つて家康公の上洛も、また竹千代の上洛も實現しなかつた。

元和六年（一六二〇）正月五日、竹千代は正三位に敍せられ、ついで十一日、權大納言に任ぜられた。在府の諸大名本丸及び西丸に登城してこれを賀した。在國の諸大名もまた使を上せてこれを賀した。菊亭文書十一、東武實錄七上、上杉年譜五十、山内家代々記坤一。

因に八月二十一日、從四位下右近衞權少將德川賴房を正四位に敍し、參議に任じ、左近衞權中將を兼ねしめ、翌二十二日、甲斐府中城主德川國松忠長を從四位下に敍し參議に任じ、右近衞權中將を兼ねしめられた。菊亭文書十一、東武實錄七上、威公年

譜、常陸水戸德川家譜、德川幕府家譜、藩翰譜、上杉年譜五十。

勅使傳奏廣橋兼勝、三條西實條はこの日京都を發して江戸に下向し、九月六日、江戸城に臨み、家光公に正三位權大納言、忠長に從四位下參議兼右近衛權中將の位記宣旨を授けた。

この日、秀忠公は竹千代に元服を加へて家光と名づけ、國松にもまた元服を加へて忠長と名づけた。この名乘は五日に金地院崇傳が撰進したのである。はじめ家光公の名は家忠と撰んだのであるが、傳奏等に內見せしめたところ家忠の名は花山院家の元祖にありといふので、六日更に「家光」と撰進し、秀忠公の意に叶つたのであつた。

在府の諸大名は登城し、在國の諸大名は使を上せて家光公等の元服と官位昇進を賀した。本光國師日記二十八、土御門泰重卿記三、孝亮宿禰日次記六、元和六年私記、鹿苑日錄二十六、ム古語一、梅津政景日記九、薩藩舊記增補六、細川侯爵家文書三、山內文書二、三、集書八、山內家代々記坤一、伊達貞山治家記錄二十八、元和年錄坤、台德院殿御實紀五十二。

八日、兼勝、實條は德川賴房の第に臨んで正四位下參議兼左近衛權中將の位記宣旨を授け、視聽日錄元、水戸家乘略一、三、元和年錄坤、台德院殿御實紀五十三。十一日、兼勝等は幕府の猿樂饗應を受け、御當家紀年錄五。二十五日京都に歸着した。孝亮宿禰日次記六、元和六年私記。

ついで十一月三日、秀忠公は高家大澤少將基宿を入朝せしめ、世子家光、次子忠長及び德川賴房の敍位任官の恩を謝し奉つた。卽ち基宿は十月十五日江戸を發して京都に赴き、この日入朝し、後水尾天皇に御太刀一腰、白銀五百枚、中和門院に白銀二百枚を獻じた。孝亮宿禰日次記六、東武實錄六、台德院殿御實紀五十三。

なほこの年十二月四日、幕府は河野松安通幸を世子家光公の侍醫とした。寛政重修諸家譜六一四、官醫家譜五、皇國名醫傳前篇下、大日本史料十二ノ三十四。

以上家光公の元服、敍位、任官のことも次章に述ぶる師傅のこととは前後するのであるが、元服のことは既に家康公在世時代より內議があつたのであり、ここに併せ記したのである。

なほ慶長十七年（一六一二）家光公九歲、國松七歲の時、嫡庶の內評があつたが、青山伯耆守忠俊は春日局と志を同じくして、澁谷の金王八幡宮に祈請し、春日局は千兩の護摩料を供した。

元和八年（一六二三）九月十五日、家光公甲冑始の禮が行はれたが、忠俊、春日局の喜悅大方ならず、忠俊より巨材三百挺、屋根木三百挺、春日局より金百兩を奉納して八幡宮の社殿を修補したとも傳へられてゐる。藩翰譜。

第三章　師傅

元和二年（一六一六）五月二十九日、幕府は酒井備後守忠利、靑山伯耆守忠俊、内藤若狹守淸次を世子竹千代家光公の傅とした。本光國師日記二一、元和年錄乾、寛政重修諸家譜六一、七二七、八一三、若狹小濱酒井家譜、禮典三、信濃高遠内藤家譜。

酒井忠利は雅樂頭正親の三男、母は石川安藝守淸兼の女、讃岐守忠勝の父。永祿二年（一五五九）三河國岡崎に生れた。天正十八年（一五九〇）家康公關東入府に際し、武藏國川越に於て三千石の采地を給せられ、慶長六年（一六〇一）三月三日七千石を加封され、采地を轉じて駿河國田中城を賜ひ、一萬石を領した。十一年（一六〇六）從五位下、備後守に敍任し、十四年（一六〇九）九月二十三日一萬石を加增、田中を改めて川越城に移封、大留守居となり、諸國の證人及び關所の事を掌り、老職と共に諸事をあづかり聽いた。かくて元和二年（一六一六）五月二十九日、世子竹千代に附屬せられ、輔佐の臣となり、ついで七月武藏國に於て加恩七千石を給せられた。更に一萬石を加へられ、武藏國入間、高麗、比企三郡の内に於て、すべて三萬七千石餘を領し、寛永二年（一六二五）十二月十一日家光公より領知の御朱印狀を給はつた。川越に於て卒したのは同四年（一六二七）十一月十四日、年六十九であつた。泰雲建康寺また泰雲院と建康廣德も、と號した。川越の源星寺に葬つた。室は鈴木伊賀守重直の女。寛政重修諸家譜六一、若狹小濱酒井家譜。

靑山忠俊については後に述ぶることとし、内藤淸次は修理亮淸成の男、母は某氏、天正五年（一五七七）に生れ、幼時より秀忠公に仕へた。後ち御書院番頭となり、常陸國信太、茨城二郡のうちに於て采地五千石を給せられ、慶長五年（一六〇〇）また十年（一六〇五）とも、從五位下、若狹守に敍任された。同十三年（一六〇八）父の遺領相模東郡、常陸國江戸崎、下總國海上郡、上總國成東領にて二萬千石を繼ぎ、前に給せらるる處の釆地を合せて二萬六千石を領し、與力同心を預けられた。かくて元和二年(一六一六)五月二十九日家光公に附屬されたのである。しかし一年餘にて三年(一六一七)七月朔日卒した。年四十一、天曉覺淸寶林院と號した。神田の西福寺に葬られた。室は內藤彌次右衞門家長の女である。(寛政重修諸家譜八一三、信濃高遠內藤家譜。)

一説には酒井雅樂頭忠世、土井大炊頭利勝及び忠俊をもつて傅としたと傳へられてゐる。このことは新井白石の藩翰譜五にすでにその説が見えて居り、それには元和元年(一六一五)九月のこととしてあるが、それは別として(註一)この忠世、利勝、忠俊三人の家光公師傅説は甚だ興味がある。

すなはち三臣師傅説によれば、忠世、利勝、忠俊が家光公の傅となつたのは元和元年(一六一五)九月のことであつて、家康公より內意があつて秀忠公より命ぜられたものだといふ。家康公は忠世を家光公の後見に備へ、利勝を諫爭の臣とし、忠俊を傅《もり》に付けらるべしとし、忠世の仁、利勝の智、忠俊の勇、この三德ある者をして助けしめたならば、家光公は名將軍となるべきぞ、竹千代をこの三人に任せられ、脇よりいかなることを申すとも、他人の口を用ゐ給ふべからずとの意向であつた。一説には、これは秀忠公の意向であつて、家康公にこの旨申述べたるに、公はこれに贊せられたといふことになつてゐる。

家光公は未だ竹千代と稱された頃は內氣で言葉少なであつたが、元和六年(一六二〇)正月十一日元服せられるる前後から殊に血氣强くなつた。しかしこの三臣の教導が甚だよろしきを得たので、後年果して名將軍となられたのである。忠世、利勝、忠俊は傅といつても單なる御守役ではなく、幕府世子の老臣であつたのである。忠世は威儀を整へ、寡言嚴肅であつて、利勝、忠俊と雖も手を突きて應對するほどであつた。利勝はもつとも竹千代の氣に合ひ、利勝には内外の何事も隱すことなく、忠世、忠俊ら退出の後には、或は竹千代の酒のお相手もし、竹千代の色和ぎ忿收まる折を見計らつて、「忠俊の申上ぐること至極尤なり、この事忠世などが承はつたならば公には何と遊ばさるべきや、公にはただ忠俊が申上ぐる通り御受用遊ばされて然るべくと存じまする。」などと言つて諫めを容れしめ、過を改むるやうに計ふといふ風であつた。これに反し忠俊は強諫を事とした。卽ち竹千代が諫言を容れぬ時は自ら脇指を脱して次へ投げ、大膚脱になり、竹千代の膝の上に這ひかかり、「某《それがし》のことを御成敗なされ、お心をお治しなされ候へ」などと言ふのが屢〻であつた。

或る時躍に凝られた家光公は、化粧をされ、髪を美しく結つて、合せ鏡をして化粧をつくろつてゐられたが、そこに入り來つた忠俊は忽ちその鏡を取つて庭へ投げ捨て、「天下を知し召す御心にて箇樣なる派手なことは拙き御事、勿躰なし、是れ亂の端なり」と極諫したと傳へられてゐる。この忠世の仁、利勝の智、忠俊の勇、三臣がおのおの三德を以て竹千代の師傅として仕へたといふことは後世永く傳へられたことであつて、智仁勇の三像に大學頭林信徵が識語を記したものを收めた三輔遺訓とか、十四代將軍德川家茂公が畫かしめた三輔の圖に安政六年（一八五九）正月、大學頭林信輝が識語として記した家茂公昭德院殿座右三輔圖記といふ書もあるほどである。下總古河土井家譜、丹波笹山青山家譜、藩翰譜五、君臣言行錄一、責而者草六、二十一、禮典三、武野燭談。三臣のうち、忠世、利勝は後年大老に進み政務の要樞に參して大きな功績を擧げたが、忠俊の剛直は時に度を越すものがあり、後年失脚蟄居せざるを得なくなつた。

酒井忠世は河內守重忠の子、元龜三年（一五七二）三河國西尾に生れた。母は山田長門守重辰の女、夙に家康公に仕へ、天正十八年（一五九〇）秀忠公に附屬せられて家老職となつた。慶長九年（一六〇四）七月十七日家光公誕生の時、御箆刀の役を勸めたことは前にも記した通りである。同十二年（一六〇七）七月駿府城に於て家康公の命により雅樂頭と稱した。同十九年（一六一四）元和元年（一六一五）の役に從軍し、秀忠公の旗本にあつて功を建て、竹千代の傅となつたと傳へられる。元和二年（一六一六）には、八月に上野國勢多郡大胡、佐位郡伊勢崎に於て三萬二千石を加增され、三年（一六一七）七月二十一日には父重忠の死に遭ひ、遺領を繼ぎ、曾て給せらるる所の地と合せて八萬五千石を領し、上野國厩橋（今の前橋）城に住し、のち國政に參與して、公家・武家の事を沙汰し、且つ外國關係の事も掌り、つひに大老となつたことは前にも一言したごとくである。（寛政重修諸家譜五九、播磨姫路酒井家譜。）

土井利勝は土井小左衛門利昌《としまさ》の子、母は葉佐田美作守則勝の女、天正元年（一五七三）三月十八日、當時家康公の居城であつた遠江國濱松に於て生れた。よつて家康公落胤說があり、容貌も家康公に酷似してゐたと傳へられる。利勝が誕生した時、家康公から相州廣正の短刀を給うた。それには澤瀉の彫刻があり、後ちこれを以て家紋となした。葉佐田氏は後ち故あつて三河深溝松平好忠の被官土居（後ち家康公の命に依り居を井の字に改めた。）小左衛門に嫁し、利勝は母に從つてその家に至り、利昌を假父としてその家號を冒したといふ。利昌は美濃國の源氏土岐の庶流土居遠江守貞秀の末孫であり、慶長三年（一五九八）九月十一日卒した。利勝は幼時より家康公の傍らに候し、天正七年（一五七九）四月七日、秀忠公誕生とともに七歳にして公に附屬せられ、廩米二百俵を給せられた。

利勝は慶長七年（一六〇二）十二月二十八日、下總國香取郡小見川に於て一萬石の地を給せられ、十年（一六〇五）四月秀忠公參內の時扈從し、同二十九日從五位下に敍し、大炊助に任ぜられた。十五年（一六一〇）春小見川より同國の佐倉に移封され、加恩あり、三萬二千四百石餘を領した。この年老職となつたが、十七年（一六一二）三月二日加增あり、四萬五千石を領するに至つた。かくて國政の萬般に參與し、十九年（一六一四）大坂冬の陣、元和元年（一六一五）大坂夏の陣ともに秀忠公に從つてその旗下にあり、軍功を建つること目ざましきものがあつた。同年閏六月二十一日、秀忠公參內に際してはその前驅を勤め、秀忠公の江戸に還らるるやまた加增あつて六萬五千二百石を領し、二年（一六一六）家康公の不例に依り、秀忠公の駿府に見舞へるに扈從し、四月十七日家康公薨去あり、その遺言に從ひ同國久能山に葬るにあたつて、利勝は秀忠公の名代として、靈柩に扈從した。その後、利勝が大老として國務の要樞に參したことは、前にも述べた通りである。寛政重修諸家譜二九七、下總古河土井家譜。

靑山忠俊は播磨守忠成の次子、母は天方山城守通興の女、天正六年（一五七八）二月十日遠江國濱松に生れ、幼名を伊勢千代といひ、後ち藤藏といひ、また藤五郎と稱した。九歲にして家康公に仕へ、天正十八年（一五九〇）三月小田原役に戰功を建て、文祿元年（一五九二）八月十五日家康公の召に應じて上洛し、君前において元服して忠俊と稱した。同四年（一五九五）四月、兄藤七郎忠次が病歿したため嗣子となつた。慶長五年（一六〇〇）十一月十七日家康公の參內に扈從し、この日伯耆守に任じた。同八年（一六〇三）、常陸國江戸崎に於て初めて領地五千石を給せられ、且つ父忠成に代つて騎士二十五名、卒百名を附せられ、この士卒の給は別に五千石を受けた。同九（一六〇四）、十（一六〇五）兩年の家康公上洛、將軍宣下にはともに扈從し、十年十二月朔日、書院番頭となり、奏者番を兼ねた。

十六年（一六一一）、下野國鹿沼に於いて五千石の地を加へられ、十八年（一六一三）二月父忠成の遺領二萬八千石のうち弟大藏少輔幸成、天方主馬通直に各一千五百石づつを與へ、殘る二萬五千石に忠俊曾て給せらるる所を加へて三萬五千石を領するに至つた。十九年（一六一四）大坂冬の陣には水野隼人正忠淸とともに秀忠公の後備に陣し、元和元年（一六一五）大坂夏の陣には高木主水正正次、水野忠淸とともに右軍に備はり、奮戰大いに努め、麾下の士も多く死し、家臣等も十四名戰死した。終戰の後大いにその功を賞された。同年閏六月二十一日、秀忠公參內のとき隨從したが、翌二年（一六一六）五月竹千代の傅として忠世、利勝と共にこれを輔翼せしめらるるに至つたのである。元和六年

(一六二〇)十月二十日、武藏國岩槻の城主に轉じ、一萬石を加增し、合せて四萬五千石の地を領した。これは大坂兩役の勳功を賞せられたのであると云ふ。

八年(一六二二)四月、家康公の七回神忌に際し、秀忠公の日光社參に當り、忠俊の居城岩槻に宿せられ、物を賜うた。翌九年(一六二三)七月、秀忠、家光兩公の上洛に子宗俊と共に扈從し、八月六日、家光公參內のとき騎馬にて從つた。十月十九日故ありて家光公の譴責を受け、上總國大多喜城に移され二萬石の地を給せられた。が、後に弟幸成を使として領地に屛居すべき旨命ぜらるるに依り、大多喜城を上り、舊領下總國網戶に蟄居した。これ蓋し彼の强諫が度を超したのにもとづくであらう。

寛永元年(一六四四)五月、忠俊は更に舊領相模國高座郡溝ノ鄉に退いたが、同二年(一六二五)、また幕命によつて遠江國小林に退居し、千石の地を扶助せられた。九年(一六三二)男宗俊等恩免を蒙るのとき、忠俊も弟幸成が領知に居るべき旨を命ぜられ、相模國今泉村に遷居した。かくて二十年(一六四三)四月十五日、その地に於いて歿した。年六十六であつた。法名を宗信と謂ひ、同國溝ノ鄉天應院に葬つた。室は大久保治右衞門忠佐の女である。寛政重修諸家譜七二七、丹波笹山青山家譜。

忠俊硬直の一例として、またかういふ話がある。家光公まだ若年の頃、流れ衣紋とて、小袖の領、袖に綿を厚く入れ、その餘は薄くして、專ら衣裝をつくろふことが流行した。公もその流行に從つて流れ衣紋にして居られたが、忠俊ふと出仕し、この樣を見て、公の衣を引上げ、「正しく將軍たる御方《おんかた》の御身にて、斯く衣紋などに御心を用ゐ給ふは何事にましますぞ」と直諫した。かかることは屢〻であつた。

公はその直言を採用せられぬではなかつたが、年頃にもなられ、衆臣の前に於いて小兒を教諭するやうであるのも、さりとては無禮であるとして譴責を蒙り、つひに蟄居して果てたのである。禮典三、丹波笹山青山家譜。

忠俊の長子宗俊は慶長九年（一六〇四）十一月六日江戸に生れた。母は大久保治右衞門忠佐の女。十三年（一六〇八）十一月、竹千代着袴の儀にあたり、その着する所の長袴を賜うた。時に五歳であつた。元和七年（一六二一）或は六年（一六二〇）五月二十七日、從五位下因幡守に敍任し、同九年（一六二三）十月十九日父忠俊の事に坐して相模國溝ノ鄕に屛居し、後ち又父と共に遠江國小林村に移り、寛永九年（一六三二）赦免されたが、なほ相模國今泉村に住した。十一年（一六三四）に至り、七月家光公の上洛に扈從し、十三年（一六三六）四月公の日光社參にも從ひ、十五年（一六三八）十二月朔日、御書院番頭となり、武藏相模兩國のうちに於て采地三千石を給せられた。十九年（一六四二）四月家光公の日光社參に扈從し、正保元年（一六四四）五月二十三日大番頭に轉じたが、慶安元年（一六四八）閏正月十九日、信濃國に於て二萬七千石を加增され、別に佐久、小縣兩郡のうち一萬五千石の地を預けられ、小諸城を賜はつた。

この時、家光公は宗俊の父忠俊の忠志を憶ひ起し、宗俊を召して「我幼なりし時より汝が父我が過を諫めて其の忠を盡し誠を效す至らざるなし、然れども我未だ若年にして事情を辨折する事明かならず、今深く之を悔悟すれども及ばず、罪なくして配所に死せし事返す返すも可憐の至りなり、せめては彼の寃魂を慰めん爲めに信州小諸の城を以て汝に與ふる所なり、汝も亦父の心を心として竹千代〇四代將軍家綱公に仕ふべし」と言つて涙にむせばれた。宗俊は感涙に堪へかね、言ひ出す言葉もなく退出したが、滿座の人々もみな涙に袖をしぼつたと傳へられる。過を改むるに憚らぬ公の性格を窺ふに足る佳話といふべきであらう。（註二）

家光公の薨後であるが、宗俊は寛文二年（一六六二）三月二十九日、大坂城代に進み、二萬石を加增され、小諸より領を攝津國住吉、河內國若江、和泉國日根、遠江國敷智、相模國大住、武藏國橘樹等十四郡のうちに移され、更に四月二十九日、武藏國橘樹、荏原二郡の内に於て千七百六十石餘の地を添へ、すべて五萬石を領するに至つた。かくて寛文五年（一六六五）十二月二十六日從四位下に昇り、延寶六年（一六七八）六月十七日、老を告げて職を辭するまで大坂城代の重責に精勵したことは、宗俊が深く家光公の言葉を肝に銘じたのに由るであらう。宗俊は間もなく同年八月十八日封地を遠江國のうちに移され、濱松城を賜ひ、十二月二十五日、營中に於て杖つくことを許されたが、七年（一六七九）二月十五日卒した。年七十六。義邊寸忠蟠龍院と號し、京都紫野大德寺の芳春院に葬つた。寛政重修諸家譜七二七、丹波笹山青山家譜、榊原日記、名臣金玉、註二。

註一　寛政重修諸家譜七二七青山忠俊條、丹波笹山青山家譜、下總古河土井家譜、藩翰譜五青山伯耆守忠俊條等に、元和元年（一六一五）九月に、酒井雅樂頭忠世、土井大炊頭利勝、青山伯耆守忠俊が家光公の傅となつたやうに記してあるが、これは本光國師日記二十一元和年錄乾の記事に従つて、元和二年（一六一六）五月二十九日、酒井備後守忠利、青山伯耆守忠俊、内藤若狹守清次を傅としたといふのを確實とすべきであらう。寛政重修諸家譜七二七忠俊條には「九月（元和元年）或は十月酒井忠世、土井利勝とおなしく大猷院殿（家光公）を輔翼したてまつるへきむね兩御所（家康公・秀忠公）より懇の仰をかうふる〇中略五月（元和二年）二十九日、老職となり、故のごとく大猷院殿につかへたてまつる。」とあるのは、元和元年二年兩說に妥當性を與へんとしたものであらう。忠世、利勝、忠俊三臣師傅となるのを元和元年に係けたのは、一つには、それが家康公の內意に發することを明らかにする（家康公は元和二年四月十七日薨去。）ためもあつたであらう。三臣師傅說は疑ふぶき點もあるが、君臣言行錄その他の記載にも見られるごとく、一般に信ぜられてゐたところであつて、年月等に確證のないことは勿論であるけれども、あながちに捨て去るべきではないであらう。

註二　家光公が青山忠俊を蟄居せしめたことを後悔したこと、その遺子宗俊を登庸したことは丹波笹山青山家譜、榊原日記、名臣金玉等に見え、後の二書は大猷院殿御實紀附錄卷一にも引かれてゐる。そしてこの二書には宗俊を家綱公の傅としたやうに記してあるが、それには確證はない。ここに引用した家光公の言葉は丹波笹山青山家譜に依り、且つ片假名を平假名に改め、讀み易いやうに助辭等を補入した。

第四章 將軍繼職

一 任官及び上洛

家光公は元和九年（一六二三）三月十五日、權大納言にして右近衞大將、右馬寮御監を兼ねしめられた。時に公は二十歳であつた。元寬日記、德川幕府家譜、德川系譜。

公はついで四月十三日江戸を發し、十七日日光東照社に參拜し、二十一日歸府された。この社參については後に述べることとする第十章日光社參參照が、やがて公は上洛し、征夷大將軍に任ぜらるることとなつた。○上洛については下に一章を設けてあるが、この度の上洛は、征夷大將軍補職のためであるからここに述べ、第七章には再說しない。

すなはち公に先だち五月十二日、秀忠公は江戸を發して上洛の途につき、六月入洛した。家光公は、はじめ五月二十七日江戸發途のことに豫定し、將軍父子上洛に關しては、すでに五月十一日上洛扈從に關する法度幷に下知狀、在京中の法度、上洛扈從衆の扶持方に關する制、驛舍宿賃に關する制等が、それぞれ定められ、扈從衆の誓書をも徵せられたのであつた。十八日、家光公は瘧《おこり》病に罹り、ために延期したが、六月一日病癒え、同二十八日江戸を首途し、七月十三日入洛、伏見城に入つた。東武實錄、河方筆記、元和年錄、本光國師日記、御當家紀年錄。途中小田原城にては旗本の士内藤政康が熟睡して公の出城を知らず、阿部備中守正次に召預けられ、後ち伊豆大島に配流後年免されたさるることあり、三河吉田に於ては城主松平主殿頭忠利、尾張名古屋に於ては城主德川義直が熱田にて、伊勢桑名にては城主松平隱岐守定勝が、龜山にては城主三宅越後守康信が、近江膳所にては城主菅沼左近將監定芳が公を饗する等のことがあつた。

公の宿城たる伏見城は、この年五月すでに城中に殿閣構造のことを五味金右衞門豐直をして奉行せしめて居り、また扈從についても、この月、榊原式部大輔忠次は、祖父式部大輔康政の例によつて、先驅たるべきことを命ぜられ、酒井雅樂頭忠世、松平丹波守康長、阿部備中守正次、安藤右京進重長、高木主水正正次、松平出雲守勝隆その他多くの諸大名が扈從した。これら大名に隨從せる家臣も多く、家によつて相違するが、津輕越中守信枚の例に見るも、騎馬四十四騎、雜兵千五百人といふ風であつたから、その行粧も美々しく豪勢なものであつた。

七月十三日、家光公の入洛にあたり、公卿、門跡等はこれを山科追分に迎へたが、三寶院門跡義演、土御門泰重等はその日記に記して、「大納言○家光公殿當地御通、供奉衆猛勢也○中略水戸ノ宰相○德川賴房殿《シツハラヒ》也、鐵放六百丁ハカリ、弓二百、鑓三百獃、騎馬數百輩見事ノ見物也、鷹以下歷々驚レ目。」○義演准后日記とか、「綺麗出立、諸人驚レ目之由申候」○土御門泰重卿記、これは傳聞である。などと瞠目の樣を述べてゐる。この日大夕立があり、出迎の衆はみな濡れ、「唉止ノ躰」○義演准后日記であつた。

ついで十五日、勅使伏見城に臨み、家光公の上洛を勞つた。この日公は二條城に至り、秀忠公を候したのであるが、勅使の來臨されたのは公が二條城から歸つて後であつた。勅使の氏名は資勝卿記その他所見がない。日野資勝等の公卿も伏見城に家光公に謁した。これは勅使が歸つて後であらう。公卿等の氏名も明らかでないが、資勝がその日記に「則各申談し登城申候也」と記してゐるから、彼一人でなかつたことが知られる。謁見過ぎて廣間に於て饗應あり、酒井雅樂頭忠世、青山伯耆守忠俊、阿部備中守正次、酒井讚岐守忠勝、板倉周防守重宗等が斡旋した。饗畢つて公卿等は退出した。資勝卿記、御當家記年錄。

十六日には諸大名が伏見城に群參して家光公の入京を賀し、太刀目錄を獻じた。つづいて十八日、公卿、殿上人、門跡等が登城、入京を賀した。各太刀馬代その他の進物を持參した。公卿等は攝關家はじめ諸家の總禮で、人數も多く、日野資勝のごとき夜中に京都を發する有樣であつたが、ひとりこれは資勝にとどまらなかつたであらう。門跡は仁和寺覺深、聖護院道晃、照高院道周、曼殊院良恕、大覺寺空性、妙法院堯然、一乘院尊覺、八宮知恩院良純、梶井慈胤各入道親王、三寶院義演准后、靑蓮院大僧正尊純、隨心院增孝、大乘院信尊の各大僧正、三寶院附弟覺定、勸修寺權僧正寬海の順であつた。義演准后日記、資勝卿記、土御門泰重卿記、孝亮宿禰日次記。

二十六日には、五山衆その他社寺の輩が伏見城に家光公の入京を賀した。

二　參　內

二十三日家光公は參內した。伏見より直ちに施藥院に至り、朝食を喫し衣冠を着け、辰刻〇午前八時に參內、ただし非公式であつたらしく、諸大名は扈從しなかつた。

公は天顏を拜し、禁裏に白御袷五十、銀子五百枚、中和門院近衛前子に銀子三百枚、綿百把、また女御徳川和子へも物を獻じて、七ツ時〇午後四時退出し、二條城に入つた。昵近の公家衆は二條城に至り、秀忠・家光兩公に謁して、公の參內の滯りなく濟んだことを賀した。義演准后日記、資勝卿記、土御門泰重卿記、御当家記年錄、山內家代々記坤一

二十五日以後、家光公は上洛の祝儀として、公卿門跡等に物を贈つた。すなはち左の如くであつた。

日野資勝へ帷子五、單物二、銀子三十枚、土御門久脩へ銀子二十枚、同泰重へ帷子五內單物二、金子一枚、壬生忠

利へ銀子十枚、同孝亮へ單物二、帷子三、三寶院義演准后へ帷子五、單物五、銀子三十枚、三寶院新門跡覺定へ帷子五、單物五。

右は文獻の徴すべきもののみを擧げたのであるが、公の音信がひとりこれらの人々に限らず五攝家以下諸公卿、殿上人、地下衆、諸門跡、法中一般に及んだことは明らかである。現に本光國師日記には、八月四日、五山衆に二條城に於て御服（品種、數量は不明）を贈つたことが記されてゐるのでも推察されるのである。（資勝卿記、土御門泰重卿記、孝亮宿禰日次記、義演准后日記、本光國師日記。）

二十六日、幕府は土御門久脩をして天曹地府祭をその邸に修せしめた。これは明日家光公に將軍宣下があるからであつて、家康・秀忠二公の前例に據つたのである。

土御門家に於ては、これより先七月十九日、やがて將軍宣下あるべきことを漏れ聞き、前例により天曹地府祭を修すべきことを武家傳奏三條西實條に申入れたが、直接京都所司代板倉周防守重宗に申入れよとのことであつたので、更に中院通村に斡旋方を依賴したが、これ亦實條同樣の返事であつた。で、土御門泰重は二十日重宗を訪ね、この事を申入れ、家康・秀忠二公自筆署名の都狀を所持することをも申添へた。重宗はこれを諾したが、手續上三條西實條を經て上申すべきことを命じた。よつて更に實條に告げたところ、今朝二條城にて重宗に逢ひ、これを話したとのことであつた。彼は「一言にて相濟、珍重也」と日記に記してゐる。

泰重は二十四日都狀を作製し、父久脩がこれを實條の許に持參した。實條は先づ祈禱を始め、都狀に家光公の加署を請ふことは後にせよと言つたが、泰重は都狀に加署なきは不可とし、實條もつひにこれを承認した。

二十五日、去る十八日公卿等の伏見城に家光公の入京を賀する際、御番にて果せなかつた者は明二十六日伏見に登城すべき旨武家傳奏より觸があり、泰重は二十六日曉京都を發し夜明けに伏見に至り、登城、家光公に謁し、太刀馬代銀子一枚を獻じた。一方久脩はこの朝板倉重宗の許に都狀を持參したが重宗に逢へず、都狀については三條西實條より承はるべしとのことであつたので、實條に申入れ、重宗が伏見に行つてゐることを知り、同じく伏見に行く木村越前に托し、越前の斡旋によつて泰重は重宗に會ひ、都狀のことを申入れ、重宗は都狀に家光公の加署が濟み次第傳奏に參らすべき由を告げ、泰重は辭去したのであつた。この都狀には公の自署が加へられ、二十八日實條を經て土御門家に下付された。日付は二十七日であつた。

神事は二十六日夜より始められ、七日間執行、八月四日に結願した。この間に、八月三日、土御門家では實條と重宗に各一膳を贈り、明日家光公に御秡を獻上したく重宗の指示を受けたが、五日に公は二條城に行くのでその時がよいであらうとのことであつた。この日土御門家では祈禱を三座執行した。

五日未刻〇午後二時公は二條城に至つた。土御門久脩は未下刻〇午後三時同城に登り、御秡を千把、柳筥に載せ、御洗米の紙包に枝ながらの榊を一緒に包んで獻じた。これは吉良左兵衛督義彌によつて披露され、公よりは、獻上珍重、取紛れて對面する能はぬ旨が傳へられた。御秡は土御門泰重卿記によるに左の如きものであつた。

以我行神力、神道加持力、此分朱書也、

天曹地府祭行事共一座、此分墨書也。

神變神通力、普供養而住。

十二月二十五日に至り、天曹地府祭料として土御門家に百石が給せられた。土御門泰重卿記。

三　將　軍　宣　下

七月二十七日、征夷大將軍德川秀忠公職を辭し、世子德川家光公が繼いで征夷大將軍に補せられた。同時に公は正二位に敍し、內大臣に任じ、淳和奬學兩院別當、源氏長者となし、牛車を聽され、隨身兵仗を賜うた。

この日天氣晴朗であつた。朝廷に於て將軍宣下の陣儀あり、上卿は權大納言三條西實條卿、奉行職事は頭中將正親町季俊が奉仕した。それが濟んでから勅使三條西實條以下諸役が伏見城に參向して家光公に位記・宣旨等を授けた。すなはち勅使權大納言三條西實條、頭中將正親町季俊、權左少辨勸修寺經廣、少納言五條爲適以下參向し、位記は大內記東坊城長維、宣旨は大外記押小路師生、左大史壬生孝亮が持參した。老臣はこれらの人々を玄關に迎へ、殿上の間に導いて、これに着座せしめ、昵近の公卿等はかねてより大廣間の緣に着座し、國持四品以上以下の諸大名次次に着座した。

家光公は赤色の直垂を着し大廣間上段に着座、衣紋のことは從三位高倉永慶が掌つた。公卿等はいづれも束帶にて出で、公の座の左に着座した。ここに於て告使御藏式部丞白洲に下り、公の座に向つて「御昇進、御昇進」と二聲呼んで退き、次いで內大臣の宣旨を亂箱に入れて殿上間を出て次の間に於て押小路師生が副使出納豐後守某より請取つて緣まで持ち出で、高家吉良義彌これを請取つて公の前に奉る。公これを拜戴して側に置く。

次に征夷大將軍の宣旨を壬生孝亮が、副使出納將監某に持ち出さしめて次の間に於て請取り、緣まで持ち出でて義彌に授け、義彌これを公の前に備へ、その傍らに置く。かくて阿部備中守正次亂箱の蓋に砂金二包（金二拾兩）を入れて義彌に渡し、これを孝亮に授け、師生には砂金一包（金拾兩）を授けた。孝亮と師生は家光公を拜して退いた。

ついで大內記東坊城長維、正二位の宣旨を持つて出で、義彌これを請取り、公に奉り、長維は砂金一包を授かつて退き、次に孝亮、淳和奬學兩院の別當、源氏長者の宣旨を持ち出で、次に孝亮また右近衞大將、右馬寮御監の宣旨を持ち出で、次に師生、牛車の宣旨、次に同じく師生、右近衞大將如故の宣旨、次に隨身兵仗の宣旨を持ち出で、以上いづれも義彌これを請取つて公の前に捧げ、正次砂金一包を義彌に渡し、孝亮・長維・師生に授けた。孝亮これを拜戴して退くこと前に同じであつた。次いで着座の公卿一人づつ家光公の前に出て太刀目錄を獻じ、次に昵近の公卿また同じく、次に孝亮等また御縁に於て同じくして公に謁して退き、最後にこの度の事に參與した人々がみな公に謁して退き、この大儀は終つたのである。

當日家光公に授けられた征夷大將軍、源氏長者、牛車の宣旨は左の通りであつた。

　　權大納言源朝臣家光（徳川）
右中將藤原（正親町）朝臣季俊傳宣、權大納言藤原（三條西）朝臣實條宣、奉　勅、件人宜レ爲二征夷大將軍一者。
元和九年七月廿七日　左大史小槻宿禰孝亮（壬生）奉　孝亮宿禰日次記。

　　權大納言源朝臣家光（徳川）
右中將藤原（正親町）朝臣季俊傳宣、權大納言藤原（三條西）朝臣實條宣、奉　勅、件人宜レ爲二源氏長者一。
元和九年七月廿七日　左（大史小槻宿）禰（壬生）孝亮奉　孝亮宿禰日次記。

　　內大臣源朝臣（徳川家光）
右中將藤原（正親町）朝臣季俊傳宣、權大納言藤原（三條西）朝臣實條宣、奉　勅、件人宜下令レ乘二牛車一、出二入宮中一給上者。
元和九年七月廿七日　左（大史小槻宿禰）（壬生）孝亮奉　孝亮宿禰日次記。

三條西實條には金子十枚、正親町季俊には金子五枚、勸修寺經廣も同じく五枚、東坊城長維には金子一枚、諸役人には米にて下行が給せられた。公卿補任、孝亮宿禰日次記、土御門泰重卿記、元和年錄、東武實錄、徳川幕府家譜。

なほこの日、內藤甚十郎忠重從五位下に敍し、伊賀守と改め、三浦左兵衞正次、敍爵して志摩守と改め、松平長四郎信綱は伊豆守と改め、阿部小平次忠秋は豐後守、水野淸五郎光綱は攝津守、池田左門長賢は帶刀と改めた。

翌二十八日、諸大名は伏見に登城し、各太刀馬代を献じて將軍宣下を賀した。二十九日も同樣であつた。

四　拜賀參內

八月六日、家光公は將軍宣下拜賀のため參內した。この日、五つ時（午前八時）頃より雨が降り、やがて晴れ朝霧が罩めた。そしてまた雨となつたが、公が裝束を着ける頃晴れた。昵近の公家衆は早朝より二條城に登り、公に謁し、土御門泰重は御身固を勤めた。かくて公家衆は先に禁中に至り、公の參內を待つた。加藤左馬助嘉明、寺澤志摩守廣高、鍋島信濃守勝茂、淺野但馬守長晟等は四足門まで公を見送つた。參內の行列は嚴重にして美々しきものであつた。それについては資勝卿記、大內日記、元和年錄、東武實錄、御當家記年錄その他に詳しい記事があるが、ここにはもつともわかり易い大猷院殿御實紀一から抄記しよう。

一番左右に雜色十二人、二番御物長持四人、公人、朝夕、次に梨地蒔繪の長刀、力者は素襖を着す。次に同朋永倉珍阿彌重安、騎馬、長刀一振、櫃二人、手明、太刀持、傘持各一人、侍十人、三番に先驅左板倉周防守重宗、右青山伯耆守忠俊、櫃二人、先に長刀小者六人、侍六人、後に傘持は刀を帶せず、十德白布の帶したり。侍十五人從ふ。四番御隨身、騎馬、本重藤（籐）の弓、壺胡簶、征矢、左森川金右衞門氏信、齋藤與惣右衞門三存、布施孫兵衞重直、井上淸兵衞政重、渡邊彌之助勝、中山勘解由照守、右は內藤外記正重、松平小大夫勝秀、安藤傳十郎定智、秋山十右衞門正重、石河三右衞門勝政、柳生又右衞門宗矩、各小者、櫳各一人從ふ。五番白丁十二人、六番左右歩行の諸大夫二百十餘人、次に御長刀、次に御車、前後布衣の侍十一人、牛飼三人、(内一人は童形)次に烏帽子着五人、舍人二人、白張、榻持、階持各一人白張なり。權御隨身二人、左は御沓を持、次に傘持、御馬は居飼一人、舍人一人、馬副八人、次に酒井雅樂頭忠世、騎馬にて御太刀をもつ。櫳二人、布衣侍四人、長刀、沓持、傘持、鞭持、圓座持、皆肩衣袴、茶筅髮なり。次に後騎の諸大夫、左松平山城守忠國、松平甲斐守忠良、松平丹波守康長、松平主殿頭忠利、松平周防守康重、本多中務大輔忠刻、松平下總守忠明、右は小笠原右近大夫忠眞、松平河内守定行、松平式部大輔忠次、本多豐後守康紀、本多下總守俊次、松平飛驒守忠隆、本多美濃守忠政、各前に長刀、鞭、沓、圓座持、後に傘持、侍六人づゝを從ふ。次に尾張中納言義直卿、紀伊中納言賴宣卿、水戸宰相賴房卿、加賀宰相利常、薩摩宰相家久、越後侍從忠昌、備前侍從忠雄、會津侍從忠鄕、美作侍從忠政、秋田侍從義宣、長門侍從秀就、豐前侍從忠利、若狹侍從忠高、米澤侍從定勝、毛利宰相秀元、丹羽宰相長重、柳川侍從宗茂、臼杵侍從典通、織田侍從信良、彥根侍從直孝、對馬侍從義成、因幡侍從光政、丹後侍從高廣、みな塗輿にのり、衣冠にて、輿丁四目結の上ばかり着す。宰相は侍四人、中少將、侍從は二人、太刀持烏帽子子着廿人、中間、白張十人、長刀持一人、力者上下を着す。

公の御車は禁裏の四足門に駐められた。公家衆は南にて西上北面に居竝び、武家にて四位の輩、老臣等は北上西面に竝び立つてこれを迎へた。三條西權大納言實條簾をかかげ、吉良左兵衞督義彌御太刀を持ち、大澤少將基宿は御刀を持ち、公の御車より降らるるや、酒井讃岐守忠勝、退紅の持ちたる御沓を請取つて日野中納言光慶卿に渡し、卿より沓を公に役す。公は、かくて四足門を入り、北に折れて長橋の車寄より昇殿あり、しばらくここに休憩するところ刀を持つ。

に、勾當内侍のお迎へあり、内侍所の方へ祗候した。このとき昵近の公卿等扈從し、三條西實條、日野光慶、太刀、

公は後水尾天皇に拜謁し、御太刀、御馬を献じ、銀千枚、綿千把を參らせた。やがて三献の御祝あり、公お酌を執り、典侍の局、内侍の女房達に御酒を給ひ、三條、日野及び烏丸權大納言光廣卿、廣橋權大納言總光卿など、昵近の公卿いづれも御酒を給うた。三献終つて尾張中納言義直、紀伊中納言賴宣、水戸宰相賴房、各御太刀馬代銀千枚づつを捧げて拜謁し、この御祝の後、公は女御徳川氏のおましに祗候した。この途、内々の殿居所にて關白九條幸家、左大臣近衞信尋、右大臣一條昭良、内大臣二條康道、鷹司信房、九條道房等ならびに式部卿八條宮智仁親王、兵部卿伏見宮貞清親王などに對面あり、昵近の公卿等御學問所の三枚戸まで從ひ、それより女官の迎を受け、女御に御對面、御盃あり、この間に天皇は清涼殿に渡御あらせられ、武家の宰相、侍從以上御太刀馬代を献じて拜謁し、御盃を賜はつたのである。天皇入御ののち、武家等に殿上に於いて御菓子折が出、御酒を賜うた。

やがて公の女御の御方を辭するや、昵近の公卿再び扈從して、また長橋の御直廬において二献の御祝あり、義直、賴宣、賴房三卿相伴あつて退出し、すべて參内の時の如くにして、四足門より車に乘り、中和門院近衞氏前子の御方に祗候した。御門外にて車を降り、御對面、御盃酌の樣、すべて禁裏の作法に異らなかつた。公は銀子五百枚、羽二重二百疋を献じた。義直、賴宣、賴房の三卿もまた女院に拜謁し、銀子十枚づつを献じた。公は、かくて二條城に還つた。公卿等は禁中非藏人部屋にて酒肴を賜はつた。その後昵近の公家衆は二條城に參營した。

權大納言三條西實條は勅使として二條城に臨み、今日の參內、叡慮殊に喜ばせ給ふ旨の詔を家光公に傳へ、女院よりは岩倉木工頭具堯を御使として同じ旨を公に傳へた。その後、昵近の公家衆もまた公に謁した。

かくて秀忠公へも、板倉周防守重宗より勅使參向の旨を傳へたので、秀忠公も紺色の直垂を着して出でて勅旨を受け、つづいて昵近の公家衆も公に謁して退出した。

その後御座之間において家光公は秀忠公に對面あり、纉緒《さんちよ》の禮として金百枚、時服五十、長光の太刀を進上あり、禮過ぎてより三五の熨斗出で、雜煮、吸物參り、三献の祝があり、初献の時、秀忠公より不動國行の刀、三好正宗の脇指を家光公に引出物とし、饗宴終つて後、家光公は伏見城に還つた。

なほこの日、松平隱岐守定勝は從四位下、左近衞少將に、松平(池田)新太郎光政は從四位下、侍從に敍任し、松平出羽守直政は從四位下に敍せられた。また敍爵して官名を改めしもの、永井十左衞門直貞は豐前守に、松平右馬助乘次は大監物に、立花彌七郎種次は主膳正に、高力左近高長は左近大夫に、桑山主殿貞晴は加賀守に、井上大學正利は河内守に、而して横山右近興知は土佐守に改めた。資勝卿記、土御門泰重卿記、大内日記、元和年錄、東武實錄、御當家記年錄、山内家代々記坤一、丹羽歷代年譜三、

ついで九日、諸大名は直垂或は大紋を着して伏見に登城し、將軍宣下を賀した。國持竝に十萬石以上の者は太刀馬代幷に時服、金銀を献じ、九萬石以下は太刀目錄を捧げ、四品以上の者については酒井雅樂頭忠世これを披露し、諸大夫以下は自ら持參したのである。御當家記年錄。

五　勅使伏見城參向

十一日、家光公將軍宣下の御賀として、勅使權中納言日野光慶伏見城に參向、御太刀馬代として金子一枚を贈り給うた。中和門院近衞氏及び女御德川氏よりも大高檀紙を贈り給うた。これらは酒井讚岐守忠勝、阿部備中守正次がそれぞれ披露した。

その後、昵近の公卿として日野資勝、廣橋總光、土御門泰重等の謁見あり、つづいて奥に於て、關白九條幸家、左大臣近衞信尋、右大臣一條昭良、式部卿八條宮智仁親王、兵部卿伏見宮貞清親王、太閤鷹司信房、内大臣二條康道、左近衞大將鷹司教平、權大納言九條道房等對面あり、次に仁和寺覺深、聖護院道晃、照高院道周、曼殊院良恕、大覺寺尊性、妙法院堯然、一乘院尊覺、知恩院良純各入道親王、三寶院義演准后、梶井最胤入道親王、隨心院増孝、靑蓮院尊純大僧正、大乘院信尊、三寶院新門跡覺定、勸修寺寛海の各門跡等が對面した。公卿等も門跡等も太刀馬代として銀一枚づつを進上したのである。彼等の退出するとき、公は廣縁まで送つた。次に前右大臣西園寺實益、同じく花山院定熙對面、次に轉法輪三條公廣、中御門資胤の各權大納言以下非藏人まで謁見、後に奈良松林院、仁和寺覺勝院、積善院等院家衆の謁見、北面諸役者、寺社衆の謁見があり、終つて本願寺門跡（資勝卿記に東西何れとも記してない）の對面があり、最後に稻葉彦六典通の謁見があつて、いづれも退出した。

六　二條城猿樂

八月十四日、二條城に於て家光公の將軍繼職を賀する猿樂が催された。この日朝より曇り、正午頃より雨が少し降り、やがて晴れ、それから曇つた。

まづ奥の對面所において、三條西權大納言實條、日野權大納言資勝、烏丸權大納言光廣、廣橋權大納言總光、日野權中納言光慶、徳川義直、同賴宣、賴房は、公の前に於て、廣橋權中納言兼賢は次の間、前田利常、島津家久は三の間にて饗應された。公は上壇に、腰物を左にして坐され、下壇の座の左に義直、賴宣、賴房、光慶、兼賢、右に實條、資勝、光廣、總光、三の間に利常、家久といふ席順であつた。

引渡して、盃一返廻り、鯛の吸物、七五三の振舞あり、酒二献目に、各公の盃を頂戴し、公は「御肴下され候、一ツタベ候へ」と言葉をかけた。

饗が終つて、廣間に於て猿樂の能が始まつた。屏風を立てきり、公は秀忠公とともに簾中において見物し、義直、頼宣、頼房、昵近の公家衆、大名衆も同間にて見物した。能の番組は左の如く、舞臺は新造であつた。

翁觀世大夫　高砂觀世　田村金春　松風七大夫
張良寶生脇近藤　通小町金剛　舟辨慶七大夫　呉羽觀世

松風と張良の間に、大夫はじめ座の者に五百貫、大夫五人に袷一重の内唐織物、一座の者に單帷子を賜はつた。この賜物が終つてから、ロの間において列座のものに饗應があり、酒井忠世、土井利勝、靑山忠俊、酒井忠勝、阿部重次、吉良義彌、大澤基宿、板倉重宗等が座を斡旋した。能の前後に一同は秀忠公に謁見した。酒井忠世が披露したのである。

十五日、十六日も同城に於て猿樂が催された。

七　大坂に赴く

八月十九日、家光公は伏見城より大坂城に行き、留ること四日、二十三日、伏見城に還られた。この間に公は、堺浦を巡覽し、攝河泉奉行喜多見五郎左衞門勝忠の官宅に休憩あり、勝忠は茶菓を獻じ、公より勝忠に金及び時服を賜うた。本光國師日記、梵舜日記、御當家記年錄、斷家譜。

公はこの時、奈良見物にも赴き、東大寺三藏の蘭奢待を切つた。昔より將軍家の例に従つたのだといふ風聞が義演准后日記に記されてゐるが、これは全くの訛傳であつた。義演准后日記。

二十四日、禁裏の御料として洛外田園一萬石の地を進らせ、また洛中に無業の處士の徘徊することが禁じられた。東武實錄。

二十六日は後陽成天皇の七回聖忌に相當した。よつて二十二日よりこの日まで清涼殿に於て法華八講が行はれ、一方般舟三昧院に於ては曼陀羅供が修せられた。

八講第三日に當る二十四日、家光公は御捧物として、銀の桐の打枝に、金の鳳凰を附け、水精の念珠をかけたものを献ぜられた。持手は勸修寺經廣が勤めた。公卿補任、土御門泰重卿記、元和九年御八講記、資勝卿記、義演准后日記、孝亮宿禰日次記、曼殊院文書。

八講の終つた翌二十七日、後水尾天皇には御精進落を遊ばされた。家光公は御酒肴として十荷十合の御樽を献ぜられた。土御門泰重卿記。

二十八日には在京の諸大名が、二條城に登り秀忠公に、伏見城に登り家光公に謁した。これは、毎月一日、十五日、二十八日恒例三回の登營を、偶々兩公が上洛中のために、行うたに過ぎず、他の意味はなかつたのである。

この日、家光公は金地院崇傳を召して、歸東の日時勘申を命じ、崇傳は翌二十九日伏見に登城して、公の京都發途の日時を閏八月八日、九日兩日のうちと勘申した。本光國師日記。三十日、公は公卿等に物を贈り、ついで朝廷諸役の者に物を給はつた。資勝卿記、孝亮宿禰日次記。

八　暹羅國使引見

この頃暹羅國使二名、譯人一名が來朝した。秀忠公は閏八月朔日、これを二條城に引見した。この日、家光公は伏見城より二條城に赴いたが、暹羅國使謁見のことはなかつた。そして三日に、公は伏見城に國使等を引見された。使者來朝のことは朔日に酒井雅樂頭忠世より公に披露があり、この日の奏者は阿部備中守正次であつた。暹羅國の献物は象牙九本、笠一、貝光布二十反、龍腦二壺、使者個人の進物も大形これに同じであつた。公には國使より特に書簡を呈せず、酒井雅樂頭忠世に書簡を呈した。公は、國使退出ののち、常の座に於て右の書簡を金地院崇傳をして讀ましめた。

なほ家光公は、この月二日、金地院崇傳に印判彫刻の事を命じた。印材は象牙を用ゐた。崇傳は五日、印工宗三郎、九郎左衞門兩人を伴ひ伏見城に登り、二顆の印は三日より六日までかかつて出來上つた。奉行は大久保加平次昌之、安藤忠五郎定武であつた。印工二人には銀十枚づつを褒賜された。

また六日、今後五山十刹出世公帖の事は秀忠公に申上ぐるに及ばず、家光公に請ふべきことを秀忠公より申出され、公は七日はじめて出世の公帖に判を捺された。崇傳には銀五十枚を賜うた。またこれより先、三日には、伏見城にて、公より五山の僧侶に時服を賜はつた。（本光國師日記、異國日記、東武實錄。）

九　歸　府

八月二十七日から二十八日にかけて公家衆、門跡等に、近々新將軍家光歸東につき、閏八月朔日、暇乞として伏見城に總參賀すべき旨、傳奏三條西實條より觸があり、土御門泰重の如きは閏八月四日、餞として進物持參、伏見城に伺候したのであつた。（義演准后日記、土御門泰重卿記。）

同八日、家光公は伏見城を發し、二條城に至り秀忠公に對面、暇乞の挨拶をし、直ちに江戶歸府の途に就いた。攝家幷に諸門跡は名代を遣し、ほか公家衆、諸大名は自ら山科追分まで公を見送つた。醫官法印岡本玄冶諸品はじめて京より扈從した。この日、朝より雨が降つたが、正午近くなつて止んだ。この夜の宿泊は菅沼織部正定芳の近江膳所城であつた。なほこの日、金地院崇傳は二條城に於て家光公に謁し、辭別した。

公の歸府の旅次に於ける一々の休憩所、宿城等は詳かでないが、閏八月十二日には、名古屋城に泊つた。城主徳川義直は本丸に於て公を饗し、公より則宗の太刀、來國光の刀、左文字の脇指を拜領し、義直よりは光忠の太刀、二字國俊の刀、光包の脇差を獻じた。そして酒井雅樂頭忠世へは左國弘の刀、阿部備中守正次へは信國の刀、青山伯耆守忠俊へは吉用の刀、酒井讃岐守忠勝へは助吉の刀、安藤右京亮重長へは法成寺の刀を贈つた。この時の配《はい》兵粮《ひょうろう》俵《たはら》合せて千五百五拾三俵二斗と傳へられるから、扈從の人々の數も實に夥しかつたことが察せられる。

日は詳かでないが、家光公の歸路にあたり、大井川增水して渡るに困難であつたが、使番今村傳四郎正長は馬にて川を乘り渡し、水の深淺を試みて、扈從の者を難なく渡したので公の御感を蒙つた。また公は伊豆代官井出藤左衞門正信の蒲原の宅に立寄り、宛かも正信は病臥してゐたので、子八十郎正員が公に謁し、富士川まで公を送つた。公の歸路の宿割を勤めたのは根來小左次盛正であつた。

かくて公は閏八月二十四日、恙なく江戸城に還つたのである。本光國師日記、義演准后日記、土御門泰重卿記。

なほ秀忠公は、同月二十一日、後水尾天皇に麝香を獻じ、即日京都を發して歸府の途に就き、九月七日、無事江戸城に還り着いた。

兩公に扈從せず京に居殘つた諸大名も、やがてそれぞれ下向の途に就いた。また諸大名は家臣を遣して路次に兩公を候し、物を獻じた。上杉年譜、伊達貞山治家記録、土御門泰重卿記、山内家代々記坤一、資勝卿記、御當家記年録、敬公實録、梵舜日記、岡本文書。

第五章　治　政

家光公は元和九年（一六二三）七月二十七日、征夷大將軍の職に就き、慶安四年（一六五一）四月二十日の薨去に及んだのであるから、その在職は二十八年九箇月である。うち元和九年七月より寛永九年（一六三二）正月二十四日、父秀忠公薨去までの九年六箇月の間は、父公が大御所として存在し、施政の大事はすべて獨裁することなく、父公に諮つて處理せられたことを思はねばならぬ。事實、父公在生の間は英邁な家光公も萬事控え目であつた一面がある。かの公の年來の念願であつた日光東照宮の寛永の大造營も、秀忠公の薨去の後に着手せられたのでもそれは知られるのである。〇第九章參照

征夷大將軍たる家光公は幕府の統帥者であり、代表者である。從つてその治政施策の方寸は公によつて決せられたのであり、その功も責も最後は公が負ふべきであらう。しかし乍ら公には宰輔の臣として、酒井雅樂頭忠世、土井大炊頭利勝、酒井讚岐守忠勝、永井信濃守尙政、堀田加賀守正盛、阿部豐後守忠秋、松平伊豆守信綱、阿部對馬守重次板倉周防守重宗、松平和泉守乘壽等の有能者があり、更に多くの能吏があつた。而してこれら優秀なる臣僚の献策又は意志に依つて行はれた數々の施政があつたのであり、それらの功も責もまた沒してはならぬ。

ここに家光公を傳するにあたつて、「治政」の章を設けたが、幕府の機構なり、行政の全般にわたつて記すること、或は或る事件の顚末にわたつて詳述することは、紙幅の許さぬところであるばかりでなく、公の傳記と幕府史とを混同する惧がある。それは避けなければならぬことである。けれども公の公生活と私生活が切離せぬごとく、公と幕府

とを切離すことは不可能である。よつて以下、公と幕府と關連せしめつつ、公の治政の主なるものについて述べることとしよう。

一　朝幕關係

（一）紫衣勅許破棄問題・澤庵等の配流

家光公は、德川氏歷代中にあつても屈指すべき名將軍であつて、上下に對して寛嚴恩威竝びに行はれて、洋々たる施政の根柢を固めたのであり、年々民力養成に關する訓令を布き、士心を得るとともに民心を得、幕府民政の大本は實に家光公の時に定まつたといつて過言でないのである。

皇室を尊崇することも家康公以來德川氏として吝でなかつた。寛永四年（一六二七）に幕府が法を重んじて、妙心寺派及び大德寺派僧侶の紫衣勅許を破棄したことによつて端を發し、つひには後水尾天皇の甚だしき御憤懣となり、御讓位を見るに至つたのを朝幕の大衝突とし、將軍が、延いて幕府が朝廷を蔑如したるが如く見ることは一面の觀察であつて、將軍は、幕府は、飽くまで法を重んじこれを勵行したのである。綸言汗の如しとは言へ、また天皇の御憤懣も、御感情の上に於ては、さることながら、若し法に背く者を放置するときは、その弊、底止することを知らぬに至つたかも知れぬことも考へねばならぬ。澤庵和尙等の處置については、後年（寛永十三年（一六三六）七月）家光公も、公の諮問に答へた澤庵和尙等の言を嘉納して、金地院崇傳の言を不當とされ、後悔の念のあつたことも考慮すべきであらう。從つて、公等に朝廷蔑如の念のなかつたことは、皇室、朝廷に對しての諸事、例へば寛永二年（一六二五）の皇子御降誕を賀して寛永三年（一六二六）五月秀忠公が江戶を發して六月入洛し、家光公は七月、江戶を發して八月入洛、九月、二條城に後水尾天皇、東福門院、中和院門の行幸啓を仰ぎ、寛永十一年（一六三四）、明正天皇の御即位を賀するため、家光公が、六月江戸を發して上洛し、七月、參內、閏七月、後水尾上皇の御料七千石を增進し、やがて院政を奏請したるが如きはその一であつて、ために朝幕融和あらせらるるに至つたのである。○第七章參照。

紫衣勅許の破棄等についていささか述べよう。

寛永三年（一六二六）、二條城行幸の準備のため、金地院崇傳が、幕府の命によつて京都に上り、武家傳奏三條西實條、中院通村、京都所司代板倉周防守重宗等と會し、屢〻事を議するに當つて、圖らずも崇傳の眼に觸れたのは、諸宗の僧侶の出世に關することであつた。就中、大德寺派、妙心寺派僧侶の紫衣勅許、長老成りの二事が彼の注意を惹いたのである。共に元和元年（一六一五）七月、家康公制定するところの法度に抵觸してゐたからである。

行幸も滯無く濟み、秀忠、家光二公も歸府したので、崇傳は自ら僧錄たるの職責に顧みて、調査を進め、更に大德寺派、妙心寺派の僧侶の紫衣勅許の輩を委しく查檢したところ、年齡四十未滿の者、九十餘人に及んだので、一々彼等の勅許を得た手段を尋問し、江戶に歸つた上、彼等より提出せる年齡、戒﨟幷びに奏請の次第書を提供して處分を仰ぐこととなつたのである。

幕府に於ては法度に背きたる者を放置し難く、殊に禁中法度にも、年齡、學業、戒﨟、參禪等全備の者と雖も上人成り、出世等は容易ならざるやうと、規定してあるのであり、數年を出でずして、かく濫授の御沙汰があつたことは其の意を得ずとして、崇傳に法度の勵行を勸めることとなつたのである。本光國師日記、寛永四年（一六二七）七月十九日の條に、

御前にて、上方諸出世御法度共被㆑仰出㆑、今度板周防殿と右之通被㆑仰付㆑○中略御年寄衆、國師相加、終日之御談合

也、

一、諸宗出世之儀、故相國様（家康公を指す）御法度書に相背、猥りに有レ之由被二聞召一候之間、三條（三條西實條）中院（通村）を以て伺二叡慮一、御法度以後出世之者先相押、其上重而器量を被レ成二御吟味一、可レ被二仰付一事。

附、諸宗出世之前後御法度之日付を可二相考一事。

一、寺々之傳奏も、故相國様御法度に相違之者、出世之儀望み申共、向後猥に執奏無レ之様に、三條、中院と相談可二申渡一事。

一、五山紫衣黄衣西堂之公帖頂載不レ申衆も、御法度以前は御赦免之事、

一、知恩院執奏之上人號之事、背二御法度一、猥りに上人に被レ成候者は押置、右如下被二仰出一候上御吟味之上、重而可レ被二仰付一事。

と見える如く、所司代板倉周防守重宗に命令されたので、重宗はこれを武家傳奏に傳へ、諸宗法度に背いた僧侶の出世を先づ差止むべきことを主張した。傳奏等は、他のことはしばらく措き、綸旨を賜はつた大徳寺、妙心寺二派の僧侶の出世を差止むる時は、綸旨を反故となすことであり、前代未聞のことであるから、なかなか承引しなかつたのであるが、重宗は大御所秀忠公の上意を楯にとつて飽くまでもその實行を迫つて止まなかつた。

ここに於て兩傳奏も關白近衞信尋もつひに止むなく奏聞に及んだ。天皇は大いに驚かれ、たとへ一旦のお過ちにて諸宗法度を顧みることなく出世を勅許ありしとても、今後はとにかく、既に勅許の分を破棄さるるは、言語道斷であつて、今は天位に在るも面目なきことと大いに宸怒あらせられ、中宮徳川和子の所生である寛永三年（一六二六）十一月十三日御生誕の高仁親王その他の方に御讓位あらせられんとの叡慮を洩らされたのであつた。しかし高仁親王は、

この後、御病悩あり、禁中はいふまでもなく、幕府より諸社、諸寺への祈願、醫療の効もあらせられず、寛永五年（一六二八）六月薨去なされたので、この事は實現しなかつた。なほ御讓位については後に述べることとする。

さて、幕府の處置に對して、大德寺前住宗珀玉室、澤庵宗彭、妙心寺前住單傳士印、東源等は書を上つて抗告した。が、妙心寺に於ても、大德寺に於ても硬派と軟派に別れ、妙心寺に於ては軟派の伯蒲恵稜等が勝を制して幕府に屈し、赦免された。大德寺にあつては北派が硬派であり、南派が軟派であつた。北派の一人である澤庵宗彭は、和泉堺の南宗寺にあり、出世入院に關する令の出たとき、京に至つて衆と共に議し、その和せざるを以て、退いて大和に赴き大佛供に列つたが、大德寺僧の請に依り、本寺に回り、諸老を代表して書を上つて辯疏した。その文は玉室宗珀、澤庵宗彭、江月宗玩と連署したもので、五箇條より成り、三千餘言、辭句甚だ激烈であつた。その大意は、

「大悟徹底は當宗派の最も重んずるところであるが、上智の者は若年若しくは卽座にても悟得成就するが、下愚の輩に至つては終生これを成就し得ない。また千七百則の話頭を殘らず觀得しても、之を活用せずば禪機に通達したとは言ひ得ない。假令一二則の會得に止まつても、夙く大活眼を以て禪機を看破するに於ては之を知識とする。されば僧臈の如何は專ら其の人に在つて年齡ではない。試みに古德耆老の行狀を檢するならば、その言の妄でないことを知るであろう。然るに今一法度の條文を以て、以上の輩を拘束するといふことは、實に當派の奧旨を知らざるものであつて、之を實行するときは、長く當宗派の衰微となる。畢竟、この大德、妙心二寺の法度制定の局に當つて、立案せし人は、全く禪機を知らざるに失したのである。」

といふのである。（堺祥雲寺所藏澤庵自筆抗辯書）

この上書が幕府當局の怒を招いたことはいふまでもない。南派の者は寛永五年（一六二八）十一月二十七日、宗瑛以

下八人連署して書を金地院崇傳に上つて赦された。

六年（一六二九）二月、北派の代表者澤庵、玉室、江月の三人は、相前後して京都を發し、澤庵は閏二月、江戸に着し、土井大炊頭利勝に書を贈つて辯疏するところがあつた。卽ち左の如くである。

今度爲二訴訟可一申上一罷越候趣　　　　大德寺

入院出世之事不レ令二言上一候儀、一山之越度迷惑不レ過レ之候。雖レ然全非下輕二上意一申上無調方故如レ此之儀候。向後者隨分家之道相勤、其上入院之儀以二連署一令二言上一、於二御許一者、其以後申二降綸旨一、入院執行可レ申候。然者堅守二法度一、永重二佛祖道一仕事候。只今當寺出世之者、京・田舍・南派・北派懸而拾一人御座候內、御書出以後出世仕候衆五人御座候。憚二上意一申、板倉周防守殿如二御存一、自二去年一本寺之出仕相止居被レ申候。無調方之次第被レ成二御赦免一候樣申上度候。以二右之趣一、御取成所レ奉レ賴候也。

二月　日　　　　宗珀（花押）

宗彭（花押）

宗玩（花押）

土井大炊頭（利勝）殿

前山久吉氏所藏文書

この書狀の二月日附になつてゐるのは澤庵等が京都出發前に認めたものであらう。幕府に於ては、藤堂高虎、崇傳及び天海を會して、妙心、大德兩寺の硬派たる玉室、東源等の處置を議したが、崇傳は、嚴科に處することを主張し、天海は輕きに從ふことを請うた。かくて寛永六年（一六二九）六月より七月に亙つて、各配流に決し、東源は陸奥津輕に、單傳は出羽由利に、澤庵は出羽上ノ山土岐山城守賴行に、玉室は陸奥棚倉の內藤信照に預けられた。そのほか七十餘人の出世綸旨を取上げ、勅許の紫衣を褫つて平僧に下してしまつたのである。この時、天海大僧正は澤庵宗彭の流罪の事を聞いて、「斯くては大德寺は、もはや立行き申すまじく、寺のため、法のためいたまし」と言つて慨いたといふことである。（細川家記、細川忠興書状。）

澤庵は配流中、土岐山城守賴行の厚遇を受けたが、寛永九年（一六三二）七月十七日、その罪を赦されて江戸に歸つた。その後家光公の歸依と殊遇を受け、寛永十五年（一六三八）には品川に地を給せられて、東海寺を創建するに至つた。妙心寺の單傳と東源も澤庵とともに赦されて歸り、寛永十八年（一六四一）三月二十八日、老中寺社奉行等列座の上、大老酒井讃岐守忠勝より、家光公の命を傳へて、大德寺、妙心寺入院、年齡恰合の時分に京都所司代の承認を經て、綸旨を申降して行ふべきことが令せられた。澤庵の滿足、大德寺、妙心寺一山の悦び想ふべきである。（この紫衣勅許破棄問題、澤庵等流罪の一件、及び後に述ぶる後水尾天皇御讓位のことについては、辻善之助博士が、その著日本佛敎史之研究續編の「黑衣の宰相金地院崇傳」の章中、「澤庵玉室等流罪一件幷後水尾天皇の御讓位」の項中に於て詳密にして達見に富む硏究を發表して居られる。本項以下の記述はその論稿に負ふところが頗る多い。

（二）後水尾天皇御讓位・明正天皇御卽位

秀忠公の女德川和子（後ち中宮、東福門院）の女御として御入內延引等のことが因をなして、後水尾天皇は、かねて幕府に對して御不滿があらせられたのであるが、前に述べた紫衣勅許破棄の問題によつて、更に御不滿を募らせられた。高仁親王に御讓位のことは親王の薨去によつて熄んだが、天皇の御憤懣は止ませられず、女一宮（興子內親王、德川和子所生、明正天皇）に御讓位あらせられんとするの御內意を近臣に漏らさるるに至つた。日野權大納言資勝卿記寛永六年（一六二九）

五月の條に

七日、女院御所御使中御《ナカミ》門《カド》大納言(宣衡)、阿野中納言(實顯)烏帽子にて被レ參候。其様子は、主上切々御腫物御指出申候。又此度御淋病氣にて候。其段通仙院(半井驢庵成信)へ被二仰出一候へば、御腫物心も有レ之候にて、御養生候へば可レ然申候へ共、御在位にて如何に候間、御讓位も有度由被レ仰候。又女一ノ宮(興子内親王)御方を、東宮御誕生まで御卽位有度との儀に候。覺書有レ之、此返答を兩人之衆まで、以二書付一可二申入一旨に候也。西園寺(公益)、右に付花山院右府(定好)へ談合に參り候へば、未だ御分別無レ之由也。極り候はゞ、御知らせ可レ有由也。八日、西園寺亞相(公益)より使者にて、花山院へ御出候て、昨日被二仰出一、女院御所へ御返答之儀可レ有二談合一、使者玉はり候間、則花山院へ參候て、談合申候。兩所よりの返答下書、書寫申候。就二主上御養生之儀一、從二女院御所一被二仰出一之趣、御尤之儀に候歟。可レ然樣可レ被二仰上一候也。奥は名字計書申候也。阿野中納言まで持參候て、直に渡申候。

と見え、また壬生左大史孝亮宿禰日次記同年同月の條に、

七日、御讓位之事、於二攝關家一内々有二御沙汰一云々。

十九日、就二御讓位御沙汰一、自二女院御所一被二仰出一之旨、勅答等有レ之、又武家御兩所に被二仰出一旨有レ之。兩傳奏承レ之、下二向江戶一云々。

覺

一女院御所より御談合として被二御出一、主上御うしろ、數年いたませられ候て、通仙院御くすりあがり候て、御養生あそばされ候へども、自然御腫物など出候へば、俄に御養生なされがたき事に候。御灸などもあそばされ候へども、御位にてはならざるとの事に候間、御讓位あり度おぼしめされ候事。

一女帝の儀くるしかるまじ。さやうにも候はゞ、女一ノ宮に御位をあづけられ、若宮御誕生の上御讓位あるべき事。

と記してゐる。「御うしろ」とは御痔の類を指すのである。

近衛家所藏文書の中の「勅答、寛永六、六、六、於二一條亭一寫了、女一宮可レ被レ讓二御位一沙汰之時也。」と題する一類の文書は、女院御所（後水尾天皇御母近衛前子、中和門院）より、天皇が御養生の爲め、御灸治あらせられんとするにより、御在位の間は、玉體を疵つくるによつて、不可能の先例であるから、女一宮に御讓位あらせられんとすることについて、鷹司信房以下に意見を徴せられたに對して奉答したものであるが、信房、九條忠榮、西園寺實益、三條西實條、日野資勝、烏丸光廣、花山院定熙、今出川宣季、中院通村はこれを可とし、二條康道は態度を保留して、可否いづれも確答しなかつた。

かくて、幕府にも七月に御讓位ある事を御下問があつたが、秀忠、家光二公は、八月に至つて、「いまだおそからぬ御事」と奉答して、御讓位をお止め申上げたのであつた。その事は左の東武實錄同年八月の記事で明らかである。

二日、姫宮（興子内親王）へ讓位之事、勅命あるに依て、（秀忠）公御辭退の御書を進ぜらる。

仰の如く、うちつゞき世上ことのほかのあつさにて候。そこもと御そく才のよし、めでたく思召まいらせ候。つきては、ひめ宮の御方へ、御位をゆづりまいらせられたきと、おぼしめし候由、むかしもめでたきためしおほく候。早々七月に御位につけまいらせられ候はんとの御内せうのとをり、うけたまはり候。いまだおそからぬ御事と存候。此よしよきやうに、こゝろへもらし申さるべく候。なをかさねて申まいらせ候。めでたくかしく。

八月二日　御諱（秀忠）

ごん大納言どのへ

三日、將軍家より御書、

御ふみ拜見いたし候。そこもといづれも御そく才のよし、まことにめで度ぞんじ候。さては、ひめ宮の御方へ、御位をゆづりまいらせ候はんとの御内せうに仰下され候おもむき、御内意えまいらせ候へども、いまだおそからぬ御事と、おぼしめし候まゝ、いかやうにも、相國樣仰次第にあそばさるべく候。又われらきしよくも、すきとよく御入候て、西の丸へまいり候。御心やすくおぼしめし候べく候。此由よきやうにこゝろへもらし申さるべ候。めで度かしく。

八月三日　　御諱（家光）

權大納言どのへ

「權大納言」とは、中宮德川和子附の權大納言局橋本氏である。

斯くするうちに、十月、家光公の乳母齋藤氏上洛について、參內拜謁を願ひ奉つた。齋藤氏は無位無官の身であるから、參內拜謁は許さるべくもないので、假りに武家傳奏三條西實條の猶妹となつて、十月十日、參內、龍顏を拜し、長橋の局酌取りて天盃を賜はり、この時より春日局と稱することとなつた。春日の名は足利義滿の乳母の例をとつて、中宮德川氏より賜はつたのであると傳へられる。この事は破天荒のことであつた。齋藤氏は家光公の乳母として、江戸城中に於てこそ權勢を振ひたれ、禁中にあつては一匹婦に等しかつたからである。西洞院時慶卿記寛永六年（一六二九）十月十日の條に、「江戸ノ局、三西ノ猶子ニ成て、今日參內、號二春日一、後ニ聞、兄弟分ト。希代ノ儀也。」と記し、土御門三位泰重卿記同日條に、「江戸將軍乳母、三條西子分にて、今夜御所へ伺公、御對面之由承及候。無二勿體《モッタイ》一事候。帝道民ノ塗炭に落候事ニ候。」といひ、中宮附天野豐前守長信の大內日記同日條に、「今日御本丸御局、春日と位被二仰付一、夜に入、中宮様御所より直に參內候て、禁裏様御對面、御盃被レ下、長橋殿酌にて、取親三條西大納言に契約、緋の袴御免被レ成候。」と見えるが、「希代儀也、」といひ、「無二勿體一事候、」云々といふもの、當時の公卿等の驚きと慨嘆とを見ることが出來るのである。齋藤氏參內の事は天皇をいよいよ御憤懣あらせらるることに至らしめ、十一月八日つひに興子內親王に御讓位を御決行になつたのである。同日新帝御踐祚あらせられ、翌七年九月十二日御卽位あらせられた。明正天皇卽ちこれである。

この度の御讓位が實に突如として御決行あらせられたため、廷臣を驚愕せしめたことは、近衞信尋公記以下の諸記錄が之を證してゐる。翌九日、中宮德川和子を皇太后宮とし、東福門院と院號宣下があつた。御讓位のこと、院號宣下のことは直ちに急脚をもつて、また皇太后宮附天野豐前守長信を下して江戸に報ぜられた。長信は、女院より秀忠公宛の御內書を持參したのである。大內日記、東武實錄。

御讓位の報には、秀忠、家光二公も驚かれたが、十二月二十三日に至つて、天野豐前守長信を召して、「御讓位之由、驚き申候御事に候、此上は、とかく叡慮次第」の由の御返詞を傳へたのであつた。大內日記、土御門泰重卿記。この事に關しては金地院崇傳も參與したと傳へられる。當時、崇傳は、老中等とともに幕政の樞機に參與してゐた。世に天海大僧正を黑衣の宰相と呼んでゐるが、この稱は、むしろ崇傳に當つべきであることは辻善之助博士及び池田晃淵氏らの言はれる通りである。日本佛教史之研究續編「黑衣の宰相金地院崇傳」池田晃淵德川時代史上。

明正天皇御卽位の大禮を擧げさせらるるに當つては、幕府は京都所司代板倉周防守重宗に令してその御準備をなさしめたが、かかる大禮も戰國時代以後は、ほとんど廢典同樣の御略式でのみ行はれてゐたのを、攝政一條兼遐、武家傳奏の意見を容れて、舊典に從ひ、萬事式正に據ることとし、高御座をはじめ、御禮服、ならびに上卿、內辨、外辨等諸司の禮服、器具等に至るまで、すべて新調し、老中酒井雅樂頭忠世、土井大炊頭利勝等に金地院崇傳を副へて上京せしめ、諸事を有職故實に通曉してゐる公卿等に就いて萬に一つも遺漏なきことを期したので、結構も善美を盡し稀なる盛典であつた。これは單に將軍家が外戚たるの故のみではなく、秀忠、家光二公の厚い志に依るものと見るべきであらう。

なほ、後水尾天皇の御讓位に關連して述べなければならぬのは、權大納言中院通村の武家傳奏罷免と幽囚とその赦免とについてである。寛永七年（一六三〇）九月十二日、明正天皇御卽位の大典の擧げ行はれた翌々十四日、突然通村は武家傳奏を罷められ、權大納言日野資勝を以て之に代へられた。この事は勿論奏請して、御裁許を得た上、宣告された。卽ち十四日、酒井雅樂頭忠世、土井大炊頭利勝、板倉周防守重宗、金地院崇傳等參內し、施藥院に於て三條西實條、中御門尙長、阿野實顯等を會して宣告したのである。尙長と實顯が、上皇の旨を奉じて、通村罷職の理由を問うたのに答へて、崇傳は、「行幸以來、見及申所、細緣以下之儀不レ謂樣子被二申出一、其外折に觸、事に觸、每物に荒打に御座候つる」と答へてゐる。本光國師日記。が、要するに通村は武家傳奏の職に在りながら、御讓位の事に與かり、しかもこれを京都所司代にも告げなかつたこと、日頃鯁直であつて武家にも憚ばれなかつたことが殃したのである。通村は罷職の後も屢ゝ和歌御會等に參仕した。彼は當時和歌の名手であり、後水尾上皇とも屢ゝ贈答してゐる。かくて寛永十二年（一六三五）三月に至り、幕府は通村及びその子通純を江戶に召し、東叡山に幽した。が、十二月一日、家光公は天海の請によつて通村父子を赦免し、二日通村に銀百枚、小袖十、通純に銀三十枚、小袖六を贈つて、歸洛の暇を給した。寛永日記、吉良日記、日本佛教史之研究續編「黑衣の宰相金地院崇傳」德川時代史上。

一說に、九條內大臣道房が、久しく關東に幽囚されてゐる通村を慰めての消息に、「さそひえぬ草の枕を月もさそいててやうらむ武蔵のゝ原」といふ歌を添へて贈つたのに對する返しに、通村が、「行かたに身をはさそはてよなよなの袖の露とふむさしのゝ月」と詠んだのを、天海大僧正が家光公の覽に供したところ、公は大いに感動して、通村を赦されたといふ。これも公の面目を知るに足る話である。後十輪院殿御詠、明良洪範。

（三）後光明天皇御卽位

明正天皇には在位十四年、寛永二十年（一六四三）十月三日、御位を皇太弟紹仁《つぐひと》親王に讓らせられ、新院と號し奉ることとなつた。紹仁親王は同日御踐祚、十一月二十一日御卽位あらせられた。後光明天皇卽ちこれである。御生母は園贈左大臣基任《もとたふ》の女光子、承應三年（一六五四）八月院號宣下あつて壬生院と申した方である。御養母は東福門院德川和子である。

御卽位の大禮を擧げさせらるるに當つては、幕府は、大老酒井讚岐守忠勝、老中松平伊豆守信綱に林道春信勝を副へて上京せしめ、京都所司代板倉周防守重宗とともに諸事を奉行せしめた。御大禮の御式はすべて嚴重であつて、明正天皇御卽位の時に劣らぬものがあり、家光、家綱二公よりも、厚く物を獻じて之を賀しまつつた。天皇にも、いたく御滿足あらせられたとのことである。そして忠勝、信綱を御優待あり、忠勝を左近衞權少將に、信綱を侍從に任じたのであつた。寛政重修諸家譜、紀伊記、水戸記。

また幕府は中根五兵衞正次、榊原市郎右衞門元義（後ち淡路守）を新院御所附、天野豐前守長信、高木善七郎守久（後ち伊勢守）を禁裏附とし、野々山新兵衞惠德を女院附とし、禁裏附、新院附の條令を定めて、その處務を規定するところがあつた。

二　一般行政

（一）幕府機構の整備

家光公が元和九年（一六二三）七月、征夷大将軍に補せられ、寛永九年（一六三二）正月、秀忠公が薨じてからは、着々と新制が施行されて幕府の機構も整備されてゆき、その活用が所謂「寛永の治績」を擧げて行つたのである。ここに公の在職中の一般行政について述べるに當つて、その幕府の主な機構の概略を記さうと思ふ。

(1) 幕府の高級職員

イ　老中

幕府の高級職員は老中、若年寄、大目付、寺社奉行、町奉行、勘定奉行等である。老中の上に班するものに將軍の補佐役として大老があるが、これは恒職ではなく、家光公の代にあつては、寛永十五年（一六三八）十一月七日に、土井大炊頭利勝、酒井讃岐守忠勝がこれに補せられたけれども、當時はいまだ大老といふ名稱はなく、瑣細の職掌にあづかる事を免じ、朔望にのみ出仕して、その間に大事のあらば登營して老臣と會議すべきことを命ぜられたのであつた。この兩人の職が後の大老に該當するので一般に大老と呼ばれてゐるに過ぎない。寛永日記。大老の稱は、酒井雅樂頭忠清が寛文六年（一六六六）三月二十九日補命されたのに始まるのである。

老中は幕府の百職を詮綜し、庶政を總攬するのであるが、この稱呼も、初めよりあつたのでは無く、年寄、宿老、家老また奉書連判、加判抔と言つたのである。家光公の代の實質的な老中は、土井大炊頭利勝（慶長八年（一六〇三）補、寛永十五年（一六三八）六月罷。）酒井雅樂頭忠世（同上補、寛永十一年（一六三四）罷。）酒井備後守忠利（同上補、寛永四年（一六二七）十一月罷。）森川出羽守重隆（寛永四年（一六二七）補、寛永九年（一六三二）一月

二十九日罷。）青山大藏少輔幸成（寛永五年（一六二八）十月補、同二十年（一六三三）六月十六日罷。）酒井讃岐守忠勝（寛永八年（一六三一）十二月三日補、同十五年（一六三八）十一月罷。）永井信濃守尚政（同上補、明暦四年（一六五八）二月罷。）堀田加賀守正盛（寛永十年（一六三三）三月補、慶安四年（一六五一）四月罷。）阿部豊後守忠秋（同年三月補、寛文十一年（一六七一）五月罷。）松平伊豆守信綱（同年十月補、寛文二年（一六六二）二月罷。）阿部對馬守重次（寛永十五年（一六三八）十一月補、慶安四年（一六五一）四月罷。）松平和泉守乘壽（寛永十九年（一六五一）十二月補、承應二年（一六五三）一月罷。）であつた。江戸時代制度の研究。

ロ　若年寄

若年寄は老中の次座であつて、幕政の機務に參與し、老中、留守居、三奉行等の管轄以外の諸士を統轄し、その政務の一切を總管するのである。寛永十年（一六三三）三月太田備中守資宗、三浦志摩守正次、阿部對馬守重次、阿部豊後守忠秋、堀田加賀守正盛、松平伊豆守信綱の六人に命じて、小事は協議してこれを裁決せしめた。當時これを呼んで六人衆といつたのが若年寄の權輿と考へられる。江戸時代制度の研究。

以上のほかに、老中並（老中格とも）西丸老中、西丸若年寄等もあつたが略する。また大老、老中、若年寄の詰所を用部屋と稱した。幕府の政令の出づるところであつた。江戸時代制度の研究。

ハ　大目付

大目付は將軍及び老中に代つて庶政を監察する役であつて、大名以下老中管轄の諸士を監督し、政務の得失を檢斷するのを職とするから、大名、旗本その他の訴訟斷獄に當つて評定所に陪席するのもその任務の一つである。もと軍奉行を本職としたので軍役の重任も負うてゐる。寛永九年（一六三二）十二月、水野河内守守信、柳生但馬守宗矩、秋山修理亮重正の三人を總目付に補し、同十七年（一六四〇）四月、井上筑後守政重をこれに任じたのを濫觴とする。

ニ　寺社奉行

寺社奉行は、寺社及び寺社領の人民を管する。従つてその訴訟を審理し、主として江戸府内に限つたが、寺社境内の罪人逮捕も任とした。江戸時代にあつては、慶長十七年（一六一二）八月、家康公が板倉伊賀守勝重、金地院崇傳をして寺社の事を沙汰せしめたのを濫觴とする。後、崇傳は僧錄職として専ら寺社の事を管し、元佶、林永喜も寺社の事に當つたことがある。家光公の代に於ては、寛永十二年（一六三五）十一月、はじめて奉行三員を置いた。安藤右京進重長、松平出雲守勝隆、堀市正利重がこれに任ぜられたのである。

ホ　町奉行

ここに町奉行といふのは、江戸町奉行のことである。市内人民の訴訟を聽斷し、その非違を檢察し、驛傳の事にも携はつた。また市政を總理して、評定所の式日にも出席するのである。

その實質は天正十八年（一五九〇）八月、家康公關東入國の時よりあつたが、町奉行の名稱を用ゐはじめたのは慶長九年（一六〇四）米津勘兵衞田政、土屋權右衞門重成兩名を町奉行に任命して八代洲河岸と呉服橋内に廳舍を設置して、南北を分ち、月々交番を以て吏務を行はしめた時である。同十八年（一六一三）に島田次兵衞利正を任じてから凡そ二十年間、奉行は一員であつたが、家光公の代寛永八年（一六三一）十月五日、堀式部少輔直之、加々爪民部少輔忠澄二人を任じてからまた二員となつた。その後三員となつたこともあるが、多く二員であり、南北に分れてゐたのである。家光公の代には南町奉行所は呉服橋内にあり、加々爪忠澄が寛永十五年（一六三八）に罷めて後は神尾備前守元勝（寛永十五年（一六三八）任、寛文元年（一六六一）罷。）がその任にあり、北町奉行所は常盤橋内にあり、堀直之が寛永十五年（一六三八）に罷めて後、酒井因幡守忠知（寛永十五年（一六三八）任、同十六年（一六三九）罷。）朝倉石見守在重（寛永十六年（一六三九）任、慶安三年（一六五〇）罷。）石谷左近將監貞清（慶安三年（一六五〇年）任、萬治二年（一六五九）罷。）と交任した。

へ　勘定奉行

勘定奉行は勘定所の首班であつて、その一切の掌務を總監し、また驛傳の事務に關係し、吉凶の大禮、工作、營造、內亂、外交の如き財務に關する重大な事件には必ずその禀議に關與した。員數は、はじめ定數なく、月番交替して、代官の公用、訴訟及び農民の訴願を聽き、小事は專決し、決し難きものは合議若しくは上申した。藏入の百姓と給地に係はるものは其の組の番頭と詮議し、寺社領に關するものは寺社奉行立會にて檢斷し、その藏入と給地との間に生ずる山、町、水利の爭はその組の番頭立會によつて詮議した。はじめ勘定頭といひ、或は總勘定頭といつた。家光公の代には勘定奉行の稱はなかつたやうである。伊奈半十郎忠治（慶長―寛永十九年（一六四二））杉浦內藏允正友（―寛永十二年（一六三五））酒井紀伊守忠吉（―寛永十一年（一六三四））曾根源左衞門吉次（寛永十八年（一六四一）―寛文元年（一六六一））伊丹喜之助康勝（寛永十九年（一六四二）―）等が交任した。

以上寺社奉行、町奉行、勘定奉行を三奉行と稱した。このほか京都所司代は老中に相竝ぶ重職であり、家光公の代にあつては板倉周防守重宗（元和五年（一六一九）七月補、承應三年（一六五四）七月罷。）がその任に在り、大坂城代、長崎奉行、御側御用人等も重職であるが一々擧げない。

(2)　評定所

評定所は寺社、町、勘定三奉行の合議裁判する局である。定日を制して集會し、政刑を議し、訟獄を決するのである。事件によつては老中、大目付以下の重職も出席するのであつた。勅使參向等の場合の旅館に充てた江戸城中龍の口の傳奏屋敷を、寛永十二年（一六三五）十一月に至つて評定所としたのである。從來重な公事訴訟の裁決は酒井雅樂頭忠世、又は土井大炊頭利勝の宅或は町奉行島田彈正忠守利の宅に於て行つてゐたのであつた。

ついで十二月、評定所の制規を定め、例月二日、十二日、二十二日を以て諸役人會合の日とし、三日、九日、十八日を大名以下諸士、寺社等の聽訟日、八日、十九日、二十七日を一般人民の聽訟日とした。これを評定所式日といふのである。また訴狀の裏判は、寺社奉行、大目付、町奉行、勘定奉行、目付の五職とし、これを評定所一座と稱した。この五職の扱ふ訴訟をもつとも重大事件とし、俗に五手掛りと言つた。また處務規程をも定めた。これを懸看板又は壁書といつた。（徳川時代史上、江戸時代制度の研究）

(3) 巡見使

寛永十年（一六三三）正月六日、幕府は巡見使を諸國に派遣して諸大名領邑の政治の良否を視察せしめた。卽ち五畿内、南海道に溝口伊豆守善勝、使番川勝丹波守廣綱、書院番士牧野織部成常、關東には小出大隅守三尹、使番永井監物白元、書院番士桑山内匠貞利、九州には小出對馬守吉親、使番城織部佑信茂、書院番能勢小十郎賴隆、中國には市橋伊豆守長政、使番柘植三四郎正時、小姓組番士村越七郎左衞門正重、奥羽及び松前には分部左京亮實信、使番大河内平十郎正勝、書院番士松田重右衞門勝政、北陸、東山道には桑山左衞門佐一直、使番德山五兵衞直政、書院番士林丹波勝正であつた。これは諸國巡見使の初めであつた。そして爾後、將軍代替り毎に必ず巡見使を派遣する例となつたのである。（寛永日記。）

(二) 武家

(1) 武家諸法度・諸士法度

武家を規制するものは慶長二十年（元和元年（一六一五））七月、家康公が制定した武家諸法度であつた。十三條より成つて居り、左文右武の要樞を說き、參勤交代、衣服、乘輿の制、出兵、築城、新儀、徒黨、私城の禁にまで及んでゐる。

家光公は寛永六年（一六二九）七月、第五條、第九條を削除修正して十一條とし、更に同十二年（一六三五）六月二十一日、これに大修正を加へて十九條とした。爾來將軍は一世一代更めて發布する恒例となつた。

家光公は寛永九年（一六三二）に諸士法度を發布し、後修正を加へて寛永十二年（一六三五）十二月完成した。旗本の憲章であるから旗本法度とも云はれてゐる。二十三箇條より成り、まづ忠孝を勵まし禮法を正し、文道・武藝を心がけ、義理を重んずることを第一條として、軍役、武具、屋作、嫁娶、音信、知行、跡目、徒黨以下巨細に規定したものである。武家諸法度といひ、諸士法度といひ、いづれも士風の嚴正を期したものであつて、これに背反するものは嚴重に處罰せられたのである。

(2)　武家の官爵濫進を制す

家光公は寛永十一年（一六三四）の上洛に際して、太政大臣に昇進の詔命を拜したが固く辭退した。（第七章參照）よつて公は諸大名を二條城に召して、「今度相國宣下の恩詔を拜した。これは當家に既に先蹤のある上、誰に憚るべきものでもないが、只管謙退を旨として、固辭しまつつた。今や人心漸く太平に馴れ、上下日に奢侈に赴く狀態であるが、予は謙退を以て下に臨み、その弊を匡さうと思ふ。各ともこの意を體して、一層謙退を專らにして、慶を子孫に貽すべきである」旨を面命した。爾後、諸大名の官位昇進の沙汰は、やうやく稀れになつた。さうしてつひに後の家格となつた。例へば、三家のうち、尾、紀兩家は初官從三位中將、尾は右兵衞督、紀は常陸介を兼ね、家督して中納言に陞り、權大納言、從二位に止まる。水戸家は正四位下少將を初官とし、左衞門督を兼ね、家督して參議に陞り、正三位權中納言を先途とする。また加賀前田家は正四位下少將を初官とし、家督して中將、從三位參議に止まり、薩摩島津家は初官從四位下侍從、家督して少將、從四位上、中將を先途とし、仙臺伊達家もこれに同じといふ風であつた。それに「武家之官位者、可〻爲二公家當官之外一事」といふ、慶長二十年（元和元年・一六一五）七月、家康公制定の禁中幷公家中諸法度中の一條は、幕末に至るまで渝らざる嚴法であつた。

先に諸大名に面命した家光公の言でも明らかであるやうに、奢侈を戒め、質素儉約を重んずることも家康公以來、幕府を一貫しての憲章であつた。

諸大名以下武家の官爵濫進を制したのも、室町時代以降桃山時代までに見られた濫進奢侈の弊が尾大にして掉はざるに鑑みた賢明な措置と言はなければならぬ。「これ陽には君臣の名分を正し、陰には不測の憂を除かせ給ふにや侍らんか」といふ大猷院殿御實紀編者の言葉も當れりといふべきであらう。

(3)　參勤交代制の確立

寛永十二年（一六三五）六月二十一日、家光公は代替りによつて、武家諸法度を諸大名に頒つに當つて、從來の諸大名が各自誓紙血判を出して、相背かざる證とするのを廢した。そして諸大名に向つて、「各〻三代奉公の事なれば、今よりは誓紙に及ばず、いよいよ唯今までの如く相心得べし」と面命したのであつた。これは幕府の基礎も益〻確固となり、將軍、諸大名相互の信頼の深まつたことと、かの從來將軍の內書には、すべて花押を用ゐたのを此の頃中將以下の人へは一般に朱印を用ゐることとなつたのと共に、將軍の威の愈〻加はつたことを示すものである。

ついで三十日、諸大名參勤交替の期限を定めた。卽ち外樣大名は概ね四月江戶參府、譜代は四月、若しくは五月、九月、十二月等に東西に兩分して、その半ばを相互に交替せしめ、在府は凡そ滿一年とし、父子兩人の間は、父子を以て交替せしむる例となつた。また參府に當つても幕府の許可を待つて參府し、歸國、いはゆる御暇も、幕府の命の出ないうちには歸國が出來ない。また歸國に際しては一門若しくは家老を留守として江戶に置いたのである。大名の妻子は、これより先き、既に人質として江戸に置いたのであつた。

なほ歸國については三家及び國持大名、越前家等は老中を上使として、歸國の命を傳へて、物を賜はり、參府に際しても、やはり老中を上使として、登城謁見ならびに遠路の勞を慰問せしめた。それ以下の者へは奏者番を上使とした。但し外樣大名であつても十萬石以下には上使がなかつた。譜代大名にあつては井伊、保科、小笠原、酒井の數家には參府歸國とも上使として使番を遣したが、その他には上使がなかつた。これは外樣は客分、譜代は臣下といふ分界を立てたのであつた。

從來、秀忠公の代までは、諸大名參勤の際には、放鷹などに事よせて、郊外に出で親しく慰勞することのあつたのに比べれば非常な差であつて、また以て將軍の威のいや增したことを示すものである。參勤交替の制はここに確立したといはなければならぬ。

この制の確定によつて、前田利常以下二十六名を召して就封の暇を給し、島津家久以下五十五名は在府と定められた。寛永日記。

(4) 加藤忠廣の褫封、德川忠長の幽囚・自殺

イ 加藤忠廣の褫封

寛永九年（一六三二）五月二十九日、肥後熊本城主加藤肥後守忠廣の封を褫《うば》ひ、出羽庄內に配流し、酒井宮內大輔忠勝に預け、一萬石を宛行ひ、子豐後守光廣は飛驒國に配流して金森出雲守重頼に預け、生涯年俸百口を給することとなつた。寛永日記、東武實錄。

この發令前に、五月二十五日、酒井讚岐守忠勝を尾紀水三家に遣はして議せらるることがあつたのは、忠廣褫封の

ことに關してであつたらうか、忠廣の義兄徳川頼宣（頼宣の夫人は忠廣の姉であつた。）は二十六日登城して家光公と密議するところがあつた。これは忠廣のことに關してであつた。二十八日も三家を召して密議あり、頼宣は二十九日にも登城して、公と內議するところがあつた。水戶記、紀伊記。元和五年（一六一九）六月二日安藝廣島城主福島正則が改易されてから十四年、この加藤忠廣の褫封は天下の耳目を聳動した。わけて曾て豐臣氏の恩顧を蒙つたものは霹靂の如くに感じたであらう。

忠廣は、子豐後守光廣の反逆の謀書の罪には關與するところはなかつたが、近年行跡正しからざる上、秀忠公の喪中にあつて、江戶で生れた幼息を母子共居城熊本に送り、公儀を蔑如する擧動が著るしい。よつて大罪にも處すべきところ、速かに參府して事を包まず言上したので、その罪を減じ、肥後一國を收公し、出羽庄內に配流する處置であつたが、光廣謀書といふことも明證があつたのではなかつたやうである。

ただ慶長十六年（一六一一）六月二十四日、加藤清正卒して後、忠廣幼弱のため、家老の加藤美作、加藤出羽の兩人事每に權を爭ひ、淸正存生中の寵臣であつた下津棒庵（また捧庵とも）はこれを慨いて屢〻調和を勸めたが遂に成らず、慶長十九年（一六一四）駿府に爭訟するに至つた。幕府はかねて國目付として肥後に遣してあつた阿倍四郎五郎正之を召して、その見聞せるところを聽き、且つ加藤家の後見たる藤堂和泉守高虎の意見も諮詢して、これを處斷したのであつた。その後元和四年（一六一八）に至つて、加藤美作と加藤右馬允の兩人、また私黨を樹てて權を爭ひ、幕府に爭訟したので、秀忠公親らこれを裁斷し、美作方の罪狀悉く露顯し、殊に大坂陣に際して、豐臣氏を援くる計畫もあつたことが知れたので、宥されず、この年八月美作方の横江淸四郎、橋本掃部助等三人を死刑に、美作父子以下三十餘人を諸所に配流し、更に山田十大夫重利、渡邊圖書助宗綱を目付として肥後に遣はし、右馬允は元の如く勤役せしめ、忠廣は幼少の故に何等の咎めもなかつたのであるが、これらのことも、或は遠因してゐるのであらう。

然るに寛永七年（一六三〇）に至つて、突然老中より肥後に「不審の儀あるにつき早々參府すべき」旨の奉書が達し、忠廣は大いに驚き、夜を日に繼いで江戸に來たが、品川より府內に入るを禁じ、忠廣は近邊の小寺（或は池上ともいふ）に入つて深く謹愼してゐたとも傳へられる。

ともあれ、この處斷によつて、父淸正が生前家康公に第二の秀吉公の如く信服し、名古屋城初め諸所の普請を手傳ひ、慶長十二年（一六〇七）秀頼を勸めて京都二條城に家康公を訪はしめ、その女は德川頼宣に嫁せしめ、（事實は人質としても）幼弱な虎菊（忠廣の幼名）には藤堂和泉守高虎に後見を托し、虎菊は江戸に召されて、秀忠より首服を加へられ、偏諱を賜うて忠廣と改め、肥後守に任じ、尋で從四位下、侍從に陞せられたのであつたが、淸正の賢明な處置も水泡に歸したのである。

なほ忠廣の室は、秀忠公が蒲生飛驒守秀行の女を養女として嫁せしめたのであり、寛永九年（一六三二）正月、公の薨ぜらるるや、遺銀五千枚を賜うたのであつた。彼は承應二年（一六五三）閏六月八日、五十三歳にて配所に逝いた。配所にあつて、「人間萬事不定風、身似㆓明星㆒西又東、二十一年如㆓一夢㆒、醒來庄內破簾中」といふ詩を詠じた。大猷院殿御實紀の編者が、「あはれなることなり」と記してゐるのは含蓄がある。寛永日記、藩翰譜。

加藤忠廣封地收公の後肥後は翌寛永十年（一六三三）豐前中津城主細川忠利に與へられた。

ロ　德川忠長の幽囚・自殺

寛永九年（一六三二）十月十二日、家光公の實弟權大納言德川忠長（世に駿河大納言といふ）が幕命によつて、上野高崎の地に幽閉せられ、高崎城主安藤右京進重長に預けられた。このことは二十日、松平越後守光長ならびに在府の諸大名に達せられた。この日忠長は、牧野内匠頭信成、內藤伊賀守忠重、横目井上筑後守政重によつてこの命を傳へられ、勝山といふ馬一匹、持鎗一本、近習の士をわづかに從へて高崎に赴いたのである。家老朝倉筑後守宣正は武藏府中まで忠長を送つて、江戶に歸つたのであつた。寛永日記、東武實錄、江城年錄。

忠長の經歷等については、第十二章に述ぶるところがあるので、ここに贅せぬが、幼より秀忠公及び夫人の愛子であつて、諸臣も兄家光公に超えてこれを敬したことさへある。然るに寛永七年（一六三〇）秀忠公の忌むところとなり、甲府に蟄居せしめられたのである。

忠長が斯くなつたことについて、史家は、彼の、1.父母の愛に狃れて不愼なりし事、2.兄家光公に對して不悌なりし事、3.何事にも我意を通さんとした事、4.天性怜悧にて人心を收むるに巧みなりし事、の四點を擧げてゐるのは妥當な見解といつてよいであらう。徳川時代史上。これらのことが、つひに秀忠公の忌諱に觸れ、萬一を杞憂せしむるにも至つたのであらう。以上四點を例證するためには、別本落穗集、柳營夜話集等より意を取つて左の如きが擧げられるであらう。徳川時代史上。

駿河大納言忠長卿は、幼より諸事に御器用にて、萬づはき〳〵となされ、大猷院樣には、諸事にうつとりと遊ばされたる御樣子故、諸人も忠長卿を思付き奉り、別して御臺樣には御愛子にて、諸事大猷院樣よりも忠長卿の御事をば執し申されたり。此卿、初の御名は忠直と申し奉り、九歲の頃より、稻富喜太夫直賢に就て鐵砲を御習ひなされけり。元來御器用の御事なれば、或日西の丸の御堀に鴨の群れ居たるを御覽ぜられ、御側の人に、鐵砲持來れとありて、差上げ候へば、其まゝ御堀に向ひ御放ちなされ候へば、あやまたず、鴨を御打ちとめなされ候に付、御側の人々あつと計りに感じ奉り、其まゝ大奧へ持參仕り、右の通り申上げ候へば、御臺樣には別して御悅喜にて、台德院様大奥へ入らせられ候へば、右の鴨、御臺様より早速御料理仰付られ候て、夕御膳に差上げ、そこにてこれは國が手柄の鴨にて候由、御披露なされ候へば、台徳院様にも御機嫌にて、それは何方にて手柄致し候やと御意に付、西の丸御堀にての由、委しく申上げ候に、台徳院様、召上られ候鴨を御吐出し遊ばされ候て、西の丸は、權現様上意にて、竹千代に讓り候所なり。國めが分として、兄の城へ向つて鐵砲を放ちしとは、沙汰の限りなりと、散々の御腹立ちにて御座を立たせられ候。云々。

大猷院様には、御幼少の折は萬づ鷹揚にて、何事も卽座に御答へ等も相成らず候に、國松様には幼少より何事も卽座に埒明き候はでは御意に入り申さず、御主様にも其通りに付、諸人大猷院様より御生れ勝《マサ》り候様に存じ候。台徳院様御前にて、いつも御兩人様御座なされ候時、何事ぞ上意これある時、大猷院様には、いつも御請け仰上げられず、おそなはり候内に、國松様には、相應御請け仰上げられ候。そこにて台徳院様、竹千代殿如何思はれ候やと上意これあり候時、始てしか〳〵と御請け仰上げられ候へば、台徳院様、國はいつにても兄を越して先きに物を申し候が、甚だ宜しからぬ事なり。左様に出過ぎ候ては、行く〳〵は兄に憎まるべきものをと御戒め成され候が、後年思當り申し候。偖々名將の御眼力、中々申すも恐れ多く候。云々。

秀忠の末子にして、忠長の異母弟である保科肥後守正之の傳記「千とせの松」に見る左の話は、忠長の怜悧にして如才なきを示すものである。

寛永六年（一六二九）己巳、御年十九、正光君、兼々駿河大納言忠長卿へ、御父子の御名のり御取持被ㇾ下度旨、御願被ㇾ申候に付、同年九月、駿府より御對面被ㇾ成度由、被二仰越一候。正之君御同道にて、駿府へ御出被ㇾ成候。○中略御城へ御上りの時分、御座敷の内、所々の番士、一人も出居無用と被二仰付一候故、今日の御客は誰人にて、か様に被二仰付一候やと、侍衆不審を立て候處に、御歸りの時には、不レ殘詰所々々に罷出様にと、被二仰付一候由にて、偖御歸りの後、亞相公(徳川忠長)御近習衆へ被レ仰候は、幸松(保科正之)事は高遠の田舍育ちにて、萬《ヨロツ》不調法にて可レ有レ之候間、當番の侍共へ爲レ見候事も不レ入事と思ひ、初は皆々退け候へども、存じの外なる事にて、利發なる取廻し安堵せし故、歸りの節は、番士共へ見せしと被レ仰、御悦不レ淺由に候。其日御對面の刻《キザミ》、御相伴にて御饗應、且又守家の御刀、御鷹一据、黑御馬一疋、白銀五百枚被レ進、其上にて御紋の御小袖一つ、御手づから被レ進候て、これは權現樣の御召料にて候。其方も追付御紋御免の節めで度着用被レ致候樣にと、祝ひ進ずるの由被レ仰候に付、正光君、これは別けて忝き御意にて候、亞相公より外に、御取成し可レ被二仰上一方も無二御座一候。拙者存命の内に、何とぞ御父子御名乘の儀を承り、相果度志願に御座候由御申上候へば、亞相公には、近頃奇特なる被レ申樣に候。少しも如才無レ之旨被レ仰候。云々。

斯くのごとく、彼は決して尋常の紈袴公子《ぐわんこうし》ではなかつたのである。古老雜談の左の記事は忠長の人心收攬に巧みであつたことを示してゐる。

忠長卿駿府御在城の砌は、江戸へ參勤の西國大名衆は、必ず歸國がけには駿府へ登城して、御機嫌を伺はれ候。忠長卿には、右を殊の外御滿足に思召され、中々御懇ろなる御馳走どもにて、各々は久しく在江戸にて、嘸草臥《クタビレ》つらん。こゝにては、江戸とは違ひ候間、心置きなくくつろぎ候樣なと仰らる。夫故大名衆よりも、品々進上あり、卿も其人其位により、道具又は馬或は卷物なと遣はされ、人により二三日も御留め候て、御暇下され候もこれあり、右に付、其頃駿府へ參上の大名衆は、何れもおそく御暇出で候を眉目と致され候。云々。

寛永七年（一六三〇）九月、幕府より忠長に一兩年も國許に在りて仕置申付けよとの命があつた。これには城代朝倉筑後守宣正、鳥居土佐守成次も、ひそかに眉を蹙めたのであつた。是より先、忠長は酒興に乘じていろいろ疎暴な擧動があり、殆んど精神病に罹つたごとくであり、つひには聊かでも意に逆らふ者は手討にする有樣であつた。幕府の沙汰は、これら平生の濫行が幕府に聞えたためであつたらう。忠長は在國中も愼むことなく、日々狩獵、酒宴等に耽つたが、一日、わづか十三歳の近臣井上妥女を手討にした。妥女の父は老年なる上、唯一人の子がこの有樣となつたので、大いに悲しみ、ひそかに土井大炊頭利勝に一通の訴狀を送つた。ために忠長の濫行は一切暴露してしまつたのである。この年十一月、秀忠公の命として甲府に蟄居せしめられた。かくて忠長は容易に赦されず、憂悶措かず、天海大僧正に救解を請うたのであつた。

贈二眼大師一駿州亞相御消息

今度我等儀煩故、召使候者共むざと申付、重々罷違候儀、至二唯今一迷惑仕候事。於二向後一は、御年寄衆御差圖次第に、萬事可レ仕候事。

右之心底うろんに思召候ば、せいしを以成共《ナリトモ》可二申上一候條、御年寄衆へ被二仰談一可レ給候。賴入存候。

駿河大納言
忠長（花押）

（寛永八年・一六三一）
十二月十六日

大僧正

舊冬も如二申入候一、我等煩故、召仕候者むざと申付、重々罷違、至二唯今一、後悔に候へども、不レ及二是非一候。若又

無レ據儀も御座候はゞ、御年寄衆へ令二相談一指圖次第可二申付一事。

於二向後一は、萬事御年寄衆御指圖次第可レ仕事。

右之旨うろんに思召候はゞ、重而せいしを以、御指圖次第、何分にも可二申上一候。各御年寄衆へ被二仰談一、將軍樣より相國樣へ御詫言被レ成被レ下候樣に奉レ賴候。唯今相國樣御不例之砌、か樣に罷在候儀、一入迷惑可レ有二御察一候。

（寛永九年・一六三二）正月十一日。


相國樣頃日彌御快氣之由申來候。誠珍重奉レ存候。然ば渡邊監物昨日當地へ罷越、御狀殊書物《カキモノ》の案紙被レ入二御念一御越、別而忝次第に候。何分にも可レ然樣に御指引賴入候。〇中略偏萬端存候。正月十八日。

一筆令二啓達一候。仍先日御案紙通書付、渡邊監物爲レ持進レ之候。可レ然樣彌賴入存候。猶口上に可二申入一候。恐々謹言。正月二十日。


一筆令二啓達一候。相國樣御機嫌次第に御草臥被レ成候由承り、無二御心元一奉レ存候儀、可レ有二御推量一候。江戸近所迄も罷越度存候が、思召之通、御内所にて被二仰聞一可レ被レ下候。我等心中之程、御察可レ有候。恐々謹言。正月二十五日。

尚以、只今御機嫌悪敷內、少も江戸近所へ罷越、御氣色之御樣躰承度計に候。思召之通、御内所にて可レ被二仰聞一候。

これらの書狀は、いづれも天海大僧正宛のものであるが、既に忠長が先非を後悔してゐることが知られるのである。正月二十五日附の書狀に、「相國様御機嫌次第に御草臥被ㇾ成候由」とあるのは、秀忠公の病氣の大いに進んだのを指すのであり、事實、この手紙の書かれた正月二十五日の前日に公は薨去したのであつた。

家光公は天海大僧正の執成といひ、(天海大僧正は常に罪を獲たる者のために執成することを寧ろ得意としてゐた。)骨肉の情、忍びがたく、秀忠公の病間を伺つて、屢〻忠長赦免のことを歎願したのであるが、許されなかつた。

秀忠公の病いよいよ覺束なくなつた時、家光公は、病中赦免あつて、忠長に御目見を許されんことを再三歎願に及んだ折、秀忠公が落涙しながら示されたのは、忠長自筆の、駿遠甲信にて今一倍の御加增、合せて百萬石を下されたく、さもなくば、現在の高にてもよろしく五畿內にて下され、大坂城をお預け下されたく、若し右二條とも叶はずば切腹して相果て、永くお怨み申し上ぐべしといふ意の一通の書狀であつた。秀忠公はこれを示して、「われらも子の事なれば許したきは山々なれど、天下の仕置には代へ難し」と慨かれたと傳へられる。

かくの如くにしてつひに忠長は高崎に幽閉されたのであつた。ついで十月二十三日、忠長の駿遠甲の封地を收公し、甲府は番城とされた。（寛永日記。）そして十一月十六日、忠長の家老朝倉筑後守宣正、鳥居淡路守忠房以下それぞれ配流されたのである。（寛永日記、御當家記年錄、天享吾妻鏡、寛政重修諸家譜。）

寛永十年(一六三三)十二月六日、忠長は阿部對馬守重次が幕府の密命を帶びてその配所高崎に達する前に、自刄して果てたのであつた。年二十八歲。幕府は阿部豐後守忠秋を急に遣はしてこれを檢視せしめた。傳通院隨波は千部の法會を行つて、その冥福を祈り、峯巖院と諡したのであつた。（寛永日記、江城年錄。）

八　武家系圖の編輯其の他

幕府は寛永十八年（一六四一）二月七日、林道春信勝を總裁として、諸家系圖編輯のことを創始した。若年寄太田備中守資宗を總奉行とし、信勝には五山の僧侶及び高野山見樹院立詮等をして助力せしめた。この編輯事業は同二十年（一六四三）九月二十五日完成した。これを寛永諸家系圖傳と名づけ、三百七十二卷ある。

ついで正保元年（一六四四）十二月二十五日、諸國に令して鄕村高帳及び國郡諸城の圖を製せしめ、大目付井上筑後守政重、宮城越前守和甫にその奉行を命じたのであつた。

（三）民　政

民政の各般の事について述べることは煩雜でもあり、紙幅の許すところでない。ここには勸農三十一箇條・檢地制及び五人組について記さう。

(1)　勸農三十一箇條・檢地制

勸農三十一箇條は家光公治政の晩年、慶安二年（一六四九）二月二十六日に幕府が天下に頒つたものである。農は國家の大本とする見地から頒たれたものである。一に鄕邑法度、また百姓心懸とも呼ばれる。

官の法律を守り、地頭代官を敬重し、里正、組頭を親のごとくに親しむこと以下、貢賦、耕作、食物、衣服、住居、嫁娶、諍論、訴訟、奴婢等の事を巨細に諭し、人倫の道をも敎へたものである。

またこの月、幕府は檢地制を定めた。檢地の掟といひ、「檢地は諸民生業の定にて生死の基たれば、高下なからんやう心入れて査檢すべし」といふよりはじめて、帳奉行、屋敷帳、鄕移傳馬、檢地役人起請文、檢地心得、繩頭、野帳、高帳、淸帳のことまで規定したものである。寛永日記、御當家記年錄、條令拾遺、大成令。

(2)　五人組

五人組はいふまでもなく、隣保制度であるが、家光公の時代に於ては、一層この制を勵行し、組中より無頼漢の出づるあらば組中一同の曲事たること、不審の者あるに於ては早々訴へ出づべく、但し訴人する時、他日彼の者の仇をなすを恐れて、ことさらに隱匿する者は、内々その事情を訴へ出づるときは、必ず仇せざるやう手當すること、組中より奴婢一季居に出る者があつたならば、必ず出入毎に組中及び所の名主に申出づることを定めたのであつた。

家光公は、勇武にして寛宏、威甚だ重かつたが、下情に通じ、民を憐れむことも深かつた。從つてその民政の大本は民と共に休するといふのであつた。參考落穗集に記するところの左の一挿話のごときは、當時萬事簡素であつたこと、公の下を憐れむの心の深かつたことを示す一例である。

なほ、公が、寛永十三年（一六三六）二月、林道春信勝をして、和漢荒政恤民法制を撰進せしめたことによつても公の民政に關心の深かつたことが知らるるであろう。

大猷公御代までは、未だ萬事御手輕にて、御成《ナリ》などの道筋も、御通りと、すぐ知らせ候時、男女各己れが門々へおり、拜み奉り、横町々々は、其町の辻などに立て置く用心楷子《ハシゴ》を横たへ、往來を留め候のみにて、御駕通りぬけ候時、階子をとり、其儘往來致し候。或時御成として、日本橋通御通り遊ばされ候時、婆々抔、珠數をもみ、手を合せて拜み奉りければ、大猷公御馬上より、御側衆へ仰せられ候は、あれ見よ、おれを拜むはと、御笑ひ遊ばされ候となり。又或時淺草邊へ御成の時、御駕にて本町三丁目を御通り遊ばされ候時、四辻の所にて、御駕の內より、こちらへやれと御下知遊ばされ候間、本町四丁目へ御駕を入れず、石町通へ御駕を廻し、御通り遊ばされ候。其時御近習の中より、如何仕り候儀と伺ひ奉り候處、上意に、四丁目に町人共囃子《ハヤシ》をして居る音聞へたり。おれが通りたらば止めんと思ひ、駕を廻させたりと仰せられたり。

三　文教

寛永七年（一六三〇）の冬、林道春信勝の江戸忍岡の邸地に學寮を建つることを許し、旗本の士の子弟に教授せしめた。それより日に月に就學する者が多く、同九年（一六三二）に至り徳川義直はその學寮の傍らに大成殿を造營し、春秋釋奠の禮を擧げしめた。翌十年（一六三三）七月十七日家光公は東叡山東照社に詣し、天海大僧正の坊にて猿樂を觀、大成殿に謁して先聖孔子の像を拜し、道春に尙書堯典を講ぜしめた。これを將軍家大成殿に參拜のはじめとする。そののち諸大名は爭うて大成殿に參拜し、また道春を請じて書を講ぜしめ、各その家臣をして就學せしめた。かくて仁義忠孝を大本とする儒學は官學として大いに流行し、諸藩より人材を簡拔して江戸に出し、林家の門に學ばしむる者が多くなつた。好學の機運が興起したのである。

また道春信勝以來、林家は大學頭として文教のことを掌つた。道春が正保元年（一六四四）十月、本朝編年錄若干卷を幕府にたてまつつたのも、同三年（一六四六）四月十七日、徳川義直が東照宮年譜を撰進したのも文教興起の一端といふことが出來るであらう。以上は文教の極く一片を記したに過ぎない。

家光公自身の好學に就いて少しく記せば、秀忠公は寛永元年（一六二四）四月十一日、林道春信勝を家光公に侍せしめ、これより時々、公の前に於て論語及び貞觀政要等を進講せしめ、間斷することがなかつた。寛永系圖傳、羅山文集。

同三年（一六二六）五月、公は内藤左馬助政長の櫻田の邸に臨んだが、溜池の風景を賞して薄暮まで宴あり、政長に金三十枚を賜ひ、明人陳元贇を召して詩を賦せしめ、仰松軒の額字を給うた。家譜。信勝が命によつて大學和字抄、四書五經要語、孫子三略諺解を作進したのもこの頃のことである。寛永諸家系圖傳。

寛永十六年（一六三九）七月には林道春信勝に命じて無極大極和字抄を撰進せしめた。家譜。これまた一斑を記したに過ぎない。

四　島原の亂

寛永十四年（一六三七）十月蜂起して翌十五年（一六三八）三月終結を見た島原の亂は、家光公の治政に於て特筆すべき出來事であつた。よつてここに略記しようと思ふ。

（一）原　因

この肥前國高來郡島原の原城を中心とした吉利支丹宗門一揆ともいふべき島原の亂の原因については、1、宗教的原因、2、政治經濟的原因、3、社會的原因の三つを擧げることが出來る。

1宗教的原因　は、かの島原、天草の地は元來熱烈なる吉利支丹大名である有馬晴信、天草種元、後には小西行長の領地であつたから、その領民の殆どが信徒であり、天正十五年（一五八七）六月の豐臣秀吉の天主敎禁制後も、これら領主の保護下にあつて、全日本敎會の中心が同地に置かれたのである。慶長五年（一六〇〇）の關ヶ原役後、小西行長に代つて、天草は背教者である寺澤志摩守廣高の所領となり、島原は同十五年（一六一〇）、有馬晴信は失脚し、同十九年（一六一四）にその嫡子左衞門佐直純は日向に移封された。そして松倉豐後守重政の所領となつたのである。廣高も重政も共に信徒に對して苛酷な迫害をなし、信徒を溫泉嶽に投じたり、竹鋸引等の極刑に處したりした。重政の子長門守勝家（初名重次、また重治）に至つては更に殘虐であつた。かく迫害が二十數年も永く續き、益〻激化したので、忍苦服從の信仰は內訌し、終末觀的狂信となるとともに、爲政者に對する現世的不平不滿となつて來たのである。

2政治經濟的原因　としては、松倉重政は、森岳の築城、呂宋出兵の計畫（このことについては次章において述べるが、やはり耶蘇敎禁遏と關連があつたのである。）江戶馬場先門修築等、自らの所領に倍する賦役を望んで幕府の歡心を買ふ所あり、ために領民に重稅を課して顧みるところがなかつた。寬永七年（一六三〇）十一月十六日、重政卒し、後を嗣いだ勝家は、その器父に及ばぬばかりか、むしろ暗愚で、酒色に溺れ、佞臣の誤るところとなつて政を紊し、建築稅、爐稅、窓稅、畳稅、人頭稅、穴稅等を課し、苛斂誅求至らざるなく、滯納せる者は簑踊に處するとか、或は婦女を人質として凌辱するなど、手段を選ばなかつた。その上、寬永十一年（一六三四）來の旱魃は甚だしく百姓の困窮を來たし、土一揆的氣運を釀成したのである。

3社會的原因　ともいふべきものは、慶長五年（一六〇〇）の關ケ原役、慶長十九年（一六一四）元和元年（一六一五）兩年の大坂陣後、牢人が簇生し、殊に天草、島原の地は、小西、有馬の遺領である上、後に加藤清正の遺臣も加はつて、牢人の潛伏する者多く、江戶幕府に對する憤懣があり、また幕府が實權を掌握してから日も淺いので、天下の變を望む者も少しとしなかつた。かかる情勢に加へて、寬永十三年（一六三六）の冬以來、家光公は氣欝の病に罹り、同十四年（一六三七）に至つて、なほ甚だしく、朝廷より病氣お尋ねの勅使が下向したのに對しても謁見せぬほどであつた。ために家光公薨去の風說は九州にまでも流傳するに至つた。このことは氣候の變調とともに人心を動搖せしむるに充分であつた。

寬永十四年（一六三七）は前にも記したやうに炎旱甚だしく、天燒けて丹の如きこと數日、諸木時ならぬ花を咲かしむるといふ有様であつた。この機に乘じて、肥前唐津城主寺澤兵庫頭堅高の封内天草島大矢野の大矢野松右衞門、千束善右衞門、大江源右衞門、森宗意、山善左衞門、益田甚兵衞好次等小西家牢人の一味は、かねて耶蘇信徒であり、常に密かに天草、島原の間に徘徊して布敎してゐたのであつたが、機至れりとして湯ヶ島（談合島ともいふ）に會して一揆を策し、好次の子四郎時貞の容姿端麗、才能人に勝れたのを擁立して、救世主たる神童の天より降つたものと造言し、同年十月、寺澤、松倉二領内に觸狀を配布したので、宗敎的、經濟的、政治的に不滿を欝積させてゐた同地方住民の信を蒐め、これら牢人が中心となつて、土一揆的氣運を使嗾、指導し、信仰的幻想より、宗敎的經濟的樂園を地上に實現せんとして、亂をなすに至つたのである。

（二）經　過

一揆の口火は十月二十五日、島原の有馬村で切られた。同村の作右衞門といふ豪農が基督の畫像を公然と掲げ、村民が多勢集つて禮拜してゐる情報が代官林兵右衞門の許に入つたので、兵右衞門は部下を率ゐて作右衞門の家に逮捕に赴き、畫像を破棄し竈に投じて燒いてしまつた。興奮した村民等は兵右衞門を亂擊して殺してしまつた。よつて俄かに反意を決し、加津佐、串山、小濱、千々岩、有江、堂崎、布津、深江、中木場、安德の諸村に廻狀を發し、その同意を求めた。諸村いづれも同意して、所在に蜂起し、代官を殺し、神社、佛寺を破却し、僧祝を殺害し、各〻島原城に押寄せる用意をするに至つた。

島原城に於ては、松倉勝家は參勤在府中であり、この報に接したが、諸村悉く蜂起したとは察せず、一隊の兵を鎭壓に派したが、空しく引返し、家老岡本某、また兵三百人を率ゐて鎭壓に赴き、これ亦引返した。一揆二千餘は追擊して城門に迫り、門塀を破らんとしたので、城兵は必死となつてこれを追ひ退ぞけ、急使を江戶及び豐後日田配流の松平忠直の目付書院番士林丹波勝正、小性組番士牧野傳藏成純の許に派してこれを報告し、また肥後熊本城主細川越中守忠利、肥前佐賀城主鍋島信濃守勝茂の許にもこれを派して援兵を請ひ、城を固守して隣國の來援を待つたのであつた。

二十八日、細川、鍋島兩家は島原よりの急報に接したが、武家法度に、隣國何樣の異變ありとも、下知なきに人數を出すべからずとの制條あるを以て、相對にては加勢し難しとして豐後在番の目付に急使を派して指示を請うたが、目付は、松平忠直の目付なれば、他の事は權外なれば、早々江戶に伺はるべしとして沙汰に及ばず、止むを得ず、細川家にては四千の兵を川尻に、鍋島家は三千の兵を苅田村に出して封境を警備し、空しく江戶よりの指圖を待つた。

城側の斯く緩漫なるに反し、一揆は益々猖獗を極め、約二十日間領內を橫行して同志を糾合し、三會《みゑ》の藩倉を占領し、食糧彈藥を徵發し、四郞時貞を盟主とする天草の一揆と呼應して、これと合流し、十一月上旬、時貞は有馬に來り、長崎を襲ひ、兵器糧食を調達せんと策した。時に天草の富岡城代三宅藤兵衞は諸島の中心である本渡を占め、唐津の寺澤勢二千餘人を合して、一揆の本據である上津浦を討伐せんとした。寺澤勢は堅高の老臣原田伊豫、並河九兵衞の率ゐる所であつて、十一月十日、富岡城に達し、十四日、兵を三隊に分けて、各々所在の亂民を征したが、意外に多勢であつたため、大いに敗れ、三宅藤兵衞幷に並河九兵衞は戰死した。よつて原田伊豫、並河太左衞門は餘勢を督して城を守り、亂民勝に乘じて城を攻めたが、容易に拔くことが出來ず、十一月二十三日、つひに圍みを解いて、再び島原に入り、原の故城址に塞壘を築いて、これに據り、天草には上津浦に千五百人を置いて富岡城に備へしめた。

原の城は、有馬村の南端に隆起して居り、三面は海で、削るが如き絕壁あり、前には丘陵起伏して難攻の要害であつた。口の津村の倉廩より糧米五千餘石を運び入れ、隍を浚へ、柵壘を築き、十二月十日守備悉く成つた。四郎時貞を總大將とし、大矢野松右衞門以下十三人を參將として、各一方面を守り、男女總勢二萬三千八百八十八人と注せられた。

十一月四日、島原天草擾亂の急報が、はじめて大坂に達した。城代阿部備中守正次、定番稻垣攝津守重綱、目付曾我又左衞門古祐に、京都所司代板倉周防守重宗來り會して協議の結果、正次の、「これより江戸に言上し、下知を待ちて九州に傳ふるとせば凡そ二十餘日を費すを以て、事難儀に及ぶべきにより、下知を待つに及ばず、豐後在番の目付に令して急に處せしめ、然る後下知次第に致すべし」との意見を容れ、城番の大番士二人を豐後に急派し、林、牧野兩人に令して、新着の二人至らば、一は細川方に、一は鍋島方に赴き、臨機の指圖をすべく、また細川、鍋島、有馬、立花、松浦の諸家には、國境を嚴戒し、兵器米鹽等の輸出を禁じ、事の決し難きは目付に稟議して應變の處置をなすべきことを命じ、尋で細川家には、島原、天草危急の報あらば速かに出兵すべく、鍋島家には一揆長崎に入らんも計り難きを以て、代官末次平藏(この時長崎奉行榊原左衞門職直、神尾內記元勝は共に江戸に在つた。)より急報あらば速かに出兵すべきことを令したのである。

急報の江戸に達したのは、十一月八日であつた。九日、幕府は寺澤兵庫頭堅高、松倉長門守勝家に、速かに歸城して一揆を掃蕩すべきこと、細川越中守忠利、鍋島信濃守勝茂には、寺澤、松倉兩人にして一揆を討滅する能はずば士卒を派して救援すべきことを命じた。而して幕府は三河額田邑主板倉內膳正重昌を上使として、目付石谷十藏貞淸を副使として急に亂に赴かしめ、軍を督せしめた。重昌は一萬千石餘を領して未だ武功の聞えなく、貞淸も千石餘を食む目付役に過ぎず、九州諸藩の兵を指揮するにはその伎倆を缺くを保し難く、當初幕府がこの亂を輕視した譏は免るべくもなかつた。

島原の形勢は、日々九州諸大名より江戸に注進せられた。幕府は漸く、事の容易ならざるを覺り、豐後府內城主日根野織部正吉明に、歸封して松平忠直を監すべきことを命じ、また九州諸大名の父子若しくは兄弟二人づつ在府の人人には、子若しくは弟を封地に歸して萬一に備へしめ、使番松平甚三郎行隆を島原に派し、重昌に、近國の兵を以て速かに一揆を勦滅すべき命を傳へ、且つ戰況を視て江戶に歸り報ずべきことを命じた。

松倉勝家は十一月末日歸城し、板倉重昌は十一月二十七日、豐前小倉に着し、一揆の尋常でないことを聞いて大いに驚き、肥後高瀨で九州諸藩と協議ののち、急に細川家に天草出兵、鍋島家に島原出兵を命じ、尋で糧食を細川家に徵し、更に有馬、立花二氏に島原出兵を命じ、十二月五日、貞淸と共に島原に入つた。

島原一揆の猛勢なることは重昌出發後も頻りに江戶に注進せられた。家光公は、諸老臣の意見を徵した結果、十一月二十七日、老中松平伊豆守信綱を總帥とし、美濃大垣城主戶田左門氏銕を副使として島原に赴かしめ、途中九州よりの報告書に接せば、先づ披見してのち江戶に送るべく、その他諸事臨機に處置し、後に江戶に報告すべきことを特に許した。

幕政の形式的繁文によつて抛置されてゐたため一揆の勢は益〻旺んとなり、島原には、鍋島、細川、立花、有馬の兵總數一萬八千餘到着し、松倉勢を合せて總勢二萬餘を二隊とし、一は鍋島勢を先鋒として海路より、一は松倉勢を先鋒として山手より原城に押寄せ、十二月八日早旦戰端を開いた。一揆は堅固な城寨に依り、當方は僅かに楯一枚を隔てるのみであつたから敵の矢丸に斃るる者多く、城壘に近づくを得ずして退いた。重昌は令して、攻城の仕寄りを付くべしとて急に竹束を作り、諸軍營に櫓棲卽ち井樓を上げ、その上より日々大砲を發せしめた。しかし一揆は毫も弱らなかつた。かくて鍋島勢を主とする十二月十日の第一回原城攻擊も、これにつづく、立花勢參加の第二回攻擊も失敗に歸した。小身の重昌の命令は九州大藩の兵を服せしむるに足らず、寄手の統制のとれなかつたのも一要因であつた。

二十八日、松平信綱、戸田氏銕島原に到るの報があり、重昌は自己の不信任と無功を恥ぢ、決死の覺悟をなし、信綱等到着以前に總攻擊を加へんことを決意し、明旦を期したが、二十九日は大雨のため果さず、十五年（一六三八）正月元日、有馬勢を先鋒とし、松倉、鍋島勢これに續いたが、一揆の守備嚴重にして、官兵、一揆の矢丸に死傷算無く、重昌の下知に續く者もまた無かつた。重昌は憤然、僅かの手兵にて城壁に肉薄して奮戰したが、流彈胸に中つて戰死した。官兵の死傷は三千餘、一揆側は數十名を算するに過ぎなかつた。この日石谷貞淸、松平行隆も相ついで負傷し、諸軍を統轄するの將無く、空しく引取つたのである。

幕府は正月三日、大目付井上筑後守政重を島原に派したが、元日の敗報は十一日の夜、江戸に達した。家光公は大いに重昌の輕擧を怒り、且つ諸家の兵が充分力を竭さずして敗を取つたことを恚つた。そして卽日、細川越中守忠利、鍋島信濃守勝茂、立花飛騨守宗茂、有馬玄蕃頭豐氏、黑田右衞門佐忠之等に急ぎ歸城し、兵を率ゐて島原に赴くべきことを命じ、また譜代大名中の老功の士水野日向守勝成を召して、急ぎ島原に赴き、信綱を輔けて旗下の名を下すまじきを命じ、有馬左衞門佐直純は、島原の舊領主として、地理に明らかなるを以て、特に島原に至り、諸軍の嚮導をなすべきことを命じた。

信綱幷に氏銕は、正月三日、島原に着し、直ちに原城の狀を視て、俄かに落し得ざることを覺り、兵粮攻めの方針を採つた。尋いで九州の諸大名も悉く參着したので、各陣中に假山を築き、その上に井樓を設け、原城を砲擊せしめたが、一揆もまたこれに應撃し、往々官兵を傷けた。信綱は一方、和蘭甲比丹即ち商館長に蘭船の廻航を命じて、正月八日より三週間、城中を砲撃せしめた。これによつて一揆に打撃を與へたことも大きかつたが、またその嘲笑をも招き、つひにこれを中止した。

二月朔日、かねて捕虜とした天草四郎時貞の母及び姉の書を矢文を以て城中に投じ、降伏を勸めたが、効を奏せず、對峙をつづけた。二月中旬の各藩兵は合して十二萬四千餘を數へた。その間、井樓よりの砲撃、或は雙方より坑道を掘り小競合を續けてゐるうち、籠城五十日に及び、一揆は糧食を缺乏せしめ、海草を拾ふまでになつた。そして二月二十一日、黑田、寺澤、鍋島、立花の諸陣に夜襲を試みて局面の打開を圖つたが、敗れて城中に引揚げた。一揆の困窮を察知した信綱は、いよいよ二十八日總攻撃と決定し、その手筈を整へ、その前日、諸將を集めて評定中、鍋島勢は俄かに抜驅けに出、二の丸に先登した。これは井樓より、一揆が三の丸を捨てて二の丸に移動したのを認めたがためであつた。ここに於て、諸將それぞれ自陣に就き、同日の夕刻内城に迫り、翌二十八日卯刻（午前六時）を期して總攻撃、激戰の後、正午頃本丸を陷れ、細川忠利の家臣陣野佐左衞門が、敵將四郎時貞の首級を擧げた。この日、諸軍、一揆の兵を殺すこと無數、火を放つて燒き立てたので燒死する者頗る多く、後ちその首級を梟したもの一萬であつたといふ。二日間の攻撃に官兵の死傷も八百餘に上つたのであつた。

（三）結　末

三月一日、信綱は諸將に令して城を毀たしめ、二日、三日に城中の婦女子に至るまで鏖殺して、城外に梟首せしめ、四郎時貞及びその母、姉等の首級は更に長崎に於て梟せしめた。そして諸將の勞を犒つて兵を收めしめ、九日、島原に引揚げた。この日、島原平定の報が江戸に達した。幕府は若年寄太田備中守資宗を豐前小倉に遣した。信綱は、天草、長崎、平戸等を視察の後、四月二日、資宗と小倉に會し、資宗は出征諸將をこの地に會して慰勞の命を傳へ、江戸に至るべきことを命じた。また信綱と資宗は、賞罰のことを決して、江戸に復命した。

すなはち、松倉勝家を森內記長繼に預け、七月十九日に至り、逆徒を蜂起せしめたばかりでなく、平日佞臣を登用して、領民を苦しめし罪輕からずとして斬に處し、弟右近重利は生駒壹岐守高俊に預けられ、勝家處刑さるるや保科肥後守正之に預けられ、三彌重高は毛利長門守秀就に預けられ、後改めて內藤帶刀忠興に預けられた。寺澤兵庫頭堅高は天草四萬石を削り、出仕をとどめ、後許された。鍋島信濃守勝茂及びその軍目付榊原左衞門職直は軍令に背き、二十七日私に城乘りしたる廉によつて閉門、松平行隆は私に留つて戰に關與したるを以て改易に處し、石谷十藏貞淸及び板倉重昌の子主水佑重矩は、元日に無謀の戰ひをしたりとて、逼塞せしめられ、林丹波、牧野傳藏は、はじめ一揆蜂起の報に接したる時の指圖宜しからずとして叱責せられた。勝茂以下は後、間もなく許された。

（四）影　響

この島原の亂後、幕府は吉利支丹の禁制を嚴にし、鎖國の方策を徹底化した。これを利用することによつて幕府の統制力は益〻強化されたのである。またこの亂に吉利支丹が國家を覬覦せんとするものであると考へられ、吉利支丹卽ち邪宗門といふ觀念は國民の先入主的觀念となり、それが明治年代に及んだことも否めない。

なほ、幕府は、武家諸法度の「隣國に何樣の事ありとも、上意を得ずして、私に人數を差出すべからず」といふ箇條の窮屈な解釋がこの度の一揆を大事に至らしめた一大要因であることを覺り「私に人數を差出すべからず」とは其の一家の私事に對しての掟であつて、今度の島原の亂の如きは、天下の大禁を犯し、領主に叛きたる者であるから、以後かかる事があつて隣國より案內あらば、早速兵を派して踏み潰すべしと令するに至つた。卽ち武家諸法度の解釋が緩和されたのである。

肥前島原記、寛永日記、島原天草日記、島原一揆松倉記、原城紀事、栗田元次氏島原の亂と浪人の問題、浦川和三郎氏島原一揆、海老澤有道氏切利支丹史の研究。

第六章　鎖國

一　鎖國の意義

寛永の鎖國はわが國史上に於ける大問題であり、家光公の一代に於ても最も大きな政治的處斷であつた。さればこの問題はわが國史家に於ても大いに注視するところであり、明治以後にあつてもこれを大きく扱つたものに、文學博士内田銀藏氏の「鎖國とは何ぞや」日本海上史論。文學博士辻善之助氏の「鎖國とその得失」海外交通史話。栗田元次氏の「鎖國の成立とその影響」史學研究八の二。等がある。就中辻博士の論攷は詳細を極めたものである。ここにこれら先進の論究と提出された史料にもとづいて、寛永の鎖國ならびにその得失、影響等に就いて述べることとしよう。

鎖國といふ語を、文字通りに解すれば、一國が他の諸國から總ての交渉を斷つことを意味する。しかし、さういふ意味での鎖國は日本の歴史の上古、中古、近古、近世いづれの時期を通じても無かつたと言へる。鎖國とは何ぞや。

栗田元次氏は、鎖國を外交關係を斷絶する政治的鎖國と、交通貿易を禁ずる經濟的鎖國、及び思想の流入を斷つ思想的鎖國とに分けてゐるが、この分類は妥當であらう。そして氏も言ふごとく、江戸幕府の鎖國はこれらの何れに於ても完全なものではなく、外交も朝鮮とは持續されてゐたし、交通に於ても對馬人が朝鮮に行き、琉球人が支那へ行き、支那人、和蘭人が長崎へ來ることは認められてゐたのである。また貿易に於ても長崎に於ける支那、和蘭との間、ならびに對馬と朝鮮、琉球と支那との間には、これが行はれて居り、思想の流入にあつても、儒教、佛教等については、何らの拘束も受けなかつたのである。

かの幕末以後の開國にあつても、悉くの國と外交關係を結んだのではなく、交通貿易にも制限があり、殊に近年に於ては思想上の防共に加へて、交通貿易は内外ともに制限が著しくなつたのであるから文字通りの完全な開國ではない。結局、開國といひ、鎖國と言つても制限の程度の差であつて、事實上、いづれの國にあつても、完全な開國が在り得ないと同時に、完全な鎖國も在り得なかつたのである。わが國に於ても、外交的鎖國にあつては平安時代中期から室町時代初期までは完全に行はれ、何れの國とも外交を斷つたのであるが、しかもこれについては一般に鎖國の語は用ゐられてゐない。そして江戸幕府の鎖國については、それが完全でないとは言へ、――またそれが普通のことなのであるが――專ら鎖國と呼ばれてゐる。これもあながち不當ではないのであるから、この章に於てもその通例に從つておく。

二　鎖國發令まで

江戸幕府の鎖國は、その發令以前、すでに吉利支丹の禁制にその端を發してゐる。すなはち、幕府の鎖國は栗田氏のいはゆる思想的鎖國にはじまつてゐると言つてよい。以下それを主として發令に至るまでの經過を概敍しよう。

徳川家康公は海外交通を奬勵し、盛んに貿易を起した。その主義とするところは豊臣秀吉と同じく重商主義であつて、それを踏襲したのである。秀吉の主義は耶蘇敎は禁ずるけれども、貿易は奬勵するといふのであつた。そのことは天正十五年（一五八七）六月十九日の耶蘇敎禁令五箇條のうちに、「一、黑船之儀は、商賣之事候間、各別候之條、年月を經、諸事賣買いたすべき事」「一、自今以後佛法のさまたけを不〻成輩は、商人之儀は不〻及〻申、いづれにても、きりしたん國より往還くるしからす候條、可ㇾ成ニ其意ー事」の二條があり、天正十九年（一五九二）七月二十五日、葡萄牙領印度臥亞《ごあ》總督たる印度の副王に與へた返書の中に、（僧承兌の書いたものと言はれる）「只有下欲ㇾ修ニ好於ニ此地一之心上、則海上已無ニ盜賊艱難一、域中幸許ニ商賈往還一、思ㇾ之。」とあるので明らかである。

海外交通史話、「豐臣秀吉の耶蘇教禁制」「豐臣秀吉の南方經營」

「徳川家康の耶蘇教禁制」。

しかし、家康公は、はじめ耶蘇教も大目に見て不即不離の間にあつた。通商貿易のためには宗教が少し位入つて來るのも止むを得ないと思つて居たのである。それ故、秀吉の時に放逐されたヘロニモ・デ・ゼズスのごときも家康公には款待されたのである。けれども、公は決して耶蘇教の弘通を公許はしなかつた。慶長十年（一六〇五）に、比律賓の總督ドン・ペドロ・デ・アクーニヤに與へた書中にもその事は明らかであり、またセバスチアン・ヴイスカイノに與へた濃毘數般《のびすぱん》への返書にも見えてゐる。異國日記に、金地院崇傳が、かの答書案文を書くことを命ぜられた時の樣子を記して、「濃毘數般へ御書可ㇾ被ㇾ遣候、佛法を日本に弘候事無用、只商買計に、船往來可ㇾ有ㇾ之由、御書可ニ相認一旨、被ニ仰出一候」とあるのは、家康公の主義を遺憾なく言ひ表はしたものであつて、ここにいふ佛法はキリシタン佛法の謂で耶蘇教を指すことはいふまでもない。

はじめ耶蘇教に對して寛大であつた家康公も、だんだんその弊が甚しくなつたため、慶長十七年（一六一二）三月二十一日、禁令を發布した。そしてその日、丁度駿府に來てゐた板倉伊賀守勝重に、「南蠻キリシタンの法天下に停止すべし、京都にある彼宗の寺院を破却すべし」と命を下し、長谷川左兵衛藤廣を、その禁令實施のために任地長崎に下し、有馬左衛門佐直純はその領地肥前日野江に歸つた。また僧幡隨意は教徒誨諭のために、有馬・長崎地方に派遣された。旗下の士小笠原權之丞、榊原加兵衛、原主水等は改易され、駿府大奥女中の中にも處刑されたものがあつた。諸奉公人の中にも、十人組を設けて互に糺察せしめた。駿府記、當代記、梅津政景日記、藤原有馬世譜、幡随意上人傳。

當時にあつては通商と布教とは常に相伴へるものであつたから、ここに禁令を出すことは家康公にとつては苦痛であつたに違ひなく、通商貿易を犠牲にしてまで禁じたについては大きな理由がなくてはならぬ。その理由について辻善之助博士は五つを擧げてゐる。

(1)家康公は耶蘇教に對しては根本から好意を有して居なかつた。佛教各派に對しては、日蓮不受不施派を除くのほかは公平であつた、が耶蘇教に對しては一般に國民の思想がこれを嫌つてゐたので、公もこの先入思想に捉へられたためであると考へられる。

(2)事實の有無は別として、當時の政局に當つてゐた人々の頭には天主教は教によつて領土を擴張しようとしてゐるといふ考があつた。秀吉の基督教禁制の理由の一となつた宣教師の長崎領土の事、また慶長元年（一五九六）の彼のサン・フイリップ號事件等も家康公の眼前に見てゐたことなのである。であるから天主教は懸念すべきものであるといふことは、公の深く留意したところであらう。

(3)は和蘭人の密告である。ジャック・スペッキスから慶長十七年（一六一二）に送つた和蘭の國書に、「西班牙、葡萄牙は教を以て人心を感化し、之によつて國を奪ひ取る風のある由」を告げたのである。この國書は、日附の前後について考を要する點がある。スペッキスとヘンドリック・ブローワールが連署して家康公に呈した書は慶長十五年（一六一〇）十一月十二日の日附であるが、公の落手したのは慶長十七年（一六一二）十月であつた。これは船の延着しただめで、國書は禁令發布の後に着いたのであるが、この國書を携へた船が來つつあることは同十六年（一六一一）七月、スペッキス等が公に謁した時既にその耳に達してゐたし、その時天主教の危險なことを聞いてゐたことは考へられる。當時和蘭は西班牙より離れて獨立の戰爭に營々としてゐた時であり、一五七九年（天正七年）ユートレヒト・ユニオンが結ばれて後、三十餘年を經て居り、一六四八年（慶安元年）に獨立が承認されるまでには、なほ三十七年前であつたから、兩國が互に讒を構へたであらうことが察せられる例はヴィスカイノの日記にもある。

(4)もまた和蘭人の密告である。それはセバスチァン・ヴィスカイノが、金銀島探檢のため、日本沿岸の測量を請ひ、家康公が之を許したことを、後に和蘭人が聞き、歐羅巴に於ては他國人に沿岸を測量せしめるといふことは無い。その上、西班牙人は戰を好み、大艦隊を率ゐて來寇することがあるから、歐羅巴では彼等に測量を許さないと告げた。これはヴィスカイノ自身、聞いてその日記に記すところである。

(5)は禁令を斷行せしめた最大の理由で、かの岡本大八一件である。大八は家康公の股肱の臣本多上野介正純の與力であるが、先に慶長十四年（一六〇九）に有馬晴信に葡萄牙の黑船を擊沈したことについて、家康公がその賞として、元有馬の領であつた肥前の一部の今鍋島家の領となつてゐるのを、元通り領地替してやらうといふ意があると、晴信に欺き告げ、それについて自分が盡力しようと言つて賄を取り、家康公の朱印幷に文書を僞造して晴信に渡したのである。晴信は舊領三郡の朱印を貰つたものの、本領がなかなか來ないので、つひに本多正純に催促した。ところが正純は更にこの事を知らぬと言つた。是に於て晴信は大八を訴へ、對決の結果、大八の詐僞が判明し、入牢せしめられた。大八はこれがために晴信を恨み、獄中から上書して、晴信が曾て長崎奉行長谷川藤廣と仲が惡く、これを毒害しようと企てた密事を告げた。これも對決となつて晴信はつひに自白した。駿府記、當代記、藤原有馬世譜、鍋島勝茂譜考補、日本西敎史。

かくて慶長十七年（一六一二）三月二十一日、晴信には死を賜ひ、大八は火焙の刑に處せられた。耶蘇敎の禁令は實にこれと同日に發布されたのである。これは偶然のやうで實は偶然でなく、大八一件が耶蘇敎禁制の理由となつたといふことは、理由なきが如くで實は理由があるのである。といふのは、家康公の考では、かかる惡事をするのは耶蘇教を信じたからであると思つたのであり、兩人が共に耶蘇教信者であつたために、耶蘇教徒は油斷のならぬものと考へたのであらう。そのうへ、これと同時に駿府の奥女中の中にも祕密に基督教を信ずる者があつた。いまだ若年の時、三河に於て一向一揆の苦き經驗を有する家康公は、これは打捨てておくべきでないと考へ、つひに禁制を發布したのであらう。

辻博士は以上の五點を禁教の理由として擧げられ、(3)まではさまで大なる理由ではないが、(5)は最も大なる理由であり、動機であるとしてゐる。そして更に葡萄牙人が九州の信徒と幕府顚覆の陰謀を企てたとの説と、慶長十八年（一六一三）卒した大久保石見守長安の陰謀説と、大久保相模守忠隣の改易の直接禁教に關係なきことを辯じてゐるが、ここには煩に渉るので略する。海外の交通史話「徳川家康の耶蘇教禁制」。

慶長十八年（一六一三）十二月、家康公は重ねて耶蘇教を禁制した。十七年（一六一二）の禁令は主として幕府の直轄地に限り、卽ち江戸、京都、駿府、長崎そのほか九州では、有馬晴信の舊領内の沒收地にのみその効力を及ぼしたものの如くであつた。當時まだ大坂陣の前であり、公は諸大名の領地にまでその效力を及ぼすことを躊躇したであらうし、また大名の中には、徳川氏の政策に隨ふ者と、隨はざる者があつたであらう。其の趣は西班牙國シマンカス文書館文書の中に、慶長十八年（一六一三）に支倉六右衞門常長が歐州派遣の途中、ノビスパニア總督に呈した覺書の中に見えてゐることを辻博士は述べてゐる。

十二月二十二日夜、家康公は江戸に於て金地院崇傳を呼び、伴天連追放の文を作ることを命じた。崇傳は徹宵、曙に至つて文成り、翌二十三日、これを公に献じた。異國日記。

この禁令は秀忠公の朱印を以て全國に發布して、特に日本國中の諸人みな之れに從ふべきことを命じた。板倉周防守重宗は、これを持つて京都に上り、大久保相模守忠隣は、これに先だち、十九日、京都に赴いて耶蘇教禁壓の事に從ふべき命を受け、翌十九年（一六一四）正月十六日、京都に着して、四條の寺は類火を恐れて破却し、北野の寺は燒き、教徒を糺察した。宗門の者を俵に入れ、繩で結んで、これを四條五條の河原に積んで置き、ころぶ者、卽ち轉宗する者はこれを助け、轉ばぬ者は焚刑に處したのである。この時の檢察に於て、板倉伊賀守勝重は、改宗者のために寺院より宗旨證文の證印を取つた。寺請證文、宗旨手形或は寺手形といふものも、この頃より始まつたらしいのである。吉利支丹物語、切支丹來朝實記。忠隣は長崎に至つて宗門改の事も命ぜられたのであつた駿府記、當代記。が、十九日、改易を命ぜられた。これは本多佐渡守正信、同上野介正純父子との軋轢に因するのであるが、今ここでは觸れない。

京都伏見在留の宣教師は追放せられて長崎に集まつたパジェー日本耶蘇教史が、同地では長谷川左兵衛藤廣が、しきりにこれに禁壓を加へ、大坂にあつても片桐市正且元が教徒を處分した。十九年（一六一四）三月、京都で穿鑿の結果、轉宗せざるもの七十人は陸奥外濱へ流され、高山南坊、內藤如安の二大名は呂宋に流されることに決定し、同月七日、長崎へ押送され、他の教徒一百餘人とともに九月二十四日、長崎を出帆したのであつた。

教徒を海外に放逐したことと、大坂陣との間には、關連があつたらしく、九月に放逐して、十月には、戰爭が始まつてゐる。家康公は大坂の恠しい雲行を見て、教徒殊に有力な大名の信者を、そのままにおくことは、虎を野に放つが如きものであると思ひ、海外に驅逐したのであらう。高山南坊の如き、豐臣秀賴より招致の使者が行つたが、既に出帆の後であつた。フランシスコ・コリン耶蘇教員フィリッピン諸島布教史。支倉常長と同じく歐州に派遣された宣教師ソテロが、セビーヤ市へ贈つた書翰にも、教徒の大坂に加盟した證跡のあることは辻博士の明證されるところである。家康公が、大坂陣前に教徒を處理したことは賢明といふべきである。石川文書、大日本史料第十二編之十二、日本耶蘇會年報、パジェー日本耶蘇教史、コックス日記、越登加三州志、海外交通史話「徳川家康の耶蘇教禁制」。

大坂陣が始まつて、慶長十九年（一六一四）、元和元年（一六一五）の兩年は匆忙の際で、幕府は他を顧みるの暇なく、禁教も寛大であつただろう。かくて元和二年（一六一六）四月十七日、家康公は薨去したのである。

元和二年（一六一六）八月徳川秀忠公は、また耶蘇教を禁じ、支那商船以外の總ての外國商船は、長崎幷に平戸に限つて寄港せしむることとした。先に慶長十八年（一六一三）に家康公が英國人に與へた、1イギリス商船渡海貿易免許幷に諸役免許の事、2日本國内隨意寄港の事、3江戸に居宅商館を構ふるを許す事、4イギリス人の罪人は英人長官の處置に任す事、の四箇條の特權を剝奪したのもこの時である。宣教師幷にその補助者、または從僕と交際する者は、生き乍ら焚かれるか、或は財産を沒收され、これを隱匿する者は、婦人、小兒、五人組も同罪とされたのである。江戸、京都、大坂、堺等には一切外人の滯留を禁じ、英國人、和蘭人まで、總てこの地方からは退去を命ぜられたのであつた。令條、パジェー日本耶蘇教史、海外交通史話「徳川家康の海外交通史」「鎖國とその得失」。

この頃、和蘭は葡萄牙と爭つて居り、常に幕府に忠節を抽んでようとしてゐたから種々の事件が起つた。元和三年（一六一七）の平山常陳の事件のごときそれである。常陳は葡萄牙人で、もとの名をドミンゴ・ジョルジといひ、日本人を娶つて平山と改め、堺に住んでゐた人であるが、將軍の命によつて長崎に移住してゐた。彼は元和三年（一六一七）、呂宋から歸航の途にあり、洋中に於て和蘭人に遭遇した。和蘭人は常陳の船中を窺つて二人の伴天連を發見し、直ちにその船を曳き來つて長崎に訴へ出たのである。奉行長谷川權六藤正は船中を檢査して葡萄牙よりの手紙數通を發見した。この手紙は日本に隱れて居る伴天連に寄せたもので、「日本に於て切支丹宗門に傾く者が半ばに過ぎたら早速報知せよ、數多の軍艦を遣すべし」との旨が書かれてゐたので、二人の伴天連を處刑し、和蘭人には褒美を與へた。常陳はその後宣敎師を自宅に隱してゐたために捕へられ、元和五年（一六一九）十月焚刑に處せられた。

かの船中で發見された手紙について、駐日英國公使であつたサトー氏は和蘭人の僞作であらうとし、元の東京大學（當時帝國大學）講師ドクトル・リース氏は事實であらうとしてゐる。（通航一覽、長崎志、長崎古今集覽、コックス日記、パジェー日本耶蘇敎史、海外交通史話、「鎖國とその得失」。）

元和六年（一六二〇）、英國和蘭の聯合防禦艦隊が、葡萄牙の小軍艦を拿捕し、平戸に曳行して日本側に引渡したことがあるが、船中に潜伏してゐた假裝宣敎師二人が捕へられた。彼等は頑強に祕して本職を明かすことがなかつたが、長期にわたる糺明の結果、證據があがつて、翌々八年（一六二二）つひに殺されるに至つた。

家光公が秀忠公に代つて征夷大將軍の職に就いた元和九年（一六二三）の翌年、卽ち寛永元年（一六二四）に、幕府は沿海諸侯に令して、敎徒の來航を警しめ、また國内の敎徒を捕へて、陸奥、肥前等に於て處刑した。（日本西敎史。）

この年三月、呂宋の使來つて、長崎の代官長谷川權六藤正を經て、通商を請うたが、二十四日、家光公は土井大炊頭利勝、井上主計頭正就、永井信濃守尙政及び金地院崇傳を召して、かの國、天主敎を尊崇することを聞き及ぶによつて、聘禮を納めんと望むことの、かの敎をわが邦に傳へることを本意とするのではないかとし、聘禮を受けず使節を斥けることに決し、崇傳、その旨を草し、右筆建部傳内直昌に書せしめて、權六藤正に下したのであつた。（本光國師日記。）

寛永三年（一六二六）四月に至り、水野河内守守信が長崎奉行となり、町々に町使二人づつを遣して敎徒を檢察して轉宗せしめ、肯んじない者はこれを殺した。また賞を懸けて訴人を募つた。敎徒の崇拜してゐる耶蘇とかマリアとかの影像を踏ませて、改宗の眞否を確かめる、かの踏繪は、寛永六年（一六二九）に水野河内守守信が之を始めたのである。はじめは紙で作つたのを、竹中采女正重義が長崎奉行のとき、木版に改め、更に寛文九年（一六六九）頃から銅版に鑄るやうになつたのである。長崎志、通航一覽、海外交通史話「鎖國とその得失」。

寛永七年（一六三〇）に至り、耶蘇教の弊害に苦しんでゐた幕府は、肥前島原の城主であつた松倉豐後守重政の献策を納れ、その淵源をなす呂宋を征伐せんとした。卽ち重政は上言して、根柢より耶蘇教の弊を除くためには、淵源たる呂宋を攻め取るに如かずとし、もし、これを許さるるならば、臣に十萬石の朱印を賜ひ、呂宋を領せしめられんことをと申出たのである。幕府はこれを容れて、重政をして先づ呂宋の狀況を視察せしめることとした。重政はその臣吉岡九左衞門幷に木村權之丞の二人を將として足輕二十人をつけ、貿易商で呂宋に航すること二十四度に及ぶといふ呂宋通の糸屋隨右衞門を船大將として派遣した。

吉岡、木村の兩人は十一月十一日に出發し、木村權之丞は途中、不幸にも船中に於て死し、吉岡九左衞門のみ彼の地に渡り、かねて耶蘇教信奉の故に、呂宋に放謫せられてゐた高山南坊右近を訪問の爲めと號して、首都マハラに至り、重政の書狀、音物等を贈り、諸所を巡見して翌八年（一六三一）六月歸朝したのである。

長崎の人西川忠政は、商人の仲間に入つて、この行に隨つたが、歸途大風に遭ひ、激浪舵を折り、他の舵をもつて代へようとしたが、船は動搖して覆らんとして人々起つこと能はず、忠政獨り躍つて水際に至り、死力を盡して舵を代へることに成功し、船は恙なきを得た。忠政はこの時船體に附着してゐる牡蠣殼のために傷ついて流血淋漓たるものがあつた。一船の人々何れも忠政の決死行動によつて生命を全うし得たことを謝したといふ。元祿・寶永（一六八八―一七一〇）の間に天文暦數の學をもつて著はれた西川如見は、すなはち忠政の孫である。

松倉重政は吉岡、木村等が出帆して間もなく、寛永七年（一六三〇）十一月十六日に卒去したので、この雄圖も實行せられずに終つたのである。長崎古今集覽、通航一覽、西川如見傳、海外交通史話「江戸時代に於ける臺灣及び非律賓遠征の企圖」。

寛永十四年（一六三七）に至り、幕府はまた、かの松倉重政の考へたごとくに、宣教師の根據地を覆へし、同時に西班牙人が琉球を經て密貿易を行ふのを防ぐために、呂宋に出兵して西班牙人を驅逐しようと計つた。幕府は平戸居住の和蘭人に助力を命じ、蘭船二三艘を借りて兵員を送らうとし、バタビヤ總督フワン・ディメンは西班牙人の東洋に於ける勢力を殺ぐためには、軍艦を日本に供給することを辭すべきでないとして、大いに助力する考へであつたが、間もなく島原の亂が惹起されたために、實行されずに終つたのである。海外交通史話「江戸時代に於ける臺灣及び非律賓遠征の企圖」。島原の亂に就いては前章に於て述ぶるところがあつた。

さて竹中釆女正重義が長崎奉行在職中は禁令が嚴重に勵行され、管内の教徒數十人を溫泉ケ岳熱湯に投じたり、また說諭して改宗せしめたものも百數十人に及んだと傳へられる。長崎由來記。

その頃、教徒の中には特に身を窶して乞食の群に投じ、年々の宗門改を免れ、諸所に隱れるものがあり、寛永七年（一六三〇）、それらの人々が大坂附近に於て捕へられ、長崎へ送致されたもの凡そ七十餘人を數へた。彼等は呂宋に流された。この後、乞食穢多に至るまで宗門改を命じ、踏繪をもつて檢査することとなつた。長崎古今集覽。

寛永八年（一六三一）六月二十日、幕府は令して、自今外國に航する商船は、朱印の外に、老中の奉書を長崎奉行に差添へて下すこととした。奉書船卽ちこれである。かくて貿易もまた煩雜となつた。そしてつひに寛永十年（一六三三）、鎖國の第一段階に入つたのである。海外交通史話「鎖國とその得失」。

三　鎖國發令

寛永十年（一六三三）二月二十八日、幕府は、長崎奉行曾我又左衞門古祐、今村傳四郎正長兩人の赴任に際して、これに條目十七箇條を付與し、施政の方針を示したが、そのうち五箇條は、左に示すがごとく宗門に關するものであつた。憲教類典、寛永日記、長崎古今集覽。

一異國江奉書船之外、舟遣候儀堅停止之事。

一奉書船之外に、日本人異國江遣申間敷候。若忍び候而、乘參候者有レ之に於ては、其者は死罪、其舟幷に船主共に留置、言上可レ仕事。

一異國渡り住宅仕有レ之日本人來候者、死罪可二申付一候。不レ及二是非一仕合有レ之而、異國に逗留いたし、五年より內に罷歸候者は、穿鑿をとげ、日本にとまり可レ申候に付ては御免、併異國江又可二立歸一においては死罪に可二申付一事。

○一箇條中略

一伴天連訴人褒美の事。

上之訴人には銀百枚、夫より下には其品にしたがひ、可レ被二相計一之事。

○一箇條中略

一伴天連之宗旨弘候南蠻人、其外惡宗之者有レ之時者、前々のごとく大村之牢に可二入置一事。

○十箇條下略　憲教類典、寛永日記、長崎古今集覽。

奉書船のほか、海外渡航を禁じ、これを犯す者は、死罪とし、海外移住民の歸り來る者は死罪、但し止むを得ざる事情があつて海外に逗留し、五箇年以內に歸り來る者は穿鑿を遂げ、その後日本に留まる者は之を免じ、再び海外に渡航せんとするに於ては死罪に處するといふのであり、また伴天連を訴人したものの褒美を規定し、伴天連や信徒は入牢せしむるといふのである。かく嚴重に制禁しながらも、なほ宣教師の竄入は止まず、大坂附近までも出沒する者があつたのである。

ここに於て幕府は葡萄牙人の長崎雜居を、異教禁絶に害ありとして、新たに長崎に出島を築いて移住せしめ、商用以外の出入を禁じた。長崎志。

寛永十二年（一六三五）五月二十日、幕府は仙石大和守久隆を長崎奉行に任命し、先任の長崎奉行榊原飛驒守職直とともに長崎に差遣した。そして兩人に左の如き條令を付與し、長崎のみをもつて互市場と定め、外國商船の他港に寄港することを禁じた。更にこの條令によつて日本船及び日本人の海外渡航は、從來條件附であつたのを、今度は絶對に禁止せられ、海外移住民の歸國も絶對に禁止せられ、犯す者は死罪に處せられることとなつた。ここに於て鎖國は第二の段階に入つたのである。

條々

一異國へ日本之船遣之儀、堅停止之事。

一日本人異國へ遣シ申間敷候。若忍候テノリワタルモノ於レ有レ之者、其者ハ死罪、其船幷舟主共ニ留置、言上可レ仕事。

一異國ヘワタリ、住宅仕有レ之日本人キタリ候ハヽ、死罪ニ可ニ申付一事。

一伴天連之宗旨有レ之所ヘハ、兩人ヨリ申遣、可レ遂ニ穿鑿一事。

一伴天連訴人褒美事。

上ノ訴人ニハ銀子百枚、ソレヨリ下ニハ其忠ニシタカヒ、可ニ相計一事。

一異國船申分有レ之而、江戸言上之間、番船之事、此以前ノコトク、大村方ヘ可ニ申越一事。

一伴天連之儀、船中之改迄入念可ニ申付一事。

一諸色一所ヘ買取申儀停止事。

一武士之面々於ニ長崎一、異國船之荷物、唐人前ヨリ直ニ買遣候儀、停止事。

一異國船荷物之書立、江戸ヘ注進候而、返事無レ之以前ニモ、如ニ前々一商賣可ニ申付一事。

一異國船ツミ來リ候白絲𥿻段ヲタテ候テ、不レ殘五箇所、其外書付之所ヘ割符可レ仕事。

一絲之外諸色之儀、絲之𥿻段極リ候テノウヘ、相對次第商買可レ仕、但唐船ハ小船之事ニ候間、見計可ニ申付一事。

付荷物之代銀𥿻段立候テノウヘ、可レ爲ニ廿日切一事。

一異國船モトリ候事、九月廿日切タルヘシ。若オソク來候船ハ、着候テヨリ可レ爲ニ五十日切一也。但唐船ハ見計、カリウタヨリスコシハアトニ出船可ニ申付一事。

一異國船賣殘シノ荷物預置候儀モ、又預リ候儀モ停止事。

一五箇所總代之者、長崎ヘ參着之儀、七月五日キリタルヘシ、ソレヨリモオソク參候モノニハ、割符ヲハヅシ可レ申事。

一平戸ヘ着候船モ、長崎ノ絲ノ𥿻ダンノゴトクタルベシ。長崎ニテ𥿻段立候ハヌ以前ニ、商買停止之事。

右可レ被レ守ニ此旨一者也。仍執達如レ件。

寛永十二年（一六三五）

加賀守《堀田正盛》判
豐後守《阿部忠秋》判

伊豆守（松平信綱）判
大炊頭（土井利勝）判

榊原飛驒守（職直）殿
仙石大和守（久隆）殿

諸法度

因みに、この條令の發布については、寛永十三年（一六三六）五月十九日とする書もある。（憲教類典、長崎古今集覧。）今は諸法度、寛永日記、元寛日記、長崎志、崎陽雑記、寛政重修諸家譜、耶蘇天誅記前錄、原城紀事、家傳史料等によつてこの日に係けたが、寛永日記、寛政重修諸家譜、耶蘇天誅記前錄以下、久隆の長崎奉行たることを記せず、他の幕府諸役人のことを記した書にも、久隆の長崎奉行たることは記してない。（諸役人を記した書によれば、奉行は職直のほかの一人は神尾内記元勝なるが如くである。崎陽雑記には奉行を馬場三郎左衞門利重の如くにも記してゐるが、利重の長崎奉行となつたのは寛永十九年（一六四二）十一月十日であり、慶安三年（一六五〇）まで在職した。）大猷院殿御實紀寛永十二年（一六三五）五月二十日の條には「目付仙石大和守久隆、長崎奉行榊原飛驒守職直長崎へ赴くによりいとま賜ふ」と寛永日記によつて記してゐるのみである。しかし同書寛永十三年（一六三六）五月十九日條には、寛永日記と憲教類典に據つて、長崎奉行榊原飛驒守職直と目付馬場三郎左衞門利重に、長崎の事を命じ、暇を給せられたことを記し、右條令の内容を記してゐるが、最後に「その他去年の下知狀におなじ」と記してゐるのは、前年の記事と照應せぬが、可否は別として注意すべきであらう。條文の形式は、諸法度には月日を記さず、憲教類典によつて重要な六箇條を左に抄記するが、この方がよく、信ずべきかと考へられる。栗田元次氏は寛永十二年（一六三五）説を採つてゐられ、（鎖國の成立とその影響。）辻善之助博士は寛永十三年（一六三六）説を採つてゐられる。（海外交通史話「鎖國とその得失」。なほ後考を待つべきであらうか。

一異國江日本之船遣候儀、堅く停止之事。

一日本人異國江不レ可レ遣候條、忍び候て乗渡候者於レ有レ之者、其身は死罪、其船幷船主とも留置、可二言上一事。

一異國江渡行、住宅仕日本人來候はゞ、死罪可レ被二申付一事。

○一箇條中略

一切支丹訴人褒美之事。

伴天連之訴人は其品により或は三百枚、或は二百枚たるべし。其他は此以前のごとく相計可二申付一事。

○三箇條中略

一南蠻人子孫不レ殘置、詳に堅く可二申付一事。若令二違背一殘置族有レ之においては、其者は死罪、一類之者科之輕重により可二申付一事。

一南蠻人長崎にて持候子、幷右之小供之内養子に仕族之父母等、悉雖レ爲二死罪一、身命を助け、南蠻人江被レ遣候間、自然彼者共之內、重而日本江來る歟又は書通於レ有レ之者本人は勿論死罪、親類以下迄隨二科の輕重一可二申付一事。

○九箇條下略　憲教類典、長崎古今集覽。

前に擧げた諸法度所收條令の「カリウタ」は後に擧ぐる寛永十六年（一六三九）七月五日の禁令に見える「がれうた」と同じく Galeota で、英語の Galliot であり、荷物船をいふのである。

寛永十四年（一六三七）に、耶蘇教徒を根絶せんがために呂宋征伐を企圖したことは前に記したが、この年十月から翌十五年（一六三八）二月にかけて島原の亂が起つた。島原の亂については前章に述ぶるところがあつたから、ここには再説しない。

寛永十五年（一六三八）十月、教徒告訴の懸賞令が更に發布された。左に掲ぐるのは京都に於ける例であるが、この種の令は全國的に發布されたのである。（妙心寺文書。）

覺

一伴天連の訴人　銀貳百枚

一いるまんの訴人　銀百枚

一きりしたん門徒の訴人　銀五十枚又は三十枚、訴人によるべし。

右訴人いたし候輩者、たとひ同宗門たりといふとも、宗旨をころひ申出るにをひては、其科をゆるし、御褒美として、如ニ書付一可レ被レ下者也。町中幷寺社諸門前在所等、常に無ニ油斷一穿鑿仕、少成共不思議成もの有レ之にをひては、申上、公儀之御奉公可レ仕候。以上。

寛永十五年（一六三八）十月二日　周防［黑印］

妙心寺

役者中

妙心寺文書。

かくてつひに寛永十六年（一六三九）七月五日、最後の鎖國令が發布され、葡萄牙船は法令上全く來航を止められてしまつたのである。鎖國は最終段階に達した譯である。

條々

一日本國被レ成ニ御制禁一きりしたん宗門之義乍レ存ニ其趣一、弘ニ彼法一之者、于レ今密々差渡之事。

一宗門之族結ニ徒黨一企ニ邪義一則御誅罰之事。

一伴天連同宗旨之者かくれ居る所へ彼國よりつゝけの物送あたふる事。

右因レ玆、自今以後がれうた渡海之義被ニ停止一之事、此上若差渡におゐては、破ニ却其舟一、幷乘來者悉可レ處ニ斬罪一之旨、所レ被ニ仰出一也。

仍執達如レ件。

寛永十六年（一六三九）七月五日

(阿部重次)對馬守在判
(阿部忠秋)豐後守在判
(松平信綱)伊豆守在判
(堀田正盛)加賀守在判
(酒井忠勝)讃岐守在判
(土井利勝)大炊頭在判
(井伊直孝)掃部頭在判

右がれうた御仕置之奉書

條々

一きりしたんの宗門、雖レ爲ニ御制禁一、今以從ニ彼國一密々伴天連を差渡に付而、今後がれうた船着岸の儀、御停止之事。

一領内浦々に、常々慥成者を付置、不審有レ之船來におゐては、入念可二相改一之、自然異國船着岸の時は、從二先年一如二御定一、早船中之人數を改め、陸地へ不レ上して、早速長崎へ可二送遣一之事。

一自然不審成者、船にのせ來、又は密々其船中之者を陸へ上之輩あらば可二申出一之、隨二訴人の高下一、急度御褒美可レ被レ下之、若以二囑託一賴候におゐては、其約束の一倍可レ被レ下事。

寛永十六年（一六一九）七月五日

（阿部重次）對馬守在判
（阿部忠秋）豐後守在判
（松平信綱）伊豆守在判

右諸大名へ被二仰出一、浦々御仕置之奉書

覺

きりしたん宗門の儀、かたく御制禁之上、彌守二其旨一、伴天連并宗旨之者、不レ可二乘來一、若致二違背一候者、其船中悉可レ爲二曲事一、自然かくし乘せ來るにおゐては、同船の者たりといふとも、可二申上一之、急度御褒美可レ被レ下之者也。

右唐船に乘來候族へ相傳覺書なり。

覺

きりしたん宗門之儀、堅御禁制之上、彌守二其旨一、弘二彼法一者、不レ可二乘來一、若致二違背一候はゞ、其船中悉可レ爲二曲事一、自然かくし載來るにおゐては、同船の者たりといふとも、可二申上一之、急度御褒美可レ被レ下之者也。

右阿蘭人へ相傳之覺書なり。（寛永日記、令條記、大成令。）

この鎖國といふことを、内田銀藏博士のごとく、對日本人の側と對外國の側とに分けて觀るとき、對日本人の側に於ては、一般的且つ絶對といふことが出來るであらうが、對外國の側に就いて觀れば、「外國人を一概に拒絶して仕舞ふという趣意ではなくして、專ら或る特別なる西洋の一國、卽ち葡萄牙と云ふ國に對して、其の國人の來ることを拒絶すると云ふ趣意であつた。」（日本海上史論「鎖國とは何ぞや」。）といふのは正しいであらう。リース氏の如きも、史學雜誌（明治三十二年（一八九九）四月―六月第十編四、五、六號。）に於て、寛永鎖國の原因を論じて、その標題に「葡萄牙人日本より放逐せられし原因」と記したほどである。しかし、はじめは葡萄牙人のみを放逐する主意であつたものの、後には意味が擴充せられてしまつた。卽ち内田博士が「鎖國は祖法である。國是であるといふ思想が、次第に成熟した。さうして遂に一般外國とは交際致さぬのであるが、支那や和蘭は例外だと考へるやうになつて參つた」と言はれたごとくである。（日本海上史論「鎖國とは何ぞや」海外交通史話「鎖國とその得失」。）

四　鎖國の得失

鎖國は果して日本にとつて得であつたらうか？失であつたらうか？

從來の一般普通に行はれた說では、これを失としてゐる。西洋文明が唯和蘭といふ狹い入口から輸入せられたばかりであつた。若し鎖國をしなかつたなら、日本の文化はもつと早く發達して居たであらうし、また鎖國をしたために、日本人の海外發展が休止し、國民の膨脹の氣運が頓挫した。これは甚だ殘念だといふのである。内田銀藏博士はこの事に關して、「損失があつたといふことを敢て否定せざると同時に、また之に伴つて生じた利益のあることを充分に認めんと欲する」として異見を發表された。（日本海上史論「鎖国とは何ぞや」。）

辻善之助博士は、内田銀藏博士の説を參酌して、鎖國の得失を考察された。以下それらの概要を記さう。

第一　經濟上の得失

博士はまづ正貨の流出について着目され、新井白石の計算による流出高を考察し、大日本貨幣史附錄による計算、ミュンステンベルヒ氏の計算を擧げ、「鎖國後この流出が少くなつたといふことは、國家の爲めに利益であつた。」と言はれてゐる。（海外交通史話「鎖國とその得失」。）その説を左に抄記しよう。

「正貨の流出は、新井白石の算用によれば、正保五年（一六四八）から寶永五年（一七〇八）まで六十一年間に、金が二百三十九萬七千六百兩、銀が三十七萬四千二百九貫餘、次に慶長六年（一六〇一）から正保四年（一六四七）まで四十七年間に金銀の海外に流出した額は、正確にわからぬが、まづ右の高の二倍と認める。即ち慶長六年（一六〇一）から寶永五年（一七〇八）までを通算すると、金が七百十九萬二千八百兩、銀が百十二萬二千六百二十七貫になる。之を大日本貨幣史附錄によつて對照してみると、白石の算用は大體當つて居るやうである。慶安元年（一六四八）即ち正保五年から寛文八年（一六六八）までに、支那及び和蘭へ出た銀が二十八萬百六十一貫九百五十八兩となる。白石の算用では正保五年即ち慶安元年（一六四八）より寶永五年（一七〇八）までで三十七萬餘貫であるから、其差は九萬餘貫となる。この中寛文八年（一六六八）以後は、銀の輸出を禁じたるを以て、その間四十年間の輸出は、それ以後ほどではあるまいから、右の差九萬餘貫が、その間に出たと見ても大きな間違はあるまい。金の輸出は貨幣史では、寛文六年（一六六六）から同十年（一六七〇）まで五年間に、八十七萬〇二百二十二兩になる。白石の算用では、六十一年間に二百三十九萬兩餘になる。これも大抵宜しからうと思ふ。次に正保（一六四四―一六四七）以前慶長六年（一六〇一）以降の算用は、これを獨逸のミュンステルベルヒ氏が、和蘭の材料によつて調査した研究「日本の海外貿易」によつて見ると、白石の算用は、當らずといへどもまた遠からざる様である。卽ち今白石の調査した處を六十匁一兩の割で金に替へて通算すると、合計二千五百九十萬兩になる。ミュンステルベルヒ氏の調査によると、七億一千三百萬マルクになる。之を同氏の說により、一兩四十二マルクで換算すると、凡そ一千七百萬兩になるから、兩方とも相近いというてよろしい。但し白石のは唐・和蘭陀等總てを含んで居るが、ミュンステルベルヒ氏のは、歐羅巴諸國だけであるから、或は白石の方が却つて少く見積つて居るかも知れぬ。右の中、葡萄牙貿易の爲めに、鎖國前に流出した分は三億九千萬マルク卽ち凡そ九百三十萬兩である。」海外交通史話「鎖國とその得失」。

かく論じられて、博士は、鎖國後正貨の流出の減じたことを國家のために利益であつたとされるのであるが、更に語をついで「ことに注意すべきは、もと葡萄牙船によつて輸入せられた品物は、和蘭船、支那船によつて手を換へて輸入せられたであらうから、必しも鎖國によつて、これだけの正貨の流出を防止し得たとは考へられぬ」との達見を示して居られる。同上。

なほ、昭和八年（一九三三）の史學雜誌第四十四編十二號。に於て小葉田淳氏は「日本の金銀外國貿易に關する研究」と題して、鎖國以前の正貨流出にも觸れて居られるが、繁多にわたるを以てここには敢て觸れない。

以上は經濟上の得であるが、辻博士はその失として、「外國貿易の發達が妨げられて、間接に內地の產業發達が遲れた」ことを認めねばならぬとし、織物の發達、陶器製造の發達の遲れた例を擧げられ、「鎖國後は、頓に輸入の道を失ひ、唯僅に蘭人により、年一回歐洲の新工藝品に接するのみで、南洋貿易隆盛の時の如く、屢〻新規の工藝品に接して新知識を得ることがなくなつたので、その發達が遲れたのである。」同上。とされてゐる。

第二　人口問題より見たる得失

江戸時代のわが國の人口は、殆んど靜止狀態にあり、增加の跡を示さない。博士はこれを以て「殆ど周期的に起つた饑饉に由るものである」とされ、稍正確な數を知ることの出來る享保六年（一七二一）より天保五年（一八三四）に至る統計を示してゐる。卽ち左の如くである。

（琉球蝦夷は除）	（百姓町人男女僧尼等）六十八箇國人口總計	（公卿武家非人等の數はこの外）	（△は減）
享保六年辛丑（一七二一）	二六、〇六五、四二五人		
同十一年丙午（一七二六）	二六、五四八、九九八人	（五ケ年間）	（四八三、五七三人增）
同十七年壬子（一七三二）	二六、九二一、八一六人	（六ケ年間）	（三七二、八一八人增）
延享元年甲子（一七四四）	二六、一五三、四五〇人	（十二ケ年間）	△（七六八、三六六人減）
寬延三年庚午（一七五〇）	二五、九一七、八三〇人	（六ケ年間）	△（二三五、六二〇人減）
寶曆六年丙子（一七五六）	二六、〇六一、八三〇人	（六ケ年間）	（一四四、〇〇〇人增）
寬政四年壬子（一七九二）	二四、八九一、四四一人	（三十六ケ年間）	△（一、一七〇、三八九人減）
同十年戊午（一七九八）	二五、四七一、〇三三人	（六ケ年間）	（五七九、五九二人增）
文化元年甲子（一八〇四）	二五、五一七、七二九人	（六ケ年間）	（四六、六九六人增）
同十三年丙子（一八一六）	二五、六二一、九五七人	（十二ケ年間）	（一〇四、二二八人增）
文政十一年戊子（一八二八）	二七、二〇一、四〇〇人	（十二ケ年間）	（一、五七九、四四三人增）
天保五年甲午（一八三四）	二七、〇六三、九〇七人	（六ケ年間）	△（一三七、四九三人減）

この統計によつて、博士は「享保六年（一七二一）より天保五年（一八三四）迄、凡百十四年間の増減を差引計算するに、人口の増加は、僅に九十九萬八千四百八十七人である」とし、かく人口増加の少いのは「衞生の進歩しなかつたこと、墮胎及び所謂間引の多かつたことも無論其の原因であらうけれども、主なる理由は、屢〻起つた饑饉によるものである」と言はれ、享保の末、天明及び天保の饑饉が、それぞれ延享寛延間（一七四四―一七五〇）寛政四年（一七九二）、天保五年（一八三四）の減少の因をなして居るとし、江戸時代の饑饉が凡そ五十年の周期を以て起つてゐることを證し、「この饑饉の救濟の行き屆かなかつたのは、一つは交通の不便にもよることであるが、若し外國交通によつて、食糧輸入の道が開けて居たならば、幾分かこの災害を緩和し得たであらう」と斷定して居られる。同上。

第三　內政上に於ける得失

內田銀藏博士は鎖國の政治上の効果について、「德川氏が久しく太平を維持することの出來たのは、種々の原因ありてのことではありますが、所謂鎖國によつて外部との關係交渉が甚だ少かつたこと、亦其の一大原因であつたに相違ない。鎖國の世にならないで、諸大名が自由に海外に交通し、野心あるものは、外援を假りて其の望を達せんと企つることも容易く出來るやうな形勢であつたならば、德川氏の權力は、あの樣に確立するには至らず、國內の治平恐らくは久しく持續することが出來なかつたであらう。而して其の結果或は國の統一及安泰が危うせられたかも知れませぬ」と說をなした。日本海上史論「鎖國とは何ぞや」。

辻善之助博士は、以上の所論を一應肯定された上、之については、またこれと反對にも考へれば考へ得られるとし、幕末の形勢が說明する如く、「國內の統一は、外國交渉の少いよりは、其頻繁にして刺激の多い方が却つて國民の團結を固くせしむるといふことがある。……諸外國の刺激によつて國民の自覺が著しく高められる。」と論じ、當時の葡萄牙及び英國の情勢を說いて、「鎖國中は、世界の形勢は、日本の泰平を破る程の事はなかつたのであらうと思はれる。鎖國をして居なかつたとしても、さほど日本に來て、大に日本の平和をかき亂すほどのことはなかつたと思はれる。たとへ來たとしても、互に制肘をするからして、十分に働けなかつたであらう。かやうに考ふれば、この點に於ける鎖國の利益は認められぬ。」海外交通史話「鎖國とその得失」。とした。

そして、足利時代には倭寇となり、江戶時代初期の開國時代には、盛んに南方支那及び南洋方面に活動した國民の勢力は伸ばすに處なき有樣となつたことを言ひ、「鎖國が完全に行はれたが爲めに、國民の勢力は內に向つて發し、之によりて文化著しく發達し、元祿以後の文化の高潮に達することを得たのであるといふ見方もある。」同上。と言はれ、それも一理あることを認められるとともに、それは小部分であるとし、勢力を外に發するを得ざるがために內訌し、浪人の發生を見、由井正雪の亂のごときその一例であるが、外國に發展せしめたら、かの亂のごときは起らなかつたかも知れず、常に幕府の頭を惱ました浪人問題のために、幕府が滅びたといふも過言でないことを記し、「かやうに見るならば、鎖國は却て國內の平和の煩となつたといふも差支ないのである。」と斷じられた。同上。

更に博士は鎖國の內政に及ぼした影響として、幕府及び大名以下武家の經濟上に於ける窮迫を擧げ、人間の數は增加するに反し、武家の俸祿は一定してゐるために生活に窮し、幕府倒壞の一因となつたことを記し、これは一面に於て、鎖國の影響を受けたものであるとし、「卽ち國民が外國へ發展すれば、經濟上にも餘裕を得て、その窮迫を救ふに於て、多少の効果があつたことと思はれる。」と說いて居る。同上。

第四　文化發達の上より見たる得失

內田銀藏博士は、鎖國のわが國精神文化の上に及ぼした効果について、「江戶時代二百有餘年の間は、日本の國民文明が正に一通り圓熟の域に達した時期であつて、此の間に於て彼の東洋の文明の精華を蒐め、之を能く融合し鹽梅して、それに日本的の特色を附したるものが渾成したのである。若し所謂鎖國といふことがなくして、近世の初め日本文明の發達が未だ一通り圓熟の場合に達しなかつた頃からして、引續き西洋文化の餘りに强き影響を受けつつあつたならば、それが爲めに利益したことも勿論あつたらうけれども、我が文化の東洋的日本的純潔な性質は、之を保持することが難かつたであらう。日本の餘りに早き西洋化は、恐らく日本自からの爲めにのみならず、世界の文明の爲めにも損失であつたらうと考へらるるのである。」（日本海上史論「鎖國とは何ぞや」。）と說き、鎖國時代を以て日本の修養及び勢力蓄積の時代としてゐる。

これに對して辻善之助博士は內田博士の所論の理由あることを認められつつも、飜つて考ふるに「日本の文化は、外國との交渉最も繁くして、最も多く刺激を受けた時に、最もよく發達して居る」とし、若し鎖國をしなかつたならば、日本の文化は西洋の刺激を受けてもつと早く特殊の發達を遂げてゐたのではあるまいかとし、外國の刺激を受けぬために內に在つて醞熟した江戸時代の文化が「一般に形式化し、固定し、凝結し、爲めに彈力を失ひ、萎靡して振はなくなり、つひに腐敗した」のは、一大原因が鎖國にあり、鎖國は我が國の損失であつたとも考へられることを論じて居られる。（海外交通史話「鎖國とその得失」。）

第五　海外發展問題より見たる得失

この項に於て辻博士は、安土桃山時代より寛永頃（一六二四―一六四三）にかけて南洋方面に活動してゐたわが日本國民――安南、呂宋、暹羅等の諸所に居留地を作つて、日本町と稱し、暹羅の如き、――暹羅國風土記によれば、寛永の頃、わが邦人子孫八千に及ぶとさへ稱された――は鎖國のために次第に衰微してその跡を絶ち、折角發達しかけてゐた海外に於ける日本人の勢力は挫折してしまつたことを說き、かくて凡そ二百年間、日本人が外國へ手を出さずに眠つてゐる間に、世界の土地は强國の間に分割され、日本人は永く土地問題、移民問題によつて苦しんでゐる。この點に於ては鎖國は大なる損失であつたと斷じられた。

さうして、第一より第五に至る問題を「併せて觀るに、鎖國は一得一失であるが、双方を計つて見れば、何れかといはば、損失の方が多かつたといはねばならぬ。」と結論してゐる。同上。

以上、內田、辻兩博士の所論を通觀するに、共に鎖國に一得一失あることを認められつつも、內田博士は得に重點を置かれ、辻博士は失に重點を置かれてゐる。いづれに重點を置かるるにせよ、鎖國に一得一失のあつたことは事實である。と同時に鎖國は、結果の如何に拘らず、當時の國內情勢、國際情勢よりして、幕府としては、そして家光公としては、當に然かあるべきことと考へ、必然的に措置せられたこともまた事實であるといふべきであらう。

なほ海老名一雄氏は嘗て「德川氏の鎖國政策に就て」明治四十四年（一九一一）八月、歷史地理十八卷二號。論じ、また栗田元次氏は日本歷史講座に於て、「幕府の對外政策」を講じたうちに、「鎖國の得失」を論じてゐるが、煩瑣に涉るを以て略する。

五　世界圖屛風・支那出兵の計畫と國姓爺

（一）世界圖屛風

家光公の枕屛風と傳へられる世界圖の屛風があつた。これによつて鎖國令を布いた家光公であるが、常に海外の形勢に留意し、今から考へれば勿論狹くはあらうが、世界に對する知識を有してゐたことが知られる。否、海外の形勢及び當時の日本國内情勢に深く留意したからこそ鎖國令を布いたとも言ひ得るのである。

世界圖屛風は家康公の時代既にあり、家光公の枕屛風と言ふ所のものも家康公より傳へられたと言はれるものであるが、現に福井縣福井市川上町淨得寺に所藏のものは、最も尤品であつて、既に明治三十九年（一九〇六）四月十四日「紙本著色世界及日本圖」（六曲屛）として國寶に指定されてゐる。このほかにも當時の世界圖はあり、それらに對する研究としても、牧野信之助氏の「世界圖屛風考」大正六年（一九一七）九月、藝文第八年九號。藤田元春氏の「新井白石と利瑪竇 附世界屛風圖考」昭和六年（一九三一）四月、六月、史林十六巻二號、三號。蘆田伊人氏の「世界圖屛風考」昭和七年（一九三二）六月、歴史地理五十九巻六號。等があるが、それについては省略する。

さて家光公の枕頭に置かれたといふ世界圖屛風は、その近侍の臣で、慶安四年（一六五一）公の薨後、終生日光山に在つて公の靈に仕へた梶左兵衞佐定良に遺品として賜はつたものである。（定良のことについては、第十六章に於てやや詳しく述べることとする。）定良には子が無く、彼が長く召使ひ、後に日光御殿番に登用された小野善助良久に傳へられたが、轉々して故大審院判事北村泰一氏の有に歸し、それが北村敎嚴氏に傳へられた。然し惜しいことに大正十二年（一九二三）九月一日の關東大震災に燒失してしまつた。東京大學史料編纂所はその摸本を藏してゐる。辻善之助博士著「海外交通史話」には寫眞が收められてゐる。

この圖の摸本は輪王寺にも古くから傳へられてゐた。故侯爵佐々木高行氏は明治天皇の皇女常宮昌子内親王（後竹田宮恒久王妃）、周宮房子内親王（後北白川宮成久王妃）の御養育主任として、毎夏のやうに供奉して日光御用邸に暑を避けてゐられたが、明治二十四年（一八九一）の夏、輪王寺の寶物中に、その摸本を發見し、これを珍として傾倒し、淺岡篁城なる者に命じて、それを摸寫せしめて一本を藏され、自ら顚末を記し、坂正臣氏をして書せしめられた。この圖の傳來及び侯の家光公觀が知られるので、左にこれを錄しよう。

此屛風の原圖は、德川三代將軍家光公が閨の枕邊にたてられしものなりとぞ。高行いにし明治廿四年（一八九一）の夏、常宮・周宮兩殿下のみとも仕へて、日光に旅爲せし時、輪王寺の寶物中にこれを見とめ、その傳來を問ひしに、寺僧答へて曰く、從四位左兵衞督梶良定（マヽ）と聞えしは、將軍の愛臣にて、薨去の後も、この山に住て、朝夕御堂に仕へ、忠節の士なりしか、御かたみとして、此屛風の原物をたまはり、終身秘藏せしも、子なかりしかは、近く仕へし小野善助良久に與へたり。その後は如何になりけむ知らねと、こゝに傳へたるは、わか寺にてそを摸寫したるなりといふ。かく言ふうつも（し脱カ）いたくふるひて、屛風のかたちにもあらす、ひき剝かれはあれと、昔ゆかしく物の見較は（へカ）ともなるへくおもはるゝまゝに、淺岡篁城にあつらへて、更にそを摸寫せしめたる也。駿府政事錄 慶長十六年（一六一一）九月廿日の條に、南蠻世界圖屛風有二御覽一、而及二異域國々之御沙汰一といふこと見えたるを、惟ふに家光公か枕邊に立てられしは、やかてそれとて、祖父家康公より傳へられしものならむ。家光公は外敎を嚴禁し、外人を擯斥しなとして、心狹き人なりし如く世には思へと、まことは然らす、通商貿易の利を知りて、深く心をこれに用ゐ、朱印船のおきてを設けて、海賊を禦き、漂ひ來りし歐洲人をよくあへしらひて、かなたの形勢を探り來り、又はかの國ふりの船を造りて、使を出し、書を贈りなともせられき。伊達政宗公か支倉を羅馬に遣はしゝも、まことは家光公の内意によるとさへきけり。されはにや、慶長九年（一六〇四）より元和二年（一六一六）まて、僅に十三年かほとに、朱印船のかす百九十八におよび、この船とも年毎に大洋をわたりて、或は支那或は印度にいたり、歐洲諸國にゆくものも、二十二艘になりにき。しかるにそのころ我か國にひろめむとせし基督敎は全く羅馬政府か野心を混したるものなることのさとり得られけれは、忽之を嚴禁し、さて外人をも排斥せしなりけり。そのかみわか政府か海外に對せし用意の周到なりしことかくの如きを思へは、唯感嘆の外そなき。但し三百年前の人、輿地上の知識の狹かりしことは、歐洲とても免れす、豈わか國のみならむや。今の人昔とたにいへは、むけに蒙昧にていふかひなかりしやうに侮るめれと、中にはつかしきふしもあるそかし。か丶る屏風を枕邊に置きて、たへまなく世界の形勢に心をそ丶かれけむ家光公よ、あはれゆ丶しき將軍なりしかな。

明治四十一年（一九〇八）三月のするつかた

常宮周宮御養育主任樞密顧問官正二位勳一等源朝臣（佐々木）高行述

右殿下御用掛御歌所主事同所寄人從五位勳六等大江朝臣（坂）正臣書 印 印

佐々木侯の家光公觀は、蓋し當れるものと言つて可であらう。

（二）　支那出兵の計畫と國姓爺

鎖國の後、正保二年（一六四五）の末頃から、家光公——延いて幕府に、支那出兵の計畫のあつたことは深く注意せねばならぬ。そしてこの事は、かの鄭芝龍、鄭成功卽ち有名な國姓爺と密接な關係のあることである。よつてここに附說することとしよう。

この事に關しては、古く小倉秀貫氏が「德川家光支那侵略の企圖」と題して史學會雜誌明治二十四年（一八九一）二月、第二編第十五號。に發表されたものがあるが、未だ盡さざるものであつた。ついで辻善之助博士が、その著海外交通史話大正六年（一九一七）六月刊行、昭和五年（一九三〇）五月增補刊行。の中に「德川家光の支那侵略の雄圖と國姓爺」と題する論說を發表された。これは說いて甚だ詳密、餘蘊なきものといつて可いであらう。以下博士の論究にもとづいて記述することとする。

是より先、支那にあつては明の國勢甚だ衰へ、寇賊四方に起り、天下は麻の如く亂れてゐた。この時に當つて滿洲韃靼は北東の地より起つて强大となり、內亂に乘じて明の地を侵略し、北京を陷れて國を淸と號し、やがて南京を陷れ、福王を擒にしてしまつた。時に福建に鄭芝龍なる者あり、明の泉州南安縣の人であつたが、生れながらにして容姿秀麗、長じて膽略才智倫を絕した。十八歲の時に亡命してわが肥前の平戶に來り、平戶一官と稱した。田川氏の入婿となり、生んだのが鄭成功卽ちかの國姓爺である。

二年ばかり滯在して後、歸國の途、海賊に遭ひ、船もろとも捕へられてしまつたが、賊寨に入つて、その仲間となり、暹羅より來航の船を劫掠して、數十萬金を得、つひに海賊の巨魁となり、琉球、朝鮮、占城《チャンパ》等の間を往來し、海上を橫行すること數年であつたが、官兵は拒ぐことが出來なかつた。明はつひに招撫の策を以て彼を降し、福建の遊擊に任じた。ここに於て芝龍は屢〻海賊を平らげ、わが正保元年（明崇禎十七年・一六四四）福建の總兵に任じられた。

翌年（一六四五）、福王由松は淸に降り、芝龍は唐王を推して、福州に於て帝位に卽かしめ、明朝再興の旗を擧げ、その年十二月、部下の崔芝をして商民林高に書を齎らし、わが國に來つて危急を告げ援兵を請はしめた。その書の眼目は、「願はくは兵三千を借して速かに雄威を鼓し、健兒を徵して舳艫江を渡り、旌旗日に映じて義氣を宣揚せられんことを、その船械糧食等は、すべて携來を請ふ」といふにあつた。書が長崎に達した時、長崎奉行山崎權八郞正信が任地に居り、馬場三郞左衞門利重は江戶に居た。正信は直ちにこれを江戶に注進し、幕府に於ては種々評議を凝らしたらしく、翌正保三年（一六四六）正月十二日附をもつて、長崎御用取次を勤める井上筑後守政重と利重の連署狀を以て正信に旨を達せしめた。その狀は林春齋（鵞峯）編する所の華夷變態に收めてある。卽ち

去月廿六日之御狀到來候。然ば林高持參之書簡幷林高申口之書物令二披見一候。大明兵亂に付加勢幷武具之事申越候通、御老中へ申候へば、日本と大明と、勘合百年に及て無レ之によりて、日本人唐へ出入無レ之候。唐船年來長崎へ

商賣に參候といへども、密々にて渡候由に候間、此度林高參候而、訴訟申候共、卒爾に言上申事にて無レ之の旨に候條、右之通申聞せ、早々林高歸國候樣に、可レ被二申渡一候。恐々謹言。

正月十二日　馬場三郎左衛門(利重)
井上筑後守(政重)

山崎權八郎(正信)殿

といふのであつて、「日本と支那とは、百年以來國際關係が斷絶してゐて、公然たる通商がなく、唐船が長崎に來るのもただの私貿易であり、かかる間に援兵を請ひ來るも、將軍へは申上げ難い」といふ老中の意見であるから、その旨林高に返事せよといふ趣旨である。表向はさうであるが、華夷變態によれば、實は、幕府では家光公以下老中密議して、右の返書案が草せられ、松平伊豆守信綱が、公の意を受けて、林春齋が自筆でこれを草し、右筆さへも誰もこれを知らなかつたのである。これについて辻博士は「幕府では、頗る之を秘密にしてゐたものらしいが、右のやうな返事を出したのは、まづその使なるものの眞僞を確める爲めであつたかと思はれる。」と言ひ、更に「紀州の德川頼宣の事を記せる南龍君遺事に、大猷院樣虚實御疑ひ被レ成御許容なしとあるのは、その間の消息を暗示するものである。」と記し、「幕府はその內心に於ては、若し支那の帝王又は將軍などより本當に賴みに來たならば、之を機會として、遠征軍を送らうといふやうな考を持つてゐたらしい。」と推定して居る。

立花宗茂は、密かに幕府の評議の樣子を老中から聞き知つて、正月二十一日、これを家臣に報じ、場合によつては、特に願つて出陣してみたいとの意を漏らしてゐる。

宗茂はまた、今後、或は帝王、將軍より懇願してくるかも知れぬ故、內々準備しておくべきことを命じ、且つ廣く沙汰することを禁じた。

幕府は使を歸したけれども、まことに彼の皇帝或は將軍から請うて來たならば、之を乘ずべき機會として、豫め出兵のことを議したごとくである。そのことは、前の山崎權八郎正信宛、井上、馬場兩名の連署狀と同じく正月十二日附を以て、板倉周防守重宗が、その甥主水佐重矩に宛てた左の書狀によつて知ることが出來る。これは福島市の富田等弘氏の藏するところである。


一大明江舟上り候而ゟ、作二付陣城一取、何時も待軍可レ然候。

一永おい有間敷候。

一先江おし出す時は、城ほり作付おし出可レ申候。

一日本之人數は、大將惣大將壹人、次小大將十人。

一御人數知行取十人計、知行高百萬石。

一被申人(渡被申人の意か)。

一惣知行取ゟ壹萬石に馬乘一人、足輕五人か三人。

一鄕侍人つよき在所。

一今度渡申候者、被レ下物日本に而取切米其まゝ被レ下。

一大明取候者、其上御加增可レ被レ下儀と相定而、遣申度候。

一大明渡候て別條無レ之は、乘渡候舟不レ殘燒すて可レ申候。先如レ此存候。披見候て此書付やき可レ被レ申候。以上。

板倉周防守(重宗)

正月十二日

板倉(重矩)主水佐殿

重宗は、正保二年（一六四五）の冬から翌三年（一六四六）の春まで江戸に居り、密議に參じたのである。辻博士はこの書狀を解いて次のやうに論じられた。

「幕府はいよいよ援兵を出すとなれば、まづ支那に上陸して、陣を作り付け、一地方を占領し、城壘を築いて根據地を定める。決して長驅して、猥りに兵を進めぬ。兵數は統帥一人、副將十人を以てする。兵數は統帥の任に當る人の石高若干の外、副將の知行高一人十萬石總高百萬石となる。之を當時の軍役一萬石に騎兵十人、槍手三十人、弓銃手三十人の制度により算すれば、騎兵千人、歩兵六千人となる。この外に、總知行取卽ち大名全體より、一萬石に騎兵一人、歩兵五人か三人を取るとある。當時大名の總數は凡そ二百二十餘人、此總石高は千七百九十二萬石餘となる。之に右の騎兵一人と歩兵を假りに五人として算すれば、騎兵千七百九十二人、歩兵八千九百六十人となる。副將部下の分と合せて、約一萬八千。これに統帥の直屬兵數を合すれば、二萬人を越す。此兵を以て、彼地に渡り、根據地ができれば、船は殘らず燒きすてて、歸國の念を斷たしめ、死地に入つて活路を求めしむる。「鄕侍人のつよき在所」といふは、鄕侍の士人の剛强なる所の者を選んで渡海せしむるといふ意であらう。又今度出征する者は日本に於て取る所の切米は、もとより其まま賜はるのみならず、尙支那を取つたる上は、加增を給せらるる筈だといふ。」海外交通史話「徳川家光の支那侵略の雄圖と國姓爺」。

かかる大計畫を企圖してゐたために、長崎奉行への指令も、右筆にも知らさず林春齋をして自筆で草せしめたのであり、板倉周防守重宗が、このことを重矩に示しながら、「披見候て此書付やき可ㇾ被ㇾ申候」と言つてゐるのも、いかに秘密にしてゐたかを語るものである。辻博士は、つづけて「この重宗の書狀の原本は事實燒きすてられたかも知れない。……本書には花押もなく、どうしても、その當時重宗の出した原本とは見えない。恐らく誰かが密かに寫し取つておいたものであらう。」と記し、同上。重宗が島原の亂に無謀の突擊を試みて戰死し、家光公の不興を被つた弟重昌の子であるところの重矩に、有事の日に功を建てて、その家の譽を恢復せしめたいと思ひ、幕府の密議を告げて、豫め備ふる所あらんとしたのであらうといふ小倉秀貫氏の說を肯定してゐる。そして更に、家光公が、かかる計畫を持ち乍ら、一先づ使を還したことについて「恐らく井伊直孝あたりの周密なる保守的の考から出た事かと思はれる。それは華夷變態に崔芝の書を林春齋が將軍の前で讀み、其後、松平伊豆守上意によつて井伊掃部頭直孝宅へ行向ひ、春齋之を讀む、ついでかの山崎への指令が出たとあるによつても推察せられる。」とある。同上。蓋し當つてゐるであらう。

かかる間にあつて、明の形勢はいよいよ振はず、正保三年（明隆武二年、淸順治三年、一六四六）五月、淸兵は錢塘を渡り、明の勢は大いに蹙まつた。六月に至つて唐王は黃徵明を使としてわが國に再び援兵を請はしめた。鄭芝龍の書簡及び進物を齎らして出發した徵明は途中風に遭ひ、飄蕩したうへ、海上淸人に抑留されて、來ることが出來ず、陳必勝、黃徵蘭二人をして小船を艤して長崎に來つて援を請はしめたのである。長崎奉行は九月八日これを江戶は注進した。老中の月番阿部對馬守重次は書簡を秘して他見を許さず、そのため世に傳はらない。ただ評議の席に列した林道春信勝が大意を記憶して私に筆記しておいたものがあり、その子春齋が、それによつて華夷變態に錄したので傳へられてゐる。その大意は、先きに兵三千を借らんと請うたが、それでは勝てそうもないので、なほ多く借りたい。また元は日本を何回も攻めたことがある。であるから韃靼は日本の敵であり、明は日本の友邦であるによつて、何とぞ援兵を借されたいといふ懇願であつた。なほ別に一通の書があり、それには鄭成功のことを記してあり、その母が日本に殘して來た小子成功の弟七左衛門の事を思つて支那に呼びたがつてゐるので許されたいこと、成功が支那に來てから十六年になり、明王これを厚遇して忠孝伯に封ぜられ、十餘萬人を率ゐてゐる。母は子を以て貴しのならひで國夫人に封ぜられてゐる云々のことが記してあつた。

家光公は老中及び諸大名を召して數日にわたり會議を開いたが、意見區區として決しなかつた。德川義直、同賴宣、同賴房等の三家も屢〻議にあづかつた。家光公は「これを捨て置かば、日本の恥なり、援兵を遣はさんか」と言つたと傳へられるが、ひそかに胸中に支那出兵の企圖を懷いてゐた公としてはさもあるべきことであつた。三家も大いに贊成し、義直、賴宣ともに總大將たらんことを請ひ、賴房は「何時にても御馬先にて討死と心得てゐるゆゑ、私を遣はされたい」と望んだといふことである。

出征を希望する者は、獨り三家のみに限らず大小名いづれもが希望するところであつたであらう。これについて辻博士は「江戸時代の初には、國民一般に元氣充實して海外發展の氣運最も盛で、商人が南洋方面に活動してゐた如く、武人に於ても、機會さへあらば、海外に出で、その欝勃たる勇氣を伸ばさんと欲してゐたのである。殊に支那については、幕府に於ても、その希望する所の貿易卽ち所謂勘合は舊に復せず、常に之を遺憾に思うてゐたので、一部の者の間には、再び征伐したいといふ樣な考があつたかも知れぬ。」と言つてゐる。同上。

かくて博士は家光公の爲人に言及して、「この人がまた從來も知られたる如く、なかなか凡人ではない。天資英明とか何とかいふ常套の形容は措くとするも、その主義が常に進步的であつて、軍事の上にも常に新しいものを採用することに怠らなかつた。寛永十六年（一六三九）和蘭から献じた震天雷といふ大砲を江戸麻布で試演し、慶安三年（一六五〇）には和蘭の本國より通商の船舶渡來した時に、其船員を召して、發砲攻城の軍法を講ぜしめた事もある。」と言はれてゐる。

家光公はじめ三家、諸大名のうちに出兵論者は少くなかつたが、反對する者も多少はあつた。井伊掃部頭直孝の如き消極的引込思案から無用論者であつた。かくて數日が評議に費されたが、大體に於て援兵を出さぬことに決定し、豐後府内城主日根野織部正吉明に內藤庄兵衞を副へて、長崎に遣し、書簡の形式、文句その他の不審を質し、旨を諭して使を歸國せしむることとなつた。然るに吉明らの未だ出發せぬうち、九月十七日に、長崎から明兵敗亡の旨注進あり、十月二十日、この件は穿鑿に及ばぬ旨、諸大名へ布達された。左に示すのはその布達である。勿論吉明らは出發に及ばずして止んだ。

一筆令啓達候。今度依大明兵亂、從平戶一官加勢之儀に付而、書簡數通到來、備上覽候處、書中之趣御不審之條有之故、長崎江被遣上使、一官使者に樣子可被成御尋と被思召候處、當月四日之書狀從長崎來著、福州令落居、唐王幷一官儀明退城中之由注進候。然る上は不及御穿鑿候。此趣在江戶之面々えも被仰出候付而、其元えも可相達之旨依上意如此候。恐々。

十月廿日

阿（阿部重次）　對馬守
阿（阿部忠秋）　豐後守
松（松平信綱）　伊豆守

（宛　名）

ここに於て國姓爺のことを記さねばならぬ。國姓爺即ち鄭成功のことについては既に丸山正彥氏の「平戶に於ける鄭成功」明治二十八年(一八九五)十月史學雜誌第六編十號。といふ論說等種々あるが、ここでは辻博士の「德川家光の支那侵略の雄圖と國姓爺」

に據ることとする。（海外交通史話。）

明の唐王三年（明隆武二年、一六四六）兵敗れて福州に崩じ、泉州は淸兵の陷るところとなつてしまつた。先に鄭芝龍が日本に殘して行つた福松は、寛永七年（明崇禎三年、一六三〇）年七歳、父の招きによつて明に至り、後、大儒錢謙益に敎を受け、やや長じて明主に謁した。明主はこれを厚遇して、姓を朱、その名森を改めて成功と賜うた。朱は天子の姓であるから國姓爺と稱したのである。忠孝伯に封ぜられたが、正保二年（一六四五）母田川氏をかの地に招いた。田川氏は國夫人の尊稱を賜はつた。淸兵が泉州を陷るるに及んで、捕へられて辱められ、自ら勁つて死んだ。淸兵は「婦女すら尙爾り、倭人の勇知るべし」と言つて驚いたとのことである。芝龍は、しばらく安平を保つたが、つひに淸に降つた。成功は泣いて父を極諫したが芝龍は聽かなかつたので、父と別れ去つた。淸將の招きを顧みず、南澳に據つて兵を募つた。その移文には「忠孝伯招討大將軍罪臣國姓」と記したといはれる。成功の從弟鄭彩、鄭聯の二人、その部兵を率ゐて金門及び厦門に據つた。

正保四年（一六四七）、永明王新に卽位して永曆と改元した。慶安二年（永曆三年、一六四九）鄭彩は、使を長崎に遣して、またわが國に武器の貸與を請うた。その書簡の本書は傳はらず、林春齋が江戸城中に於て譯した和解の文が華夷變態に載せられてゐる。その主意は次のごとくである。

シシヤ《使者》四人ヲ、舟三ソウ《艘》ニノセ《乗》、ヤクシユ《藥種》、イト《絲》、キヌ《絹》ヲモタシメテ、日本ヘツカハシ《遣》、シヤウバイ《商賣》セシメ、フル《舊》キヨシミ《好》ヲノブ《伸》、タヽイマ《只今》ツカハス《遣》シナ〳〵《品》ト、日本ノ武具トカヘ《換》モノニイタサントネガフ《願》、テツパウ《錢砲》、コシカタ《腰リ》ナ、ヨロヒ《鎧》、エンセウ《煙硝》、ナマリ《鉛》ナドノ武具、タヽイマキウ《急》ニシヨマウ《所望》ニゾン《存》スルトコロナリ、

この時、鄭成功よりも通譯の所へ書簡を贈つて來たが、これも和解のみが傳はつて居り、その一節に左に示すごと

きがあるが、これに對する應答については記載されたものが無い。

ソレカシ《某》日本ニテムマレ《生》タレハ、尤日本ヲシタフ《慕》コ、ロ《心》フカ《深》シ。イマカンナン《艱難》ノジブン《時分》ナレハ、ハゞカ《憚》リナガラ、日本ヨリワレヲ、ヲヂヲヒ《叔甥》ノゴトク、キヤウダイ《兄弟》ノゴトク、オボシメシテ、メグミ《慈》ノコ、ロ《心》アランコトヲネガフ《願》、ソレガシ《某》ムマレ《生》イヅル國ナレバ、ネンゴロ《懇》ノコ、ロザシ《志》ヲヲコシ《起》タマヒテ、數萬ノ人ジユ《数》ヲカシ、大明ヘワタシタマワハ、ヲ、キ《大》ナルホマレ《譽》マツダイ《末代》ニノコリ、ツタワラン《傳》。

この年、成功は鄭彩、鄭聯兩人の自恣なるを以て之を逐ひ、厦門、金門兩島を自らの手に收め、それより年々兵を出して閩越を攻略して、明曆三年（明永曆十一年、一六五七）に及んだ。同年はすでに家光公の薨ぜられてより六年の後であつた。この間にあつて承應三年（明永曆八年、一六五四）漳州を攻めてこれを降し、ついでその近傍の邑、安平鎭、惠安、同安等を併せ收めた。斯くて成功は諸州を攻略すること數十回に及び、つひに府を厦門に立てて名を思明州と改めた。蓋し明を思ふの意を寓したのである。所部を分つて七十二鎭とし、六官をして庶政を分擔せしめたのであつた。

萬治元年（明永曆十二年、一六五八）六月二十四日、成功の派遣船が長崎に着し、書及び物を獻じて舊好を結ばんことを乞うた。その文中に援を乞ふ意味は明記されて居らぬが、自らその意を含めたのかも知れなかつた。この點について辻博士は通航一覽の編者が、「既に慶安二年（一六四九）通事の許に書を贈りて、援兵の事を願ひたれば、こたび書と物とを奉りて、舊好を厚うせん事を請ひ、其實援兵願の意なるべし」と記したのを引かれて「尤もの說である。」と肯定してゐる。幕府はこの時も返書を出さなかつたのである。

萬治二年（明永曆十三年、一六五九）一月、成功は大擧して北上、楊子江を遡つて、鎭江を陷れ、七月金陵を攻めたが大敗して厦門に還つた。かくて翌年（一六六〇）には滿漢の大兵が道を分つて來り侵したが、成功は自ら所部を勒して海門を扼し、船を捨てて島に登つた敵を攻めて之を鏖にした。ために敵將達素は逃れて福州に還り自殺したのであつた。成功は厦門の守備の弱いのに因つて和蘭人の占領してゐた臺灣（今の臺南）を攻めて、之に據つて安平鎭と稱し、寛文二年（一六六二）、病を獲て臺灣に卒した。年三十九であつた。わが後西天皇の世、將軍家綱公の代であつた。成功の子經、嗣いで立ち、なほ明の正朔を奉じ、敢て淸に降らなかつた。辻博士は、

「成功、義を唱へてより數十年の間、海島の沖に孤立し、尙よく明の恢復を以て、己れの任として、北兵屢〻來り侵すも輒く之を擊退し、その義を立て通した。その正氣耿々として、永く天壤と共に存すべく、その我邦人の血を受けたといふ事は、またわれらの一の誇とすべきことであらう。」（海外交通史話「徳川家光の支那侵略の雄圖と國姓爺」。）と賛してゐられる。これは何びとも同感を禁じ得ないであらう。

第七章　上　洛

一　概　叙

家光公が生涯のうち上洛せられたのは左の三度であつた。

1元和九年（一六二三）　六月二十八日發途　閏八月二十四日歸府（推定）

2寛永三年（一六二六）　七月十二日發途　十月九日歸府

3寛永十一年（一六三四）　六月二十日發途　八月二十日歸府

第一回の元和九年（一六二三）は公二十歳の時であつて、先に五月十二日江戸を發して上洛した父秀忠公につづいて、六月二十八日江戸を發して上洛、閏八月二十四日歸府した。この歸府の日については諸記録に記載なく、今は大猷院殿御實紀巻一編者の推考に從つておくのである。所要日數八十六日、四箇月にわたつたのであつた。

この間にあつて家光公は七月二十七日、征夷大將軍に補せられ、正二位、內大臣に昇り、淳和奬學二院の別當、源氏長者となり、牛車隨身兵仗を聽され、八月六日參內拜賀し、ついで大坂を巡覽し、やがて京都を發し、秀忠公に先だつて歸府したのである。將軍世子權大納言として上洛し、輝かしい武家の統帥たる征夷大將軍となつて江戸城に還つたのであつた。この上洛については、第四章に於て詳述したから、この章には省略する。

第二回の寛永三年（一六二六）は將軍としての上洛であつた。年二十三歳、所要日數八十七日。前回と同じく四箇月にわたつた。そしてこの度も五月二十八日に發途して上洛した大御所秀忠公についで上洛したのであつて、滯在中、秀忠公とともに、九月六日、後水尾天皇の行幸を二條城に迎へまつり駐輦五日に及んだことは最も光榮あることであつた。九月十八日、母崇源院夫人淺井氏の訃が二條城に達した。翌十九日は歸府發途の豫定日であつたが、これを延べ、二十五日、秀忠公に先だつて歸府の途に就いたのであつた。次項に於てやや詳しく記するであらう。

第三回の寛永十一年（一六三四）は秀忠公の薨去後であり、勿論將軍として單獨の上洛であつた。年三十一歳。所要日數八十九日、七月に閏があつたから、やはり四箇月にわたつた。滯在中、家光公は七月、再度任太政大臣の御内命を固辭し、閏七月、後水尾上皇の院政を奏請する等のことがあつた。始終は後に述べることとする。なほこの家光公の上洛以後、江戸幕府が終末を告げるまで將軍の上洛といふことは遂になかつたことも注意すべきである。

二　寛永三年（一六二六）の上洛

七月朔日、將軍在洛中の法度五通を出だして扈從者の行儀その他について制禁するところがあつた。憲教類典。

家光公は七月十二日、江戸城を發した。先供は松平（蒲生）下野守忠郷、德川賴房卿、松平（榊原）式部大輔忠次、酒井雅樂頭忠世等二十人、押へには酒井讃岐守忠勝、安藤右京進重長、最末は德川忠長卿、このほかに松平伊豆守信綱、阿部豐後守忠秋等を加へて大小名、諸役人六十餘名に及んだ。それら扈從者の從者を加へれば實に夥しき數に及んだことが察せられる。儒役林道春信勝、醫官今大路道三親清、秦德隣有室、茶道頭中野了雲等も從つたが、道三、德隣兩名は命によつて、諸驛道中の病者の治療を掌つた。羅山文集、紀年錄、家譜、寛政重修諸家譜、寛永諸家系圖傳。公はこの日神奈川に泊つた。

十三日藤澤に宿り、十四日、雨のため同所滯留、十五日稻葉丹後守正勝の城主たる小田原城に泊る。この夜林五郎左衞門重信なる者、番所に宿直して睡眠したので正勝に預けられ、後に伊豆大島に流された。十六日三島に泊る。この日箱根の峻嶮を、旣別當西川淸左衞門某、子權十郎正榮兩人が健步にて扈從したので公は之を賞し、旅館に於て父に銀五枚、子に羽織を賜うた。（君臣言行錄、家譜、寬政重修諸家譜。）

十七日三島滯留、十八日、淸水の旅館に宿り、翌十九日は久能山東照社に詣した。公も扈從の者もいづれも裝束であつた。社參畢つて駿府城に入つた。忠長の居城であるので、彼は善美を盡して公を饗せられたのであつた。二十日、田中城泊り、二十一日、忠長の家老朝倉筑後守宣正預る所の掛川城に入る。この二日間も忠長の饗するところであつた。忠長は流れの早い大井川に浮橋を渡し、平地の如くに往來を容易なるやう結構し、上下その巧智に感嘆したが、公は家康公も秀忠公も、箱根、大井の兩險は關東鎭護第一の要地とせられたのに、浮橋を渡して諸人の往來を自由ならしめたのは言語道斷の所爲であると言つて、一方ならず憤つたと傳へられる。

二十二日は高力攝津守忠房の居城濱松に、二十三日は松平主殿頭忠利の居城吉田に、二十四日は本多伊勢守忠利の居城岡崎に宿し、二十五日は熱田、二十六日は松平河內守定行の居城桑名に泊し、二十七日桑名滯留、二十八日三宅越後守康信の居城龜山、二十九日は水口、三十日は井伊掃部頭直孝の居城彥根に宿る。ここに於て直孝に五萬石の加恩あり、直孝は直ちに扈從の列に加はつた。（君臣言行錄、寬永諸家系圖傳。）

八月朔日、菅沼織部正定芳の居城膳所城に入る。金地院崇傳來り謁した。二日、朝、柏原の行殿に少憩し、つひに入洛、二條城に入られた。入洛にあたつて扈從の者共上下悉く旅裝を脫いで、新たに裝ひ、甚だ美麗であつた。武家傳奏權大納言三條西實條、同權中納言中院通村はじめ昵近の公卿等及び在京の諸大名は公を山科に迎へたが、今日上洛の行粧を見んとして集つた京坂はもとより五畿の男女は追分より山科まで充滿したのであつた。

家光公は二條城に於て秀忠公に對面して後、淀城に入り、城主松平越中守定綱に刀、暑衣、黃金等を賜ひ、定綱は刀及び綿を獻じた。本光國師日記、寛永諸家系圖傳、寛政重修諸家譜、譜牒餘錄、家譜。

四日には諸大名、長袴を着して淀城に出でて上洛を賀し、太刀、金馬代を獻じた。御當家記年錄。

五日、三條西實條、中院通村、岩倉木工頭具堯はじめ昵近の公卿等、淀城に至り、公の上洛を賀した。このほか僧侶等も日を追うて賀するところがあつたが、一々記することは略する。六日、公は二條城に臨んだが即日淀城に歸つた。(この種のことも一々記さぬこととする。)御當家記年錄。

七日、後水尾天皇は三條西實條、中院通村兩卿を勅使とし、中宮德川和子(秀忠公女、後、東福門院號宣下、)また岩倉具堯を使として、淀城に遣し、家光公の入洛を賀せしめられた。攝家、親王、門跡、月卿、雲客、北面の輩に至るまで、ことごとく物を獻じて公を賀した。御當家記年錄。

十五日、家光公は二條城に入り、二の丸にて公卿、諸大名の賀を受けた。十八日、勅使權中納言阿野實顯、頭中將園基音兩卿二條城に參向あり、秀忠公に太政大臣に昇進の詔を傳へられたが、公は固辭して左大臣に昇つた。家光公はこの日參內、從一位に敍し、右大臣に昇任された。本光國師日記、御當家記年錄。

十九日、權中納言德川忠長、同德川義直、同德川賴宣、從二位權大納言に、參議德川賴房、同前田利常、同伊達政宗、同島津家久共に從三位權中納言に、松平伊豫守忠昌、松平(池田)宮內少輔忠雄、松平(蒲生)下野守忠鄉は共に正四位下參議に昇せられた。以下四位の中將又は少將、侍從に任敍さるるもの四十二人、從五位下に敍せらるるもの十七人、その他爵を許さるる者若干あつたが、一々名を擧げない。いづれも秀忠、家光兩公に扈從し、或は先發して在京した大小名である。

二十日、家光公は近習の輩のみを従へて、淀川に船逍遙を催した。この日靑山大藏少輔幸成、岡田兵部少輔利良二條城より來つて公に謁し、直ちに船に陪した。公は橋本の邊に於て、自ら銃をもつて鴨を打ち、且つ四方の美景を賞して、甚だ機嫌がよかつた。そして林道春信勝をして詩を賦せしめ、夜に及ぶまで船中に於て酒宴あり、侍臣等みな沈醉したのであつた。羅山文集。

二十一日、上洛によつて權大納言日野資勝に白銀五十枚、時服十を贈られた。資勝卿記。二十七日諸大名長袴にて淀城に出仕して、太刀目錄を献じて公の右大臣昇進を賀した。御當家記年錄。

かくてやうやく後水尾天皇の二條城行幸は近づいた。これに先だち、秀忠公は七月朔日、金地院崇傳を二條城に召して諸家禮式法令を議する所があつたが、崇傳は御德日を考進した。ついで四日、天皇より二條城行幸のことを仰出され、秀忠公は崇傳をして日時を勘考せしむるところあり、翌五日、また崇傳を召して、二條城に於て武家傳奏三條西實條、中院通村兩卿に加はつて行幸の儀注を勘考せしめ、十三日には二條城に實條、通村兩卿、土井大炊頭利勝、井上主計頭正就、永井信濃守尙政、板倉周防守重宗、崇傳相會して行幸の禮式を議した。かくて行幸は九月六日と定められ、その日が待たれたのである。本光國師日記。

九月五日夜、明日の行幸により大殿祭を行ひ、祭主神祇權少副藤波友忠これを奉仕し、主殿寮常燈を、木工寮爂燈臺を、掃部寮は疊薦を供した。寛永行幸記。

いよいよ六日、昨夜來の微雨は晝前に至つて晴れた。先づ中宮德川和子の行啓あり、先驅の武士水野遠江守忠直、松平肥前守定房等二十人、いづれも束帶にて騎馬、次に高倉右衞門佐永慶、久我中將等の殿上人十六人、內大臣二條康道、中宮大夫權大納言三條西實條、同權大夫權中納言中院通村等の公卿八人、御車の後には御隨身として柳生又右衞門宗矩等六人等々、裝束も美々しく二列にて從つた。

次に中和門院近衞前子（前久の女、後陽成天皇女御）の御幸あり、先づ非藏人六人の次に殿上人德大寺中將公信、東坊城少納言長維以下十八人、次に阿野權中納言實顯、九條右大將幸家、四辻權中納言季繼等の公卿七人、騎馬隨身、諸大夫等、次に御車、次に後騎として西園寺權大納言公益等が、目もあやなる裝束にて從つたのである。

次には女一宮（後、卽位せられて明正天皇）の御成、御車の前後に鷹司左大將教平以下の公卿、殿上人、禁中、中宮、女院の女房等を從へられた。

次に家光公は、主上奉迎のため束帶にて參內、從ふ者德川忠長、德川義直、德川賴宣、德川賴房、伊達政宗、前田利常、島津家久以下大小名のみにても三百餘人に及び、昵近の公卿、殿上人が前驅した。關白左大臣近衞信尋以下の迎接を受け、淸涼殿の南階より南東の緣を過ぎ、常の御座所に於て拜謁、今日の行幸の忝きを奏し、二獻の御祝あり、畢つて、元の道を退出したのであつた。

天皇には、時至つて、紫宸殿にて行幸の御儀式の後ち、關白左大臣近衞信尋以下公卿殿上人等數多供奉して二條城に行幸あらせられた。鳳輦着御あるや、秀忠公は束帶にて家光公と共に、井伊掃部頭直孝、本多美濃守忠政、松平下總守忠明等を從へて、伶人奏樂の裡に迎へ奉り、少憩あつて、黃櫨染の御袍を御直衣に改められた。

晴の御膳の後、簾中の御宴には秀忠、家光兩公共に天盃を給ひ、三獻ののち七の御膳あり、兩公御相伴しまつつた。主上の御膳具はすべて黃金を用ゐ、中宮、女院、皇女方の御調度は金銀を交へ用ゐられた。供奉の諸士、伶人、工人にも七五三の饗あり、平折敷を用ゐ、公卿、殿上人、外樣大名には三方足打を用ゐた。小堀遠江守政一、金銀の御調度を作進し、阿茶局は奥にて饗應の事を掌り、秀忠公より色紙を賜うたのであつた。

この日、酒井雅樂頭忠世、土井大炊頭利勝は、この度の行幸の事に關して特に勤むるところがあつたので、別勅を以て侍從に昇せられた。寛永行幸記、家譜、大内日記、寛永諸家系圖傳、御當家記年錄、寛政重修諸家譜。

第二日の七日は快晴であつた。朝、内々の儀にて朝餐を奉るとき、家光公より

主上へ　銀三萬兩、時服二百領、沈香一木、襴絹百卷、紅糸二百斤、玳瑁三十枚、麝香五斤、行平の御太刀。

中宮へ　銀一萬兩、時服五十領、沈香七十五斤、紅糸百斤、緋華絲絹五十卷、白綾子五十卷、麝香二斤。

女院へ　銀一萬兩、時服五十領、沈香七十五斤、紅糸百斤、緋華絲絹五十卷、白綾五十卷、麝香二斤。

女一宮へ　銀三千兩、時服三十領、金襴十卷、黃金白銀各五百斤。

女二宮へ　銀二千兩、時服二十領、金襴十卷、金銀各五百斤。

を献ぜられた。女一宮、女二宮への黃金白銀、金銀各五百斤といふのは雛遊の具に新造せられたのであつた。

この日は、豫てより舞御覽のことを仰出されてゐたので、未刻〇午後二時に至り、玉座を階間御簾際に設け、西間を中宮・女院・姫宮の座とし、東間を秀忠、家光兩公の座とし、屛風を隔てて二間を親王、門跡、大臣の座とし、關白はじめ公卿、殿上人は緣より平張に至るまで圓座を設けた。亂聲、調子、平調、參音聲、慶雲樂、振桙、萬歲樂、延喜樂についで、靑海波序（輪臺）破（靑海波）次に散手、陵王と次第した。靑海波序、破の舞には中院侍從通純、四辻侍從公理その他が勤め、行事は藪中將嗣良、園中將基音、垣代は堀川中將康胤はじめ殿上人十四人であつた。

主上には靑海波のとき、箏の御所作あり、琵琶は伏見兵部卿貞淸親王、箏を高松彈正尹好仁親王、琵琶を伏見若宮邦尙王〇後、親王、いづれも簾中に於ての所作であつた。關白左大臣近衞信尋、一條右大臣昭良、九條前關白兼孝、二條内

大臣康道の諸公も、また公卿、殿上人らも、それぞれ箏、笙、笛その他の役を勤めた。舞の終る頃、近衞關白、舞人に纏頭し、納曾利の後、一條右大臣と二條内大臣が祿を授けた。伶人は狛近元以下十數名であつた。舞終つて退出、音聲長慶子。各管絃の具を撤し、主上入御あつてのち、上﨟より退出したのである。

舞御覽畢つて、饗があつた。宮家、攝家、大臣家は小廣間上段の下、七五三金銀の膳部、臺物善美を盡し、門跡は同じ下段次の間、公卿殿上人は次の間、奥の間、廊下、公卿は三方、殿上人より非藏人までは足折を用ゐた。地下は殿上の下の間、また四位以上の大名は殿上の上段、四位以下諸大夫以上は便宜の所にて饗せられた。七五三の膳部の後、引替の饗膳も用意せられたのであつたが、深更に及んだので中止された。今夜、和歌の御會も豫定されたのであつたが、これまた延引された。またこの日、親王、攝家、門跡、公卿、殿上人より地下に至るまで、御太刀、金銀、時服を賜ふこと、それぞれ差があつた。（寛永行幸記。）

第三日　八日、内々の朝餐のとき、秀忠公より

主上へ　　時服百領、金二千兩、緋綾子百卷、伽羅十斤、麝香五斤、蜜六十斤、菊金作御太刀。

中宮へ　　銀一萬兩、時服三十領、沈香七十五斤、伽羅五斤、花糸絹五十卷。

女院へ　　同上。

女一宮へ　銀三千兩、時服二十領、雛遊調度、傀儡の翫具。

女二宮へ　銀二千兩、時服二十領、雛遊調度、傀儡の翫具。

を奉つた。

天皇は特詔をもつて、城の天守に登り四方を遠望あらせられた。中宮、女院もこれに隨從し給うた。歸御あるや、

山海の珍肴を供しまつつた。ついで馬場殿に渡御あり、乗馬を叡覽あらせられた。騎馬の達者を選ばれた中に、松平（池田）石見守輝澄最も秀れ御感を蒙り、秀忠公より鎌倉助眞の刀、家光公より守家の刀を賞賜された。

ついで蹴鞠興行あり、飛鳥井中將雅胤、難波侍從宗種その鞠曲の妙を盡した後、薄暮より和歌御會を催された。階の間の閾を撤去して東南に御簾をかけ、燈臺を三所に設け、東面に玉座を設け、左座の上首は秀忠公、右座の上首は家光公にて、伏見宮貞淸親王、八條宮智仁親王、高松宮好仁親王、近衞信尋以下公卿殿上人出座、武家も德川忠長以下三家出座、講師烏丸權大納言光廣はじめ講頌諸役あり、御題は竹契遐年。後水尾天皇の御製は、

　もろこしの鳥もすむべき吳竹のすぐなる世こそかぎりしられね

秀忠公の歌は、

　くれたけの萬代までとちぎるかな仰ぐにあかぬ君が御幸を

家光公の作は、

　御幸する我大きみは千代ふべき千尋の竹のためしとぞ思ふ

といふのであつた。披講畢つて天皇は奥に入御、各自下﨟より次第に退座したのである。

次で管絃の御遊あり、庇間の東の御簾際を宸座とし、次の御簾のうちに秀忠、家光兩公の座が設けられた。親王、攝家、公卿、殿上人、伶人等出座した。

調子平調、催馬樂、伊勢海。この伊勢海は百年ばかりも絶えてゐたのを、このたび、特詔をもつて、四辻權中納言季繼に命じて再興せしめられたのである。萬歲樂、林歌（殘樂）朗詠（德是）太平樂（急）夜半樂（殘樂）朗詠（嘉辰）慶德等が奏せられた。天皇には箏を彈じ給うた。畢つて內々の御宴鷄鳴に及んだといふ。和歌御會といひ、管絃

御遊といひ、殊に君臣和樂の態、想ふべきである。

九日の第四日には猿樂叡覽あり、中宮、女院も出座あり、秀忠、家光兩公以下、親王、攝家、門跡、公卿、殿上人以下坊官幷に大小名悉く陪觀した。秀忠公より白銀の手桶三に、菊の造花數多を献じ、叡感殊のほか深かつた。猿樂の間に金銀の臺物にて供御、公家・武家ともに金銀の膳部にて饗せられた。能組は、翁、三番叟、難波。開口の詞は、

もろこしの唐代の巡狩は、政を天下にほどこし、我朝北山の行幸は、名を後代に傳へたり。ましてや今は德澤の厚き事、重陽に咲る菊の露積りて、兼て幾代の淵を顯はし、聖胤の繁事、四の時かはらぬ松の色深く、猶も千年の秋をしる。古今に類なき君が代の、目出たかりける時とかや。

といふのであつた。ついで田村、源氏供養、紅葉狩、道成寺、三輪、藤榮、熊坂、猩々と舞はれたのである。

この日、重陽たるにより、秀忠、家光兩公を宸幄に召されて天盃を賜うた。そのとき、家光公よりは後鳥羽院宸翰の日券を奉献したのであつた。また、酒井雅樂頭忠世が旨を傳へて非藏人以下に白銀を賜ふこと差があつた。寛永行幸記、寛明事跡錄。

この日また猿樂畢つてのち、饗宴あるべしとのことであつたが、各自沈醉に及んだので再三固辭し、秉燭の頃退出したのであつた。

十日は第五日、巳刻〇午前十時女院還幸あり、午刻〇正午主上は再び天守に成らせられ、四方を叡覽あらせられた。先の日には雨後のため雲霧深く、遠山の眺望が充分でなかつたからである。主上天守より下り給ふや、家光公より御馬十疋を献上し、畢つて小野道風の眞蹟手本を梨地蒔繪の筥に入れ、金の打枝にかけて奉献し、秀忠公は御馬五疋を牽き進じ、藤原行成筆朗詠集、藤原定家筆萬葉集、趙子昂筆陶淵明掛幅を進献した。

次いで主上は北面の上段にいでまし、お左に中宮が坐せられ、閾を隔てて秀忠、家光兩公が坐し、その後ろに德川忠長が坐して、勸盃のことあり、兩公、忠長に天盃、天酌あらせられた。かくて天皇、中宮、姫宮ともに還幸啓あらせられた。行粧は行幸啓の時に異らなかつたが、中宮の供奉には德川義直、同賴宣、前田利常、島津家久、池田忠雄が、皇女の供奉には德川忠長、同賴房、伊達政宗、松平忠昌、蒲生忠郷が加はつた。

この度具備した金銀の器物、文房、茶具、香器をはじめ、よろづの調度を、すべて進献せられ、秀忠公夫人淺井氏よりも金三百兩、時服三十、家光公夫人鷹司氏よりは、小袖三十領、金三十枚、中宮、女院へ小袖二十領、金二十枚、女一宮、女二宮へ時服二十づつ、雛の金銀を、蒔繪の長持に入れて進められた。そのほか近衞關白以下傳奏の家司に至るまで、また禁裏上﨟以下中宮、女院の女房に至るまで贈遺するところ、實に夥しいものであつた。この度の行幸啓の盛儀こそは少くとも江戸時代にあつては空前にして絶後ともいふべきものであつた。この日、松平下總守忠明は、家康公の猶子たるによつて別勅を以て禁色幷に網代の乘物を聽されたのであつた。(寛永行幸記、寛明事跡錄、家譜。)

十一日、諸大名は二條城に出仕して、秀忠、家光二公に謁して、行幸啓の儀の無事終了したことを賀した。この日江戸より秀忠公夫人淺井氏危篤の報が達し、家光公は急に歸府すべく、淀城を發輿し、二條城に入つたが、まづ稻葉丹後守正勝を使として江戸に發せしめた。德川忠長のみは卽日出京、夜を日についで馳せ下り、十五日着府したが、つひに淺井氏の臨終に間に合はなかつた。(御當家記年錄、東武實錄、江戸年錄。)

十三日、秀忠公は太政大臣、家光公は左大臣に昇せられ、宣旨は二條城に傳達せられた。兩公は參內して行幸のことを謝し、中和門院にも候したのであつた。この度の上洛に際して官位昇進の人々も二條城に出仕、太刀目錄を献じた。

十五日、二條城本丸に於て秀忠公大相國拜任の賀儀、二の丸に於て家光公轉任の賀儀あり、公卿、殿上人、諸大名ならびに五千石以上の旗下の士が太刀目録を献じてこれを賀した。この日つひに、淺井氏は江戸に於て薨じたのである。年五十四であつた。御當家記年録、寛明事跡録、徳川幕府家譜、以貴小傳、

家光公は十六日大坂に赴き、城郭構造の狀を觀、十七日、途、松平下總守忠明の居城郡山を過り、忠明の饗をうけて二條城に歸つた。翌十八日、親王、攝家、大臣、門跡等二條城に到り、太刀目録を献じて秀忠、家光二公の官位昇進を賀した。この日、夜に入り江戸より松平内膳重則によつて、淺井氏の訃が告げられた。家光公は明十九日急ぎ歸府の豫定であつたが、今は詮なしとして、三浦志摩守正次、三好左馬直政を先に馳せ下らしめた。御當家記年録、本光國師日記、東武実録

かくて二十五日、公は京を發して歸府の途に就いた。この日、公は松平越中守定綱を召して銀二百貫目を賜うて、淀城構造の賞とした。定綱は近江水口まで公を送つて馬を賜うた。この夜、膳所城泊り。ここに於て五百石以下の番士に金二十兩づつを賜うた。これは彼等が、公の二條城滯留の間、鳥羽に宿つてゐたので、その僑居の費に充てしめたのである。公は江戸發輿に當つて扈從の番士等に金三十兩を、また歸府にあたつて銀三十枚を給うたのであるが、今日の賜金はそのほかであつた。公の江戸城に還り着かれたのは十月九日であつた。東武實録。

なほ、公が京の伶人に、東遊を日光山伶人に相傳すべきことを命じて、同山に派遣し、明年四月の東照社の祭禮より東遊を舞はしむる運びをしたのは、公の滯京中九月のことである。東遊由來。

秀忠公は、家光公に後れて十月六日、京都を發し、歸江の途に就いたのである。資勝卿記。

三　寛永十一年（一六三四）の上洛

寛永六年（一六二九）十一月八日、明正天皇が御卽位あらせられた。秀忠、家光兩公は奉賀のため上洛せんとした

が、秀忠公は病に罹り、やがて寛永九年（一六三二）正月二十四日薨去し、家光公は寛永十年（一六三三）除服とともに明年（一六三四）を期して上洛せんことを決定したのである。

従つて、上洛の準備は同年より着々と進められた。五月三日、諸役人に明年上洛のことを告げ、やがて諸大名にも達した。十八日、松平伊豆守信綱、大目付井上筑後守政重、柳生但馬守宗矩に上洛道中各驛の旅館幷に道路の巡察を命じ、ついで使番跡部民部少輔良保等に、水口、蒲原、龜山の各旅館の構造奉行を命じ、七月、小堀遠江守政一に、近江水口城修造、同國伊庭の茶亭、二條城の茶室の構造を命じた。寛永日記、寛永系圖傳。

七月十三日、使番宮城甚右衞門和甫、花房勘右衞門正盛に上洛各驛の旅館構造の巡察を命じ、十九日、和甫、正盛を召して旅中矢箱、銃藥を貯藏すべき府庫、警火の設備よろしかるべき地を見はからふべきことを面命した。寛永日記。兩人は八月二十一日歸謁して、各驛旅館の圖を覽に供した。寛永日記。

寛永十一年（一六三四）に至り、四月朔日、德川賴宣、六月朔日、伊達政宗が先發して上洛したが、ほかにも大名の先發するものがあつた。八日、條令及び下知狀を下して上洛に關して諸種のことを規定した。御當家記年錄、人見私記、令條記、憲教類典。

二十日、家光公は江戸城を發して上洛の途に就いた。扈從は德川賴房、土井大炊頭利勝、酒井讃岐守忠勝、松平伊豆守信綱以下三十萬七千餘人、華麗にして且つ威風堂々たるものであつた。從來の將軍上洛の際の總勢は多くとも十萬に過ぎなかつたのに、それに四倍近い大勢には京都に於ては上下危惧する者さへあつたと傳へられる。この日未刻〇午後二時神奈川の御殿に宿られた。二十一日、藤澤泊り、夕立があつた。二十二日は大磯に少憩し、扈從の輩に馬上、徒ともに川を越さしめて、これを覽た。この日、稲葉鶴千代正則の居城小田原城に入り、天守閣に登覽された。昨夜箱根に火災あり、旅館は全燒した。上洛記、人見私記、寛永系圖傳、寛政重修諸家譜。二十三日、箱根火災のため小田原に滯坐、晝過ぎ松田屋敷に臨み、漁を覽、蜑の蚫取りを見て輿に入つた。

二十四日、箱根に晝の休憩をし、三島に宿る。箱根の休憩所を急造した大工頭木原杢允義久、奉行駒井次郎左衞門昌保に賞賜した。二十五日、吉原にて休憩、途上、柴田といふ處士が直訴したが、明日久能山東照社に詣するを以て誅戮を宥め、追放に處した。蒲原泊り。二十六日、久能山東照社參詣ののち、駿府城に入る。二十七日、駿府城滯坐、公は城櫓に登つて富岳を觀望した。昨日は雲多く、富岳を觀ることが出來なかつたのも、今日滯座した理由であつた。城邊に於て松平伊豆守信綱指揮のもとに諸組の番士をして騎法を習はしめた。上洛記、人見私記、寛政重修諸家譜、慶延略記。

二十八日、宇津山を經て田中城に入り、二十九日、大井川を越え、小夜中山を經て掛川城に宿る。七月朔日、濱松城に泊り、二日、秀忠公誕生の地なるを以て、產土神五社、諏訪明神兩社に詣し、共に舊領百石に二百石を加へ寄附あり、荒井にて晝餐、千鳥丸にて渡り、申刻○午後四時吉田城に入る。夜に入り德川義直の使竹腰山城守正信迎として參着、三日、曙に吉田を發し、矢作の橋を渡り岡崎城に宿る。四日、池鯉鮒より名古屋城に入る。五日、名古屋滯坐、義直は公に家康公筆兵法一卷、銃五挺を獻じた。六日、萩原、墨俣を經て大垣城泊り。去年水害に罹つたので城主松平越中守定綱に金五千兩を賜うた。定綱これより扈從。井伊靱負佐直滋、彥根より迎として參着。七日夕、彥根城着。納涼、七夕の宴あり、井伊掃部頭直孝、直滋、扈從の列に入る。八日永原着、水口に於て小堀遠江守政一に五畿內檢斷のことを命じた。九日、矢橋より船にて膳所城に入る。十日、膳所滯座、天守にて眺望あり、船を琵琶湖に泛べて遊覽あり、和歌を詠じた。この時に限らず、この度の上洛の旅次に於て公は屢ゝ作歌した。それについては第十五章「文藝」に於て記するのでここには略する。上洛記、寛永系圖傳、寛政重修諸家譜。

またこの行、宿泊の城主に賜物のこと、城主より献物のことがあつたが、これも一々記さない。

十一日、いよいよ入洛、よつて行粧を改め、上下三十萬餘の扈従威儀嚴肅、これを觀んとする都鄙近國の男女、膳所より京都まで充ち滿ちて立錐の餘地もない程であつた。前田利常、大津にて公に謁した。日岡には勅使前内大臣三條西實條、武家傳奏權大納言日野資勝、院使はじめ公卿、殿上人、關迎として衣冠にて公を迎へ、攝家もまた使を出して公を候した。德川頼宣もここに迎へたので、しばし乘輿をとどめて對面のことあり、上方筋の諸大名、京の商人等も公に謁した。巳刻〇午前十時二條城に着く。先發在京の諸大名は大津まで出でて公を待つたのであるが、各二條城に至り大手門外に於て公に謁した。入城に先だち東福門院（德川和子）より大岡美濃守忠吉を使として明衣等を贈られた。（以下この種の贈遺は一々記さない。）寛永日記、上洛記、御當家記年錄、大内日記。

十二日、勅使三條西實條、日野資勝、院使阿野權大納言實顯、中御門權大納言尙長二條城に莅み、二の丸にて公に無事着京の賀旨を傳へ、東福門院の意も傳へた。昵近の公卿、德川頼宣、諸大名も公に謁した。頼宣に、井伊掃部頭直孝、土井大炊頭利勝が伴食して賜宴があつた。寛永日記、御當家記年錄。翌十三日にも勅使、院使來つて歳首の賀儀を贈らるるあり、勾當、内侍、親王、攝家、門跡、公卿、院家、沙門、北面の輩に至るまで公に謁し、十四日にも昨日禁裏宿直、院參の公卿等、十五日には德川義直、同頼房が謁した。（以下この類一々記するのを略する。）この日、武家傳奏今出川經季、日野資勝、公の召によつて議すること兩度、暮に院使阿野實顯、中御門尙長が莅み、太政大臣昇任の優旨を傳へたが公は固くこれを辭した。十七日再び勅使、院使を以て、太政大臣昇任の叡慮を傳へた。然し公は「恩命優渥、謝しまつるに辭なけれども、自ら顧みるに、齡いまだ初老に達せざるばかりでなく、功業もまた遠く父祖に及ばず、然るに過重の恩眷を拜して、極官を冒さんことは恐懼に堪へざる」旨を以て再三固辭し、詔命を受けまつらなかつた。よつてこの事は遂に熄んだ。この謙退に上下深く感動したことであつた。この日、德川頼宣召によつて登城し、議する所があり、高倉權中納言永慶も登城して參內のことを議した。寛永日記、御當家記年錄、大內日記、吉良日記、上洛記、紀伊記。明十八日參內のことは去る十四日決定したのであつた。

十八日は快晴であつた。武家傳奏、高倉永慶、土御門左衞門佐泰重二條城に至り、武家傳奏はすぐ退出し參內して家光公を待ち、永慶は公の衣紋、泰重は身固を役して退いたのである。辰刻〇午前八時公は直垂にて乘輿、二條城を出られた。土井大炊頭利勝、吉良上野介義彌はこれに先だつて參內し、扈從は井伊掃部頭直孝、松平伊豆守信綱、堀田加賀守正盛、酒井讃岐守忠勝、保科肥後守正之、京都所司代板倉周防守重宗以下おびただしき數であつた。

公は施藥院にて衣冠を着し、轅に乘り、四足門に着するや、昵近の公卿之を迎へ、立石の邊に於て尾、紀、水三家、伊達政宗、前田利常以下外樣四位以上の諸大名は小路に迎へた。四足門にて下輿、長橋局より常御所に伺候し、明正天皇に拜謁、天盃、天酌を賜ひ、三家にも天盃を賜はり、やがて三家を從へ、奧の宿直所にて攝政一條昭良以下攝家に對面し、御學問所にて休憩、記錄所の泉石を遊覽した。この間に四位以上の大名の拜謁あり、畢つて長橋局に臨みて後、退出した。

かくて三家を從へて、仙洞御所に後水尾上皇に拜謁して盃を賜ひ、廊より東福門院の御所に伺候、御盃の後、上皇にも成らせられ、皇女方も對面あり、饗ありて、三家にも盃を賜うた。終つて元の道を、施藥院にて更衣あり、二條城に還つたのである。行列は參內の時と同じであつた。

この日、家光公よりの献上の品々は、

主上へ　御太刀、目錄、銀千枚、綿千把。

上皇へ　御太刀、目錄、銀五百枚、綿五百把、東福門院へ　銀二百枚、綿五百把、女二宮へ　銀二百枚、繻珍三十卷。女三宮へ　銀百枚、繻珍三十卷、女五宮へ　銀百枚、繻珍二十卷、菊宮へ　銀百枚、繻珍十卷。
禁裏、仙洞の女房等へも數々の贈遺あり、三家、諸大名よりも禁裏、仙洞、東福門院へ若干の献物をしたのであつた。松平（伊達）越前守忠宗は上皇より古備前の太刀を賜うた。傳奏、昵近の公卿等は公の歸城の後、老臣に謁して參內を賀した。寛永日記、御當家記年錄、上洛記、紀伊記、大內日記、吉良日記。

十九日、三家、諸大名、二條城に參り、太刀目錄を献じて參內の滯りなく濟んだことを賀した。公は三家に諮つた上、先日相國宣下を固辭した旨を諸大名以下に告げた。また親王、攝家、門跡等に贈遺する所あり、翌二十日も公卿・殿上人に同樣のことがあつた。公卿以下は二條城に參つてこれを謝した。

この日、公は板倉周防守重宗を使として、萬葉集注を蒔繪の箱に納めて、上皇に献上した。これは無双の珍本として常に上皇の懇望せられたところであつた。寛永日記。

二十一日、二條城の二の丸に於て、猿樂を催し、親王、攝家、門跡、公卿より非藏人に至るまで、また三家、諸大名を饗した。その數七百餘人に及んだ。能組は、

高砂、實盛、軒端梅、張良、橋辨慶、祝言、養老。狂言三番痲生、髭櫓、若一。

であつた。酒井河內守忠行役して、唐織、時服、要脚五百貫を纏頭した。俄の所望で橋辨慶が舞はれた。市人にも芝居にて能を見ることを許され、折櫃を下された。

この日、飛鳥井權中納言雅宣を勅使として土佐內記筆源氏繪、草花繪の屛風一双を、仙洞よりは清閑寺權中納言共房を御使として青磁香爐、後陽成院勅作の薫物を入れられた香盒十を下賜あらせられた。公は土井大炊頭利勝、吉良上野介義彌を使として奉謝した。寛永日記、紀伊記、吉良日記。

二十二日、醫官、連歌師、京坂、奈良、堺、伏見の町人等が物を献じて公に謁した。寛永日記。二十三日には九條關白幸家夫人以下公卿の夫人、子息、東西本願寺以下各寺院に贈遺あり、また京洛の各町より町年寄二人づつを城中に呼び、上洛の祝として銀十二萬枚（また十一萬六千二百五十三枚ともいふ）を下賜あり、時に市中の商屋は三萬五千四百十九戸であつたといふ。家光公は城の北の櫓に臨み、その狀を覽たのであつた。寛永日記、吉良日記。

この賜銀は、後日、京都所司代の役所に於て、小堀遠江守政一、代官五味金右衞門豊直が奉行して頒たれたが、毎戸銀百三十四匁八分二厘であつたといふ。これは公武共に例のないことであつたから、京の市民の感悦すること一方ならず「江戸樣の方に足を向けて寢るべからず」と言つたといひ、また公を、延いて歴代將軍を「江戸樣」と稱して尊崇し、以て維新前に及んだと傳へられてゐる。寛永日記、誠貳日記。

二十六日、二條家の家司を召して左大臣二條康道の息を家光公の猶子となすことを傳へた。寛永日記、吉良日記。ついで閏七月九日、吉良上野介義彌を同家に遣し、公の偏諱を賜うて光平と名乘らしむる折紙と一文字の太刀、金百枚を持參せしめた。光平はこの日元服したのである。吉良日記。

二十七日、上皇は權大納言中御門尙長を御使として萬葉集注献上を謝せらるるあり、二十八日、武家傳奏、昵近の公卿衆、諸大名、專修寺新門跡堯朝、蜂須賀家政入道蓬庵、天海大僧正の謁見があつた。寛永日記、吉良日記。

二十九日、武家傳奏を二條城に召し、土井大炊頭利勝を禁裏幷に東福門院御所に使せしめ、前關白九條幸家公の庶子千代鶴丸を以て松殿家を再興し、特に攝關家に列せしめられんことを奏請した。勅許ありて、兩傳奏再び二條城に莅み、公に對面したのであつた。かくてやがて松殿家を加へて六攝家となり、同家は祿千俵を給せられ、千代鶴丸は幾くもなく元服して昭家と稱したが、早世したので絶家となつた。幸家の夫人は豊臣秀勝卽ち秀忠公夫人淺井氏の先

夫の子であり、家光公とは異父同母の親あるを以て、この事があつたのである。寛永日記、大内日記、

この事あるとともに諸公卿の子息が無祿にて禁裏、仙洞に勤仕するは不如意なるべしとして家格に應じて、自今幕府より方領《かたりやう》を給すべきことを内奏したのであつた。方領は卽ち部屋住料であつて、その額は百石を最高とし、三十石を最下としたが、後に格別の由緒あるものは百五十石まで給せられることになつた。この日、曾我又左衞門古祐は大坂町奉行に任命された。

またこの月、儒役林道春信勝に命じて御參內記、御入洛記を撰進せしめた。

閏七月朔日、武家傳奏、昵近公卿衆、諸大名の謁見あり、先に官位昇進した松平（淺野）安藝守光晟以下の輩は太刀目錄を献じた。前關白九條幸家も來り、二條光平も太刀目錄を献じて謁した。この日上皇より、參議勸修寺經廣を使として白鷴を贈りたまひ、公は板倉周防守重宗を使としてこれを謝しまつつた。寛永日記、吉良日記。

二日、攝政一條昭良が武家傳奏をもつて當職辭退の內意を傳へられたが家光公はこれを聽さなかつた。寛永日記、吉良日記。

三日、土井大炊頭利勝、板倉周防守重宗を使として、上皇の御料に七千石を加へ、一萬石をまゐらすことを奏した。よつて勅使、院使二條城に參向あり、謝旨を傳へられた。寛永日記、吉良日記、御當家記年錄。この御料增進といひ、松殿家再興といひ、前年衝突を見た公武融和の表はれと見ることが出來るのである。

四日、上皇の御召によつて、家光公は院參せられた。直垂にて施藥院に到り、衣冠に更められ、ここに中御門尙長、阿野實顯兩權大納言及び武家傳奏の迎を受け、扈從は井伊掃部頭直孝、松平下總守忠明、土井大炊頭利勝、酒井讃岐守忠勝、板倉周防守重宗、保科肥後守正之その他で、外樣大名は陪しなかつた。尾、紀、水三家は仙洞御所の門外に待迎へた。院の小御所に於て御對面、一獻の後、廊殿より東福門院の御所に伺候し、三家も上皇に拜謁、賜盃の

後、外より門院御所に伺候、一献あり、三家退出の後、上皇にも御成りあり、宴ありて、公は再び仙洞御所に伺候、先に二條城の一殿を贈進した廣所の庭上に於て鞠御覽あり、一條攝政、九條前關白、三家も陪觀の榮に浴した。鞠は飛鳥井中將雅章、難波中將宗種以下が奉仕した。鞠畢つて公は拜謝して退出し、三家もまたこれに從つた。此の日、酒井讃岐守忠勝も參內して天盃を賜はり、上皇、東福門院よりも數々の賜物があつた。

家光公は歸途九條幸家の第に過ぎり、祝宴あり、（これは恐らく松殿家再興に關してであらう。）幸家夫妻その他に贈物があつた。ここにて直垂に改め、二條城に還つたのである。歸つて後、大雨滂沱として降つたのは一奇であつた。九條父子が來り謝した。寛永日記、大內日記、吉良日記、御當家記年錄、寛永諸家系圖傳。五日、諸大名出仕して昨日の院參を賀した。九日、公は上皇より双六盤を賜うた。十三日、九條幸家、庶子千代鶴丸を伴ひ、公に對面、松殿家相續を謝し、十五日、武家傳奏、昵近公卿及び諸大名二の丸に公に謁し、三家、譜代衆は小書院にて謁した。みな月次の例に依るのである。寛永日記、吉良日記。

十九日、北野天神、清水寺に詣し、二十一日には烏丸權大納言光廣を勅使として香袋三十を賜はり、吉良上野介義彌を兩傳奏幷に烏丸家に遣して謝詞を傳へしめ、寛永日記。二十二日には、二條城に飛鳥井權中納言雅宣等の蹴鞠を覽、三家、諸大名の陪覽を許して、これを饗した。寛永日記。

二十三日、公は井伊掃部頭直孝、土井大炊頭利勝、酒井讃岐守忠勝、板倉周防守重宗を仙洞御所に遣され、官位昇進以下の朝政何事も上皇の御計らひたるべきことを奏請した。卽ち院政を奏請したといふべきであるが、上皇には御辭讓の御旨があり、使は深更に及んで退出したのであつたが、結局は御嘉納あらせられた。これまた公武融和の大きな表はれと見るべきである。先に、この度の上洛に危惧の心を懷いたる者も、ここに愁眉を開いたことであらう。この日、利勝、重宗は禁裏へも使した。また一條昭良が登城し、對面して密談數刻に及んだ。これは攝政を辭せんことを再三請はれたのを、家光公は强く抑留されたのであり、昭良は翌二十四日も登城し、公と閑談に時を過されたのであつた。（寛永日記。）

二十五日、公は大坂に赴かれた。まづ淀城にて城主永井信濃守尙政の饗を受け、淀川より昨日德川賴宣の献ずる所の舟にて大坂城に入つた。城代阿部備中守正次の饗を受け、城代、定番、町奉行以下の諸役人に賜物あり、翌二十六日には大坂、堺、奈良の地子錢を免除した。この恩典は深く市民を感動せしめ、喜びの聲が巷に滿ちたといふ。殊に大坂三鄕町中の父老は、かかる曠世の盛典を不朽に傳へなくてはならぬとして、高麗橋邊の櫓屋敷に會して、仁政を忘れぬため、大鐘を鑄て二六時中の用に充てたと傳へられてゐる。（誠貳日記。）

二十七日、城内に乘馬を覽、夕方天王寺に赴き、大坂夏の陣に井伊掃部頭直孝の築いた山へも臨んだ。この日、去る二十三日初更、江戶西丸の厨より火を失し、殿閣悉く延燒し、留守酒井雅樂頭忠世は大いに恐れて寛永寺に入つて罪を待つ旨の注進が江戶より達し、つづいて酒井因幡守忠知も馳せ上つてこの事を報告した。公はこれを聞かれて大いに怒られ、

「水火の災は天災ともいへば、なかなか遁れ得る所ではない。忠世が留守したればとてこの度の火災を直ちに忠世の罪といふべきではない。しかしその過誤を自身の不念として屛居謹愼して罪を待つは尤の如くであるが、主君より預けられた城を去つて寺院に入るは言語道斷、大臣の處置でない。且つ武士の道として臆病至極である。」

と言はれ、直ちに奉書を以てその旨を傳へた。忠世は累世宰臣の隨一として權勢肩を竝ぶる者がなかつたが、老中の役儀と西丸の留守居を免ぜられ、これより大いに畏縮し、籠居して月日を經、やうやく西丸の再造に當つて金奉行を

命ぜられた。保守的な彼は結局この奇禍によつて失脚し、この後、土井大炊頭利勝、酒井讃岐守忠勝が宰輔の重任に在つて着々新制を施行することとなつたのである。忠世の子阿波守忠行も遠慮せしめられ、八月朔日に至つて之を許された。なほこの火災に依り、淀城主永井信濃守尙政を大坂城に召して江戸への使を命じ、尙政は明日出發し、三日餘にして江戸に着き、八月三日には同地を發したと傳へられる。寬永日記、御當家記年錄、寬政重修諸家譜。

二十八日、家光公は、朝、城代阿部備中守正次に光忠の刀を賜ひ、橋本より乘船して、長岡勝龍寺を經て入洛された。淀城にて永井信濃守尙政の饗を受け、やがて二條城に入つたのである。

二十九日、三家及び前田利常以下在京の諸大名登城して公の歸洛を賀し、一條攝政昭良も對面した。この日、松平伊豆守信綱、堀田加賀守正盛、阿部豐後守忠秋共に從四位下に昇敍された。御當家記年錄、寬永日記。

八月朔日、公は卯刻〇午前六時二條城を出で、施藥院にて直垂を衣冠に更め、高倉權中納言永慶は衣紋を、土御門左衞門佐泰重は身固を役し、轅に乘り、扈從の行列は例の如く、三家、四位以上の大名、傳奏、昵近、その他の公卿、殿上人等、四足門に待ち迎へ、ここにて下輿し、三家及び井伊掃部頭直孝、松平下總守忠明、土井大炊頭利勝、酒井讃岐守忠勝、本多甲斐守政朝、板倉周防守重宗、吉良上野介義彌、大澤右京亮基重を從へ、長橋局より常御所に伺候して、御雜煮ののち天盃、天酌あり、次に三家に天盃を賜ひ、廊にて親王、攝家に對面、長橋局にて二獻あり、三家も着座、次いで四足門より轅にて仙洞御所に參入、三獻あり、御盃、御酌を賜ひ、三家は御盃を賜ひ、それを懷中して退出、家光公は東福門院御所に伺候。上皇も御對面所にて謁を諸大名に賜うて後、門院御所に御成りあり、御對面、御膳を供せられて公は退出、施藥院に於て更衣して二條城に還つた。この參內は五日に京都を發して歸府するに依り、辭見のためであつた。

申刻〇午後四時八朔の賀あり、勅使、院使參向、天皇より打枝、提子を賜ひ、次に傳奏、昵近の公卿衆、次に三家、諸大名幷に三千石以上の者、太刀目錄を獻じて公に謁した。

公は土井利勝、吉良義彌を禁裏及び仙洞に遣して、さきの勅諚、院宣を謝したのである。次に公は、松平（榊原）式部大輔忠次を召して、近日の歸關發輿の先驅をなすべきことを面命した。寛永日記、吉良日記、紀伊記。

二日、上皇より阿野權大納言實顯、中御門權大納言尙長をもつて御簾、屛風を賜うた。公は、その屛風を上段に立てて、諸大名をして拜覽せしめ、板倉周防守重宗を謝使として仙洞に遣された。この日、一條攝政登城、明日もまた登城、對面、密談數刻に及んだが、やがて土井利勝、板倉重宗を使として攝政に金百枚を贈られたのである。二日には武家傳奏も來謁した。また伊達政宗に在洛の用として近江に於て五千石の地を賜ひ、明後四日、陸奧國に於て六十万石、常陸、近江兩國に於て二万石、合せて六十二万石の判物を賜うたのであつた。四日、權大納言局、伊勢慶光院を召して議せらるることあり、傳奏も召によつて登城議するところあり、天海大僧正も謁した。また譜代大名の妻子を所領に置くものは、今年よりこれを江戸に移すべきことが達せられた。寛永日記、吉良日記、御當家記年錄、寛政重修諸家譜。

五日、辰刻〇午前八時二條城を發輿、歸府の途に就かれた。發輿にあたり、大坂町奉行曾我又左衞門古祐の肩に手をかけて懇命する所あり、東福門院附の大岡美濃守忠吉、天野豐前守長信にも面命する所があつた。公卿等は日野岡まで公を見送り、親王、攝家、門跡は、使を遣し、洛中洛外の市人はことごとく出でて公を拜した。この日膳所城泊り。六日水口に宿る。永井信濃守尙政、江戸より歸謁し、直ちに就封の暇を賜うた。七日、龜山城泊り。八日、桑名城に着し、舟にて漁を覽られ、九日、熱田着、十日、岡崎城に入る。城主本多伊勢守忠利に五千石を加へ、五萬六千五百石とされた。すべて東海道の往還の旅館とされた城主の五萬石以下の者には、それぞれみな加恩があつた。公の寛宏を見るべきである。井伊掃部頭直孝は宮の驛まで隨從したが、これより歸國の暇を給せられた。この日、公は三河國伊賀八幡宮は家康公尊崇の社、徳川家累代歸敬する所なるを以て、舊領に百石を加へ、五百四十石とした。大内日記、紀伊記、御當家記年錄、武家嚴制錄、寛政重修諸家譜。

十一日吉田着、城主水野隼人正忠清に五千石加恩、四萬五千石となる。十二日、濱松に宿る。城主高力攝津守忠房に五千石加增、三萬六千五百石餘となる。ここにて酒井讃岐守忠勝に就封の暇を給せられた。十三日、掛川城着、城主青山大藏少輔幸成に七千石加封、三萬三千石となる。十四日、田中城泊り。城主松平大膳亮忠重に加恩五千石、三萬石となる。十五日、駿府着、駿府町中に米五千石を賜うた。十六日駿府滯座、十七日、久能山東照社參詣、この日は正當日ではないが、家康公の忌日であつた。三島泊り。十八日、小田原城に宿り、十九日藤澤の旅館に泊る。大内日記、御當家記年錄、寛永諸家系圖傳、九曆雜記、寛政重修諸家譜。

二十日、藤澤を發し、江戸に還るや、直ちに三緣山台徳院靈廟、崇源院淺井氏靈牌所に詣拜された。まことに至孝と申すべきである。還つて後、春日局御膳を獻じ、また扈從の人々にも饗宴があつた。大内日記、御當家記年錄。

二十一日、阿部豐後守忠秋に備前兼光の刀を賜うたのは、扈從の勞を慰められたのであらう。またこの月小堀遠江守政一に仙洞御所庭園の泉石構造の奉行を命じたのも、公の深厚な心遣と申すべきであらう。寛永諸家系圖傳、寛政重修諸家譜。

九月朔日、江戸府内の町人を大手の廣庭に集め、土井大炊頭利勝旨を傳へ、大目付、町奉行出でて、銀五千貫を賜うた。公は城櫓に臨んでこの狀を觀たのであつた。この賜銀は、二十年土着の者に三枚づつ、二十年以上の者には五枚づつ、端々の者にも二枚づつ頒たれたので、いづれもこれを喜び、湯島、淺草邊に於ては、度々金の祝といふことを催し、絃歌の聲が絶えなかつたといふ。御當家記年錄。

この度の上洛こそは三十萬餘の勢を動かし、将軍家の威を示すとともに、公武融和の實を顯はすところがあり、その費す所はまことに夥しく、幕府の實力を誇るに充分なものであつたと言はなければならない。

家光公は席温まるいとまもなく、この月十三日發途して日光山東照社に社參し、二十日歸城せられた。第十章参照が、二十八日にはこの度の上洛を賀して勅使權大納言四辻季繼、院使從二位高倉永慶、東福門院使飛鳥井中將雅章參向あり、一條攝政昭良、二條左大臣康道、鷹司右大臣敎平の諸公、九條右大將道房卿、曼珠院門跡良恕入道親王、新門跡良尙入道親王、實相院、圓滿院兩門跡も下向して公に謁した。公は十月七日、これら公卿、門跡等のため、猿樂を催して饗應し、やがて贈遺もあり、九日、勅使、院使、女院使に物を贈つて暇を給した。十一日、門跡、攝家、公卿、殿上人いづれも歸洛の途に就いた。吉良日記。

かくて家光公寛永十一年(一八三四)上洛のことはすべて終つたのである。

第八章　家康公景仰

家光公の太祖徳川家康公を景仰することの篤く深く熱烈なことは筆紙に盡せざるほどであつて、もはや宗教的信仰にまで入つてゐたといふことが出來る。

これは一つには、幼時にあつて底知れぬほどの深い慈愛と薫育を、この偉大なる祖父より蒙つたこと、幼時に於ては、父秀忠公、母崇源院夫人淺井氏が、いづれかといへば三男の國松〇徳川忠長を鍾愛し、家光公はむしろ不遇の地位にあつたのを、家康公の英斷によつて、將軍の世嗣たるべき位置が確立された〇第二章參照恩頼に對する感謝の心持もあつたことはいふまでもないが、それにも增して、亂離の天下を統一し、幕府を確立し、民生を安んじ、將た徳川家の基礎を磐石の固きに置いたこの太祖の武人として、政治家として傑出した偉大さ、その人格に深く敬服し、且つそれを渇仰したものと觀るべきであらう。

家光公は、その征夷大將軍として、徳川家第三代の大統の主として、天下に施政するに當つて、家康公の再來と自任せぬまでも、深く家康公を範として、すべてのことに處したであらうことも考へられる。

公は居常、篤く家康公を景仰し、言の家康公に及ぶときは、必ず愼謹の意を表はし、夢寐の間といへども深く公を思ひ、また行動營爲の上に於ても公に對する景仰——或は信仰と言つてもよい——の大きな表現を爲してゐる。寛永十三年（一六三六）のかの日光東照社の大造營、〇第九章參照正保二年（一六四五）十一月の東照宮宮號宣下奏請、勅許、同三年（一六四六）三月の東照宮例幣使發遣の奏請、四月の勅許、また世子時代を加へて前後十回に及ぶ日光社參——歷代将軍（世子時代を含む）十九回の社參の過半を占む――〇第十章參照などはその大きな顕はれである。以下、家光公の家康公景仰の事迹についていささか述ぶることとしよう。

一 居常の景仰

家光公は居常、家康公を景仰し、言の家康公に及ぶや必ず愼謹した。左の記事のごときはその一端を示すものといへるであらう。

神祖を尊崇し給ふ事なみ〱ならず。御談伴の輩　神祖の御事聞え出れば、しばし待候へと仰有て、御袴めして、御坐を正しくなしたまひ、兩手をつかせられ、さて　權現様は何と仰られしとて謹で聞せられ、二の丸　内宮へ參らせ給ふに、御装束成て、時刻待せたまふほど、御手水めされし後は、御手を膝にあをむけて、御衣にかゝらぬやうにしておはし、また天地の災變あるごとには、中根壹岐守正盛等して、かの　宮に代參して　神慮を伺はしめ、そが返り來て御返（事脱カ）申上るまでは、御上下を脱せ給はざりしとぞ。ある時の仰に、瘧病は尊き事をおそれて落るものなりときく。されどわが瘧おとすべきものはなしと宣ふを、永井豐前守直貞承りて、　上様のおこりは　權現様の御供物の箸のきれにても奉らば、おち申べしと聞え上しよし。正保三年（一六四六）九月のころ御側牧野佐渡守親成もて、紀・水の兩卿に仰下されしは、こたびの御瘧病療養を盡されしかども、しるしも見えたまはざりしに、日光の御供米をいただかせ給ひ、とみに御心よくわたらせたまふこと、御感淺からずとなり。日記、道齋聞書、校合雜記、故老諸談、取意。

といふのである。神祖はいふまでもなく、家康公のことであり、權現様もまた家康公を指すのである。二の丸内宮というのは二の丸の東照宮であつて、はじめ本丸にあつた東照宮を寛永十四年（一六三七）二の丸に移し、擴張造營したものである。

右の記事にも家光公の瘧のことが出てくるが、公の病について家康公の生前には、その投薬によって治癒し、家康公の東照大權現と祀られてのちは、その神験によつて、家光公の病氣の快癒したことが、寛永十七年（一六四〇）八月、日光東照社に參拝した春日局齋藤氏が、神前に納めた東照大權現祝詞（紙本墨書、大正十一年（一九二二）四月十三日、國寶に指定せられた。輪王寺所藏）に見えてゐる。この祝詞は日光山大猷廟の寶庫に傳來したものであるが、大正三年に發見せられたものである。宛かも同四年家康公三百年祭を執行する前年であつた。

その祝詞にいふ。(この東照大權現祝詞は原文に段落なく、つづけて書かれてあるが、左の引用には讀み易きため段落をつけた。また讀みにくい語には傍註し、原文の振假名等は殆んど省略した。)

君三ツの御とし、大事の御は《(わ)》づらいのとき、はかせも、くすしもしるし《(驗)》なきところに、ごんげんさま御ざいせいの御とき、御くすりあたへさせられ候へは、すなはちその御くすりにて御いのちたすからせられ候。まことに經にいわく、病息消滅、不老不死のきやうもんにかないたまへり。大こんけん御ざいせいの御おんどく、いち〳〵にほうじてもほうじがたく、じや《(謝)》しても、じやしがたしとなり。大ごんけん御神とくを、かんじたてまつりたまへば、たいとくいん《(台德院、德川秀忠公)》さま御ぞんぜう《(存生)》のとき、　君よろづ御くろうあそばしたまふに、ごんげんさまをふかく御しんかうなされ候ゆへ、なりかたき天か《(下)》を御こゝろのまゝに、たなごゝろのうちにおさめさせられ、御せんぞのぐわんそ《(元祖)》たるこ《(マヽ)》んけんさまの御ゆいせき《(遺跡)》をつがせられ候事、これひとへに、　ごんげんさまの御めぐみ、ありがたき御おんどく、まことに　ごんげんさまより天か御はいりやうの御事なり、大權げんするが《(駿河)》御ざいせいには、君に天下の御ゆいせきをさづけたてまつり、御めつごには、一天しゆごの大ごんげんとあらはれて、君をまもりたまふ事、日夜ふた《(不退)》

いにあらたなり。

君御ほうそうあそばし候とき、ふしぎの御れいむ(靈夢)あり、　君の御まくら(枕上)神に、大ごんげんさま見へたまふ御かげ、あらたに、たしかに、はいしたてまつりたまいて、すみやかに御ほんふくあり。

おなじく五年さき(乙亥、寛永十二年、一六三五)のとのいのとし御はづらい(わ)ありといへども、これも、ふしぎの御れいむありて、すなはち御げんき(驗氣)あり。

おなじくひのとのうし(丁丑、寛永十四年、一六三七)の年、御はづらい(わ)大事のとき、　君御こゝろに、たのみたまふは、　大ごんげんさまの御神とくばかりなり、御はづらい(わ)よくならせたまはゞ、よき御ゆめ、さもなくばあしき御ゆめとねんじ、まどろみたまふところに、あらたに御む(夢)中に、　君日光山御しやさん(社參)ありて、御そくたい御しやうぞくにて、御神前みかうし(御格子)のほとりにて、御はいあそばし候と、御ゆめさめ、いよ〳〵御本ふく(復)あり。

おなじく(同)ふしぎ(不思議)のあらたなる(顯然)御れいむ(靈夢)あり、八ほ(尾)のきつね(狐)うち(内)の御宮の方よりきたり、　君にむかいたてまつり、御はつらい(わ)よくならせられへきと、たしかにつげ申あげてさりぬ。御ゆめさめさせられ、いよ〳〵御げんき(驗氣)ありとなり。すなはち八ほのきつね、御ゆめのことく、ゑぞう(畫像)におほせつけられ候なり。されは、法花《ほつけ》には、若於夢《にやくおむ》中但《ちうたん》見妙事《けんめうじ》といへり。おなしく四月廿二日のあかつき、これ又ふしぎの御れいむ(靈夢)あり、うま(馬)のくち(口)に、松のは(葉)をつけて、ごんげんさまの御みき(御酒)とて、つゆ(露)を、　君にたてまつる、それより此かたいよ〳〵御げんき(驗氣)あり。これも内の御みや(宮)の方より、こくう(虚空)に申きたりぬ。されは、經《きやう》に、亦如天甘呂《やくによてんかんろ》、服者常安《ぶくしやじやうあん》ら(樂)くといへり。佛せつ(説)にかなへり。御はづらい(わ)の御ざんき、おり〳〵きざ(萠)すといへども、十七日にあたり、いつも御げんき(驗氣)をゑ(得)たまへり。みなこれ　大ごんけんおうこ(擁護)の御神とく(徳)によりたまへり。○中略

二　東照大権現祝詞

（其　一）

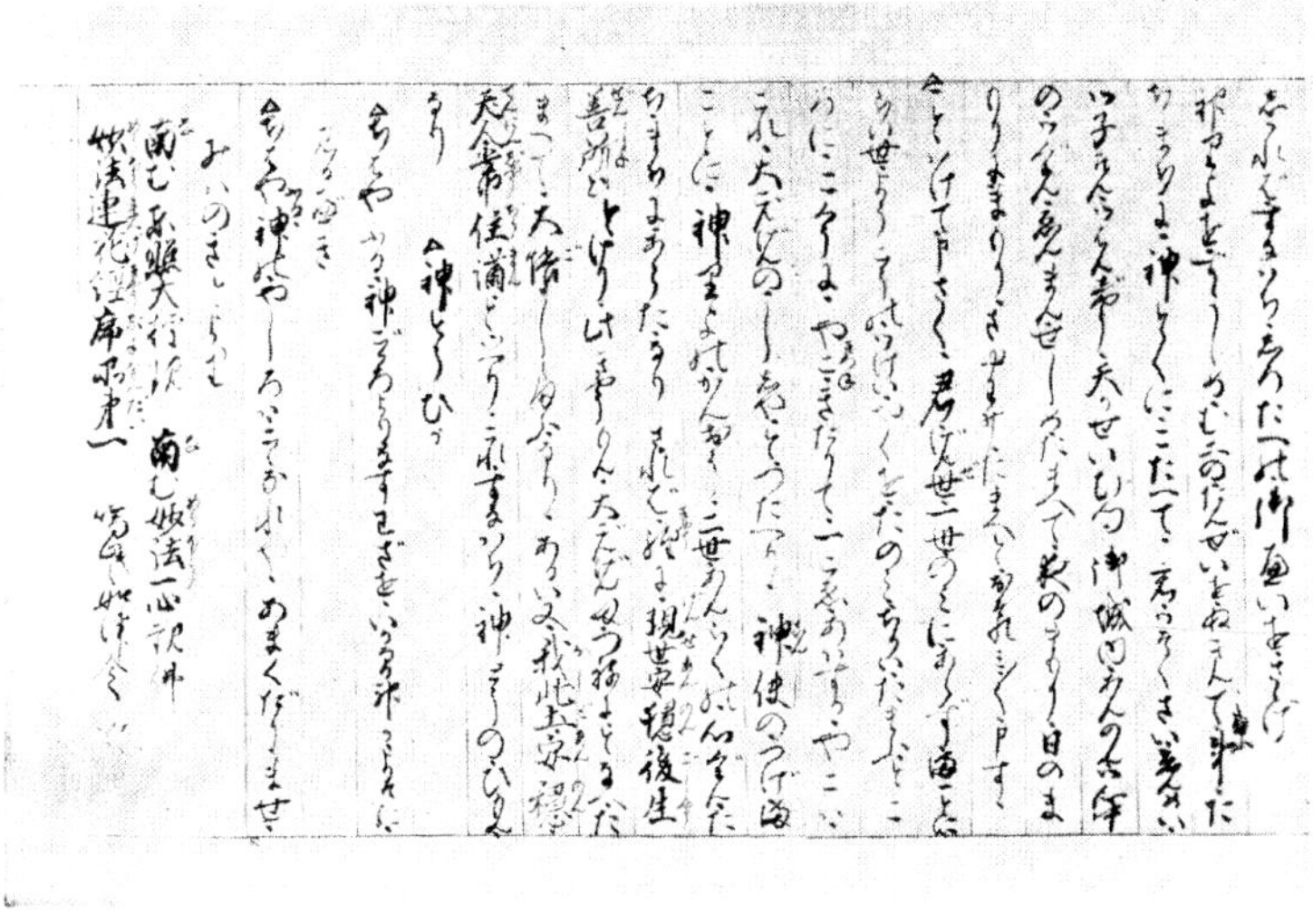

（其　二）

日光輪王寺所藏

ことはけ《辭別》て申さく、 君げん《現》世《ぜ》一世のみにあらず、まことにらい《來》世ようこう《永劫》の御けいやく《契約》をたのみ、ちかいたまふところに、こくう《虚空》にやこ《野狐》きたりて一こゐあは《合》する、やこはこれ 大ごんげんのししや《使者》とつた《傳》へり。神使《しんし》のつげ、まことに神りよ《慮》のかんおう《感應》、二世あんらく《安樂》の心ぐわん《願》、たちまちにあらた《顯然》なり。〇下略

とある。

「君三ツの御とし、大事御は《わ》づらいのとき云々とあるのは、家光公の三歳は慶長十一年（一六〇六）であつて、その時公は病に罹り大事に及んだ。傑れた名醫の診療も、その効を奏することなかつたが、家康公の與へられた藥によつて、命を助かつたといふのである。それによつて、家康公御在世中の恩德は廣大無邊であつて、一々報じても報じ難く、謝しても謝し難いといふのである。

かくて家康公卽ち東照大權現の御神德を深く感ずるによつて、家光公にも種々の苦勞があつたが、深く東照公を信仰されたので、天下を心のままに掌中に收め、公の遺跡を繼ぎ、征夷大將軍の任に就き、天下に施政するに至つたのは、偏へに家康公のお惠みであり、有難き御恩德であることを感ずるのである。まことに家康公こそは、在世中には、事實上、家光公に天下の遺跡を授けられ、その滅後には一天守護の大權現と現じ給うて、家光公を守りたまふこと、日夜不退に新たであることを觀ぜざるを得ないのである。ここに至つてもはや家光公の家康公景仰は信仰の域に達してゐる。この祝詞は、春日局の東照宮神前に納めたものであるが、それに述べられてゐる言々句々は家光公の心事を反映してゐるものと言はなければならない。

「君御ほうそうあそばし候とき」は、寛永六年（一六二九）二月、家光公二十六歳の時である。この月下旬より公は痘瘡を惱まれたのであるが、幼い頃、水痘を煩つたのを、乳母たちは痘瘡と思ひ誤まつてゐたので、醫員等もまた診

察を誤まり、治療を些か誤まつて、見點を遅らし、悩みも重かつた。はじめは岡道琢孝賀、久志本右馬之助常諄らが藥を奉つたが、後に武田道安信重を召し、今大路延壽院正紹、岡本啓迪院諸品等と議して、藥を献じたので快く發し、病氣薄らぎ、上下安堵の胸を撫でたのであつた。江城年錄、寛永系圖、家譜。

閏二月朔日、家光公痘病のことを京都に注進し、二日には金地院崇傳より五山に令して痘瘡祈願の符錄を献ぜしめた。大内日記、本光國師日記。八日、丹羽宰相長重は就封の途にあつたが、公の病を聞き、越ヶ谷驛まで來つて、伺候に及ばずと命ぜられ、歸封した。また尾張大納言義直は小田原驛まで來たが、酒井和泉守忠吉を使として、病快方に向へるをもつて、參府に及ばぬ旨を傳へられた。本光國師日記、家譜。一說には、秀忠公より義直に直ちに參府すべきことを告げられ、參府の途についたとも言はれてゐる。江城年錄。

かくのごとく、公の痘を煩ふと聞き、家門、大名の公を候せんとして、參府の途に就いた者は少くなかつた。即ち九日には加藤左馬助嘉明、六日には松平越前守忠昌が興津まで發程し、二十一日には伊達中納言政宗が郡山まで出で來つたごときである。いづれも參府に及ばずとの命に接し、歸封したのであつた。本光國師日記、譜牒餘錄。

閏二月十日、京より使をもつて病狀を問ひ下さることあり、十四日には中宮德川和子の御使が參府して病狀を問はれた。大内日記。その前日十三日には金地院崇傳を召して酒湯の日時を勘進せしめ、十五日酒湯の式が行はれた。ついで十七日、第二度の湯に浴された。この日、禁裏より御祈の符を賜うた。大内日記。十九日三番湯に浴し、二十一日、四番の湯に浴した。本光國師日記、譜牒餘錄、大内日記。

この日、京より公の痘瘡を問はせらるる勅使持明院中將基定が參着し、二十二日、基定は西丸に登營し、秀忠公に謁し、中宮の御使、親王、攝家、門跡等の使者も亦謁した。本光國師日記。二十三日には建仁、東福、萬壽寺より祈禱の札を献じ、本光國師日記。二十四日には、基定を江戸城に饗し、猿樂を催し、歸洛の暇を給した。中宮の御使その他の使者も亦同様であつた。京都に於ても、中宮德川和子におかれては、公の平快を賀して宴を催された。本光國師日記、大内日記。

この月、公の痘病平癒せるにより、秀忠、家光兩公より、近習及び醫員等に金銀、時服等を賜はること差があつた。また在府の諸大名は日每登營して公の病を候し、在國の諸大名は日々使を出して、これを候した。

乳母春日局は、公の病を憂ひ、身を以て代らんことを祈り、殊更に神に祈誓して、この後生涯藥を服せず、針灸を用ゐなかつたといふ。(春日局譜略に、この公の痘病を寛永五年(一六二八)公二十五歳の時としてゐるのは誤である。)

また三浦志摩守正次には、看侍の勞を慰めて家光公より金十枚、秀忠公より銀五十枚を賜うた。東武實錄、寛永系圖、春日局譜略。

三月十七日、中宮の御使大橋越後守親勝參着し、公の痘瘡平快を賀し、呉服十、薫物を贈られ、秀忠公へも大高檀紙二束を贈られた。四月五日、公は病癒えて、はじめて西丸に至り、七五三の饗宴と猿樂を催された。能組は難波、朝長、誓願寺、鵜、蜑人、壇風、猩々。狂言は四番、膏藥煉、釣狐、武惡、墨塗、所望によつて喜多七大夫が安宅を舞つた。東武實錄。

ついで六月五日、家光公の病平癒を賀し給ふ勅使權大納言三條西實條、權中納言中院通村が參向したので、これを本丸にて饗し、猿樂があつた。諸大名は悉く登營し、公は西丸に臨み、駿河大納言忠長、水戸中納言賴房之に陪し、藤堂和泉守高虎も同じく陪した。三献の祝あり、猿樂を催された。その後、新造の庭園を見て本丸に還られた。諸老臣も西丸に登つて之を賀したので、召して酒を給うた。本光國師日記、東武實錄。

かくて、家光公はこの月十三日、江戸を發して日光東照社に社參あり、二十一日歸城したが、〇第十章社參參照七月十三日、本丸に於て痘瘡快癒の祝あり、秀忠公これに臨まれ、德川忠長、同賴房、及び藤堂和泉守高虎先に登營して、秀忠公を出で迎へ、大僧正天海も相伴に加はつた。天守の下に假閣を設け、猿樂十二番あり、そのうち五番過ぎて大奧に入られ、秀忠公を饗し、忠長、賴房兩卿をば黑書院に於て饗した。家光公自ら出でて勸盃され、各〻沈醉したのであつた。そして再び天守下の假閣に至り、踊を覽、一番畢つて秀忠公は西丸に還つたのである。東武實錄。

はじめ、家光公は、秀忠公が、病後の祝として、本丸に臨まれるのであるから、猿樂を催した上に、踊を興行して、父公の覽に供へんとの內意を西丸の老臣達に傳へた。老臣等は議して、秀忠公は物堅き性質ゆゑ、今樣風流の踊などは、つひに覽られたことがないので、この事を申し上げたならば、いかがであらうかと、案じ煩らつた末に、藤堂高虎に諮つた。高虎は「我ら心得たり、老人のことであるから、そんなに叱られることもないであらう」と言つて、急に登營して秀忠公に、その事を申し上げたところ、公は「我らも年若き折は、豐臣家の聚樂の第に於て躍を見たことがある。」といはれて愉快さうであつた。しかしこの日の踊は五番の豫定であつたが、秀忠公は踊一番の終るを待つて直ちに本丸より西丸に歸つたと傳へられてゐる。

十四日、家光公は、病氣快癒のことを京都に申し上げ、更に西丸に至り、秀忠公に昨日本丸に臨まれたことを謝した。相伴の輩も、本丸及び西丸に登營して、兩公に謝するところがあつた。大內日記、東武實錄。

八月二十五日、痘病の快癒の祝として、西丸に於て猿樂が催された。家光公は早朝より西丸に臨み、諸大名にも陪觀を許し、且つ饗された。能組は玉井、兼平、熊野、石橋、玉葛、藤榮、雷電、熊坂、祝言の九番で、更に公の所望により喜多七大夫が海士を舞つた。

いささか長く家光公の痘病について敍したやうであるが、公の疾病については別に章を立てないので、なほ東照大權現祝詞に見ゆる、公の疾病について述ぶることとしよう。右祝詞に於ても明らかであるやうに、家光公は、この痘病の間にも、その常に景仰する家康公の姿が枕頭に立つた靈夢を見て、速かに本復したのである。

「おなじく五ねんさき、きのとの、いのとし」云々といふのは、寛永十二年（一六三五）である。この年四月二十三日、家光公咳氣（感冒）の由が聞え、諸大名江戸城に馳せ登つたことが傳へられてゐる。日記。ほかに病氣のことは諸文献に見えぬので、祝詞はこの時のことを指すのであらう。そしてこの感冒はあまり輕くはなかつたのであらう。家光公はこの時も家康公の靈夢を見て快癒したのである。

「おなじく、ひのとの、うしの年」は寛永十四年（一六三七）であつて、家光公はこの年大病を患つた。即ち正月二十二日、病むことあり、尾、紀、水三家及び諸大名登城して公の氣色を候した。水戸記。翌二十三日、徳川義直、同頼房及び三家の世子光友、光貞、光圀らまた登城して公の氣色を候し、義直、頼房は、斯くすること二十六日までに及んだ。二十四日には公の例の增上寺參詣も取止めた。この日は秀忠公の忌日なのである。水戸記。この月、醫員坂壽三幽玄に伺候を命じた。寛永系圖傳。

二月朔日、義直、頼房また登營、公の氣色を候した。斯くの如くする事なほ數日であつたが、一々記さない。三日、尾張家へは阿部對馬守重次、水戸家へは太田備中守資宗を使として、病少康を得たことを傳へ、五日には土井大炊頭利勝を以て、公の食事を攝るに至つたので放慮すべき旨を三家に傳へた。水戸記。七日より灸をすゆること數日であつたが、十一日には山里に於て猿樂を覽るに至つた。水戸記。

この年は、はじめより江戸城本丸の造營、二の丸東照社の造營等もあり、多事であつたが、五月になつてまた病んだ。二日、坂壽三幽玄診脈し、三日朝、いささか熱氣あり、醫官半井驢庵成近、武田道安信重、今大路道三親昌が投藥した。紀伊記。この頃、灸もすゑ、とかく健康が勝れなかつたのである。

十六日、家光公は二の丸に臨んだ。酒井讃岐守忠勝、土井大炊頭利勝はじめ宿老、若年寄等、この頃公の心地が勝れず、日を經て止まぬことを憂ひ、とりどりに風流の囃子物を興行して、公の覽に供へたのであるが、この日は、松平伊豆守信綱、阿部豊後守忠秋の兩人より一對の風流を奉つた。忠秋はかねてから思ひ構へて、猿樂、狂言の輩を悉く驅り催して出したのに對し、信綱の方は、別にさういふ用意もなく、漸く生駒壹岐守高俊の狂言の者を借りて出したので、双方鼓吹の調子も打合はず、公は、かへつて一きは興に入つたのであつた。

舞童は、みな信綱、忠秋兩人の近侍の兒輩のみで他人を交へず、風流五番終つて、また公より所望あり、更に二番を加へた。一番ごとに衣服帶物をあらため、各〻錦繡を飾り、美麗を盡した。舞童十六人、みな一樣の假面を懸け、一番終つては假面を脱げば、公の座の簾をかかげ、近臣らにも聲を發して讃美せしめた。信綱、忠秋の兩人は、この間、橋懸の脇に伺候したが、公は之を前に召し、「今日の躍、殊に珍らしく、日頃の欝滯を散じた。」とて盃を給うた。この後、風流囃子物は大いに流行し、尾、紀、水三家幷に加賀前田家等よりも之を張行して公の覽に供した。都下もまた之に倣ひ、市街に於ても風流張行を風尙としたのであつた。紀伊記、天享東鑑。

十八日、明正天皇には女房奉書に、權大納言局の消息を添へて、春日局まで、家光公の病を問はせられた。この日、徳川義直、同賴房登營して公の氣色を候した。家光公は山里に遊び、明日も同樣であつた。

六月二十日、公の病を聞召され、去る十四日より淸涼殿に於て實相院門跡義尊が御修法を行ひ、後水尾上皇も仙洞に於て曼殊院門跡良恕入道親王をして祈禱をなさしめられるとの報が江戸に達した。

七月四日、徳川義直、同賴宣、同賴房登營して、かねて勘氣を蒙つてゐた醫官半井驢庵成近と、今大路道三親昌の藥が相應したので、勘氣を許され、藥を献ぜしめらるべき由を申し上げた。大小名もこの日登城して公の氣色を候し、公はこの日灸をすゑた。日記。灸はこの後屢ゝすゑた。

十日、諸大名登營し、この日より岡本啓迪院諸品投藥し、十四日、醫員を大廣間に會し、儒官林道春信勝及び林永喜信澄監臨して各ゝの方書を拔萃して、治療せしめることとなつた。會した醫官は、曲直瀨養安院玄理、澁江徹齋氏胤、淸水龜庵瑞室、久志本式部常尹らであつた。公はこの日、奧に於て幸若舞を覽た。日記。

七月二十九日、勅使淸閑寺頭辨共綱、院使野々宮兵部大輔定逸、大宮（東福門院）使樋口中將信孝參向し、家光公の病を問ひ、祈禱の卷數を賜うた。禁裏より匂袋、仙洞より薫物を添へられ、大宮よりは御撫物に袷帷を添へられた。之は禁裏及び仙洞にては十七日の御修法を行はれ、大宮にては比叡山松禪院に於て十七日の護摩を行はれたのであつた。井伊掃部頭直孝、土井大炊頭利勝、大廣間に於て是等の卷數等を拜受し、白木書院に於て公の覽に供し、かさねて大廣間にて、直孝、利勝より、公が氣色よく拜受したる旨を傳へた。ついで一條兼遐はじめ攝家、親王、淸華、諸門跡よりも、とりどりに卷數、薫物等を進めたので、直孝、利勝これを受納した。日記、大内日記。

八月五日、勅使淸閑寺頭辨共綱、院使野宮兵部大輔定逸、大宮使樋口中將信孝登營し、大廣間に於て饗せられ、德川義直、同賴房長袴にて相伴した。饗畢つて、高家吉良上野介義彌、三使に歸洛の暇を給する旨を傳へ、共綱に銀百枚、時服二十、定逸に銀百枚、時服十、信孝に銀五十枚、時服十を賜うた。次に攝籙、竹園、門跡、華族幷に傳奏衆及び兩本願寺よりの病氣見舞の使者にみな時服を賜うたのであつた。日記。

七日、この頃、家光公病氣のため、何事も沙汰せられざるに依り、それに乘じて不良の擧動をなす者は、常よりも嚴に戒め、改易に當る罪は切腹を命ずべきこと。また番頭、組頭より番士の可否を糺し、それを聞するを以て、目付の輩は、各隊を微細のことまで糺察するには及ばぬのであるが、公の病氣の間は、瑣末の事までも、目付が糺察して建白すべく、もしこの後も無作法の擧動あらば、番頭、組頭、物頭はいふまでもなく、目付の輩をも戒むべき旨、達せられた。日記、人見私記。かくて十月に至り、十一日、諸社寺より病氣祈禱の符籙を奉つた。日記。

かくの如く、家光公のこの年の病気は長期に渉つた。時に少康を得て出遊する事もあつたが、健康の勝れぬ日が多かつたのである。

この長期の罹病のなかにあつて、公の賴みとせらるるところは、東照神君の御神德のみであり、病快方に赴くものならば吉夢を、さもなくば惡夢をと念じて、まどろんだときの夢は、日光山東照社に社參して、束帶の裝束にて御宮の御格子のほとりに於て、神君を拜したのである。正に吉夢であつた。かくて、やがて本復せられた。

公が病氣のことは他にもあるが、この上煩瑣にわたることを避けて省略する。ただ公はかかる病中にあつて、常に家康公の恩賴を念じ、しばしば靈夢を見たのである。この社參の夢のごときは、前年卽ち寛永十三年（一六三六）四月の社參とも關連があるであらう。その夢の中に感得せられた家康公の尊容を狩野探幽をして描かしめられたが、その八幅が現に輪王寺に保存されてゐる。この事については後に述べることとする。

二　御守袋文書に見る景仰

前に一言した寛永十六年（一六三九）より正保四年（一六四七）にかけて家光公が、狩野探幽に描かしめた家康公の畫像八幅が輪王寺に藏されて居り、いづれも大正十一年（一九二二）四月十三日國寶に指定された。そしてこれに附屬せしめて家光公の御守袋七個があり、これまた同じ時に國寶に指定されてゐる。これを家康公の畫像に附屬せしめたことは、輪王寺に於ける保管上の便宜であつて、ともに古來大猷廟の寶庫に襲藏せられてゐたものと察せられるが、元

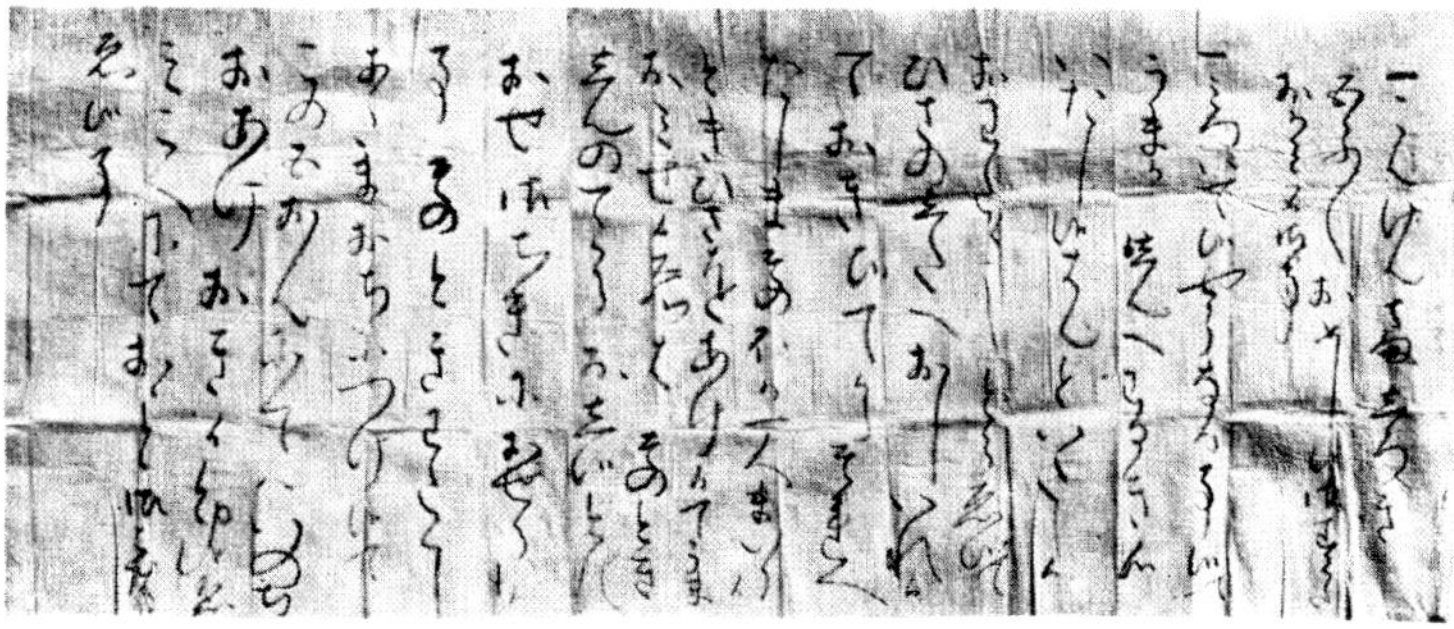

（其一）（本文一）

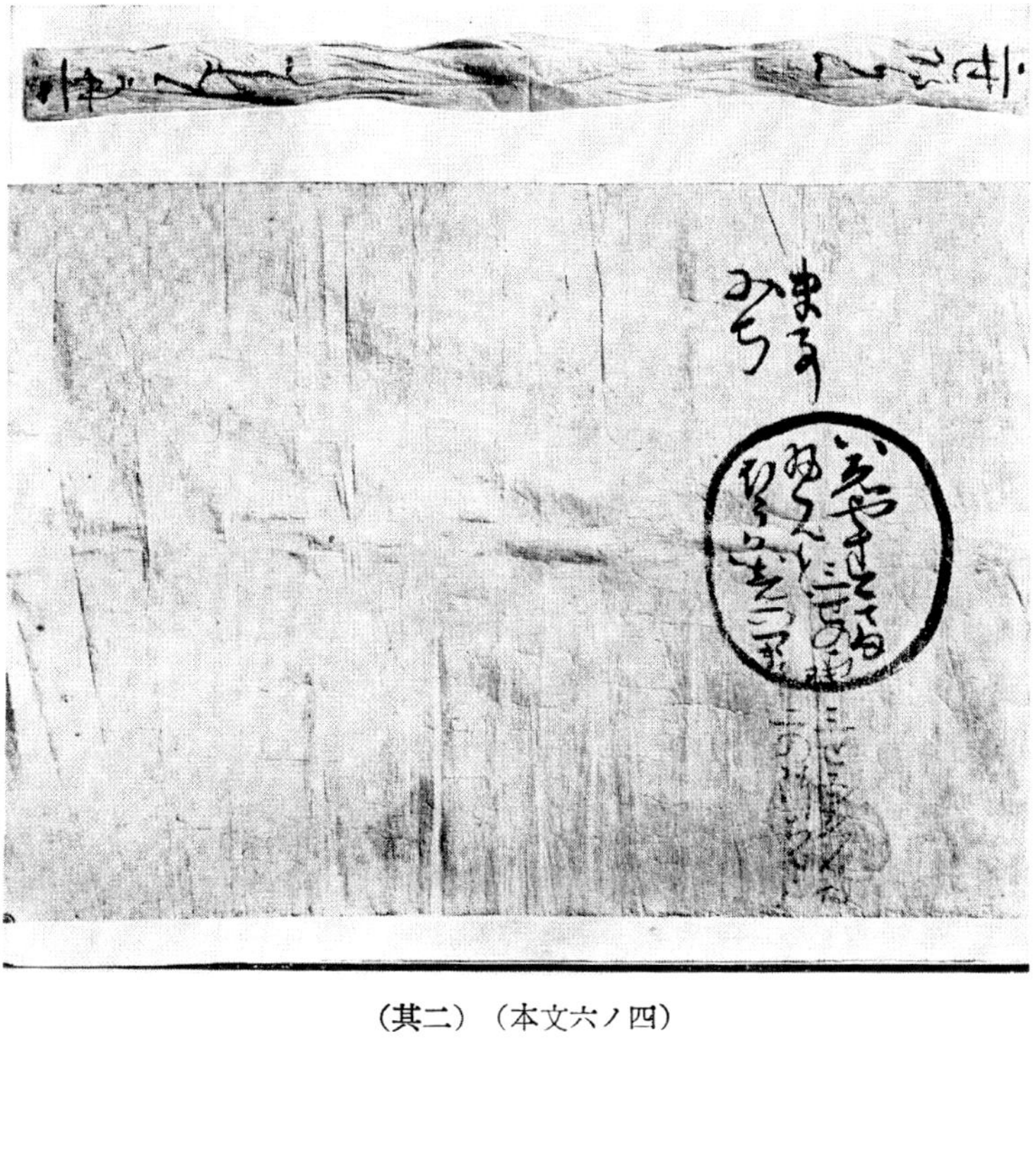

（其二）（本文六ノ四）

日光輪王寺所蔵

來御守袋は家光公の身につけられ、もしくは身邊に秘藏されたものであるから、本來は畫像に附屬したものではない。

この御守袋七個の中には合せて十餘點の文書が在中して居り、その多くが、いづれも家光公の自筆と考へられるものであつて、その文面には、家康公を思慕、景仰し、また自らその再來であることを念じた至情が躍動してゐる。よつてここには家康公の畫像について述ぶるに先だつて、それらの御守袋及び文書について記することとする。

これらの御守袋は、一個の箱に收められてゐる。この箱は、高さ十糎六粍、長さ六十一糎二粍、幅十糎六粍、金梨地蜀江模樣葵紋散らしの蒔繪があり、鐶座葵紋銀金具である。

(一)御守袋、唐草模樣金襴、裏淺黄平絹、文書は二通在中する。第一通は

一こんけんさま、しろき」五《(御)》ふくおめし候御すかた」、おかみ候御事」。
一みつそ《(密訴)》候やうなる事候て」、うまか　しん《(神)》へわるき心」いたし候はんといたし候」お、わたくしとらゐ候て」、ひさのしたへおしいれ候」ておき候てから、それへ」たしま《(但馬)》そのほか一人まいり候」とき、ひさをあけ候て、うま」おみせ候ゐは、そのとき」、　しんの、てからおし候との」おせ《(仰)》、御ちきにおせられ候」事。そのときわたくし」あたまおちにつけ候て」、この五《(御)》おんにてはいのち」おあけおき候と申候。ゐ」みこへにておゝと御こたゐ候事」。(なそ)」。

○小括弧は原文の字配りを示す。以下同じ。

二項とも、夢のことを記されたのであつて、第一項は、夢に家康公の白き御服裝の姿を拜されたことであり、第二項は密訴せんとする者の「しん」卽ち「神」で、東照大權現卽ち家康公を指すのであらうか——を害せんとするのを家光公が膝下に押へられ、やがて「たしま」(但馬)卽ち柳生但馬守宗矩ほか一人が駈けつけたので、膝をあげられ

た。――「しんの」は、「神への」の意であらう。――それを家康公が見られて、家光公の功を褒せられたので、公は、頭を地につけて、これを謝し、神君の御恩には命を獻げると申された。家康公は笑み聲にて「おゝ」と答へ、受納されたといふのである。言々句々に家光公の東照神君への歸依が溢れてゐる。

第二通の文言は左の如くである。

そくさい(息災)に」なり、なかく」七十までも」いき、ひとたひ」天下をゝさめ〓むゝ」

これは、病中、その快癒を祈り、一たび天下を治めんといふ公の志を記されたものと察せられるが、後半缺逸したものの如くである。「〓」は「候」の書損でもあらうか。

(二)御守袋、表藍地牡丹鶴模樣銀襴、裏茶地平絹細長形。これには文書が三通收められてゐる。第一通は左の六文字を記す。

「東照宮大權現」

第二通には左のやうに記されてゐる。

(表)「二せこんけん(權現)」

(裏)「二轉まん(輪)」

「二世将くん」

(裏)

「二世こんけん」

これは、家光公が轉輪して、家康公の再來たらんことを念願した表はれであらう。二世權現は卽ち家光公自身であることを念じて居らるるにほかならない。「二世将くん」と書かれたのは、決して秀忠公を蔑視せられたのではなく、二世權現といふことに惹かれて、自然に「二世将くん」と書かれてしまつたものと考ふべきである。

第三通には左の自著、花押がある。これは阿部豐後守忠秋の署する所であらう。

「忠秋」（花押）

（三）御守袋、表濃茶地蜀江模様、壽字散らし銀襴、裏鶯茶平絹。在中の文書は左の一通。

「東照大權現

慈眼大師

征夷大將軍源朝臣家光公」

この文書の筆蹟は、後西天皇の宸筆に酷似してゐる。

（四）御守袋、表赤地蜀江模樣銀襴、裏淺黄平絹。この中には女笹の葉が數葉入つて居り、文書は在中しない。

（五）御守袋、表靑地蜀江模樣金襴、裏淺黄平絹。これには「七十」と墨書した紙片が入つてゐるのみである。

（六）御守袋、表赤地鞘形牡丹唐草模樣銀襴、裏淺黄平絹。この中には、左のごとく七通の文書が在中してゐる。第一通は奉書紙に左の文句が墨書されてゐる。

「三ツのわりふ

一ほんふ（凡夫）のときのおたい（體）」

一もくそうにならせられ」候てのおたい」

一わか心にのこらせら（れ脱）候」おたい」

いづれも家光公が、家康公を夢想された姿について記したものと思はれるが、「もくそう」は木像であるか、默想であるか考ふる所がない。「ならせられ候」の語より見れば、或は「木像」とも考へられぬではないが、家康公の木像といふことは聞き及ばぬことである。

第二通は奉書紙に左の如く墨書されてゐる。

「いせ《（伊勢）》天小《（照）》大しん《（神）》」
八滿《（幡）》大ほさつ《（菩薩）》」
とう小《（東照）》大こんけん《（權現）》将くん《（軍）》」しん《（心）》もたい《（體）》も一ッ也。」
三しや《（社）》」

三社即ち、皇祖である伊勢天照大神、武道の神であり、源家の氏神と仰ぐ八幡大菩薩、ならびに家の太祖東照大權現家康公の神名を記したものである。この三社こそは、家光公の胸臆に常に存在したものなのである。

三は御幣、この御幣には左の墨書があるので、やはり文書と謂つてよいであらう。

「ゑこんきん《（權現）》様」

ゑは藥師如來の種子である。

第四通は左の如く奉書紙に墨書したもの。

「ま事《（眞）》　いゐやすさま　　三せ五ゐんね《（因縁）》《（ん脱カ）》
三せ《（世）》のちき《（契）》り
みち　将くんと　　二の御ちきり
ほうかい《（法界）》しん《（身）》一つつゝ《（に脱カ）》まる

これは家康公と家光公と三世の深き契あることを記したのであつて、かうした佛教思想は南光坊天海大僧正（慈眼大師）金地院崇傳（本光國師）澤庵和尚等より聽かれたことが基底となつてゐるものであらう。「将くん」はいふまでもなく家光公自身を指すものである。

第五通は奉書紙に左の如く墨書されてゐる。「しん」は卽ち「神」で東照大權現家康公を指すものと思はれる。深く家康公へ歸依鑽仰してゐた家光公の眞心を看るべき文書である。「十一月廿五日」とあるが、年は明らかでない。

「いきるも」しぬるも」なに事も」みな」

大こんけん《(權現)》さましたに《(い脱)》、将くん」こともみなしん《(神)》へあけ候」まゝ、な事《(に脱)》も「おもわくす《(マヽ)》」しんおあり」かたく存」、あさゆふに」おかみ申ほか」わなく候」。

十一月廿五日

家光

将くん

第六通には左の如く奉書紙に墨書してある。

「ほうかい《(法界)》くう《(空)》の内に、しん《(神)》あり。しき《(色)》しん《(心)》の内に」しん《(神)》あり」。見ゆるは、きやう《(教)》也」。見ゐぬは、はう《(法)》也。しん《(神)》も見へ」ぬ也」。

これ亦佛教思想に基づくものであり、「しん」(神)はやはり家康公を指すと思はれる。

第七通も奉書紙に左の文句が墨書してある。

「おのれといふ事。

はちめは神と人とは、へち《(別)》なり」。り《(理)》がかりう、二つのも一ッに」りつう《(理通)》して、より、神も」わか」しん《(身)》も」ひとつに」なる事」。

はなるれは」、二つなり」。

第四通乃至第六通と同一思想に因つて記したものといふべきであらう。

(七)御守袋、表白羽二重板曳。

この中には別に文書は入つてゐない。

三　夢想東照大權現影像の奉寫

前にも一、二度記したやうに、輪王寺には家光公が夢によつて狩野探幽をして描かしめた東照大權現卽ち家康公の影像が八幅保存されてゐる。これは古來大猷廟の寶庫に襲藏されたものであつて、大正十一年(一九二二)四月十三日、國寶に指定され、名稱は「紙本著色東照權現像」といふことになつてゐる。

寛永十六年(一六三九)より、正保四年(一六四七)までの間に書かしめたことの明らかなもの七幅、年紀を明記して居らぬもの一幅である。

年紀は背面の墨書によつて知られるのであるが、寛永十六年(一六三九)辛巳十二月十六日、寛永十九曆(一六四二)十二月十七日、寛永十九曆十二月十七日(二幅)寛永廿年(一六四三)八月廿二日、寛永廿年(一六四三)九月廿九日、寛永廿年(一六四三)癸未十二月廿八日、正保四年(一六四七)丁亥極月廿五日の七幅であり、寛永十九年(一六四二)十二月十七日には同日に二幅、寛永廿年(一六四三)には三幅を畫かしめてゐるのは異とすべきである。

年紀を記さぬのは畫面に天海大僧正の賛があるので、寛永二十年(一六四四)十月二日、天海寂する以前のものであることだけは明らかである。

以下畫幅の一つ一つについて述べよう。ただ全體に通じて言へることは、いづれも紙本、掛物で牙軸。桐柾二重箱

四ノ一　夢想東照大権現影像

日光輪王寺所蔵

(其一 1) (本文一)

四ノ二　夢想東照大権現影像裏銘

日光輪王寺所藏

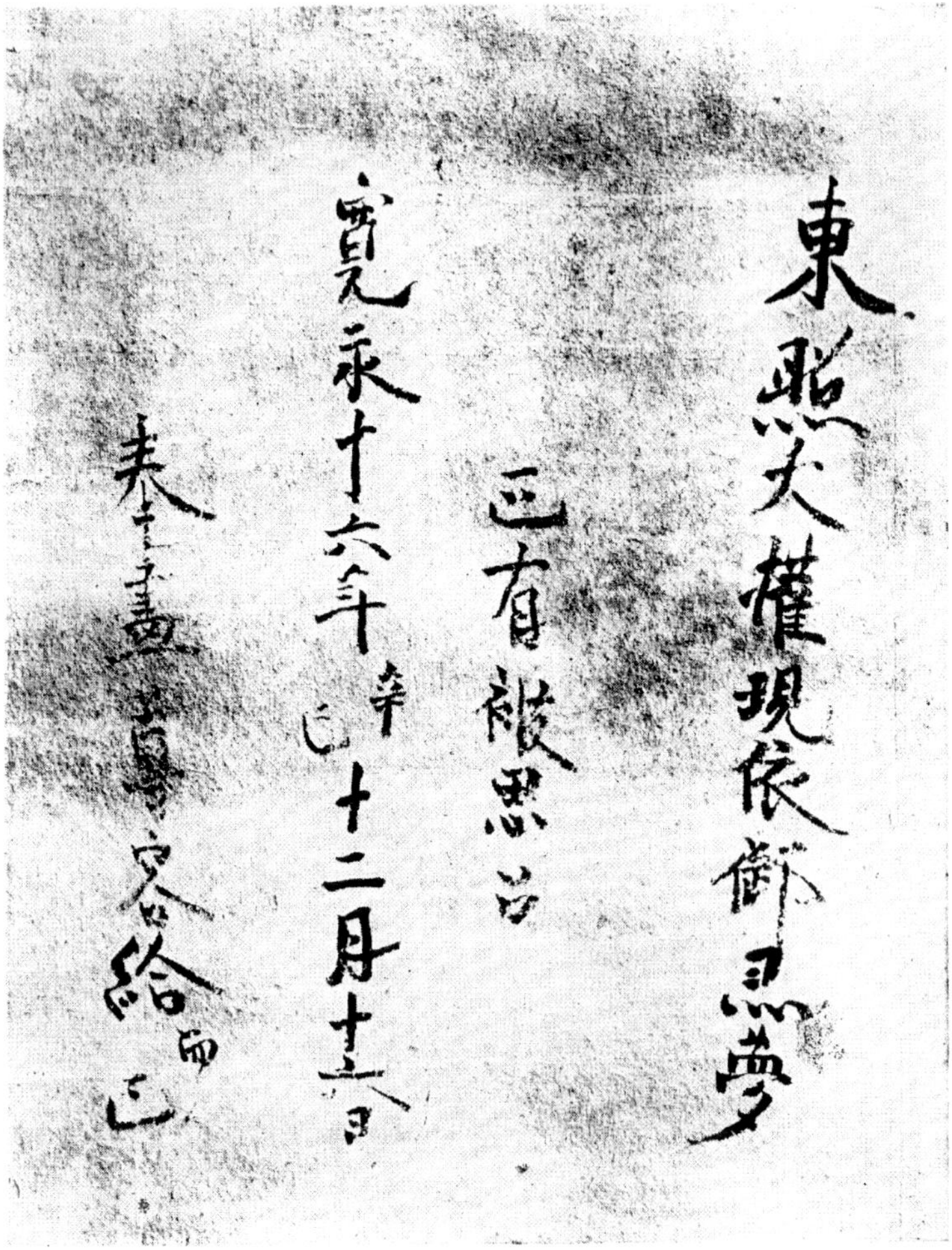
東照大權現依御夢
正有被思召
寛永十六年辛巳十二月十七日
奉畫眞容給而已

（其一 2）（本文一）

五ノ一 夢想東照大権現影像

日光輪王寺所蔵

（其二 1）（本文二）

五ノ二 夢想東照大権現影像裏銘

日光輪王寺所蔵

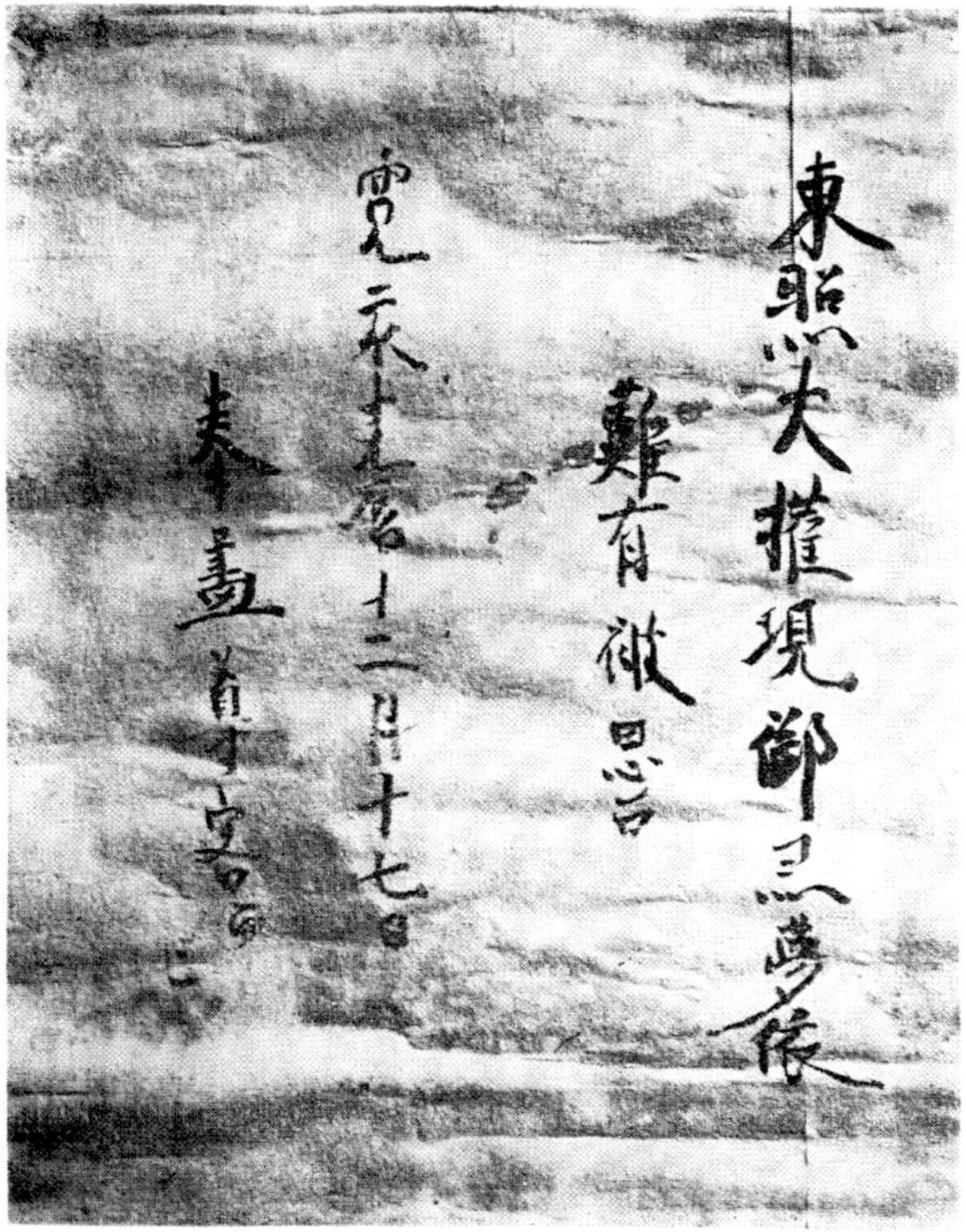

（其二 2）（本文二）

六ノ一　夢想東照大権現影像

日光輪王寺所蔵

（其三）（本文七）

六ノ二　夢想東照大権現影像

日光輪王寺所蔵

（其四）（本文八）

に納め、更に桐柾外箱に納め、長持に納めてあることである。

(一)寛永十六年(一六三九)の分、箱蓋に「寛永十六年(一六三九)辛巳十二月十六日」と記してあり、裝潢は、上下濃茶色、菊花藤模樣金襴、中白地、龜甲菊、唐草模樣金襴、天地及び風帶は靑地唐花模樣金襴である。白衣立膝の像を描いてあり、法量は竪一米八十七糎、横五十五糎である。背面に、

「東照大權現御𩇕(靈)夢

叵レ有依ニ思召一

寛永十六年辛巳十二月十六日

奉レ畫ニ尊容一給而已。

と記してある。叵の字は一見「匹」のごとくに書かれてゐるが、「匹」ではなく、「叵」であつて「叵」は「難」と同訓同意である。この畫幅には白地唐花模樣綸子及び藍地牡丹唐草模樣の袋が添へてある。

(二)寛永十九暦(一六四二)十二月の分　箱蓋に「御裝束御影、寛永十九極月十七日」とあり、法量は竪一米九十五糎、横五十九糎。裝束の御座像である。裝潢は、上下淺黄地、鞘形牡丹唐草模樣緞子、中は鶯茶地、櫻花唐草模樣金襴、天地風帶は紺地唐草模樣緞子、牙軸。白地下り藤模樣綸子、赤地、蜀江錦の袋が添へてある。

背面の墨書は左の如くである。

「東照大權現御𩇕夢

難レ有依ニ思召一

寛永十九暦十二月十七日

奉畫二尊容一而已。」

（三）寛永十九年（一六四二）十二月の分　箱蓋に「御影、寛永十九極月十七日」とあり、法量は竪一米九十五糎、横五十九糎である。裝潢は、上下鶯茶地、唐草模様金襴、中及び風帶は、水淺黄地、牡丹唐草模様金襴、天地赤地龜甲菊花模様金襴、牙軸。赤地鳳凰牡丹唐草模様金襴の袋が添へてある。

御紋服姿の座像であり、背面墨書に、左の如く記されてゐる。

「東照大權現依二御靈夢一

難レ有被二思召一

寛永十九曆十二月十七日

奉レ畫二於尊容一給而已。

九拜。」

（四）寛永廿年（一六四三）八月の分　箱蓋に、左の如く記してあるのでこの影像は上野寛永寺に於て描かれたものと考へられる。

「寛永廿癸未八月廿二日

上野ニテ

奉レ畫レ之。」

背面墨書は、

「東照大權現

依二御灵夢一
叵レ有被二思召一
寛永二十年
八月廿二日
奉レ畫二於尊容一給而已。
九拜。」

御紋服立膝の御像である。法量は竪一米九十二糎、横六十三糎、裝潢は上下濃茶地、麻葉繫龍紋銀襴、中は薄黃地、唐草丸龍模樣金襴、天地及び風帶は鶯茶地、牡丹唐草模樣金襴。牙軸は朽壞してゐる。白平絹、赤地鳳凰唐草模樣金襴の袋が添うてゐる。

(五)寛永廿年(一六四三)九月の分、箱蓋に左の如く記す。

「寛永廿年壬戌
九月廿九日」

背面には、左の如く墨書してある。

「東照大權現
依二御灵夢一難レ有被二思召一
寛永廿年九月廿九日
奉レ畫二於尊容一給而已。」

これまた御紋服立膝の御像であつて、法量は竪一米九十四糎、横六十三糎。装潢は上下濃茶地、麻葉繋龍紋銀襴、中は紺地、市松唐花輪違模様金襴、天地鶯茶牡丹唐草模様金襴。牙軸は朽壊してゐる。赤地鳳凰唐草模様金襴の袋が添へてある。

（六）寛永廿年（一六四三）十二月の分　箱蓋に、「寛永廿年癸未極月廿五日（マヽ）」と記してある。法量は竪一米八十八糎、横七十九糎。装潢は上下濃茶地、麻葉繋龍紋銀襴、中は薄黄地、唐草丸龍模様金襴、天地鶯茶牡丹唐草模様金襴、牙軸は朽壊してゐる。

頭巾を被り、御紋服立膝の御像であり、背面墨書は左の如くである。

「東照大權現
依㆓御霊夢㆒難㆑有
被㆓思召㆒、寛永廿年癸未
十二月廿八日
奉㆑畫㆓於尊容㆒給而已。」

（七）正保四年（一六四七）極月の分　法量は竪一米三糎、横四十八糎であり、箱蓋に、「正保四年丁亥極月廿五日開眼御影」と記してある。背面には、

「　源左大臣家光公
東照大權現曰（因）㆓御靈夢㆒
奉㆔綵㆓畫尊容㆒者也。仍

天長地久御願圓滿。

九拜。

正保四年丁亥極月廿五日」

の墨書がある。白衣立膝の御像である。眼は細い。裝潢は、紺地雲に丸龍の金襴、明朝仕立である。牙軸。赤地鳳凰唐草模樣金襴の袋が添うてゐる。

(八)無年號の分　これは箱に蓋書が無い。法量は竪一米七十五糎、横四十五糎である。

大黑頭巾を被り、龜甲模樣御紋服立膝の御像であり、刀、脇指を脇に置く。畫面に、左の天海大僧正筆の贊がある。

「天現㆓三光㆒

養㆓育千蒙

萬物㆒。

地顯㆓三聖㆒

護㆓持一天

四海㆒。」

背面墨書は左の如くである。

「東照大權現依㆓御靈夢㆒

難㆑有被㆓思召㆒

奉㆑畫㆓於

尊容一給也。

九拜。」

装潢は上下白地有職模様金襴、中は黄地牡丹唐草模様金襴、牙軸である。紺地蜀江紋錦の袋が添うてゐる。年紀が明らかでないが、天海大僧正の贊があるので、天海の寂した寛永二十年（一六四三）十月二日以前の奉寫であることはいふまでもない。

贊の句のうちに「千蒙」とある「蒙」を「象」の誤かと考ふるものもあるが、「千象」といふ熟語はないやうであり、「蒙」の字には「幼者」「愚人」「卑小の稱」の意があるが、要するに卑小なる人類乃至生物を指すのであらう。

以上現存する家光公夢想東照大權現影像は八幅であるが、かく夢想の影像を描かしめた事實及びその背面墨書の文章は、かの御守袋在中の文書の句句と相俟つて、いかに家光公がその至情を傾けて、家康公を尊崇景仰したかを物語るものである。そして、前に擧げた春日局の東照大權現祝詞にても明らかであるやうに、このほかにも、家光公が家康公を夢想したことは屢ゝであるから、夢想影像はなほこの他にもあつたことが想像される。

これらの影像は、筆者が近世初頭の名匠である狩野探幽守信であり、その美術的價値からいつても高く位置するものであるから、國寶に指定されたことも宜なりといはねばならぬ。

四　東照大權現緣起の撰述

家光公は寛永十二年（一六三五）、天海大僧正をして東照大權現緣起一巻を撰述せしめ、後水尾上皇の染筆を請ひたてまつり、寛永十六年（一六三九）再び天海大僧正をして假名・眞名二部の東照大權現緣起を撰述せしめ、假名緣起の劈頭竝に白鶴の段に後水尾上皇の宸筆を請ひまつり、その餘の各段は親王、門跡、公卿等の揮毫を請ひ、狩野探幽守信をして畫かしめた。これも家康公の事蹟を明らめ、その神德を宣揚し、これを永く後昆に傳へんとするものであつて、また家光公の、東照神君尊崇敬仰の一顯現といはねばならぬ。

寛永十二年（一六三五）撰述のものは、一巻であつて、繪が無く、天海大僧正の文成るや、その年十一月、後水尾上皇宸筆を染め給ふ旨の勅許あり、二十七日、高家吉良上野介義彌に謝使を命じ、十二月十九日には高家吉良若狹守義冬、上皇の宸翰を染めさせらるる東照大權現緣起の料紙を持參するため上洛の暇を給せられた。日記。

かくて上皇宸翰の緣起は寛永十三年（一六三六）四月、東照社造替遷宮祭儀に臨む勅使三條西前内大臣實條、權大納言日野資勝によつて持參せられ、同二日、家光公は勅使等引見に際し、自らこれを拜受したのである。日記、吉良日記。そして四月十三日發途して社參あり、十八日、御經供養、法華曼陀羅供に際して、家光公は天海大僧正の先導により內陣に入り、この緣起を奉納したのであつた。日光御神事記、吉良日記。

この東照大權現緣起一巻は晃山拾葉には東照宮記として收められてゐる。後、寛永十六年（一六三九）に天海大僧正に命じて、再び東照大權現眞名緣起二巻、假名緣起五巻を撰述せしめられるに及んで、之を眞名緣起の上巻とし、眞名緣起合せて三巻としたのであつた。寛永日記、東照公記、大内日記、資勝卿記、人見私記、東照大權現新廟齋會記、東照宮史第七章。

寛永十六年（一六三九）、東照大權現緣起再撰の命を承けた大僧正天海は、靑蓮院門跡尊純大僧正等と共にこれを草し、その秋脫稿して、十一月三日草案を家光公の覽に供し、公は翌四日、これを紀伊德川賴宣邸に遣はし、同邸に賴宣、德川義直、同賴房が會合して拜覽し、事畢つて酒井讃岐守忠勝をして知樂院に持參せしめたのであつた。日記。

そして假名緣起のうち劈頭の一段と白鶴の段とを、重ねて後水尾上皇の宸筆を請ひたてまつり、その他は段毎に親王、門跡、公卿等の揮毫を煩はし、繪は狩野探幽をして畫かしめたのである。眞名緣起もまた親王、公卿等によつて淸書せられたであらう。この時撰せられた眞名緣起が二卷であることは、晃山拾葉卷二に所收の、二月七日附の天海大僧正に宛てられた尊純大僧正の書翰に、「眞名緣起二卷」とあるので明らかである。これに前述の如く、寛永十二（一六三五）・十三年（一六三六）に成つた東照大權現緣起を加へて上卷とし、眞名緣起三卷となつたのである。

この眞名・假名兩緣起は寛永十七年（一六四〇）春完成し、四月七日、天海大僧正これを持參登營して家光公の覽に供し、四月十三日、公は江戸を發して、日光に社參し、東照社に奉納したのである。かくて五月十一日には、狩野探幽守信の緣起の繪に入精したるを賞して、銀百枚、時服二、羽織一を賜ひ、表具師有廣にも恩賞があつた。日記。

この兩緣起のうち假名緣起五卷は、紙本著色東照宮緣起として明治三十六年（一九〇三）四月十五日國寶に指定され、眞名緣起三卷は、蒔繪箱入紙本墨書東照社緣起として大正十一年（一九二二）四月十三日、國寶に指定された。國寶寶物類目錄。

なほ、從來、この兩緣起は共に寛永十二年（一六三五）天海大僧正が撰述し、狩野探幽守信をして段毎に描かしめ、探幽はその功によつて法眼に敍せられたやうに傳へられてゐた。慈眼大師傳記。慈眼大師傳、法印探幽齋狩野守信碑誌、扶桑畫人傳、近世繪畫史。

しかし、その內容より見るとき、日光東照社が大造替によつて、新たに輪奐の美を極め、寛永十三年（一六三六）四月、盛大なる祭儀の行はれたこと、同年十二月二十一日に參拜した朝鮮信使の、歸國の途、三島より淸書して林羅山信勝に贈つたと傳へらるる詩を載せてゐること、寛永十四年（一六三七）四月朔日の事である江戸城內東照社敷地に雙鶴の舞ひ下つたことを載せてゐること等より疑點を生じ、大正四年（一九一五）の東照公三百年祭記念の東照宮史編纂に當つて文學博士平泉澄氏が研究の結果、この兩緣起が寛永十二（一六三五）・十三年（一六三六）、寛永十六（一六三九）・十七年（一六四〇）の二回に撰述されたことを解明されたのである。東照宮史第七章。

また探幽守信が法眼に敍せられたのは寛永十五年（一六三八）十二月二十九日のことであつて、彼が緣起の繪を畫いたのは同十六年（一六三九）の冬から翌十七年（一六四〇）の春へかけてであるから、敍法眼と、緣起繪揮毫とは別に關係はないのである。

五　東照宮宮號宣下の奏請

正保二年（一六四五）十一月三日、後光明天皇は下野國東照社に對して宮號を宣下あらせられた。之は偏へに朝廷の東照大權現御崇敬に基づくものであるが、一面また家光公の奏請に因るものであることは推察に難くなく、公の家康公景仰の一つの顯はれとも見ることが出來る。

同月九日、勅使前右近衞大將今出川（菊亭）經季江戸城に莅み、宮號宣下の宣命、宣旨並に位記を傳へ、家光公は直垂にて白木書院に出で、恭しく之を拜受した。外記、官務等も公に謁した。經季は、世子大納言家綱公にも謁し、事畢つて高家今川刑部大輔直房を使として、鶴丼に樽一荷を經季に贈られた。また是日の祝として井伊掃部頭直孝、酒井讚岐守忠勝、酒井河内守忠淸、堀田加賀守正盛はじめ老臣、近習の輩に祝酒を給うた。日記。宣命にいふ。

天皇我詔旨度、掛畏岐日光乃東照大權現乃廣前爾、恐美恐美毛申賜者久止申久、元和三年勸請世留良辰爾奉授正一位禮留以降、海內安全爾之氐、年序毛積禮利、殊朕以薄德氐天之日嗣乎承傳給布、又武運毛延長爾之氐、子孫相續之、公武繁榮奈留者、偏是權現乃廣御惠美、厚御助奈利、故是有所念行事氐、今改社氐宮止崇奉留、吉日良辰乎擇定氐、正二位行前權大納言兼前右近衞大將藤原朝臣經季乎差使氐、古御位記乎改氐、令棒持氐奉出給布、權現此狀乎平久安久聞食氐、天皇朝廷乎寶祚無勤久、常磐堅磐爾、夜守日守爾護幸賜比氏、一天安穩爾、萬國豐稔爾、護恤給倍止、恐美恐美毛申賜者久止申。

正保二年十一月三日

宣旨にいふ。

大政官　符下野國

應㆘預奉㆗東照社改㆓社號㆒授㆖宮號㆒事

右左大臣　奉㆑勅偁、依㆑有㆓御願之旨㆒、東照社改㆓社號㆒奉㆑授㆓宮號㆒、自今以後五畿七道諸國郡司等克崇克敬無㆑懈㆓其勤㆒者、宮司等宜承㆓知之㆒、依㆑宣行㆑之、符到奉行。

正四位上行右大辨藤原朝臣（花押）　從四位上行主殿頭兼左大史小槻宿禰（花押）奉

正保二　年十一月三日

宮號宣下にあたり、一に東照宮に寶祚の無窮と國運の隆昌とを祈り、一に五畿七道の有司庶民をして厚く東照宮を崇敬せしめられたのであつた。

かくてまた、宮號宣下に伴ひ、東照宮に改めて極位を賜ひ、左の如き位記を下されて、朝廷御崇敬の懇志を表はされたのであつた。

勅

從一位東照宮

奉レ授正一位

正保二年 十一月三日

十一日、これらの宣命、宣旨、位記を御座の間に於て、德川義直、同賴房に拜覽せしめ、林道春信勝をしてこれを棒讀せしめた。

この宮號宣下等の事によつて、家光公は保科肥後守正之に日光山東照宮の代參、世子家綱公は牧野內匠頭信成に同じく代參を命じ、家光公よりは太刀、黑毛の馬を、家綱公よりは太刀馬代金三枚を進薦せられた。また勅使今出川經季登晃により、酒井讚岐守忠勝、松平右衞門大夫正綱、高家今川刑部大輔直房、大澤右京亮基重を日光山に派遣することとなり、忠勝、正綱、信成に二の丸に於て茶を給ひ、保科肥後守正之もこれに加はつた。日記。

十二日、勅使今出川經季、宣命、宣旨、位記等を東照宮に納むるため日光山に赴くにより、これを祝ひ、高家大澤右京亮基重を使として樽肴を贈られた。日記。經季は十三日、日光山に赴き、十七日東照宮に詣でて宣命以下を神前に奉納し、保科肥後守正之、牧野內匠頭信成も各代拜の役を果したのである。

この日、家光公は直垂にて江戶城內紅葉山東照宮に詣して、宮號宣下の慶びを告げられた。四位以上諸大夫いづれも直垂、大紋を着して行列し、德川義直、同賴房、松平右京大夫賴重陪拜し、國持大名は豫參したのである。公は太刀目錄を進薦して還られ、次に家綱公が直垂にて參詣あり、井伊掃部頭直孝、松平右京大夫賴重はじめ近習等が扈從した。太刀目錄を進薦し、奉幣して還られた後、猿樂が三番興行された。日記。

十八日、家門登營して昨日の公の紅葉山東照宮參詣のことを賀した。日記。なほ、これより先、十四日には松平伊豆守信綱を使として東照宮御位記宣命の寫を德川義直、同賴房兩卿へ遣はされた。水戸記、日記。

二十日、保科肥後守正之、牧野內匠頭信成日光山より歸謁して酒を給ひ、二十二日には今出川經季が歸府した。よつて酒井讃岐守忠勝、高家今川刑部大輔直房、右筆久保吉右衞門正元をその旅館に遣した。秀忠公の位記のことに關しての用務もあつたからである。といふのは、秀忠公終身累進の位記の散逸したものがあり、京都に申請うて新たに位記を進らすることとなつたからである。日記。かくて二十四日、經季は三緣山台德院靈廟に參向して位記を進薦され、酒井讃岐守忠勝以下數名が各直垂、大紋にて伺候した。日記。

二十五日、家光公は經季を引見した。公は直垂にて大廣間に出で、御謝答を傳へ、經季三獻あつて、七五三の饗が行はれた。次にこの度の宮號宣下滿悅するにより經季に千石加恩して、二千石となす旨を傳へ、經季、重ねて之を拜謝し、家綱公へも拜謝した。ついで經季に歸洛の暇を給し、銀三百枚、綿二百把を賜ひ、家綱公よりは銀百枚、小袖二十を贈つた。

また公は高家吉良若狹守義冬を召して、宮號御謝使として上洛すべきことを面命し、酒井讃岐守忠勝、堀田加賀守正盛、松平伊豆守信綱、阿部對馬守重次を召して宮號宣下感悅の旨を傳へた。日記。

六　日光例幣使の創始奏請

朝廷から大社に奉幣せられることは、古來から行はれて來たことであるが、中世戰亂がうち續き、朝廷もいたく衰微せられたために、奉幣も自ら絕ゆるやうになつた。

正保二年（一六四五）十一月、東照宮宮號宣下のことあるとともに、家光公の東照宮に對する信仰的至情は、つひに日光東照宮に例幣使を賜はるやう奏請する熱願となつて顯はれた。同月、宣命、宣旨幷に御位記を奉じて下向した勅使今出川（菊亭）經季に依頼されたことによつて、その事は明らかである。譜牒餘錄稻葉丹波守の條に收むる家光公の經季に宛てた書翰にいふ、

尙々、心中さつしられ度候。ことに御禮のたん申あけらるへく候。今度の御れいに名代の使上候につき、たれにても名代にさうおうの者をあけ候はてかなはぬ御用にて候へとも、今度の御禮つかふする名代なく候まゝ、やかて二三年のうち、上洛いたし御禮申上べくまゝ、わさと此度は木羅《(吉良若狹)》わかさをしん上申候まゝ、此たんもよろしく御こゝろえあるべく候。かしく。

今度の覺書の通、よく〱とくしんせられ、仙洞《(後水尾上皇)》へ御つゐての時分申上られ候へく候。神慮の御事は、時のいせひにて候はゝ、宮號を申うけ候はても人のうやまひ候事は、少もおろかは有ましく候へとも、是は末代日本の有內の事にて候間、此たひ仙洞へ申上候所に、する〱と相とゝのひ、神慮かんおう《(感應)》とまんそく此上は何かあるへくや、いよ〱しやうらくせられ候はゝ、

仙洞へ幾重も〱、しんしつ《(眞實)》かたしけなきたん、くわしく申上られ給へ候。少も時のおこり、わか身のいせゐはゝ《(マヽ)》にて申あくる事にては神慮をかけてなく候間、此たんくわしく申上られ候へくと、いよ〱末代まて權現の御德たゆる事なく候やうにと、そんするねんくわん計にて候。

猶々、此御代に御そんけう《(尊敬)》の上は、王法のある內たゆる事にてはなく候間、なほ〱末代までたゆる事なきやうに、御そんけうのところ、ねんくわんまでにて候。

霜月廿七日　　家　光御判

菊亭大納言《(今出川經季)》とのへ

おほえ

一しせんきくてい《(菊亭)》殿明日にもこゝもと御たち候へはと、おほしめしおほえ書をつかはされ候まゝ、夕へ御ちきに仰わたされ候とをりと、又此おほへ書と、とれもいちいち、きくていに申わたすへきよし、御意なされ候。

一せんとう《(仙洞)》へきうに申上候事は無用におほしめし候。ことし中になりとも、らいねん中になりとも、御つゐて又は御きけんよき時、御見はからひ候て、御申あけ候やうにと申わたさるへく候。

こんけんさま御事きうかう《(宮號)》しんせられ候ほとの御しつしにて候まゝ、此うへはいよ〳〵きん《(禁)》中より御そうきやう《(崇敬)》なされ、此御代にはしまり、ばんし《(萬事)》まつ代まて、神の御ゐくわうつきせさるやうに、きん中より御とりもちなされ候やうにおほしめし候よし、くわしく申わたさるへく候。また、なる事に候はゝ、年に一度つゝ、ねんとうの御つかひにちよくしゐとへまいられ候まゝ、日光へもちよくちやう《(勅諚)》とあつて、ちよくし《(勅使)》つかはされ候やうに、此たひ、きうかうのまいらせられ候まゝ、このきわにはしまり、日光へもちよくしたち候へは、まつ代まてかやうのれいつゝき候物にて候まゝ、かやうの時からはしまり、すゐ〳〵までも、日光へちよくしたち候へは、めてたく、まつ代までも神の御いくわうつゝき候まゝ、さやうになる事ならは、なされたく、ふかくおほしめし候。たとへとし〳〵までなく候とも、三ねんに一度ほとつゝ、さたまりて、のち〳〵のれいに成候やうにと、おほしめし候とをり、申わたさるへく候。めてたくかしく。

廿六日のよ、御しろ〴〵まいり候也。

霜月廿七日附の書翰は、宮號宣下に對する感謝の心を傳へたものであり、例幣使に關しては言及してゐないが、この心情が例幣使の創始を念願する前提となつてゐることは言ふまでもないであらう。十一月二十七日は、二十五日に歸洛の暇を給せられた今出川經季の歸洛發途の日であつた。吉良若狹守義冬を宮號宣下謝使に命じたのも二十五日のことであることは前に記した通りである。

「おほえ」書は二十六日にしたためられたものであつて、經季發途の前夜、その手許に屆いたのである。これには日光例幣使制創始に對する家光公の熱い念願が流露してゐる。そしてこの制はやがて實現するのであるが、それには獨り後光明天皇のみならず後水尾上皇の深い思召のあつたことが、この「おほえ」書を通しても察せられるのである。譜牒餘錄。

正保三年（一六四六）三月十日、參議持明院基定を臨時奉幣使として日光東照宮に發遣せられた。これは去年（一六四五）十一月宮號の宣下があり、その第一年の大祭に臨み奉幣するためであつた。基定は三月二十日京都を發し、四月五日、勅使前右近衞大將今出川經季、前權大納言飛鳥井雅宣等と共に家光公に謁し、東照大權現に去年宮號宣下あるに依て、今年はじめて臨時奉幣使を差立てらるる旨の勅諚を傳へた。そして二の丸に家綱公に謁し歳首の儀物を進めて退いた。家光公は、基定に高家今川刑部大輔直房を使として鶴一雙、樽一荷を贈られた。日記。

九日、奉幣使持明院基定日光山に赴くにより、永井信濃守尙政、安藤右京進重長、太田備中守資宗を遣され、高家大澤右京亮基重に家光公の日光山代參、同品川內膳正高如に家綱公の代參を命じた。日記。翌十日にも、日光山奉幣使の事に關し、尙政、重長、資宗、基重等を召して面命する所あり、高如にも同じく命ずる所があつた。日記。

基定は十三日、江戸を發して日光山に赴き、十七日、東照宮の祭儀に臨んで奉幣されたのである。日記、御當家記年錄。東照宮に對する臨時の奉幣は、これ以前にも神忌の度毎にあつたのであるが、この後は毎年發遣せられることとなり、所謂例幣使の制は、かくて創始せられたのである。そしてこの例幣使は慶應三年（一八六七）に至るまで闕くることなく下向せられた。

例幣使制の創始とともに、永く中絶せられてゐた伊勢両宮への例幣使も再興された。かくの如く近世に於ては、年々の例幣使は、ただ伊勢両宮と東照宮に對してのみ發遣せられたのであり、これが爲めに特に山城國相樂郡瓶原村に例幣使田を定め、その費に宛てて、永く絶ゆることなからしめた。この例幣使田には承應二年（一六五三）に傍示の石柱を立ててその境界を明らかにし、その外側を外鄕と稱して區別した。その石柱は現在も遺存してゐる。

さて、四月十九日、高家大澤右京亮基重、品川内膳正高如日光山より歸謁し、奉幣使のことに依て登晃してゐた永井信濃守尙政、安藤右京進重長、太田備中守資宗もまた歸謁した。また家光公は徳川義直へは書院番頭上野阿波守貞當、徳川頼房へは小姓組番頭安藤伊賀守重元を使として、日光山奉幣使の事感悦淺からざる旨を傳へられ、昨日の千壽邊の狩獵に所獲の川烏一双づつを贈られた。日記。

二十三日、奉幣使持明院基定は他の勅使以下とともに家光公に辭見したが、公は基定に銀五十枚、時服六、并に奉幣使を勤仕したる祝として銀二百枚、時服十を賜ひ、家綱公よりは時服五を贈つた。日記。

家光公は同年六月、吉良若狹守義冬を遣して、後水尾上皇の御腫物御平癒を賀し奉つたが、七月十日の義冬の復命に、

仙洞より之御口上申上、其趣者、

權現様御事自餘に不レ混御崇敬之儀に御座候。當春之宣命にも、永懈事なかれと御座候。來年ゟ毎年例幣使可レ被レ遣候。早々可レ被二仰進一と思召候處、吉良（義冬）御使に参候由被レ爲二聞召一候間、幸之儀に候間、口上直に可二申上一旨、傳奏を以被二仰出一候。

と見えるのでも、上皇が例幣使發遣の制について深き叡旨のあらせられたことが知られるのである。（吉良家日記。）

家光公が存生の間に、かく例幣使の制の確立を見ることを得たことは、公の大きな喜びであつたことを察するに難くない。

第九章　日光東照宮造營

一　寛永大造營の動機

わが日本の名物として、近世日本建築の粹として、その豪華莊麗を世界に誇り、古來「日光を見ぬうちは結構と言ふな」と言はれてゐる現在の日光東照宮は、家光公が、その幕府の巨資を投じ、人力を盡して寛永十一年（一六三四）十一月から寛永十三年（一六三六）の五月にかけて、わづか一年七箇月の短時日の間に造營したものである。いふまでもなく、日光東照宮は元和三年（一六一七）の御鎭座以來、その社殿は造立せられてゐたのであるから、正しくは造替といふべきであらうが、この家光公の寛永度の大造營は全く從來の規模を一新したものであるから寧ろ造營と呼んで差支へないであらう。

この造營に先だつて、寛永八年（一六三一）六月二十日、幕府は佐藤勘右衞門繼成、長崎半左衞門元通に日光山造營の奉行を命じ、小林彥五郎重定に加役を命じ、那須美濃守資重にその助役を命じてゐるが、この時の工事がどの程度のものであつたかは明らかでない。しかし記錄の簡單な點、奉行の身分からいつても、これは造營とはいつても、恐らくは小修繕の程度に過ぎなかつたであらう。（日記、柳營史、日光廟建築。）

日光東照宮の大造替を行ふことは、家光公のかねての深く大きな念願であつた。それは前章に於ても述べたやうに、公の深い厚い家康公景仰——それはむしろ信仰にまで入つてゐた——にもとづくものである。ただ機會が寛永十一年（一六三四）まで至らなかつたのである。

といふのは、公の父二代將軍秀忠公は萬事控へ目勝ちな温和な性質であつて、保守的な方であつた。それ故秀忠公存生の間は思ひ切つた大工事は起されなかつたのである。秀忠公は元和九年（一六二三）七月、隱退して將軍職を家光公に讓つたが、その後の十年の間、西丸に居て、將軍を後見したから、家光公もその間は、萬事、秀忠公に氣兼ねして自由に振舞ふことは差控へたのである。誰も知るごとく、秀忠公は、家光公よりも寧ろ三男の忠長を愛し、家光公が將軍世子として確立したのも家康公の思召であつた。（○第二章參照）さういふ關係から、秀忠公には餘計に氣兼をしなければならなかつたのである。天和二年（一六八二）智樂院忠運の書上に、

大猷院樣御家督に罷成、台德院樣者西之御丸に被レ爲レ成候。其時分ゟ大猷院樣、權現樣を御信仰不レ淺候而、台德院樣江者深く、御謹被レ遊。御本丸菱矢倉に、天守之間に、なるほとちいさく、御宮を被二仰附一候。其時之御奉行者、根來小三次被二仰附一、御普請致二出來一候。（寛政重修諸家譜一〇六九に記する根來小左次盛正（後出雲守）であらう。）

とあり、本丸内宮即ち本丸の東照宮を、家光公が小さく造營したことを記してゐるが、これなど、よく家光公の秀忠公に遠慮した事情を物語つてゐるものである。然るに秀忠公は寛永九年（一六三二）正月二十四日薨去した。ここに於てはじめて家光公は何事も自由に行ふことが出來るやうになつたのである。

智樂院書上にはつづけていふ、

一寛永九年（一六三二）申之年、台德院樣（徳川秀忠）薨御被レ遊候而、十年（一六三三）之春、右之御本丸之御宮を、二之御丸江御引御造立遊候。其時分之御奉行も、根來小三次に被二仰附一、御宮之樣子指圖萬端先師に被二仰附一候。承り之御奉行者、阿部古豐後（忠秋）殿と覺申候。二之御丸江御宮引ケ候而は、御神前之御供、毎日朝夕二度ツヽに被二仰附一候故、

先師も御宮之脇に居所を被二仰附一、二之御丸相詰、宮崎備前殿なと竝、晝夜御近所に相詰、御奉公仕候。御祈禱一片之儀ニ而は無二御座一候。十七人之出家者、御祈禱仕舞候得者、替々淺草寺江罷歸、致二休息一候。

と。城内の小社でさへも、秀忠公存生の間は前に擧げたやうに氣兼をして造つたのであつたが、今や秀忠公の薨ずるに及んでは、俄かに立派に造營したのである。この事情はそのまま推して日光東照宮の造替にあてはめることが出來るのである。東照宮史第四章。

さて、從來、日光東照宮の寛永の造營については、寛永元年（一六二四）に着手し、十三年の日時を費して同十三年（一六三六）四月に完成したといふ俗説があり、永い間一般に信ぜられてゐた。これが全く謬説であることが、大正四年（一九一五）の東照公三百年祭を記念して、同七年（一九一八）より着手した東照宮史の編纂に從事した文學博士平泉澄氏の究明によつて明らかにされ、つづいて昭和三年（一九二八）、工學博士・經濟學博士大熊喜邦氏の甲良家記錄の發見による研究によつて、更に平泉博士の寛永大造營の、寛永十一年（一六三四）十一月着手、寛永十三年（一六三六）五月完成説が確證されたのである。よつてここに、寛永大造營の經過を述べるに先だつて、その謬説と究明について略説しよう。

二　寛永大造營に關する謬説とその究明

以下述ぶるところ、謬説とその究明にせよ、大造營の經過にせよ、將た經費、人力等についての記述も、平泉、大熊両博士の研究調査及び提供された史料に負ふところ多大であることを明記する。

從來の俗説では、日光東照宮寛永の大造營は、これを要約すれば、

(一)この造營は寛永元年(一六二四)に着手せられ、同十三年(一六三六)四月に至つて竣工した。卽ち建築工事には十三年の歳月を費した譯である。
(二)幕府は松平右衞門大夫正綱、秋元但馬守泰朝の両人を造營の總奉行とし、便宜隔月若しくは半年毎に交代して、一人は日光に止まり、一人は江戸に在つて將軍に近侍し、相連絡して工事を監督するやうに命じた。
(三)この工事に要する費用は、之を天下の諸侯に課し、極めて多額の金銀を徵發した。
(四)諸侯は、その課せられた費用以外に、なほ多くの寄附獻上をなした。
(五)家光公がこの大造營を企圖した目的は、一には祖廟を莊嚴にして幕府の威光を增し、一には諸侯より蓄財を奪うて、復た亂を思ふ能はざらしめるに在つた。
(六)工事の繼續は十三年に亙り、全國より幾千の工人を徵集し、その施工の準備及び着工の順序等整然として完備し、その規模の雄大と方法の組織的であることは意想外の感さへある。それゆゑ竣工の曉、總奉行秋元但馬守泰朝は一萬八千石の小身から一躍して五萬八千石の高祿を得、松平右衞門大夫正綱は竣工後直ちに自殺したので恩賞は受けなかつたけれども、その家臣は秋元家の家臣と共にそれぞれ厚く賞賜された。
といふのである。

現在も吾々が眼《ま》のあたりに見るごとく、日光東照宮の精巧、華麗、豪奢、絢爛を極めた結構を仰ぐとき、これが建築に十三年の歳月を費したとするのも、あながち無理とは考へられぬため、上記の說は永い間信ぜられてゐたのは事實である。明治に及んでも、三十六年(一九〇三)五月に發行された「東京帝國大學紀要」工科第一冊第二號の塚本靖、大澤三之助兩博士共著の「日光廟建築論」のごとき、從來の俗說をそのまま襲用してゐるほどである。

前記(一)(二)を證するものとして、左の五通の法度書がある。

1寛永元(一六二四)甲子年正月廿一日、備後(酒井忠利)信濃(永井尚政)主計(井上正就)大炊(土井利勝)連署黑印法度。

2寛永元(一六二四)甲子年正月廿一日、同上。

3寛永元(一六二四)甲子年、但馬(秋元泰朝)右衞門(松平正綱)連署黑印法度。

4寛永元(一六二四)甲子年二月六日、備後、信濃、主計、大炊連署黑印法度。

5寛永元(一六二四)甲子年三月十一日、但馬、右衞門連署黑印定目。

これらの文書は、幕府に於て編纂した大猷院殿御實紀巻二にも讀み易く飜して載せられてゐ、晃山拾葉、野州日光山御造營一件等にも原文のまま載せて居り、日光山東照宮の造營に關して巨細に規定したものであるけれども、平泉博士の研究によつて、その僞文書であることが明らかにされた。ここには煩に堪へぬのでこれを引用することは省略する。

しかし要するに、これら五通の文書は、第一に、寛永元年(一六二四)は二月三十日にはじめて改元されたのであるから、1乃至4の四通までは元和十年(一六二四)とあるべきである。然るに寛永元年(一六二四)となつてゐるのは、後人の手になつた證據である。第二に、一歩を讓つて、これは元は年號がないか、元和十年(一六二四)と書いてあつたのを、後人が筆を加へたとしても、文書の文句が全體として頗る猥雜であつて、少しも簡古の趣がなく、當時の普通の語調と異つてゐるから、僞文書と斷定するよりほかは無い。從つて證據とするに足らぬのである。

以下上記の謬說を破碎する件々を擧げよう。

（一）寛永元年（一六二四）にこの大工事の總奉行を命ぜられたといふ松平右衛門大夫正綱の傳を寛政重修諸家譜に依つて調ぶるに、正綱が他に種々日光の事に關係したことが見えて居るにも拘らず、この寛永元年（一六二四）乃至十三年（一六三六）の工事に就いては何の記載も無い。

（二）秋元但馬守泰朝も、寛永元年（一六二四）正月、かかる大工事の總奉行に任命されたといひながら、その年大坂城修築竣工によつて、論功行賞の事を承はり、大坂に赴いたり、寛永三年（一六二六）には秀忠公の上洛に扈從したことが寛政重修諸家譜に見えてゐる。これは明らかに寛永元年（一六二四）の法度、定目と稱するものを裏切るものである。

（三）寛永八年（一六三一）六月二十日、佐藤勘右衛門繼成、長崎半左衛門元通の二人が日光山東照社修造の奉行に任命されたことが寛政重修諸家譜に見えてゐる。もしかの法度定目にいふ如く、秋元、松平の兩人が奉行となり、寛永元年（一六二四）から十三年（一六三六）まで造營の工事を繼續してゐたとすれば、その中間の寛永八年（一六三一）に更に別人を以て修造するといふことは意味を成さない。

（四）寛永十三年（一六三六）造營が竣工した際の論功行賞に際して、秋元但馬守泰朝は本高一萬八千石の外に別に四萬石を拜領して甲州都留郡谷村五萬八千石の所を殘らず賜はつたと傳へられてゐるが、事實泰朝は一萬八千石で一生を終り、孫喬知の代になつて次第に加增され、正德元年（一七一一）十二月に新たに一萬石を加へられ、總てで六萬石を領するに至つたのである。また松平右衛門大夫正綱は造營完成後、「自殺被ㇾ致候故歟」恩賞が無かつたと言はれてゐるが、彼は決して自殺したのではなく、慶安元年六月二十二日に病死してゐるのであつて、ここにも亦矛盾がある。

(五)更に怪しむべきは、寛永元年(一六二四)に開始されたといふこの大建築工事のことが依據すべき正確な古記錄に一切見えないことである。もしかの五通の法度條目に見られるやうな大規模な計畫が遂行されたものとすれば、それは必ず全國の耳目を聳動して各種の記錄に記さるべきであるのに、一切他に所見のないことは、この法度、定目の疑ふべきことを示してゐる。

以上のごとく、平泉澄博士は主として五通の法度定目の疑ふべき點を論究して、寛永元年(一六二四)より同十三年(一六三六)にかけての造營說を否定し、更に究明の歩を進めて、かの五通の文書を畢竟後人の僞作と斷定し、然らば、これらの文書が何時頃僞作せられたかについては、これら法度、定目の載つてゐる諸書の編纂されたり、騰寫されたりした年代を追究した結果、

(一)日光東照宮所藏「野州日光山御造營一件」はこの法度、定目(博士は條令と記されてゐるが、何れでもよい)に恩賞の記事を附錄してゐるが、奥書によれば安政六年(一八五九)の寫本である。

(二)內閣文庫所藏「雜載」所收本には文政二年(一八一九)騰寫の奥書がある。

(三)寛政重修諸家譜秋元泰朝の傳に、寛永元年(一六二四)日光東照宮造營の記事があるのは、多分これらの文書に據つて記入したものと思はれ、從つて寛政元年(一七八九)には旣にこれ等の文書が出來てゐたことと推定される。

(四)この法度、定目は晃山拾葉卷二十五にも收められてゐる。晃山拾葉は何時頃の編纂が明確には知られぬが、その中に天明六年(一七八六)以後の事を記さない點から考へて、恐らくは天明六年(一七八六)の末に出來たものであらう。

かやうに、これらの法度、定目流傳のあとを尋ねると、天明六年（一七八六）まで遡ることが出來たが、しかしいかに古く見ても秋元家が五萬八千石以上を領するに至つた正德元年（一七一一）以前には遡るまいと考へられる。といふ風に結論してゐる。また松平右衞門大夫正綱のこの大工事に關係しなかつたことについても凡そ下のやうに攷明してゐる。

一體正綱は、初の名を右衞門佐正久といひ、家康公在世の時より秋元但馬守泰朝と共に左右に近侍し、その薨去後も二人は大抵相竝んで勤仕し、この後、寛永十八年（一六四一）日光の奥院寶塔改造の時、竝に正保二年（一六四五）本社背後の石垣普請の時にも共に奉行に任ぜられてゐる。そしてまた秋元但馬守泰朝とは別に、或は正綱一人で、或は正綱と他の人とが一緒に、日光山諸堂の建立、修復の奉行となつたことが、寛永二十年（一六四三）、正保三年（一六四六）、慶安元年（一六四八）の三度に及び、日光造營奉行たる事、實に五回に及んでゐる。それ故、かの寛永元年（一六二四）の法度、定目僞作の際にも、この人の名が第一に思ひ浮べられたのであらう。しかるに、それ程に日光造營と密接な關係にある彼が、寛永十一年（一六三四）に企てられた大造營に何故に除外されたかといふに、それは、當時、彼は家光公の勘氣を蒙つてゐたからである。人見私記に依るに、寛永十一年（一六三四）五月二十九日に、天海大僧正が、御座の間に於て、家光公に謁見し、この程勘氣を蒙つてゐた松平右衞門大夫正綱、伊丹播磨守康勝兩人の爲めに愁訴したので、遂に兩人は赦免されたのであつた。蘆澤文書。

かく寛永十一年（一六三四）は正綱が家光公の勘氣を蒙つた年であり、五月二十九日に天海大僧正の執成によつて、漸く赦免されたとはいひながら、未だ謹愼して居らなければならぬ時であるから、その秋に企圖せられた東照社造營の奉行の選に漏れたことは當然である。

上記の如くであるから、寛永元年（一六二四）着手同十三年（一六三六）完成といふ造營說は全く謬であることが明かとなり、覆されてしまつた。その上、前にも擧げた智樂院忠運の書上によつても知らるるごとく、寛永元年（一六二四）頃はいまだ家光公が秀忠公に氣兼ねしてゐた時代であるから、日光大造營のことはあり得ないのである。

かくて、つひに、正確な史料によつて、寛永の日光東照宮大造營は、寛永十一年（一六三四）十一月に始まり、同十三年（一六三六）五月に完成されたことが立證されて來る。以下平泉澄博士及び大熊喜邦博士の論究と提示された史料に基いて、この大造營の經過その他について述べよう。

三　造營の經過

(一)着　手

家光公が、日光東照宮を大造營されたいといふ念願は、かねて持たれてゐたところであつたが、その實現の意を固められたのは寛永十一年（一六三四）九月の社參の時である。この社參は九月十三日に江戸を發途し、十七日東照社に參拜して二十日に還城されたのである。日光山舊記に、

同○寛永十三年（一六三六）、大權現二十一回御忌ニ當ラセ玉フニヨリ、大樹（家光公）、大僧正（天海）ヱ命シテ、寛永十一年（一六三四）改㆓御舊殿㆒御造替、戌（寛永十一年、一六三四）十一月十七日御普請始ル。

とある。この書は、日光山の歴史を編年體に記述したものであつて、寶曆三年（一七五三）九月に、教城院天全が考證記錄して、記家の寶庫に藏した由が奥書に見えてゐるものである。日光山御謂記にも、ほぼ右と同文の記事がある。この書も江戸時代の中頃に編纂せられたものであらう。同じく江戸中期の編纂と思はれる日光誌にも、

一寛永十一（一六三四）甲戌年御宮御造替被二仰出一、同十一年御普請。

と記し、野史纂略には、

寛永十一年（一六三四）十一月、是歳將軍改二造日光神廟一、窮極華麗　令レ不レ得レ論二經費一、工匠至レ有二驟富者一。

柳營秘鑑追加に、

寛永十一年（一六三四）甲戌年御宮御造營被二仰出一、同十一月十七日、於二江戸一御普請初有レ之。

殿居嚢後編には、

日光山御宮は、同所宮坊日記云、〇中略寛永十一年（一六三四）御宮殿悉御造替、七月十七日御普請始。

と見えてゐる。殿居嚢後編に、七月とあるのは、明らかに十一月の誤寫と考へられる。

以上の諸書は、後世に編纂されたものであるけれども、その據る所は日光若しくは幕府の古記録であるから信用してよいのである。

そして、この着工の企圖は同年（一六三四）九月の家光公の日光社參によつて、決定せられたことは、この年、公が頻りに社寺の造營を企てられたことからも充分に想察出來るのである。卽ちこの年三月二十三日には品川常行寺の塔構造奉行を定め、また王子權現社造營の奉行を任命し、二十九日、芝神明社、目黑不動堂、飯倉八幡宮造營の奉行を定め、五月二十四日には增上寺の靈廟に詣でて新に經營する所を檢閱されるといふ風であり、また是より先に久能山東照社の構造奉行を定められたのであつたが、六月、家光公は上洛の途次、親しくここに參拜して、監督せらるるところあり、駿府淺間神社にも詣でられて、その社殿を再建し、天海大僧正の建白を容れて近江坂本に東照社を建立され、八月には小堀遠江守政一を奉行に命じて仙洞御所の庭園泉石を修めしめる所があつたのである。かういふ際に、

秋九月日光に參詣された公が、東照社にのみは何等の施設を考へられぬといふことは有り得ないからである。寛元聞書に、

日光御參により、いそぎ　御宮修理の事仰出され、惣奉行奉りたる秋元但馬守泰朝に、こたびの費用何ほどならんと尋ねられしに、百萬兩程と申す。御修理成て御參ありしとき、重ねて御たづね有ければ、御いそぎゆへ、先に申せしごとく、百萬兩ばかりに侍らんといふ。公おもひのほかにいらずと仰られしとなり。取要

とあるのは、これを裏書して居り、「御いそぎゆへ」の語は、寛永の大造營の急速に成就したことを力強く示して居るものといへる。大熊喜邦博士も、甲良家の記録「日光御造營平大工彫物師木引ノ日帳覺」以下の研究によつて、その工學的見地からも寛永十一年（一六三四）十一月着工說を肯定して居る。日光山東照宮御宮御造營志。

寛永の大造營の總奉行は前にも言つたごとく秋元但馬守泰朝であり、それに副うて庄田小左衛門安照、嶋四郎左衛門三安、津田平左衛門正重、下曾根三十郎信由が奉行を勤め、大工は幕府作事方大棟梁甲良豐後宗廣、御手傳は宇都宮城主奥平忠昌、那須衆、岩城衆であつた。

甲良豐後宗廣は近江國の出で、慶長元年（一五九六）より寛永十三年（一六三六）まで作事方大棟梁の職にあり、（當時大棟梁は鶴刑部左衛門、平内大隅と共に三家であつた。）有數の工匠であつたが、一門の左衛門宗次、左吉宗久、豐前宗賀等を率ゐてこの大工事に從つたのである。日光山御宮御造營之記、甲良由緒書。

この度の大造營の主なる記錄には、秋元家の日光山東照宮造營帳（三冊）、甲良家の日光御造營平大工彫物師木引ノ日帳之覺、日光御宮御造營之記（二卷）日光御宮御造營之記（一卷）規式日時勘文控、甲良豐後覺書、日光御宮御造營御上棟之記（甲良宗廣自筆本）その他がある。日光山東照宮造營帳はこの事業の決算報告書といふべきものであるが、こ

のうち、寛永十四年（一六三七）八月に決算せられた「御假殿御遷宮同御上棟」の費用の記銀に、

金貳兩京錢六拾五文　縫殿助 彌八郎　渡札有　是ハ亥正月御釿立之時、御祝ニ御酒肴八、昆布柿だいこん同三方立足打こがく同もち米之代ニ渡ル。

と見え、亥は寛永十二年（一六三五）であるから、同年の正月に釿立のあつたことが明らかである。甲良家の日光御造營平大工彫物師木引ノ日帳之覺は甲良豐後の手控であつて、寛永十二年（一六三五）正月十二日から十二月二十八日まで、及び同十三年（一六三六）正月五日から三月二十六日まで毎日出場した大工、彫物大工幷に木引の人數を明細に記し、月末に其の月中の合計人數を書き上げた日帳であるが、その末尾に、

多賀谷源衞門殿

黑多權大夫殿

右兩人判帳之寫也　立原い兵へ

とあり、多賀谷、黑多兩人が取扱つた日々の判取帳から立原い兵衞をして書かしめたものであることが明らかであり、多賀谷源衞門は秋元但馬守泰朝の家臣であつた。この書が正月十二日の記載に始まつてゐるところより見れば、釿立は或は正月十二日であつたらうか。

かくて、假殿造營に着手されたが、いよいよそれが出來上つて、御神體をここに遷しまつり、本社の造營に着手するに至つたのは寛永十二年（一六三五）五月である。宮內廳書陵部に所藏する、左大史小槻（壬生）忠利の書いた記錄「就東照社造替催雜々」のうちに假殿竣工幷に假遷宮の日時に關する左の如き記載がある。もつとも明瞭に且つ確實に知らるる當時の記錄であるから左に抄しよう。

寛永十二年（一六三五）四月二日、俄陣儀有由、奉行綱房（萬里小路）ヨリ人來、則以ニ使部ー催申付。○中略

擇申東照大權現造替雜事之日時

假殿地曳之日時

四月八日戊子　時巳

假殿居礎之日時

同十一日辛卯　時巳

假殿立柱之日時

同十八日戊戌　時巳

假殿上棟之日時

同廿日庚子　時巳

寛永十二年（一六三五）卯月二日　陰陽頭賀茂朝臣友景

卽ちこれによつて、寛永十二年（一六三五）四月二日、朝廷に於て日光東照社の假殿地曳、同居礎、同上棟日時定の陣儀があり、地曳は四月八日、居礎は同十一日、立柱は同十八日、上棟は同二十日と定められ、ついで四月八日、假殿遷宮日時定が行はれ、五月二日と定められた。この日時は陰陽頭賀茂朝臣友景が勘申したのである。それに依て定められた日時に從つて諸式が行はれた。

また本殿の入杣、木作始、地曳、居礎、立柱の日時について友景の勘申したことについては、甲良家の規式日時勘文控に左の如く記されてゐる。

擇申東照大權現御造替入杣之日時

四月二日壬午　時辰

四月十一日辛卯　時辰

寛永十二年（一六三五）三月六日　陰陽頭賀茂朝臣友景

擇申東照大權現御造替木作始之日時

四月十四日　甲午　時巳

同　廿三日　癸卯　時卯辰

同斷　三月廿六日

擇申東照大權現御宮造替地曳之日時

五月六日　乙卯　時巳

同十四日　癸亥　時辰

同斷　四月廿九日

擇申東照大權現御造替居礎之日時

五月廿一日　庚午　時辰

同　廿六日　乙亥　時巳

同斷　廿九日

擇申東照大權現御造替立柱之日時

七月七日　乙卯　時巳午

同　八日　丙辰　時巳午

立柱次第　先西、次東、次北、次南、

同斷　五月廿八日〇中略

寛永十二年（一六三五）四月

陰陽頭賀茂朝臣友景

これによつて、同年四月に入杣の式、木作始之式が行はれ、五月に地曳式と居礎式があり、七月に立柱式が行はれたことが知られる。そして地曳式の四日前に假殿への外遷宮が行はれたことは、前出の就東照社造替催雜々によつて明らかである。規式中の重い儀式である五月六日の地曳式の日には、日光御造營平大工彫物師木引ノ日帳之覺によれば、職人一同休業してゐることが知れ、これらの時日に何等の矛盾が起らないのである。また同書には亥（寛永十二年一六三五）正月八日から十二月二十八日までに材木請取りに出た大工の人數が千三百八十人であることを記載してゐる。

以上を綜合して考へるに、假殿への外遷宮が同年五月二日であるから、その以前に舊本殿を取除くことは出來ぬ筈であり、從つて新本殿の着手はどんなに早くても五月二日以後でなくてはならぬ。故に規式日時勘文控のごとく、實際に地曳式は五月六日、居礎の式が同月二十一日に行はれたと見てよい。であるから諸職や甲良一門の大工方は、その前に既に作事に取掛つてゐなければならぬので、入杣の日が四月二日であり、別に假殿營作の事もあり、大工、彫物大工、木引の諸職が、十二年（一六三五）正月八日に作事に着手したものと認めてすべての順序が整つてくる。それに、その着手以前の準備期間を加へて考へれば、寛永十一年（一六三四）十一月普請始といふことはますます妥當になつてくるのである。

林羅山信勝の東照大權現新廟齋會記に、「準二大社例一、改二作宮宇一創二去歳初夏一、成二今玆季春一」と記してゐる。初夏は卽ち四月であるから假殿の諸作事、入杣式、木作始等に係けてゐるのであつて、準備期間を考慮に入れなかつたのであるが、必ずしも甚だ誤つてゐるわけではない。

（二）進　行

かくの如くにして工事は進行し、御本社、拜殿、玉垣、唐門、護摩堂（現在は上社務所といふ）、神樂所、御輿堂、廻廊、廊下、陽明門、附袖塀、本地堂、鐘樓堂、鼓樓堂、燈籠堂、輪藏堂、御水屋、寶藏、中ノ御藏、東ノ御藏、仁王門、雪隱（現在西淨といふ）、御厩、御供所、御假殿、御假殿ノ御本地堂、御假殿ノ御供所、棧敷二箇所、惣御宮廻御井垣、神橋、鑛ノ鳥居、奥院、惣石垣等が諸工匠の分擔によつてそれぞれ改造築せられたのである。

これらの建物及び寶塔が、本殿及び拜殿、石の間を含めた權現造社殿を中心として、二萬七千五百餘坪の境內敷地——それも元和以來のことであるが、海拔六百四十米の高地の、谷を埋め、山を削つて新たに土地を切開いた所——に、十分の考慮の下に配置して營まれたのである。

大工の大棟梁甲良豐後宗廣は建仁寺流の匠家であり、當時隨一の名匠と言はれた。彼は前に、京都に於て近衞關白信尹第の門を建てて、信尹其の技倆を認め、奏して從六位左衞門尉とされ、ついで洛東吉田神社造營の棟梁となり、その功によつて豐後守を受領したと言はれるが、その彼が、この度の日光東照社大造營はその全生涯の力を振ふべき大工事として、左衞門宗次、左吉宗久、豐前宗賀等の一門を率ゐて、夥しき數の諸職工匠を督し、夜を日についで短日月に完成したのである。社殿堂宇内の装畫等にも狩野探幽以下狩野一門の名手が腕を振ひ、彫刻その他にも有數の匠人が技を競うたので、ここに外觀、内容ともに、精巧、華麗、豪奢、絢爛たる大建築が、桃山豪華の遺風を繼承して昂揚された技術によつて、山内に巍然として現出したのである。そしてこれら諸建築のうち二十三棟が明治四十一年（一九〇八）八月一日、國寶に指定された。

日光東照宮の建築は、その性質上神社及び寺院の所屬であるべき性格のものが混合せられて居り、また配置形式が從來の神社乃至寺院と著るしく異つてゐる。工學博士伊東忠太氏は「美術より見たる日光」（同博士著「日本建築の研究」下巻所收）に於て、東照宮建築の設計方針について下の九項を擧げてゐる。

「（一）規模は大なることを要せず、只精巧優美ならんことを要す。（二）社殿の配置は緊密にして散漫なるべからず。（三）自然の地形に從ひ、樹木は可成これを保存すべし。（四）社殿の構造は耐久的なるべし。同時に又耐火・耐寒・耐濕たるべし。（五）建築物の形式手法は個々の形を考へずして、全體としての體裁を考ふべし。（六）細部の意匠は、斬新なる獨創的のものなるべし。（七）裝飾に全力を注げ、苟も建築に適用し得る工藝は悉くこれを應用せよ。（八）色の調和を主眼とせよ。（九）工費は御構ひなし、工費を慮りて意匠を粗略にすべからず。」といふのであるが、これら各項は、工學博士田邊泰氏も言はれるごとく、現存建築物から逆に、當時設計の方針を忖度して考察したものとして孰れも肯かれる。（東照宮史第四章、甲良棟利留書、日光廟建築。）

（三）完　成

さて、關係者上下必死の努力に依り、この大造營は寛永十三年（一六三六）四月殆んど成功した。竣工の目標となるのは上棟式及び正遷宮であるが、上棟式は四月八日に行はれた。甲良家記録に、

日光御宮御造營御上棟　　寛永十三年（一六三六）四月八日

御奉行　　秋元但馬守様

　　　　庄田小左衛門様

　　　　嶋四郎左衛門様

　御宮幣釿始共　甲良豊後相勤

御本地堂幣釿始共　甲良左衛門相勤

とあり、また、

日光御宮御造營御上棟之記（甲良豊後宗廣自筆本）に、

上棟振幣　甲良豊後宗廣　四品の束帯にて勤レ之。

古釿初墨當　甲良豊後勤レ之。

　道具運役　同　左吉　五位束帯

　糸　引　同　龜之助　五位束帯

御本地當（堂）御上棟

　上棟振幣　甲良左衛門宗次勤之　五位の束帯

　同　釿始　同　人

と記してゐる。そしてこの上棟式の終つた後、豊後宗廣、左吉宗久、左衛門宗次、龜之助の四人は共に恩賞として、太刀幷に馬を拝領したのであつた。この上棟式については、寛永日記四月九日の條に、日光より次飛脚到來、昨日八日上棟首尾よく相調候之由注進也。

とも記してゐる。

正遷宮については、三月二日、朝廷に於て日時定の陣儀があり、四月十日と定められた。忠利宿禰日次記。甲良家記録のうちの「造營之記」によつて三月上旬には既に新社殿が大體出來上つてゐたことが知られる。日光山御神事記には、

寛永十三（一六三六）丙子年三月二丁未日、晴天、於二禁庭一陣ノ儀アリ、是ハ日光山東照社御造畢ニヨリ、御正體ヲ新造ノ本殿ニ鎭座ナシ奉ルヘキ日時定ノ陣ノ儀ヲ被二執行一侍ル。

と記してゐる。

なほこの日、奉幣使及び遷宮宣命使發遣の日時定陣儀もあり、奉幣使に宰相中將姉小路公景を、遷宮宣命使に參議堀河康胤を發遣することが定められ、また奉幣に依り廢朝三箇日のことも仰出された。左記文書案がこれを證してゐる。日光山御神事記。

左辨官下　　下野國東照社

奉幣使宰相中將藤原朝臣公景（姉小路）

右權大納言藤原朝臣實秀（轉法輪三條）宣、奉レ勅爲レ令二勤行一者、當社々司等承知、依レ宣行レ之。

寛永十三年（一六三六）三月二日　　左大史小槻宿禰書判

左少辨藤原朝臣書判

左辨官下　　下野國東照社

遷宮宣命使參議藤原朝臣康胤(堀河)

右權大納言藤原朝臣實秀宣、奉レ敕爲レ令二勤行一者、當社々司等宜承知、依レ宣行レ之。

寛永十三年（一六三六）三月二日　　左大史小槻宿禰奉書判

左少辨藤原朝臣書判

正二位行權大納言藤原朝臣實秀宣、奉レ敕依二東照社奉幣一廢朝三ケ日、宜レ令三停二止音奏警蹕一者、

寛永十三年（一六三六）三月二日　　掃部頭兼大外記造酒正中原朝臣師生奉

かくて、豫定の如く正遷宮は四月十日夜に行はれた。その事は資勝卿記、忠利宿禰記にも記されてゐるが、ここには日光山御神事記を引用しよう。長文ではあるが巨細を盡してゐるからである。

四月十甲申日、天曇、今日遷宮ノ儀式アリ。亥刻〇午後十時、ニ、御正躰ヲ本殿ニウツシ奉ラル。日吉社官、御靈社別當、日光社司等神躰ヲ御案ニナシ奉リ、コレヲ舁奉ル。後御ニ大僧正天海サフラヒ給フ。供奉ノ人々松平右衞門佐正久、板倉内膳正重昌、秋元但馬守泰朝、コノ但馬守ハ御造營奉行タルニヨリテ、辻々カタメ所々ノ警固ニイタルマテ、近國ノ郡司ニ課テ、其沙汰ヲイタス者也。奉行頭中將隆量(鷲尾)朝臣下知セラルルニシタカヒテ、大外記師生(押小路)朝臣、官務忠利(壬生)、出納職在(中原)等諸司ヲモヨホス。其下知ニ付テ仕人使部等奉仕ス。兼テヨリ主殿官人庭火ヲモヨホシ、御藏小舎人掌灯ヲ供ス。大藏省木工寮等上官ノ幄ヲタツ、掃部寮著座ノ公卿上官等ノ座ヲ鋪設テ、主水司ハ諸卿ノ手洗ヲ奉仕シ侍ル。諸卿遲參ニヨリテ、御正體御鎭座ノ後、拜殿ノ右方ニ着座シ給フ。其裡ニ神饌ヲモヨホシ奉リ、伶倫樂ヲ

奏ス。衆僧法事アリ。四智ノ讃、着座ノ讃、諸天ノ讃等也。大僧正ハ御内陣ニシテ、密ノ法ヲ修シ給フ。神感ニ應シケルニヤ、トヲトクソ覺ヘ侍ル。抑大社廿年ニ一度造替遷宮ノ事ハ、伊勢内外皇天ノ寶基ヨリ事オコレリ。因レ玆四方ノ大社宗廟社稷共ニ二十歳ノ星霜ヲムカヘテ、遷御アリトイヘトモ、神税次第ニ散失シテ、其道ヲトロヘ、其事スタレテ、禮奠ステニ怠リヌ。方今恭シク聖君上ニ在シテ、仁海隅ヲ覆給フカユヘニ、諸社造替ノ故事ヲ若干歳ノ下ニ繼興シ給フ。然レハ則今年當社修營ノ天メクリ來ルニ依テ、上意ヲ下シテ、秋元(泰朝)但馬守ニ課ス。卽嚴命ヲウケテ工部ノ長功ニ謀ル。長功唯嗟シテ山口祭ノ日ヨリ齋斧ヲ以テ、齋ノ柱ヲ伐採、天下ノ諸工雲ノコトクニ聚リ、霧ノコトクニ列リテ、夜ハ以テ晷繼テ、心ヲ勞シ力ヲ盡シテ、コレヲ經シ、コレヲ營ス。石クラ打、以二大石一圍二主山一、石ノ鳥居ヨリ仁王門、アカカネノ鳥居、樓門、寶前ニイタリテ石ヲシキナラヘ、キリ平カニシ侍ル。コレアナカチ美麗ヲ先トセルニアラス。參詣往還ノ煩ナカラシメンカタメ也。神前ヨリ奥ノ院ヘノ行路ハ、山ソヒニ左右ヲ石垣ニシ、其ヲモテヲミカキ、竝ニ階ト畳上タリ。社壇宮殿拜殿ハ檜皮葺、棟宇桁梁柱碣ヲヨヒ御格子扉等ハ金銀珠玉七寶ヲ鏤ハメ、五色ノ唐木ニテ、或ハ禽獸草木、或ハ山川ノ風景四時ノ變化ヲ彫刻シテ、氣象萬千ヲウツシアラハセリ。誠ニ公輸カ工ヲモ欺ヌヘシ。漆工ハ丹漆ヲ以テマシヘタリ。黄金ヲスリテ梨地トシ、其上ニ畫ケリ。瑞籬、樓門、御輿宿、鐘鼓ノ二樓、以下ニイタリテハ銅ノ甍ヲナラヘ、聖賢仙境ヲヨヒ群鳥百花山水等ヲコマヤカニ雕スカシ、畫工ハシナシナヲアサヤカニイロトル。互ニ相映シテ、日星ノ光ヲ增カコトシ。神前ノ巽ノ方ニ護摩堂、神樂所アリ。火炬屋ハ廻廊石垣隔タリテトヲサカルトイヘト、竈門ヨリカヨフ道アリテ御饌ヲ奉ルニ其程チカシ。是ヨリハルカ西ニアタリテ大伽藍ヲタツ。七寶ノ柱礎畫棟彫梁ヲヨヒ梁ニ架スル重椽、柱ヲ束ツル金璫、磷磷タル銅丸ニ至マテ麗シキヨソホヒ、連珠合璧ノコトシ。石ノ透壇ヲ隔テ、南ニ經藏アリ。經藏ノ南ニ手水屋ヲタツ。磐石ノ水船アリ地心ヨリ涌出スル泉溢テナカレノスヱヲシラス。コレヨリ銅ノ鳥居ヲ隔テ、東艮ニアタリテ西南面ニ齋藏ヲ三所ニタツ。是ヨリヲチツカタ南面ニ、仁王門尊形者大佛師法眼康音造立アリ。ソノ西ニ御厩アリ。件ノ營制スルトコロ殘ナク亟ニ成就シテ、神寶御裝束、神輿御裝束、祭禮ノ諸具、神前諸法事ノ行器、諸堂莊嚴ノ調度、御導師御門跡方供奉人等之裝束以下院家僧正衣、衆僧百二十口等金襴蜀錦ノ袈裟、紅織吳綾之法服以下、悉ク新調ニ御沙汰アリテ、板倉(重昌)内膳正、秋元(泰朝)但馬守ニ課テ奉行トシ、中原職忠アラタニ心ノヲヨフカキリ善ツクシ、美ツクシテ調進シ奉ル。遠境タリトイヘトモ、聊渡海風波ノ難モアラス。敢テ人馬運送ノ恙モナク、遷宮前ニ日光山御寶藏ニ奉納セシムル事、是偏ニ神明ノ御納受也。疑ヲナスヘカラス。

着座公卿

烏丸大納言光廣卿　廣橋大納言兼賢卿
藤中納言(高倉)永慶卿　飛鳥井中納言雅宣卿
小川坊城左大辨宰相俊完卿

使

左中將藤原朝臣(鷲尾)隆量以下ノ衆、幄ニ可レ有二着座一事歟。併可レ爲二辨役一歟。上官ノ所ニ羽林ヲ宣旨ニ書入事如何。ナヲ官方ノ所存ニアルヘシ。政事ニシタカフ諸司等ノ交名、種類繁多也。毛擧ニ遑アラス。

式の狀況のみならず社殿堂宇の配置結構についても略ゝ記してある。建築物結構の巨細については紙幅の許さぬところであるからここには省略する。

右日光山御神事記に「抑大社廿年ニ一度造替遷宮ノ事ハ、伊勢内外皇天ノ寶基ヨリ事オコレリ。因レ茲四方ノ大社宗廟社稷共ニ二十歳ノ星霜ヲムカヘテ、遷御アリトイヘトモ、神税次第ニ散失シテ、其道ヲトロヘ、其事スタレテ、禮奠ステニ怠リヌ。方今恭シク聖君上ニ在シテ、仁海隅ヲ覆給フカユヘニ、諸社造替ノ故事ヲ若干歳ノ下ニ繼興シ給フ。」とあるが、寛永十三年（一六三六）は、元和三年（一六一七）日光東照宮鎭座造營より二十年に相當し、かねて東照公二十一回神忌にも相當した。大社二十年一度造替制の復興といふことも、この度の大造替の目的の一つであり、家光公の大きな念願であつたのである。

林羅山信勝の東照大權現新廟齋會記に、

恭惟、東照大權現垂二靈蹤于一レ此以降、既二十有一年矣。其祕殿巍然猶存。規矩制度上應二星纏一、屋不レ呈レ材、墻不レ顯レ形。未レ見レ如下其夕露爲二珠網一、朝霞爲二上丹艭一也。魑魅遠逃、萬祥畢臻。嗚呼威驗之盛大也、洋洋乎如レ在哉。妙二萬物一而周二六虚一、誠不レ易レ測也。大君幕下天縱英稟、生知聰明、紹二靈祖考之洪緒一、恢繼レ志述二事之大孝一、永念二重熈之治平一。毎由二神明之依憑一。是以准二大社例一、改二作宮宇一。創二去歳初夏一成二今玆季春一。

と記し、堀杏庵が杏陰稿に、

今之大樹思二權現之威德一、邁二于皇考一、以レ故準二大社例一、當年神社鼎建、祭禮如レ在。

と記してゐるのは更にこれを證するものである。

また日光山御神事記に、「天下ノ諸工雲ノコトクニ聚リ、霧ノコトクニ列リテ、夜ハ以テ晝繼テ、心ヲ勞シ力ヲ盡シテ、コレヲ經シ、コレヲ營ス。」とあるのも全く事實であつて、屢〻言ふごとく、わづかに十九箇月を以て全工程を終へてゐるのである。その時間の短かさは、人々をして驚嘆せしむるよりも疑惑せしむるほどであつたのである。眞名緣起にも、「但恨御建立間日數不レ幾」と記し、更に夜を日に繼いで工事を勵んだ狀を、

御普請中雖レ爲二寒天一、替二毎年一不レ暖不レ寒、所以朝拂レ霜暮戴レ星、爲二人夫一爲二奉行一、各奉仕故、如二御諚一堂社佛閣悉造畢。併御神慮、亦將軍御信力故、人皆感レ之。

と述べてゐる。假名縁起にもまた、「不日に成功をとく」と書いてある。

家光公は同年（一六三六）四月十三日、江戸を首途して、十七日、日光東照社の祭禮に臨んだが、巍々莊嚴、豪奢にして精巧、華麗を極めた新社殿を仰いだとき、いかばかりか滿足したことであらう。

因みに、家光公の社參に先だち、十二日、奉幣使姉小路參議公景參社して幣を捧げ、明正天皇より奉納の太刀は權大納言日野資勝、後水尾上皇より奉納の太刀は權大納言烏丸光廣、東福門院より奉納の鏡二面は權大納言廣橋兼賢がこれを進めまつつた。そして參議堀河康胤、宣命を讀み、馬三疋を牽いた。宣命及び幣料目錄は左の如くである。

天皇我詔旨度、掛畏岐下野乃日光東照大權現乃廣前爾、恐美恐美毛申シ賜者久止申ス、神居乃造替者、彫楹玉碣增レ鮮志、寶殿乃迢嶢多留者、反宇金瑠極レ麗免利、偏輝二升平之純德一古止者、可レ謂二靈威之護持一志、惟時整二舊典一倍、令レ遂二遷御一奈利故是以、吉曜良辰乎擇定氏、參議從三位藤原朝臣公景乎差使氏、禮代乃大幣乎令捧持氏、御劒相副氏、奉出給布、掛畏岐三所大權現此狀乎平久安久聞食氏、棟梁歷二億年一而無レ朽久、柱礎與二上天一而長存利、天皇朝廷乎寶位無レ動、常磐堅磐爾、夜守日守爾護賜比氏、天下國家乎毛平久安久護恤給倍止、恐美毛申シ給者久止申ス。

寛永十三年（一六三七）四月十二日

内藏寮

請　東照三所　大權現社幣料事

五色薄絁　各貳丈四尺
安藝木綿　大八斤
絲　四絢
曝布　四端
麻　小八斤
裏料商布　貳端一丈七尺
明櫃　貳合
使儲幣
五色帛　各一丈五尺
木綿　大一斤
麻　小一斤
紙　三十帖
巾料洗布　一丈三尺
明櫃　一合
右今日一社奉幣料以二諸國所進率分內一依レ例可レ請如レ件。
寛永十三年（一六三六）三月二日　正六位上行少屬大國宿禰守備
正六位上行少允大國宿禰守富

普通、太刀以下總て奉幣使一人にて奉納するのであるが、この度は特別の叡慮によつて、斯の如く人をわかつてなされたので、曠古の盛典といふべきであつた。寛永日記、日光山御神事記。

四　經費・用米その他

(一) 經　費

寛永大造營の費用については、前にも記したごとく、從來、幕府が天下の三百諸侯に命じて大いに金銀を獻ぜしめ、これを造營の費用に當てると同時に、諸侯を疲弊せしめて叛亂を不可能ならしめたといふ俗説が行はれ、一般に信ぜられてゐたのであるが、總奉行を勤めた秋元家に傳へられた日光山東照宮造營帳三冊の發見によつて、この俗説の誤りであることが明らかにされた。

この造營帳は、名こそ造營帳であるが、實は決算報告であつて、寛永十九年(一六四二)閏九月に、總奉行秋元但馬守泰朝、奉行嶋四郎左衞門三安、庄田小左衞門安照が連署して、幕府の御金奉行山田市兵衞某、石川與次右衞門某に宛てて提出したものである。これによれば泰朝等は寛永十二年(一六三五)に、金五十六萬八千兩(但し小判、内二千兩は壹分判)及び銀百貫目を與次右衞門及び市兵衞より受取り、また米千石を幕府の御藏より受取つたのであり、それはこの造營費の殆んど全部なのである。この造營帳にはその支途が詳細に記されてゐるが、その大體は要約して既刊東照宮史に揭げられてゐるので、同書を參照ありたい。

同書には終りに經費の總額と秋元家で取扱つた米穀の總石數を擧げて、「以上總計金五拾六萬八千兩、銀百貫目、米千石也。」と記してゐる。これに依つて造營の經費は全部、幕府の支出するところであることが明らかとなつた。

七　日光山東照大権現様御造営御目録

秋元春朝氏所蔵

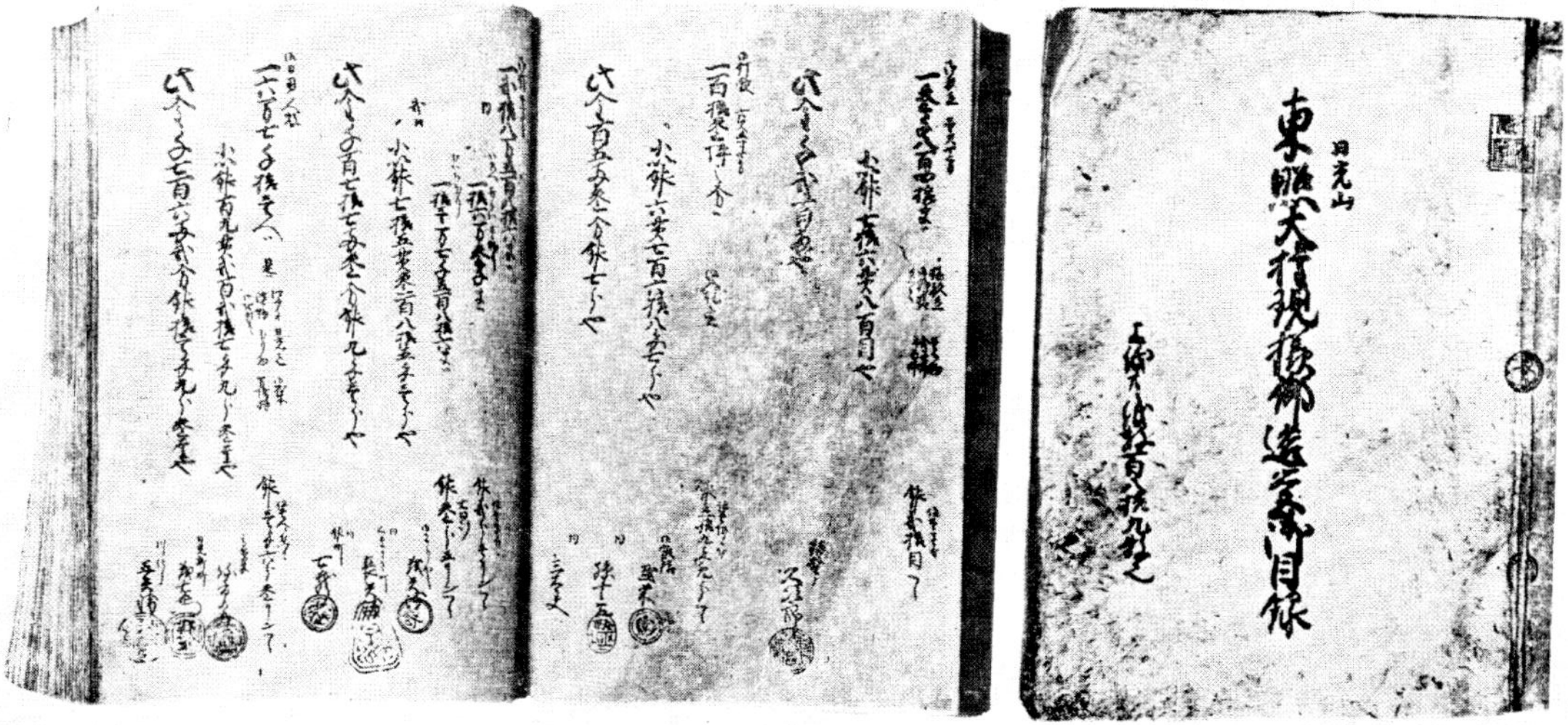

（葵花餘芳所載）

しかし、ここで考へられることは、諸侯より造營の費用を徵することはなかつたにせよ、諸侯は、なほそれぞれ莫大な寄進獻上をしたのではないかといふことである。日光名所圖會にも左のやうに記してゐる。

寛永造營の規模の大なる、前後無比と稱す。諸侯は鳥居、石燈爐を獻じ、或は樹木を奉納し、堂塔玉垣を寄進し、海外よりも神前に捧物ありて實に天下の力を極め、其功を全うするを得たり。

けれども、鳥居は元和四年（一六一八）に黑田筑前守長政が獻じたものであり、また石燈籠は諸侯から數多く獻上されてゐるが、寛永十一年（一六三四）より同十三年（一六三六）に及ぶ三年間、及びその前後數年の間に奉納されたものは一基もないのである。樹木を寄附したといふことも信ぜられない。かの有名な日光の杉並木も松平右衞門大夫正綱が寛永三（一六二六）、四年（一六三七）の交より二十年餘もかかつて漸次植ゑつけたものであつて、別にこの度の大造營に關係するものではないのである。

堂塔や玉垣を寄進したといふのも誤であつて、東照宮の諸建築中、諸侯の寄進によるものは五重塔唯一つであるが、これとても慶安二年（一六四九）に酒井讃岐守忠勝が獻じたので寛永の造營に遲れること十三年である。この關係から江戸時代を通じては五重塔の修理は幕府の手を煩はさず、常に酒井家で行つてゐる。

斯の如くであるから、寛永の大造營に當つては諸侯からは何一つの寄進も受けてゐないのである。これはとりもなほさず家光公の意志であつたのである。ただ前出したごとく、日光造營錄、日光誌竝に柳營秘鑑追加に見えるやうに、宇都宮城主奥平忠昌をはじめ、那須衆、岩城衆に手傳を命じたことは事實である。これは、これら近隣の大小名に人夫を徵したのみであつて、然もその日給は、全部幕府から支拂つてゐるのである。卽ちかの日光山東照宮造營帳によるに、左の通りである。

(一)奥平美作守忠昌分　　御役人足五百六十人
日數四百七拾二日壹人一日米五合宛扶持
此金千參拾兩銀五朱六分也
(二)那須美濃守資重分　　百三十人四百七十二日
此金貳百五拾五兩貳分銀拾朱六分六厘也
(三)大關土佐守高增分　　九十人四百七十二日
此金百七拾七兩也
(四)蘆野民部少輔資泰分　　三十人四百七拾二日
此金五拾九兩也
(五)大田原出雲守政繼分　　十八人四百七十二日
此金參拾五兩壹分銀九朱六分也
(六)千本淸兵衞長勝分　　十人四百七十二日
此金拾九兩貳分銀拾朱六分六厘也
(七)水野監物忠善分　　百六十五人百五十六日
此金百七兩壹分也
(八)大田原左兵衞政淸分　　七十二人三百四十九日
此金百四兩貳分銀拾貳朱八分也

（九）福原淡路守資盛分　　四十八人百九拾貳朱八分也

此金參拾八兩壹分銀九朱六分也

（十）岡本宮内少輔義保分　　四十三人百九拾二日

此金參拾四兩壹分銀九朱六分也

これらを集計すると次のやうになる。

(1)手傳人足　　一、〇三六人

(2)延日數　　三、二四九日

(3)日給　　金七〇三兩八分

銀五七朱八分六厘

（備考）五七朱を兩に換算すると、金七〇六兩八分、銀九朱八分六厘といふことになる。

これらは何れも總奉行秋元但馬守泰朝より渡されたのであつて、奧平家でいへば、伊東甚大夫、權田伊左衛門、鈴木儀兵衞等の下奉行がこれを受取つてゐる。

因に、右のうち（一）より（六）に至る諸家が人足を出した日數四百七十二日は亥（寛永十二年、一六三五）の二月朔日より子（寛永十三年、一六三六）の五月廿九日迄であり、（七）の百五十六日は亥の三月朔日より同八月八日まで、（八）の三百四十九日は亥の六月七日より子の五月廿九日まで、（九）及び（十）の百九拾二日は、亥の十一月十五日より子の五月廿九日までであるから、造營は四月は落成はしたが、五月の末まで工事が續いたことを證するものである。（日光山東照宮造營帳、東照宮史第四章。）

（二）　用米その他

大造營所用の米については、日光山東照宮造營帳のうちには、「御廻廊附御廊下共ニ」の項に、「米千石也」と記してあるのである。これでは、かの夥しい從業人員を賄ふにはあまりに少い感があつたが、甲良家に所藏する日光臺所米之入用覺によつてその大部分及び味噌、鹽、乾物の所用額の大部分が明らかになつた。同書は臺所役人永江彌次兵衞の、平大工、彫物大工、木引に對する米、味噌、鹽、乾物の拂方を明細に記したものであつて、寛永十二年（一六三五）二月朔日より十二月二十八日までの分の日錄であるが、その要を取ると左の如くである。

○寛永十二年（一六三五）亥の二月朔日より同十二月廿八日迄の目錄

米高四千拾七石九斗九升請取分

此拂方

一、五拾五萬六千貳百七十一人

此の米　四千四拾一石

但百人ニ付一日ニ七斗二升六合四勺五才宛

一、八百貳拾五人夕なべ　彫物大工

此米　貳石七斗貳升五合

但一人ニ付三合三勺宛

二口合四千四拾三石七斗貳升五合

此内　貳拾五石七斗三升五合　出前

一、此味噌之部
貳百拾石四斗七升五合
但百人ニ付一日ニ三升七合八勺三才ヅヽ
鹽之分
八拾五石一斗六升
但百人ニ付一日ニ一升六合三勺九才ヅヽ
干物分
九拾三萬七百八拾七
以　上
此の外ニ
五萬九千三百拾六人
内　貳萬四千七百貳拾五人　わらう
四千三百九拾三人　米つき
三萬貳百六拾一人
但大工百人ニ付人足五人四分ツヽ當
寛永拾貳年(一六三五)亥ノ十二月朔日　御臺所永江彌次兵衞
○子ノ正月五日ヨリ同三月廿六日迄の目錄

米高九百五拾四石一斗　　　　請取分

此拂分

一、拾貳萬八千九百貳拾七人　　　平大工彫物大工木引共

此米九百五拾九石九斗貳升

但百人ニ付一日ニ七斗四升四合五勺四才宛

内　五石九斗貳升《(八カ)》　　　出前

一、此味噌之分

四拾一石貳升五合

但百人ニ付一日ニ三升三合五勺四才ツヽ

鹽之分

貳拾貳石三斗八升

但百人ニ付一日一升七合三才ツヽ

干物分

三拾五萬三千五百廿三

以　上

此外ニ

一萬千八百五拾貳人半

内　三千九百貳拾貳人　　　　　　　わらう
千拾九人　　　　　　　　　　米つき
六千九百拾一人半　　　　　　御臺所人足
但大工百人ニ付人足五ツツニ當
二口工數合六拾八萬五千百九拾八人
寛永拾三年（一六三六）子三月廿六日　　　　永江彌次兵衛
日光作事江戸小取臺所入用也
と見えてゐる。
二項合計すると左の如くになる。
（一）米請取高　　　四千九百七十二石九升
米支出高　　　五千三石六斗四升五合
米超過高　　　　三十一石五斗五合
備考　第二項（自寛永十三年（一六三六）正月五日至同年三月二十六日）の超過高（出米）を五石九斗貳升とするのは五石八斗貳升の誤である。
（二）味噌分　　　　二百五十一石五斗
（三）鹽　分　　　　一百七石五斗四升
（四）乾物分　　　一百二十八萬四千三百十

これらを消費した人數は米のみが明瞭であるが、六十七萬六千二十三人となる。これは第二項の終りに記載されてゐる「二口工數合六拾八萬五千百九拾八人」とは合はないが今は不問に附するよりほかは無い。「此の外ニ」として記載されてゐる「わらう」「米つき」「御臺所人足」の人數は、これら、米、味噌等の處理に當つたものの數かと考へられるが、これも第一項（自寛永十二年（一六三五）二月朔日至同年十二月二十八日）の人數合計五萬九千三百拾六人と、實際内譯の合計五萬九千三百七十九人とでは、後者の方が六十三人多く、何れが正しいかは今明らかでない。この差違もまた不問に附して前者に從ひ、二項を合せれば七萬一千一百六十八人半となる。この日帳に記載された米、味噌、鹽、乾物の計數も、また消費人數も全部を盡したものではないが、いづれにせよ實に尨大な數であることが知られる。そしてこの日帳に「夕なべ」の語が見えるのは、しばしば言ふごとく、この大工事が夜を日に繼いで行はれたことを證するものである。

五　人　力

この大造營に從事した人力は、總奉行以下の職員を除外して、工匠その他の從業員數は勿論延人員であるけれども、日光山東照宮造營帳によるに、

1、大工内夫共　一六八五、三二三人
2、薄押手間人數　二三、〇〇七人
3、日用人數　二八三〇、三六五人（木口はり手間を含む）
合　計　四五三八、六九五人

といふ夥しい數にのぼるが、これに前に記した近隣大小名に手傳を命じた徴用人足の數一千三十六人を加へると、日用人數は二百八十三萬一千四百一人といふ多數にのぼる。

次に甲良家に所藏する日光御造營平大工彫物師木引日帳之覺によつて、これら諸職が日日いかに多數出場して働いたかが知れるので、その一斑を記さう。

まづ同書初頭の寛永十二年（一六三五）正月の分の合計（但十二日より二十九日まで）を抄出すれば、

正月十二日より、二百六十三人　彫物大工
千五百九十三人　平大工
四百三十六人　木引

以上は寛永十二年（一六三五）正月中に平大工、彫物大工、木引の出場したいはゆる出面《でづら》である。

かくて寛永十三年（一六三六）三月十六日には木引の手を放れ、十八日には彫物大工も手を引き、その後は平大工ばかりとなり、二十六日にはわづかに平大工八人となつてゐる。

更にこの日帳から、出面を月別の表にして示せば左の如くである。

日光御造營平大工彫物師木引人數表

年月	彫物大工	平大工	木引	合計	備考
十二年正月	一一三	一五九三	四三六	二一四二	十二日より
二月	五四七四	一五〇四四	四六五三	二五一七一	

三月	二二五三四	三三七一五	一一二四九	六七四九八	三日休
四月	一一〇〇七	二六四七四	六八六七	四四三四八	
五月	一五五三四	三一五七一	五一九〇	五二二九五	六日地曳式 五日、六日、廿日休
六月	一九二五九	三七〇〇九	五七八五	六二〇五三	十五日休
七月	一五四五一	二九七五四	五八三〇	五一〇三五	十四日、十五日、 十六日休
八月	一五五九八	二九四〇六	五八〇八	五〇八一二	
九月	一七六八九	二七三九六	六一三四	五一二一六	九日休
十月	二〇六一一	三〇七二六	八三〇〇	五九六三七	
十一月	二一五三〇	三一二二〇	八八七八	六一六二八	
十二月	二二五三四	三二二三〇	一一二九四	六六〇五八	
十三年正月	二一六三九	三三一〇〇	一二八八七	六七六二六	五日ヨリ
二月	三〇〇〇九	一七八六〇	七九七八	五五八四七	
三月	五五三四三	七〇六四	八九	六二四九六	廿六日マデ
計	二九四三二五	三八四一五九	一〇一三七八	七七九八六二	

なほこの外にこの日帳には左のやうな記載がある。

一、千三百八十人　是は亥(寛永十二年・一六三五)の正月八日より十二月廿八日迄御材木うけ取に罷出候大工

一、三百三十二人　是は子(寛永十三年・一六三六)の正月より三月廿九日まで御材木請取に参候工数

一、五千人　是は御たまがきのらんま、りんだうのくしかた仕候工数

一、八百人　是はからと上のらんま仕候工數
一、二十人　是は飾箱さしに下谷に參候工數
一、一萬四千五百人　是は亥の極月中ゆうなべの工數、彫物大工
一、二萬九千二百七十人　是は子の二月中夕なべわり附工數　彫物大工
一、四千九百二十七人　是は二月廿六日御こやへわり附候内の工數。彫物、但し是は一萬千百八十八の内、此外は
六千二百六十一人は右の日帳に有。

さて、この日帳に記載の總人數は七十七萬九千八百六十二人であるが、その外に五萬六千二百二十九人の大工、彫物大工が材料請取と彫刻とに從事して居り、そのうち十二年（一六三五）二月には一萬四千五百人、十三年（一六三六）二月には二萬九千二百七十人（一日平均一千人）の彫物大工が嚴寒中夜業して彫刻に從事したことが明らかにされてゐる。

なほ甲良家には、やはり豐後宗廣の覺書である日光亥子年大工木挽寄がある。亥子は卽ち寛永十二（一六三五）、十三年（一六三六）であつて、これも日光大造營に從事した彫物大工、平大工、木挽の數を記したものである。左に抄しよう。

○日光亥子年大工木挽寄

一、貳拾八萬七百拾八人　彫物
　内　拾七萬三千七百廿七人　亥年
　　拾萬六千九百九十一人　子年

一、三拾七萬三千四百五拾四人　平大工
　内　三拾一萬五千四百五十人　亥年
　　　五萬八千貳拾四人　子年
一、九萬七千四拾貳人　木引
　内　七萬六千八拾八人　亥年
　　　貳萬九百五十四人　子年

總人數七十五萬一千二百十四人であり、前の日帳と一致せぬが、恐らくすべての人數を網羅したものではないであらう。

六　其の後の修營等

寛永大造營の後、同十八年（一六四一）の奥院石寶塔造立はじめ、慶安三年（一六五〇）相輪樘移建に至るまで、家光公在世中に諸種の修營がある。以下簡單に記さう。

(一)寛永十八年（一六四一）奥院石寶塔造立

これは元和三年（一六一七）創建の際には木造であつたのを石造としたものである。總奉行は秋元但馬守泰朝、松平右衞門大夫正綱の兩人、肝煎は阿部對馬守重次、手傳奥平美作守忠昌、那須美濃守資重、大田原左兵衞政淸、鳶野民部少輔資泰、福原淡路守資盛等は三月三日に任命、暇を給された。寛永日記。大工頭は幕府作事方の大工頭木原杢義久、大工は同作事方大棟梁の平内大隅、石工は縣五郎作及び石屋文藏であつた。工事は春の終から秋の半ばまでかかり、九月十六日、塔供養が行はれ、酒井讃岐守忠勝これに臨み、十七日の代參をも勤めた。

この工事中、家光公は六月六日、役夫等に賜はるべく、諸醫に命じて香薷散を或は一萬服或は五千服、或は一千服を調進せしめたのは公の仁慈を知るに足ることである。寛永日記、紀伊記。

十月二十五日、寶塔成功を賞して、幕府は大工頭木原杢義久に銀百枚、その他二人に銀五十枚づつ、石工縣五郎作、石屋文藏へ金二萬兩を賜ひ、文藏には月俸を給することとなつた。寛永日記。

この年、公儀の御殿も舊座禪院の屋敷へ建て替へられたといふ。甲良家記錄。

この寶塔について、日光山宿坊日記には、「奥の院御寶塔造替、御笠石一丈九尺四方、赤那木山より六千人を以て之を曳」と記されてゐる。

(二)寛永二十年(一六四三)奥院相輪樘造立

この年五月、東照宮奥院に、相輪樘が造立された。奉行は松平右衛門大夫正綱、太田備中守資宗であつた。手傳は松平越後守光通、有馬中務大輔忠頼が勤めた。甲良家記錄。

三月二十日に構造始があり、その祝に二丸に於て猿樂が催され、召によつて大僧正天海が登營した。紀伊記。水戶記。五月二十八日、塔供養が行はれ、酒井讃岐守忠勝代參して、景光の太刀一口、靑毛の神馬一疋を進薦した。世子家綱公よりは、大久保豐前守忠貞を代參として、長光の太刀、金馬代を進めれた。寛永日記。

(三)正保二年(一六四五)東照宮本社背後石垣普請及び三佛堂新宮拜殿造營

正保元年(一六四四)に風雨のため、東照宮本社背後の石垣が破損したので、翌年(一六四五)これを修理した。總奉行は秋元但馬守泰朝、松平右衛門大夫正綱と言はれてゐる。甲良家記錄。が、正月五日、幕府は太田備中守資宗に修築奉行を命じ、正綱近年老衰したれば、これに代つて、心用ゐて沙汰すべしと、家光公より面命された。正保日記。と傳へられてゐる。

四月二十七日、石垣構造事始あり、正保日記。七月落成し、七日、江戸城中に於て成功祝の猿樂があり、毘沙門堂公海を饗され、三家、諸大名もこれにあづかつた。能組は高砂、田村、芭蕉、龍田、祝言。狂言は麻生、口まね、比丘貞の三番であつた。酒井河内守忠凊が能始、呉服渡を勤めた。江戸市人にも覽ることを許され、町奉行令して折櫃及び青蚨を給うた。五百貫文を下さるのが例であつたが、この日は市人の來るものが少なかつたので、特旨により千貫文を給ひ、殘暑がきびしかつたので、半ばにして歸らしめた。世子家綱公も半ばよりこれに莅み、諸大名これに謁した。正保日記、榊原日記。

これに先ち、六月二十七日松平右衞門大夫正綱、大田備中守資宗に各銀五十枚、時服を賞賜された。正保日記。手傳は有馬中務少輔忠賴が勤めた。甲良家記錄。

一方三佛堂と新宮卽ち二荒山神社拜殿の造營は、二月十七日、闕兵部少輔氏盛、書院番佐藤勘右衞門成次に造營奉行を命ぜられたのである正保日記。が、これらも石垣普請と同時に成功したであらうことは、前に記した成功祝の大掛りであつたことと、やはり手傳を命ぜられた有馬中務少輔忠賴が、六月二十八日、その家士に銀、時服、羽織を給はり、同じく奥平美作守忠昌の家士が、七月朔日、銀、時服、羽織を賞賜せられてゐることから察せられる。正保日記。松平右衞門大夫正綱が惣奉行を勤めたと考へられる甲良家記錄。のも恐らく、この造營が石垣普請と竝行して行はれたこととしてうべなはれる。

(四)正保三年(一六四六)慶安三年(一六五〇)間瑞垣石垣神橋修理、御殿改造、相輪樘移建等

正保三年（一六四六）四月、地震あり、東照宮の瑞垣竝に石垣が破損したので、五月二十四日、使番能勢次左衛門頼重、下曾根三十郎信由に修築奉行を命じ（正保日記。）て修理せしめ、慶安元年（一六四八）六月八日には、日光山頼朝堂（本地堂）、法華堂、慈眼大師堂（寛永二十年（一六四三）十月二日に寂した大僧正天海を祀る）構造の奉行を小姓組渡邊與右衛門正、書院番保田甚兵衛宗雪に命じ、同十一日、三枝内匠守全に日光山御殿改造の奉行を命じ（慶安日記。）て、これを修造せしめた。大谷川に架せられた神橋の修理されたのもこの年であり、（甲良家記録。）日光御殿番、同心の創置されたのもまたこの年である。（慶安日記。）

慶安二年（一六四九）五月、日光御殿狹少なるにより改造奉行を作事奉行船越三郎四郎永景、三枝内匠守全に命じ、牧野右馬允忠成、内藤帶力忠興に助役を命じて、これを擴張改造せしめた。（慶安日記、紀伊記。）その落成したのは十二月八日であり、關係者にそれぞれ賞賜があつた。（慶安日記。）

この年また地震あり、六月二十日には江戸にも大地震あり、城内各所の石垣が破損したのであつたが、幕府は二十一日、日光山へ留守居番筒井内藏忠重、目附坂井半左衛門成全を遣して視察せしめ、（慶安日記、水戸記。）二十二日、同山の石垣、石井垣等破損し、相輪樘も傾いた旨の注進があつたので、阿部對馬守重次に大工を副へて派遣し、この日また地震あり、幕府は目附石河三右衛門利政、安藤市郎兵衛忠次を同山に派遣した。（慶安日記、水戸記、紀伊記。）

家光公は日光山地震のことをいたく案じたが、御本社、寶塔は安泰の由を聞き、大いに安堵し、この日、小姓組番頭柴田筑後守康久を使として、安堵の旨を紀伊邸に傳へた。（紀伊記。）二十五日にはこの度の大地震に東照宮御安泰、江戸城も恙なきこと感悦の旨を以て高家大澤右京亮基重を代參として、東照宮に友成の太刀、栗毛の馬を進獻したのであつた。（慶安日記、水戸記。）

かくて二十九日、有馬中務少輔忠頼に日光山石垣修築の助役を命じ、七月朔日、百人組の頭阿倍四郎右衛門正之に同修築奉行を命じた。慶安日記。石川三右衛門某、大野彌五右衛門某、赤井五郎作恒宅等はその掛りであり、甲良家記録。大田原備前守政清、大關右衛門佐高増らもまた助役を勤めた。慶安日記。

十月十七日、家光公は、昨日視察より歸府した目附石河三右衛門利政を召して、日光山構造のことを尋問せられ、諸臣これに侍座した。慶安日記。二十一日、構造成りしをもつて、高家吉良若狹守義冬を日光山に遣した。水戸記、慶安日記。十一月十七日義冬歸謁し、公はまた正之及び利政を召して構造の狀を問ひ、十八日、奥院石垣成功したるを以て歸謁した有馬中務少輔忠頼の速成の功を褒した。慶安日記。

翌慶安三年（一六五〇）また日光山石垣の大修理あり、三月十三日、高家今川刑部大輔直房をして、その構造始に代參せしめ、有馬中務少輔忠頼に樽肴を贈つた。慶安日記。然るに同二十四日また地震あり、二十五日地震によつて日光山より相輪樘以下石塔、石垣等傾壞した旨の注進あり、幕府は阿部對馬守重次、新番頭駒井右京親昌に巡察を命じ、二十八日には東照宮の安泰を賀して高家吉良若狹守義冬をして代參せしめ、家綱公は高家品川内膳正高如を遣して代參せしめた。二十九日、家光公は、諸老臣を侍坐せしめて、日光より歸謁した阿部對馬守重次の報告を聽き、重ねて御側中根壹岐守正盛を登山せしめた。慶安日記。

これに先だち、二十六日、大工等を日光に派して相輪樘造替のことを計らしめ、二十七日には奥平美作守忠昌に石垣造替のことを命じ、暇を給した。慶安日記。五月十八日、石垣修理成るを以て有馬中務大輔忠頼の家臣に銀、時服、羽織を給ひ、ついで相輪樘も造替が成つた。これは奥院より、山下の法華、常行兩堂移轉跡の現在の地に移建したのである。六月八日、塔供養が行はれ、家光公よりは井伊靱負佐直滋を代參せしめて正光の太刀及び馬一疋を進薦あり、家綱公よりは酒井日向守忠能を代参せしめ、守家の太刀、馬代金を納め、また公自ら江戸城内東照宮に詣した。慶安日記、水戸記。

酒井讃岐守忠勝が石鳥居の西に新たに五重塔を獻備して、山内に優秀な堂宇を加へたのもこの年十二月のことである。舊記。

第十章　日光社參

家光公は第八章に於ても述べたやうに、家康公を景仰すること頗る深厚であつたから、家康公を祭祀せる日光東照宮に參詣さるることも歷代將軍中最も多きにのぼつてゐる。卽ち元和九年（一六二三）四月を初度とし、慶安元年（一六四八）四月を最後として、寛永二年（一六二五）、同五年（一六二八）、同六年（一六二九）、同九年（一六三二）、同十一年（一六三四）、同十三年（一六三六）、同十七年（一六四〇）、同十九年（一六四二）の前後十回であり、七月、同十一年（一六三四）が九月であるほかは、いづれの年も四月であつた。これは四月十七日が、家康公の正當神忌である故であり、もとより當然のことであつた。以下各回社參の事蹟について述べようと思ふ。

一　元和九年（一六二三）四月日光社參

この年の日光社參は家光公として最初の社參であつた。公が德川家の統を繼ぎ、七月二十七日征夷大將軍の職に就く三箇月餘前のことであつて、官は權大納言、未だ將軍世子として江戶城西丸にゐられた時のことである。公は四月十三日、江戶城を發し、十六日日光山に着き、十七日、東照社（當時は未だ宮號宣下がなかつた。宮號の宣下せられたのは正保二年（一六四五）十一月三日である。）に參拜あり、十九日、日光山を發し、二十二日江戶城西丸に歸着した。東武實錄、德川系譜、台德院殿御實紀五十九、大猷院殿御實紀一、註。

この年の社參については、東武實錄のほか史料に乏しく、宿城等についても何等記するところが無い。が、後の例

に依て推すに、往路は、

十三日岩槻、十四日古河、十五日宇都宮、十六日日光。

歸路は、

十九日宇都宮、二十日古河、二十一日岩槻、二十二日江戸歸城。

であつたであらう。

註　台德院殿御實紀五十九大猷院殿御實紀一は共に東武實錄に據つて書きながら、家光公の歸城の日を前者は二十二日とし、後者は二十一日としてゐる。これは往路と反路に遲速のないこと、及び後の例より見るも前者が正しいと見てよいであらう。

二　寛永二年（一六二五）七月日光社參

寛永二年（一六二五）七月の社參は、家光公が將軍職に就いてより初めての社參である。四月、五月のうちに行はるべきであつたが、公の伯母に當る故奥平美作守信昌の夫人である德川氏（家康公の女、秀忠公の姉、龜姫また加納御方と呼ばる。）が五月二十七日に卒して忌のかかつたのと、公が眼を患つたために延引したのであつた。

公は眼疾も過半本復したので、七月十三日江戸を發し、社參の途に就いた。令弟駿河中納言德川忠長もこれに從ひ、榊原式部大輔忠次、一柳監物直盛、同丹後守直之、林信勝羅山等供に加はり、神保二郎兵衞重利が道中宿割を勤めた。

公の眼疾治癒のため六月二十九日に召出された眼科醫伊達本覺景次も從ひ、また旅中公は咽喉を疾んだが、岡本玄冶諸品の投薬により二日ばかりにて平癒した。かくて公は恙なく東照社參拜を濟ませ、同月二十日江戸城に還つた。諸大名が迎へに出ることを停めた。本光國師日記、江城年錄、伊達貞山治家記錄、寛永系圖、水戸記、寛政重修諸家譜五九三、一一二三、羅山詩集。

二十一日、公は眼病が平癒したので、伊達本覺を召し、廩米百俵、月俸十口を給うた。水戸記、江城年錄、寛政重修諸家譜一一二三。

この時の社參の往復の宿城、休憩所、着晃、參拜、日光發途等のことが詳かでないのは遺憾である。

三　寛永五年（一六二八）四月日光社參

寛永五年（一六二八）四月十七日は家康公の十三回神忌に相當した。同十三日、前將軍秀忠公は江戸を發して日光社參の途に就き、十六日、日光山に着き、十七日祭會に列し、十八日も參詣、十九日、日光を發し、二十一日江戸城に還つた。東武實錄、視聽日錄、萬年記、羅山文集、慈眼大師傳記、孝亮宿禰日次記、御當家記年錄、慶延略記。

家光公は、秀忠公の日光山に着いた日、三浦志摩守正次を遣して、秀忠公の機嫌を候した。孝亮宿禰日次記、江城年錄、東武實錄、寛政重修諸家譜五二一。

なほこれより先、中宮德川和子には、四月三日使を江戸に遣し、秀忠、家光兩公將に日光山に詣せんとするを以て、御浴衣、御風呂敷、御手巾を遣され、南光坊天海大僧正へ銀三十枚を賜はつた。大内日記

家光公は秀忠公の歸府した翌二十二日、日光社參の首途をした。酒井雅樂頭忠世、高家吉良上野介義彌、同若狹守義冬、山内豐前守一唯、一柳監物直盛、同丹後守直重、星合伊左衞門具枚、小野左馬助高盛、林道春信勝等が扈從し、駿河大納言忠長卿も陪從した。近國の諸大名は、秀忠・家光兩公御參の間、山中に在つて警衞し、遠國の輩は交代して警衞を勤めた。また小澤瀬兵衞忠重は普請奉行にて目附を兼ねて留守を勤めた。

家光公はこの日、岩槻城に宿つた。時に城主阿部備中守正次は大坂城代として任地に在つたので、その子修理亮政澄に懇命あり、銀五百枚及び時服三十を賜ひ、家臣等にも時服を賜うた。政澄は饗膳を獻じ、刀及び黄金・綿等を奉つた。

二十三日は、日根野織部正吉明の城主たる壬生城に宿し、二十四日は宇都宮城に宿した。城主奥平美作守忠昌に、時服及び銀三百枚を下賜あり、忠昌よりは刀無銘、馬一疋、綿三百把を獻じた。かくて翌二十五日日光山に着いたのである。江城年錄、御當家記年錄、寛政重修諸家譜、孝亮宿禰日次記、羅山詩集。

二十六日、家光公は東照社に參詣あり、公家衆、門跡等とりどり參堂あり、法會を行はれ、妙法院門跡堯然入道親王が導師を勤めた。着座は、公のほか右大臣一條兼遐、權大納言三條西實條、權中納言中院通村及び徳川忠長であつた。

この日勅使參議北畠親顯が、宸翰の心經を捧げ、これを内陣に納めたが、その包紙には

あづさ弓八島の波をおさめ來て今はたおなじ世を守るらん

時鳥鳴くや昔のとばかりに今日のみのりをそらに聞えん

との二首の後水尾天皇御製が認められてあつた。一は東照公の在りし日の功業を偲び、なほその神德に倚賴あらせらるるものであり、二は往時を偲ばせらるるとともに、今日の法會の盛儀を故公に傳へようとの聖旨である。恰もこの御經をひもとくに當り、初時鳥二聲間近く鳴きわたり、天海大僧正この御經を拜受するに及んで、また二聲鳴きて雲間遙かに飛び去つたので、折からに感應のほど著しと、衆みな袖をうるほしたとのことである。

この日、東照公十三回神忌法會に當つて非常の大赦を行うた。孝亮宿禰日次記、羅山先生文集。

さてこの十三回神忌の神事法會は、すでに去る十六日より始められたのであるが、それに先だち八日、勅使權大納言三條西實條、權中納言中院通村、木工頭岩倉具堯江戸參向あり、後水尾天皇皇儲高仁親王より御太刀、中宮德川和子及び中和門院近衞氏〇前子、前久女。より黃金、勾當內侍より十帖一卷を進ぜられ、參議高倉永慶も太刀を奉り、秀忠、家光兩公に謁した。かくて前にも記したごとく十六日には秀忠公が日光に着山された。

この日、東照社拜殿に於て奉幣のことあり、奉幣使參議高倉永慶、宣命使參議北畠親顯着座、事を執り行ひ、ついで法會にうつり、禁裏よりは宸筆の般若心經を進薦したまうた。この包紙に前に記した御製の和歌二首がしるされてあつた。また法華經二十八品を分つて序品は御製、その外は堪能の人々に詠ましめてこれを進め給うた。御製は照于東方と題し、

いちしるし妙なる法に相坂の關のあなたをてらす光は

といふのであつた。中宮には曼殊院良恕入道親王をして自我偈を寫し、中和門院には彈正尹高松宮好仁親王をして陀羅尼經を書かしめて納めたまうた。

十七日には東照社祭禮あり、秀忠公は棧敷にて神輿遷幸を見物あり、公家衆、門跡等も假庇にて拜覽した。のち秀忠公奉幣あり、ついで奧院に於て法事あり、秀忠公、一條兼遐、三條西實條、德川義直、同賴宣、同忠長、同賴房、中院通村等が着座した。

十八日、御內院寶塔授戒灌頂があり、大僧正天海の請によつて梨本最胤入道親王塔中に入つて執行あり、事終つて靈雨滂沱たるものがあつたので、僧俗これを奇瑞として隨喜感仰した。秀忠公も殊のほか感喜して、この夕布施を賜うこと若干であつた。

十九日には天海大僧正を導師として法華懺法あり、この日秀忠公は下山歸府の途に就いた。尾・紀・水三卿もつづいて下山した。尋いで家光公の東照社參拜となつたのである。孝亮宿禰日次記、鷗巣集、羅山先生文集、江城年錄、慈眼大師傳記、大猷院殿御實紀十一。

さて家光公は二十七日も辰巳の交〇午前八時―十時東照社に參詣せられた。公卿群僚皆從ひ、ほかに數百輩の僧侶が群至し、金襴伽衣黎草木を被ひ、紫磨瓔珞雲霧に玲瓏たり羅山先生文集といふ有樣であつた。神前に於ては法華懺法が行はれ、梨本門跡最胤入道親王導師を勤め、靑蓮門院跡尊純大僧正は伽陀を唱へた。着座する者家光公はじめ、一條兼遐、徳川忠長、三條西實條、中院通村、高倉永慶、北畠親顯、殿上人としては坊城俊長、櫛笥隆朝、勸修寺經廣、難波宗種、小川坊城俊完、花園公久、靑木賢忠、鹽小路通規、竹内俊治、櫻井木工頭兼里等であつた。法會の間、雷雨甚しく雹が降つた。人々みなこれを祥瑞となした。御布施物は一條兼遐はじめ大・中納言等とりて門跡に被け、その餘の僧綱、凡僧には殿上人、諸大夫がこれを纏頭したのであつた。孝亮宿禰日次記、御當家記年錄、羅山先生文集。因にこの度の祭會の總奉行は酒井讃岐守忠勝が勤めた。若狹小濱酒井家譜。

翌二十八日公は下山し、五月朔日江戸城に歸着あり、直ちに西の丸に渡御、御座の間に於て秀忠公に對面し、お茶を進じた。また徳川賴宣邸に稻葉丹後守正勝を遣し、公の日光在山中、賴宣が屢〻使を以て物を獻じたことを勞された。孝亮宿禰日次記、羅山先生文集、御當家記年錄、江城年錄、東武實錄、增補寛永日記、紀伊記。

二日には徳川義直、同賴宣、同賴房が登營して、この度の日光山祭會、天氣和淸にて無事終了したことを賀した。公は義直の家老竹腰山城守正信が病臥して、義直に隨從せず尾張にとどまつたことを、日光山に於て、山城は何ゆゑ陪從せぬかと尋ねたのに、病氣の由言上したので、此の日、渡邊圖書助家綱を使としてその病を問はしめ、秀忠、家光兩公より内書を給うた。よつて、正信の子源太郎成方登城してこれを謝し奉つた。また三日には公は本丸に於て徳川義直を饗した。よつて徳川頼宣、同頼房も登營、相伴したのであつた。譜牒餘錄、紀伊記。

日光山神事法會に參向した公家衆、門跡等はそれぞれ江戸に到つたが、七日家光公はこれらを引見した。すなはち右大臣一條兼遐、妙法院門跡堯然入道親王、梶井門跡最胤入道親王、青蓮院門跡尊純大僧正、參議北畠親顯、左中辨勸修寺經廣、少納言西坊城遂長、櫛笥中將隆朝、右中辨小川坊城俊完、難波少將宗種、花園少將公久、靑木極﨟賢忠、鹽小路差次藏人通規、竹内新藏人俊治等は各進物を呈して謁見し、次に一條家及び門跡等の家司、坊官、并に押小路大外記師生、壬生官務孝亮、出納大藏、出納豐後、少内記、御藏因幡守、威儀師、從儀師、大經師、繪師、樂人等もみな謁見した。

中宮よりも日光社參を賀して、物を進ぜられたので、家光公は内書を進め、使者に銀及び時服を賜うた。

ついで十二日、二の丸に於て猿樂を催し、門跡、公卿、殿上人の饗應あり、能組は高砂、通盛、熊野、是界、三輪、七騎落、谷行、熊坂、猩々の九番であつた。一條兼遐并に諸門跡及び兩傳奏には秀忠公自ら饗し、對座にて御膳を參り、その他の公卿には徳川義直、同頼宣、同頼房の三卿が伴食し、秀忠公が奥へ入つて後は三卿が兼遐并に諸門跡の座に進んで勸盃した。水戶記、紀伊記。

二十三日、家光公より一條兼遐并に諸門跡へ酒井雅樂頭忠世及び高家吉良上野介義彌を以て、また秀忠公よりは土井大炊頭利勝并に高家大澤兵部大輔基宿を以て歸洛の暇を給し、物を賜うた。吉良日記 ついで三十日、武家傳奏三條西實條、中院通村等歸洛の途に就き、公家衆等相次いで歸洛した。孝亮宿禰日次記。

六月一日、秀忠公は江戸城西丸に於てこの度の日光山祭會のために京都より參會した伶人等が謁見のため江戸に來たのを機に、俄かに舞樂を催さしめてこれを觀、家門、諸大名にもこれを觀ることを許し、且つこれを饗した。別に舞臺を設くるに及ばず、猿樂の舞臺を用ゐた。本光國師日記、視聽日錄。

ついて五日、家光公も本丸に於て京都伶人の舞樂を觀た。四日、內藤伊賀守忠重を上使として德川義直、同賴宣、同賴房三家に舞樂を見物すべきことを傳へ、三家は登城して之を謝したが、當日、三家竝に諸大名も陪觀したのである。舞樂の番組は左の如くであつた。

振桙狛友安、秦兼秋、

左方迦陵頻狛近晉、近正、豐信秀、狛友久、　萬歲樂友安、近盛、近慶、近正、友久、　桃李花同上、　甘州友安、近長、近慶、近正、　北庭樂友安、近長、近慶、友久、　感城樂近元、近長、友安、近慶、　陵王近元、

右方胡蝶四郎、右近、內膳、行勝、　蘇利古秦兼秋、右近右衛門尉、右兵衛尉、行勝、　登天樂右兵衛尉、四郎、民部、右近、　還城樂內膳、　狛桙右衛門尉、四郎、右兵衛尉、右近、　胡德樂兼秋、左京、右兵衛尉、四郎右衛門尉、民部、右近、　納蘇利四郎、右近、

退出長慶子本光國師日記、視聽日錄。

十五日、家光公は脚痛のため諸大名の月次出仕を停めたので、尾・紀・水三家は公の機嫌を候したが、西丸に於ては秀忠公が月次の賀を受けた。伶人等は公に謁し、年臈の者には銀十枚づつを給ひ、やがて歸洛した。紀伊記、水戸記、吉良日記。

四　寛永六年（一六二九）四月日光社參

家光公はこの年二月下旬より痘瘡を病み、はじめ岡道琢孝賀、久志本右馬之助常諄らが藥を獻じたが、後に武田道安信重を召し、今大路延壽院正紹、岡本啓迪院諸品等とともに議して藥を獻じた。閏二月朔日には病痘のことを京都に聞し、二日には金地院崇傳より五山に令して痘瘡祈願の符籙を獻ぜしめた。

十日、禁裏より御使あり、十四日には中宮より御使あり、共に公の病を問ひ給うた。公は十五日御酒湯の式を行ひ、十七日二度の湯、十九日三番湯、二十一日四番湯を浴し、つひに病は癒えた。

二十一日問病の勅使持明院中將基定江戸に參着し、二十二日西丸に秀忠公に謁し、中和門院の御使、攝家、親王、門跡の使者もまた謁した。二十三日建仁、東福、萬壽三寺より祈禱の札を獻じ、二十四日、持明院基定を饗し、猿樂を催し、歸洛の暇を給した。中和門院の御使その他の使者も同じであつた。京都に於ては中宮におかせられても公の平快を賀して御宴があつた。この月痘病平癒により、秀忠、家光兩公より近習の輩及び醫員等に金銀時服を賜うた。

この程在府の諸大名は日每登城して家光公の氣色を候し、在封の輩も日々使を出してこれを伺うた。伊達政宗のやうに、公の病を候するため郡山まで出で來り、公より抑留の意を傳へられて引返した大名も幾人かある。乳母春日局は公の平癒を祈り、殊更神々に誓うてこの後生涯藥を服せず針灸を用ゐなかつた。（江城年錄、本光國師日記、大內日記、譜牒餘錄、東武實錄。）

三月十七日、中宮の御使大橋越後守親勝參着し、家光公の痘病平快を賀し、吳服十、薫物を進ぜられ、秀忠公へも大高二束を進ぜられた。ついで二十日家光公は勅使を謝し、高家吉良若狹守義冬を京都に遣し、禁裏に越前綿五百把、袷五十、女院及び中宮へ越前綿五百把づつ贈進した。（大內日記。）

これより先、十三日、公は日光社參の途に就いた。この度の社參は疱瘡を病んだ折の立願にもとづくのである。三浦志摩守正次鴾毛の馬を賜はつて扈從し、榊原式部大輔忠次、一柳監物直盛、同丹後守直重も扈從し、金地院崇傳は先だつて登山した。この夜の宿城は岩槻であつた。（本光國師日記、江城年錄、德川系譜、羅山詩集、寛政重修諸家譜、榊原家譜、大內日記。）十四日は古河城に宿した。城主永井信濃守尙政、公を饗し、盃を給はり、黃金を下された。夜に入り尙政は侍童を出し、躍を公の覽に供したので、侍童等一人每に時服一襲づつを纏頭された。

十五日の宿城は宇都宮であつた。城主奥平美作守忠昌、公を饗し、守家の刀、馬一匹、綿二百把を獻じ、時服二十、銀三百枚を給はり、重立つた家臣等へも時服三、羽織一づつを賜うた。かくて十六日着山あり、十七日祭禮を觀てのち、東照社參拜あり、十八日、日光山を發途、十九日古河城に宿し、城主永井尚政御膳を獻じた。江戸城に歸着したのは二十一日である。譜牒餘錄、本光國師日記、江城年錄、寛政重修諸家譜。

公の東照社に對する立願の奉賽はかくて果された。公の痘病が平癒したのも東照大權現の神驗灼然たるものがあると言へよう。

五　寛永九年（一六三二）四月日光社參

寛永九年（一六三二）四月十七日は家康公の第十七回神忌に相當した。日光山に於ては十六日奉幣使參議高倉永慶東照社に參拜奉幣し、宣命使參議滋野井季吉また參社、宣命を納めた。十七日には法華曼荼羅供を藥師堂に修した。着座の公卿は右大臣二條康道、前内大臣三條西實條、武家傳奏權大納言日野資勝、奉行は淸閑寺左中辨共綱、布施取の殿上人は竹内孝治、小倉公根、阿野公業、鹽小路通規、土御門泰廣が勤めた。導師は南光坊大僧正天海、着座の門跡は曼殊院宮良恕、妙法院宮堯然、梶井宮最胤各入道親王、靑蓮院門跡尊純大僧正、毘沙門堂門跡公海であつた。家光公の代拜は井伊掃部頭直孝が奉仕した。金地院崇傳も出座して聽聞したのである。

家光公は社參のため四月十三日江戸城を發した。この日は社參發途の例日であつた。一柳監物直盛、一柳丹後守直重、小性有馬出雲守豐長、伊東主膳正祐豐、中奧番大久保主馬正朝、醫員熊谷伯安慶傳等が扈從し、この日岩槻城に宿した。

十四日岩槻を發し、粟橋堤を通過の際三河の民中島久右衞門なる者、公に訴狀を捧げた。公は小十人頭岡野權左衞門英明に命じてこれを糺明せしめ、且つ久右衞門の顏色不穩なるを以て注意すべき旨を傳へた。英明はこの夜公の宿城古河に召出され、始末を言上して頗る公の意に愜《かな》つた。しかしその訴旨顚末は今明らかでない。この夜古河城主永井信濃守尙政御膳を獻じ、盃を賜はり、黄金を給うた。

十五日の宿城は宇都宮であつた。城主奧平美作守忠昌、公を饗し、則包の刀幷に馬一匹、綿二百把を獻じ、時服二十、銀五百枚を給うた。すでに去る十一日先發して日光に在つた德川義直、同賴宣、同賴房等は各〻使を遣はして公を候したのである。

十六日、公は今市の旅館に着した。この旅館は同地如來寺内に、佐藤勘右衞門繼成、長崎半左衞門元通を奉行として、榊原式部大輔忠次、淺野采女正長重、水谷伊勢守勝隆、秋田河内守俊季助役して假に設けられたものである。德川義直等三卿、金地院崇傳等今市に公に謁した。

十七日は恒例のごとく東照社の祭禮であつたが、公はこの年正月二十四日、父秀忠公を喪ひ忌服中であつたので參拜のことなく、井伊掃部頭直孝をして代拜せしめ、土井大炊頭利勝をして登山して祭事を總督せしめた。德川義直等三卿も大桑村の旅館に在つたが、また家臣をして代拜せしめた。公はこれら三卿を今市の旅館に招き、精饌を饗した。

この度、南光坊大僧正天海より、御喪制の間、日光山御宮へ代參は立てらるべからず、御使はあるべきか、さらば奉幣あるべし。神馬は三疋牽進ぜられ、御太刀は捧げらるべからず、義直等三卿も九十日の間は御參宮あるべからざる旨言上したのであつた。

従來山中の齋戒は山王服忌令を用ゐたのであるが、これより後公の命により神祇道服忌令を用ゐることとし永制とした。公が喪制に依り自ら參拜の儀のなきにも拘らず、わざわざ日光山麓今市まで駕を進めたことは、いかに東照大權現を尊崇すること厚かつたかを知るべきである。

十八日には、東照社に於て萬部經供養が行はれた。この日、明正天皇、後水尾上皇、東福門院各〻寫經を賜うた。參向の公卿は御贈經使日野大納言資勝、同姉小路中將公景、院（後水尾）御贈經使岩倉少將具起、女院（東福門院）御贈經使橋本少將實村の外に、右大臣二條康道、武家傳奏前内大臣三條西實條であり、導師は南光坊大僧正、着座の門跡等は昨日藥師堂の法華曼荼羅供の際と同樣であつた。禁裏よりの贈經は心經、上皇幷に女院よりのそれは一品經であつた。十九日にも萬部經供養は行はれたが、毎日參仕の僧衆五千三百餘口といふ盛儀であつた。

十八日、法會終了して後、家光公は今市旅館に公家衆、門跡等を招き饗した。公は法會無事に終へ祝着の旨幷に彼等に江戸城に來るべき旨を傳へた。この日、徳川義直等三卿も今市旅館に公に辭見した。本光國師日記、東武實錄、江城年錄、寒松日記、寛永日記、伊達貞山治家記錄、家乘略、寛政重修諸家譜、探舊考證、資勝卿記、孝亮宿禰日次記、御當家記年錄。

かくて家光公は十九日今市の旅館を發輿し、鹿沼にて晝餉あり、義直等三卿は家臣を使として公を候した。公はこれらの使に時服一襲羽織一づつを給うた。二十日は古河觀音寺に於て永井信濃守尚政晝餉を饗した。江戸に歸城したのは翌二十一日である。本光國師日記、江城年錄、寛永日記、伊達貞山治家記錄、寒松日記、家乘略、譜牒餘錄。

二十二日、尾、紀、水三家より使を以て公の歸城を賀することあり、二十三日、公は松平伊豆守信綱を使として三家を慰勞した。二十七日、日光登山の門跡、公家衆江戸に參着あり、二十九日、公は門跡、公家衆を引見し、五月朔日、これを饗し、自ら盃酌のことあり、二日、門跡等及び二條康道には使を遣して銀、時服等を贈ること差あり、三條西以下の月卿、雲客には營中に召して返詞あり、實條及び日野資勝以下伶人に至るまで賜物があつた。康道はじめ公家衆、門跡等は三緣山增上寺の秀忠公新廟に參拜し、のち各〻歸洛の途に就いたのである。資勝卿記、孝亮宿禰日次記、寛永日記、家乘略、本光國師日記。

六　寛永十一年（一六三四）九月日光社參

家光公は寛永十一年（一六三四）八月二十日上洛の旅より江戶城に還つたが、席温まる間もなく、九月、日光山東照社に參拜した。社參のこと京都に聞ゆるや、東福門院より九月五日明衣五、手拭、風呂敷を進められ、十二日、社參の間、公を候するため、使者を進め、歸城まで在府せしめた。大內日記。

公は十三日、首途あり。これは月は異るが先例に依つたのである。幕府は松平隱岐守定行、榊原式部大輔忠次、牧野右馬允忠成をして今市驛に假屋を作つて警衞せしめた。公はこの日岩槻城に止宿あり、土井大炊頭利勝これを饗した。利勝はじめ大久保主馬正朝、山內豐前守一唯、阿倍四郎五郎正之、その子左衞門次郎政繼、星合太郎兵衞具通等あまた扈從した。醫官熊谷伯安慶傳、田澤淸雲道賀も隨從した。十四日古河城に泊し、利勝御膳を獻じ、十五日は宇都宮に着き、城主奧平美作守忠昌これを饗し、光忠の刀、大進坊の鑓、綿二百把、金一枚を獻じ、時服二十、銀五百枚を賜はり、一門及び家臣に葵紋の時服を下された。この日忠昌は從四位下に陞つた。翌十六日、日光山に着いた。この日雨が降つた。今市の町民に金を賜うた。この社參の道中、目安を捧げたものが數々あつたが、その內容は詳でない。大內日記、下總古河土井家譜、寛政重修諸家譜五四六、六二八、江城年錄、大猷院殿御實紀二六。

十七日、公、東照社に參拜あり、榊原式部大輔忠次、安藤右京進重長等扈從したが、昨日よりの雨が祭禮の時に至つて俄かに晴れたのは奇特であつた。公はこの日直ちに下山した。宿城については明らかな記録はないが恐らく宇都宮であつたらう。十八日は古河城、十九日は岩槻城に宿し、二十日江戸城に還つた。大内日記。

七　寛永十三年（一六三六）四月日光社参

家光公は寛永十三年（一六三六）日光東照社に參拜した。この年は現に見る莊麗雄嚴なる東照宮の劃期的なる大造營の完成した時であり、四月八日上棟式、十日正遷宮、十二日奉幣が行はれたのであつた。（この大造營については第九章參照。）

公は四月十三日、江戸城を首途することに定めてゐた。これは日光社參の恒例であつた。これより先、二月十六日、社參あるに就いて大目附秋山修理亮正重、宮城越前守和甫をして今市旅館、并に小屋以下破損の所を巡察せしめ、三月十日には井伊掃部頭直孝、松平下總守忠明、松平出雲守勝隆、堀市正利重は先發すべきこと、永井信濃守尙政、内藤伊賀守忠重、高力攝津守忠房、稻葉美濃守正則は今市まで先發すべく、松平右衞門大夫正綱、伏見奉行小堀遠江守政一、山田奉行花房志摩守幸次、長崎奉行曾我又左衞門古祐、榊原飛騨守職直は扈從すべきことを命ぜられた。寛永日記。

ついで正綱、政一、幸次、職直、古祐及び天野豐前守長信、儒臣林永喜信澄に先に登山し、松平勝隆は道中命ずべきこともあるので扈從すべきことを命ぜられた。寛永日記。四月七日、古河城主土井大炊頭利勝、岩槻城主阿部對馬守重次に、その居城を社參の途の旅館に充てらるるを以て就封の暇を給し、九日には植村出羽守家政以下に社參の間、江戸城諸所の勤番を命じた。留守居としては松平伊豆守信綱をとどめたのである。寛永日記。

孝心篤き公は十二日、明日の發途を前に、午刻〇正午増上寺に詣で、父秀忠公の靈廟に明日の首途を告げ、歸途は船にて神田橋より二の丸に入つた。この日諸大名は明日發輿に依り登城して公の氣色を候した。寛永日記。

十三日、辰下刻〇午前九時 公は江戸城を發した。德川義直、同賴宣、同賴房、井伊直孝、松平忠明、松平直政、毛利甲斐守秀元、立花飛驒守宗茂、有馬玄蕃頭豐氏はすでに先發し、酒井讚岐守忠勝、堀田加賀守正盛、阿部豐後守忠秋、永井信濃守尙政、稻葉美濃守正則、三浦志摩守正次、朽木民部少輔稙綱、太田備中守資宗、一柳丹後守直重、有馬出雲守豐長、山内豐前守一唯、新庄右近直綱、大久保宮内少輔正朝、淺野内匠頭長直、小姓土岐市右衞門賴久、右筆飯高七兵衞貞勝、鐵炮役井上外記正繼、千人頭志村勘左衞門貞昌、その外儒役林道春信勝、醫員今大路道三親昌、熊谷伯安慶傳らをはじめ、諸物頭、諸番士、走衆、力者の末に至るまで行裝をつくろひ、壯麗耳目を驚かすばかりであつた。林信勝羅山は記して、「鹵簿行列、千乘萬騎、具有ニ次序一如レ例」といつてゐる。松田善右衞門勝政、多賀外記常勝は宿割、大岡次郞兵衞直成は諸道具奉行、土屋民部少輔利直は參向公卿饗應のことを掌り、かねて日光山に罷向つて居り、この夕、阿部對馬重次は道途まで公を迎へ、その居城岩槻に公の泊することを光榮とした。この日細雨洒ぎ、信勝をして「雨師泛灑、箕伯淸塵」と書かしめてゐる。寛永日記、東照大權現新廟齋會記、江城年錄、御當家記年錄、慶延略記。

十四日、岩槻を發し、土井大炊頭利勝の城主たる古河城に宿した。酒井讚岐守忠勝は神會の總督たるを以てこの夕先だつて日光に登山した。十五日は宇都宮城に泊した。城主奧平美作守忠昌、尻掛の刀、馬一疋、綿貳百把を獻じ、時服二十、銀五百枚を賜ひ、家老にも時服、羽織を賜うた。井伊掃部頭直孝、松平下總守忠明來り謁した。

十六日、宇都宮城を出で、大澤驛にて領主阿部對馬守重次晝餉を進む。夕、今市如來寺内の旅館に着く。德川義直、同賴宣來り謁し、德川賴房は所勞によつて不參した。この三卿は近くの大桑村に旅館があつたのである。先發扈從の者の旅館も近くにあつた。信勝は「其所ニ周衞一、則執事近臣、皆繞ニ營館一、表ニ四獸陣一、蓋備ニ不虞一也」と記してゐる。堀田加賀守正盛、永井信濃守尙政、稻葉美濃守正則、朽木民部少輔稙綱は輕服によつて今市驛にとどまつた。公卿門跡等の日光山に在る者謁を請うたが、公は、鷹司右大臣教平、曼殊院門跡良恕、同新宮良尙、妙法院門跡堯然、梶井門跡最胤、同新宮慈胤各入道親王、靑蓮院門跡尊純大僧正の宿坊に吉良上野介義彌を、前内大臣三條西實條、權大納言日野資勝、烏丸光廣、四辻季繼、廣橋兼賢、權中納言柳原茂光、飛鳥井雅宣、烏丸光賢、高倉永慶、大炊御門經孝、水無瀨氏成、參議姉小路公景、堀河康胤、小川坊城俊完及び天海大僧正へは吉良若狹守義冬を遣し、その來謁をとゞめてこれを慰勞した。

家光公は十七日早朝登晃した。この日東照社祭禮、まづ延年の舞あり、神輿を導き、獅子田樂をはじめ綺羅を盡した。神輿は榊原越中守照淸護送し、松平右衞門大夫正綱、板倉内膳正重昌、秋元但馬守泰朝扈從し、譜代大名は人數を出して辻々を警固した。酒井讃岐守忠勝は諸事を沙汰した。

公は辰刻〇午前八時棧敷に莅み、尾、紀兩卿、松平出羽守直政、毛利甲斐守秀元、立花飛驒守宗茂、有馬玄蕃頭豐氏及び井伊掃部頭直孝、松平下總守忠明幷に諸老臣等陪從した。德川頼房は所勞癒えず參仕しなかつた。祭禮を觀ての ち、公は一旦御殿に歸り、束帶に改め、轅にて參社した。進獻の太刀は酒井忠勝持ちて出で、馬は朝鮮より獻ずる所の駿毛、幣帛は吉良義彌持參し、大僧正天海これを奉る。かくて公、拜殿に着座あり、尾、紀兩卿その末に着き、三條西實條、日野資勝も同じく着座した。

廟塔のうちには戒師大僧正天海、證明梶井門跡最胤入道親王及び新宮慈胤入道親王、毘沙門堂門跡權僧正公海、其ほか僧綱十四口あり、戒灌の作法嚴重を極めた。天海着する所の衣を脱すれば最頂院之を受く。左方右方の伶人三十二相の舞を奏す。樂曲は打毬樂、鳥急。

三十二相の舞は久しく絕えてゐたのを、梶井門跡深く嘆き、年來伯耆守狛近弘に議り、再興したもので、折善くもこの法會に際會したのであつた。

最教院晃海四智の讃をよみ、慈胤入道親王羯鼓を仕うまつり、鉦鼓は本實成院胤海、大鼓は北坊良政、鐃は二尊院賢隆、鈸は蓮華院憲海が役した。次に散手、貴德、次に慶德。法會終つて公は御殿に還り、公卿はじめ僧俗いづれも退出した。

次に御殿に於て公は公卿、門跡等に對面した。公は長袴にて對所上壇の間に着座、武家傳奏三條西實條、日野資勝謁見の後、庇に侍座、曼殊院門跡良恕、妙法院門跡堯然、梶井門跡最胤、同新宮慈胤、曼殊院新宮良尚各入道親王、青蓮院門跡尊純大僧正等謁見して各花びらを獻じ、次に尊勝院慈性、喜多院空慶謁見、次に烏丸光廣、四辻季繼、廣橋兼賢、柳原茂光、烏丸光賢、高倉永慶、飛鳥井雅宣、大炊御門經孝、水無瀨氏成、姉小路公景、堀河康胤、小川坊城俊完等、次に殿上人、次に天海大僧正以下僧綱等の謁見があつた。天海には、登山の慶賀として殊更賜物があつた。この日なほ尾、紀、水三家よりも太刀、馬代を神前に獻じた。寛永日記、東照大權現新廟齋會記、江城年錄、御當家記年錄、慶延略記、寛政重修諸家譜二五六、資勝卿記、日光山御神事記。

十八日は御經供養、法華曼荼羅供が行はれた。勅會であるから職事左少辨廣橋綏光之を奉行して出納諸司を催し、掃部寮座を設け、莚道を敷渡し、承仕法眼道以、法橋以俊道場の化儀をつくらうた。

前机、脇机に錦、金欄を敷いて香花を供し、明正天皇宸翰の妙典一部、開結二經、心阿二經、合せて三十二卷を置き、次に攝籙はじめ門跡、公卿の納經は柳筥に載せて高机の上に供へた。

着座公卿の上首鷹司右大臣敎平は俄かに故障あつて出座せず、三條西實條が上首となつた。出居の次將、正面簀子の左右に着座し、左右の樂行事は舞臺の前にて伶人に樂目錄を授けた。樓門左右の廻廊を樂屋とし、舞臺、鼓鉦の臺、草整代等は木工寮の設くるところ、殿上人らは花筥、被物のため、かねて左の簀子に伺候した。かくてすべての用意はととのへられた。

巳刻〇午前十時　家光公は束帶にて參社した。衣紋の役には高倉永慶、同永敦、今川主膳正直房が仕へ、土御門泰廣身固を役した。

公は拜殿の左方、北上西面に着座し、尾、紀二卿その末に侍座、井伊直孝、松平忠明、土井利勝、酒井忠勝は階下に伺候、吉良義彌は花筥、同義冬は太刀を持ち、殿上人、諸大夫の輩各位次を守つて着座すれば、やがて大僧正天海網代輿を樓門の下にて降り參社した。

これより先、左右の幄屋より伶人迎へて慶德樂を奏して導き、執綱、執蓋及び上中大童子、十弟子に至るまで行粧を整へて參堂し、大僧正禮盤に登るや衆僧總禮あり、次に高座に登るや、伶人老君子を奏す。次に供華、十天樂、菩薩、迦陵頻、胡蝶を次第に舞ひ、次に唄、次に散花、次に表白、神分法則、次に紺紙金泥の經を讀誦廿口、次に諷誦願文、次に舞三番あり、振桙三節、萬歳樂、延喜樂、次に錫杖、次に伽陀、以上畢つて天海高座を下るとき、三臺急、泰平樂、狛桙、退出に長慶子を奏した。

今日の着座は三條西實條、日野資勝、廣橋兼賢、柳原茂光、烏丸光賢、大炊御門經孝、姉小路公景であり、出居次將は樋口中將信孝、櫛笥中將隆朝、堂童子は綾小路中將高有、山科中將言總、六條中將有純、河鰭中將基季、四條中將隆術、西洞院少納言時良、飛鳥井中將雅章、持明院中將基定、船橋少納言秀相、油小路中將隆基、裏辻中將季福、阿野中將公業、高倉右衞門佐永敦、七條少將隆脩、千種少將有能、土御門極﨟泰廣、䌹藏人某であつた。被物が畢つて、各下﨟から退出した。

かくて家光公は內陣に參じ、太刀を獻じて奉幣あり、毘沙門堂門跡公海これを役し、神酒を頂戴し、尾、紀二卿も同じく太刀を進薦して奉幣し、御酒を頂戴して退いた。その後大僧正天海の先導により公は再び內陣に入り、宸翰の御緣起を奉納して御殿に還つたのである。

ついで公は瀧尾權現に詣したが、黃昏に及んで、天海大僧正より御祝の饗を公に獻じたのであつた。この夜護摩堂に於て五壇の修法、また神前に於ては神道護摩が執行された。資勝卿記、忠利宿禰日次記、日光山御神事記、東照大權現新廟齋會記、御當家記年錄。

十九日、辰刻〇午前八時より御本地藥師堂供養、法華曼荼羅供が執り行はれた。奉行職事日野右少辨弘資、前一日より莊嚴を沙汰し、兩局、出納、諸司の官人を催し、承仕は道場を飾り、掃部寮莚道を敷き、式部、彈正の官人座に着き、醫王、善逝、日光、月光、十二神將を安置した。

辰〇午前八時の一點、威儀師集會の鐘を打てば、僧綱、凡僧各法席に群集し、鷹司敎平は今日も病のため着座せず、三條西實條はじめ公卿着座、出居次將等すべて昨日に同じく、堂童子は南の簀子に列座した。

やがて公は參堂あり、扈從の行粧等昨日に異るところがなかつた。道場の左に西上南面に着座せらる。樂行事高倉嗣孝、千種有能、雅樂寮代の官人二員、伶人を引率し、治部代二員、玄蕃代二員は省寮、衆僧を率ゐて前行する。この時伶人鳥向樂を奏し、導師天海大僧正、咒願師青蓮院尊純大僧正禮盤に着き衆僧總禮、時に酒胡子を奏す。兩師高座に登るや、樂行事舞臺の邊に進んで伶人を召し樂目錄を渡すことあり、圖書寮の官人金皷を打ち、十天樂はじまり供花を催す。菩薩、迦陵頻、胡蝶等は舞臺の草塾代に着す。次に菩薩臺にのぼり、舞了つて迦陵頻、胡蝶次第に舞ひ、說文のつかさ花筥を催し、堂童子これを僧俗に供す。讚頭鉢音を發して花を降らし、威儀師、從儀師、願文、咒願文を兩師に授け、讚衆、唄、散花、この時振桙三節、左右樂三番、對揚等次第に畢り、表白願文、咒文、咒願文を唱へ、兩師高座を下るとき、武徳樂を奏した。太田備中守資宗、阿部對馬守重次奉行して導師はじめ諸門跡に被物三重、僧綱は一重、凡僧、威儀師、從儀師に一づつ被けられた。退出長慶子はじまり、僧徒何れも下﨟より退き、着座の公卿また同様であつた。

これより先供養の間、左右の樂人は賀殿、林哥、打毬樂、陪臚、陵王、納蘇利を舞ふ。かくて公は御殿に還つた。天海大僧正は直ちに御殿に伺候したが、公は法會の滯りなく終了したことを悦ぶ言葉を述べ、天海また大法會の連日晴朗和風、天意人望に叶ひ、至孝の盛慮、神佛感應疑ひなき旨を答へて退出した。事實十七日から三日間は好天に惠まれた。林信勝羅山も、その東照大權現新廟齋會記に、「凡暴風驟雨、陰晴不レ定者、山間之常也、況他處雖レ不レ雨、空翠霧露、滴滴有レ私乎、況復時惟梅潦之天乎、而此三日、快晴風靜、氣淸氛埃不レ揚、古今無雙之神事、大營速成、人僉曰匪二直也事一、必其神意之所二感格一、天心之所二保護一、台命之所二謹愼一、三者相應、相稱而、所三以益廣二其大孝於天下後世一、以示二政敎之效驗一者歟」と記してゐる。

この夕、家光公は晃山の御殿を發し、今市驛如來寺山内の旅館に泊した。道途より吉良義彌を天海大僧正の許に遣して慰勞の旨を傳へ、鷹司敎平そのほか諸門跡へも同樣であつた。秋元但馬守泰朝には、今後天海と議つて神事、法會のことを沙汰し、社殿、諸堂舍等火を警むべきことを命じ、また吉良義冬をもつて知恩院、實相院、圓滿院諸門跡、三條西實條、日野資勝はじめ公卿殿上人等に、やがて江戸に來るべき旨を傳へた。そして東照社造替奉行秋元泰朝には刀、普請奉行島四郎左衞門三安、庄田小左衞門安照には金を賜ひ、高力攝津守忠房、内藤伊賀守忠重、秋山修理亮正重には、しばらく山中を警衞し、松平右衞門大夫正綱、板倉内膳正重昌には、泰朝と共に山のことを沙汰すべき旨を命じた。

二十日、鹿沼驛にて晝休あり、井上河内守正利、公を饗し、阿部豐後守忠秋は公をその新封の壬生城に迎へ、公はこの城に泊した。

二十一日、公は壬生城發駕、古河城主土井大炊頭利勝、道の傍らに新築した茶寮に公を迎へ、休憩あり、この夜は阿部對馬守重次の出迎を受け、その岩槻城に駕をとどめた。

かくて二十二日、午刻〇正午雨のいささか降るうちを恙なく江戸城に歸着した。譜代大名等大手門まで公を迎へ謁見した。春日局は扈從の人々を饗した。

二十三日には諸大名登城し、黑木書院に公に謁して、その歸城を賀したが、公は翌二十四日、增上寺の秀忠公廟に詣し、この度の神事法會ならびに社參を無事了へたことを謝するとともに、方丈智童を白木書院に召して齋飯を給ひ、伴僧にも同じくこれを給うた。

二十五日、尾、紀兩卿登營謁見して、公の歸城を賀し、太刀目錄、時服五十、銀五百枚づつを獻じ、家老等も謁見して物を奉つた。二十七日、公は、德川賴房の許へ阿部對馬守重次を使として鮮魚を遣し、二十八日尾、紀兩卿を座所にて饗し、その家老成瀨隼人正正虎、安藤飛驒守直治を黑木書院に饗し、その以下の輩には白木書院にて饗膳を給うた。

日光山に於ては公歸府の後に於ても數々の佛事等が行はれたが、それに關しては、すでに第九章に於て述ぶるところがあつたからここでは再說しない。

八　寛永十七年（一六四〇）四月日光社參

寛永十七年（一六四〇）四月十七日は家康公の二十五回神忌に相當した。されば幕府に於ては盛んな神忌祭會を計畫し、家光公の日光社參についても早くから用意した。即ち二月四日には小姓組、小十人組、歩行頭、先手頭に日光社參あるべき旨の內命があり、五日、松平出羽守直政、保科肥後守正之、榊原式部少輔忠次、井伊靫負佐直滋、松平越中守定綱、酒井河內守忠淸、松平和泉守乘壽、靑山大藏少輔幸成、酒井備後守忠朝、安藤右京進重長、松平出雲守勝隆、加藤民部大輔明利に社參の扈從を命じ、毛利甲斐守秀元、有馬玄蕃頭豐氏は陪從を命じた。これと同時に松平隱岐守定行に本丸の、小笠原右近大夫忠眞に二の丸の、松平山城守忠國及び石川主殿頭忠總に西丸の、各留守居を命じたのである。

ついで十三日、內藤帶刀忠興、內藤兵部政晴に今市旅館の修理助役を命じ、三浦志摩守正次には、歸路に當り、その居城壬生を旅館に充てるを以て暇を給した。十六日、中川內膳正久盛、稻葉民部少輔一通、伊東大和守祐久、有馬左衞門佐直澄、相良壹岐守賴寬、內藤豐前守信照等に日光山參向の公卿、門跡等の馳走人を命じ、二十七日には門跡、公卿等は木曾路より參向するに依つて橋梁以下の沙汰をおろそかにせぬやう領主代官等に奉書を以て傳へた。

三月晦日、老臣を召して日光社參扈從法度及び下知狀を頒ち、道中及び今市旅館に於ての喧嘩口論、火防その他を巨細に規制し、物頭に傳へしめた。四月八日、日光道中に於ては御腰物持、鐵炮藥込役、小十人組、歩行の徒は左右に分れて扈從すべきことを命ずるところがあつた。十一日には、土井利勝以下を留めて江戶城を守らしめ、留守條令を諸士に頒ち、（寛永日記。）十二日、家光公は明日日光へ發輿すべきを以て、增上寺の秀忠公靈廟に詣でた。ここにも孝心深き公の性格を見るのである。

十三日、午刻（○正午）公は江戶城を發輿あり、平柳錫杖寺にて晝餐、この夜岩槻城に宿る。城主阿部對馬守重次輕服によつて謁せず、十四日、巳刻〇午前十時岩槻城を發輿、幸手にて晝餉、夜古河に宿城、城主土井大炊頭利勝は江戸城留守居なので長子遠江守利隆、公を迎へ饗した。大炊頭利勝に銀五百枚、時服二十、利隆に時服二十を給ふ。利勝への賜物は利隆が代つて拜受した。利勝は金二十枚、らんけい二十巻を獻じ、利隆は羅紗十間、金馬代十兩を獻じた。利隆に盃を賜ひ友成の刀を給ふ。利勝より獻ずる來國光の脇差は利隆代りて獻じ、家臣土井内藏丞、寺田與左衞門に時服、羽織を給うた。この日、千代姫・大姫の方々より使して公の氣色を候した。また幸手に於て先手頭井戸新右衞門直弘の若黨不慮に輿前に走り出でたので扈從の者ども之を押捕へ、當に斬に處すべきであつたが、社參の途なので一等を減じ、その主に預け、江戸へ遣された。

十五日、古河城を發駕、小山・石橋兩驛に於て休息あり、宇都宮城に泊した。城主奧平美作守忠昌、公を饗し、左文字の刀幷に馬一疋、時服二十を給ひ、この度日光山修理の事に從つた家臣等十三人に時服及び羽織を下された。この日は母崇源院夫人淺井氏の忌日なので、忠昌に賜盃のことはなかつた。

十六日、宇都宮城を發し、大澤驛にて晝餉、阿部對馬守重次これを獻じた。今市の旅館に少憩の後、酉刻〇午後六時日光に着山あり、德川義直、同賴宣、同賴房の旅館に朽木民部少輔稙綱を、參向の公卿幷に大僧正天海へは高家吉良若狹守義冬を遣して、登山のことを告げた。

十七日、大雨に依り、東照社祭典の事を停め、大僧正天海幷に毘沙門堂門跡公海を引見し、天海に銀三百枚、時服二十、公海に銀百枚、時服十を給うた。この度東照大權現緣起を奉納したが、その文は天海が豫め靑蓮院門跡尊純法親王と議して作進する所であり、淸書は後水尾上皇も宸翰を染め給ひ、其外親王家、攝籙の人々が各章を分つて染筆するところあり、繪は狩野探幽守信が描いた。この緣起は明治三十六年（一九〇三）四月十四日國寶に指定された。

寛永日記、御當家記年錄、敬公實錄、本源自性院記、北庭事迹隔蓂記。

十八日、快晴により祭禮あり、公は午上刻〇午前十一時半袴にて棧敷に莅み、次の間に尾、紀、水三卿、三の間に松平越後守光長、前田筑前守光高、松平右京大夫賴重、松平出羽守直政、毛利甲斐守秀元、有馬玄蕃頭豐氏等伺候して神幸を拜覽した。

午刻〇正午大僧正天海、迎のため轅にて御宮に參る。奉幣使は參議淸閑寺共綱、宣命使は參議五條爲適。このほど石鳥居より御旅所までの左右に辻固あり。神幸は所謂千人行列の美々しく且つ威容を極めたものであつた。神輿は暫く御旅所に休み、やがて本宮に歸つた。神幸終つてのち、公は棧敷より歸り、束帶に召しかへ、午下刻〇午後一時奥院靈塔に參詣のことあり、銅の鳥居にて下輿、四足門まで堀田加賀守正盛、松平伊豆守信綱はじめ五位三十四人行列し、使番駒木根長次郎政次、先手頭中山勘解由直定はじめ使番六人隨身を勤め、德川義直、同賴宣、同賴房陪拜し、公は拜畢つて左方の座に着し、ついで前内大臣三條西實條、右大將今出川經季參拜あり、このとき天台座主曼殊院門跡良恕入道親王、梶井門跡慈胤入道親王幷に大僧正天海、毘沙門堂門跡公海塔内に入つて修法あり、この間、御廟塔と拜殿との間の石の間に於て伶人舞樂を奏し、終つて實條より順次退出あつて後、公は拜殿を出、銅鳥居際にて轅に乘り御殿に歸つた。公參詣の間、井伊掃部頭直孝、松平下總守忠明、保科肥後守正之、酒井河内守忠淸、酒井讚岐守忠勝、堀田加賀守正盛、松平伊豆守信綱は拜殿の門内に候し、土井遠江守利隆、三浦志摩守正次、朽木民部少輔稙綱、内田信濃守正信、御側中根壹岐守正盛、小出越中守尹貞、徒頭岡田淡路守重治、小納戸宮崎備前守時重、小性板倉市正重大瑞籬の下に候し、松平右衞門大夫正綱、秋元但馬守泰朝は、靈塔の後方に、その他扈從の諸大夫は藥師堂の前、布衣の侍は瑞籬の外に連り、烏帽子着の者はその後に候した。事畢へて公は一旦御殿に歸り、未後刻〇午後三時再び參詣あり、この度は近習の輩のみ扈従し、石鳥居のうち仁王門にて下輿、御廟塔へ御參、大僧正天海と竹林坊のみ内陣に伺候、卽刻御殿に還ったのである。（寛永日記、御當家記年錄、康道公記、敬公實錄。）

十九日、東照社御本殿にて法華曼荼羅供が行はれた。諸門跡等豫參し、前關白近衞信尋をはじめ前内大臣三條西實條、今出川右大將經季、阿野前權大納言實顯、滋野井權中納言季吉、勸修寺權中納言經廣、三條宰相中將實敎等着座の公卿は各束帶にて、所定の座に就き、中御門右大辨宣順、柳原右少辨資行、七條中將隆修、樋口少將信康、倉橋左馬助泰吉、竹内極﨟俊治、押小路新藏人以永等の殿上人も階上に伺候し、外記、官務以下地下の官人は庭砌に候した。

かくして導師大僧正天海、乘輿にて參宮、禁裏御贈經使飛鳥井三位雅章は阿彌陀經（知恩院門跡良純入道親王筆）仙洞御贈經使岩倉中將具起は般若心經（曼殊院門跡良恕入道親王筆）大宮（○東福門院）御贈經使梅園中將實淸は普門品（妙法院門跡堯然入道親王筆）を何れも金紙に包み柳筥に載せ、これを案上に捧げ、拜せずして退き、緣上に座した。

公は巳刻（○午前十時）束帶にて社參、拜殿に於て左方の座に着き、堀田加賀守正盛、松平伊豆守信綱が侍した。次の間には尾、紀、水三卿并に松平越後守光長、前田筑前守光高伺候し、其の後方に井伊掃部頭直孝、松平下總守忠明、毛利甲斐守秀元、松平出羽守直政、有馬玄蕃頭豐氏、松平越中守定綱が侍した。右方の座には前關白近衞信尋はじめ公卿が着き、神前には左に、曼殊院門跡良恕入道親王、梶井門跡慈胤入道親王、曼殊院新門跡良尙入道親王、右に妙法院門跡堯然入道親王、靑蓮院門跡尊純法親王、毘沙門堂門跡公海が着し、導師大僧正天海は左方に右を向きて座し、尊勝院慈性、上乘院行盛の兩僧正、最敎院晃海、本實成院胤海、双嚴院豪倪、竹林坊重順は神前に向つて座し、一山の僧綱・凡僧は右方に左に向つて座した。殿上人は花筥の役であるから何れも後方に座した。

時に天海大僧正梵唄を唄へ、伶人舞樂を奏し、法會は例の如くに畢り、被物は近衞信尋起ちて二重づつ三度天海に被け、その他の門跡及び僧綱には、公卿ら皆起つて被けた。

これに先だち、公はしばらく休幕の内に入り、被物畢り、衆僧みな退出して後、再び神前に出座、家重の太刀、鞍馬三疋を獻じて拜禮あり、御殿に還つたのであつた。

かくて御殿に於て近衞信尋はじめ門跡等と對面あり、信尋より花びらを進らせ、次に曼殊院、妙法院、梶井、曼殊院新門跡、靑蓮院の諸門跡いづれも花びらを進らせ、次に三條西前內大臣、今出川右大將、高倉、滋野井、勸修寺三權中納言、淸閑寺、三條、五條三參議、次に中御門、高倉、柳原、飛鳥井、岩倉、梅園、七條、樋口、倉橋、土御門、竹內、鹽小路等の殿上人が謁見し、次に尊勝院僧正慈性花びらを捧げて謁し、次に上乘院僧正行盛も謁した。次に尾、紀、水三卿、松平越後守光長、前田筑前守光高はじめ在山の諸大名及び那須衆が順次謁見した。

いづれも退出してのち、公は重ねて寶塔その他社殿のあたり此處彼處を順覽した。

また近衞信尋へは吉良上野介義彌を遣して樽肴を贈り、天海大僧正へは吉良若狹守義冬をもつて樽井に菓子を賜ひ、また酒井讚岐守忠勝をもつて天海へ銀二千枚、毘沙門堂門跡公海に銀五百枚を遣した。（寛永日記、人見私記、御當家記年錄。）

二十日、卯刻（○午前六時）公は下山あり、今市の旅館にて朝食を喫せられ、鹿沼驛にて井上河內守正利晝の御膳を獻じた。かくて下野國の古名勝室の八島を遊覽あり、申刻（○午後七時）壬生城に宿した。城主三浦志摩守正次、公を饗しまつつた。二十一日、卯刻（○午前六時）壬生城發駕、晝、古河城に休らひ、土井遠江守利隆御膳を獻じた。この夜の宿城は岩槻であつた。

一方日光山に於ては二十日、藥師堂曼荼羅供が行はれ、酒井讚岐守忠勝、總奉行としてこれを沙汰し、諸門跡參堂、近衞信尋以下着座例の如くであつた。また二十一日には法華五千部轉讀が行はれ、且つ天海大僧正の請に依り諸門跡夜中薬師堂に上り、毘沙門堂門跡公海受戒灌頂のことがあつた。かく、神事、法會が無事進行しつつあることを悦び、公は岩槻城に於て扈從の物頭以上に酒を給うた。

二十二日、雨により岩槻城に滯留、午後晴れたので、城邊を遊覽あり、慈恩寺にて晝餉を喫し、寺邊に於て乘馬あり、近臣に鞭打を命じ、黄昏に及んで岩槻城に歸つた。かかる旅次に於ても武事を等閑にせぬ公の心構を想ふべきである。

二十三日、昧爽、岩槻城を發駕、未刻（午後二時）江戸城に着す。大手まで留守の譜代大名出迎へて謁見し、黒木書院にて土井大炊頭利勝、島田幽也利正、留守居牧野内匠頭信成、酒井和泉守忠吉、杉浦内藏允正友謁見し、しばらく物語あつて奥に入つた。ここに例のごとく春日局齋藤氏御膳を獻じ、扈從の人々にも饗を行うた。この日、尾、紀、水三世子卽ち德川光友、同光貞、同光圀及び諸大名登營して公の歸城を賀した。

日光山に於ては二十二日、御殿に諸門跡、公卿、殿上人、地下官人、僧綱、凡僧まで饗應あり、七種の飲食を供し、また御宮にては毘沙門堂公海に三摩耶戒灌頂あり、被物等はみな幕府の沙汰であつた。夜に入つて近衞信尋はじめ公家衆が社參奉幣あり、また戒灌の時着座の公卿・殿上人に對し御殿に於て五々三の饗があつた。

二十三日には法華五千部轉讀あり、二十一日の轉讀と合して一萬部である。布施は靑蚨三萬三千貫。この日諸門跡の東照社參拜あり、晩には昨日の饗に漏れた公卿の饗があり、夜中公海に金剛界授法があつた。

二十四日には猿樂七番あり、孔方一千貫を纏頭した。猿樂は二十五日にも行はれた。二十四日の夜、公海の金胎兩部附法も合せ行はれた。かくて日光山に於ける東照公二十五回神忌の諸行事は滯なく完了したのである。

二十五日、家光公は黒木書院に於て德川義直、同頼宣及び諸大名の歸城の賀を受け、（德川頼房は二十八日これを賀した。）次に町奉行神尾備前守元勝及び朝倉仁左衛門在重を召して、この度の神忌に依り大赦を行ふべきことを面命し、全國へもその令を下した。寛永日記、御當家記年錄、本源自性院記、康道公記、曾我日記。

五月朔日、近衛信尋、三條西實條、今出川經季、阿野實顯等日光山より參着あり、知恩院門跡良純入道親王、圓滿院門跡常尊大僧正もまた參着した。この兩門跡は日光山の法會にはあづからなかつたが、拜禮のため同山に赴き、今日參府したのである。ついで三日、曼殊院門跡良恕、同新門良尙、梶井門跡慈胤、妙法院門跡堯然各入道親王、靑蓮院門跡尊純法親王、實相院門跡義尊、參議三條實教、飛鳥井中將雅章の各卿も日光山より參着、權中納言滋野井季吉、參議淸閑寺共綱、同五條爲適も亦同じく參着した。

五日、公は公卿、門跡等を引見した。まづ午上刻〇正午帷子、緋裝束にて大廣間に出で、上壇に着座、三條西實條、今出川經季、近衛信尋、曼殊院、妙法院、知恩院、靑蓮院各門跡、曼殊院新宮、實相院、圓滿院兩門跡、いづれも物を獻じて謁見し、公より各へ會釋ありて一同退座、この時公は中壇まで見送りあり、ついで公卿、殿上人、いづれも進物、太刀目錄を呈して、謁見し、若王子澄存、尊勝院慈性、智積院元壽の三僧正、西本願寺の使まで謁見を了へて後、下壇の襖障子が開かれ、次之間祗候の諸大名の謁見あり、また日光參向の役人、樂人、攝家・門跡衆の家老、坊官等落緣に列居して一同に謁見した。寛永日記、御當家記年錄。

八日、公卿・門跡の饗宴あり、五日、公に謁した人々のほか、去る四月五日、公の本丸移徙を賀するため參向した勅使權大納言中院通村、院使權中納言藪嗣良、東福門院御使前參議中將六條有純等の公卿及び東本願寺門跡光從、同新門光瑛、尾、紀、水三卿その世子徳川光友、同光貞、同光圀及び松平賴重、國持大名以下殿上人、公家方諸役人、武家方諸役人までも召された。

公は辰後刻〇午前九時長袴にて大廣間に出で、勝手より三家及び三世子、松平賴重の謁見あり、次の間に列座の公家衆、門跡の謁見、國持大名の謁見ありて、定めの座席に着座、公家衆以下もそれぞれ次の間より順々に着座した。ついで猿樂あり、能の次第は、

高砂觀世、權右衞門、　田村今春、高安。

熊野觀世、權右衞門、　船辨慶八左衞門、春藤、　百萬寶生、六郎次郎、　張良金剛、高安。

祝言觀世、權三郎

狂言は、なへやすはち鷺、いるま川八右衞門、　しうろむ鷺、ふるふね傳右衞門。

能三番過ぎて、猿樂の者共に唐織、時服、要脚五百貫の纏頭あり、芝居にて見物の市人にも酒菓を賜うた。

公家衆、門跡衆、殿上人までには七五三の饗應あり、終つて菓子、吸物、酒出で、次に盃之臺出で、井伊掃部頭直孝、酒井讃岐守忠勝、堀田加賀守正盛、吉良上野介義彌挨拶あり、勸盃過ぎて各退座、暫くあつて能見物の席に出座した。坊官、北面の輩は御小性組番所床之間緣通にて饗あり、また竹之間に於ては三家及び三世子、松平賴重に饗を給はり、次に武門の有位者并に無官の衆には柳之間に於て饗を給うた。

譜代并に外様の大名衆には入交へて兩度に饗あり、席は御小性組番所并に同所床之間であつた。また小十人組番所に於ても總振舞があつた。

五番目の能の半ばに攝家、門跡衆、公卿、殿上人列座へ盃之臺にて勸盃あり、三家、三世子等列座の席、武門の有位者列座の席へも同樣であつた。これは席が變つたからである。

申刻〇午後四時能終つて、公は諸衆に對面あつて奧に入り、諸衆も退出した。そして攝家、門跡衆等は卽刻登城して酒

井讃岐守忠勝等に面して退出したのであつた。寛永日記、曾我日記、御當家記年錄。

九日、この度參向の公卿、門跡等暇を給せられ、各登營辭見した。公は午刻〇正午長袴にて白書院に出で、上壇に着座した。

まづ年始の勅使三條西實條（以下一々位等を記さない。）今出川經季（この兩卿は、この勅使の役を果して日光に參向したのである。次の阿野實顯も同樣である。）院使阿野實顯の三使が上壇の次兩頰に列候、勅答以後退出、次いで移徙の勅使中院通村、院使藪嗣良、東福門院使六條有純、東照大權現二十五回神忌贈經勅使飛鳥井雅章、院使岩倉具起、東福門院使梅園實清等順次同作法にて退出、次に近衞信尋對顏、上壇東方に着座、暫らくして退出、公はこれを上壇の下まで送つた。

次に梶井新門跡盛胤入道親王、太刀目錄、緞子を捧げて住職を謝し、飛鳥井雅章も太刀目錄を捧げて、去年鞠道の判物を給はつたことを謝した。かくて公は奥に入つた。その後、公家衆、門跡衆以下に贈物があつた。ついで公家衆、門跡等はそれぞれ歸洛の途に就いた。寛永日記、御當家記年錄。

東照大權現第二十五回神忌及び家光公のこの度の社參はここに總て完了したのである。

この月十一日、幕府は狩野法眼守信（探幽）に銀百枚、帷子二、羽織一を賜うた。これは東照大權現緣起の揮毫に入精したのを賞したのである。寛永日記。

九　寛永十九年（一六四二）四月日光社參

家光公は寛永十九年（一六四二）四月にも日光に社參した。これに先だち、三月、目付、道奉行等を日光街道に遣し、道路橋梁修理の巡視をなさしめ、同二十八日、日光社参法度を下して、日光道中驛・人馬等のことを規定し、四月十一日、また社参に關する黒印の法令を下して扈從に關する種々の規制をなし、下知狀をも下して旅館の事等を定め、且つ道中に高札を建てた。

一方、江戸城留守中のことは萬事土井大炊頭利勝、松平伊豆守信綱に任せ、何事も兩人の指揮に從はしむることとし、小笠原右近大夫忠眞、戸田左門氏鐵、松平丹波守康長、本多能登守忠義、菅沼織部正定芳、牧野内匠頭信成、酒井和泉守忠吉、杉浦内藏允正友、宮崎備前守時重、筒井内藏忠重、松平庄左衞門昌吉、長井五右衞門吉次、石川主殿頭忠總、松平山城守忠國幷に大番頭等留守諸役の頭それぞれに合せて五通の留守法度を下して種々巨細に規定するところがあつた。

これより先、家光公は四月三日、大僧正天海の東叡山本坊に臨み、猿樂三番、すなはち高砂、井筒、祝言を觀、終つて天海に銀三百枚、時服十、毘沙門堂門跡公海に時服十、千妙寺亮運、上乘院行盛、竹林坊盛憲に時服五づつ、寂教院晃海、實成院胤海、双嚴院豪俔に時服四づつ、覺音坊、靑龍院亮盛、常照院憲海に時服三づつを賜うた。これは日光社参首途の祝であつた。

かくて十二日には江戸城諸門勤番を命ぜられた輩幷に留守居の輩及び島田幽也利正、伊丹康勝入道順齋等を召し留守の間の大小の事、松平伊豆守信綱の指揮を受けてなすべき事を面命し、午後增上寺秀忠公の廟及び崇源院殿淺井氏の靈牌所に詣して辭見した。

この日、世子竹千代○家綱公より扈從の輩に饗膳を賜ひ、夜に入り、井伊掃部頭直孝、酒井讃岐守忠勝、堀田加賀守正盛、阿部豊後守忠秋、朽木民部少輔稙綱、内田信濃守正信、齋藤攝津守三友、中根壹岐守正盛、小出越中守尹貞、牧野佐渡守親成を召して羽織を給うた。これらの人々はいづれも家光公に扈從して社參するからである。

十三日、公の發輿に先だち、竹千代より扈從の人々に饗膳を給うた。榊原式部大輔忠次、稲葉美濃守正則、堀田加賀守正盛、朽木民部少輔稙綱は先を打ち、酒井河內守忠清、安藤右京進重長、阿部豐後守忠秋、內田信濃守正信は後より扈從した。勿論これらの人々は身は公の側近にあり、人數のみを前後に置いたのである。

公は午上刻〇午前十一時發駕、平柳にて晝餉を濟まし、この所まで阿部對馬守重次出迎へ、先だつて岩槻城に歸る。申刻〇午後四時岩槻城に着し、泊る。土井遠江守利隆、古河城より來り謁した。千代姬の使來りて魚物を獻じた。

十四日、巳刻〇午後十時岩槻城を發す。本多將監景次を使として竹千代に旅次の事を報じ、申刻〇午後四時古河城に着した。阿部重次は大澤驛まで先に參るべき旨命ぜられ、この宵發程した。また大姬の方より使をもつて菓子を進めた。

十五日、辰刻〇午前八時古河城を出で、小山驛にて少憩、石橋驛にて晝食、申刻〇午後四時宇都宮城に入つた。城主奧平美作守忠昌は輕服のため、松平下總守忠明、迎へとして宇都宮町口に於て公に謁し、井伊直孝もまた謁した。酒井忠勝はこの地より先に日光山に赴いた。公は歸路には宇都宮路を通行すべきことを沙汰し、鹿沼の領主井上河內守正利、壬生城主三浦龜千代安次に奉書を給うた。

十六日、辰刻〇午前八時宇都宮城を發し、大澤驛に於て阿部重次、精進の晝餉を獻じた。本多景次は昨夕江戸より歸着し、竹千代の樣子を報じた。公は大澤にて入浴したうへ、申刻〇午後四時日光山に着した。保科肥後守正之、榊原忠次、松平越中守定綱等今市驛の町口にて公に謁し、井伊靭負佐直滋、內藤豐前守信照、那須衆等また謁し、松平右衞門大夫正綱、秋元但馬守泰朝は下馬の木戸口に於て謁した。

着山ののち、公は御側久世大和守廣之を徳川義直、同頼宣、同頼房に、中根正盛を大僧正天海に遣し、その他使を遣して靑蓮院門跡尊純法親王、花山院權大納言定好等を慰勞した。

この日、千代姫、大姫、天樹院德川氏千姫より使を以て菓子を獻じ、尾、紀、水三世子からも物を獻じた。この夜、竹千代よりは內藤仁左衞門政次を使として菓子を公に進めた。

稻葉正則、內藤忠重、永井日向守直淸、松平伊賀守忠晴に山中火番を、また公在山の間、內藤帶刀忠興に鉢石口、內藤豐前守信照に瀧尾口、松平定綱に今市東口、保科正之に同西口の警衞を命じた。

十七日は雨が降り、祭禮、法會及び公の社參を延滯し、未後刻〇午後三時公は御殿の書院に長袴にて出で、門跡、公卿等を引見した。靑蓮院門跡尊純法親王、武家傳奏今出川經季、飛鳥井雅宣、院使阿野實顯、日光への勅使花山院定好、院使園基音、女院使堀河康胤、高倉永慶等一人一人出座して謁したのである。次で尾、紀、水三卿が謁し、少話の後、退出し、次に松平光長等が謁した。

申上刻〇午後四時公は內々にて奧院御廟塔に詣した。この石の寶塔は去年より造營に着手し、今年に至つて竣工したのである。この度の社參の目的はこの新造の寶塔に詣するにあつたのである。

十八日、快晴、祭禮を行はる。よつて公は巳刻〇午前十時棧敷に莅み、次の間に尾、紀、水三卿、三の間に諸大名、近習の輩伺候し、その東の棧敷には門跡はじめ僧綱、凡僧等充滿して神幸を陪觀した。神幸には松平正綱、秋元泰朝が扈從した。

公は神幸了へ、山伏が貝を吹くのを聞いて後、棧敷より御殿に歸り、束帶に改め、午刻〇正午御本社に參詣した。扈從の人々はみな束帶であつた。

行列は先づ同朋、次に白張二行、次に隨身、堀三右衞門直景、能勢次左衞門賴重、曾我又左衞門近祐、石川彌左衞

門貴成、城半左衞門朝茂、蒔田數馬助長廣、次に酒井河内守忠淸、榊原忠次はじめ諸大夫四十五人二行、次に長刀、次に轅、次に布衣幷に烏帽子着が群行した。

公は銅鳥居前にて下輿、本社にて拜あり、內陣にて奉幣、これは毘沙門堂門跡公海が役した。時に吉良義彌、公が進薦する所の信國の太刀を竹林坊に授け、馬は大總をかけて庭上に曳かれた。公海と竹林坊が役して神酒を奉り、次いで竹千代より進薦の守家の太刀を吉良義冬持ち出でて竹林坊に授け、馬二疋また大總をかけて庭上に曳かれた。

次に尾、紀、水三卿拜して寶塔に赴き、松平光長、前田光高、松平賴重、松平直政、先に瑞籬の外に退く。やがて公、御本社を退出して寶塔に詣でるとき、光長以下四名も參るべき由の言葉あり、四名これに從うた。

公は寶塔の左に着座し、尾、紀、水三納言は、御塔に向つて左に着座した。公の御本社參宮に先立つて寶塔に詣してゐた門跡、公卿等は公を迎へた後、勅使花山院定好、院使園基音、女院使堀河康胤等は公の座に向つて着座し、靑蓮院門跡尊純法親王、導師大僧正天海、毘沙門堂門跡公海は瑞籬のうちの位置に就き、陪僧十六人、伶人等伺候した。稱名の後、伶人樂を奏し、法會形の如く終つて、導師天海への被物は唐織一襲づつ兩度、今出川經季之を引き、靑蓮院門跡には阿野實顯、毘沙門堂門跡へは飛鳥井雅宣これを引く。役送の諸大夫は島田刑部少輔直次、秋田隼人正季信、石丸石見守定次であつた。先例としては公卿被物の時は役送は殿上人が勤めたのであるが、この度は殿上人參向せざるを以て武家傳奏衆にばかり諸大夫が役送を勤めたのである。蓋し諸大夫被物役送の濫觴といふべきであつた。

御宮に於ては井伊直孝、保科正之、酒井忠勝、堀田正盛、阿部忠秋、松平定綱、榊原忠次等瑞籬の內に伺候し、土井利隆、朽木稙綱、內田正信、中根正盛、小出尹貞、岡田淡路守重次、板倉市正重大、齋藤三友、牧野親成、久世廣之、柳生宗矩、安藤重長、井上正利、內藤信照、內藤忠興等は瑞籬の外に列居し、御塔前に於ては、拜殿の座上に伺候し、そのほかの諸大夫は仁王門外、布衣侍及び烏帽子着は御厩前、隨身幷に御長刀持は石華表の邊に屯したのであつた。なほ勅使、院使、女院使は公の着山に先だち十六日參宮あり、宣命奉幣使は花山院定好が勤仕したのであつた。この日、天海に布施銀二千枚、公海には五百枚、その他の僧俗に銀若干を賜うた。

公は申刻〇午後四時天海の本坊に臨んだ。天海は昆布を獻じ、御酒を奉り、公は天海に盃を賜うた。公は歸途、瀧尾邊りを散策された。

公はまた竹千代に酒井藏人頭忠次を使として遣したが、竹千代よりの使者内藤仁左衞門信政もこの日公に謁した。これは竹千代より遣した初めての使なので、公は殊にそのことを喜び、信政を式部少輔と改めしめ、直ちに歸府の暇を給した。また大工頭木原杢允義久に三百石、片山源右衞門、平内大隅に百石づつ加恩し、石屋又藏、五郎助には大石の寶塔、華表等速成の事を感じて新たに采邑二百石づつを給した。この日、なほ山中の勤番に從つた那須美濃守資重以下に賞賜があつた。

公はこの日の宇都宮城主奥平美作守忠昌に除服を許し、社參の歸路、宇都宮にて引見すべき旨、また松平下總守忠明には明日法會あるに依り、山に留まり、後より歸府すべき旨の奉書を給うた。

十九日朝、天海より七五三の御膳を獻じ、公は辰後刻〇午前九時山を下り、大澤驛に於て阿部重次晝餉を獻じ、未刻〇午後二時宇都宮城に入つた。奥平忠昌除服謁見し、物を賜はり、また獻ずるところがあつた。これは宿城の例であるが、以下一々記さない。

二十日、忠昌を召し、去年の日光山構造に際し、忠昌の入精したるを賞し行光の刀を賜ひ、家臣奥平圖書以下十七名に時服、羽織、銀若干づつを賜うた。公は辰刻〇午前八時宇都宮城を發輿し、石橋驛にて晝食、小山驛にて小憩、申刻〇午後四時古河城に入つた。酉刻〇午後六時城主土井大炊頭利勝は江戸に在つたので嗣子遠江守利隆より祝膳を獻じ、盃を賜ひ、兼光の刀を下され、利隆よりは左文字の刀を獻じた。また三浦龜千代安次壬生城より來謁し、竹千代への使者酒井藏人頭忠次も歸謁した。公はまた天樹院徳川氏へ内藤勝兵衞直信を遣はした。

この日、日光山にては猿樂あり、松平正綱、久世廣之これを沙汰し、内藤忠興警衞し、内藤忠重、永井直清は火番を勤めた。寛永日記、御當家記年錄。

二十一日、卯後刻〇午前七時公は古河城を發駕、幸手の聖福寺にて晝食、住僧を引見し、銀十枚を賜ふ。未刻〇午後二時岩槻城に入る。竹千代より大久保彦十郎忠貞を使として御肴を進め、大姫よりもまた同じく御肴を進めた。城主阿部重次祝膳を獻じ、盃を給ひ、夜に入つて風流を觀、また重次に盃を給ひ、且つ眞守の刀を給ひ、重次よりは青江の刀を獻じた。寛永日記。日光山に於ては今日も猿樂が催された。御當家記年錄。

かくて公は二十二日、申刻〇午後四時無異、江戸城に還つた。大手下馬所の左右に譜代大名、百人組、及び近習譜代の息子等は門外升形の内、醫員等は玄關前にて迎謁したのである。尾、紀、水三世子幷に在府の諸大名登城して、老臣に謁し、公の歸城を賀して退出した。また竹千代よりは扈從の人々に饗膳を給ひ、老中幷に昵近の面々も酒宴に及び、この度の祭禮、社參、法事の首尾よく濟んだことを祝うたのであつた。寛永日記。

二十三日、土井利勝、この度の社參にその居城古河に宿せられしを謝し、保科正之、井伊直滋、榊原忠次、松平定綱謁見して歸城を賀した。

二十四日、公は增上寺の秀忠公靈廟に詣し、增上寺中御供所幷に所化寮經營の事を松平信綱に命じた。この日は秀忠公の忌日のためでもあつたが、公は特に社參の恙なかつたことを亡父公に報告したことであらう。

二十五日、尾、紀、水三卿及び松平光長、前田光高、松平直政、松平賴重等日光山より歸謁し、阿部重次は公の岩槻城宿泊を謝し、內藤忠重、永井直淸も山中火番の勤めをすまして歸謁した。寛永日記。

二十七日、靑蓮院門跡尊純法親王、今出川右大將經季、飛鳥井前大納言雅宣、花山院權大納言定好、園前中納言基音、堀河參議康胤、阿野權大納言實顯の各卿が日光山より江戶に參着した。公はこれを慰勞すると同時に明日江戶城中に於て能樂見物あるべきことを告げた。尾、紀、水三卿、松平光長、前田光高、伊達忠宗等へも亦使者を以てその事が傳へられ、諸大名へは奉書幷に切紙を以て之を告げ、公卿門跡等のほかは何れも卽刻登城してこれを謝したのであつた。

二十八日、日光社參について參向の公家衆、門跡、幷に交替參勤の大小名馳走の能樂が江戶城中に於て催された。公は辰刻〇午前八時大廣間に出で、能初めは酒井河內守忠淸。靑蓮院尊純法親王以下昨日召された公卿等を饗し、國持大名は御白書院次席にて、三卿、松平賴重は竹之間にて饗を賜うた。竹千代は公卿、大名等の饗席へ牧野內匠頭信成を以て盃臺を遣した。この日の能組は

高砂觀世　田村今春　芭蕉觀世　紅葉狩左京　藤榮八左衛門　鞍馬天狗左京　祝言三十郞

で、饗應は中入過にあつたのである。能は未下刻〇午後三時過に終り、各退出し、卽時御禮として登城した。公は奧に入るに當り、黑書院に於て老中を召し、暫らく密談に及んだと傳へられる。寛永日記、御徒方萬年記、御當家記年錄、大內日記。

三十日、諸門跡、公卿等みな登城して辭見した。靑蓮院門跡には二十九日暇を給し、吉良義彌を遣して、銀、綿を贈つた。尊純法親王は日光の古筆緣起など極められ、彼是日光に關する用務を以前より命ぜられてゐたので特に下向したのであり、この日增上寺に參詣した。京都へ歸り着いたのは五月十二、三日の頃であつた。寛永日記、大內日記。

公は午後刻〇午後一時　白書院に出で、上段に着座、勅使兼女院使今出川經季、飛鳥井雅宣の兩武家傳奏に勅答あり、院使阿野實顯にも同斷御返詞あり、ついで日光への勅使花山院定好、同院使園基音、女院使堀河康胤に勅答幷に御返事あり、次に靑蓮院門跡尊純法親王昨日の禮を述べ、退去の時、公は下段まで送つた。終つて、今出川經季、飛鳥井雅宣、阿野實顯三人一同、次いで園基音、花山院定好、堀河康胤、高倉永慶四人一同、いづれも自らの辭見をした。かくて公は奥に入り、白書院次之間に於て經季以下に種々贈り物が渡された。また竹千代よりも經季以下へ贈り物があつた。以上のほか北面、出納の輩、攝政二條康道及び一條昭良の使者等へ、銀、時服を給はること差あり、一同は不日歸洛の途に就いたのである。

五月五日、天海大僧正日光山より歸謁し、十五日、公は日光山祭會の無事終了したるを賀し、且つ天海を饗するため、江戸城に能樂を張行した。

巳刻〇午前十時　公、大廣間に出座、天海と對顔あり、能初は酒井河内守忠淸が役した。能組は、高砂今春　八嶋觀世　東北金剛　國栖左京　祝言今春

であり、三番過ぎて中入となり、この間に天海に七五三の饗應あり、猿樂衆には、帷子、單物幷に靑銅を給うた。かくて、日光山東照社祭禮、法會、社參等の諸行事はすべてを終へたのである。

十　慶安元年（一六四八）四月日光社參

慶安元年（一六四八）四月十七日は家康公の三十三回神忌に相當した。家光公はこの月、日光に社參した。これが公の社參の最後であつた。

朝廷に於ては三月五日、日光臨時奉幣發遣日時定を行ひ、前參議竹屋光長を奉幣使、左近衞權中將松木宗良を奉幣使次官に定められた。ついで八日には日光例幣使發遣日時定が行はれ、參議右衞門督平松時庸を例幣使と定められた。

幕府に於ては、すでに閏正月十二日、留守居番筒井内藏忠重を日光山に遣し、二十二日、家光公は阿部豐後守忠秋、阿部對馬守重次を召して日光山の事を議することあり、二十三日、四月日光社參あるに依り保科肥後守正之その他に山中勤番以下を命じた。

二十五日には松平越後守光長、保科肥後守正之、松平右京大夫賴重、井伊掃部頭直孝、同靱負佐直滋、毛利甲斐守秀元、松平大和守直基、石川彈正大弼廉勝、戸田釆女正氏信、醫員岡本玄琳介球、野間三竹成大、淸水龜庵瑞室、吉田意安宗恪、高木玄濟正長、其の子安竹正村、津輕左馬助建次、兼康安齋元泰、河島周庵茂繼、岡本伯典重長に日光山扈從を命じ、更に二十六日、目付喜多見久大夫重勝、村越七郎左衞門正重等に扈從を命じ、二十七日、小性組進藤九左衞門正忠等に權《かり》に押後を命じ、旗奉行筧助兵衞爲春は老病に依り其の子勘七郎元勝に扈從を命じた。

二月十日、稻葉丹後守正則に日光山御參の間小田原に在封し、嚴に關を守るべき事を命じて暇を給し、大坂城代は去る正保四年（一六四七）十一月十四日、阿部備中守正次卒して後、未だその職を補せぬが、これはなほ精しくその器を選んで命ずべきを以て、日光山御參の間、永井日向守直淸大坂城に赴き、大小の事を計り、故正次が家臣らもその儘邸内に居らしめ、年來の正次の政令を亂さずして指揮し、若し人數を用ふるの必要生ぜば、直淸、正次の家臣等を引率して執り行ふべき旨を命じた。

二十三日、家光公は昨日に引つづき黑木書院にて年頭の勅使武家傳奏權大納言今出川經季、同飛鳥井雅宣、仙洞使前大納言小川坊城俊完、新院使前大納言清水谷實任各卿を引見したが、やがて公の日光登山あるべき旨を聞しめしての主上よりの御餞として薫物、院より同じく五色絹、香具箱、各太刀目錄を添へて拜領し、またこの度毘沙門堂門跡公海任大僧正の事、執奏のままに宣下あり、滿悅の旨を兩傳奏に傳へ、公海をも召してその事を傳へられた。

二十四日、この度の日光社參により、諸大名餞の進物定制を令し、四十萬石以上は、袷にても道服にてもその數十、二十萬石以上は、三襲、十萬石以上は五、五萬石以上は三、三萬石以上は二。もし調度を獻ぜんと思ふ者はこの定數に比すべき品を獻ずべしとのことであつた。

この月、江戸市中に、社參の間、怪しげなる船の河渠を通過するときは査檢を遂げ、速かに訴へ出づべきことを令し、また日光の驛路に、直訴を禁ずること并に防火、町木戸、火賊に關する法度を下した。大成令。

四月二日、諸大名より定制に從ひ、家光公及び家綱公に餞の品々が獻ぜられた。しかし、家光公の歸府の後にせらるべきであつた家綱公の社參は、四月二十四日に至り、衆人の疲勞を顧慮された家光公の意により延滯し、その實現したのは明年（一六四九）四月である。この日、松平出雲守勝隆には公、社參の旅中休憩所のことを掌るべきことを命じ、大目付兼松彌五左衞門正直、蜷川喜左衞門親房に先だつて登晃し、扈從の輩、從者の員數を計量すべきことを命じた。ついで三日、酒井忠清、榊原忠次、松平定綱、戸田左門氏鐵、石川主殿頭忠總、內藤忠興、水野忠善、土岐山城守賴行、井伊兵部少輔直好、植村家政、太田資宗、松平勝隆、水野備後守元綱、秋田河內守俊季、內藤志摩守忠重及び諸物頭等を城中に召して日光在山中の法令を授け、尾、紀、水三家并に井伊直孝、松平光長、保科正之、松平直政、松平賴重、松平直基、松平但馬守直良、毛利秀元、土井利隆、奧平忠昌、朽木稙綱、三浦安次には、それぞれ家臣を召して傳へしめた。またこの日、扈從并に從者の衣服、武具、調度等の華美にわたるを禁じ、軍役の制を定め、また諸大名従者の制、二千石以下の旗本の従者の制、宿賃及び駄賃の制を定め、六日には扈従の小納戸伊藤安兵衛正次、梶金平定良以下に賜金、賜物のことあり、(この後もあつたが、一々記さない)九日には公の在山中に於ける府內消防に闢する法令を下し、十日、酒井紀伊守忠吉等に江戸城門勤番の條令を授けた。

家光公の社參首途は恒例のごとく明後十三日であつたので、十一日に、尾、紀、水三卿、前田利常、池田新太郎光政、松平萬千代丸、上杉喜平次綱勝等公に謁見し、留守を命ぜられたる阿部忠秋、榊原忠次はじめ各門、海邊の勤番、防火を命ぜられた輩を召して面命する所あり、また在府の諸大名は悉く登城して奏者に謁して退出した。家綱公よりは、扈従の久世廣之等に時服を賜ひ、小十人組頭以下に賜銀のことがあつた。江戸城留守、同西丸留守中のことを規定した黑印狀も下付された。

十二日、公は增上寺の秀忠公靈廟及び崇源院淺井氏の靈牌所に詣して辭見し、また旅中、輿の前後に騎馬して扈従すべき者を定め、これら扈従の士に法度二通を下して規制するところがあり、中奧小性秋元隼人正忠朝、朝岡出羽守國孝にも輿の左右騎馬の列に加はつて扈従すべきことを命じた。

十三日はいよいよ公の社參首途の日であつた。まづ家綱公より奧に於て饗膳を進め、扈従の堀田正盛、松平信綱等及び物頭、目付、使番等にも饗膳を賜うた。次いで御座の間に於て公に吸物、酒を進め、正盛、信綱、忠秋を召して盃を賜ひ、次に黑木書院に於て榊原忠次、松平和泉守乘壽を召して留守の事を面命し、廊下にては近習衆、大廣間には譜代衆、門番の輩はその所々に於て公を見送つた。保科正之、酒井忠淸、公を先導し、正盛、信綱、後を押して出駕した。時に辰下刻〇午前九時であつた。實に莊嚴威儀巍々たるものがあつた。朝より降つてゐた雨も午刻〇午後過ぎてから快晴となつた。

平柳錫杖寺にて晝休あり、住僧に銀十枚を賜ふ。家綱公よりの使松平內藏助正成伺候し、公は正盛、忠重、勝隆を召して伴食せしめた。岩槻城主阿部重次はお迎へとして參謁し、先だちて居城に歸つた。申刻〇午後四時公は同城に入つたが、重次は服中の故に祝膳幷に獻物のことを遠慮したのであつた。古河城主土井遠江守利隆が參謁した。千代姫、清泰院德川氏〇前田光高室の使も魚物を獻じた。

十四日、辰後刻〇午前九時岩槻城を出で、幸手驛にて晝食、未刻〇午後二時古河城に入る。公はいささか腹を病まれたので、祝膳を食せず、宇都宮城主奧平美作守忠昌、同大膳亮昌能來り謁した。尾、紀、水三卿は使をもつて魚物を獻じ、公の氣色を候する所があつた。十五日微雨、宇都宮城に泊る。忠昌、若干の獻物をなし、賜物あり、毛利秀元、井伊直孝、保科正之、松平賴重ここに公を迎へた。

十六日、この日も微雨、日光山に於ては東照宮の神前に卯刻〇午前六時例幣使參議平松時庸、臨時奉幣使參議竹屋光長、仙洞贈經使參議三條西實敎、新院贈經使參議橋本實村、女院贈經使三位山本勝忠及び權大納言小川坊城俊完參殿、奉幣、贈經の式あり、了つて俊完、仙洞宸翰の御製を持參し、神前に備へ、毘沙門堂公海これを受取り內陣に納めまつつた。この御製は、東照宮の三十三回忌を弔ふ歌といふことを一字づつ每首の頭におきて詠ませたまうたもので、世に木綿襷の躰と稱するものである。神馬三疋も牽進せられた。かくて未刻〇午後二時公は晃山に着いた。山中勤番幷に公卿、門跡の饗應使等は山菅橋邊に、酒井忠勝、松平正綱、杉浦內藏允正友、曾根源左衞門吉次等は御殿の前に公を迎へ、毘沙門堂門跡公海は御殿に參上し、二條前攝政康道、日光輪王寺門跡尊敬入道親王、幷に諸門跡は使をもつて公の登晃を賀した。この夕、東照宮の神輿三座を假殿に移しまつつた。

十七日、昨夜來の雨は辰刻〇午前八時に及んで名殘なく晴れ、東照宮恒例の祭禮が行はれた。人々は神感の程を歡喜したのであつた。先づ神木を宮内に納め、毘沙門堂門跡公海神輿御迎に參り、神前に於て延年の舞あり、門跡退出して神幸となる。松平正綱、杉浦正友衣冠歩行にて供奉し、神輿の左右に戸田久助貞吉、阿部新四郎重勝布衣を着し、鷹を臂にして供奉した。この鷹は二つともに双びなき逸物なので殊に公の寵愛した所であるが、狩は東照公の平日好む所であつたので、これを神鷹に供し、放たるることとなつたのである。

公は神幸を觀るため、肩衣袴にて棧敷に出で、尾、紀、水三卿はじめ一門、譜代の衆これに從ひ、二條康道以下、諸門跡、公家衆等は別屋を構へて拜觀した。神輿還幸の後、瑞籬の中に於てかの双鷹は放たれたのであつた。

かくて公は束帶にて參宮あり、高倉永慶衣紋を、土御門右衞門佐泰廣身固を役した。扈從の輩はみな束帶、前駈隨身、諸大夫行列例の如くであつた。公は銅鳥居の前にて轅を下る。松平光長、毛利秀元、井伊直孝、保科正之、松平直政、松平賴重、松平直基、酒井忠清、松平信綱、大澤基重等は瑞籬の邊に迎へ謁した。

公、膝突に着くや、公海奉幣の役を務め、公、神前の左に着座あり、尊敬入道親王右の方に着座、三卿次々に拜して階下に下る。時に吉良義冬一切經進薦の事を言上す。この一切經は東照公在世の時、天海大僧正の願に依り、東叡山にて開板を命ぜられたものであり、この頃全部剞劂の功成り、五百餘函を神前の西方に陳設して備えたのである。事了つて公は御殿に還つた。

その後、未刻〇午後二時奧院寶塔前にて戒灌の式あり、事了へて、酒井忠勝を使として尊敬入道親王に銀三百枚、袷二十領、公海へ銀二百枚、袷二十領を贈つた。

十八日は東照宮拜殿に於ける法華八講の第三日に當つた。そもそも日光山に於てはこの度、家康公三十三回神忌に當り、山門、三井の諸門跡、公家衆參向し、去る十一日、故大僧正天海（天海は去る寬永二十年（一六四三）十月二日寂したのであつた。）に慈眼大師と追謚し、勅使少納言五條爲庸がその廟に莅んで詔書を賜うたのをはじめに、十三、十四の兩日法華八講が行はれ、今日を第三日とし、二十二日を第四日、二十三日の第五日を以て結願したのである。ほかに數々の法會が行はれた。

さて十八日の第三日は、第五卷を講ずる日なるを以て、殊に道場の莊嚴を盡し、證義、講師幷に聽衆、威儀師の座、着座公卿幷に堂童子の座等を例の如く設け、東の方二間を家光公聽聞の座とし、北上西面に座を構へ、同庇の南二間を尾、紀、水三納言の座とした。東上北面である。瑞籬の外、座上左右に樂屋が設けられた。

今日は群參の公卿、殿上人みな一日晴の染裝束を着した。奉行裏松左少辨資淸以下の役人早參し、二條康道以下の公卿は辰刻〇午前八時より參社した。すなはち着座の公卿は康道はじめ今出川經季、飛鳥井雅宣、野宮權中納言定逸、中御門權中納言宣順、平松參議時庸、三條西參議實教、橋本前參議實村の各卿、門跡は一の證義たる尊敬入道親王はじめ妙法院堯然、梶井慈胤、曼殊院良尙、聖護院道晃各入道親王、靑蓮院尊純法親王、毘沙門堂公海、實相院義尊、圓滿院常尊等が勤仕した。僧綱、講師、聽衆、諸役の殿上人、堂童子等着座して後、家光公はこの日の作法を觀るため束帶にて參宮した。

講師、讀師、禮盤に就き、伶人庭上にて樂を奏して式はじまり、散花、大行道、禁裏、仙洞、新院、女院、家光公、家綱公の捧物等それぞれ殿上人これを捧げ、大行道了りて、諸門跡以下もとの座につき、公卿らも同じくもとの座について花筥を取納む。殿上人も皆階を登り、西の平張の座につく。武家の諸大夫十七人束帶して瑞籬の内に入り、官務、外記、出納以下の官人は階下に候した。この時、公は神樂所を出で、便道より東の階を經、聽聞所に入る。毛利、井伊、保科、酒井等の人々從ふ。尾、紀、水三納言は自ら簾をかかげて閾の内に入る。松平光長もその末に從つた。かくて威儀師第五卷を持ち出で、講師最敎院晃海の前に置く。日嚴院堯憲問者として論議はじまり、尊敬入道親王、今年わづか十五歳にて明かに證議を勤めた。この間庭上にて舞樂を奏す。振桙、左萬歳樂、右地久樂、威儀師磬を打ち、講師高座を下り、本座に復す。これより松平勝隆、新庄美作守直房奉行して被物の事あり、門跡以下衆僧退出、伶人長慶子を奏す。次で殿上の公卿、殿上人、座上の役人すべて退去し、公海のみ殿上に留る。三家は緣に退き、侍從以上の武家いづれも庭上に退いて後、公、起座して神前に參り、膝突に着きて拜あり、長光の太刀、馬を進薦し、公海奉幣を勤め、三納言陪拜して庭上に退く。かくて公は內陣に入り、神酒を頂戴し、仙洞進薦の御製和歌を拜覽して御殿に還つたのである。

この日、藥師堂に於ては修學院權僧正傳海導師として新刻の一切經轉讀あり、護摩堂に於ては養源院竹翁、法門坊昌盛、藤本坊亮慶、護光院空憲、安居院盛憲により五壇の御修法が行はれた。また本宮に於ては左に別に壇を構へて金剛院僧正兼空により十八神道宗源行事、三元護摩、三壇の法が修せられた。兼空は卜部家の出であつた。

十九日、藥師堂に於て曼荼羅供が行はれた。諸門跡階を登る時、花瓶に向ひ灑水、薰香の儀あり、既にして康道以下の公卿みな束帶して、南庇に西上北面して着く。左右の堂童子南北の緣の座に着く。その外の殿上人は南緣に列す。時に伶人鳥向樂を奏し導師を迎ふ。導師毘沙門堂公海參堂し、南方導師の座に着く。

この時、家光公、束帶にて參堂あり、扈從の人々もみな束帶であつた。銅鳥居の下にて轅を下り、階を上り、緣上を右へ聽聞所に入る。尾、紀、水の三納言、松平光長、緣よりめぐり、閾の內に入つて着座す。次に毛利、井伊等の參議、中將、少將、侍從の武家右の緣に候し、隨從の人々は庭上に蹲踞す。諸門跡は證誠の役をなす。四智讚は靑龍院亮盛、北の坊着座、讚は靜慮院、唄匿は南の坊、散花は最敎院晃海、供養文は現龍院亮傳、唱禮は雙嚴院豪倪、九方便は惣持院、常照院實俊、大讚は東光院、佛讚は覺林坊、早讚は三敎院、鐃は歡善坊、覺任坊、鈸は花藏院、善任房、灑水は行光坊、二十四口讃衆は若王子僧正澄存であつた。堂童子花筥を賦り、樂行事下冷泉爲景、小倉季雅譜目を示し、伶人幄屋を出でて階下に舞樂を奏す。振桙、左伽陵頻、桃李花、抜頭、右胡蝶、登天樂、還城樂、了つて堂童子花筥を撤すれば、導師禮盤を下り、本座に復る。次で被物あり、奉行松平勝隆、新庄直房がこれを沙汰した。

かくて公は奥院に赴く。先導は酒井忠勝、松平正綱。毘沙門堂公海豫參し、他の諸門跡は何れも堂上に留まる。井伊、保科、酒井はじめ宿老、少老、高家、幷に側近の人々のみ扈從す。ほかは皆本社瑞籬の邊にとどまる。塔前拜禮の時は公海のみ侍し、了つて公の御殿に還るや、諸門跡退出。時に伶人長慶子を奏し、公家衆も次第に退出したのである。

この日、本宮神前に於て一切經轉讀あり、僧徒百二十口、導師は惠心院權僧正であつた。なほ公はいつも社參の例としては二十日朝が歸路に就かるる期日であつたが、思ふ旨あり明日なほ滯留あるべき由の沙汰があつた。

二十日、公は慈眼大師祠堂に詣した。直垂にて轎に乘り、扈從の者もみな直垂であつた。日光門跡尊敬入道親王、毘沙門堂公海は伴僧十餘輩を從へて豫參した。公は香奠銀百枚を供へ、燒香終つて左の方に着座、尊敬入道親王竝に公海は右方に着座す。衆僧は緣に着座、尊敬入道親王導師にて懺法を行ふ。かくて公は御殿に歸り、長袴に改め公卿等を引見した。

先づ今出川經季、飛鳥井雅宣謁して退き、次に二條康道對面あり、御追遠、御作善殘りなく行はれ、殊に康道が法華八講に心を盡したことを慰勞した。次に妙法院、聖護院、梶井、曼殊院、實相院、圓滿院各門跡對面、次に例幣使、臨時奉幣使、贈經使、諡號使みな謁見し、次に月卿、雲客悉く謁見した。次に小川坊城俊完を召し、仙洞より進薦の御法樂の御製を拜覽し、畏り入つた旨を傳へられ、次に高倉永慶父子、尊敬入道親王、靑蓮院門跡、毘沙門堂門跡等謁して退く。

ついで公は半袴に改め、重ねて出座。尾、紀、水三卿謁見、公より法會殘る所なく遂行され、滿悦の旨の言葉あり、次に松平光長、次に毛利秀元はじめ參議、中・少將、侍從の人々、次に山中勤番、公卿、門跡の饗應使等謁して退出した。

夜に入り酒井忠勝、松平信綱を召し、明日江戸に還るべきことを傳へ、忠勝には法華八講終るまで在山すべきことを命じて盃を賜ひ、その外山に留まる輩に、お流れを下された。また松平正綱、杉浦正友、曾根源左衞門吉次、久世廣之、大目付兼松彌五左衞門正直、目付石河三右衞門利政には、なほ山中に留まつて萬事沙汰すべきことを命じ、各謁見して退出したのであつた。

この夜、日光、妙法院、毘沙門堂三門跡は藥師堂に於て灌頂、灑水の儀を行うた。御法會記。

二十一日、卯刻〇午前六時公は堀田正盛、松平信綱等を從へ參宮あり、寶塔にも詣で、辭見した。毘沙門堂公海が豫參した。かくて公は山を下り、酒井忠勝、松平正綱は麓まで送つた。後、忠勝は二條康道及び諸門跡の許に至つて公發輿の事を告げた。吉良義冬が之に從つた。

公は鹿沼にて晝休あり、朽木稙綱膳を獻じ、その他にも獻物、賜物あり、宿城は壬生であつたが、城主三浦甚太郎安次、公を饗し、獻物、賜物あり。この日、日光山に於ては三摩耶戒灌頂、胎藏界灌頂等が行はれた。御法會記。

二十二日朝、公は壬生城を出發した。時に家綱公の使小十人頭宅間伊織憲之が公に謁見した。晝は古河の茶亭に休憩あり、土井利隆、公を饗し、夜は岩槻城に宿る。城主阿部對馬守重次、公を饗した。獻物、賜物のことは一々記すまでもない。この日、日光にては法華八講第四日、また夜は藥師堂に於て金剛界灌頂相傳があつた。

二十三日朝、公は岩槻城を出で、午刻〇正午江戸城に歸着した。譜代の大小名、いづれも大手前に公を迎へ、門番の輩は各〻その守る所に於て公に謁した。家綱公は黒木書院に父君を迎へ、饗膳を進めた。この日は朝から雨模様であつたが、公が着輿の後に降り出したので人みな歡呼したといふ。

日光山に於ては法華八講が結願し、事了つて諸門跡、兩傳奏以下の月卿・雲客いづれも參宮奉幣した。夜は藥師堂に於て妙法院、毘沙門堂、日光三門跡によつて胎金合行灌頂が行はれた。榊原日記、御法會記。

この度の東照公第三十三回神忌に法華八講の行はれたのは、かねて天海大僧正が生前、神前に於て法華問答を執行し、追善に備へたき旨を家光公に請うて居たので、今度の神忌法會を幸ひに常例の外に八講を加へ行うたのである。これは明徳年中、等持院贈相國足利尊氏の三十三回の法會に、足利義滿が相國寺に於て法華八講を行うた先蹤に從つたとも言へよう。この度、下冷泉中將爲景は法華八講の記をしるして奉るとて左の歌を詠んだ。

山もけふ名にはかくれず出る日の光を花とちらす御法に

二十四日、家光公は增上寺の台徳院靈廟、崇源院淺井氏靈牌所に參詣し、無事三十三回神忌に列して歸城したことを告げた。去る十二日、日光へ首途の前日に同じく詣でて辭見したことと併せて恒例のことながら公の孝心深きを想はしめるのである。公は歸城の上、松平和泉守乘壽を召し、今度公卿・門跡等神忌の間久しく在山し、辛勞尠からず、法會結願せば速に參府あるべき旨を言ひ遣ることを命じ、また、家綱公引つづき參宮あるべき豫定であつたが、衆人の疲勞を思ふによつてこの月は延滯し、その定限は重ねて令すべき旨を令した。家綱公社參のことはこの年つひに實現せず、明年（一六四九）四月に行はれた。

幕府よりは書院番靑山藤右衞門幸正を使として日光に遣し、酒井忠勝を慰勞し、翌日は目付花房勘右衞門正盛を遣した。

二十四日は日光山に於ては早朝より萬部轉讀あり、國々より來り參ずる衆僧、六千口に餘つた。

二十五日、黒木書院に於て、德川光友、同光貞、同光圀の尾、紀、水三世子が公に謁し、在府の諸大名は白木書院にて謁見のことがあつた。そして公還城の祝として二萬石以上二種一荷、十萬石以上二種二荷、四十萬石以上三種二荷づつを獻じた。また伊勢の春木大夫はこの度の公の社參により、御祈の符籙、熨斗を獻じた。

日光山にては萬部轉讀昨日の如く、今日結願した。よつて孔方三萬三千貫を布施し、御殿にて公卿、門跡等を饗し、本坊に於ては日光門跡へ布施銀二千枚、毘沙門堂公海に銀千五百枚、僧正、院家、衆僧に施物若干あり、また山中谷の者へ銀六千二百枚餘を分ち、また江戸より日光山までの驛夫等へは官米若干を施したので、その恩澤の洽きを歡喜せざるはなかつた。

二十六日、前田中納言利常黒木書院にて公に謁して歸城を賀し、家門幷に諸大名も、樽肴を獻じてこれを賀した。奥平忠昌、同昌能、松平賴重は日光山より歸謁した。この日神忌に因り全國に大赦を行うた。伊勢大湊の角屋七郎次郎は去る二十三日晃山より歸途の家光公に訴狀を捧げ、四百斛積の船の諸國湊出入諸役免許の朱印を代々の例に任せて下付せられんことを請うた。卒爾に訴狀を捧げたことは罪せらるべきであるが、祖先の忠勤もあり、神忌の折なるを以てその罪を宥め、例のごとく朱印を賜うた。

日光山に於ては今明兩日法樂の猿樂あり、公卿、門跡等に見物せしめた。能組は二十六日は、

翁觀世左近大夫　白鬚觀世　淸經今春　采女七大夫　是界觀世　花月今春　融七大夫　高砂觀世

で、開口佳詞は進藤權右衞門尉が勤めたが、

夫扶桑國中おたやかにして、天照す日も長閑なり、君臣道をこなはれて、四海波又しつかなり、十雨五風おりをたかへす、ありかたかりし寶前かな。

といふのであつた。二十七日の能組は、

翁今春太夫　賀茂今春　實盛七太夫　湯谷（熊野）觀世　三輪今春八左衛門尉　櫻川觀世　鉢木七太夫　猩々今春

であつた。忠利宿禰日次記、東照宮三十三回御忌記、日光山修善雑記乾。

二十八日、月次の登城を停め、酒井忠勝いまだ旅中にあるを以て中根正盛をもつて梅首鶏を給うた。翌二十九日には公は老臣及び今度扈從した目付の輩を召して諸士旅中の臧否を尋ねた。

五月朔日、東福門院より御使あり、公の歸府を賀せられ、五山、東福寺よりも同じであつた。酒井忠勝は日光山より歸謁して盃を賜うた。二日、尾、紀、水三卿より樽肴を獻じ、社參以下滯りなく終へたことを賀した。

この日、武家傳奏今出川經季、飛鳥井雅宣が日光より參府したのをはじめとして、二條康道以下日を追うて公卿、門跡等江戸に參府したが、公はその都度使を遣してこれを慰勞した。そして五月四日には、吉良義冬にこの度の日光山法華八講の作法を繪圖に作製して奉るべきことを命じ、その繪は狩野探幽守信に命じた。五日、今度日光へ參向の伏原前少納言賢忠が古河の旅舍に病臥したので、その願に任せて池田新太郎光政の家醫及圓を遣し治療を施さしめた。

八日、日光山より參府の公卿、門跡等を引見した。次に前關白九條幸家時服十、太刀目錄を進じて對面あり、その家司も謁した。以上の人々は二の丸へも到つて家綱公に謁して退出したのであつた。

十日、公は微恙あり、諸大名登營してこれを候したが、晩に及んで驗があつたので、明日は出仕することを停められた。十一日は、公卿、門跡等は増上寺に詣した。

十二日、公卿、門跡饗應の猿楽あり、公は辰刻〇午前八時長袴にて大廣間に莅む。尾、紀、水三卿・三世子、井伊直孝、保科正之等譜代の御家人以下諸士出仕し、三卿・三世子挨拶ののち、酒井忠清、吉良義冬、間の襖障子を開き、公卿、門跡各對面して今日の饗應を謝した。今日の能組は、

式三番　高砂観世大夫　田村金春大夫　東北寶生大夫　龍田金剛大夫　祝言養老観世三十郎　狂言三番。

式三番過ぎて公は奥に入り、田村が濟んで、家綱公出で、三卿・三世子挨拶して退き、公卿、門跡等對面あり、東北が終つてから奥に入る。ついで要脚五百貫を猿楽に纏頭あり、大夫は唐織、その餘は時服にて二百餘人に及んだ。かくて饗應あり、二條康道、日光門跡その他諸門跡、今出川、飛鳥井兩傳奏、小川坊城、清水谷兩權大納言列座、ほか公卿殿上人いづれも七五三の膳が設けられた。攝家、門跡幷に公卿の座へは、家綱公より松平和泉守乘壽を以て盃の臺を賜うた。尾、紀、水の六卿へは黒書院にて振舞あり、僧正、院家一座にも饗あり、別座に於て東本願寺光従・光瑛父子、高倉永慶に飲食を進め、其他列參の御家人、幷に公卿、門跡の家司、坊官、地下、北面に至るまでみな沈醉した。芝居にて見物の江戸町人にも役人等折櫃を配り與へ、鳥目若干を與へた。饗應終つて、公卿、門跡等各本の座に出で、祝言の能過ぎて、尾、紀、水六卿勝手口より公に謁して退き、次に酒井忠勝、吉良義冬、間の襖障子を開き、公卿、門跡等今日の能樂饗應の事を謝して平伏し、公は奥に入り、各退出した。この日、観世新九郎の子某、はじめて皷を打つたが、その藝奇特なりとて、特に時服を授けられた。今日の饗應は第三十三回御神忌にふさはしい盛大なものであつた。

十三日、妙法院堯然入道親王、曼殊院良尚入道親王へ酒井忠清を使として銀千五百枚宛、聖護院道晃入道親王、實

相院義尊へ堀田正盛に高家大澤右京亮基重を副へて遣し、道晃入道親王に銀千五百枚、義尊に銀千三百枚を贈り、家綱公よりは以上四門跡へ各時服三十を贈つた。これらはすべて歸京への餞であつた。

十六日、公家衆辭見のため登營す。公は巳刻〇午前十時烏帽子直垂にて白書院に出座、兩傳奏はじめ、仙洞、新院、女院等の御使に、まづ歳首御賀儀の御返詞あり、またこの度の勅會について公卿、門跡等懇ろに勤仕したることを深謝の旨、禁裏、仙洞へよく奏すべき事を託し、また小川坊城俊完に對しては、後水尾院より、日光山東照宮に御製の和歌を納めたまうたことを謝し奉り、次に例幣使平松時庸、臨時奉幣使竹屋光長、院の贈經使三條西實教、新院贈經使橋本實村、女院贈經使山本勝忠、慈眼大師諡號使五條爲庸等謁見し、各謝答を傳へられた。

次に四辻公理以下公卿・殿上人謁見あり、下冷泉爲景は家を再興して、新たに稱號を賜はつたことを謝した。爲景は家康公にしばしば經書を進講して功のあつた惺窩藤原肅の子である。終つて家光公は下壇に出で、次の間に列參の御家人平伏のうちに奥に入つた。その後、白書院次の東の間に於て、今出川經季、飛鳥井雅宣の兩傳奏に銀千枚宛、以下それぞれ公卿に賜物あり、家綱公よりも兩傳奏以下に物を贈られた。

以上の人々は二の丸にも登り、家綱公に謁して退出したのである。かくて彼等は日を追うて歸洛の途に就いた。利忠宿禰日次記、慶安日記、御當家記年錄、東照宮三十三回御忌記

ついで二十四日、日光山の法會に關與したる代官等三十六人に金、時服、羽織を給うた。二十六日、去年より、未だ幼弱なる日光山輪王寺門跡尊敬入道親王の師傅として在府し、日光山の御神忌にも參向した靑蓮院門跡尊純法親王に歸洛の暇を給し、尊純法親王は二十七日登城し、家光公に辭見したが、公は親王の尊敬入道親王敎導の勞を褒し、寺領三百石を加增し、醫員井上玄徹に護送を命じた。そして親王歸寺の後、酒井忠勝を使として新刻一切經を贈られ

た。この一切經は故慈眼大師が歿前上梓するところであつて、親王の懇請を容れたのである。慶安日記、青蓮院文書。

六月朔日、日光神忌勅會の謝使を吉良義冬に命じ、主上に銀五百枚、綿五百把、仙洞へ銀千枚、綿五百把、新院及び東福門院に銀三百枚、晒布百匹づつを進獻し、禁裏、仙洞へは新刻の一切經をも贈進した。家綱公よりは禁裏、仙洞へ縞珍五十卷づつ、新院及び東福門院へは縐紗五十卷づつを奉つた。そして義冬に東福門院に進めらるる内書を授け、例に倍して金二十枚を與へたのであつた。義冬は八月朔日、歸謁して主上、仙洞、新院、女院よりの御返答を言上したのである。

三日、東照公第三十三回神忌に依り、かねて勘氣を蒙つてゐた酒井因幡守忠知、德永下總守昌勝等十四名を免じた。また久野左門宗辰、中根權兵衞某、その弟二人は國免許、小澤次郎右衞門重長は島免許あり、この人々は五日、始めて登營し、老臣に謁して退出した。慶安日記。この日、同じく神忌に依り、先年蟄居せしめられた高野山學侶無量壽院澄榮、寶性院政算、行人見樹院立佺を免じた。しかし歸山のことは重ねて命ずべしとのことであつた。

越えて十一月二十八日、この四月、日光山に於て東照公第三十三回神忌滯なく行はれ、社參も無事濟ましたことを祝ひ、江戸城中に於て猿樂が行はれた。公は辰刻〇午前八時長袴にて大廣間に出で下壇に着座、勝手口より紀伊參議德川光貞が進み出でて謁したほか、伊達陸奧守忠宗、毛利甲斐守秀元、佐竹修理大夫義隆以下諸大名、譜代の御家人、その外列參の小名等一同、公に謁した後、猿樂が始められた。能組は、

式三番　高砂觀世太夫　田村寶生太夫　芭蕉金春八左衞門　善界觀世太夫　祝言觀世大夫　狂言廂生　比丘貞

であつた。三番過ぎて要脚五百貫を猿樂二百人に纏頭された。事畢つて饗應あり、諸大名の座は白書院東の間、諸大名の家督幷に無官の輩は櫻の間、御家人及び小名は柳の間に列座し、德川光貞は竹の間にて別に饗應された。いづ

れも鶴の羹であつた。三獻に及んで、家綱公より松平乗壽を使として盃の臺を諸大名に給し、饗應終つてみな本の座に復し、猿樂を見物す。祝言過ぎて光貞は謝して退き、襖障子が開かれ、諸大名以下猿樂、饗應を謝して伏拜した。

この時、家光公より

當年東照宮三十三回忌御心のままに遂行はるるのみならず、正月廿四日は台徳院殿○徳川秀忠公十七年忌增上寺にて淨土三部經萬部執行せられ、三月六日は廣忠卿○松平、大樹寺殿。百年忌にあたり、參州大樹寺にて淨土三部經千部を讀誦せしめ、九月十五日は崇源院殿○家光公の母公淺井氏二十三年忌增上寺にて、また萬部經仰付けらる。かかる大法事、方々にて沙汰し給ふといへども、いささかも障なき事を御滿足に思召。東照宮三十三回御忌記。

旨の言葉あつて、奥に入られ、一同退出したのであつた。慶安日記。

翌二十九日も引續いて猿樂饗應が行はれた。この日は旗本の諸士悉く召されたので、各早朝より大廣間に群參し、その數夥しく、さしもに廣き殿內、板緣に居餘り、假に構へた庇廾に平張に至るまで充滿した。

松平信綱、阿部忠秋、阿部重次は家光公の命を承け、昨日、公が述べた言葉と同樣の旨を旗本歷々の輩に申渡し、奏者番、番頭等の役人、其の趣を順々に傳へた。皆感悅せざるはなかつた。

巳刻○午前十時家光公は長袴にて出でられ、大廣間下壇に着座あり、襖障子を開くや、諸士一同平伏す。この時、公より昨日、諸大名に述べたと同じ旨を示諭し、事終つて簾を揚げ、猿樂始まる。能組は左の如くであつた。

式三番　老松觀世太夫　屋島金春八左衛門　東北寶生太夫　紅葉狩金春八左衛門　祝言寶全太夫　狂言　粟田口　柿山伏

二番の能始まる頃より、群參の輩、類を分ち、品を揃へて代る代る飲食し、鶴の羹の料理を給うた。

やがて公も奥に入り、祝言の能過ぎて一同悉く老臣に謝辭を述べて退出したのであつた。兩日にわたつて、家門、諸大名より旗本の末々に至るまですべてを召して猿樂、饗應のあつたことは實に盛擧といふべきで、東照宮三十三回御忌記の筆者は、

凡兩日の經營治具、古の大饗といふともいかてかこれに及ふへきと、御恩惠のふかきことをいたゝき、あふき奉らすといふ事なし。誠にをひたゝしき盛擧なるへし。

と記してゐるが、決して過大の言ではない。

四月神忌のはじめより、社參、つづいてこの饗應に至るまで、夥しき經費と人力とを盡して、家光公は大孝を申《の》べたのである。東照宮三十三回御忌記に、

東照宮の御ためなれは、大齋會事故なく御結願まします事御怡《よろこび》ふかく、御孝行の大なる道なれは、神明も甚た御納受し給ふへし。其感應のあまりに、神德の明なる事は、日月とひとしかるへく、國家益〻おたやかに、武門いよいよ繁榮におはしまさん事、天地と長く、かきりなかるへし。いと目出度御事也。

と記してゐるのは、他の神忌、社參にも及ぼして言へることで、まことに宜なるかなと言ふべきである。慶安日記、東照宮三十三回御忌記。

第十一章 薨去

一 公病む

(一) 一月中の經過

家光公は慶安三年(一六五〇)の暮頃から兎角健康が勝れなかつたらしく、翌四年(一六五一)正月元旦には不例のため諸大名の參賀を受けず、世子家綱公が代つてこれを受けた。二日も、四日も、五日も、六日も亦斯の如くであつた。しかしそれは微恙の程度で公式の座に出るのを避けねばならなかつたのである。慶安日記増補。

されば三日には午下刻〇午後一時品川邊に鷹狩をして酉刻〇午後六時に歸城し、八日には未下刻〇午後三時龍ノ口より乘船して淺草邊に放鷹し、酉刻〇午後六時歸城あり、人見私記にはこれを「御養生御タカノ」と記してゐる。十一日には午下刻〇午後一時千住邊に放鷹し、申刻〇午後四時歸城した。そして十二日には、昨日獲る所の鶴を禁裏及び仙洞に驛進した。また白鶴を松平伊豆守信綱を使として家綱公に贈り、家綱公は松平和泉守乘壽を以てこれを謝した。人見私記、慶安日記。

この日、酒井讃岐守忠勝、堀田加賀守正盛はじめ諸老臣、黑木書院に會し、醫員奈須玄竹恒昌、內田玄勝千里、吉田盛方院淨元等を召集して投藥のことを議せしめるところがあつた。

十四日には、公は內々で德松〇綱吉公を訪ひ、小豆飯の饗を受け、また座所に於て擊劍を觀、十六日には、病いささか快く、座所に於て劍法を試み、久世大和守廣之相手を奉仕した。この日狂言づくしをも觀たのである。慶安日記。かくの如く病中にあつても武事を忽にしなかつたことは、公の武將の統領としての平生の心構を見るべきであつた。

十七日、公は感冒のため、紅葉山東照宮には家綱公をして代參せしめ、十八日、醫員吉田盛方院淨元の灸治を受け、頗るその驗があつた。十九日、大歌舞妓勘三郎座の者を召してその俳優の技を觀、二十日、甲冑祝連歌興行には

月日くもらず長閑なる山〇第十五章參照。

の句を詠んでゐる。慶安日記、水戸記。

二十一日、この頃、病惱がつづいたので、酒井忠勝、酒井河內守忠淸、堀田正盛はじめ諸老臣は深更まで伺候したのであるが、やや快方に向うたので、この日これを免したが、二十二日、また病に惱み、忠勝、正盛、內藤志摩守忠重等は未後刻〇午後三時より奧に詰めるといふ有樣であつた。そして二十四日、增上寺台德院靈廟、崇源院靈牌所にも家綱公をして代拜せしめ、二十五日更に病が重つた。二十七日、日光門跡の家司を召して、東叡山東照宮正遷宮以前に同山常行堂の修理を加ふべき旨を命じた。この日阿部豐後守忠秋は公の病を慰さむるため、座敷の上にて的を興ずべしとて、弓矢に射垜を添へて獻じた。慶安日記。

このやうに家光公の病は一進一退した。その間にあつて公は、或は劍鎗の技を觀、或は放鷹し、或は俳優の技を觀た。就中劍鎗の技を最も多く觀、また自らも試みた。以下類を分つて、それらに就いていささか述べよう。但し既に記したところは再說しない。

1 劔鎗の技

二月二日、座所に於て劍法を觀る。慶安日記、水戸記。十六日、擊劍を觀る。水戸記。

二十四日、病間を慰めんため、大番頭池田帶刀長賢、持筒頭坪內半三郎定次、先手頭久世三四郎廣當、小十人頭渡

邊孫介久次、細井佐次右衞門勝茂、船手頭溝口半左衞門重長、柳生内膳宗冬、小姓頭小栗仁右衞門信由、堀十兵衞利重、溝口市右衞門重直、山本六右衞門邑綱、書院番近藤登助貞用、溝口源三郎某、中奥番士松平次郎兵衞淸行、富永孫左衞門師勝、溝口新左衞門常勝、新番梶新右衞門正直等を召して鎗劔術を觀る。慶安日記、水戶記。

二十六日、黑木書院に於て越後村松の處士山本加兵衞久茂を召し、その無遍流鎗法を觀、その後奧の座所にて池田長賢、久世廣當、書院番組頭岡野權左衞門英明、坪内定次、持弓頭兼松又四郎正尾等の劍法を觀る。この日家門幷に諸大名登營して公の病を候した。慶安日記、水戶記、人見私記。

三月二日、山本久茂の鎗法、溝口重長、柳生宗冬の劍法を觀、のち二の丸の櫓に至り、鞭打幷に乘馬を觀る。この日病やや快よかつたのである。慶安日記、水戶記、人見私記。　六日、紀州藩の擊劍者木村助九郎、居合拔多宮平兵衞を座所に召し、その拔を觀、兩人に時服一襲、銀十枚づつを給うた。慶安日記、人見私記。

十日、紀州藩の石野市藏、原田多右衞門を座所に召し、鎗法を觀、兩人に時服一襲、銀十枚づつを給ふ。慶安日記、人見私記。

十八日、水戶藩士伊東孫兵衞、木内安右衞門を座所に召し、劍術を觀、二人に時服一襲、銀十枚づつを給ふ。慶安日記、水戶記、人見私記。かくて翌十九日には尾張藩の劍法精練の士柳生兵庫の子二人を封地より召し寄すべき旨を命じた。

二十四日、座所にて藤堂大學頭高次の家士内海六郎左衞門、澤田甚右衞門の鎗法、永井信濃守尙政の家士山崎兵左衞門、同源太郎、桂原四郎左衞門の劍法を觀、六郎左衞門、兵左衞門に時服三づつ、甚右衞門、源太郎、四郎左衞門に同一襲づつを給うた。慶安日記、人見私記。

二十五日、松平〇伊達陸奥守忠宗の家士松林左馬助を座所に召し、劍術を觀、左馬助に時服三を給ひ、敵手を勤めた道與〇姓闕くにも時服一襲を給うた。慶安日記、伊達義山治家記錄、人見私記。

四月五日、尾張藩柳生伊豫の二子茂左衞門、兵助を座所に召し、繋劒を觀、二人へ時服一襲、銀十枚づつを給ひ、明日またこの二人を召して劒法を觀た。慶安日記、人見私記。

十一日、小笠原右近大夫忠眞の家士高田又兵衞、その子齋宮及び門生和光寺七兵衞を座所に召し鎗術を觀、十五日三人を召し、時服を給うた。慶安日記、人見私記。十四日、堀田正盛、柳生宗冬、朽木民部少輔稙綱、久世廣之をはじめ、小性の輩を召して劒法を試みしめた。慶安日記。これが武技を觀た最後であつた。

2 放鷹

二月七日、公は心地快然であつたので、淺草川邊に放鷹し、手づから狩るところの鴨一雙を酒井忠勝に賜うた。水戸記。忠勝は之を謝して、翌日、公及び家綱公に樽肴を獻じた。慶安日記。十三日、午後刻〇午後一時隅田川邊に狩獵した。慶安日記。この後病やうやく篤く、再び出遊のことはなかつた。

3 猿樂・歌舞妓・狂言

二月二十五日、公は二の丸に臨まれ、家綱公より歳首の饗を進めた。そして猿樂があり、能組は高砂、芭蕉、祝言の三番であつた。また歌舞妓勘三郎、彥作二人を召して、二人の双舞を觀た。この日の賀として松平越前守光通、松平出羽守直政、松平但馬守直長、松平藤松直矩、松平〇淺野安藝守光晟、松平下總守忠隆、井伊掃部頭直孝、酒井忠勝、酒井河內守忠淸、阿部豐後守忠秋、松平和泉守乘壽、奧平美作守忠昌、戸田左門氏銕等より盃臺を獻じた。慶安日記。ついで二十七日、二の丸に歌舞妓勘三郎、彥作兩座の俳優を召し、放下、枕返し等の戲を觀、水戸記。二十九日、二の丸にて彥作座の狂言を觀る。水戸記。

三月三日、上巳の節句の賀は家綱公が代つて受けたが、家光公は二の丸に於て歌舞妓を觀た。慶安日記。二十二日、二の丸に於て歌舞妓二座を觀る。酒井忠勝、堀田正盛その他の諸老臣召に應じて陪觀した。慶安日記、水戸記。四月十日、座所に於て猿樂を觀た。能組は釆女、藤戸、櫻川、國栖、舟橋、葵上、楊貴妃、狂言一番おこさこであつた。このうち藤戸は永井日向守直清が勤めた。慶安日記。かかることも、この日を最後としたのであつた。

(二) 二月以後の經過

二月朔日、公は日光、久能兩東照宮の御鏡をいただき、日光門跡守澄入道親王、毘沙門堂公海はじめ、天台宗の僧綱、巫祝等の賀を受けた。このことは通常白木書院に於て行はるるのであつたが、不例なので黒木書院で行はれた。慶安日記。

三日、和蘭人の入貢があつたが、公は外殿に臨まず、老臣及び大目付井上筑後守政重出座して貢物を授與した。慶安日記、水戸記。翌々五日、醫員等診脈したが、經過は一段とよろしかつた。水戸記。

十一日、雨が降つたので、執政以下營中宿直の輩に菓子を賜ひ、座所に柳生主膳宗冬を召して面命するところあり、十四日、胸を病み、十五日には家綱公が本丸に至つて家光公の病を候し、紀州藩の醫板坂朴齋春孚が召しによつて參上した。慶安日記、水戸記。

十七日、家綱公、名代として二の丸内宮卽ち二の丸の東照宮に詣じ、二十二日、公の病いよいよはかばかしくないので、家綱公より東叡山に平癒祈願のことを命じ、老臣等は醫員武田道安信重、土岐長玄敦山、井伊掃部頭直孝の家醫治庵〇姓闕くを召して治療の事を議した。家綱公は二十三日、また本丸に家光公の病を候した。この日諸大名また登營して公の氣色を候した。越後松平家の醫泰庵〇姓闕く市井の醫梅雲〇姓闕くも召によつて參上し、日光門跡守澄入道親王は急ぎ祈願のため登晃した。またこの日、公、不例の折なるを以て、風雨のときは二三日を隔てて氣色を候すべき旨諸大名の家臣を召して傳へた。家門、諸大名、群臣等二十四日、二十六日相次いで登營、公の病を候したのである。慶安日記二十八日、徳川頼宣、徳川頼房はじめ諸大名登營して公の氣色を候し、家綱公も奧に入つて之を候した。公は二十九日また柳生宗多を召見した。水戸記。

三月に入つては、朔日の諸大名の月次の禮も三日上巳の節句の禮も家綱公が代つて受け、二日には、平癒祈禱のため日光在山中の守澄入道親王に、家綱公より水野備後守元綱を使として樽肴を贈つた。四日、病中と雖も諸有司の聞することある場合は召見を請うべきことを命じ、水戸記。五日、諸大名幷に諸物頭登營して公の氣色を候した。東福門院よりも消息を以て公の病狀を問はせられた。慶安日記。

六日には家門、七日諸大名、八日譜代大名、九日諸大名登營して病狀を候した。以後かかることは連日であつた。水戸記。七日、醫員武田道安信重、内田玄勝千里、曲直瀨《まなせ》養安院玄理召によつて登營し、八日、公は阿部對馬守重次を召して、この九月には日光に社參すべき意向なるを以てその心してあるべき旨を傳へた。かかる重病のうちにあつても常に家康公尊崇を念としたことを知るべきである。重次はこれを目出度きこととなりとして樽肴を獻じたのであつた。九日、醫員板倉龜庵診脈し、彌〻快癒に向ふべき旨を啓した。十日には山里の庭園に茶亭幷に馬場を設けることとし、その構造を小普請奉行美濃部源右衞門茂命に令した。慶安日記、水戸記。

十二日、家門登營して公の氣色を候し、醫員武田道安信重、秦壽命院秦石、内田玄勝千里、紀州藩醫板坂朴齋春孚に、酒井忠勝を以て回生丸の藥法を問うた。十三日、諸大名登城、病狀を候し、諸老臣幷に御側久世廣之、牧野佐渡守親成等は病床に召されて閑話に侍した。十四日、徳川頼宣、光貞父子、同頼房、同光圀父子登營して病狀を候した。十五日月次の禮は家綱公が代つてこれを受け、十六日は東福門院より三宅左近長房を使として家光公の不豫を問はれた。慶安日記、水戸記。

十七日、家綱公二の丸東照宮に詣で、本丸に家光公の病を問うた。公はこの日寺社奉行松平出雲守勝隆、留守居杉浦内藏允正友に、この四月の東叡山東照宮遷宮の事を阿部重次に謀りて沙汰すべきことを命じた。慶安日記、水戸記。

十八日、この頃やうやく公の病は快よきものがあつた。それゆゑ營中伺候の輩に、この日頃不豫と雖も、日を追うて食事も進み、今日は殊に心身爽快なれば、群臣安慮すべき旨を傳へられた。慶安日記 十九日、家門、諸大名登營して公の氣色を候し、二十日には、病いよいよ快然、飲食も常の如くであつたので、家綱公は大いにこれを喜び、俄かに本丸に至り家光公に對面あり、老臣、近習の輩に祝酒を給うた。この日公は座所に御側中根壹岐守正盛、新番頭中根次郎左衞門正寄、小納戸梶金平定良を召見した。二十一日、家門、諸大名また登營して公の氣色を伺ひ、愈〻快きを以て老臣等には申刻〇午後四時に退出すべき旨を傳へた。しかし公の死は一箇月の後に迫つてゐた。この快氣は、いはゆる「中直り」ともいふべきものであつた。慶安日記增補、水戸記。

二十二日、東福門院より大岡美濃守忠吉を遣し、公の病狀を問はれた。慶安日記增補。二十四日、公には、初めて行水あり、慶安日記增補。二十五日、晦日、家門、或は諸大名相次いで登城、公の病狀を伺うた。これらのことは、今後屢〻であるので、一々記さない。慶安日記增補。

二十六日、德川賴宣邸へは御側牧野親成を、同賴房邸へは久世廣之を遣し、この頃屢〻公の病を候することがあつたが、快氣せるを以て放慮あるべきことを傳へ、二十七日、西丸の諸役人も悉く登城して公の病を候した。二十八日、家綱公、公の名代として月次の賀を受けた。四月朔日また同樣であつた。なほこの二十八日、醫員淸水龜庵瑞室、奈須玄竹恒昌脈診し、快氣の旨を申した。公は御側中根壹岐守正盛を使として井伊掃部頭直孝の病を問ひ、樽肴を給うた。直孝、病を努めて黄昏に及び桔槹橋より登營し、奥に入つて之を謝した。二十九日、今日より醫員清水瑞室に、内田玄勝千里と相計つて藥を進むることを命じた。

四月八日、家綱公は公に代つて本丸に於て歳首の勅使今出川前大納言經季卿、院使園前大納言基音卿、新院使清水谷前大納言實任卿を引見した。歳首の儀物例の如く、右大臣二條光平はじめ内侍等の進物も例の如くであつた。高倉前大納言永慶も太刀、馬代に薫物を副へて獻じ、冠工、扇工其の他の使者、公卿の家司等も例の如く家綱公に謁した。九日、家光公は奥の座所に於て百舌雀を觀、堀田正盛はじめ伺候の輩に行歩の態を見せしめ、大目付井上筑後守政重には腹部を診せしめた。政重恐察したるよりはよろしき旨を答へたのであつた。

十一日、來る十七日日光山東照宮祭禮奉行のことを松平伊賀守忠晴、小笠原壹岐守忠知に命じ、十二日、日光山へ代參の使を酒井河内守忠清に命じ、家綱公よりは高家品川内膳正高如に代參を命じ、共に太刀、馬代を進薦した。と同時に留守居番筒井内藏忠重を同山へ派遣したのである。慶安日記增補。

十五日、家綱公は本丸に至り、家光公に對面あり、後、東叡山に臨んだ。明日、同山東照宮遷宮、明後日は將軍名代として社參あるに依り、その儀注を試みるためであつた。このことを賀して、尾、紀、水三家よりは箱肴を獻じた。慶安日記增補、紀伊記。かくて十六日夜、東叡山東照宮の遷宮に依り高家吉良若狹守義冬を代參せしめ、太刀、馬代を進獻あり、同山にては早朝より布薩戒、夜に入つて御神供あり、音樂兩度あり、公卿參宮して奉幣し、宣命を讀みあげた。慶安日記增補、吉良日記。

十七日には、公の名代として家綱公が參拜あり、酒井讃岐守忠勝をして國行の太刀、黑馬一疋を進薦した。慶安日記增補吉良日記、十九日、家門、諸大名登營して公の氣色を候した。この事は前にも記したやうに殆んど連日のことであつた水戸記。

が省略に従つてゐたのである。この日、公は座所に於て今利新陶の茶碗皿を覧た。かかるうちにも、この巨人の生命は旦夕に迫りつつあつたのである。（慶安日記増補、水戸記。）

二　病氣平癒祈禱

家光公の病篤きや、朝廷はじめ幕府等はその平癒を諸社寺に祈願した。

（一）朝廷

朝廷に於ては、公の病平癒を石清水八幡宮に祈願するを以て、三月二十三日奉幣發遣日時定陣儀を行ひ、權中納言久我廣通を奉幣使とし、左近衞中將梅溪季通を次官として、參向、奉幣せしめた。（公卿補任、忠利宿禰日次記、皇年代私記。）ついで二十六日の夜には東福門院、二十八日夜は明正上皇が内侍所に於て臨時神樂を奏し、家光公の平癒を祈禱し給うた。二十六日夜は雨儀であつたので、軒廊に座を構へ、所作人は本拍子持明院宰相基定、末拍子綾小路俊良、付歌鷲尾權大納言隆量、東園基賢、小倉實起、持明院基時、五辻俊仲、笛四辻季賢、篳篥某、和琴四辻權大納言公理、人長多久家であつた。天皇出御無く、後水尾、明正兩上皇、東福門院御幸啓あり、奉行は頭中將油小路隆貞早參し、一夜神事、丑刻（午前二時）に事畢つた。

二十八日夜は晴れた。所作人は本拍子小倉實起、末拍子綾小路俊良、付歌鷲尾權大納言隆量、東園基賢、五辻俊仲、笛四辻季賢、篳篥季壽、和琴四辻權大納言公理、人長多久家等であつた。この日も天皇出御無く、奉行は右中辨清閑寺凞房であつた。兩度ともに臨期御拝があつた。（公卿補任、宣順卿記、忠利宿禰日次記。）

この祈禱の御札、榊、御くまは御使日野清左衞門が持參、四月三日夕江戸に着し、四日幕府に呈し、十日、清左衞門に暇を給し、銀子幷に袷を給うた。慶安日記。

（二）幕府の祈禱その他

二月二十二日、家綱公より東叡山に祈禱のことを命じ、二十三日、日光門跡守澄入道親王登晃せられたことは前に記したが、この日光山に於ける祈禱のことは今審かに傳へられてゐない。

ついで三月八日、幕府は諸社寺に家光公の病平癒を祈つた。慶安日記增補に左の記事が見える。

三月八日、就㆓將軍家御不例㆒、諸寺諸山、神社、高僧、社家、陰陽寮ニ至迄、抽㆓丹情㆒（精）御祈禱申上、御札ヲ獻ス。

諸社寺に祈禱したのであるから、勿論この日一日のことでないことは想像出來るが、本書は一々日時を記さぬので、そのことは明らかでない。陰陽寮といふのは陰陽師の意であらうか。この日一日のことでないことは忠利宿禰日次記の左の記事がこれを證してゐる。

三月十六日、鷄足院四月四日江戸へ立申由申來。公方永中御不例故、諸社、諸寺御祈禱之沙汰也、山門へも元三會、五壇護摩、法華八講、大般若等有㆑之故、不㆑得㆑隙由申來。

かくの如く四月に入つても諸社寺の祈禱が行はれたのであり、叡山に於ても元三會、五壇護摩、法華八講、大般若經轉讀等を行つて家光公の病氣平癒を祈願し、寧日なかつたことが知られる。叡山よりの祈禱の符籙は四月十二日に幕府に獻ぜられた。慶安日記。

十二日、幕府の諸役人は東叡山寛永寺に家光公の病氣平癒を祈り、ついで諸大名、幕府諸役人もまた伊勢神宮に之を祈つた。曾我日記。

諸大名としては、上杉綱勝年譜に、三月十八日、伊勢山田内宮神官藏田源太郎より上杉家々老千坂兵部、平林內藏助まで書狀を以て、家光公の不例について、諸大名より伊勢神宮に代參を立て、大神樂十七座を執行ありし旨を報じたこと、綱勝も、同十九日、楠川八郎右衞門憲重に神宮代參を命じ、大神樂を執行し、將軍家御快然の祈禱丹誠を抽んで、御祓を差上ぐべき旨を御師春木大夫幷に藏田源太郎に傳ふべき旨を命じ、憲重は翌日發足したこと、三月二十日、綱勝より安藤右京進重長の許へ北澤重秀を遣し、家光公快然の祈禱を執行の次第を申述べたことが見えてゐる。以て一斑を知ることが出來よう。公の罹病こそは天下の憂であつたのである。

諸有司、諸大名すでに然りであるから家門に於ても祈禱をしたこと勿論である。卽ち紀伊家に於ては四月二日、家老安藤帶刀義門を熊野三山に代參せしめ、若宮、日前宮、伊太祁曾各社、伊勢兩宮へも代參の使をたて、高野山へも祈禱を命じたことが報ぜられた。

三　薨　去

慶安四年（一六五一）四月二十日、家光公の病終に大漸、この不世出の英主が世を去る日は來た。諸名醫の心を傾けた診療看護、朝廷はじめ上下の神明佛陀への祈願もつひにその效なかつたのである。まことに天命と申すべきであつた。容態は前夜より急變し、この日、晝八ツ時過〇午後二時、三時（或は申刻〇午後四時といふ）正寢に薨じた。行年四十八であつた。

公の急變をきき、昨夜より、機嫌伺として德川賴宣、德川賴房、德川光友、同光貞、同光圀その他在府の諸大名幷に諸物頭、諸役人等登城し、賴宣、賴房、光友へ上意の趣を酒井讚岐守忠勝が傳へた。松平伊豆守信綱、阿部豐後守忠秋、阿部對馬守重次が列座した。上意の趣は、對面あつて遺託の旨を自ら告げられたき意思なれども、俄に病重く、大漸もやや近きにあるべし。儲副家綱公もわづか十一歳の幼稚なれば、天下萬機のことども、宗室の事を其の身に引うけて輔導せられんことを頼む。

とのことであつた。三卿は落涙して退出した。次に松平越後守光長、松平出羽守直政幷に前田中納言利常、次に保科肥後守正之、松平隱岐守定行を召して、同じく上意の趣を傳へ、右終つて黒木書院に老中出座、忠勝より譜代大名一同を召して、また上意の旨を傳へ、在封の譜代大名へは奉書を以て、公の病危篤なるを聞き、俄かに參府せんとする者もあらんが、重ねて指揮あるまでは封境を守りて、參府すまじき旨を傳へた。

二十日夜に入り、松平信綱、阿部忠秋竹の間に出座、殿中伺候の面々を召出し、信綱より公薨去の趣と、群臣二心なく家綱公に奉仕すべき旨の遺命を傳へた。また旗本の面々落髪の志ある者の分は重ねて老中相談の上指圖あるべく、その以前はその儀に及ばず、營中勤番の役儀怠るべからず、各その局事を治むべき旨、且つこれは家康公、秀忠公兩代は隱居以後薨去されたので特にその沙汰に及ばなかつたが、この度は家綱公部屋住、御家人不足ゆゑに此の如く遺命された旨を傳へたのであつた。

家光公の二男長松〇綱重 五男德松〇綱吉 二人は登營して、晝夜病牀に看侍して、湯藥のことも自ら沙汰せんことを願うたが、かくては世人が公の大病なることを聞き傳へて、動搖せんことを慮つて、まげて退出すべきことを、安藤右京進重長より勸めたので、二人は止むなく退出したのであつた。

これより先、公は保科正之を病床に召し、殊に家綱公のことを托した。正之は直ちに西丸に登營し、家綱公を輔佐した。正之は十八日以後歸邸せず常詰してゐたのである。慶安日記、曾我日記、忠利宿禰日次記、細川家記續篇綱利譜、慶安日記增補、寛明日記、元延實錄、千とせのまつ、酒井若狹小濱家譜、伊達義山治家記錄。

なほ家光公の辭世として

歎かしな悅もせしとに角に終には覺る夢の世の中

といふのが元延實錄以下諸書に見えてゐるが、これは、大猷院殿御實紀の編者も採用せず、確證もなく、信憑性に乏しいものである。

二十日、家光公の薨去あるや、下總國佐倉城主堀田加賀守正盛、武藏國岩槻城主阿部對馬守重次、昵近内田信濃守正信は退出して各その邸に於て切腹して殉死した。正盛の母はいこの局といひ、大奥に仕へ、今年六十三歳であつたが、賴み奉《まつ》りし家光公にも後れ、二つなき子にも先立たれ、何を賴みに永らへんといつて自殺した。翌二十一日には、もと小十人頭奥山茂左衞門安重、その家に於て殉死し、二十三日夜、書院番頭奥勤三枝土佐守惠《しげ》、久しく病臥中であつたが、切腹して殉死した。これら殉死者のことについては後に項をあらためて述べることとする。

家光公の喪は二十一日、幕府から發せられた。この日公の薨去により、德川賴宣、同賴房、同光友、同光貞、同光圀の家門をはじめ在府の諸大名、旗本の諸士殘らず登城して、喪を告げられたのである。勿論、家門幷に譜代大名には、前述の如く前日その事は告げられたのであるが、今日は水野備後守元綱より發喪のことが諸大名等に傳へられたのであつた。

發喪されたが世上一段と靜謐であつた。ただ江戸町中に於ては町別に番屋を作り、自身番と稱し、各家主徹夜して番をなし、不虞を警戒した。操、歌舞伎の類は六十日の間停められた。（慶安日記、上杉綱勝年譜、細川家記續編綱利譜、榎本氏覺書。）

發喪を聞いて、當時東叡山東照宮遷宮のことによつて參向、在府中の公卿、今出川前大納言經季、園前大納言基音、淸水谷前大納言實任、高倉前大納言永慶等より左大史壬生忠利等の殿上人に至るまで老中酒井忠勝、阿部忠秋、松平

信綱、松平乘壽等を歴訪して弔問したのであつた。忠利宿禰日次記、

四　殉死

四月二十日夜江戸城を退出するとともに本邸に於て切腹して殉死した堀田正盛と阿部重次は、退出に先だち、まづ正盛は同列の諸老臣に向つて、

わが身は各も知らるる如く、少年よりして格別家光公の御寵を蒙り、淺才の身を以て斯く登用せられたのであるから、この度は是非とも殉死して、昇天の御供を仕るべしと心を決した。心中殊に涼しく思はれる。各には今後幼主家綱公を輔翼し、萬機を沙汰し、國恩に報いらるることこそ、死にまさる苦辛のほど思ひやらるる。

と言つた。重次これを聞いて

重次も御供せんの志を決した。いざともに連れだち退出すべし。

と言つた。正盛はじめ一座の人々は、

これは思ひもよらぬことである。君昇天の門出に御供せんの志は、誰も同じく願ふところであるが、君もかくと知り給へばこそ、幼主の御事をくれぐれも仰せ置かれたのである。大恩を慕ひ奉る人々がみな殉死したならば、誰が家綱公をば輔佐するであらうか、これは思ひ止まらるるこそ忠義といふべきだ。

と言へば、重次これを聞いて

吾れの死を決したのは數十年の前である。が今までは父子兄弟の間にも更に漏すことがなかつたから、各の左様に言はるるのも理りである。しかし家光公の御代のはじめ○寛永十年十二月六日　忠長公の事ありし時、われ密旨を受けたまは

り、上州高崎に使した。その時忠長公をば安藤右京進重長が預かられたが、故公には、もし汝彼處に赴き、重長に密旨を傳へし時、重長、公の旨を否みなば、汝いかがはからふべきやと仰せられた。時に吾れは、もし重長御旨に應ぜざる時は、御心安く思召されよ、某が一命を捨てて密旨のままに事を成し遂げませうとお請けをして行つたのである。この時すでにわが一命は早や君に奉つたのであつた。それを今日まで生き延びて來たのである。このことは、ただ亡主と某《それがし》との外には知る人も無い。ひとたび亡主に奉つた命を、君亡くならせられて後、また何人《びと》のために永らふべき、吾れをば枉げて殉死を許され、各は御遺命を守つて、よくよく幼主を輔佐しまつらるべし。

と申し切つたので、同列の人々も

實《げ》に尤なり。

と言つて感涙を流したことであつた。

かくて正盛と重次とは手に手を引きつれ、城門を出で、乗物に乗る時、「やがて、やがて」と暇乞して袂を別ち、各歸邸して切腹したのである。

以下殉死者一人一人について些か述べよう。

1　堀田正盛

二十日の夜、正盛は歸邸して、嫡子上野介正信を召出し、最後の盃を飲みかはし、正信に左の二首の辭世を書き遺し、その後追腹を切つた。齢四十四歳であつた。

ゆくかたはくらくもあらし時をゐてうき世の夢を明ほののそら

さりともとおもふもおなしゆめなれやたた言の葉そかたみなるらむ

この二首の辭世は堀田家に現存してゐる。堀田文書。

正盛はまた松平伊豆守信綱に左の一首を贈つたといふ。

出る日のひかりすなほにまつりこと君の御代をは千代とのふ綱慶安日記増補。

正盛は常々家法正しく、事々始末能く、世間では加賀守流と沙汰する程であつた。その頃第一の出頭で肩を竝ぶる者もない程であつたが、家中の者に主君の權柄を笠に着るやうな者はなかつた。而も家臣中、主君に殉じて追腹するやうな者は一人もなかつた。

正盛は追腹の時、奥の内室方にて暇乞あり、表の間に出で、盃出づるとき、家老を始め諸士悉く並み居たが、正盛が「彌五兵衞が居らば、その盃指すべきを」と言つても誰一人盃を戴かんと進み出るものはなかつた。この場合盃を戴くといふことは殉死を約することを意味するのである。彌五兵衞は姓詳かでないが、第一の出頭人で何事もこの者次第であつたが、既に世を去つてゐたのであつた。正盛切腹に及び、何某に介錯せよと命じ、その者敢なく主君の首を打落し、その刀を押拭ひ死を遁れて退出した。多くの場合介錯者は殉死したのである。然るに堀田家には殉死者がなかつたことは恥辱なりとされた。故老諸談。

故老諸談の著者は、堀田家の家風を評して、

家に武法廢れて意氣地を琢かさる故也、武道不穿鑿にして、身構を專にし、只世間の公廨を飾り、輕薄のみにて實儀絶たれば、追腹する者一人もなし。

と記してゐる。故老諸談。

正盛は勘左衞門正吉の長子、慶長十三年（一六〇八）に生れた。母は稻葉正成が女、春日局齋藤氏は外祖母に當つ

た。元和六年（一六二〇）閏十二月、初めて家光公に謁し、これより常に側近に勤仕した。時に十三歳であつた。九年（一六二三）、相模國十箇市、八朔に於て采地七百石を給せられ、十二月晦日從五位下出羽守に敍任し、のち加賀守に改めたのである。寛永二年（一六二五）加恩、相模國恩田、常陸國北條の内に於て五千石を知行した。是の年、公より白銀の臺子、黄金の風爐釜、鍗と名づくる馬を賜うたが、此の如きことは今後枚擧に遑がないほどである。またこの歳、上野國群馬郡のうちにをいて五千石を賜はり、總て一萬石を領した。若冠十八歳であつた。九年（一六三二）、公の日光社參に扈從し、且つ命に依り、旗下の士の分限帳を撰んだ。十年（一六三三）三月二十三日、松平伊豆守信綱、阿部豐後守忠秋、三浦志摩守正次、太田備中守資宗、阿部對馬守重次等と共に政を議し、小事は之を計らふべきことを命ぜられた。これを六人衆といつた。五月五日、信綱の如く宿老並に奉仕すべき旨、命を承け、番頭を兼ぬること故の如くであつた。十二月二十八日、甲斐國に於て五千石の加恩あり、十一年（一六三四）閏七月二十九日、從四位下に昇つた。十二年（一六三五）三月朔日、武藏國川越城を賜ひ、二萬石を加へられた。四月、初めて城地に赴く時、皆朱の麾以下種々の賜物あり、淺黄の御和巾を鍗印とすべく加賜された。この月杤木民部少輔稙綱を川越に遣し、封内に於て鹿狩を許された。十月二十九日番頭を免ぜられた。

十四年（一六三七）正月六日、二の丸山里に於て點茶を獻ず。かかることもこの後屢〻であつた。七月二十四日、八月十四日、九月二日と月を重ねて、家光公は正盛の居邸に臨んだ。この後、かかる事は屢〻で、記録に明記されて居るもののみにても十一回に及んでゐる。九月二十二日、阿部忠秋を以て病を問はれ、後、屢〻侍臣を下して之を問はれた。十五年（一六三八）二月二日、先に封地に於て火災ありし際、仙波東照社災に罹りしを以て出仕を停められたが、後、赦され、三月八日、職を免ぜられたるも、天下の大事、政務の樞要に於ては、正盛評定所に候すべき旨を命ぜられた。この日、川越より信濃國松本に轉封され、六萬五千石加恩あり、總て十萬石を領した。十六年（一六三九）三月二十四日、病に罹るや、侍臣をして訪ねしめられ、五月十五日、茶器を賜ひ、八月晦日、詠歌の短冊を賜うた。此の如き賜物のことも記するに遑ないほどであつた。十二月十四日、家光公、正盛の淺草の別莊（現、東京都台東區淺草壽町邊、堀田原といふ。）に臨御あり、刀を賜ひ、正盛も則重の刀を獻じた。公はこの淺草の別莊を好み、この後も度々臨み、明らかなものだけでも十七回に及んでゐる。

寛永十七年（一六四〇）六月十五日、武藏國川越仙波に東照社の神殿造營成るや、遷宮に際し、正盛命を奉じて彼の地に赴き、自らも石の鳥居を獻じた。七月、品川東海寺に一宇を建て臨川院と稱したが、後、玄性院と改めた。この年諸家の系圖を幕府に召さるるに當り、正盛は故あつて藤原を紀氏に改めた。十二月二十九日、侍從に進む。十八年（一六四一）二月十日、武藏國蕨村の狩獵に從駕し、野猪圍みを破つて奔り來り、群士近づくことを得なかつたのを、正盛馬を馳せ、鎗を執つてこれを殪し、公の覽に備へた。公は大いに喜んだ。七月、日光山東照社の寶塔造營成るや、二十四日、正盛命を奉じて彼の地に至り之を監し、二十六日歸府、復命した。八月二十一日、二の丸外廓の石壘を築き、その事に預れる家臣等に物を賜うた。十九年（一六四二）七月十六日、封を松本より下總國佐倉に轉じ、一萬石を加へ、總て十一萬石を領するに至つた。九月二十日、封地に赴くの暇を給せられ、靑江直次の刀及び鹿毛の馬を賜ひ、家綱公よりも左安弘の脇指及び時服十領を賜うた。二十年（一六四三）四月二十一日、家光公、正盛の淺草の別莊に臨み、井上筑後守政重をして吉利支丹の徒の實否を糺し、六月二十二日、また臨んで、備前一文字の刀を賜ひ、七月二十二日、臨御の時には、南部山城守重直、松平右衞門佐忠之の封地に於て虜とした蠻人及び陡斯合せて二十人を庭上に居ゑて糺問あり、井上政重御前に候した。八月十三日、また臨み、政重をして再び糺明せしめた。九月十五日、阿部豊後守忠秋、同對馬守重次をして外祖母春日局の喪を問はしめ、法會の料として白銀千枚、米五百俵を恩賜あり、十月五日、久世大和守廣之を遣し、鶴を賜ひ、忌を解くべきことを命ぜられた。かくて正保元年(一六四四)正月十日には、先に諸家系圖編集に際し、家臣長庵この事にあづかるにより白銀二十枚を賜うた。八月、正盛病あり、二十四日、牧野佐渡守信成を遣してこれを尋ねられ、十月十六日、侍臣を以てこれを問はれ、後ち屢〻侍臣及び醫師を下して訊ね問はしめられた。十二月十九日、正盛登營の時、雁一翼を賜うた。これは昨日の放鷹に公が手づから雉刀を以て獲たところである。

正保三年(一六四六)二月六日、中野に於て鹿狩の時、正盛扈從し、日頃養ふ所の唐犬を放つて大猪を獲て公の覽に備へた。十一月十一日、また放鷹に從ひ、拳の鴻を賜ひ、十二月十二日、近侍の臣を以て病を問はれ、その後度々上使を下された。慶安二年(一六四九)二月二十六日、命を承けて西丸御佛殿の傍らの石壘を營築し、三月十七日、城内紅葉山東照宮に石の鳥居を獻じ、八月二十五日、石壘營築の事にあづかつた家臣等に物を賜うた。十月十七日、病に罹り、酒井忠勝、阿部忠秋、同重次を下されて、保養を加ふべき旨を傳へられ、二十二日には、公自ら居邸に臨み、病を問はれた。かくて三年(一六五〇)正月二十八日、病癒えて登營し、盃を賜ひ、退出の後、內田信濃守正信をして鶴を賜うた。

四年(一六五一)四月二十日、家光公の薨去に際し、その夜殉死したのである。東叡山の現龍院に葬り、のち日光山の妙道院にも碑を建てた。室は酒井忠勝の女である。

上に記したごとく、家光公の正盛を寵すること並々ならぬものがあつた。正盛また誠心誠意を以て公に仕へ、つひにその死に殉うたのも宜なるかなである。

2 阿部重次

阿部重次は夜に入つて歸邸し、嫡子千勝、二男吉兵衞を呼んで盃をなし、二人を歸し、左の辭世を詠んだ。

天てらす月のひかりともろともに行すゑすゝし明ほのゝそら

おしみても猶惜むへき身なれともおしからぬ道に死ぬるものかな

かくて家臣荒井頼母を呼び、介錯を命じた。頼母畏つて命を承けた。重次切腹の座に及び、腹二筋を搔切る。時に頼母、重次の首を打つに肩に當つて切れず、重次笑つて「心靜かに仕れ」といふ。また之を討つに首に當つて落ちず、重次また靜かに

「圖を見て切れ」

と云ふ。頼母は

「主君を手に掛け奉る故に、天罰の致す處、眼闇みてかくの如し」

と云つて、重次を捕へて突殺し、その身もつづいて切腹し、殉死した。行年四十一歳であつた。

頼母の介錯は、小性の彌右衞門という十六歳の若者がして、その身も切腹した。彌右衞門も結局は重次に殉じたのである。

そもそもこの彌右衞門が殉死したのには因縁があつた。それは、前年卽ち慶安三年（一六五〇）六月二十日の夜に、重次急ぎ出づる時、刀を取敢へなかつた。然るに十五歳の彌右衞門は閨中に走り入つて、その刀を取り出し重次に渡した。重次はこれを稱美して、「汝は用に立つ者なり」と云ひ、その後知行を與へて、近習として召使つた。然るに、重次切腹に際し、「兼約なれば」と云つて頼母に盃を指した。時に彌右衞門進み出て言ふ。

「某事、先年御用に立つべき者との仰を蒙り、近習に召使はれ、そのお言葉は骨髓に徹して有難く、忘れ難し、然し乍ら天下靜謐の期なるを以て、志の御奉公を仕らず、御意の辱を空しくしてゐるに似てゐる。今度冥土の御供を仕り、未來に御恩を報じ奉らんと存ずる上は、御盃頂戴仕らむ」

と。重次大いに怒つて、

「汝、世忰に似合はざる推參なり」

といふや、彌右衛門重ねて

「かねて存じ定むる所なれば存じ止むべからず」

といひ、賴母も

「侍たる者、一旦申し出づる言葉を、いかでか改變仕るべき、ただ速かに御免ありてお盃を賜はるべし」

と云つたので、重次も尤なりとして盃を指したとのことである。外に阿部家には、小高隼之助二十歳 山田主馬二十一歳 鈴木左五右衛門五十七歳 の三名の家臣の殉死者があつた。慶安日記增補。

前にも述べたやうに、重次はこの日城中を退出するに當つて、「われ等死の志を決したのは十數年の前にあり」といひ、德川忠長一件の時から既に死を決してゐたことはその言の如くであつた。重次は死を決してより常に遺書を用意してゐた。その一通が今も阿部家に保存されてゐるが、それは左の如きものであつて、年々書き改めたことがわかる。また殉死の志を持してゐたことも「せめての事と奉レ存候間、御供仕候」の語によつて知られるのである。武士としてまことに立派な覺悟といふべきである。

猶々、このかきおきぶんせうそうい仕候へ共、年々かき候ておき申候故、けんかく《(懸隔)》ぶんせうちかい可レ申候。

内々左様に御心へ候て、いらさる書物各へ被レ遣候事、御無用に被レ成可レ被レ下候。此段頼入存候。家來共に此通可（衍カ）被二仰聞一可レ被レ下候。以上。

拙者儀、御とりたてに罷成、重々忝仕合、何共可二申上一様も無二御座一候。一たひ御用にたち、御おんほうし可レ申と奉レ存候へ共、天下太平之御世にて、左様儀も無二御座一候而、せひ（是非）なく候。せめての事と奉レ存候間、御供仕候。あとたち申間敷候間、子供しんるい衆と御相談被レ成、せかれ共見くるしきていに無レ之様、頼入存候。か様の段、申おき候事、一段御はつかしく候へ共、あとにてはじおかき候へは、公方様御ためにもいかゝと存候て、如レ此候。可レ然様に、被レ成可レ被レ下候。以上。

重次（花押）

今月今日

安藤伊賀守（重元）殿

堀　越中守（利長）殿

阿部　市正（正能）殿

阿部文書

「今月今日」とあるのは日を豫定し得ないからである。

重次は備中守正次の次子、慶長三年（一五九八）に生れた。母は佐原作右衞門義成の女、はじめ三浦監物重成の養子となり、その女を室とした。秀忠公に仕へ、近習に列した。元和元年（一六一五）大坂陣の時、重成病に罹るによつて、代つて從軍した。後、重成の實子右馬助重勝が生れたので、家督を辭し、重成の采地近江國淺井郡の內に於て三千石餘を分ち與へられ、別家となつた。是の年御小性組の組頭となり、後、小性に移り、五年（一六一九）十二月二十八日、從五位下、山城守に敍任した。寛永二年（一六二五）七月二十七日、采地の朱印狀を下付され、三年（一六二六）

八月家光公の上洛に扈従し、五年（一六二八）、父正次大坂城に城代の任として在り、腫物を患ふや、看病すべき旨、公の仰をかうぶり、三月二日、暇を給せられて大坂に赴いた。この年兄政澄卒したるを以て正次の嫡子となり、三浦を改めて阿部に復した。九年（一六三二）十二月十四日、御小性組の番頭に進み、昵近すべき旨命を承けた。十年（一六三三）三月二十三日、松平信綱、阿部忠秋、堀田正盛、三浦正次、太田資宗等と共に政を議し、小事に於てはこれを計らふべきことを命ぜられた。いはゆる六人衆である。この日對馬守に改め、番頭を兼ねた。四月十四日、御持弓、御持筒のことにも預り、九月、家光公の密旨を受けて上野國高崎に赴き、後また命を受けて彼の地に赴いた。十二年（一六三五）八月九日、下野國鹿沼領或ひは板橋領の内に於て一萬石の地を加恩あり、十三年（一六三六）、伊勢内宮、外宮の神官、拜禮序次の事を議して、その勘文奏聞あるにより、二月六日、公の使として京師に赴いた。十五年（一六三八）四月二十二日、父正次の封地のうちより四萬六千石餘を賜はり、前に賜ふ所と合せて、總て五萬九千石餘を領し、岩槻城に住した。十一月七日、老職に列し、阿部忠秋と共に大番及び寄合等を指揮することとなり、十六年（一六三九）正月朔日、從四位下に陞る。十七年（一六四〇）、家光公、日光社參のことあるにより、三月十日、今市に赴き小屋割を沙汰した。十八年（一六四一）九月十七日、日光東照社に弓一張、空穗矢十一本駒角二本及び馬の畫、林道春贊の掛軸を獻じ、十月三日、先に日光山御廟堂普請の時、彼の地に赴いてその事を沙汰したるを以て刀を賜ひ、十九年（一六四二）四月、家光公の日光社參に扈從し、二十年（一六四三）四月十一日、同所相輪橖の事により、命を承はる事あり、正保三年（一六四六）三月二十五日、地震により急の使を命ぜられ日光山に赴いた。六月、東叡山東照宮修補の總奉行を勤め、四年（一六四七）七月五日、下野國都賀都の内に於て一萬石を加賜された。十一月二日、これより先、九月父正次大坂に於て病むの由、家光公の聽に達し、この日懇旨を蒙り、暇を給せられ、大坂に赴いて父の病を問うたのであつた。慶安元年（一六四八）正月、二の丸石垣の普請を勤め、四月家光公日光社參の途、岩槻城に渡御あり、重次父正次の喪中なるを憚り、その旨言上したるを以て、還路のとき御膳を奉るべき旨命あり、七月十八日、父の遺領攝津國三萬石を賜ひ、封地に合せて九萬九千石餘を領するにいたつた。二十七日、攝津國の領地を關東の内に移され、二十八日、父の遺物國吉の短刀及び淸拙の墨跡、牧溪の竹に雀の畫幅を獻じた。八月朔日、暇を給せられて大坂に赴き、彼の地に在る所の家臣を退去せしめ、同時に、丹波國福知山の城主稻葉淡路守紀通が狂氣して自殺したるを以て、その地の事を沙汰した。二年（一六四九）六月、日光山地震するに依り、二十二日、命を承けて彼の地に赴き、破壞個所を檢視し、三年（一六五〇）三月六日、再び地震するに依り、日光山に赴いた。この年家綱公の畫數品を賜うた。かくて四年（一六五一）四月二十日、家光公の薨去に殉じたのである。年五十四歲、法名を全巖淨心芳松院と號した。東叡山の現龍院に葬り、のち命に依り、日光山の妙道院に石碑を建てた。室は三浦監物重成の女、卒し、松平隱岐守定勝の女を繼室とした。阿部文書、寛政重修諸家譜。

3　内田正信

正盛、重次等と同じく四月二十日夜に殉死した内田正信は、平左衞門正世の次子、母は小川三益某の女、慶長十八年（一六一三）生る。はじめ權九郎と稱した。元和七年（一六二一）、年九歲にして初めて家光公に謁し、寛永七年（一六三〇）より公に勤仕し、九年（一六三二）十二月三日、廩米三百俵を賜うた。十二年（一六三五）十二月二十一日奥小性に列し、晦日、父の采地八百石を賜ひ、先に給する所の廩米は收められ、十三年（一六三六）六月四日より御手水番を勤めた。後、公の命によつて酒井右近大夫直次の養女を娶つた。十四年（一六三七）十二月十四日、相模國海老名に於て千石の地を加賜され、十五年（一六三八）三月二十九日、從五位下信濃守に敍任し、十六年（一六三九）十一月十日、下總國香取、常陸國鹿島兩郡の內に於て八千二百石を加增あり、總て一萬石を領し、十一日御小性組の番頭に進んだ。十七年（一六四〇）日光社參の事あるに依り、命を承けて、豫めその路次を巡見し、四月、社參に扈從した。慶安元年（一六四八）九月二日、上使として尾張國名古屋に赴く。時に公より馬を牽かれた。二年（一六四九）八月十一日、下野國都賀、安蘇兩郡の內に於て五千石を加增され、御側出頭を兼ねた。そして後、都賀郡鹿沼に居所を構へた。かくて殉死した時は年三十九であつた。法名を光德徹宗理明院と號した。東叡山の現龍院に葬る。室は前にも記した如く酒井右近大夫直次の養女であつた。後、日光山妙道院に、正信の石碑も建てられた。また內田家では正信に家臣戶祭源兵衞定經、荻山主稅助氏昆の二人が殉死した。

4 三枝守惠

四月二十三日殉死した三枝土佐守守惠《もりしげ》は、久しく病氣のため家光公に謁することもなかつたが、この日追腹を切つたのである。そして彼にも家臣秋葉又右衞門が殉死した。

守惠は彥兵衞守吉の長子、初め守重といひ、通稱宗四郎といつた。母は父の叔父三枝土佐守昌吉の女。慶長十年（一六〇五）、十一歲にして初めて秀忠公に謁し、慶長十九年（一六一四）、元和元年（一六一五）兩度の大坂の役に從軍し、元和元年（一六一五）夏の陣には秀忠公の馬の左右に從つた。元和二年（一六一六）九月十五日、家光公に附屬せられ、四年（一六一八）小性となり、下野國足利郡の內に於て采地二百石を給せられ、九年（一六二三）十一月、小十人の頭に進み、武藏川越領に於て二百石加增され、布衣を着することを許された。のち屢〻轉役したが、昵近の勤務故の如く、寬永二年（一六二五）常陸國眞壁郡の內に於て六百石加賜、三年（一六二六）三月十一日小性組の組頭となり、十二月二十四日、從五位下、土佐守に敍任した。五年（一六二八）、武藏國入間郡の內に於て二千石加增、十年（一六三三）四月三日御書院の番頭に轉じ、二十三日、安房、上總兩國の內にて三千石加增、總て六千石を知行するに至つた。十二年（一六三五）與力十騎、同心二十人を預けられ、是に先だつて、朱柄の長柄二十筋、鐵炮十三挺を賜うた。十九年三月十九日、職を辭し、慶安四年（一六五一）四月二十三日、家光公に殉死した。年五十七。法名を江松といふ。日光山の妙道院に葬り、碑を東叡山の現龍院に建てた。妻は內田平左衞門正世の女で、共に殉死した內田信濃守正信の姉である。

5 奥山安重

四月二十一日殉死した奥山安重は茂左衞門重次の長子、初め重直といふ。通稱茂左衞門、母は左近某の女、元和五年（一六一九）はじめて秀忠公に謁し、小十人に列した。寬永三年（一六二六）六月、秀忠公の上洛に扈從し、十年（一六三三）六月七日、組頭に轉じ、正保元年（一六四四）十二月十六日、小十人の番頭に進み、二十九日布衣を着することを許された。三年（一六四六）十二月、先に小栗長右衞門政次の宅に於て井上外記正繼、稻富喜大夫直賢、長坂丹波守信次等刄傷に及ぶの時、安重も參會した事に坐し、閉門に處せられ、のち赦された。これより先、家光公自筆の和歌短冊及び家綱公幼稚の時の筆の觀音の畫を賜うた。慶安四年（一六五一）四月二十一日家光公に殉死した。法名玄勇、東叡山の惠恩院に葬る。日光山の妙道院にも碑を建てた。妻は朝夷市平義次の女。

彼の遺書には、長坂信次、井上正繼等の事に坐して、勘氣を蒙り、終身國恩をも報いまつらず、今かしこき御影に後れたることの本意なき由が記されてあつたといふ。

6 殉死者の墓

殉死者堀田正盛、阿部重次、內田正信、三枝守惠の墓は台東區上野公園寬永寺の舊子院現龍院境外にもあるが、また栃木縣日光市田母澤四軒町妙道院釋迦堂境内にもある。而して後者には奥山安重の墓もある。

先づ妙道院に於ける殉死者の墓に就いて述ぶるに先だち、妙道院に就いて一言すれば、妙道院は寛永五年（一六二八）の起立にかかり、開基は慈眼大師卽ち天海大僧正であつて、一山の菩提所として建立されたものである。寛永十三年（一六三六）東照公第二十一回神忌に當り、東照社奥院にあつたところの代々家臣の石塔を奥院下に移し、妙道院に預けられ、東照社にて從來行ひ來つた追善の施餓鬼等も妙道院に於て執行すべき旨定められた。慶安四年（一六五一）に至り、家光公に殉死した者の石塔も建てられたのであるが、明暦元年（一六五五）九月に定められた日光山御宮御堂御條目に

妙道院領被二付置一之上者、御當家御代々御家臣所二建置一之石塔不レ可二紛失一、但自今以後無二御門跡之指圖一而住持爲レ私猥二自餘之石塔不レ可レ令レ立レ之、向後結構花美可レ爲二停止一事。

の一條を規定された。かくて妙道院に於てはこれら代々家臣及び殉死者の墓を管理し、毎年七月には同院釋迦堂に於て家臣の施餓鬼を執行するのを例とした。

貞享元年（一六八四）日光大火の節、妙道院は釋迦堂と石塔計りを殘して悉く烏有に歸したが、幕府より將軍家御成御殿を悉皆拜領してその房舍を再建した。かくて明治維新に至るまで同院は東照宮及び大猷廟に所屬する寺院として存續したのである。元文三年戊午七月妙道院書上。

妙道院の墓地は寺門を入り、正面の釋迦堂の左側、石垣を繞らした高い一廓に在る。石垣は前方高さ七十六糎程、後方九十一糎程である。この中に、御家臣十六姓といはれる藤堂高虎、板倉勝重、土井利勝、酒井忠利、同忠勝、永井直勝、同信濟、松平正綱、竹腰正信、成瀨正成、高木淸秀、稻葉政成、板倉重昌、渡邊守綱、同重綱、中山信吉、

天野忠重、諏訪部定吉、福富某諸氏の石塔十九基と、殉死者堀田正盛、阿部重次、内田正信、三枝守恵、奥山安重の五基、合せて二十四基が、北から南へかけて前列十二基、後列十一基、南隅中間に諏訪部氏のが一基、といふ風に建つてゐた。いづれも家康公、秀忠公、家光公三代にわたる間の功臣である。このうち福富某の墓のみは、後に子孫が改易せられたために撤去せられて、現在は合せて二十三基存するのである。

これらの墓は、奥山安重、諏訪部定吉のを除くのほかは、いづれも高さ臺石とも約三米乃至約三米六十五糎、幅約七十三糎乃至七十六糎、厚さ四十二糎乃至四十五糎に及ぶ堂々たる角石で造られてゐる。大黒山の緑翠と寺林の老杉の欝欝たる下、二十餘基の苔蒸した大石碑の林立した境地は實に物寂びてゐる。

殉死者の五基の墓は何れも前列南に偏して建つてゐる。その一一に就いて記せば、

1　堀田正盛墓

高さ三米五十五糎、幅七十六糎、厚さ四十四糎、臺石高さ十八糎、幅一米三十六糎、厚一米三十六糎。

表面には左の如く梵字と法諡を刻してある。

「玄性院殿心隱宗卜大居士」

裏面には

「　慶安四天重光單閼

從四位下侍從兼堀田加賀守紀朝臣正盛

仲呂廿蓂　」

八　殉死者の墓碑（其一）

堀田正盛墓碑

阿部重次墓碑

（妙道院釋迦堂境内）

九 殉死者の墓碑（其二）

内田正信墓碑

三枝守恵墓碑

奥山安重墓碑

（妙道院釋迦堂境内）

と刻してある。重光は辛、單閼は卯、仲呂は四月である。

2　阿部重次墓

高さ三米五十糎、幅七十六糎、厚さ四十五糎、臺石高さ二十糎、幅一米三十七糎、厚さ一米三十糎。

表面には

「芳松院殿全巖淨心大居士」

と刻し、裏面には左の如く刻してゐる。

「　慶安四天重光單閼
　　清至廿日
從四位下阿部對馬守藤原朝臣重次
　　　　　　　　　　　　　　　　」

淸至は四月である。

3　內田正信墓

高さ二米七十糎、幅七十二糎、厚さ四十二糎、臺石高さ三十糎、幅一米十糎、厚さ一米二十糎。

表面に左の如く刻す。

「理明院殿光德徹宗大居士」

裏面には

「　慶安四天辛卯
從五位下内田信濃守藤原朝臣正信
　　四月廿日　　　　　　　　」
と刻してある。

4　三枝守惠墓

高さ一米七十五糎、幅七十三糎、厚さ四十二糎、臺石高さ二十七糎、幅一米三十六糎、厚さ四十糎
表面に刻するところは、

「靜心院一無了性大居士」

であり、裏面には左の如く刻してある。

「　慶安四天辛卯
從五位下三枝土佐守源朝臣守惠
　　四月廿日

5　奥山安重墓

この墓は、以上の四基に比べると、はるかに小さく、形も異つてゐる。即ち墓石は上頂圓味を帶びて幅廣く、下部やや細まり、厚さもこれに倣ひ、臺石は二重になつてゐる。

高さ一米六糎、幅上部五十二糎、下部四十四糎、厚さ上部二十三糎、下部二十一糎、臺石上、高さ二十七糎、幅七

十六糎、厚さ五十九糎、同上、高さ三十六糎、幅一米七十糎、厚さ一米二十糎。

表面にのみ左の如く刻され、裏面には文字が無い。

「　慶安四天辛卯四月廿日
[梵字]　眞證院理哲玄勇居士
　　奥山茂左衞門尉藤原安重　」

安重の墓が特に小さいのは、その身分に由るのであらう。石質も異るためか深く苔蒸して、文字も漸く判讀することを得た。

7　上野公園殉死者の墓

上野公園の殉死者の墓は、信濃坂上舊現龍院墓地にある。

イ　阿部重次の墓

墓域の門を入るとすぐ在るのが阿部重次の墓であり、その左右に二基づつ四基の重次に殉死した家臣の墓が竝んでゐる。いづれも五輪塔であつて、各輪の正面に[梵字]の種子が一字づつ刻まれ、[梵字]の字を中心にして諡號を右、歿年月日を左に刻し、背面に官位俗名等が刻してある。

重次の墓には、正面に「芳松院殿全巖淨心大居士」の法諡と、「慶安四年四月廿日」の歿年月日を刻し、背面に「從四位下阿部對馬守藤原朝臣重次」と刻してある。これを中心としてその右には家臣新井賴母、山岡主馬兩人の小さい墓があり、賴母のは正面に「實翁宗信居士」、「慶安四年四月廿日」（以下歿年月日は何れも同じゆゑ略する。）背面に、「新井賴母」主馬のは正面に、「喜津了悅禪定門」背面に「山岡主馬」と刻してある。左方には、家臣小高隼之助、鈴木佐五右衞門兩人の墓があり、これも小さい。隼之助のには正面に「觀溪道秀禪定門」、背面に「小高隼之助」佐五右衞門のは正面に「榮源春窓禪定門」背面に「鈴木佐五右衞門」と刻してある。以上の五基を圍つて石垣があり、石燈籠も獻備されてあるが、大分破損してゐる。

なほ最近、重次の墓域に埋沒してゐた、重次の鎗持村片某の墓が發見され、堀り起して元の姿に整へられた。村片某は、重次殉死當時病中であつたが、後、快癒し、身分を憚つて、時を距ててから、重次に殉死したのである。人々その忠節を愛でて重次の墓域に葬つたのであると傳へられる。戒名は「釋忠哲」といふ。

ロ　內田正信の墓

內田正信の墓は阿部重次の墓の後方に在る。そして正信の墓を中心として、その右に殉死した家臣戸祭源兵衞の墓、左に同じく荻山主稅助の墓の三基が竝んで居り、何れも石の角塔で、源兵衞らのは小さい。三基にも正面には上部に梵の種字を刻し、その下に法名、その左右に四字づつ歿年月日を刻し、背面に俗名が刻してある。

正信の墓は、正面に「理明院殿光德徹宗大居士」背面に「從五位下內田信濃守源朝臣正信」とあり、源兵衞の法名は「一翁圓心居士」俗名は、「戸祭源兵衞尉藤原定經」主稅助の法名は「本如道空禪定門」俗名は、荻山主稅助橘氏昆」とある。なほ、ここの正信の墓に「源」とあるが、これは日光妙道院の碑に「藤原」とあるのが正しい。

ハ　三枝守惠《もりしげ》の墓

三枝守惠の墓は、內田正信の墓の左に隣接してゐる。これも角石であつて、正面の上部に梵の種字を刻し、その下より中央に「靜心院殿一無了性大居士」左右に四字づつ歿年月日を割書し、背面に「從五位下三枝松土佐守源朝臣守惠」と刻してある。松は松平の略で、守惠は松平姓を賜はつたので斯く刻したのである。守惠の墓の左に接して小さいが同形の一基は、守恵に殉死した家臣秋葉又右衛門の墓である。正面上部には守恵のと同じ種字を刻し、その下中央に「珪室常光禪定門」の法名、左右に歿年月日を割書きし、背面に俗名が刻してある。

二　堀田正盛の墓

堀田正盛の墓は、内田正信の墓の背後に一基の墓を隔てて この墓地の東南隅に近く、將に墓域の盡きんとする崖上に、下の鐵道線路を俯瞰し、夫人酒井氏の墓と竝んで建つてゐる。正盛の墓は向つて右方で、寶篋印塔である。正面に[illegible]の三種子を三段に刻し、[illegible]字の右に、「玄性院殿心隱宗卜大居士」左に、「慶安四年四月廿日」と刻し、背面に「從四位下侍從兼堀田加賀守紀朝臣正盛」と刻してある。

この墓地は舊現龍院墓地であるから、同院の開基稻葉正成（法名現龍院輝宗道範居士）の墓が正盛の墓と反對の東北隅に在る。これについては今關係がないので略する。この墓地は鐵道線路擴張工事のために東方を削られて狹くなつたけれども、往昔はかなりに廣く、從つて正盛や正成の墓も現在のごとく隅に偏してはゐなかつた筈である。

なほ前に殉死者の略傳にも記したやうに、堀田正盛、阿部重次、内田正信の三名は殉死するとともに現龍院に葬られたのであるが、守恵は日光山の妙道院に葬り、現龍院には碑のみ建てられたのである。

五　葬　儀

四月二十二日、黑木書院に於て老臣列座、酒井讚岐守忠勝、重ねて家光公の遺命を宗室の方々に傳へた。その趣意は、

「家光公病危篤に臨まれ、臣等を近く召されて仰せらるるに、「生涯、東照宮の御神德を仰感し給ふ事竝々ならず、さ

れば死後も魂は日光山中に鎭まり、朝夕東照公の御側近く侍り、仕へまつらんとの意志なるを以て遺骸は日光山に送り、慈眼堂〇大僧正天海の廟所の傍に葬るべし」とのことであつた。忠勝等これを承はり、「公が東照公の御神德尊崇の事は臣等常にうかがひ得たる所なり。萬歲の御後には、御葬地を東照宮に竝べて營みまつるべし」と言上したるに、重ねて仰ありしは、「我不德の身を以て、いかでか祖廟に並ぶべき、是れは甚だ恐れ思ふ所である。そは歿後と雖も心に安んぜざる所であるから、ただ大師堂の側に納むべし」とのことであつた。このお言葉を名殘として薨去せられた。よつていよいよ遺命の如く明日靈柩を東叡山に遷しまつり、やがて日光山に導きまつるべし」といふのであつた。宗室の人々は涙を押拭つてこれを敬諾して退出したのであつた。

かくて葬儀に關する諸役が命ぜられた。卽ち酒井忠勝、奏者番朽木民部少輔稙綱、御側兼番頭久世大和守廣之、御側出頭役兼書院番頭牧野佐渡守親成、小性組番頭齋藤攝津守三友、御側中根壹岐守正盛、小納戸日下部作十郎正貞、山本平九郎正直、梶金平定良には日光に扈從し、落髮して法會終るまで奉仕すべきことを命じ、小性秋山大學正吉以下寄合有馬出雲守豊長に至る二十八名及び鷹匠五人は日光山に扈從すべく、新番頭は番士とも薙髮し、徒頭は頭のみ薙髮すべし、また法事によつて內藤志摩守忠重、永井日向守直淸、土屋民部少輔利直、小笠原壹岐守忠知、秋元越中守富朝、小出伊勢守吉親、片桐石見守貞昌、三浦志摩守安次、京極主膳正高通、鳥居主膳正忠春も日光山に罷るべく、忠重、直淸は落髮して御中陰の間在山すべし、大工頭木原杢允義久は薙髮して扈從し、靈廟構造のことを承はるべしと命ぜられ、儒役林民部卿法印道春信勝も日光山に罷り向ひ、新番頭遠山十右衞門景重、北條新藏氏長は在山して諸事勤むべし、書院番荒尾平八郞久成、小性組鈴木友之助重比は宿割のため先發すべしと定められた。

二十三日、幕府は、諸大名を召して、萬端前々のごとく家綱公に奉公すべき旨、老臣列座の上、酒井忠勝より家光公の遺命を傳へ、封内に關所ある者には暇を給して封地に歸らしめた。玉露叢、伊達義山治家記録、上杉綱勝年譜、酒井空印言行録、藤堂津家譜、千登勢の松。

この夜、家光公の靈柩を東叡山寛永寺に移しまつつた。直ちに日光山に移すべきであるが、日並が悪いので寛永寺に遷したとの説曾我日記。もある。出棺は亥刻午後十時であつた。城の北門を出で、刎橋、雉子橋を出で、本鷹匠町より筋違橋を經て、下谷徒士町より東叡山の黒門に入り、仁王門の方は東照宮鎭座なれば、わざと之を避け、右の寺町を過ぎ、毘沙門堂に移す。黒門より堂まで十間毎に燈をかかげ、辻固最も嚴重であつた。仁王門前は百人組の頭渡邊圖書助宗綱が警衛した。今日の行列は、先づ目付二人左右に分れ立ち、次に大挑燈一對、持人落髪、次に馬、次に沓箱、持人上に同じ。次に挾箱、天鵞絨、油單をかけ、持人上に同じ。次に大挑燈一對、次に長持、黒油單をかく、持人上に同じ。次に歩行三十人づつ、左右に黒羽織着し落髪、次に長刀、次に靈柩、四面に白練をかく、扈從の輩皆薙髪して袴を着した。次に押道具一本、輿丁百六十人はいづれも素襖を着した。次に小長刀、次に押挑燈、次に鐵炮、黒油單をかく。次に鞍馬四疋、次に大小挑燈、次に老臣二人、次に三町程隔てて總同勢といふ次第であつた。この行列には酒井忠勝、同忠淸、松平信綱、阿部忠秋、弓大將榊原左衞門職信、鐵炮頭森川庄九郎氏之、御小性組番頭齋藤攝津守三友が歩行で扈從した。

この日、靈柩發引に先だち毘沙門堂門跡公海はお迎として登營した。また靈柩滯座中は、朝、日中、晩三度づつ七五三の膳を獻じた。慶安日記、曾我日記、慶延略記、忠利宿禰日次記、寛明日記、酒井若狭小濱家譜。

なほ、徳川家はかねてより淨土宗門であるが、家光公は天台宗に歸依せられ、その遺言によつて東叡山に遺骸を遷座せられたのであるといふ。玉露叢。

二十四日、大奥の女房三千七百餘人に暇を給したが、そのうち薙髪して尼となる者百餘人に及んだといふ。

二十五日、奥平美作守忠昌に日光山代參幷に廟所構造の總奉行を命じ、また明日靈柩を日光山に移すを以て日暮に尾、紀、水三家幷に庶流の者及び保科肥後守正之、松平隱岐守定行は東叡山に至り燒香した。慶安日記、水戶記。その後井伊掃部頭直孝の名代として同靱負佐直滋參詣し、新番、平番の衆も勤務以後、一座づつ、四組共に拜禮したのであつた。曾我日記。

二十六日、卯上刻〇午前六時靈柩東叡山を發し日光に赴く。玉露叢に、靈柩等について左の記載がある。〇この書、慶安元年（一六四八）に係けてゐるのは誤である。

一御遺骸之納メ奉ル箱寸法、幷ニ御遺骸樣ノ覺

一箱之高サ一丈二尺。

一御遺骸之下江双タル敷金ノ黃金、拾五枚双ニノ十五通也。

一大臣之御裝束ニテ、御烏帽子、御具足ヲ召サセ、御太刀ヲ帶ヒ玉フ。

一御遺骸ヲハ、朱ト水金トヲ以テ詰。

一外宅ヲハ、朱ト石灰ニテ詰。

通路は壬生道であつて、粕壁、間々田、鹿沼に泊つた。かくて靈柩の日光山に着いたのは二十九日未刻〇午後二時であつた。毘沙門堂門跡公海これを出迎へ、行殿に導きまつり、僧等香花を供し、讀經し、また御棺前にて初夜、後夜、日中三度づつ諸僧執行し、僧等日夜御柩を守護した。靈柩扈從者のうち朽木稙綱、梶定良は共に薙髮し、酒井忠勝は半里ばかり先へ馬上にて扈從し、弓二張、鎗五本、騎馬二騎、歩卒三人を具す。中根正盛も先に罷り向つたのであつた。

この日、東照宮近邊、二王堂、石鳥居まで白布を以て掩うた。朝より空は曇つてゐたが、雨は降らず、靈柩が着して後ち風雨となつた。

日光山に於ける法事の役には永井日向守直清、三浦志摩守安次、榊原越中守照清、小出伊勢守吉親、片桐石見守貞昌等が命ぜられ、直清及び安次は落髪した。

日光山輪王寺門跡守澄入道親王はこれより先四月二十七日、登晃し、毘沙門堂門跡公海と共に法會を執行した。守澄親王には醫員土岐長元敦山が扈從した。幕府は二十八日、久留島丹波守通春、靑木甲斐守重兼に日光山勤番を命じ、五月三日、御附兼松彌五左衞門正直を日光山に遣し、葬儀法會の樣を監視せしめ、四日、歩行頭酒井兵部忠經日光山より歸參し、新番頭北條新藏氏長は新廟指圖幷に三佛堂法會の圖を持參し、家綱公に進覽した。

また一方、四月二十七日には日光山に奉る香資の制を定め、二十五萬石以上銀三十枚、十五萬石以上銀二十枚、十萬石以上銀十枚、五萬石以上銀五枚、一萬石以上銀三枚、三十萬石以上の惣領分銀十枚、二十萬石以上の惣領分銀五枚とし、諸大名はいづれも名代使者をもつて五月九日日光に差上ぐべきことを命じた。東叡山寛永寺へ納經の事は五月二日、安藤右京進重長、松平備前守隆綱、高木善次郎正弘、西鄕孫六延員が沙汰した。（慶安日記、寛明日記。）

五月朔日、東福門院より河原彈正某を御使として家光公の喪を弔せられ、六日、同じく御使として野々山丹後守兼綱を遣された。日光山の法會によつてである。

この日、日光山に於ては酉刻（午後六時）靈柩本坊を發引し三佛堂に移る。輪王寺守澄入道親王、毘沙門堂公海兩門跡出座、論議ありて後、靈柩を大黑山の巓に收めた。

靈柩を納め終つて、扈從の輩はいづれも大黑山を下つた。悲涙袂を潤さざるはなかつた。この日御廟に具備し納め

た御道具は、

一御腰物　近壽作　拵小柄家彫物鷄小刀政常入道御鞘黒塗御下緒紫

一御太刀　中島來

一御脇差　佐實　小刀御紋盛通御小柄赤銅御紋三ツアリ御鞘黒塗御下緒紫

一御長刀　來國光

一御馬　千笠ト云名馬

一御鞍　黒塗御紋有り御鐙上ニ同御泥障熊御葬禮鐙指

であつた。

かくて三佛堂の法會には奥平忠昌、家綱公の代拜をなし、長松綱重の代拜は諏訪頼郷、徳松綱吉の代拜は牧野成儀が勤め、次に酒井忠勝以下順次燒香し、近習の輩、諸番頭等拜禮の後、門跡公海はじめ各自退出した。

大黒山の巓に於ては、衆僧、御葬穴を圍繞して、小石に法花經の文字二三字づつを記してこれを築籠め、三間四面の假堂を建て、土にて塗りふさいだのであつた。

かくて家光公の英靈は日光大黒山の山頂に永遠に鎭まることとなつたのである。

六　廢朝及び贈官位賜號

家光公薨去の報、天聽に達するや、四月二十六日、廢朝を仰せ出さるること五日であつた。そして清涼殿の母屋に御簾を懸け、格子を下ろし、御拜無きこと五日に及んだ。宣順卿記、續史愚抄。ついで五月三日、公に太政大臣、正一位を贈り、諡號を大猷院と賜うた。宣下の陣儀は同日行はれ、上卿は權大納言中院通純、職事は頭辨坊城俊廣が奉仕した。公卿補任、忠利宿禰日記。

院號は大猷院、功崇院の二つが撰ばれたが、前攝政二條康道の撰定により大猷院に決したのである。忠利宿禰日記。

かくて贈官位の勅使前内大臣西園寺實晴はじめ宣命使少納言平松時量、納經の本院使權大納言四辻公理、新院使權中納言姉小路公景、女院使同五條爲適の各卿は四日より前後東下、木曾路を經て日光に參向した。

公卿等は五月十七日日光に於て贈官位并に納經の儀を了へ、二十一日には何れも參府した。家綱公はこの日松平和泉守乘壽に吉良若狹守義冬を副へ公卿等の旅館たる傳奏屋敷に遣してこれを慰勞し、二十三日、松平伊豆守信綱、阿部豐後守忠秋に吉良義冬を副へて旅館に遣し、公卿等に暇を給した。卽ち忠秋より各へ家綱公の謝詞并に、公、幼年といひ、服喪中なるを以て對面なき旨を傳へ、また西園寺實晴には別に贈官位の謝詞を傳へ、平松時量にも同じく慰勞の詞を傳へた。そして各公卿以下にそれぞれ贈り物があつた。卽ち西園寺實晴に銀五百枚、四辻公理に銀三百枚、姉小路公景、五條爲適に各銀二百枚宛、平松時量に銀五十枚、時服五、山口少外記定友に銀二十枚、時服二を賜うたのであつた。

また同時に、攝家、親王、門跡、淸華、昵近衆納經の使にそれぞれ賜物があつた。かくて公卿等は二十四日それぞれ歸洛の途に就いた。慶安日記、忠利宿禰日次記、玉露叢、參向名簿、宣順卿記。

七　日光山に於ける法會

五月六日、日光山に於て家光公の遺體を大黑山頂に埋葬した卽夜より僧十一口により中陰の法事逮夜、論義五番が行はれた。以下、同山に於ける諸法會について述べよう。

1　初七日法會

五月七日、初七日法會、胎曼荼羅供あり。僧百口、音樂あり。天樹院（秀忠公長女。）、高田御方（秀忠公女、松平忠直室。）、清泰院（家光公養女、前田加賀守光高室）、千代姫（同上、徳川光友室）各銀五十枚宛、本理院（家光公御臺所鷹司氏。）銀三十枚、長松、德松各銀百枚づつ。德松生母本莊氏金三枚、德川頼宣、德川光友、各銀二百枚宛、德川頼房銀百枚、德川光貞金二枚、德川光圀金一枚、松平頼元、松平頼隆各銀五枚宛、そのほか前田利常、松平光長、前田犬千代、松平直政、池田光仲、淺野光晟、松平定行、松平頼重、松平利治、松平直良、井伊直孝、保科正之より各香銀を進薦した。

八日には守澄入道親王、大僧正公海、妙法院門跡堯然入道親王、曼殊院門跡良尙入道親王、梶井門跡慈胤入道親王、青蓮院門跡尊純法親王、增上寺位產、新田大光院その他諷經の諸僧等各納經した。

2　二七日法會

九日、逮夜。論義僧五十口、いづれも素絹を着して執行した。諸大名は使を遣して晃山に香資を進薦するところがあつた。

十日、二七日法會。法華三昧懺禮、回向僧三十口、音樂あり、三佛堂に於て家綱公より備へたまふ諷誦文を、守澄入道親王が讀誦した。十二日、逮夜。法華讀誦、伽陀四段、僧百口。音樂があつた。

3　三七日法會

十三日、三七日法會。施餓鬼、僧五十口。

十五日、逮夜。論義、僧三十口。

4　四七日法會

十六日、四七日法會。布薩戒、律衆僧三十口。

5　贈官位、賜號、納經の式會等

十七日、巳刻〇午前十時　公卿等三佛堂に上り、各左方に列座し、平松少納言時量は次の間に伺候した。山口少外記定友、亂箱を持參し、西園寺前内大臣實晴の前に置く。實晴、箱より宣命をとり出し、前机に置いて本座に復す。時量、進み出でて宣命をとり、兩手に捧げ、正一位、太政大臣を贈らせ給ひ、大猷院と追號せらるる旨を讀み、元の如くに置いて退く。次で寂敎院晃海これを取り納む。次に御納經。禁裏より進めらるるところの大乘妙典は高家吉良若狹守義冬これを持ち出でて座の中央に置くを、實晴請取り、牌前に薦めて拈香し、拜して退く。次に院使四辻大納言公理、新院使姉小路中納言公景、女院使五條中納言爲適各御贈經を義冬より請取りて牌前に薦め、實晴自身の納經は義冬を以て薦め、自ら中座して拜禮し、公卿一人づつ退座した。次に攝家、門跡、淸華、その外の公卿等より使者を以ての納經は、晃海これを前机に進薦して式を終つた。紀伊記、水戶記。

十九日、逮夜。法華八講六座、僧四十口。水戶記。

二十日、步行頭小出越中守尹貞は、輪王寺門跡守澄入道親王染筆の家光公の靈牌を捧持、日光より江戶に歸り、家綱公に謁した。公は上下を着してこれを拜した。

この日、初月忌なるを以て德川賴宣より公に檜重を獻じた。阿部豐後守忠秋は東叡山寬永寺に參拜した。恐らく公の旨を奉じてであらう。大小名は參拜のことがなかつた。前日參拜を停むべきことを令したからである。またこの日鷹五十連が放たれた。

6　五七日法會

日光山に於ては五七日の法會が行はれ、僧四十口にて、法華八講七、八座、五伽陀を勤仕した。

7　六七日法會

二十二日、頓寫の御經供養、勤僧三十口、音樂あり、守澄入道親王は隨身、坊官、諸大夫等を具して參堂、次に公海大僧正、兒七人、坊官二人を具し、青龍院亮盛、天蓋を供し、兩の手綱は隨身これを役した。七箇國諷經の緇徒二千七百十一人、布施金七千七百兩餘であつた。納經の輩は八千百六十三人に及ぶといふ夥しいものであつた。（慶安日記、水戸記。）

8　盡七法會

二十四日、四十九日忌の法會を行はる。金曼荼羅供、僧百口、音樂あり、導師は守澄入道親王が勤めた。（慶安日記、水戸記。）

9　滿百法會

二十五日、逮夜。圓頓戒、律衣三十口、導師正覺院僧正豪慶、三佛堂供僧三百口、音樂あり。

二十六日、圓頓戒。導師守澄入道親王、大僧正公海、正覺院僧正豪慶、出座の僧三百口餘、一切經の轉讀畢つて代參奥平美作守忠昌、東福門院代參野々山丹後守兼綱は內陣にて燒香し、次に長松（綱重）代參諏訪若狹守賴鄕、德松（綱吉）代參牧野美濃守成儀をはじめ天樹院、清泰院、千代姫等の代拜があり、酒井讃岐守忠勝はじめ諸役人、近習の輩皆拜禮した。かくて大僧正公海、靈牌を染筆して行殿の床に安じまつつた。（水戸記。）

二十七日、酒井忠勝はじめ、法事に參與するの輩、いづれも日光山を下つた。忠勝は二十九日歸府したので家綱公は御傳大久保丹波守忠正を遣して之を慰勞した。忠勝もやがて登營して、奥にて公に謁したのであつた。

三十日、朽木稙綱、牧野親成、久世廣之、齋藤三友、中根正盛等日光山より歸り、家綱公に謁した。かくの如く大小名の日光山より歸謁する者前後あつたが、一々記さない。幕府は書院番頭加々爪甲斐守直澄に、中陰の間日光山に赴き、巡察すべき旨を命じた。またこの日、日光門跡守澄入道親王が東叡山に歸寺した。この夜より江戸府內辻々の番を免じた。六月二日には毘沙門堂門跡公海が歸寺した。

八　東叡山に於ける法事

一方東叡山に於ては、家光公の靈柩日光に移御の後、五月二日、幕府は東叡山納經事務を掌ることを寺社奉行安藤右京進重長并に松平備前守隆綱、高木善次郎正弘、西鄕孫六延員に命じ、ついで六日、東叡山諷經の時の事を寺社奉行松平出雲守勝隆及び松平能登守定政、戶田主膳忠昌、植村右衞門佐家貞に命じた。そして諷經の次第を、七日は五畿、紀伊、丹波、丹後、但馬及び中國、西國、八日は伊賀、伊勢、若狹、越前、越中、加賀、能登、美濃、尾張、三河、近江、遠江、九日は駿河、伊豆、相模、甲斐、十日は武藏、上總、十一日は下總、十四日は上野、十七日は常陸、十八日は信濃、越後、二十二日は奧羽の僧衆とすること、并に天台僧を首座とし、次に淨土宗、次に眞言宗、次に臨濟宗、次に曹洞宗、次に日蓮宗、次に時宗、次に一向門徒たるべき旨が定められた。慶安日記、天享東鑑。

二十日、初月忌により、阿部豐後守忠秋が東叡山に參拜したことは前にも述べたが、この日同山にては讀經があつた。天享東鑑。

二十七日、寺社奉行安藤重長、同じく松平出雲守勝隆、大目付井上筑後守政重をして東叡山を巡察せしめ、六月三日、この七日より東叡山に納經、諷經あるを以て、寺社奉行三人、大目付二人づつ奉仕すべきこと、惣門は中川內膳正久盛、京極刑部少輔高和、黑門は小出大和守吉英、金森長門守賴直に勤番すべきことを命じた。慶安日記。ついで六日、朱印を授與せられた寺院等、明日より東叡山法華堂に於て諷經、常行堂に於て納經あるを以て、根來足輕頭（後の百人組）先手頭一人づつ、歩行頭二人づつ勤番し、松平勝隆は法華堂、安藤重長は常行堂、松平能登守定政等六名は三名づつ兩堂に參仕すべきことを命じた。かくて七日より五千口の僧が諷經を勤行した。

九　東福門院法會を修せらる

五月十八日、東福門院には京都大佛の養源院に於て家光公のために法會を修せられた。この法事は七箇日にわたつて行はれ、勤仕の僧三十五口、うち比叡山延暦寺より出仕のもの三十二口、園城寺より二口、講堂より一口であつた。僧衆へは銀子一枚宛賜はつた。このことは忠利宿禰日次記に見えるのであるが、同書五月十八日條に、「山門蓮城坊來申云、家光公御佛事、大佛養源院にて有レ之故出京、女院御所ゟ被二仰付一之由也」とあり、法事七箇日のこと、勤仕僧口數及び賜銀の事は同書二十五日の條に見えてゐる。而して賜銀等の事は、すべて事畢へて後にあるのが例であるから、法事の開白は必しも十八日でなくとも、十九日ではあつたであらう。今は假に十八日に係けておく。

養源院は秀忠公の夫人淺井氏がその父淺井備前守長政のために剏建した寺であつて、養源院の寺號は長政の法諡を採つたのである。淺井氏はいふまでもなく家光公の母公であり、東福門院は公の同腹の妹であるから、この寺に於て法會の營まれたことは最も當を得たものであつた。雍州府志。

なほ東福門院には公の病中も屢〻使を遣してこれを問はれ、薨後も使を江戶及び日光に遣して公の靈を弔ひ、納經もあらせられ、公の冥福を祈られた。御兄妹の至情深く察すべきものがあつた。

一〇　愛染国俊刀

前田利建氏所藏

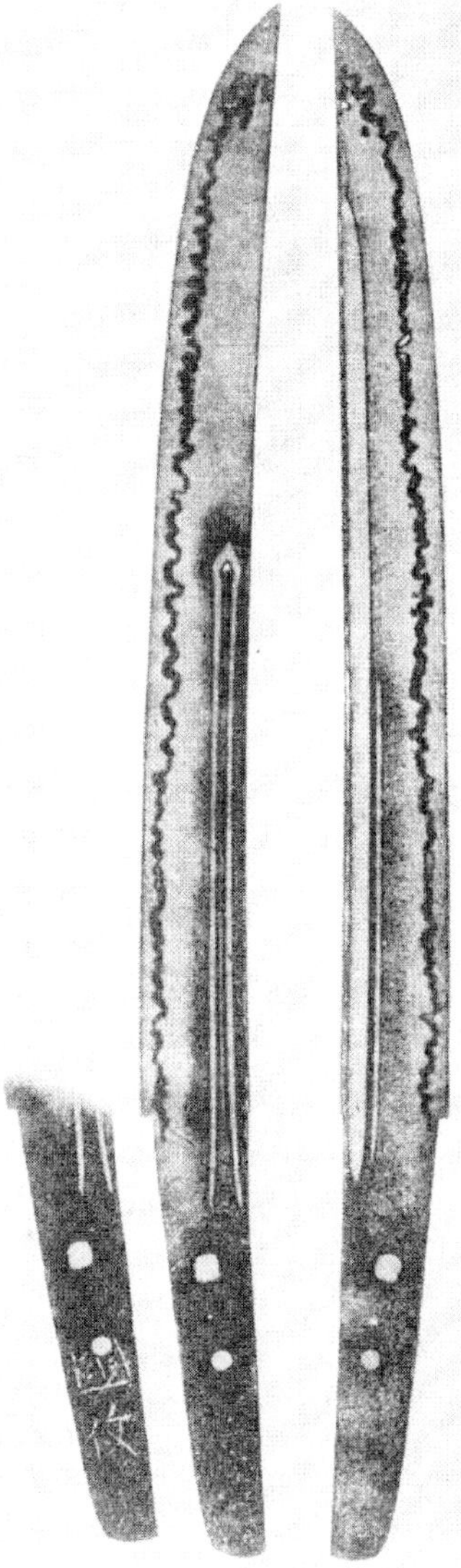

（葵花餘芳所載）

二一 蒔絵日暮しの料紙文庫硯箱

藤堂高鋭氏所藏

（其　一）

（其　二）

（葵花餘芳所載）

十　大赦

六月十日、この度の法事により囚獄百餘人を放ち、慶安日記、紀伊記。十一日には大赦の事を國々に令せられた。慶安日記、天享東鑑。

十一　遺物贈進頒賜

六月十八日、家光公の遺物をそれぞれ贈進頒賜のことがあつた。卽ち東福門院へ、防門局筆の新勅撰集、大内の茶壺、狩野元信筆の花鳥屛風を贈進せられ、長松重綱以下へは左の如く頒賜せられたのである。

長松重綱へ　蜂屋鄕の御刀、貞宗の御指添、紹鷗圓座の茶入、時雨の茶壺、北磵墨蹟の掛幅、金五萬兩。

德松綱吉へ　鍋島鄕の御刀、貞宗の御指添、遲櫻の茶入、落葉の茶壺、竺田墨跡の掛幅、金五萬兩。

天樹院千姫へ　金一萬兩、茶壺一。

高田御方秀忠公女勝姫松平忠直室へ　金五千兩、茶壺一。

本理院家光公夫人鷹司氏へ　金五千兩、茶壺一。

寶樹院家綱公生母朝倉氏へ　金五千兩、茶壺一。

淸泰院家光公養女、實は德川賴房女、前田光高室へ　金二萬兩、茶壺一。

千代姫家光公長女德川光友室へ　金二萬兩、茶壺一。

長松生母後、順性院藤枝氏へ　金二千兩。

德松生母後、桂昌院本莊氏へ　金二千兩。

御家人へ　御遺金大判金千三百枚、小判八百兩、銀三十萬九千五百枚。

といふ莫大なものであつた。なほ幕府祚胤傳三によれば、秀忠公の養女にて松平忠直の女である龜姫、卽ち高松好仁親王の妃となられた方にも阿部豐後守忠秋を使として遺金五千兩を贈られたといふ。

第十二章　家　族

一　父　母

1　父　秀　忠　公

家光公の父君は徳川秀忠公である。秀忠公は家康公の三男、天正七年（一五七九）四月七日遠江濱松城に於て降誕された。生母は西郷局戸塚氏、幼名を長丸君といった。天正十五年（一五八七）八月八日從五位下に敍し、武藏守に任じ、十六年（一五八八）正月五日正五位下、十八年（一五九〇）正月十五日聚樂亭に於て豐臣秀吉より諱を授けられ、秀忠と稱することとなつた。元服を加へ、從四位下に敍し、侍從に任ぜられた。

天正十九年（一五九一）十月上洛して左近衞少將に任じ、十一月八日右近衞中將、同日參議に任じ、右近衞中將故の如くであつた。翌文祿元年（一五九二）九月九日權中納言に任じ、從三位に敍せられた。三年（一五九四）二月十三日權中納言を辭し、慶長六年（一六〇一）三月二十八日權大納言に任じ、二十九日參內あり、七年（一六〇二）正月六日には從二位に敍せられた。八年（一六〇三）十一月七日右近衞大將に兼任し、右馬寮御監に補せられた。公卿補任、御湯殿上日記、言經卿記、時慶卿記、慶長日件錄一、徳川幕府家譜乾。

慶長十年（一六〇五）二月二十四日發駕、十萬餘人を從へ、行粧花麗壯美を極めて上洛した。三月二十一日伏見着城、二十九日入朝した。四月十六日征夷大將軍に補せられ、兼ねて淳和院別當に補し、隨身兵仗を賜ひ、牛車を聽された。同日内大臣に任じ、正二位に敍せられ、勅使權大納言廣橋兼勝、少納言西洞院時慶、二條城に來つて宣命を傳へた。十七日伏見より入洛し、二十六日參內、拜賀、五月十五日、伏見城發駕、六月四日江戶に還つた。（慶長見聞錄案紙上、義演准后日記、公卿補任、言經卿記、時慶卿記、慶長日件錄二、當代記。）

十一年（一六〇六）九月二十三日江戶城造營成り、本丸に移徙あり、十二年（一六〇七）家康公より江戶城を讓られた。十九年（一六二四）四月十二日從一位に敍し、右大臣に任ぜられた。勅使權大納言廣橋兼勝、同三條西實條江戶城に莅んでこれを傳へた。

元和二年（一六一六）四月十七日、父家康公を喪ひ、これを駿河久能山に葬り、二十五日初めて同山神廟に參拜あり、翌三年（一六一七）四月、家康公の尊骸を下野日光山に移葬し、東照社を造營したので、秀忠公は同月十二日江戶發駕、十六日日光に着し、十七日祭儀を執行し、十九日同地發駕、二十五日江戶城に還つた。この後、日光に社參すること、元和五年（一六一九）十月、同八年（一六二二）四月、寛永五年（一六二八）四月の三回に及んだ。

これより先、秀忠公は元和三年（一六一七）六月二日發駕、十四日伏見に着し、十八日入朝、九月二十七日江戶城に還つた。この後、上洛すること、元和五年（一六一九）五月、同九年（一六二三）五月、寛永三年（一六二六）六月の三回に及んだ。うち寛永三年（一六二六）の上洛には六月二十日發駕、七月七日、二條城に入り、八月上洛の家光公と共に、九月六日より十日まで後水尾天皇、中宮德川和子、中和門院等の行幸啓を仰ぎ、同月十三日、太政大臣に任ぜられ、勅使權中納言阿野實顯、頭中將園基音二條城に莅み宣命を傳へた。江戶城に還つたのは十一月十一日である。

秀忠公は、これより先、元和九年（一六二三）の上洛に七月二十七日征夷大將軍の職を家光公に讓り、（○第四章參照。）爾後大御所樣と呼ばるることとなつた。そして翌寛永元年（一六二四）十一月十日、西丸へ移徙隱居した。（德川幕府家譜乾。）

寛永九年（一六三二）正月二十四日、秀忠公は西丸に於て薨去した。年五十四歳であつた。二十六日夜出棺あり、増上寺に着棺、導師は照譽上人了學大和尙で、假の法號を元昌院殿一品大相國興蓮社德譽入西大居士といふ。二月二十二日、台德院と勅諡せられ、正一位を贈られた。勅使は前内大臣西園寺公益であつた。七月二十四日、御堂（後、御靈屋と改稱す。）供養あり、二十六日、御供料千七百石を寄附せられた。正保二年（一六四五）十一月二十一日、勅使權大納言今出川經季參向し、二十四日、增上寺に位記を持參した。

秀忠公は、幼より仁孝恭謙の德備はり、何事も父家康公の庭訓を守り、すべて父公の旨に反くことがなく、いささかも縱恣の擧動がなかつた。まことに繼體守文の主としての德を備へたのであつた。幕府祚胤傳三、德川幕府家譜乾。

2　母　淺　井　氏

家光公の母君は淺井氏、名は德子、（又御江與御方）秀忠公の正夫人である。德子は淺井備前守長政の第三女、長姉は豊臣秀吉の側室淀君であり、次姉は京極若狹守高次の室お初の方である。

淺井長政は元龜元年（一五七〇）六月二十一日その據る所の越前小谷城を織田信長に攻められたが、九月二十四日、朝倉義景と共に近江比叡山に據つて信長と相對峙し、十二月十三日、信長は勅を奉じて、義景、長政と和した。翌二年（一五七一）八月二十日、信長再び長政を小谷城に攻め、三年（一五七二）七月二十一日、またこれを攻めた。ついで義景は長政を援けて信長の軍と對抗したが、天正元年（一五七三）正月七日、長政は將軍足利義昭、武田晴信、本願寺光佐等と謀り、信長を除かんとして、越中の一向宗徒の協力を求むる所あり、七月十九日、信長、義昭が據る所の宇治槇島を圍み、義昭はつひに信長と和して河内若江に徙つた。八月十日、信長近江に入り、朝倉義景の長政赴援の路を絕つて、義景を刀根山に破り、之を越前一乘谷に逐うた。二十日、義景の一族朝倉景鏡は義景を弑して信長に降り、二十八日、長政つひに小谷城に於て自殺し果てた。

長政の妻である信長の妹小谷の方は息女三人を連れて柴田勝家に再縁したが、勝家もまた天正十一年（一五八三）四月二十三日、豊臣秀吉のためその居城越前北庄（現福井）を陥れられ、翌日自殺して亡んだ。勝家は自害の時、中村文荷齋に命じて、小谷の方の自害を介錯し、天守に火をかけしめた。文荷齋は三人の息女を逃げ去らしめたが、秀吉はこれを聞いて、三人を安土に送り入らしめたのであつた。かくて長女をその妾とし、二女を京極高次の室とし、三女卽ち德子を尾張大野城主として五萬石を食んだ（一に美濃井口城主四萬石）佐治與九郎一成の妻としたのである。一成は佐治八郎信方の七男であり、母は織田信長の妹であつた。

信長の弟織田三之助信包の長臣に津田左近將監直政なる者があつた。故あつて信方を殺害したが、一成はなほ信包に從ひ、大野城に居住した。天正十二年（一五八四）四月上旬、小牧の戰ののち、家康公三河へ歸城の途次、尾張佐屋の渡に於て乘船を得ず、難儀に及ばんとした時、一成は進んで乘船を出し、無事に之を渡したので、家康公は大いに喜んだ。秀吉これを聞いて甚だ立腹し、淀君病氣と稱して使者を遣し、淺井氏を迎へた。そして一成は相婿に不足なりとして、淺井氏を留め置いて返さず、一成これを悔いたが、なすべきやうも無く、落髮して淸哉入道と名を改めた。

秀吉は淺井氏を養女として信長の四男丹波の少將秀勝に嫁せしめたが、秀勝は文祿元年（一五九二）の朝鮮の役に、かの地に於て病死したので、淺井氏は寡婦となつた。その後、文祿四年（一五九五）九月十七日、また秀吉の養女として、秀忠公に嫁したのである。世呼んで大御臺所と稱した。男女七人を産んだ。卽ち千姫、子々姫（前田利光室）、勝姫（松平忠直室）、初姫（京極忠高許嫁）、家光公、忠長、和子姫（初め松姫、東福門院）、これである。（玉輿記二、柳營婦女傳系七、德川幕府家譜乾。）

淺井氏は寛永三年（一六二六）九月十五日江戶城西丸に於て逝去した。齡五十四歲であつた。この時恰かも秀忠公、家光公、忠長ともに上洛中であつて、この日は秀忠公が太政大臣拜任（この拜任はこの月十三日であつて、同日家光公は左大臣に任ぜられた。）の賀儀が二條城本丸に於て催され、公卿、殿上人、諸大名幷に五千石以上の輩は太刀目錄を獻じ、同じく二の丸に於ては家光公 左大臣轉任の賀儀が行はれ、公武の輩 太刀目錄を獻じてこれを賀したのであつた。淺井氏危篤の報は是より先十一日に京都に達し、家光公は急に歸府すべしとて淀城を發して二條城に入り、先づ稻葉丹後守正勝を使として江戸に遣し、淺井氏の病を候せしめたのであつた。忠長は卽日出京し（江城年錄には翌十二日と記してある）夜を日についで馳せ下り、十五日着府し、江戸城に入つたが、一時ばかり前に淺井氏は永逝してゐた。

淺井氏永眠の悲報は同月十八日夜に入つて江戸から馳せつけた松平内膳重則によつて京都にもたらされた。家光公は、豫てより明十九日早天に出京あり、急ぎ歸府のことに定められてゐたが、この訃告を聞いて、今は急ぎてもせんなしとて、先づ三浦志摩守正次を先に下向せしめ、三好左馬直政も同じ事により使を命ぜられて江戸に馳せ下つたのであつた。

江戸に於てはこの夜淺井氏の靈柩を三緣山に遷し、靈牌を增上寺廣度院方丈に安置し、七々の日讀經、三十五日の施餓鬼、四十九日の頓寫、百箇日の逮夜、頓寫、讀經、法問、施餓鬼等行はれ、今日より事に參與する諸役人は增上寺に伺候し、西鄕若狹守正員は方丈に勤番した。

なほ醫官今大路道三親淸は秀忠、家光二公の上洛に扈從し京都に在り病臥してゐたが、淺井氏危篤の報達するや俄かに暇を給せられ、治療を奉仕せんがために、夜を日について道を急ぎ江戸に向つたが、九月十九日、箱根山中に至つて死去した。歲五十であつた。子民部大輔親昌家を嗣ぎ、剃髮して玄鎭と稱した。（寛政重修諸家譜五九三。）

家光公は同月二十五日京都を發して十月九日江戸に歸城あり、秀忠公は十月六日京都を發輿、途、駿府にとどまつた。

十月十八日、淺井氏の葬禮があつた。あらかじめ痲布野（後の我善坊谷廣專寺、深廣寺の地であるといふ）に荼毘所を設け、導師は桑譽了的、念誦は傳通院、大松明は大光院、小松明は飯沼弘經寺、奠湯は靈山寺、奠茶は幡隨院、起龕は靈巖寺、鎖龕は大念寺、御膳は蓮馨寺、御奠菓は結城弘經寺、東漸寺、淨國寺、大善寺、御經首題光明寺、洒水勝願寺、この外大小寺院所化、寺僧等都合千二百人餘及び幕府所命の諸有司がそれぞれの所役を奉仕して、式は頗る莊嚴なうちに盛大に行はれた。沈香を三十二間餘に積み重ね、一時に火を放つたので香烟十町餘に及んだといふ。忠長、京極若狹守忠高、松平仙千代丸そのほか在府の諸大名等みな裝束を着して靈柩に從つた。荼毘を了へて、法諡を崇源院殿昌譽和興仁清大禪定尼といふ。秀忠公は駿府より青山大藏少輔幸成を遣し、此所に監臨せしめた。增上寺にては今日より中陰の法會行はれ、親王、攝家、門跡等より納經があつた。

二十二日より二十六日までは諸宗の僧侶が增上寺に參列して納經誦經したので、各檀嚫を給うたが、身延山日乾、日遠はこれを受けたに拘らず、池上本門寺日樹、中山法華經寺日賢はその宗意を主張して布施物を受けなかつた。よつて訴論檢斷の沙汰に及んだ。いはゆる不受布施の事件であるが、今はその論議についての敍述は省略する。

十一月二十八日、崇源院に從一位を贈られ、宣命使少納言五條爲適が十二月に參向した。幕府祚胤傳三、徳川幕府家譜乾。

二　夫人・子女

1　夫人鷹司氏

家光公夫人は鷹司氏、名は孝子、關白左大臣鷹司信房の女である。慶長七年（一六〇二）五月（また七月ともいふ）

誕生、元和九年（一六二三）十二月二十日、定婚の故を以て江戸に參向、西丸に入つた。寛永元年（一六二四）十二月十日、本丸に移徙あり、同二年（一六二五）八月九日、婚儀を擧げ、卽日御臺所と稱することとなつた。時に家光公二十二歲、鷹司氏は二十四歲、後、吹上御園のうちに御殿を造り、住居したので、中之丸樣と稱した。柳營婦女傳系九、鷹司家譜。

さて婚儀の日、秀忠公はこれを賀して西丸より本丸に臨み、茗讌を設けた。家光公は鐵の門に父を迎へ、忠長及び德川賴房は從ひ出で白洲に伺候した。秀忠公は直ちに數寄屋に入り、御膳畢つて後、藤堂和泉守高虎出でて謁した。中立の後、兩公再び數寄屋に入り、家光公手前の茶を進めた。畢つて書院に於て、猿樂五番を覽、大奥に入り、また書院に出でて御膳を供し、三獻あり、忠長、賴房共に伴食した。再び猿樂を觀、秀忠公は西丸に還つた。今日の能組は、

玉の井　朝長　千壽　邯鄲　舟辨慶　項羽　葵上　吳服

であつた。また秀忠公より家光公へ進じたのは菊一文字の太刀、正宗の刀、上杉栗毛の馬、家光公より父公に進じたのは、太刀及び鄕の刀、大内といふ馬であつた。今夜、大御臺所淺井氏は大奥に宿し、幸若舞を觀た。この月より鷹司氏を御臺所また若御臺と稱した。世にこの日の秀忠公の御成を御臺成の御成と唱へた。

慶安四年（一五九九）四月二十日、家光公の薨ずるや、鷹司氏は落飾して本理院と號した。六月十八日、遺物として金五千兩に茶壺一を副へて給うた。萬治三年（一六六〇）、東福門院に對面のため上京あり、牛井驢庵宅を逗留中の宿所とした。

延寶二年（一六七四）六月八日、逝去した。家門諸大名登營して將軍家綱公の氣色を候した。十九日、小石川傳通院に於て送葬の事あり、土屋但馬守數直、家綱公の代拜を勤めた。二十日、傳通院に於て千部讀經開闢あり、久世大和

守廣之、將軍の代拜を勤めた。二十一日、傳通院に酒井雅樂頭忠清、阿部播磨守正能參向し、二十二日には稻葉美濃守正則代參し、香銀二百枚を進めた。讀經僧に孔方三十貫文を布施し、瞽者に二百貫文、盲女に三十貫文の施行あり、繫獄の者十人を放つた。香資は尾、紀、甲、館の四卿は銀二十枚づつ、水戸家幷に井伊掃部頭直澄は十枚づつ、その他であつた。

火葬後、分骨は高野山大德院に納め、賜金三百兩あり、碑を建てた。法諡を本理院照譽圓光徹心大姉と稱した。鷹司氏は、家綱公の嫡母にも立たなかつたので、公は喪にも服しなかつた。夫人の一生は寂しい生涯であつた。寶曆十三年四月十六日、將軍德川家治公の特別の計らひにて從一位を贈られた。幕府は法會料として銀五十枚を給し、永世御供として金百兩を賜うた。柳營婦女傳系九、幕府祚胤傳四、德川幕府家譜乾。

家光公の子女は五男一女、それに准女一名、養女三名、猶子二名がある。子女を生年順に記してゆかう。

2　千代姬

寬永十四年（一六三七）閏三月五日誕生、時に家光公三十四歲であつた。生母は於振の方岡氏。蟇目は石川主殿頭忠總、篦刀は井伊掃部頭直孝が勤めた。

翌十五年（一六三八）二月二十日、尾張家德川義直の嗣子右兵衞督光友と婚約あり、十六年（一六三九）九月二十一日、同家市谷館へ輿入あり、正保元年（一六四四）十二月九日、御賄料として金五千兩宛を進め、慶安四年（一六五一）六月十八日、松平伊豆守信綱を使として、家光公の遺金二萬兩と御葉茶壺を贈つた。元祿十一年（一六九八）十二月十日戌刻〇午後八時逝去あり、年六十二歲であつた。鳴物を七日停止された。增上寺に送葬し、法諡を靈仙院長譽慈光松月大姉といふ。幕府祚胤傳四、德川幕府家譜乾。

3 家綱公

寛永十八年（一六四一）八月三日江戸城本丸に於て生誕、家光公三十八歳であつた。母は於樂の方增山氏。（寶樹院）九日、お七夜の祝に名を竹千代と命じた。十九年（一六四二）二月九日、紅葉山東照社及び山王社に宮参あり、歸途井伊掃部頭直孝邸に立寄つた。

正保元年（一六四四）十二月十七日、諱を家綱と命じた。家康公の忌日なるを以てこの日を撰んだのであるが、表向の發表は二十三日であつた。同二年（一六四五）四月二十三日元服、加冠は井伊直孝、理髪は保科肥後守正之が勤めた。同日從三位に敍し、權大納言に任じ、更に正三位に敍した。勅使は權大納言今出川經季、同飛鳥井雅音であつた。

慶安四年（一六五一）四月二十日父家光公の喪に遭ひ、六月二十三日本丸に於て繼統の規式あり、七月十三日、征夷大將軍、右近衞大將、右馬寮御監、淳和・奬學兩院別當、源氏長者に補任され、尋で同二十六日內大臣に任ぜられ、右近衞大將故の如く、牛車を聽され、隨身兵仗を賜うた。八月十八日勅使今出川經季、飛鳥井雅音江戸城に莅んで宣旨等を賜ひ、本院（後水尾上皇）使權大納言小川坊城俊完、新院（明正上皇）使同淸水谷實任、女院使權中納言廣橋綏光も亦これに臨んだ。十二月本丸に移つた。

承應二年（一六五三）八月十二日右大臣に轉任し、右近衞大將故の如くであつた。この時の勅使は前權大納言野宮定逸、同淸閑寺共綱であつた。明曆二年（一六五六）正月五日、後西天皇の御卽位を賀し、松平右京大夫賴重を名代として上洛せしめ、吉良若狹守義冬をこれに副へた。

萬治二年（一六五九）四月二十八日、左大臣に任ぜらるべき旨の勅諚があつたが、これを辭退した。寛文三年（一六六三）五月二十三日武家諸法度を公布し、四年（一六六四）四月二十八日より八月二十六日に至るまでに萬石以上の者即ち大名に領知の朱印を與へた。（御朱印帳、幕府祚胤傳五、徳川幕府家譜乾。）

延寶八年（一六八〇）二月六日、四十の賀の祝儀あり、五月八日薨じた。十四日出棺、東叡山本坊に於て輪王寺門跡尊敬入道親王讀經あり、二十六日幽宮に葬つた。六月十一日勅謚贈官位の勅使内大臣大炊御門經光、宣命使少納言平松時量參向あり、嚴有院と謚號勅賜あり、正一位を贈られた。六月二十四日より增上寺に於て萬部法事があつた。

4　綱　重

寛永二十一（一六四四、十二月十三日改元正保元）年五月二十四日誕生。家光公は四十一歳であつた。母はお夏の方岡部氏（順性院）幼名長松、長は蓋し秀忠公の幼名長丸から採つたのであらう。九月二十三日、紅葉山東照社社參、ついで山王社參詣、歸途松平和泉守乘壽邸に立寄り、天樹院千姫の邸に歸られた。

慶安元年（一六四八）九月二十三日、屋敷を竹橋、元牧野内匠頭信成邸に賜ひ、二年（一六四九）十一月九日これに徙り、四年二月五日、領知を與へらるる旨の達あり、四月十八日、美濃國に於て三萬石、信濃國佐久郡に於て一萬五千石、甲斐國に於て五萬五千石、上野國に於て二萬五千石、近江國に於て二萬五千石、駿河國富士郡に於て三千石、合せて十五萬三千石の地を引渡された。實に家光公薨去前二日であつた。八月十四日、芝海手、三田山手兩所に於て下屋敷を賜うた。

承應二年（一六五三）八月十二日、從三位、右近衞中將に敍任あり、元服して、家綱公の一字を賜ひ、諱を綱重と名づけ、松平の稱號を賜うた。

明暦三年（一六五七）正月十九日、竹橋邸類燒し、三月十日松平加賀守（筑前守の誤であらう。前田氏）光高の上屋敷を賜ひ、資造金二萬兩を贈進された。五月二十七日、木挽町築地の外、水上に於て、一萬坪を賜ひ、藏屋敷とした。七月二十六日櫻田新邸に移徙し、八月十八日よりこれに住した。ついで萬治二年（一六五九）二月二十八日、木挽町水上に於て下屋敷五千坪を賜うた。同四年（一六六一、四月二十五日改元寛文元）正月二十二日類焼し、二月四日、松平龜千代○綱村の元屋敷を賜ひ、助造料金二萬兩を進められた。三月二十三日麻布に於て下屋敷の地二萬坪を賜ひ、閏八月九日、甲斐府中の城主となり、同國に於て十萬石を加賜された。十二月二十八日參議に任ぜられた。寛文三年（一六六三）五月、日光山に參詣し、七月二十三日武藏府中に於て鷹場を拜領した。かくて四年（一六六四）二月二十七日甲府居城助造の爲め金二萬兩を賜うた。

この頃綱重はとかく病勝ちであつた。延寶六年（一六七八）九月十四日逝去、年三十五歳、十七日出棺、傳通院に入棺あり、二十七日葬儀、二十八日より法事、十月朔日結願あり、將軍家綱公の名代として大久保加賀守忠朝が參拜した。十一月朔日遺物として刀備前守家代金五十枚、京極茄子茶入、內赤盆、鶉の羽茶壺等を獻じた。法諡は淸揚院殿圓譽天安永和大居士。

寶永二年（一七〇五）、墓廟ともに增上寺に移され、御供料七百石を附し、後に三百石を加へられた。同六年（一七〇九）九月七日、增上寺に於て勅會萬部經供養あり、知恩院宮尊統入道親王が參向された。同日、正一位、太政大臣を贈られ、宣旨は前內大臣久我通誠が持參した。そのほか權大納言淸閑寺治方、權中納言勸修寺尹隆以下の諸公卿、殿上人も參向した。幕府祚胤傳四、德川幕府家譜乾。

綱重の夫人は二人ある。前夫人は二條氏、關白左大臣光平の女である。左大臣九條兼晴の養女として、寛文元年（一六六一）六月二十七日、東福門院の旨に依つて緣組あり、二年（一六六二）七月三日結納あり、九月七日、櫻田御殿に着輿、十日婚儀を擧げた。綱重十九歳、二條氏十五歳であつた。二條氏は寛文九年（一六六九）五月十四日逝去、年二十二歳であつた。十五日出棺、傳通院へ入棺、その夜葬禮あり、法諡を隆崇院理郭良智大禪定尼といふ。供料三十俵を附された。（二條家譜、幕府祚胤傳四、徳川幕府家譜乾。）

後夫人は山科氏、參議左兵衞督言行の女、二條光平の實子分として寛文十年（一六七〇）七月二十一日、櫻田御殿に着輿、婚姻あり、同十三年（一六七三、九月二十一日改元延寶元）八月二日逝去、この日天徳寺へ入棺、葬送した。法諡紅玉院性譽法君淸月大姉。（二條家譜、徳川幕府家譜乾、幕府祚胤傳四。）

綱重の側室長昌院は於保良の方といふ。北條氏直の家臣田中次兵衞勝守の女（幕府祚胤傳四、徳川幕府家譜乾。）とも魚商伏見屋五郎兵衞（後に善兵衞と改むといふ。）の女とも傳へられる。（玉輿記七。）

長昌院は寛文三年（一六六三）四月二十五日、虎松を生んだ。谷中千駄木の邸に於てである。虎松は延寶四年（一六七六）十二月十二日元服して從三位に敍し、左近衞權中將に任ぜられ、將軍家綱公の諱一字を進めて綱豐と稱した。五年（一六七七）十二月二十五日綱重の遺領甲府城二十五萬石を相續し、八年（一六八〇）八月十八日參議に任じ、九月六日、正三位に敍し、十六日、十萬石を加增された。元祿三年（一六九〇）十二月十五日權中納言に任じ、寶永元年（一七〇四）十二月五日將軍である叔父綱吉公の世子となり、九日諱を家宣と改め、二年三月五日從二位に敍し、權大納言に任ぜられ、六年（一七〇九）五月朔日征夷大將軍に補せられたのである。（幕府祚胤傳五、徳川幕府家譜乾。）

長昌院はまた熊之助を生んだ。これは後の松平右近將監淸武である。かくて長昌院は寛文四年（一六六四）二月二十八日病死した。年二十八歳であつた。谷中本村日蓮宗善性寺に葬り、法名を專光院修觀日妙大姉といふ。ついで寶永二年（一七〇五）十月十二日、東叡山に改葬し、諡を長昌院天岳台光大姉と改め、正徳二年（一七一二）十月十三日從一位を贈られ、翌三年（一七一三）五十回忌に當つて勅會萬部經供養が修せられた。（柳營婦女傳系十五、幕府祚胤傳四。）

5 龜松

正保二年（一六四五）二月二十九日誕生、家光公四十二歳であつた。母はお玉の方本庄氏、桂昌院である。九月十一日、紅葉山東照宮へ御宮參、十一月十二日御髮置、同四年八月四日早世、年三歳であつた。即日出棺、傳通院に送葬。諡號月溪院花屋尊英大童子、供料三百石を附された。（幕府祚胤傳四、徳川幕府家譜乾。）

6 綱吉公

綱吉公は正保三年（一六四六）正月八日卯刻〇午前六時に生誕した。家光公時に四十三歳、母は於玉の方本庄氏。蟇目は中根大隅守正成、矢は正成の孫中根半平正延、箆刀は松平山城守忠國が勤めた。同十四日のお七夜に徳松と名づけられた。六月六日、紅葉山東照宮并に山王社にお宮參あり、牧野内匠頭信成亭に立寄つた。同四年（一六四七）十一月二十七日家綱公の部屋に於て髮置あり、宮崎備前守時重髮を揃へ、松平右衛門大夫正綱白髮を獻じた。

慶安元年（一六四八）九月二十八日、三の丸に移徙し、三年（一六五〇）正月二十六日、家綱公の部屋に於て御袴着初の儀あり、終つて紅葉山東照宮に參詣した。四年（一六五一）二月五日、近江、信濃、駿河、上野の内に於て賄料十五萬石を賜ひ、九月十四日、小石川白山附近に於て下屋敷を賜うた。かくて承應元年（一六五二）三月二十六日、竹橋御殿落成によつて移徙あり、二年（一六五三）七月五日、居邸を賜ひ、八月十二日元服、従三位に敍し、左近衛權中將兼右馬頭に任ぜられ、諱を綱吉と稱し、二十四日別業を賜うた。

明暦三年（一六五七）正月十九日類燒に依り、二十四日、紀伊徳川氏上屋敷に移居の命あり、三月十日、藤堂大學頭高次、酒井攝津守忠當の二邸并に金二萬兩を賜うた。ついで五月二十七日、淺草并に茅場町に於て藏屋敷の地一萬坪を賜ひ、九月二十八日、神田御殿に移徙した。

寛文元年（一六六一）閏八月九日、上野館林城主となり、十萬石を加賜された。九月十五日領知の書出しがあつた。館林領十二萬二千五百七十石餘、下野にて新田二萬四千四百九十三石餘、甲斐にて三千四百五十八石餘、美濃にて七萬千五百石餘、近江にて二萬八千四百二十三石餘、合せて二十五萬石であつた。十二月二十八日參議に任ぜられた。

寛文三年（一六六三）四月、家綱公日光社參の歸途、館林城に立寄あり、延寶八年（一六八〇）五月七日、綱吉公を將軍世子と決定し、卽日從二位に敍し、權大納言に任ぜられた。そして直ちに二の丸に移徙し、七月十日本丸に移り、八月二十一日、征夷大將軍、右近衞大將、右馬寮御監、淳和弉學兩院別當、源氏長者に任補し、更に內大臣に任じ、正二位に敍せられ、且つ牛車、隨身、兵仗等の宣下があり、勅使權大納言花山院定誠、同千種有能、法皇（後水尾）使權中納言池尻共孝、本院（明正上皇）使權中納言阿野秀信、新院（後西上皇）使前權中納言平松時量、女院（東福門院）使富小路三位永貞、裝束整權大納言高倉永敦、御身固兵部少輔土御門泰福等の參向があつた。家綱公がこの年五月八日薨じたことは前に記した通りである。（幕府祚胤傳五、德川幕府家譜乾。）

綱吉公は貞享元年（一六八四）十一月九日、四十の賀あり、寶永二年（一七〇五）正月九日、六十の賀あり、同六年（一七〇九）正月十日薨じた。六十四歲であつた。二十二日、酉刻（午後六時）出棺、戌刻（午後八時）東叡山本坊に入り、二十八日、酉刻送葬あり、廟所名代は土屋相模守政直が勤めた。二月朔日、法會開白あり、十五日に至つた。導師は日光輪王寺門跡准三后公辨入道親王であつた。

これより先正月二十三日、勅諡を常憲院と賜ひ、正一位、太政大臣の官位を贈られた。このために二月十六日、勅使內大臣菊亭伊季、仙洞使權大納言醍醐昭尹、東宮使權中納言小川坊城俊淸、女院使參議綾小路有胤、中宮使參議中山兼親、大准后使町尻三位兼量、宣命使少納言平松時春が東叡山に參堂した。また二月二十七日より增上寺に於て千部経供養法事あり、二十九日結願した。将軍家宣公名代として小笠原佐渡守長重が参詣した。（幕府祚胤傳五、徳川幕府家譜乾。）

綱吉公は好學聰明であつたが、生類憐みの令を出し、一時「犬公方」の名を擅にした。これらのことに就いてはあまりに長くなるので省略する。

綱吉公の夫人は鷹司氏、左大臣教平の女で信子といひ、小石君と呼ばれた。寛文三年（一六六三）十月十五日縁組のことが定められ、四年（一六六四）九月十八日、京都より神田橋御殿に入輿、婚禮あり、延寶八年（一六八〇）七月十日本丸に移り、御臺様と稱することとなつた。寶永六年（一七〇九）正月十八日即ち綱吉公の薨去八日後落飾して淨光院殿と稱したが二十三日より違例、二月九日逝去した。年五十九歳であつた。十九日、申下刻（午後五時）出棺、東叡山に送葬した。法諡淨光院圓岸眞珠大姉。三月六日、従一位を贈られた。（柳營婦女傳系九、幕府祚胤傳五、徳川幕府家譜乾。）

綱吉公の側室には瑞春院小谷氏、壽光院淸閑寺氏、淸心院豐岡氏の三女性がある。

瑞春院　小谷氏、将監正元の女、名は於傳、御袋様、五之丸殿、三之丸殿と稱す。鶴姫（紀伊中納言綱教卿に嫁す）徳松（延寶七年（一六七九）五月六日生、天和三年（一六八三）閏五月二十八日死去、年六歳）の母、寶永六年（一七〇九）正月十八日落飾して瑞春院と稱した。増上寺に送葬した。元文三年（一七三八）六月九日、三之丸に於て死去、年八十歳であつた。法諡瑞春院到譽淸月涼池大禪定尼。

壽光院　淸閑寺氏、前權大納言従一位熙房の女、大典侍、北之丸殿。竹橋御殿上臈として下向奉仕。寶永六年（一七〇九）正月十八日落飾、壽光院と號し、馬場先用屋敷に住み、後、濱御殿内に住した。寛保元年（一七四一）十月十日、同所に於て卒し、東叡山大慈院に送葬。法諡壽光院印月惠海大姉。

淸心院　豐岡氏、大藏權大輔有尙女、日野權大納言弘資の養女。神田橋御殿の上臈より、本丸奥勤となり、天和二年（一六八二）三月、中臈となる。寶永六年（一七〇九）正月十八日落飾、淸心院と號した。それ以前は新典侍、御部屋などと呼ばれた。享保二年（一七一七）六月三日故あつて飯田町黐木新屋敷に蟄居せしめられ、高家長澤氏が介抱した。元文四年（一七三九）一月十九日同所に於て卒した。年七十三歳。谷中大圓寺に送葬。法諡淸心院貞岳妙珍日證大姉。幕府に於ては何の構もなく、私葬であつた。（玉輿記七、柳營婦女傳系十三、十四、幕府祚胤傳五、徳川幕府家譜乾。）

7　鶴　松

慶安元年（一六四八）正月十日、卯刻〇午前六時誕生。家光公四十五歳の子である。三月二十九日、二の丸東照宮、紅葉山東照宮に參詣、次いで山王社に參詣、歸途酒井壹岐守忠重邸に立寄り、歸城の後、黒書院に於て諸大名に對面した。六月二十四日不豫、二十八日快くなつたが、七月四日早曉早世した。同日出棺、天德寺へ送葬あり、法諡を齡眞院秋感利貞大童子といふ。幕府祚胤傳四、徳川幕府家譜乾。

家光公の實子は以上の如くであるが、ほかに准女、養女、猶子等がある。左に記さう。

8　准女龜鶴姫　前田氏。前田利常の女、母は利常の室卽ち家光公の姉子々姫である。慶長十九年（一六一四）加賀に於て誕生。寬永三年（一六二六）正月二十四日家光公の養女として森右近大夫忠廣に緣組あり、同五年（一六二八）二月二十二日（或は十一月七日ともいふ。）婚姻し、同七年（一六三〇）八月四日病死した。年十七歳、池上本門寺に送葬した。法諡は洪妙院天窻日眞大姉幕府祚胤傳四。

9　養女龜姫　徳川氏。水戸家賴房の女、卽ち家光公の從妹である。また鶴姫といひ、源流綜貫には大姫、御系圖大全には絲姫といひ、前田家譜には阿智姫とある。寬永四年（一六二七）五月二十三日江戸に於て誕生した。同八年（一六三一）十二月養女となり、九年（一六三二）五月十日、營中に入り大姫君と稱し、十二月五日、松平筑前守（前田）光高へ緣組結納あり、十年（一六三三）十二月五日入輿、正保二年（一六四五）四月五日、光高卒去に依り、落飾し、淸泰院と號した。

慶安四年（一六五一）四月二十日、家光公薨去あり、遺金二萬兩と御葉茶壺を賜ひ、明暦二年（一六五六）九月二十三日逝去、年三十歳。二十五日、傳通院に送葬。曾根源左衞門吉次を以て銀五千枚を遣はされた。法諡を淸泰院法譽性榮大姉といふ。十月二十七日加賀より使者本多安房守政長を遣し、十一月十九日、御遺物として兵庫文琳御茶入、御手鑑一冊を将軍家綱公に獻じた。幕府祚胤傳四。

10　養女鶴姫　松平氏。參議松平忠直の女、即ち家光公とは從妹違になる。寛永八年（一六三一）九月、公の養女とし、關白九條道房と緣組した。翌九年（一六三二）十一月五日發駕上京し、二條城より九條家へ入輿したのである。寛文十一年（一六七一）九月十一日逝去、年五十四歲であつた。東福寺に送葬した。法諡廉貞院機來俊巧大禪定尼、のち從三位を贈られた。幕府祚胤傳四。

11　養女通、後に輝　池田氏。左近衞少將池田光政の女。正保四年（一六四七）十月十九日、右大臣一條敎輔と緣組あり、慶安二年（一六四九）六月二十二日、家光公の養女となり、十一月二十日、はじめて公に謁し、この日粧飾料二千石その他の賜があつた。二十一日、一條家へ入輿した。享保二年（一七一七）四月十五日逝去、年八十二歲。東福寺に送葬した。法諡靖巖院從三位源輝子夫人。

12　猶子尊光入道親王　後水尾天皇第二十五皇子。御母は權大納言四辻季繼の女、權中納言典侍である。正保二年（一六四五）九月二十九日御誕生、榮宮と號せられた。慶安元年（一六四八）、家光公の猶子となる。承應三年（一六五四）四月十六日、親王宣下、俗諱良賢。明曆二年（一六五六）五月八日知恩院に入室あり、即日御得度、御戒師は知恩院方丈勝譽上人舊應大和尙、敎授師は金戒光明寺であつた。延寶七年（一六七九）十一月十日（寛文五年（一六六五）七月十二日ともいふ）二品宣下あり、同八年（一六八〇）正月六日遷化あり、御年三十六歲であつた。十二日知恩院山上一心院に送葬あり、以後御世統の御廟地とした。法諡無量威王院宮大蓮社超譽。安永八年（一七七九）正月百回御忌に相當するに先ち、前年（一七七八）の十二月六日、贈一品の宣下があつた。幕府祚胤傳四、皇親系七、華頂誌要。なほ寛永十一年七月、家光公上洛の際二條康道の息光平を公の猶子とされたが、この事については省略する。○第七章參照。

三　側室

家光公の側室は自證院（岡氏、また三保氏）寶樹院（増山氏）順性院（岡部氏）桂昌院（本庄氏）永光院（六條氏）定光院（齋藤氏又太田氏、又成瀬氏、又青木氏）芳心院（徳圓寺女）の七方である。以下この人々の傳を述べよう。

1　自證院　於振の方、岡氏。蒲生飛驒守秀行の臣岡半兵衞重政の女ともいひ、柳營譜略 また岡吉右衞門の女、以貴小傳 會津產、三保氏の女 自證院記 岡越後守貞綱の妹 柳營婦女傳系九 町野長門守幸和養女 町野氏系家譜 等自證院殿の出自については諸說ある。三保氏のことは明らかでない。岡越後守貞綱は半兵衞重政の長男であり、吉右衞門は次男であるから、貞綱の妹といふことは重政の子といふに異らず、吉右衞門の女とするも岡一族であることに誤りはない。吉右衞門の妻は町野幸和の女と傳へられるので幸和養女說も出たのであらう。

岡重政は蒲生氏郷に仕へ、奥州津川の城主として四萬石を領したが、秀行の嫡子松平下野守忠鄉の代に至り、故あつて忠鄉の母徳川氏（家康の女振姬、慶長十七年（一六一二）五月十四日、秀行卒後、元和元年（一六一五）十一月淺野但馬守長晟に再嫁）の勘當を得て牢浪し、元和元年（一六一五）五月、大坂陣の頃、家康公の命を以て改易された。（この點、傳へに錯誤があるやうである。）重政は駿府に至り、度々家康公に哀訴したが許されず、遂に奥州の地に於て歿した。

お振の方が大奥勤となつたのは、寛永三年（一六二六）三月で、後に百六十石を賜うた。千代姬を生んだのは寛永十四年（一六三七）閏三月五日である。千代姬が寛永十五年（一六三八）尾張家世子徳川光友と緣組したことは前に述べたごとくである。

お振の方は寛永十七年（一六四〇）八月二十一日死去し、牛込榎町日蓮宗法常寺に送葬した。この寺は後に市ケ谷に移り、自證寺と改稱した。そして寛文年中（一六六一―一六七二）再び改號して圓融寺自證院と稱した。然るに元祿年中（一六八八―一七〇三）廢地となり、東叡山主公辨入道親王の願に依つてその隷地となり、天台宗に改めた。自證院には供料二百石を附された。法謚は自證院光山曉桂大姉といふ。玉輿記四、柳營婦女傳系九、幕府祚胤傳四。

2　寶樹院　於樂の方、增山氏。增山氏の出身は下總國猿島郡古河領鹿麻村である。父朝倉宗兵衞は旗本朝倉才三郎とて五百石を領し、御膳番を勤めた人の家來であるが、才三郎病死後、故あつて退身し、妻幷に男子一人、女子二人を連れて所緣ある鹿麻村に蟄居し、名を一色庄左衞門と改め、段々貧窮し、忍んで諸鳥を獲り渡世したが、禁斷の鶴を獲ること度重つて露顯し、終に死罪に行はれた。妻子は當時の古河の城主永井信濃守尙政に揚り者として下げ渡され、その後尙政の女が立花左近將監忠茂方へ婚嫁の時、宗兵衞の妻は紫と名乘り、茶の間奉公申付けられ、娘一人はお蘭と名づけ禿にて立花家に召遣はれ、なほ一人の娘は永井家奥方に殘り勤めた。お蘭が即ち後のお樂の方である。男子辨之助は彼方此方と小性奉公に出た。一說には辨之助は尙政の側に仕へて小坊主となつたとも言はれてゐる。この辨之助は、後年お樂の方が召出され、家光公の大幸を得てより公儀に召出され、增山彈正忠正利といひ、後、利澄と改めた。常陸下館城二萬石を拜領し、御奏者番となつたが、慶安四年（一六五一）八月十六日從五位下に敍し、左衞門大夫に任ぜられた。彈正忠と改めたのはその後である。寛文二年（一六六二）七月二十八日卒した。時に四十四歲であつた。增山家の祖である。

さて、立花忠茂の室は程なく死去したので、紫もお蘭もともに暇を出された。その節、永井尙政の家來にて百五十石取の給人格七澤作左衞門淸宗が後妻を望んでゐたので、紫はそれと結婚し、お蘭も連れて行つた。（一說に作左衞門は神田鎌倉河岸の古着屋とも傘屋ともいふ）後、事情あつて作左衞門は淺草に店借して町宅したが、春日局淺草寺參詣の際、お蘭を見つけ、家光公の御意に入るべき風俗なりとして作左衞門夫婦に逢ひ、預けおき、追つて城より迎へが來り、召出されたとのことである。玉輿記四、柳營婦女傳系十。

幕府祚胤傳四によれば、お樂の方が家光公に召されたのは正保二年（一六四五）正月のことであり、後殿に入つて奥勤となり、紫と名づけ寵幸を蒙り、のちお蘭と改めたとあるが、寶樹院の家綱公を產んだのは寛永十八年（一六四一）八月三日であるから、年代を誤つてゐる。なほ同書には產後またお樂の方と稱したといふ。

お樂の方は承應元年（一六五二）五月、增山正利を供として伊香保に湯治したが、この年十二月二日逝去した。年三十二歳であつた。三日、東叡山に送葬し、護國院に於て法事を行うた。法諡を寶樹院華域天榮大姉といふ。同二年（一六五三）十一月二十四日正二位を贈られた。幕府祚胤傳四。

お樂の方の養父七澤作左衞門清宗は入道して雲晴といひ、妻は泉光院と稱した。七澤夫婦へは家綱公より年々金子千兩に百人扶持づつを賜はり繁昌した。雲晴は天和二年（一六八二）十一月二十二日卒し、關口蓮華寺に葬り、法名を隨雲院殿正澤日顯大居士といふ。時に年九十歳であつた。泉光院は貞享四年（一六八七）六月二十日、關口に歿し、法名を泉光院殿妙澄日新大姉といふ。年八十六歳であつた。蓮華寺は現在東京都中野區大和町に移轉して居り、山號を泉光山といふ。

泉光院が七澤家に再嫁して所生の實子五人もそれぞれ世に出でた。卽ち那須遠江守資彌（下野烏山城主、二萬石）毛利刑部少輔元知室。平野丹波守長政（五千石、寄合）津輕越中守信政室。天台宗圭海法印（京都愛宕山長牀坊住職）これである。柳營婦女傳系十、幕府祚胤傳四。

3　順性院　お夏の方、藤枝氏。攝津守重家の女。家光公の夫人鷹司氏が元和九年（一六二三）十二月入輿下向の際京都より供して來た。御末の間、御湯殿の役を勤めてゐる間に、公の寵を得るに至つたのである。正保元年（一六四四）五月二十四日、長松を生んだ。後の甲府宰相綱重である。慶安四年（一六五一）四月、家光公の薨去するや、落飾して順性院と稱した。天和三年（一六八三）七月二十九日三田邸に於て逝去した。年六十二歲、淺草幸龍寺に送葬した。法謚順性院妙喜日圓大姉。幸龍寺には二十石を附され、遺骨は甲斐身延山久遠寺に送り、寶永二年（一七〇五）閏四月百石を附し、また五十石を加へられた。

お夏の方の父重家は、始め彌市郎といひ、三百俵を拜領し、漸次登庸されて、攝津守に任じ從五位下に敍し、千石を領し、甲府家の老臣となつた。また弟重昌（のち方孝）は、始め帶刀といひ、家綱公の命によつて甲府家の老臣となり、五千石を拜領し、明曆元年（一六五五）十二月二十九日從五位下に敍し、攝津守に任じ、後ち丹波守に改めた。また初めの名は重賴であつた。玉輿記五、寛政重修諸家譜一四六一、柳營婦女傳系九、幕府祚胤傳四。

4　桂昌院　お玉の方、本庄氏。太郎兵衞宗利の女。宗利は初め宗正といひ、二條攝政康道の家司であつた。北小路家の末葉で京都賀茂の神職より出たものである。宗利の代に至つて本庄氏に改めた。宗利の前妻は二條家の女で、女子二人、男子一人を生んだ。一女は松下左門義賢○本姓花井氏の妻、他の一女は佐野吉兵衞○後信濃守。勝富の妻。男子は二條家の雜掌より後に館林宰相綱吉公の老臣となり、四千石を領した本庄宮内少輔道芳である。後妻は宗利方にも出入した京都堀川通西籔屋町八百屋仁左衞門の妻の、仁左衞門死後寡婦となり、女子二人を連れて宗利方に賄奉公に來たものが直つたのである。そして男子一人を生んだ。本庄因幡守宗資これである。連子の女子の一は一條家の家司大宮大藏大輔（入道して嵯峨宗賀といふ）の妻（瑞光院と稱す）であり、他の一人が卽ち桂昌院お玉の方である。

お玉の方は六條有純の女お萬の方（永光院）の縁を以て京都より江戸に下り、家光公の代、春日局諸事指南して側近に召出されたのである。（幕府祚胤傳四には寛永年中（一六二四―一六四三）家光公夫人鷹司氏に供して下向し、本丸奥勤となつたとしてゐる。）初めは光子といひ、後に秋野と稱し、更にお玉の方と改めた。

正保二年（一六四五）二月二十九日龜松を生み（同四年（一六四七）八月四日早世）同三年（一六四六）正月八日德松（後、綱吉公）を生んだ。慶安四年（一六五一）四月、家光公の薨ずるや、尼となり、桂昌院と稱した。寛文元年（一六六一）閏八月、綱吉公の上野館林城に封ぜらるるや、桂昌院も館林御殿に住したが、延寶八年（一六八〇）五月八日將軍家綱公薨去あり、綱吉公不慮に世子となり、ついで將軍職を繼いだので、桂昌院も江戸城五の丸に移つた。これは同年十一月十二日のことであつた。御賄料金一萬兩、米一萬俵（一に五千俵）を給せられた。

貞享元年（一六八四）十一月九日、従三位宣下あり、元祿二年（一六八九）十一月二十六日、三の丸に移つた。同四年（一六九一）、賄金一萬兩、同七年（一六九四）米一萬千五百俵を加へられた。元祿九年（一六九六）正月十三日、七十の賀あり、同十五年（一七〇二）二月九日從一位に敍せられた。勅使として權中納言石井行康、身固土御門三位泰福が參向した。

寶永二年（一七〇五）六月十八日より不豫、二十二日、三の丸にて逝去した。年七十九歳であつた。二十三日酉刻〇午後六時出棺、增上寺へ送葬あり、導師は堪譽門秀大僧正。法諡は桂昌院殿從一位仁譽興國惠光大姉。遺言に依つて廟所の傍に常念佛を始め、念佛料五百石、靈屋料七百石、都合千二百石を寄附せられた。

桂昌院は神佛を深く信仰し、神社佛寺を夥しく再興した。そしてその實家本庄氏はその異父弟本庄宗資が元祿五年（一六九一）十一月常陸笠間城五萬石の城主となつたのをはじめ、一族何れも高位、釆地を授けられて門楣を大にし、元祿十五年（一七〇二）二月、桂昌院の從一位に陞るや、本庄安藝守資俊、同美濃守宗春、兵庫頭宗信等に松平の稱號を賜はり、緣族六角越前守廣治、大澤出雲守基珍、大澤播磨守基次、近藤淡路守義雪、富田甲斐守知忠、興津能登守宗賢、戸田中務大輔長興、森安房守頼利、佐野豊前守直行、佐野信濃守勝富等みな門地を大にして榮えたのである。玉輿記六、寛政重修諸家譜一四〇〇、柳營婦女傳系十一、幕府祚胤傳四、五。

5　永光院　お萬、お梅の方、六條氏。參議有純の女。十六歳の時、伊勢内宮社僧慶光院の住持として入院し、寛永十六年三月、繼目御禮として登營したが、世に勝れたる容色であつたので家光公の目にとまり、還俗せしめられ、有髮の形となり、名をお萬の方と改めた。公の寵幸を得たが懷胎することはなかつた。

はじめ田安屋敷に住居し、後、本丸奥勤をなし、大上﨟と稱した。名をお梅の方と改めたが、賄料毎月百口、金百兩宛を給せられた。明曆三年（一六五七）正月、本丸炎上に際しては、家光公の御臺所鷹司氏（中の丸本理院）と共に小石川無量院に立退いた。

正德元年（一七一一）十月十一日逝去、八十八歳であつた。小石川無量院に葬る。法諡は永光院相譽心安法壽大姉。無量院には二十石を供料として附された。

お萬の方の緣によりその弟六條藤右衞門を召出され、千石を給し、高家役として、從四位下に敍し、侍從に任じ、戸田土佐守氏豊と稱せしめた。戸田を稱したのは、母方の姓だからであつて、お萬の方及び忠豊の母は戸田釆女正氏銕の養女であり、實は戸田帶刀の女であつた。氏豊の子氏興は從五位下、侍從、中務大輔、能登守、從四位下等に任敍し千石を加增され、都合二千石を領し、やがて隱居したのである。玉輿記五、柳營婦女傳系九、幕府祚胤傳四。

6　定光院　お里佐、お佐野。お里佐の方の出自については諸說あつて決し難い。齋藤氏女早稲田濟松寺記。太田氏女御外戚傳

玉輿記等成瀬氏女源流綜貫、中興諸系氏錄、一本御系圖。青木氏女以貴小傳、以貴小傳考異、一本御系圖。青木三太郎利長女一書、諸家集記。青木左兵衛尉宗岡直辰女京都官人青木系譜京都青木氏女牛込濟松寺記といふが如くである。

元和九年（一六二三）十二月、家光公夫人鷹司氏下向に供して下着、奥勤をなし、公の寵を得、慶安元年（一六四八）正月十日、鶴松を生んだ。（柳營譜略には於玉の方の所生とする。）七月四日早世。慶安四年（一六五一）四月、家光公の薨ずるや、剃髮して尼となり、長心と名づけた。素心を以て戒師とした。延寶二年（一六七四）六月二十日死去。牛込早稲田濟松寺に送葬した。濟松寺は妙心寺派、素心の開基する所で、家光公の靈屋も營構されてゐた。法諡は定光院性岳長心大姉。同三年（一六七五）八月、定光院の月俸六十口を分つて妹二人に賜うた。幕府祚胤傳四。

7　芳心院　お琴、德圓寺女。お琴は本願寺の末寺牛込榎町德圓寺の女である。寛永十八年（一六四一）大奥に勤め寢席に召された。元祿四年（一六九一）二月十八日死去、年七十八歲であつた。葬地は德圓寺かも知れぬが、明かでない。幕府祚胤傳四。

四　兄弟姉妹

家光公の兄弟は八人ある。男子三名、女子五名である。卽ち兄は長丸、弟は忠長及び保科正之、姉は千姫、子々姫、勝姫、初姫、妹は東福門院和子である。生年順に記さう。

1　千　姫

慶長二年（一五九七）四月十一日伏見城に於て誕生、母は秀忠公の御臺所淺井氏。千姫と名づけた。八年（一六〇三）七月二十八日、豐臣秀頼と緣組あり、十一月、伏見城より大坂城に入輿した。時に秀頼十一歲、千姫七歲であつた。

元和元年（一六一五）五月七日、大坂落城し、千姫は遁れて二條城に入り、九日、伏見城に移り、七月晦日伏見を發駕して八月二十日江戸城に着した。

元和二年（一六一六）九月、本多中務大輔忠刻に再緣の約あり、四年（一六一八）七月十一日入輿した。寛永三年（一六二六）五月七日、忠刻卒去により、十二月六日落飾あり、天樹院と號し、竹橋御殿に入り、東丸樣と稱し、後、飯田町御殿に移徙して北之丸樣と稱した。同九年（一六三二）正月、秀忠公の薨去により遺金五萬枚、銀二萬枚を賜ひ、慶安四年（一六五一）四月、家光公の薨去により遺金一萬兩、御葉茶壺を賜うた。寛文六年（一六六六）二月六日、飯田町御殿に於て逝去した。年七十歲であつた。同日夕出棺あり、小石川傳通院に送葬した。導師は遺命によつて知恩院知鑑大和尙が勤めた。法謚天樹院榮譽源法松山大禪定尼といふ。京都知恩院山上及び下總飯沼の弘經寺にも別に碑を建て、牌を置かれた。（幕府祚胤傳三、德川幕府家譜乾。）

2　子々姬

慶長四年（一五九九）六月十一日江戸に於て誕生、母は淺井氏。子々姬と名づけた。六年（一六〇一）五月十一日、前田利家の四男であり、利長の弟に當る前田筑前守利光（後ち利常と改む）が元服して侍從に任じ、松平の稱號を賜ふに當り緣組あり、九月二十八日、加賀金澤城に入輿した。慶長十九年（一六一四）七月十三日、姬の湯沐の邑として能登の地三萬石を授けられた。元和八年（一六二二）七月三日、金澤に於て逝去、年二十四歲であつた。同地に天德院を建てて葬つた。後、同國石川郡野田山に改葬された。法謚天德乾運淳貞大姉。（幕府祚胤傳三、德川幕府家譜乾。）

3　勝　姬喝食

慶長五年（一六〇〇）五月十二日、江戸に於て誕生。（柳營譜略に六年（一六〇一）に作るは誤であらう。）同十六年

（一六一一）九月五日松平忠直（越前少將）に許嫁あり、同日發輿、土井大炊助利勝扈從し、十一日駿府に着、十八日駿府を發し、二十八日越前國福井城に入り婚姻あり、年十歳であつた。

元和九年（一六二三）五月二日、忠直が謫居さるることとなつたので、嫡子光長（越前中將、越後高田二十五萬石城主）女子二人（高松好仁親王御息所、攝政九條道房北政所）とともに六月福井を發し、七月江戸に着し、高田屋敷に住した。よつて「高田樣」と稱された。この松平家は後に越前福井城より越後高田城に轉じ、その江戸邸の一も、牛込の地を割いて高田と稱したので、この名が生じたのである。

寛永九年（一六三二）正月、秀忠公の薨去により遺金一萬枚、銀一萬枚を賜ひ、慶安四年（一六五一）四月、家光公薨去に際しては遺金五千兩、御葉茶壺を賜うた。寛文十二年（一六七二）二月二十一日、高田屋敷に於て逝去。年七十二歳であつた。二十六日、芝西久保天德寺に葬つた。法諡天崇院穩譽泰安豐壽大善女人。幕府祚胤傳三、德川幕府家譜乾。

4　長　丸　或は蝶丸

慶長六年（一六〇一）十二月三日江戸に於て誕生、母は淺井氏。長丸と名づけたのは、秀忠公の幼名を進めたのである。七年（一六〇二）九月二十五日早世。灸に當てられたのであつた。二歳であつた。二十七日出棺。增上寺中源興院に送葬した。この時、傳通院殿水野氏の法事を增上寺に於て營んでゐたので、假に源興院に於て葬儀を行つたのである。位牌も同院に置かれたが、天保元年（一八三〇）十二月十八日、增上寺方丈寶譽顯了大僧正の願に依つて、同二年（一八三一）正月十九日、新たに位牌を造り增上寺大方丈佛壇に安置された。幕府祚胤傳三、德川幕府家譜乾。

5　初　姫

慶長七年（一六〇二）七月九日、江戸に於て誕生、母氏不詳、同十一年（一六〇六）七月、若狹宰相京極忠高に許嫁

し、寛永七年（一六三〇）三月四日逝去した。年二十九歳であつた。十四日小石川傳通院に送葬。法諡興安院豊譽天清陽山大姉。幕府祚胤傳三、徳川幕府家譜乾。

6　忠　長

慶長十一年（一六〇六）十二月三日江戸に於て誕生。國丸と名づけられた。また國千代、國松と稱せられた。母は淺井氏。秀忠公と淺井氏の愛を一身に鍾めた。九月二十日宮參（山王社）した。元和二年（一六一六）九月十三日甲斐國十八萬石に封じ、鳥居土佐守成次、朝倉筑後守宣正を以て家老とした。四年（一六一八）十二月十五日、同國一圓を賜ひ、從四位下に敍し、左近衞權少將に任ぜられた。六年（一六二〇）八月二十二日、右近衞權中將に轉じ、參議に拜した。中將元の如くであつた。同時に從四位上に敍せられた。八年（一六二二）八月朔日、信濃小諸領七萬石を加賜せられ、更に九年（一六二三）正月十七日、駿河十七萬石、遠江の內三萬石、信濃の內五萬石を加賜あり、七月二十七日從三位に敍し、權中納言に任ぜられた。

かくて寛永元年（一六二四）八月十一日、駿・遠二國に於て合せて五十五萬石を加進せられ、駿府城を居所とした。三年（一六二六）六月、秀忠、家光兩公に扈從して上洛し、從二位に敍し、權大納言に任ぜられた。人呼んで忠長を「駿河大納言」といふのはそのためである。九月十二日、母淺井氏の病急なるを聞いて京都を出で、十五日江戸に着いた。つづく者三人に過ぎなかつた。八年（一六三一）五月二十八日、故ありて甲斐國に幽せられ、ついで九年（一六三二）十月二十日、廢して上野國高崎に移され、城主安藤右京進重長をしてこれを衞らしめた。十年（一六三三）十二月六日、同所に於て自刄薨去。年二十八歳であつた。同地大信寺に葬つた。八日、阿部豊後守忠秋、家光公の命を奉じて高崎に到り、二十四日大信寺に於て法事あり、幕府より銀二百枚、米五十俵を遣された。法諡を峯巖院殿晴徹曉雲大居士といふ。寛文三年（一六六三）八月二十八日、大信寺に供料百石を寄せられた。幕府祚胤傳三、德川幕府家譜乾。

忠長の夫人は織田兵部大輔信良の女で、元和九年（一六二三）十一月七日緣組あり、寛永九年（一六三二）十月忠長幽廢以後竹橋御殿内に別に屋形を構へて住した。北之丸殿と號し、尼となつて光松院と稱した。元祿四年（一六九一）九月十九日逝去。年七十八歲であつた。幕府祚胤傳三、德川幕府家譜乾。

7 東福門院 和子

慶長十二年（一六〇七）十月四日江戸に誕生。十九年（一六一四）四月二十日、入内の宣下あり、勅使權大納言廣橋兼勝、同三條西實條、その外藪左少將嗣良、日野左中辨光慶等參向してこれを傳へた。

元和六年（一六二〇）五月八日、發駕、土井大炊助利勝、酒井雅樂頭忠世、井伊掃部頭直孝、安部攝津守信盛、松平右衞門佐正綱等扈從した。二十八日二條城に着し、六月六日後水尾天皇の女御として入内あらせられた。

元和九年（一六二三）十二月十九日、皇女御降誕あり、これ明正天皇である。寛永元年（一六二四）十一月二十八日、中宮にならせられ、六年（一六二九）十一月九日、女院號宣下あり、東福門院と稱し奉る。九年（一六三二）正月、秀忠公薨去により御遺金二千枚、銀一萬枚を進めらる。慶安四年（一六五一）四月二十日、家光公薨去するや、六月十八日、遺物として坊門局筆の新勅撰集、大内の茶壺、狩野元信筆の花鳥屏風を進められた。延寶六年（一六七八）六月十五日崩御あり。寶算七十二。洛東泉涌寺に望葬せられた。日記、幕府祚胤傳三、德川幕府家譜乾。

8 保科正之

正之は慶長十六年（一六一一）五月七日、武藏足立郡大間木村に於て生れた。幼名を幸松丸といふ。母はお靜の方、後に淨光院というた。姓は不詳。武藏板橋鄕竹村の大工の娘であつて、家が貧窮のため奉公に出でたが、はからずも江戸城内下女奉公の身となり、それより奥女中の召使となり、秀忠公の目に觸れ寵幸を受くるに至つたのである。慶長十五年（一六一〇）懐妊の事あるや、家康公の男武田七郎信吉の母である妙眞院（おつま、下山の方、秋山氏）の庇護の下に、（或は下山の方の妹とも、武田信玄女とも傳へられる信勝院比丘尼又は見性院尼の庇護ともいふ）秀忠公夫人淺井氏の嫉妬を逃れ、大間木村に幸松丸を產んだのであつた。

元和三年（一六一七）、信濃高遠城主保科肥後守正光の願に依り、その養子となつた。正光は信勝院比丘尼の所へも出入し、事情を知悉してゐたのである。寛永七年（一六三〇）六月二十三日、初めて家光公に謁し、八年（一六三一）秀忠公の病むや、八月十六日、その病を候するため俄かに參府した。十月七日養父正光卒し、十一月十二日その遺領三萬石を襲ぎ、二十八日從五位下に敍し、肥後守に任じた。よつて家光公より淸之の刀を賜うた。九年（一六三二）十二月二十八日從四位下に敍し、十一年（一六三四）秋、家光公の上洛に扈從し、七月十六日、侍從に任ぜられた。

はじめ家光公は、保科肥後守正之が實弟であることを知らなかつた。或る日、公が目黒邊に放鷹に出た時、供四、五人を連れて成就院といふ寺に入つて少憩した。この時のことを藩翰譜に左の如く記してゐる。

成就院と聞えし寺に入らせ給ひしに、住持の僧頭巾引かつぎて、垣ゆひて居たりけり、將軍家爰借りて休み候はんと仰せられしに、住持の僧、人々はいづくより參らせ玉ふといへば、將軍家の御供の者なりと仰せらる。勞れ玉ふらん、心靜に御休あれとて、請じ入れ奉て、僧は內に入らんとせしを、御僧爰にましくて、御物語あれと仰けれぱ、打向ひうづくまり居る。客殿の壁に、盡く菊をいろどり繪かける事、拙き工の繪かけるとも見えず、將軍家、かゝる片田舍の御寺には、珍しき結構に候かな、如何なる檀那のわたり候と尋させ玉へば、のたまふやう、こゝは江戸遠きさかひなれば、然るべき檀那とてもなし、保科肥後守殿と申の御母うへが、常には祈禱の事など御賴みあれども、夫れも家まづしければ、布施のもの、ゆたかならずといへば、夫れは先づ能き事に候、其外にも侍るやらんと仰せらる。いや其外にあるは皆數にもあらぬ人々なり、これにわたり玉ふ人々も、將軍の御家人と承れば、申も恐れなれど、あの肥後守殿と申は、今の將軍家の正しき御弟と承るに、僅かの地領し、貧しくわたらせ給ふこそいたはしけれ、さらぬ賤しきものも、兄弟の親しみ深きは、人のならひなるに、如何なれば、能き人は、なさけなきものに候らんといひしに、御顏の色少し損じさせ給ひて、御供の人々を、きと御覽じて、いざ罷りなん、上樣もはや還御ならせたまふべき程なりとて、つと御出あれば、人々は御僧の情ゆゑ足休めて候、又こそ參らめとて、うち出でぬ、暫しがほど過て、御供の人々むらがり來り、上樣はいづくへならせられしぞと問ふに、住持の僧は、われ〳〵、上樣の御事は知らず、御供の人とて、今まで是に御休ありきといふ、それこそ上樣にてあれと云はれて驚き、あな悲しや、如何なる罪にや逢ふと、一月計りが程は、門の外に足音高く人の過るにも、魂を消す、程なく正之朝臣へ多くの地附て、山形の城參らせられ、また目黑の寺にも、其事となく、地寄附せさせ玉ひしなり、此御世には御鷹狩に事寄せられて、賤き者の憂ひ歎きの事ども知召し、惠み施させ玉ふ事、いくらもありけりとて、其時御供に侍らひし人の子息の云ひしを、よく承り侍りき。（藩翰譜一保科。）

この家光公目黑放鷹のことは日時が明記されてゐないが、「程なく正之朝臣へ多くの地附て、山形の城參らせられ」云々とあるから、寛永十三年（一六三六）七月二十一日、正之が出羽山形城二十萬石に移封せらるる以前であることはいふまでもない。すでに正之は寛永八年（一六三一）八月、秀忠公の病急なるを候して居り、九年（一六三二）十二月には從四位下に敍せられてゐるのであるから、幕府の首腦部には、秀忠公の落胤であることはわかつて居り、それが更にこの目黑放鷹によつて、家光公の明らかに知るところとなり、加增山形移封となつたのであらう。

正之は寛永二十年（一六四三）陸奥國會津若松城二十三萬石に轉ぜられ、また遊獵の地を下野國に於て賜はり、或は御臂の鷹を賜ひ、或は御獵の地に放鷹することを許された。正保二年（一六四五）四月二十一日、左近衞少將に任じ、二十三日、家綱公の元服に理髮の役を勤め、八月、從四位上に陞せられた。

慶安四年（一六五一）四月二十日、病篤き家光公の病床に召され、殊更に家綱公のことを遺託された。これは實弟とし、世子の叔父としてまことに宜なることであつた。正之は直ちに西丸に登營して家綱公を補佐することとなつた。承應二年（一六五三）十月十三日、勅ありて右近衞權中將に任ずべきの旨があつたが、これを辭し、後、これを拜した。年ありて正四位に敍せられた。寛文六年（一六六六）五十六歳の時、疾を以て致仕し、爾後、營中の乘輿を許され、國老と共に事を議することとなつた。同九年（一六六九）再び請うて致仕し、四月二十七日つひに大老職を辭したのである。

十二年（一六七二）夏、會津城下に往き、壽像を磐梯山の南麓見禰山に卜し、和歌を詠じて、その事を賦した。この冬江戸に歸り三田邸に病臥し、十二月十八日卒した。年六十二歳であつた。翌延寶元年（一六七三）三月二十七日、會津城の東北、磐梯山の南麓赤土山に葬り、夏、社を建て、吉田兼連に請うてこれを安鎭し、土津靈神と曰ふ。この號は、正之生前、寛文十一年（一六七一）に、吉田家より授かるところである。千とせのまつ、幕府祚胤傳三、徳川幕府家譜乾。

第十三章　人格・逸話

一　人格

不世出の英雄である家光公の人格も一日にして形成せられたのではない。随つてその大きな人格を語ることもまた容易なことではない。ここには人格を物語る事實を記して、その一端をでも髣髴せしむることを得るならば幸とせねばならぬ。而して次項に述ぶる所の逸話をも併せ讀むならば、公の大きな人格が知らるるであらう。

1　幼稚より人君の器を備ふ

公は幼稚の頃はいたく小心であつて、溫和にのみ見えたが、十歳前後の頃より勇氣雄々しくなり增して、内々は血氣に過ぐる振舞もあつたといふ。武野燭談。

しかし乍ら、既に幼稚の頃より、人君卽ち武家の統領たり征夷大將軍たるの職に就くの器を備ふることは、夙に家康公の觀破するところであつた。家康公は、秀忠公夫妻の寵、家光公よりも超えた忠長《國松》を避けて、家光公を以て將軍世子と定めたのであつた。御系譜、以貴小傳、藩翰譜等。○第二章參照。

されば外面小心溫和に見え乍ら、後年威武世を壓するの氣魄と聰明との萌芽は内に深く藏してゐたに違ひない。家康公の見るところもそこにあつたであらう。

元和元年（一六一五）九月、公十二歳の時、家康、秀忠兩公の鑑識によつて、酒井雅樂頭忠世、土井大炊頭利勝、青山伯耆守忠俊の三名を公の師傅に選んだが、忠世は嚴正且つ老成にして、慈仁深く、輕佻ならぬ方に導き、利勝は明敏才智を以て臨機應變の獻替をなし、忠俊は剛强にして撓む所なき性質を以て、公の勇氣を引立てて輭弱の弊なきやうに護り立てた。この三人が各〻その長所に應じ、心を一にして補導したことも公の人格形成に磨きをかけることに大いに役立つたことはいふまでもなく、家康、秀忠兩公の深慮を今更にして想ふべきである。武野燭談。

2　聰明英武にして威嚴あり

天海大僧正が常に言つたと傳へらるる言葉に、

神祖すなはち家康公は萬事に通達して、人情世態のことも熟知したから、何事を申上げるにも、やすらかであつて滯る所がなかつた。台德院（秀忠公）も資質溫柔であられたから、同じ様《さま》であつたが、當代（家光公）は極めて聰明英武であられるからか、何となく何事も申上げにくい。

と。三公に親しく接した偉僧の言葉として味はふべきであり、聰明英武の四字こそは家光公の人格の一面を道破したものと言ふべきであらう。

また人見友玄宜卿は、そのいまだ幼かりし時、世子家綱公の御伽に、常に家光公の前にも伺候したが、公をいかにも恐ろしく見上げたことであつたと子孫等に言ひ傳へたとのことである。これはいかにも公が威嚴を具へてゐたことを物語るものである。寛元聞書、君臣言行錄。

3　謙譲の徳

謙譲といふことも家光公の具へた一面の德であつた。その大きな表れは、寛永十一年（一六三四）七月、公上洛の際、勅使、院使を賜はり、太政大臣に昇進あるべき由の叡慮を再三傳へられた。これは德川氏天下を統御すること罪に三世に及び、四海久しく昇平の化に浴してゐる。これは偏へに威德の致す所であるのみならず、父祖みな相國に陞り、芳躅連綿として絕つべからず。よつてあながちに推任せらるるとのことであつたが、公は敢てこれを固辭したのであつた。公の奉答は、則闕の官は齒德具へざるものの昇るべきに非ず、齡いまだ初老に遠く――時に公は三十一歲であつた――德また父祖に及ばぬを以て、かたがた叡慮に從ひ難いといふのであつた。そして固辭すること再三に及んだので事はつひに止んだのである。當時の公の聲威を以てすれば、叡慮に從ひまつつても批難する者は恐らくなかつたであらう。しかも公は飽くまで自らを省み、德薄しとして固辭しまつつたのである。ここに公の謙讓の德の並々ならぬのを觀るのである。

公はこの後、尾、紀、水三家を召し、先日相國宣下の旨、諸大名へも申聞かすべきや否やを諮られ、三家も、いかにも然るべき由を答へた。よつて諸大名を召して、

「今度、相國にのぼるべき旨、再三詔があつたが、いまだ年も若きを以て、かたがた固辭した。當時天下に於いて、あながち憚るべきではないが、斯く辭讓することは、萬に謙遜を示し、天下に政令するところである。各〻にもその心得あるべし。」

と面命したので、諸大名もこれを承はり、盛意の厚きこと、凡慮の及ぶ所に非ずと、各〻感涙に袖を潤して退出したのであつた。旗本の士等へは、土井大炊頭利勝、酒井讚岐守忠勝を以てこの事を傳達した。

この事は一つには足利家の頃より武家の官位しきりに高くなり、諸大名以下も官位高きに過ぐるものがあつた。豊臣家の頃には諸大名のうちに大臣二人まで納言十人に餘るに至つた。ために尾大にして掉はず、僭上の禍、覬覦の端を開くに及ばんかとの公の思慮よりして、自ら先づ長上を固辭したのである。されば家光公の代には大老は侍從、執

政の臣も五位の諸大夫に過ぎぬ者が多く、また諸大名も官途みだりに進むことを得ず、大いに弊風が改まつたのである。吉良日記、御上洛記、紀伊記。

4 寛量宏度

家光公はもとより寛量宏度であつた。そして、賞賜等に臨んでは少しも慳吝の念がなかつた。秀忠公が薨去して後、寛永九年（一六三二）二月、緣りある方々をはじめ、諸大名、諸旗本まで、遺金を賜はつたこと若干であつた。また同十年（一六三三）二月には總加增といふことあり、兩番、大番千石以下の輩に、すべて二百石づつ加恩あり、廩米を給せられてゐた輩には采地に替へ與へ、これまで賜はらなかつた者には新たに二百石づつ給したのであつた。

また或年、旗本の輩が窮迫して拜借金を願ひ出でた頃、公は目黑邊に遊んだついでに、御金藏を視たことがある。酒井讃岐守忠勝、阿部豊後守忠秋等が先に出向き、公もやがて行かれた。そして藏中に充滿せる金箱を視られ、「これは何か」と問はれた。忠勝は、

「皆、金にて、これは家康公より御讓り、これは秀忠公より御讓りなり。」

と答へた。公、これを聞き、

「たはけ者よな、誰が讓りといふことがあらうか。今となつては皆我が金ぞ、かく藏にのみ積み置いては、下々の困窮するのも尤もである。悉く取り出して望み次第に貸し與ふべし。役人共も借り受けよ。」

と言はれた。忠勝これを承はり、

「金銀は天下の重寶であるのを、尊慮を以て下々へ貸し給はるといふことは、尤も畏きことなり。」

と言上した。公はまた立返つて、

「あの鼻垂し奴、金銀の重寶は言ふまでもなし、斯く積み置いては土石に等しい。旗本の者は、皆三河以來一命を抛つて忠節を盡した者の子孫であるから、その窮迫を見て、どうして救はずに居られようぞ、返す返すもたはけた事をいふ者かな。」

と言はれ、機嫌が甚だ悪かつたとのことである。公の度量宏大にして、下の者を憐れみ、家祖以來の忠節の士を深く思ひ、尊重し、哀憐した仁慈の心が想はれるのである。このことと思ひ合はされるのは、かの日光東照宮大造營は、寛永十一年（一六三四）九月の日光社參の際、公が思ひ立たれ、急に御宮修營のことを命じたのであるが、その時、公は總奉行の秋元但馬守泰朝に、「この度の費用何ほどならん」と尋ねた。泰朝は「百萬兩程」と答へたのであつたが、寛永十三年（一六三六）四月大造營の完成に當り、公はまた社參して、費用のことを泰朝に尋ねた。泰朝は、前に言上したごとく、

「百萬兩ばかりならむ。」

と答へたのであつた。すると、公は、

「思ひの外に要らなかつたな。」

と言つたといふことである。（日記、寛元聞書。）

公の宏度斯くの如くであつたが、しかし一面無用の浮費を減省し、専ら儉素を以て天下大小の事を沙汰し、一般の華美を戒めたのであつた。卽ちその一、二例を擧ぐれば、寛永四年（一六二七）八月本丸に移徙の式を行ひ、老臣以下の者に饗を賜うた時、構造の奉行を召出し、この度の新造の結構華麗に過ぎ、天下に儉を示す本意でない、華飾の所は速かに毀ち捨て、今度は愈〻家室に華美を用ゐぬやう面命したのであつた。聞く者はみた戰慄したとのことである。

また寛永十五年(一六三八)九月、公の長女千代姫が尾張家徳川光友に入輿のことが定まつた頃、阿部對馬守重次を使として、名古屋に遣し、明年入輿のことにより、第宅華美に結構さるる由を聞いた。さり乍ら天下敎戒の爲めにも麗美を省かれ、いかにも手輕く構造すべしと命じた。

また同十六年(一六三九)四月には、白木書院に於て、三家はじめ萬石以上の輩を悉く召し出し、世の中の有様、年を追うて奢侈の風に移る由聞ゆるを以て、しばしば禁制したが、なほ華美の事が多い。今より後、各〻國に於て彌〻儉約を守り、沙汰すべき旨面諭したのであつた。この外に番頭、物頭、目付等をも召し出して、儉素を懇諭することも度々であつた。

なほ番士の居宅壯麗なるに依りその家を破却せしめ、或は同心の衣裝華美なりとして追放せられたこともある。何事も昇平年久しく、世風の奢侈に流るるであらうことを豫知して、戒諭を怠らなかつたのである。日記、紀伊記。

公の寛量を示す一、二の例話を示さう。

或る時某所へ放鷹の折柄、目安を捧げて政道を批議する者があつた。公はその目安を見て、

「わが事を書きたるわ」

と言つたのみで、何の咎めもなかつた。しかしその者は將軍の前をも憚らざる罪によつて禁獄された。しばらくして、係り役人より、かの者の罪科をいかがすべきかを伺うたところ、公は、

「かの目安のうちに、一事なりとも用に立つ事あらば、褒めてとらせんと思うたが、すべて無益の事のみ書き付けたのは不幸の者である。」

と言つて笑はれ、やがて之を赦して、追放した。寛永聞書。

また或る年品川に狩した時、公は鷹師一人のみを具して御場に臨まれた。鳥見の下卒が番をしてゐたが、公を見知らぬ者ゆゑ、棒を持つて立ち出で、

「汝何者なれば、公の御場へ入りて鷹使ふや。」

と言つて、直ちに打ちかかるべき有様であつたので、公は、

「苦しからぬ者なり、捨て置け。」

と言はれると、かの下卒は、

「さらば印の札見せよ。」

と詰め寄つたので、公は、

「札は後より持つて來るであらう。」

と言つて通り過ぎると、下卒は公をさんざんに罵つてゐた。とかくして扈從の者が馳せつけたのを見て、かの下卒は、はじめて驚き棒を投げ捨てて逃げようとしたのを、扈從の者は捕縛してしまつた。公はこの由を聞かれ、

「能く番を勤む、褒賞取らすべし。」

と言つて物を賜うたのであつた。君臣言行錄、武野燭談。

これらは公の寛量を示す一端に過ぎないが、また公は徒らに尊大ぶらず、甚だ氣さくなところがあつた。中間に金助なる者があつたが、頗る敏捷の者なので、公も目をかけて召使はれた。城溝などの鳫、鴨などを金助をして點検せしめ、金助がその様子を報告するに、公は自ら厨まで出てこれを聞くほどであつた。かくのごとく金助は公の意に叶つたのであり、公はかくまで氣さくであつたが、身分上の差別は嚴に重んじて、かかる下人を殿上にあげ

ることは決してなかつた。名將名言記。

かくの如く公は寛量であり、氣さくでもあつたが、嚴にすべきことは嚴にしたのである。更に公の大度を示す一話を記してこの項を終へよう。

寛永十六年（一六三九）八月十六日、雨甚だしく降る中に、本丸の奥厨より出火して殿閣みな回祿した。老臣等は、譜代大名等に命じて防火に當らしめようと上申したが、公は、

「おのづからの天災であるから、あながちに防がうとして、人命を損ずることはよろしくない。ただ門門を固めて出入を嚴にすべきである。」

と言ひ、悠然として居られたので、衆人みなその大度に感じたのであつた。天享東鑑。

以上記するところによつて公の偉大なる爲人をほぼ知ることが出來るであらう。

二　逸話

家光公の逸話は數々ある。そしてそれは何れも公の氣宇・風格を示すものであつて、「人としての家光公」を知る上に於て看過することの出來ぬものである。以下それに就いて述べよう。

1　夜行を止む

公いまだ弱年にして勇氣逞ましき頃、内々市中を微行した。そして寒夜など俄かに外出の時、何時も履く草履の温かなのを怪み、何故かと心づいた。これは酒井讃岐守忠勝が、いつも草履を懐中し、肌につけて温めておくためであつた。公はこれは忠勝がわが微行をあやぶみ、ひそかに跟隨して心を碎くと見えると悟り、爾後絶えて夜行をとどめ

たのであつた。（空印言行錄。）

2 松平信綱を戒む

慶安二年（一六四九）四月、世子家綱公はじめて日光社參の時、公いまだ弱年の上、はじめての旅行なので、家光公は甚だ覺束なく思はれ、途中平安の由を一里毎に江戸に注進することに定めた。よつて夜中には松平伊豆守信綱が門内に在つて、門の開くを待たず、地伏の下より注進狀を取り、公の前に持ち出でたことを聞かれ、その後、信綱の門内に伺候することを嚴に停められた。これは頗る重臣の體を失ふであらうことを深く思つてのことであつた。（明良洪範。）

3 板倉重宗を賞す

板倉周防守重宗が、或る時江戸城二の丸に於て公に茶を獻ずることがあつたが、御紋の旗、馬印及び鎧を三幅對に畫かせて掛けたので、あまりに風趣なしと評する者があつたが、公はこれを觀て、

「周防ほどありて、さるべきものかかせたり、當世の若者どもに、あまねく見せしむべし。」

と言つて、殊の外に機嫌がよかつたといふ。（雨夜燈。）

4 躍を好む

家光公は若年の頃大いに躍を好んだ。それ故、諸大名に命じて家々より躍を獻ぜしめ、それを覽るのが常であつた。或る時、井伊掃部頭直孝にも躍を獻ずべき由を命じたが、直孝もとよりかかることは無用の事と思つたので、

「某が小性どもに至るまで小唄にても心得侍らず。」

と言つた。松平伊豆守信綱これを聞いて、

「さらば一門の內の若者どもなりとも、かり集めて奉らるべし。」

と言つたので、直孝はこれを承はり、

「然らば奉りなむ。」

と言つて、自ら髪を亂し、猩々緋の陣羽織を着、大なる棒を突き、眞先に進んで踊つた。

公これを見て、

「掃部殊の外見事なり。大坂の事も思ひ出さるることよ。」

と言つたので、直孝は畏つて、

「只今の御一言にぞ、國家の昌平久しかるべき程はかられ侍れ。」

と喜んで退出した。

このやうに躍を好んだが、寛永十八年（一六四一）八月、家綱公が誕生してより後は、躍を好むことは、「年若き程の戯なれ、この後は見まじ。」と言つて、絶えて躍を觀ることがなかつた。寛永小說、寛元聞書。

5　岡本玄冶を戒む

「廿に一二あまらせ給ふ比」と言へば、寛永元年（一六二四）か二年（一六二五）の頃であつた。家光公は眩暈を病んだ。名醫が日夜伺候して投藥したので、少驗を得た。食も進んだので、老臣どもも皆悦喜の眉を開いたのであつた。

その時、公は岡本玄冶諸品を召して、

「食の進むは如何に。」

と尋ねられた。玄冶は謹しんで、

「命は食に在りと申せば、何の病にも食すゝみ候へば、自然と癒るものにて、君の御病も日をへて御平快あるべし。」

といつた。然るに公の言ふ。

「そは汝が心得違なり。おほよそ人食足らざれば、形狀おとろへ、飽過れば脾胃をそこなふゆへに、足らず過ぎず、程よく用ゆれば、一身を養ふゆへ、命は食に在りとはいふなり。しかるをただおほくのみくらふをもてよしと思ふは、いとひが事なり。」

と。玄冶はその言に大いに感服し、只今の台命によつて、はじめて古語の深長なる理を感得したといつて、公の前を退いたのであつた。（名將名言記。）

6 裁判に關する諸逸話

イ 品川御殿にて聽訟後の言葉

或る年、家光公は品川の御殿に於て訴訟を聽かれたことがある。老臣はじめ奉行、目付等まで皆列座し、それぞれ裁判終つてから、食事をして、酒なども出でて後、松平伊豆守信綱、阿部豐後守忠秋、同對馬守重次、及び町奉行神尾備前守元勝、朝倉石見守在重などを召出し、當日の勞をねぎらひ、さて公の言はるるは、

「汝等の聽訟の有樣、すべて行届いて間然する所がない。しかし些かわが意に應ぜぬ所がある。汝等は敏捷の才を以て、下愚の者の心の届かぬことを究鞫するゆゑ、彼等は前後を失措して、思ふ所を言ひ盡すことが出來ない。はじめより斷るべきことを斷り、證をとるべきことを取るならば、何で公裁を仰ぐこととならうぞ。左樣な用意がない故に諍訟に及ぶのである。よつて訟を聞く者は、訴人の辭狀に就いて、彼が分量にては、かほどの事は斷わるべきか、またこれまでの心は、思ひ得まじきかと推量して、其ほどほどに隨つて究問し、彼の言ひ出づる言葉に就い

て違目のある處を、よくよく察して裁判するならば、民の情を盡さしむること、いかにも遠くあるまじ、この後はいづれも斯く心を用ゐよ。」とのことであつた。執政以下一同、この言葉に深く感服して落涙に及んだといふ。（日記、武林珍談集。）

ロ　黑田家騷動の裁判

寛永九年（一六三二）の頃より筑前福岡城主黑田右衞門佐忠之の家臣栗山大膳利章、己れの主の事を訴へ出で公裁に及んだ。明る十年（一六三三）の春、この主從を召出し、家光公直々に諍訟を聽いた。よつて諸大名も其の座に列侍した。さて直裁し、いふやうは、

「筑前の訴訟、毎度に及んで決しないのは、忠之暗弱にして家臣等專恣なるが爲めの致す所である。且つ公より預けられた城地を己が城地と思ふ故に、かかる事も起るのである。よつて黑田の家を沒收せむ。」と。ここに於て諸大名はみな平伏して何と言ふ者もなかつた。公はややあつて、辭色を和らげ、

「忠之もとより隱謀の企あるにも非ず、ただその不肖によつてかかる事になつたのである。不肖の者の領邑を召放すことはまことに不便である故、そのままさし置かむと思ふが、いかが」

と言つたので、仙臺中納言伊達政宗頭をもたげて、小松中納言前田利常の方に向つて、

「いと忝なき台命なり。」

と言つた。公はそのまま奥に入つた。その後、栗山大膳利章は南部信濃守重直に預けられ、忠之は赦されたのであつた。（日記、士談會稿。）

ハ　細川光尙の遺領を安堵せしむ

慶安二年（一六四九）十二月二十六日、肥後熊本城主細川肥後守光尙が卒した。その嗣子六丸〇綱利は僅か三歳であつた。光尙は終りに臨んで、領邑を公に返し奉らむことを請うたこともあつたので、六丸襲封のこといかがと異議區々であつた。

家光公は、

「すべて大名は自ら手を下さずとも、家臣等數多き事なれば、家臣の中に然るべき者が事を執らば、國政も治まるであらう。細川の家は三齋〇忠興以來の忠勤といひ、數代の名家にて、名の聞えた家臣共も數多いことであるから、六丸幼沖といへども、彼の家臣等がよく輔翼せんに於ては、六丸が封を襲がむこと何の苦しいことがあらう。もし幼年にして家を繼ぐことが叶はぬのならば、竹千代〇家綱公に天下をばわたすまじきか。」

と言ひ、光尙の遺領を六丸に安堵せしめた。人々、公の慈仁と大度とに感ぜざるはなかつた。武野燭談、家譜。

この事は裁判には直接關係はないが、黑田家の騷動に對する公の直裁のことを記したついでを以て、ここに記するのである。

二 奉行判と天下判

或る夜談の折、話が奉行人聽訟の事に及んだ。その時、公の言葉に、「裁判には、奉行人の裁判と天下の裁判との異同がある。奉行人の判は、いかにも是非明白なるを以てその職とする。が、天下の判といふものはさうではない。たとへば、堺論があるとするに、奉行ならば理を勝たせ、非を負けとする。天下の判は理非に拘らず、たとひ非分であつても、その地に秣場が無くて土民が艱困するといふやうな場合は、理のある方の野地をも割き與ふるか、又は野錢を出さしむるか、とにかくその地の困窮せぬやうにすることを旨とする。これを天下の判といふのである。」とのことであつた。

この言葉を永井日向守直清承はり、「いかなればかくまで治國の大體を辨じ給ひし御事にや、誠に生知の英主なり」と感じ入つて、常に人にも内々の者にも語つたとのことである。まことに公の考へ方は融通性に富んだものと言はねばならぬ。（類波集。）

ホ　聽訟の心得を說く

阿部對馬守重次が、評定所の上裁終つて、公に伺候した時、公は今日は如何なる訴訟があつたかを尋ねた。重次は

「いささかの金銀の訟のみで、さしたる事もなし。」

と答へた。公はこれを聞いて、

「天下の刑法を司る者が、斯かる心得ではいかがかと思ふ。汝の心にては聊かの事と思つても、訴人の身にとつては多分の事なのである。それ故公けの裁判を仰ぐのである。すべて聽訟の人は、よくその訴人の上を計つて裁判することが肝要である。」と言ひ、聽訟の心得を說かれたのであつた。（寛永聞書。）

ヘ　依怙贔屓の理を說く

神尾備前守元勝は寛永十五年（一六三八）五月十六日江戸町奉行に任ぜられ、家光公の薨後萬治四年（寛文元、一六六一）三月八日までその職に在り、功積のあつた人であるが、彼が町奉行に任ぜられて間もなく、公は彼を召して、

「町奉行は府内の生殺を司り、大切の職務である。いかが心得るか。」

とその心構を尋ねた。元勝これを承はり、

「依怙贔屓を致しませぬ。」

と答へた。これに對して公は、

「それは尤のことであるが、最屓といふことは人々によつてあることである。吾が天下を治むるにも、外様の者をあしらふと、譜代の者を遇するには自ら差別がある。その別なくては輕重の法は立たない。依怙に至つては、吾れも常常愼しむ所である。」

といはれた。また、元勝が重役を勤め乍ら、家に在つてはただ遊宴にのみ心を寄せてゐると、元勝を悪しざまにいふ者があつた。公はこれを聞いて、

「それは尤なことである。重役を勤むる者共は、常に公務繁多で心力を疲らせてゐる。だから、何かで心を養ひ、欝を散ずることがなくては叶ふまい。備前はもとより聰敏の者であるから定めてその心構はしてゐるであらう。」

といつて、かへつて元勝を褒められたので、讒者も口を閉ぢてしまつたとのことである。寛元聞書。

ト　大草履組小草履組のこと

大草履組といふ賊魁を捕縛した時、組の名が草履の緒を太くして符驗としたための名であると聞かれ、公は
「さらば小草履組といふもあるべし、尋ねよ。」
と命じ、穿鑿の結果、果してそれを捕縛し來つたのであつた。公の明察を示すものである。また、賊を久しく繫いで置くのは、其の同類を連逮せんがためであるといふことを聞き、
「速かに死に行へ。この者殺さるると聞かば、その同類ども恐悚して、盗を止むる者もあるであらう。凡そ人を罪せばとて、根株を盡して殺してしまふのは好生の仁道に乖《た》がふものである。もし大逆無道にして絶族に至るは自らこの限りでないが、草賊、竊盗の如きは、なるべく殺さるる者の減ずるやうに計るべきである。」

と、かへすがへす言つたことであつた。額波集。

チ　常陸國の盜賊

常陸の國に盜賊起り、土人これを制したが止まず、よつて新たに盜賊奉行を創置せられんことを願ふ者があつた。その頃、公は淺草邊に放鷹の折、三浦志摩守安次を召して、「常陸國の盜賊は鎭まつたか」と問うた。安次は、

「とかくに奉行を置かせ給はずば、鎭まるまじ、町奉行も左樣に願ひまつる。」

と言上した。公は大聲にて、

「しからば取り上げ候へ。」

と言つた。安次は心行かず、

「いかなる御事にか。」

と伺つた。と、公は、

「盜のよつて起る所は、その地の治め方がよからぬ故である。依て盜の起る所、公料は代官、私領は地頭の領邑、悉く召上げよ。」

と言はれたので、扈從の者ども之を承はり傳へ、それが次々に傳へられて、公、私料ともに逮捕の沙汰を嚴にしたので、程無く盜も止んだのであつた。その後、安次伺候の折、公は、

「常陸の盜は止みたるべし。如何に。」

と言つて、笑はれたので、安次は恐れ入つて、公の言葉の如く、此頃すつかり止んだことを言上したのであつた。寛元聞書。

7 伊達政宗の病を問ふ

寛永十三年（一六三六）五月二十一日、公は品川東海寺に遊んだが、その途、病氣危篤の伊達政宗を見舞はれた。政宗は世にも有難く忝きことと畏み、身の苦しさも忘れ、肩衣袴を着し、右の手を土井大炊頭利勝、左の手を柳生但馬守宗矩に曳かれ、酒井讃岐守忠勝は後ろより腰を抱き、公の前に出でたので、公は側近く立寄り、

「中納言（政宗）よ、病氣、聞きしよりは一段よくて満足した。只今が養生第一の時分ぞ、努々油斷せぬがよい。」

と言ひ、老臣片倉小十郎、石母田大膳、中島監物、佐々若狹守を召し、

「黄門（政宗）の病、今こそ肝要なれ、汝等看侍を怠ることなきやう。」

と傳へ、各自は拜謝して退いた後、公は政宗に向ひ、しばしば密旨あり、政宗も苦しい息の下から、何事かを言つたが、外に聞き傳ふる者は無かつた。公は、

「返す返す自愛を怠らぬやう、やがて恢復するであらうから、その時は城に招き、目出たく一服參らさう。何にても用あらば、遠慮なく承はらう。」

と言つて、其の座を立ち、遙かに縁を隔てて、

「越前々々。」

と政宗の嗣子越前守忠宗を召し、

「中納言の病體、聞きしよりも、見て肝を消したり。中納言にはよき樣にいうて力を添へたが、實はかかる病躰にては、とても本復の望みはない。汝が心中察し入る。併し中納言が卒去しても、家光斯くてある上は、心安く思ふべし。」

と言つて還つた。忠宗は涙を流して拜送し、政宗は合掌して、聲も立てずに伏し拜んだ。

家光公は、政宗が官位封國ともに雙びなき名望の宿將であつたから、その將に死に近きをいたく惜しまれ、彼の病を押して參勤の期を違へず江戸に出府したことを厚くねぎらひ、土井利勝、酒井忠勝の兩大老をしばしば遣はし、典藥・醫官はいふまでもなく、諸藩、市中に於ても名の知られた程の醫師を悉く召し集めて治療を議せしめ、その上急脚を馳せて京、西國の名醫どもを呼び寄せて投藥せしめ、府内諸寺諸山へも政宗病氣平癒の祈禱を命じたのであつた。

今日の公の來邸のことは前日密かに政宗に傳へたが、政宗は大いにこれを喜び、その夜大病を押して行水し、鬢髮をけづり、新らしい淺黄の袷に帷子を着し、上下を着て夜の明くるのを待つたのであつた。公が還つて後、柳生但馬守宗矩、内藤外記正重の兩人、政宗に向ひ、

「今日の寵榮は古今比類もなき事なり、かかる天運にては、病氣もやがて本復せらるべし。」

と祝つたので、政宗は合掌して、

「有難し。」

と言つたが、その外には聲も出でず、ただただ落涙してゐる躰、在り合ふ親族、家臣等はいふまでもなく、柳生、内藤等も、思はず袖を濡らしたのであつた。

政宗は斯くて翌々二十三日、つひに大往生を遂げた。年七十歳であつた。明語集。

8　細川忠興及び堀田正盛を飜弄す

家光公或る日細川三齋○忠興入道が鷹の鶴捉へざま未だ見及ばぬので、放鷹の折扈從せんと願つてゐることを聞き、

その後、入道を召具して、鷹場に赴き、鶴の下り居る處で鷹を合せるかと思へば、此處は代《しろ》（○鶴を獲る放鷹の飼付場。）が宜しからずと言つて、他へ赴き、または寄せ方惡しなどと言つて、一度も合はせることなく還つた。三齋も終日老脚を曳きつつ歩行にて扈從し、殊に疲勞したことであつた。これは三齋が、封地に在つて、鶴捉への様を見ぬことはないであらうに、公の意を迎へようとして願ひ出たのを觀破し、このやうに何となく、その意を抑制したのであつた。（寛永小説。）

これに似たことは、堀田加賀守正盛の場合にもあつた。即ち正盛が病後、公に謁しようとして登營せんとする折柄、公は放鷹に赴かんとして平川口まで出た。其處へ正盛が來て公に謁したので、輿の近くに召して、親しく物語つたが、暫らくして正盛は跡に下がらうとしたので、また呼び返した。かくの如くにして正盛は麻上下を着したまま、つひに川越まで扈從したのであつた。これも正盛すでに病氣全快しながら扈從を難儀とする様子であつたので、それを明察してわざと召連れたのであつた。（寛永小説。）

9　毛利秀元を益友とす

毛利宰相秀元は、伊豫守元清の男であつて、中納言毛利輝元の養子となり、豊臣秀吉朝鮮出兵の時には、僅か十四歳で一方の大將を承はり、彼の地に押し渡つて武勇を奮つた。家光公はこの事をかねてより聞き及び、秀元ただ人に非ず、文武の譽、世にも人にも許され、門地といひ、官品といひ、家光が益友この右に出づる者はないと稱揚し、日日の如くに彼を召された。そして古今の物語を聞き、飽かぬ相手なので、人々は皆、秀元を御噺衆とのみ言ひ、名を呼ぶ者はなかつた。

秀元は茶道にも達してゐた。寛永十七年（一六四〇）九月十六日、品川御殿に於て、家光公より秀元に茶を獻ずべしとの命があつた。その時、公は徳川義直、徳川頼房及び諸大名、老臣等を隨伴してこれに臨んだ。

茶室はさらなり、茶器、掛幅に至るまで、みな天下の珍奇を盡し、陪宴の者目を驚かすばかりであつた。宴終り、公、茶亭に入らるるや、僧澤庵を召し、酒を賜ふほどに、十六夜の月東天にのぼり、その光の淸澄さ、いふばかりなかつたので、公は秀元に

「あるじ一首を。」

と命じたので、秀元は、昨日雨降り、今日は晴れたので、

降る雨もけふを晴とや我君を待得し山のかひは有けり

と詠んだ。公はこれを賞し、更に澤庵にも、

「一首を。」

と命じたので、澤庵は

夕ぐれをおしみ惜まじ木間《このま》よりはやさし昇る海ごしの月

と詠じたので、興いよいよ深かつた。

秀元は、かねて茶亭の傍の芝の上に、新陶の茶入、茶碗等の諸器を數多陳列したのを、公は、その中より香合二つ、手づから取られ、その餘は扈從の者に、心のままに拜受せしめた。その上近臣に廻花を命じて後、歸還された。その後、府下の老若貴賤、茶亭の構造の新奇を拜覽せんとして、群集すること二十日に及んだといふ。藩翰譜、君臣言行錄。

10　酒井忠勝を優遇す

公は老臣の進見に、時としては白衣にて會はれることもあつた。しかし酒井讚岐守忠勝には何時も袴を着けなければ會はなかつた。忠勝の瘧病が癒えて、はじめて登營した時、彼の牛込の邸より城門まで、公は人を附け置き、玄關

に至るとひとしく、かねて命じたこととて、小性等群がり出て、忠勝を取り圍んだので、忠勝、「これはいかに」といふに、「病後ゆゑ冷えては惡しかりなん」との上意なりとて、前後より火鉢を持たせ、やがて公の前に出たが、公は何と言はるる間もなく、まづ後ろに立ててあつた屏風を手づから取つて、忠勝の後ろへ引めぐらされ、自ら召されてゐた頭巾を忠勝にかぶらしめ、言はるるには、

「わが前にて頭を許したれば、この後は誰の前にても憚りなく被るべし。」

との厚い配慮であつた。

そもそも忠勝は公の幼年より附添ひ、忠勤を盡し、公が將軍職に就いて後は、猶更治政の要を補翼し、當時股肱の第一人として深く倚賴したので、かくの如く優遇したのであつた。空印言行錄。

11 右の手は讃岐左の手は伊豆

松平伊豆守信綱は、世に「智惠伊豆」と呼ばるる如く、聰敏機智の譽高く、大小の要務を執行するに、何事も心ゆくばかりであつた。それゆゑ家光公にもその方面の事は多く信綱に命じた。或る時、公は、

「伊豆ごときの者を今一人持たば、天下の世話はやかるまじ。また古へより數多の將軍ありと雖も、われほど果報の者はないであらう。右の手は讃岐、左の手は伊豆。」

と言つたことであつた。信綱言行錄、空印言行錄。

12 差別を重んず

中根壹岐守正盛は公の寵遇を蒙ること比類なかつた。されば内々では老臣と雖も正盛に對しては手を下して應對する程であつた。しかし外樣に於ては、老臣列班の席へは、正盛の入ることを敢て許されなかつた。また生涯の間彼の

祿は五千石に過ぎなかつた。

或る時、國持大名から正盛に金を贈つたのを、正盛は故なしとして受けなかつた。二、三日あつて、正盛が公の前にてこの事を申し出たので、公は言ふ。

「その金貰つて遣せ。」

と。正盛は、

「一度返せしものを、重ねて貰はむこと致し難し。」

と答へた。公は更に言ふ。

「大名等が汝を尊信して金を贈らうや、全く我が目をかくる者なるを察して贈るのである。すなはち大名が我れに奉公するの一端なのだ。受取つて何の苦しいことがあらう。この後も贈る者があらば、辭するに及ばぬぞ。」

と。公の豁大の氣象を示すものといはねばならぬ。雨夜燈。この事は正盛の事を記したついでに述べたのであるが、更に公が差別を重んじた例を記さう。

朽木民部少輔植綱も公の寵眷を被ること一方ならなかつた。公は放鷹を好んだことは別章にも記した如くであるが、植綱が病後はじめて登營した時の如き、公はすでに放鷹の觸れが出たにも拘らず、俄に延引したほどであつた。かくの如く心にかけて植綱を寵用したが、堀田加賀守正盛と座を同じくして物を賜ふといふことはなかつた。時として正盛、植綱共に侍座し、正盛より

「民部にも御酒《みき》一杯たまはらむ。」

と願ひ出ても、終に許されなかつた。雨夜燈。

13　堀田正盛の權を抑制す

或る年、公、隅田川遊覽の歸途、堀田加賀守正盛の別墅に立寄るべきことを觸れ出した。正盛はその朝夙くより數々の設けをして、公を迎ふるため、落葉といふ駿馬に鞭打つて隅田川を指して歩ませ、扈從の者共の群がる中を、「許しやれ」と言つて乘打して公の前に出たのであつた。

公は遙かにこの樣を見て、正盛に何とも言葉を懸けず、非常に氣色を損じ、正盛の別墅にも立寄らず直ちに還つてしまつた。正盛は何故にかと恐縮して公の後に從つて登營し、次の間に伺候して夜二更過ぐる頃まで控へてゐた。公はそれに心づかれ、朽木民部少輔稙綱を以て、

「加賀を呼べ。」

と命じたので、正盛が公の前に出たところ、

「今日、隅田川堤にて諸人の中を乘打したのは、汝逆心を企つるのか。抑〻彼等が父祖は、皆身命を抛つて忠節を盡したものの子孫であるが、不幸にして下﨟であるのだ。汝はさしたる門閥もなく、不時の寵任を蒙つてゐるから、彼等はかねてより快からず思つてゐるであらう。然るに今又乘打されては、いかばかりか恨みに思ふことであらう。後々にはわが用にも立たぬであらう。家人らをして主を恨みしむるに至るのは、汝の所爲であるから、是れを逆心といはねばならぬ。」

とのことであつたので、正盛は何と答ふべき言葉もなく、ただひれ伏して居るのみであつた。其の頃正盛はすべて公の意にかなひ、勢威赫赫たることを、公は、かねてより知つて居て、斯かる事に寄せて、些かの權を抑へ、かつ譜代の輩をして、いよいよ忠貞の心を起さしめようとの事であらうと、人々は申し傳へたことであつた。（寛元聞書。）

14 物價を近臣に問ふ

公の側近く仕へた永井某、久しく病氣のため引籠つてゐたが、やがて出勤したるに、公その顏色を見られ、「汝いまだ奉仕に堪ゆまじ、猶引籠りて病を養へ。」と言はれた。よつてまた家に籠ること五十日ばかりにて全快したので出勤したるに、公また側近く召され、「この頃、市中の米價何ほどなりや。」と尋ねた。某は心得ぬ由を言上すると、「さらば鰯は何程、豆腐は何ほど」と追々に尋ねた。何れも辨へぬので、答へずにゐると、公は氣色を變へて、

「かかる瑣細の事は、われ老臣などに問ふべきことでないから、汝等の如き卑賤の者に尋ね聞いて、心得にしようと思ふのである。然るに何れも知らぬのは、あまりに世事に疎く油斷の至りである。しかし夙夜の勞に暇のない折は、その心構もならぬであらうが、かく百日ばかりも引籠つてゐて、これらの事に思ひ至らぬやうでは、側近く勤めてゐても詮ないことである。」

といたく戒めた。

この後、某は日毎に市街に人を走らせて、諸種の物價を問ひ質すことを怠らなかつた。そして慶安四年（一六五一）四月、公薨去の後、某もやがて番頭にまで昇進し、晩年致仕してからも、物價を尋ねることを止めなかつた。それ故、彼の子孫等これを怪しんだので、彼は、公より戒められた時のことを物語り、

「その折は死ぬばかり畏り入つたことであつた。それ故生涯忘れまじと思つて斯くするのである。」

と言つたとのことである。逸話。

15　諸大名進上の樹木に留意す

江戸城二の丸の園池が完成して、諸大名はそれぞれ種々の樹木を獻じた。公、此處に臨み、露地口に兩三種植ゑたのを見て、いかにして其處に植ゑたかを尋ねた。係の者は、木ぶりの悪しき旨を以て答へた。公は、

「大名共が我れに見せむとして奉つたものをその狀悪しとて、かかる物蔭に植ゑおきなば、いかに本意なく思ふであらうか。」

と言つて、直ちに園中に移さしめたとのことである。（寛永小說。）

16　金魚を好む

公は好んで金魚を飼ひ、鶴を飼育せる園中に金魚舟を置き、坊主をして守らしめた。その坊主が番を怠つてゐるうちに、鶴がみな金魚を食つてしまつた。近臣等は何と言上すべきやうもなく、度を失つてゐたが、中の一人が

「片目盲ひし坊主をして守らしめたところ、かの金魚舟は盲ひし目の方にあつたため、鶴の食べてしまふのも知らずにゐたのは、まことに詮方なきことでした。」

と誡しからず言上したので、公はただ笑うたのみで何の咎めもなかつた。（寛永小說。）

17　坊主休庵を赦す

或る時、放鷹の歸るさ、公は夜に入つて入浴した。湯の事を預る坊主休庵は、あまり急いだためか、熱湯を肩にそそいでしまつたので、公の肌はしたたかにただれてしまつた。公は休庵を死刑に處せよと命じたが、阿部豐後守忠秋、公の機嫌よき時を窺つて、重ねて

「休庵が罪狀いかが」

と伺ひたるに、ただ、

「八丈々々。」

と言つて、つひに休庵は八丈島に流されたのであつた。その後、赦の行はれた時、休庵の名も赦帳に載せて、久世大和守廣之これを公の前に持出して讀んだが、公は何とも言はなかつた。よつて酒井讚岐守忠勝が側らより再三讀めと促したので、重ねて讀み上げたるに、終に「ゆるせ」との公の言葉があつたので、忠勝も畏みて退出したのであつた。君臣言行錄、武野燭談。

18 傳馬町民公の恩に感じ惠比壽講を廢す

放鷹の歸途、公が傳馬町を通つたことがあつた。或る店先に、町民が醉臥して居たので、その故を尋ねしめた。

「今日は惠比壽講とて、みな打寄つて酒を飮んだが、此の者醉ひ痴れて臥してしまつたので、前驅の者が咎めたが、起き上ることも出來ず、そのうちにお通りゆゑ、かく無禮の樣にて畏つてゐる。」

と言上したので、公は

「そはこゝろよきことかな、猶酒飮め、肴を給はらう。」

とて、お鷹の鳥を一羽下されたので、その町の町民等、感恩のあまり、後々まで二十日は公の忌辰なればとて、惠比壽講を廢したのであつた。窓のすさみ。

19 第一の快事

或る雜談の折、公が問うた。

「世に快事といふは何であらうか。」

いづれも己が思ひ思ひの事を述べたが、中に一人、

「途次などにて俄に通氣を催し、すべなき時に、然るべき隱所を見出したらんことこそ第一の快事といふべきです。」

と申したので、公は機嫌を損じ、御前を憚らぬとて、その者を屛居せしめた。

その後、公は鷹野に出た時、とみに便所を求められ、辛じて一寺を搜り出し、用を辨じた。その後暫くして、彼の者を召出し、

「汝が先に言ひし所、今こそ思ひ當つた。よくも實情を申した。」

と言つて赦されたことであつた。窓の須佐美追加。

第十四章　武技・遊獵

家光公は征夷大將軍の重職にあり、天下の武家の統領として武技を重んじたことはいふまでもない。と同時に、武技を好み、自らも練磨して劍術、弓術、砲術、馬術、鎗術等に達して居た。そして、これらの武道を奬勵することにも意を用ゐ、旗下の士の試合、實技等をも好んで觀た。またこれら武道の實地訓練的意味を有する遊獵をも好んだ。本章に於てはこれらの事實に就いて述べようと思ふ。

一　武技

この節に於ては劍術、弓術、砲術、馬術、水泳、鎗術、其他に項を分つて、公のそれらの術に達したことのみでなく、これを奬勵したこと、好んで試合、實技を覽た事實を記することとする。

まづそれに先だち、幕府の武技、武道に關する年中行事を公の時代を基として列擧しよう。

正月三日　乘馬始（後には御馬召始といふ）

同　五日　鳥銃始（後には二日に鐵砲打初を行ふ。またこの日、弓射初を行ふ。）

同　日　刀劍御鑒定始

同二十日　具足始（後には十一日に御具足鏡開を行ひ、また同日御弓場始を行うた。）

以上の如くであるが後には、正月十二日に御射始といふのを行うた。

また公は武器、武具を重視し、これをないがしろにすることを禁じた。寛永二年（一六二五）十二月十五日、諸士の武具馬具を閲して、その用意をこころみられ、同九年（一六三二）六月二十一日、諸番頭、物頭に、番士以下の弓、鐵炮、母衣、差物、具足等を怠らず査檢すべきことを命じた如きはその一例である。東武實錄、日記。

またかういふ話も傳へられてゐる。

或る年、品川方面に出遊の時、六鄕河を渡つた。歩行士が公の差替の刀を捧持してゐたが、その刀を川越の者に渡し、自らはその者に手を引かれて川を渡つた。公はそれを見て「わが差料を雜人に持たするといふことがあるか、急度咎めを申つけよ」とて大いに怒つた。これは刀劍は武士の魂として尊重した當時にあつては、尤のことであつた。かの歩行士は川涯に於て腹切つて果てたのであつた。日記。

また寛永十七年（一六四〇）二月七日、公は酒井讃岐守忠勝の別業に臨み、鴨二羽を狩つたが、歸途は夜陰に及んだ。時に御膳番荒川丹波守持暇は公の刀を捧持してゐたが、駕輿の側らにて輿夫に渡した。藥込役小野傳三郎高行はそれを輿夫の手より受取り、駕輿に納めた。翌八日、公は持暇の緩怠を咎め、「持暇、夜中ゆゑ物のあやめ分ち難しとはいへ、其の人をも知らず刀を渡せしこと、心神惱亂せしといふべきである。よつて斬に處すべきであるが、寛宥の沙汰をもつて父右馬助定安に預けよ」と命じた。かくて腰物持の輩を皆召して査檢した後、駕籠の者の頭を召し、輿夫等卑賤の身を辨へず、たとへ他人持ち來り授くるとも、公の刀を受け取つたことは不敬である。嚴科に處すべきであるが、暫くこれを宥め、追放すべきことを命じた。これまた武器尊重の例として數へるべきであらう。日記、閑窓愼話。

（一）劔術

家光公は若年の頃より最も劍法を好み、柳生又右衞門宗矩（後、但馬守）を師範とし、その奥儀を極めた。寛永十六年（一六三九）九月八日、宗矩は劒術奥儀の祕書を獻じたが、時に公三十六歲。公はこの時宗矩に正宗の脇差を賜うた。日記。

宗矩は公に劒法を悉皆傳授して後、「この上はただ御心にて自らその妙を得させ給ふべし、但し宗矩若かりし時、禪僧に結緣し、悟道の要旨を聞きて、頓に劒道の進んだのを覺えたことがありました。」と申したので、「その僧を召せ」と命ぜられ、宗矩の薦擧したのが澤庵宗彭であつた。やがて宗矩は澤庵と共に一家の書を撰して獻じた。禪を假りて術を悟したものであつて、公も不言の妙を悟つたのであつた。

公は營中に於て劒を勵んだのみでなく、麻布の宗矩の別業に臨み、或は他の重臣等の別業に臨んでも屢〻劒法を試みた。すなはち、

寛永十六年（一六三九）閏十一月二日、品川に遊び、麻布の柳生宗矩別業にて食事の後、劒法を試みた。日記、曾我日記、柳生の研究。

同十七年（一六三九）四月二十九日にも宗矩の別業に臨み、日の暮るるまで劒法を試みた。日記、曾我日記。なほ前後するが、同月九日、品川御殿に於て、芝生に於て鞭打と劒法の試みがあり、五月十五日にも巳刻〇午前十時酒井讚岐守忠勝の別業に臨み、朝食を喫してのち、劒法、鞭打があつた。が、これは自ら試みたのではないやうである。鞭打については別項に述べることとする。同五月二十九日、東海寺に遊び、自ら劒術を試み、六月七日には柳生但馬守宗矩の別業に於て、同じくこれを試みた。翌八日は忠勝の別業に於て、また擊劒があつた。以後かかることを列擧すれば、

同年十一月七日、柳生別業、劒法自試。

同年十二月八日、柳生別業、劍法自試。

寛永十九年（一六四二）八月八日、柳生別業、擊劍。

同年十二月七日、堀田加賀守正盛別業、鞭打、擊劍。

同二十年（一六四三）四月七日、酒井忠勝別業、鞭打、劍法。日記、曾我日記。

正保四年（一六四七）十月二十七日、近臣の刀劍の技を試む。天享東鑑。

慶安四年（一六五一）正月以後、公が病篤くなつてからも、天下に名ある劍士に術を試みしめて、これを覽たことはすでに第十一章に於て述べた如くである。

ここに柳生但馬守宗矩について一言するの要を認める。

宗矩は菅原氏で道眞の苗裔であるといふ。その子孫世々春日の社領小柳庄を掌つたので、柳生と稱したのである。宗矩の父但馬守宗嚴《むねよし》の時、三好長慶、松永久秀に仕へ、のち織田信長に從つたが、しばらくして入道して石舟齋と號し、柳生庄に隱棲したのであつた。慶長五年（一六〇〇）七月、家康公上杉景勝追討のため下向あり、下野小山に至れる時、上方蜂起すと聞いて、宗矩（當時又右衞門と稱してゐた。）徳川氏の陣に馳せ參じたが、家康公は、父宗嚴に書を贈り、父子共に上方に向ひ、兵を起すべしと命ぜられ、畏つて馳せ上つたのであつた。關ヶ原凱旋の後、父子ともに御家人に加へられ、柳生谷栗坂の地二千石を給せられた。慶長六年（一六〇一）九月十一日千石を加增され、寛永六年（一六二九）三月敍爵して但馬守と改め、九年（一六三二）九月朔日、五の字の幟を許され、十月三日、三千石を加增された。十二月十七日、はじめて惣目付に任ぜられた。後にいふ所の大目付である。十三年（一六三六）八月十四日、四千石加增されて壹萬石を食むに至り、惣目付を免ぜられた。十六年（一六三九）九月八日、劍法奧義書即ち印可の書を家光公に獻じて、正宗の脇差を賜うたことは前にも記したごとくである。

十七年（一六四〇）九月十三日、五百石加增され、後また二千石加增、すべて一萬二千五百石を領するに至つた。宗矩が家光公に澤庵宗彭を推擧したことも前に記したごとくである。宗矩は兵法に達したのみでなく、禪にも深く悟入し、天下の大躰をも熟知してゐた。禪を假りて術をさとし、術を假りて政事をさとした。よつて公も宗矩を信敬すること深きものがあつた。そして常に、「吾れ天下統御の道は宗矩に學びたり」と言はれたと傳へられてゐる。

宗矩は正保三年（一六四六）正月の頃より病に罹つた。家光公は二月三日、宗矩の麻生の別業にその病を親しく問ひ、三月三日にもまた未後刻〇午後三時親しくこれを問うた。同七日には、宗矩の病篤きを以て、京都に急脚を遣はし、醫師武田道安信重を召し下された。公の師に對する懇切の情を想ふべきである。かくて宗矩は同二十六日つひに卒した。年七十六歳であつた。日記、寛永系圖、藩翰譜〕

五月二十八日、宗矩の遺領一萬二千五百石を分つて、長子十兵衛三嚴《みつよし》に八千三百石、二子主膳宗冬に四千石を賜ひ、また所領の地にも一寺刱建の請を許されて、法德寺と號し、宗矩の季子六郎を僧として、その寺の開山たらしめ、義仙と號し、のち列堂と改めしめた。そして采邑のうちに於て寺領二百石を寄附せしめられた。

宗矩を下谷の廣德寺に埋葬するに當つては、公は阿部豐後守忠秋、朽木民部少輔稙綱、御側久世大和守廣之をしてこれを監護せしめ、また林道春信勝に命じて、宗矩の終身の功績、劒術古今獨步の妙を得たることを記せしめ、その一卷の奥に判を加へ、阿部對馬守重次を以てこれを廣德寺に寄附した。また四月六日には、近世柳生家の如きにはその例を聞くことも得ぬ贈位のことを執奏し、宗矩を從四位下に陞せられた。恩光黃泉の下までをも照らしたといふべきである。日記、寛永系圖、藩翰譜。

(二) 鞭打

鞭打は捶打《むち》とも書く。竹刀打のことであつて、やはり劍術の一種であり、當時流行した。澤庵の某年三月廿六日附柳生但州(但馬守宗矩)宛書狀に、「昨日もしなひ打、馬上にて候哉」澤庵禪師弁龍光院書簡とある。馬上にても行はれたので、さういふ場合は馬術をも兼ねる譯である。公は出遊先等に於ても近臣にこれを試みしめて覽るのを好んだ。

寛永三年(一六二六)十一月に、公は小笠原壹岐守忠知に、自ら佩く所の國弘の刀を賜うた。これは先に王子に於て馬上の鞱打をなした際、忠知は公の相手を仕つたが、公の馬と忠知の馬とが踏み合つたので、忠知わざと落馬して、物別れし、公の馬ために靜まつた處置を感じてのことであつた。家譜。この鞱も、劍袋の意があるから、やはり鞭打であらう。とすれば公もまた自ら鞭打をしたのである。

この後、寛永十三年(一六三六)十二月二十二日、公は高田邊に追鳥狩を催し、大橋龍慶重保宅に於て食事を濟まし、北方の原に於て扈從の輩の鞭打《むち》を覽たのをはじめとして、或は高田馬場に於て、或は二の丸に於て、また酒井忠勝別業、品川御殿、柳生宗矩別業、堀田正盛別業等に於て、これを覽、正保四年(一六四七)十月十六日、酒井忠勝の別業の園中に於て、近習の輩の鞭打を覽たのを最後として、前後三十餘回に及んでゐる。日記等。

(三) 弓術

家光公の弓術に對する事蹟はあまり多くない。然し乍ら決してこれを閑却したのではなかつた。事は下に述ぶる所によつて明かである。

寛永元年(一六二四)四月二十九日、秀忠公は西丸に隱退し、家光公が本丸に移られたため、まづ西丸を修理することとなつた。その間、家光公は徳川賴房邸に假り住むこととなり、賴房は、ために水戸に就封した。元和年録。かくて九月八日、まだ公は水戸邸に滯在中であつたが、先手組の同心等に甲冑を着せしめ、弓、銃技を試みしめた。元和年錄。

寛永二十年（一六四三）四月二十二日、淺草三十三間堂の造營が成つた。幕府はこの日、古田重春に命じ射初めの典を擧げしめた。寛永日記、江戸砂子、江戸名所圖會。

正保二年（一六四五）正月十七日、先手頭阿倍四郎右衞門正之は、年頃射藝を鍛錬し、小笠原嫡庶兩流の射禮に通達し、既に三十餘年稽古の功を積んでゐたので、何とかして久しく絕えたる射禮を興行せんと思ひ、御側中根壹岐守正盛を以て公の旨を伺ひ、許可を得て、一族十六人、この十七日の東照宮神忌なるを幸として、東叡山に於て各〻素襖を着し、射禮を行うた。その間神前に於ては山僧等稱名讀經を勤めた。事畢つて的日記を神前に納め、また正盛を以て公に奉つた。日記家譜。

この事は、のち年中行事の一となつたごとくである。筆者も大正年間、略式ではあつたがこの事の行はれてゐるのを觀た。

今、管見の記錄に見ゆるものは、以上の如くであるが、實際にはなほ數々あつたことであらう。犬追物もまた弓術の一種と見るべきであらうが、これが復興については別項に記することとする。

（四）砲術

砲術についても當代には稻富喜大夫直賢、井上外記正繼等の名手も居り、家光公もまたそれらを師範として學んだであらうことは察するに難くなく、また相應の技倆を有したであらう。放鷹の際に〇次節參照。しばしば白鳥等を擊ち落してゐるからである。そして武藝の一つとして砲術を奬勵したこともいふまでもない。

寛永元年（一六二四）九月八日、水戸邸に滯在した家光公が先手組同心に甲冑を着せしめ、弓、銃技を試みしめたことは前項に於ても述べたごとくである。元和年錄。

寛永十七年（一六四〇）七月十二日、酒井讃岐守忠勝の別業に臨み、鞭打、銕砲、花火、乗馬等を覽た。これは單なる見物ではなくして奬勵鞭撻の意からであることは、他の武藝を覽た場合と同樣である。日記。

正保二年（一六四五）七月二十八日、稲富喜大夫直賢を持筒頭とした。直賢はこの二月（日は不明、場所も不明である。）の狩獵に平角の鹿を打留め、感賞せられたのであつた。また故鐵炮役稲富宮内重次が先年官に呈するところの銃技祕傳の書を、その子市十郎重吉が成人したのでこの日返し賜うた。この書は稲富流、又の名一夢流の祖である稲富直家入道一夢より傳ふる所の祕傳を記したものである。日記、家譜。

（五）馬術水馬

家光公が馬術に達してゐたことは、寛永三年（一六二六）二月二十四日、川越の鹿狩、鴻巣の放鷹の歸途、馬を馳せたが、その疾きこと風雷のごとく、江戸城に達するまで扈從の輩一人も從ふことが出來なかつたと傳へられるのでも明らかである。江城年錄。

寛永四年（一六二七）六月二十六日、公は淺草川に舟逍遙をなし、御家人の水馬を覽、漁をも見た。江城年錄。

また或る年（元和九年（一六二三）か、寛永三年（一七二六）か、同十一年（一六三四）か明らかでない。）の上洛の歸途、伊勢路にかかつた時、公は「明日は扈從の者の洲俣川を馬にて打越ゆる態を見よう」と言ひ出された。扈從の者共は何れも皆馬の腹帶を締め直し、手綱、力革まで用意して、指圖遲しと待つてゐた。然るにその日になり、公は洲俣二、三里前より輿の中に於て眠り、川に及んでも何の沙汰もなかつた。よつていづれも常の如く船にて渡つてしまつた。渡り果てて後、公は、

「洲俣へは何里ばかりの路ぞ。」

と尋ねた。扈従の者は既に過ぎてしまつたことを答へたので、

「若者どもが川越の態、見んと思ひしに、いぎたなかりしはいと口惜しきことかな。」

と言つた。これは旗下の士が馬技に心を用ゐ、片時の間も油斷すまじきための深慮より前日わざと言ひ出したことと思はれる。士談會稿。

寛永九年（一六四二）七月二日、公は申刻〇午後四時より淺草川に遊び、水馬を觀、永井信濃守尚政の深川の別墅に臨み、昏遲く江戸城に還つた。日記。

寛永十年（一六三三）八月三日、公は諸番士の馬揃を見るために、品川御殿に赴いた。かの地の行殿の下には黑木の假屋を構へて公の座とした。德川賴房、井伊掃部頭直孝、立花飛驒守宗茂、有馬玄蕃頭豐氏、藤堂大學助高次、堀丹後守直寄、毛利甲斐守秀元、そのほか譜代の諸大名等陪觀した。

一番は使番、二番小性組、三番書院番、四番大番、五番小性の輩、各〻陣羽織を着し、陣刀を帶し、金銀色繪の衣服綺羅を飾り、羽織には指物の色紋を染め出し、鞍鐙には金銀をちりばめ、押懸、厚總には猩々緋を用ゐるなど、その風情、見る目を驚かすばかりであつた。この日馬も殊更勇み立ち、常に騎法を得た者共も、乘りかねる者の少くなかつた中に、植村出羽守家政は出立も華かに、馬も逸物であつたので、公より褒詞を賜うた。島四郎左衞門三安、福富平左衞門家貞もまた褒詞を蒙つた。小幡勘兵衞景憲、柴田三左衞門勝興、西尾藏人以庸はあまり勇んで落馬したのであつた。日記、江城年錄、天享吾妻鑑、東武實錄。

五日、公は大番頭、書院小性組の兩番頭を召し、一昨三日諸番士の馬揃を覽しに、各よき馬どもを蓄ひ置くさま感

じたる旨褒詞あり、殊に大番大河内兵左衞門忠次、その藝も優れ、馬、物具も華麗を盡し、小祿の身を以て心入るること感心なりとて采邑百石を加へられて五百五十石となり、小性組靑木市兵衞正重、大番三浦彦兵衞直賢の靑馬幷に武具指物その日の二番なりとして廩米五十俵宛を加へられ、正重は四百五十俵、直賢は四百俵となつた。大番挿斐半右衞門政軌も采邑五十石を加へられて四百五十石となつた。日記。

寛永十二年（一六三五）四月二十日、かねて堀田加賀守正盛を以て、宗對馬守義成に命を傳へ、朝鮮人の騎法に鍛錬せる者の馬術を覽ることとなつた。まづ義成より召寄せし者を大廣間に引見した。洪嘉男、正崔義は各ゝ虎皮二枚、唐布十疋、人參十斤を獻じて公に謁し、次に張孝仁、金貞が謁した。かくて八代須（八重洲）河岸の馬場にてその技をなさしめた。和田倉曲輪の壁上に棧敷を構へ、公は黃羅紗の羽織を着してこれに臨んだ。三家幷に松平越後守光長、松平（前田）筑前守光高幷に御談伴の衆、譜代衆悉く見ることを許されて群參した。

馬曲は一番立乘、二番乘さがり、三番片鐙乘、四番仰乘、五番倒乘であつた。事畢つて、馬場に於て大目付、命を傳へて銀千枚、時服五十を朝鮮人等に賜うた。また三家が陪して棧舖に於て宴を催した。日記、御當家記年錄、

寛永十三年（一六三六）正月より、小性組、書院番、大番の輩に命じ、高二百石につき一人づつの夫役を出さしめて高田に馬場を築造せしめた。いはゆる高田馬場である。これは半年ばかりして完成した。

かくて八月十九日、公、この馬場に臨み、諸士の馬藝を試み、大橋龍慶重保の宅を過り、食事を喫した。日記。この後長く、この所に於て度々弓馬の試あり、流鏑馬、打毬等すべて弓馬の大技は多くこの馬場に於て行はれたのであつた。日記。

この後の馬術に關する主なることを記すれば、

寛永十九年（一六四二）五月七日、酒井忠勝の別業に臨み、小性の輩の乗物及び水打を覽た。水打といふのは記錄にもこの時にのみ見えることであるが、水中にて竹刀打をすることではないかと思はれる。恐らく園中の池に於て行つたのであらう。日記。

正保二年（一六四五）二月十二日、公はこの年はじめて酒井忠勝の牛込の別業に臨み、忠勝に時服十、子息修理大夫忠直に時服五を賜ひ、忠勝よりは太刀目錄、綿百把、忠直よりは太刀目錄、天鵞絨十卷を獻じ、宴あり、忠勝に盃を給ふとき、吉岡一文字の刀を賜うた。忠勝よりも備前守家の刀を奉つた。次に園中に於て近習の輩の乗馬を覽、茶亭に臨んで、忠勝茶を獻じ、保科肥後守正之、堀田加賀守正盛、內藤志摩守忠重、柳生但馬守宗矩が相伴に候した。水戸記。

同三年（一六四六）六月十四日、黑木書院に於て諸番頭に、近來番士の高田馬場に於ける乗馬幷に水泳の調練を懈怠する聞えがあるので、嚴に督責すべき旨を老臣より傳へた。日記。

（六）水　泳

水泳もまた公の好むところであり、奬勵するところであつた。

寛永九年（一六三二）六月二十九日、公は城內廐下の溝に於て水泳を試みた。日記。ついで翌十年（一六三三）七月二日には西丸に臨み、內溝に於て扈從の輩の水泳を覽、日記。同十七年（一六四〇）六月三日には堀田加賀守正盛の別業に臨み、小性の輩の水泳を覽た。この類の主なことを列擧すれば、

寛永十九年（一六四二）七月二十九日、酒井忠勝の別業に臨み、鞭打、幷に水泳を覽、兩番士の水馬を覽た。そして書院番組頭北條右近大夫氏利、小性組與頭安倍平三郎信孝を召し、水馬の騎ざまよろしからずと叱責した。日記、御徒方萬年記。

正保元年（一六四四）七月十六日、二の丸の園池に於て小性の輩の水泳を観た。安部彌太郎信成がすでに溺れんとしたのを、百人組の頭久世三四郎廣當所屬の同心これを見て、兩刀を帯したまま池に飛び入つて抱上げ救助したので、公はすこびる氣色よく、その同心に褒金を賜うた。水戸記、日記。

同四年（一六四七）六月二十五日、隅田川に於て歩行士の水泳を觀たが、未熟の者が多かつたので歩行士の頭に命じ、よく教諭して、宿直の外は毎日川邊に出でてその技を勵むべき旨を傳へしめた。その後、永く、夏月の間、徒頭の輩は、大川に於て、小屋を結ひ、日々その技を修練するのは、その時の盛旨の傳はつたのであらうと人々は感心した。天享吾妻鑑、日記。

（七）鎗術拳法

家光公は鎗術も重んじたことは勿論であらう。それは慶安四年（一六五一）二月二十六日、病中にありながら、越後村上の處士山本加兵衛久茂を召して無遍流の鎗法を覧たことなどでも推せられる〇このことについては既に第十一章に於て述べた。のであるが、鎗術に關しては記録の記載が頗る少い。

寛永十九年（一六四二）閏九月二十八日、未の刻〇午後二時堀田加賀守正盛の別業に臨み、鞭打、拳法と共に鎗術を覽た。曾我日記、日記。拳法は柔術に類するものであらうが、記録にはこの一事を記するのみで他に所見が無い。しかし乍ら事實は、これにのみ止らず、ただ記録の逸失したのに因るのであらう。

同年十月十六日、同じく堀田正盛の別業に臨み、鎗法を覽た。日記、曾我日記。

慶安三年（一六五〇）八月十二日の夜、二の丸に於て自ら鎗術を試みた。相手をつかまつつた小納戸杉浦武兵衛政清は、いたく公の氣色に叶ひ、手づから帷子一襲を賜うた。家譜。

（八） 安宅丸・石火矢・犬追物

家光公は寛永十年（一六三三）より十二年（一六三五）にかけて水軍の将向井將監忠勝に命じて相模三浦三崎に於て、龍頭鷁首の大きさ三十尋に及ぶ安宅丸といふ大船を造らしめ、十二年（一六三五）六月二日、これを品川沖に浮けしめて、これに臨み覽た。また寛永十六年（一六三九）五月二十日には和蘭人が進貢する所の石火矢を、蘭人をして麻布の地にその技を試みしめ、正保四年（一六四七）十一月十三日には松平（島津）薩摩守光久復興する所の犬追物を王子村に張行せしめてこれを覽た。安宅丸は軍艦であり、その操練は水軍の武技と見るべく、石火矢の技、犬追物共に武技と見るべきであるから、一括して述べることとする。

1 安宅丸

前にも述べたやうに、寛永十二年（一六三五）六月二日、家光公は品川沖に於て軍船安宅丸を覽た。この船は向井將監忠勝統督の下に約二年を費して相模三浦三崎に於て建造したものである。

この船龍頭鷁首、その大きさ三十尋、銅を以て包み、三重の櫓を設け、あたかも城郭の如くであつた。これをかねて品川の湊に浮べ、五色の船幕をめぐらし、五色の船印を立て、櫓二百挺、一挺ごとに水手二人、すべて四百人、螺・太皷を以て進退した。堀田加賀守正盛、松平伊豆守信綱、阿部豊後忠秋は早船に乘つて全般的指揮をなした。公の御座船（當時の稱呼に從ふ）は天地丸といひ、八十挺立であつた。まづ先に歩行士の早船一艘、次に小十人組の早船一艘、次に五十挺立の龍王丸、中奥の輩、目付、小十人、歩行の頭がこれに乘つた。つづいて御座船天地丸、次に小早、御馬船、次に大河御座大龍丸に、雁間詰、小性組番、大目付、寺社、町兩奉行、勘定頭、作事奉行、目付、進物番が乘つて之につづき、次に小早二艘を竝べて兩番士これに乘る、といふ堂々たる船列で安宅丸に近づき、公は天地丸より安宅丸に乘り移つた。

向井將監忠勝御祓、熨斗、折等を獻じ、退いて船魂祭をなし、仙臺中納言伊達政宗、松平（池田）新太郎光政はじめ諸大名は、かねて品川の海岸に公を待ち迎へ、やがてそれら諸大名は船に召して饗せられ、盃をたまはつた。そして諸大名は伊達衣裳を着して舞曲を奏した。卽ち光政と松平（伊達）越前守忠宗は自然居士の曲舞を奏し、金森出雲守重頼は仁王の學びをなし、松平（毛利）秀就は大黒舞を舞つたが、肥滿し過ぎてゐるうへ、拙かつたので舞ひ終らずしてやめてしまつた。また鍋島信濃守勝茂は己れの領邑たる佐賀地方で行はれる須古踊といふのを舞つたが、あまりのおかしさに、光政堪へかねて吹き出し、一座大笑し、公もいたく興じたのであつた。

この日の扈從の輩は、井伊掃部頭直孝、松平下總守忠明、保科肥後守正之、井伊靱負佐直滋、松平隱岐守定行以下四十二大名、老臣土井大炊頭利勝、酒井讚岐守忠勝等そのうちにあり、醫官半井驢庵成近も扈從した。

公は向井將監忠勝父子（二子右衞門忠宗、五男兵部正方）三人を召して懇ろなる褒詞を賜ひ、安宅丸を改めて天下丸と稱すべき旨を命じ、申刻（〇午後四時）に及んで歸城された。（日記、吉備烈侯遺事、天享東鑑、家譜、寛元聞書、備陽武義雜談。）

なほ傳へられる所では、この日松平新太郎光政は猩々緋の羽織を着し、軍扇を手にしたる有樣、海岸に立ち竝んだ諸大名の中に於ても殊更目立つて見えた。公は船より遙かにこれを望見せられ、「あの衆に異つた裝をしてゐるのは、正しく備前少將であらう、早く呼び寄せよ」と言ひ、小舟を遣した。光政その舟に乘り、公の船に參じたので、公は光政に、

「その羽織我れに得させよ。」

と言つた。よつて光政はかの猩々緋の羽織を脫して公に奉つた。また公より、陣羽織を着し、軍扇を所持した理由

を尋ねられたのに對して、「軍船御覽の事であれば軍裝をした」由答へたので、公はその用意を賞した。

かくて光政は盃を賜はり、「舞仕うまつるべし」と命じられたので、とりあへず腰なる軍扇を開き、自然居士の曲舞を舞つた。海岸に殘つてゐた諸大名は之を見て愕然たらざる者はなかつたといふ。それから追々に諸大名を召し、盃を賜ひ、舞曲が終つたのち、

「はや暇とらするぞ、何れも城へ來れ。」

と命じ、諸侯はみな暇を申して海岸に歸つた。

然るに諸家の從者は、遙か隔てた方にこぞつてゐたので急に呼ぶことが出來なかつたが、光政は、かの軍扇を高くさし上げたので、遠方の從者も速かに寄り集まることができた。

さて光政は諸大名に向つて、

「各〻の從者急に集るべからず、先づ某が邸に來れ、一同に從者を集めて靜かに登城すべし。」

と言つて、諸大名を龍口の自邸に伴ひ歸り、多くの人々に卽時に盛饌を供したので、人々は大いに感嘆したのであつた。これはかねて光政が、かかることのあるべきを想うて、家士伊木長門に示し合して六、七十人を饗する用意をしておいたのであつた。光政行狀記。

三日、船手頭向井將監忠勝に金五枚、帷子四、羽織一、二子右衞門忠宗に時服四、羽織、金五枚、五男兵部正方に時服三、羽織を賜うた。いづれも昨日の賞であつた。日記家譜。

ついで十一日、尾、紀、水三卿に安宅丸を觀せしめ、土井大炊頭利勝、酒井讚岐守忠勝を遣して之を饗し、松平伊豆守信綱を遣して菓子を贈つた。日記。

2 石火矢

寛永十六年（一六三九）五月二十日、麻布に於て、和蘭人進貢する所の石火矢を、蘭人をしてその技を試みしめた。堀田加賀守正盛、阿部對馬守重次、牧野内匠頭信成、目付兼松彌五左衞門正直これに監臨したが、四町ばかり隔てた茅屋に打ちかくること數度に及んだが、屆かず、從つて茅屋に火もうつらず、かへつて蘭人が毀傷するといふ不成績であつた。日記。

3 犬追物

犬追物は武家の一大儀であり、鎌倉幕府をはじめ、室町幕府に於ても世々これを張行したが、その後騷亂がうち續いたために弓箭の古式次第に失せ、この儀も絶え果てたのであつた。然るに島津家にのみは、この式を傳へてゐることを聞かれた公は、島津薩摩守光久に命じて、正保四年（一六四七）十一月十三日、城北王子村に於てこれを張行せしめ、公自らこれを観ることとなつた。

まづ棧敷を東西四十六間、南北十一間の間に構造し、幕をうちめぐらした。公は辰刻〇午前八時これに臨み、徳川頼房、同光圀、同光友、同光貞は公の座の西に着き、井伊掃部頭直孝はじめ諸老臣はその次の座、井伊靫負佐直滋はじめ譜代衆は第三の座、松平越後守光長はじめ國持の列は西南の方に着し、その前に薩摩守光久、長子又三郎綱久長袴を着して伺候した。萬石以下の諸有司は公の座の東、大番丼に歩行士は庭上に列なつた。

先づ家門に對面あつて後、薩摩守光久、折三合、樽肴を獻じて謁し、次に又三郎、折二合、樽肴を獻じて謁し、退く。次に光久父子より屬從の輩に杉重二十組、樽十荷を備へて饗し、次に國持、譜代の衆一同にて公に謁して後、公は上段に長袴にて着座され、ここに間の扉を閉ぢ、三家はじめ着座した。

時に、犬追物始むべき旨命ぜられ、弓馬故實の名家たる小笠原左近大夫忠眞召されて御前の庇に侍坐した。この時簾を揭ぐ、武家の舊例では公は簾内にて觀るべきであつたが、「前規はともあれ、我はさはすまじ」といふ公の言葉で、簾を高く捲き上げたのである。

埒の内は東西四十二間、南北四十間、外繩の間四間四方、色砂を蒔き、馬立の所とした。內繩は一間四方であつた。南東西の埒の上に蟇目の矢を挾む。一方の十二桁、一桁ごとに四目結にして四方に掛く。三方合せて矢五百七十六筋、三手の矢數である。埒の外、艮《うしとら》の方に假屋を設けて執筆の座とした。舊例では公の座の次に設くべきであつたが、御前を憚つてかくしたのである。その座に金銀を以て飾つた盤を置き、五色の餅を二重に盛り、剪綵花を挿み、その下に五色の米を盛つた。また金銀を以て飾つた瓶子一雙に松と鶴を描き、蝶花形にてその口を包んだ。硯紙、幣等もその座に備へた。

光久父子が公の座より退き、本の座に復するのを見て、眉を作り鐵醬《かね》をつけた童子二人白き裝束を着け、末廣を持つて出づ。これを幣振の童子といふ。日記所には素襖を着た執筆以下三人が伺候する。次に赤頭巾を被り、素襖にて行縢《むかばき》をつけた檢見役島津十郎左衞門入道が淺黃の大總をかけた餝馬に乘り、素襖着の舍人を具して出で、大榜示際にて下馬して公を拜し、射手小屋の方に退く。

射手奉行新納刑部、伊藤仁右衞門素襖を着して西南の戶際に立ち、同じ裝束の士四人と二人、巽《たつみ》と坤《ひつじさる》の戶際に立つ。羽織着の足輕一人づつ從ふ。小素襖を着した犬懸りの者八人は竹杖をつき、埒の四方にあり、犬放しの者五人も同じく小素襖を着、襷をかけ、犬下知の者熨斗目、上下にて坤の戶外に在り、犬牽足輕八人、羽織袴にて從つた。

この時射手三組、種々染めなした小袖の上に素襖を着て、左を袒き、弓籠手をつけ、黑塗の弓を持ち、蟇目一筋を添へ、また腰にもさし、竹根の鞭に總をつけ、腕にかけ、鹿子の行縢に沓をはき、逞しき馬に紅の大總をかけ、小刀は御前を憚かり、各木刀を帶したる者三十六騎、素襖着の舍人一人づつ從へて乘り出した。そのうち十二騎づつに分れて、三方の矢臺の前に馬を立て、次に南十二騎、上手といふ、埒の前へ乘り入り、前の如くに立つ。次に東十二騎、中手といふ、次に西十二騎、下手といふ。次第に乘り入つて前の如くに立つ。

次に檢見島津十郎左衞門入道幷に島津又左衞門、呼次島津源右衞門、島津左大夫、或は頭巾、或は烏帽子、素襖、行縢を着けて代る代るに出で、檢見の馬は淺黃の大總、呼次は紅の大總を懸けた。騎手の次第は、上手島津諸右衞門、鎌田又七郎、本多勘兵衞、上井釆女、島津彌一郎、吉田長四郎、島津又右衞門、本多久左衞門、福屋助左衞門、肝付半兵衞、島津四郎左衞門、種子島爲兵衞、この十二騎に犬一疋づつ三度に放し、四人づつにて射終つた。この間に東の中手入れ替り、上手の立つた所に馬を乘り寄すれば、その後へ乘り寄せ、上手十二騎は東の埒際に馬を立つ。檢見、呼次は步行にて退き、馬は舍人引立てて退く。次に檢見、呼次代り出れば、中手十二騎島津市正、島津源助、島津七兵衞、島津作左衞門、本多六左衞門、村上内記、仁禮左近、入來院石見、島津長門、村上左京、島津中務、山田彌九郎乘り入る。その進退は先と同じであつた。次に下手十二騎は島津安藝、島津主計、平田兵十郎、柏原彌太右衞門、種子島次郎右衞門、島津助六郎、島津縫殿、本多右衞門、島津又次郎、菊地太右衞門、島津上野、伊勢兵部であつたが、例の如く射終つて、三十六騎一同に馬より下り、馬を舍人に牽かせて退いた。

家光公はこの時、光久に、この上一手組を所望あり、檢見島津又左衞門、呼次吉田久兵衞出でて、この度は島津市正、伊勢兵部、種子島次郎右衞門、種子島爲兵衞、島津又右衞門、島津七兵衞、島津主計、島津上野、村上左京、村上内記、島津安藝、福屋助左衞門之を勤めた。はじめの三組は公の御前を憚り、矢頃に及ぶも矢を放たず、御間隔りたる所にてのみ放つたが、今度は矢頃次第に放ち、犬十疋のうち八疋射當てたのであつた。終つて幣振の童幷に日記役が退いた。

前に記したやうに、武家の舊例では、公は簾內にて犬追物を觀るべきであつた。島津家ではそれにつき公の內意を伺つたのであつたが、公は

「前規はともあれ、吾れは左樣はしまい。」

との意向で、簾を高く捲き上げて觀たのであつた。事畢つて、簾を下ろし、公は半袴を着し、茶屋に臨んだ。光久父子を召して褒詞あり、盃を下され、光久に貞宗の脇差を賜ひ、又三郎には國行の刀を賜うた。また光久よりは國綱の刀、又三郎より光包の脇差を獻じた。

その後、家門はじめ、國持大名及び譜代の衆に饗膳を給ひ、近習、番頭、物頭には折櫃を給うた。終つて公は放鷹されながら、酉刻〇午後六時頃歸城したのであつた。日記、水戸記、御當家記年錄、寛永小說。

同月十六日、松平（島津）薩摩守光久及び島津又三郎（綱久）父子御禮のため登營して公に謁し、光久は銀二百枚、綿衣三十、貞俊の太刀、栗毛の鞍馬、又三郎は太刀目錄、銀百枚、猩々緋十間を獻じ、家司九人、幷に犬追物の射手及び役人等も公に謁した。家司七人に時服五、二人に同四、射手幷に役人には或は時服四、或は同三をたまはつた。日記。

二 遊獵

家光公が島津家張行の犬追物を覽られたことは同家にとつて大きな榮譽であり、誇りであつた。

家光公は遊獵を好まれた。これは單に鳥獸を捕獲するといふことを樂しみとしたのではなく、一面體力を養ひ、武技を練ることになる――殊に鹿、猪狩等に於てはさうであつた。――からである。

遊獵のうち、最も好まれたのは放鷹である。いまだ世子たりし元和四年(一六一八)川越に放鷹し(同八年(一六二二)八月二十一日、川越に泊狩し、二十八日歸城したのは果して放鷹であるかどうか明らかでないが、恐らくこれも放鷹であつたゞらう。)たのをはじめとしてその晩年に及ぶまでを數へるならば凡そ數百回に及ぶであらう。これは一つは猪狩や鹿狩に比して規模が小さく、出行の簡單なる點もあつたであらうが、かく枚擧に遑あらぬほどの數にのぼつてゐることは公がいかに放鷹を好まれたかを示すものである。

以下放鷹、鹿狩等に項を分つて、公の遊獵に就いて記述しよう。

(一) 放鷹

放鷹と言つても、鷹を携へての狩のみでなく、時に鐵炮を放つて鳥を捕獲することもするのであるが、ここには一一區別せず併せ記することとする。

家光公の放鷹の地の範圍は遠くは川越、鴻巣等にも及んでゐるが、多くは江戸近郊であつた。そして時には城外卽ち江戸城の近邊で放鷹することもあり、城溝に於て鴨などを射ることもあつた。

その近郊の地名を擧ぐれば、大久保、高田、落合原、中野、石神井、大塚、巣鴨、板橋、戸田、千駄木、王子、谷中、金杉、小塚原、千住、隅田川、中川、葛西、深川、小菅、深川の島、島根、炮烙島、痲布、赤坂、青山、澁谷、目黑、品川等であり、やや離れては、池上、大森、六郷、岩淵、平柳、牟禮、小園、柿木山、猪山等であり、また府内に於ては牛込、小石川、下谷、淺草、飯田町等である。また記錄に「海邊」とあるのは、場所は一定せず、廣く、現在の東京灣の、當時の江戸に近接した海上であらう。これらのうち最も多く出向いたのは高田であつた。

家光公は、いまだ世子たりし元和四年（一六一八）十五歳の時に川越に放鷹してゐる。酒井備後守忠利の居城川越に泊つた。この日時は明らかでないが、これが公の放鷹のはじめであつた。ついで元和八年（一六二二）八月二十一日にも川越に泊狩し、二十八日に江戸城に歸つた。これも放鷹とは明記されてゐないが恐らくは放鷹であつたであらうことは前にも記したごとくである。

寛永二年（一六二五）二月十八日にも川越に放鷹し、同地水尾谷（また三保谷、水尾谷）の養竹院といふ古寺に絲垂櫻を賞し、花下に宴を設け、柳生又右衞門宗矩和歌を詠じ、林道春信勝は詩を賦した。二十二日には同じく同院にて、新たに茶亭を營み、稻葉丹後守正勝が亭主となつて茶を獻じた。江戸城に還つたのは二十四日である。この絲垂櫻は、公の氣に入つたと見え寛永五年（一六二八）二月の同地の鹿狩にも、二十四日にこれを賞し、また翌々七年（一六三〇）二月、鴻巢放鷹の際、二十五日川越に遊び、この櫻を賞し歌を詠じてゐる。水戸記。第十五章參照。

寛永八年（一六三一）二月十八日にも川越に放鷹し、三月三日に及んだ。それに先だち十六日には秀忠公より加藤伊織則勝を使として、黃鷹、蒼鷹を家光公に贈り、十七日、家光公は紅葉山東照社に參詣の後、西丸に至り川越放鷹につき秀忠公に辭見したのであつた。かくて十八日には道途より小性佐野左京亮正直を使として父公に雁三羽を進じ、十九日、父公よりは狩場に酒井下總守忠正を遣され、公よりはその謝使として、三浦志摩守正次を西丸に伺候せしめた。公は二十一日にも堀田加賀守正盛を使として父公に雁を進じたが、翌二十二日には川越より鴻巢に至り、そこに秀忠公の使として本多美作守忠相が來た。公は二十四日稻葉丹後守正勝を西丸に遣して狩場の使を謝した。二十七日大宮卽ち東福門院御所に鶴を驛進したのはこの狩場の獲物であつたらうか。二十九日狩場よりの使內藤伊賀守忠重が秀忠公に謁して再び川越に赴いたことが日記に見えてゐるのは、家光公はすでにこの日鴻巣より川越に還つてゐられたのであらう。狩場よりの使として佐野左京亮正直、雁三羽を秀忠公に獻じ、酒井下總守忠正は秀忠公の使として黃鷹、蒼鷹を齎らしてゐる。その謝使としては池田帶刀長賢を遣はした。公はこの放鷹にあたつても、養竹院の櫻花を賞した。

三月朔日、公は謝使として川越より西丸に酒井山城守重澄を遣し、また、かねて今日を以て歸城のことに定めてゐられたが、この日北風烈しく、公は風邪氣味のため滯留する旨を阿部豐後守忠秋を以て父公に傳へ、父公よりは森川出羽守重俊を以て公の氣色を候せしめた。尾、紀兩卿も使を遣して公の氣色を候した。

二日、川越にて公不豫により、酒井雅樂頭忠世同地に赴き、森川重俊は歸つて公の平快を告げた。公よりも稻葉丹後守正勝を以てこれを告ぐるところがあつた。

三日、夕刻家光公は川越より歸府し、直ちに西丸に入り、秀忠公に對面、盃酌の事あり、畢つて本丸に歸り、父公よりは永井信濃守尙政を以て饗膳を進ぜられ、扈從の輩にも饗膳を給うた。尾張、水戸兩卿も登營して公に謁した。かかる際の動靜に於ても父子兩公親和の樣が髣髴せらるるのである。日記。川越放鷹はこの後つひに行はるることがなかつた。

前にも記したやうに放鷹は場所も多く、回數も多いので、各場所、各回について記することは煩に堪ふるところでない。よつて以下年代順に主なる放鷹について記することとしよう。

寬永十年（一六三三）九月十一日、公は深川邊に放鷹した。そして鐵炮にて鶴二、雁九、鴻一を打留め、鶴は禁裏に驛進し、鴻は德川賴房に遣した。日記、かくの如く、放鷹の獲物は鶴、雁、鴻、白鳥、鴨、鷺、鶉の類であり、これを大内、仙洞、大宮御所に驛進し、尾紀水三家或は重臣、近臣、大名等に賜ふことは屢〻であつた。

寛永十三年（一六三六）八月二十二日、葛西に放鷹あり、銃にて眞鶴、鷹にて鴻、白雁、鴨、鷺を獲、眞鶴は禁裏に、鴻は仙洞に驛進し、尾、水兩邸に鴻一雙づつ、松平伊豫守忠昌に鴈を賜うた。

同年九月二十二日、高田に放鷹あり、銃にて鶴、雁、鷺を打留め、大橋龍慶重保の宅にて宴を催した。この高田は現在の文京區高田老松町邊から新宿區高田馬場邊に及ぶ地域であるが、家光公はこの地を餘程好んだと見え、この方面の放鷹は數十回に及んでゐる。大橋龍慶も公の恩寵を深く蒙つた臣で、その高田及び牛込の別墅には公も屢〻臨んでゐる。それも放鷹の途次が多かつた。

龍慶は、はじめ長左衞門といひ、豐臣家の右筆であつたが、大坂の役には片桐且元に屬して戰功があつたので、秀忠公の時、右筆に召し出され、後剃髮して龍慶と改め、常に側近に仕へて、しばしば恩眷を被つたのである。家光公が老臣の邸に臨んだり、老臣等より公に茶を獻ずる時は、必ず龍慶を呼び迎へて公の氣色を取ることは殆んど定まれる例であつた。龍慶はもとより書に巧みであり、和歌に達し、諸技堪能の譽一時に高かつたので、殊に公の意にも適つたのである。或る時公は龍慶の牛込の家に臨んだが、彼はその宅前の江戸川に橋を架して往來の便を好くせんことを願ひいで、公よりこれを許され、新たに二橋を架した。これ卽ち世にいふ所の龍慶橋、大橋（通稱石切橋）である。

寛永十四年（一六三七）十月二十二日、高田邊に放鷹し、銃に鴻三羽を打とめ、又鷹にては雁、鴨を數多狩られ、酒井讃岐守忠勝の別墅に臨み、忠勝御膳を進め、鴻一を賜うた。かくの如く放鷹の歸途、忠勝、土井大炊頭利勝、堀田加賀守正盛等の老臣、柳生但馬守宗矩等の重臣の別業に立寄ることも屢〻であつた。

同年十一月朔日、土井利勝の別業に臨んだ歸途、水戸邸前にて銃をもつて白鳥を打留め、二日この白鳥を禁裏に驛進した。この日、麻布邊に狩し、雁四、鴨十を獲た。晝食は善福寺で濟まし、住僧に銀、時服を賜うた。食事の所を御膳所と呼んだが、これには多く寺院が選ばれた。例へばこの善福寺をはじめ、中野の寶仙寺、谷中の感應寺、金杉の世尊寺、目黒の瀧泉寺（不動）雜司ヶ谷の雜司ヶ谷寺、隅田川方面の本勝寺、木母寺その他である。

また放鷹各地にも休憩所（憩息所とも記す）があり、大猷院殿御實紀に記してゐる「離館」といふのもこの休息所を指すのではないかと思はれる。もし同一でなければ休息所よりもやや規模の大なるものであらう。これらも放鷹或は鹿狩、猪狩等の際の休憩所または膳所その他に當てられたのである。

寛永十六年（一六三九）六月十九日、葛西、府中、船橋、稻毛、中原、越ヶ谷各所離館の修理奉行を命じたことが寛永日記に見えてゐる。（このほかにも品川、王子、高田、牛込築土等に離館があつた。）

なほこれより先、寛永十四年（一六三九）十月朔日、松平伊豆守信綱をして近郊狩場の憩息所を巡察せしめたことのあることもここに附記しておかう。日記。

寛永十六年（一六三九）三月十九日、千住邊へ放鷹、鴈、鴨數多を獲たが、うち鴈一雙は自ら長刀にかけて獲たのであつた。公の武術の鍛練を思はしむるものがある。この後もかかることは屢〻であつた。

寛永十七年（一六四〇）九月十一日、未後刻〇午後三時より城外に放鷹し、牛込にて鴻一雙を射たが、鴻射られながら飛び立ち、稻垣若狹守重大邸内に落ちたので、重大はこれを捕へ、道にて公に獻じた。翌十二日は下谷王子邊に放鷹し、狩場に於て鷹匠頭戸田久助貞吉を召し、書院番淸水權之助政利死して子なきを以て貞吉の三子權之助吉春を以て政利の養子とし、采邑千石を賜ふ旨を面命された。鷹匠頭は決して身分の低い者ではなかつた。

この戸田久助貞吉は鷹を使ふ道に妙を得てゐたので大いに家光公の氣に入り、放鷹の場に於ては權勢肩を並ぶる者がなかつた。ために世の人は彼を「野讚岐」と呼んだ。蓋し鷹野の讚岐守の意で、當時の酒井讚岐守忠勝の威勢赫々として比すべき者なきに比したのである。

或る時公が久助を召したるに、扈從の者共は「野讚岐、々々々」と言つた。公は還つて後、その如何なる故かを尋ねた。側近某が、

「彼は御場先に於て或は簑を着し、或は桶を擔ひ、種々の態《さま》をして鳥をたばかるのがよく狸に似てゐるので野狸と申す。」

と答へたので、公は

「それならば予が聞き損じたのであらう。」

と大いに笑うて、これより後、公も久助のことを野狸、々々と呼んだとのことである。日記、及聞祕說。

戸田貞吉に就いてなほ記すれば、寬永十九年（一六四二）十一月十二日、丹頂の鶴を獲た鷹を日光山東照宮に奉納するため、貞吉を遣し、これによつて彼を布衣の侍に加へた。これ鷹師頭の布衣に列する濫觴であつた。日記。ついで慶安二年（一六四九）五月七日には貞吉所屬の同心十一人を增員して、その員を五十人とし、日記。翌三年（一六五〇）閏十月十四日には、貞吉老衰に依り、狩の扈從を免じ、狩場に先に出向くべきことを命じた。これは老を養うて永く奉仕せよとの特旨であつて、貞吉が秀れた鷹師であると同時に、公の篤くこれを優待したことを想ふべきである。日記。

寬永十七年（一六四〇）十月十八日、千住邊に放鷹し、鶴、鴈などを狩り、隅田川にて晝食を攝られた。この日千住

にて白鳥を射留めたが、その白鳥が川へ落ちたのを、薬込役本目權兵衛直信水中に飛び入つてこれを取つて來たので、公の機嫌頗るよく、時服と金を直信に給うた。この白鳥は翌日仙洞に驛進せられた。日記。

寛永二十年（一六四三）正月四日、隅田川邊に鷹狩あり、堀田加賀守正盛の淺草の別墅に立寄り、正盛は茶を獻じた。翌五日には平川口よりまた隅田川邊に放鷹し、稻富喜大夫直賢に命じて、銃を以て白鴈を擊たしめた。直賢はあやまたずこれを射留めたので公は大いに感悅し、直ちにその鴈を直賢に賜うた。水戸記。

正保元年（一六四四）五月二十一日、午刻○正午より隅田川邊に放鷹あり、淺草川に於て鵜飼を覽た。これは先に尾張から召された鵜匠等が爲したのである。日記。公はこの後も屢〻鵜飼を覽られた。

同年十月五日中野邊より品川にかけて放鷹あり、品川の御殿に於て晝餉を喫し、二の丸へ還つた。獲物は鶴、鴨、鶉雉子等數多であつた。鶴は今年はじめての獲物であつた。九日驛傳して大內、仙洞○後水尾上皇へ眞鶴一雙づつ、新院○明正上皇へ黑鶴を進獻した。

同年十一月二十三日、王子邊に放鷹あり、公は白鳥を打留めたが、その白鳥は川に落ちた。歩行士十五人が川中に入つてそれを取つて來た。翌日公はこれを賞し小袖一つづつを賜うた。日記。

正保二年（一六四五）六月二十日、隅田川に狩し、銃をもつて鴻一双を擊ち留め、網引を觀、鯉、鱸、鮒を數多獲て夜に入つて鵜飼を觀た。そして漁する所の魚物を松平伊豆守信綱を以て家綱公に贈り、尾、紀、水三家にも贈つた。また井伊掃部頭直孝、酒井讚岐守忠勝、堀田加賀守正盛、松平信綱、阿部豐後守忠秋、阿部對馬守重次にもこれを賜うた。日記、御徒方萬年記。

正保四年（一六四七）九月三日、隅田川邊に放鷹あり、銃を以て獲る所の鴻を禁裏、仙洞に驛進し、阿部豐後守忠秋を使として鴈を家綱公に贈り、尾、水両邸にそれぞれ鴈を贈つた。日記。

慶安元年（一六四八）九月二十日、葛西邊に放鷹あり、小菅村の伊奈半十郎忠治が別墅にて晝餐を獻じた。公は忠治を召し、盃を賜ひ、時服、羽織を賜うた。そして所獲の眞鶴を家綱公に贈り、翌日鶴を禁裏に驛進し、鶴を獲つた鷹預りの鷹師に銀を褒賜した。日記。

慶安三年（一六五〇）十月八日、龍口より船にて淺草邊に放鷹し、翌九日もまた同所より船にて城外に放鷹した。隅田川や海邊での放鷹には勿論乘船するのは當然であるが、はじめより乘船して放鷹に赴いたのはこの兩度のみではないが、珍らしいことであつた。日記。

同年十二月四日、午刻〇正午より淺草邊より王子、千駄木邊に放鷹した。千駄木にて五尺六寸の猪が駈り出したのを犬にて留めた。これは珍らしいことであつた。日記。

同九日、午刻〇正午平川口より下谷邊に放鷹した。大目付井上筑後守政重が衰老の身を以て嚴寒をも厭はず常に狩場に扈從することを賞し、手づから、着て居られた羽織を脱して與へた。この日、出遊の道に、先だつて往還の人を避けしむることをせず、先追の歩行士は臨期これを抑留すべく、もし行きかかりたる者はその所に留めおくべき旨を各門の番人丼に町奉行に命じた。日記、水戸記。

同年十二月二十五日、千住邊に放鷹あり、殺生奉行筒井久平正成、安藤忠五郎定武の兩人が斑毛の鴨を取つて奉つたので式服を與へた。これと同時であるかどうかは不明であるが翌日には水戸邸前で斑毛の鴨を取つた殺生方安藤十左衞門定朝、鳥見田澤杢右衞門正次、網奉行小出勘右衞門定勝に時服一づつを給はり、餌指一人に銀三枚を與へた。斑毛の鴨は非常に珍らしかつたので、この日狩野探幽守信をしてこれを寫生せしめた。日記、水戸記。

慶安四年（一六五一）正月には家光公は、すでに病を發してゐたのであるが、三日、品川邊に放鷹あり、八日には龍口より乗船して淺草邊に狩し、十一日千住邊に放鷹した。この日獲る所の鶴を禁裏及び仙洞へ譯進し、白鶴は松平伊豆守信綱を使として家綱公に贈つた。家綱公は信綱に時服を賜ひ、松平和泉守乘壽を使として父公に謝した。この放鷹が公の最後の放鷹であつた。所獲の鶴を禁裏及び仙洞に譯進し得たことは公の滿足するところであつたらう。

以上は家光公の放鷹の主なるものについて記したのであるが、これら放鷹の際の公の逸話も幾多あり、その逸話の内容に依て、すでに前章に於て記したものも若干あるが、ここには放鷹を主とした逸話を二、三記さう。

家光公は郊外に出行するに（主として放鷹のためである。）かねて行先を示すことなく、（この逸話を傳へる「異說區々」には斯く書いてあるが、事實は必ずしもさうではなかつた。然しかやうなこともあつたことは事實として想像される。）駕が大手門を出るとき、はじめて行先を示した。目黒へ急に成られた時、

「鶉はいかが。」

といふ者があつたので、公は、

「半左衞門が放しておくは。」

と言つたとのことである。半左衞門は蓋し伊奈忠治で、關東代官であつた。異說區々。

寛永十年（一六三三）のことと傳へられるが、某月某日、目黒村に放鷹した。公の殊に愛せられた鷹が外れて、公の機嫌は頗る惡かつた。時に瀧泉寺（目黒不動として後年有名になつた寺）の住持實榮、鷹の歸るべき祈禱せむとて修法したるに、程なくその鷹、同寺の松の梢に還り來て留まつたので、公はそれを拳に据ゑられ、

「この寺荒廢したれば、修造して汝が今日の勞に報いよう。」

と言ひ、やがて有司に命じて不動堂はじめ諸所修理あり、また行殿を建て、放鷹等の際の憩息所としたのであつた。日記。

幕府から領地以外に於て放鷹の地卽ち鷹場を賜はるといふことは、尾、紀、水三家及び老臣と大きな大名に限られてゐた。であるから旗本の中などには、ひそかに鷹場に入つて鳥を取る者もあつたのである。或る時、家光公が隅田川に放鷹することとなつたので、永井豊前守直貞はひそかに目黒の將軍家鷹場に行つて鳥を獲つた。然るに急に變更して公が目黑に來られたので、直貞は驚いて木に逃げのぼつたのを、公はすばやくも眼にとめ、

「あの鳥盗人、前へ出よ。」

と言はれたので、直貞は進み出て言ふ。

「今日は隅田川へ御いでの御豫定なるに、何とてこの地に御成りなるか。」

公。「汝、鳥いくつ取りしや。」

直貞。「わづか三羽です。」

公、「それは僞りであらう。」

とて、鳥を持つた者を召して糺したところ、十三羽であつた。公は

「果して隱したな。」

と言つて大いに笑ひ、

「汝が今日の緩怠には、その鳥みな召し上げる。」

とて鳥を悉く取上げ、外に別に咎めはなかつた。公の代には、斯くの如く君臣うちとけて興ずることも尠くなかつ

た。（寛永聞書。）

或る時、公は品川に放鷹し、鴨を合はされたが、折しも寒天にて、鷹ともに氷の上に落ちた。供の徒士は急ぎ飛び入つて鷹を据ゑ上げ、鴨をも取り得たので、人々はその働らきに感じたのであつた。然るに公には何の褒詞もなく、翌年になつて、かの者を取立てた。

その後、或る夜談の折、公の言ふには、

「もし、あの時、彼を褒めたなら、誰もあのやうな擧動をよしとするであらう。放鷹は全く遊戲であつて、表ただしき事とは異つてゐる。然るにそのやうなことに一命を抛つての擧動は、あながち忠勤とは言へない。よつて速かに賞典はしなかつたのである。」と。（額波集。）

或る時の隅田川放鷹の折柄、烈風のため獲物も少く、公の機嫌頗る惡く、木母寺に休息して晝食を攝られた。然るに鯉の羹の中に砂が混つてゐた。公は非常にむづがつて台所頭に腹切らせよと内田信濃守正信を以て命じた。台所頭鈴木喜左衞門某これを承はり、

「御膳に砂の入るべき理は無い。今日は風烈しき故、かねて土砂の口に入つてゐたのを口も漱がずに急に食せられたので砂が入つたのであらう。手水を召された上でも、なほ羹に砂が混つてゐるなら、首を打たるるとも、腹を切らせらるるとも、仰せのままなり。」

と言つた。

公はこれを聞いて、尤なりとて手水をしてから食したが別に砂などはなく、いつもと異ることがなかつた。よつて喜左衞門の固守する所を賞して、やがて二百石を加増したのであつた。

その後、品川放鷹とのことで、喜左衞門は早朝より同所に出向いてゐたが、俄かに隅田川放鷹に變更されたので、喜左衞門は周章して膳具をその方に移さんとして下部を大勢引具して千住の橋詰にて白鳥を合せられる所に行きかかつた。近習等は「しばし待て」ととどめたが、喜左衞門は聞き入れず、走つて行つたので、白鳥は忽ちに驚いてみな飛び立つてしまつた。公は殊の外に氣色を損じ、何故人の制するを聞かず、白鳥を追ひ立てたかを叱した。喜左衞門は、

「かねての仰出の如く品川へお成りならば、白鳥を驚かす事はなし、然るに俄かに千住へ成らせらるると承れば、もし御膳遲引して間に合はずば、全くわが職の罪を遁れじ。おなじく御咎を蒙るならば、白鳥を追ひ立て御膳を奉りし上にて腹切らんものをと思ひ切つて、斯くはしたり。」

と答へたので、公は氣色を和らげ、喜左衞門を庭上に召し、

「品川よりはるばる驅けつけて、御膳の間をあやまつまじと思ひこみたること、神妙に思ふぞ。」

とて笑ひながら、酒二樽を喜左衞門に賜はつたといふ。（掃聚雜談。）

(二) 鹿狩

家光公は前後六回鹿狩を催された。

寬永二年(一六二五)十一月三十日、多摩郡牟禮野の城山に於て催した。公は黎明に同地に赴かれた。周廻二千五百歩ばかりの地に、列卒諸隊を分つて圍み、羅網を張り、勢子の禽獸を追ひ立つる聲は數里の間に聞ゆるほどであつた。

大なる鹿一頭、たちまち圍を衝いて走り出たので、公は馬より飛び下り、鳥銃を以て打留めた。と、またつづいて

飛び出でた鹿を、公は座右の鎗を追とつて突いたところ、鎗の穂が折れて抜けたので、また別の鎗をもつて突き殺した。

そのうち殊更に大きなる鹿、追出され、沼を泳ぎ越えて公の前を駈け過ぎたので、公は刀を抜討に討ちたるに、かの大鹿忽ち身首を異にした。また公は小刀を以て横ざまに來たる鹿を討ち留めた。その間に諸隊も追々に突き留め、切殺し、或は生獲し、すべて鹿四十三頭、兎一羽を公の覽に供した。公の氣色大方ならず、黄昏に江戸城に還つた。今日の諸隊進退出入、みな治兵振旅の制を用ゐた。林道春信勝、命によつて詩を賦して獻じた。羅山文集。

寛永三年（一六二六）二月六日、公は川越邊に遊獵に赴き、八日、川越すもの谷に於て鹿狩を催した。大番矢部藤九郎忠政、天野孫左衛門重房、田中三太夫某、松井與兵衛宗利、神保三郎兵衛重利、岡野權左衛門英明、朝比奈勘右衛門良明等が權《かり》の使役を命ぜられた。林道春信勝も扈從したのであつた。川越城主酒井備後守忠利の居城に宿り、十日、城中高櫓にて四方を眺望した。信勝これに陪侍した。十一日にも獵あり、十三日は鴻巣邊に放鷹し、鴈四十五羽を獲、十八日には同地にて雁鴨百五十羽を狩り、兎も獲た。そして使を以て所獲の鴈鴨を秀忠公に進めた。かくて二十四日江戸城に還つた。公は道すがら馬に騎して馳せたが、その疾きこと風雷のごとく、扈從の輩一人も從ふことが出來なかつた。時に公二十三歳であつた。江城年錄、羅山文集。

寛永五年（一六二八）二月二十一日川越に赴き、二十四日同地に鹿狩あり、養竹院の櫻花を賞し、二十八日鴻巣に歸り、三月二日川越より歸府した。この度の鹿狩には特筆すべきほどのことはなかつたやうである。本光國師日記、増補寛永日記、紀伊記。

寛永十一年（一六三四）三月二十日、板橋邊にて鹿狩あり、公は銃にて鹿十三頭を打留めた。そして更に戸田川邊に放鷹あり、鴈十五羽を獲た。日記。ついで翌四月二十九日にも板橋にて鹿狩あり、目付石谷十藏貞清に鹿を賜うた。

柳營譜略、家譜。

寛永十二年（一六三五）十月七日にも板橋に於て鹿狩を催した。この度の鹿狩はかなり大規模のものであつた。即ち前日の六日に、松平伊豆守信綱、阿部豊後守忠秋、目付新庄美作守直房、石谷十藏貞淸、兼松彌五左衞門正直は勢子立場割渡のため同地に赴き、當日は松平越後守光長、松平（前田）筑前守光高、細川越中守忠利幷に御談件の衆、譜代の諸大名が扈從し、諸老臣、近習の輩が扈從した。また大番士、弓鐵炮の輩は勢子のため昨夜より板橋に赴き、小性組、書院の番士は大塚より公の御馬の先へ一組限り馬上にて前駈し、狩場にては小性組、小十人組、歩行士は左に書院番は右に備へた。

松平光長は祖父中納言秀康が家康公より賜はる所の法成寺の刀にて鹿を切り、鹿三頭を賜ひ、松平主殿忠房は、公の前近く駈け出した鹿を突伏せてその鹿を賜はつた。大番杉浦武兵衞政淸、同八大夫重勝は共に十文字鎗にて猪を突伏せた。その外打とる所の鹿五百餘頭（御當家記年錄は千三百頭と傳へてゐる。）といふおびただしい獲物であつた。申刻〇午後四時公は江戸城に還られた。そして鹿は江戸府内の市街に分賜された。日記、家譜。また翌八日、所獲の鹿を更に諸大名幷に昵近の物頭に賜うた。

寛永十八年（一六四一）三月十日、戸田にて鹿狩があつた。朝、公は岩淵邊にて放鷹あり、鶴、白鴈などを獲、やがて平柳野に於て狩あり、先手鐵炮頭、目付、歩行頭みな伊達羽織を着し、各馬上にて竹鑓を以て部下を指揮した。公はこれより先、歩行頭を召し、部下を左右に分つて命令に從ひ、勢子をなし、狩り立つべき由を面命したのであつた。今日猪十三頭を獲たが、鹿の所獲數については記録が無い。日記、曾我日記。

なほ正保元年（一六四四）三月十日、十一日の兩日、石神井方面に於て鹿狩を催す豫定で、六日に、先手組、當直のほか悉く扈從すべきことを命じたのであつたが、十日は風雨のためこれを止め、十一日は、公は目黑邊に放鷹し、品川御殿にて晝餐を喫したのであつた。日記。

（三）猪　狩

寛永十七年（一六四〇）三月十三日、千住邊に放鷹あり、鴈、鴨を得たが、勢子どもが猪一頭を追ひ出したので、扈從の輩これを取卷き、犬をかけて捕獲したのであつた。

正保元年（一六四四）三月二十二日、小園、猪山、柿木山に於て狩あり、阿部對馬守重次先に赴き、阿部豐後守忠秋は扈從した。北條新藏正房は步行頭として營中の當直であつたが、別命によつて步行士三十人、雜卒二百人を引率して狩場に赴いた。所獲の猪十六頭、うち一頭は公自ら鎗にて突留めたのであつた。公は石神井旅館に休憩あり、戌刻〇午後八時江戸城に還つた。日記、紀伊記。

正保三年（一六四六）三月、千住邊に於て猪狩あり、獲物の數は不明であつた。ついで十一日、山口但馬守弘隆の品川の別墅に於て猪狩あり、この時の獲物も不明である。十三日には王子邊に狩あり、猪一頭、鹿數頭、鳥若干を獲た。日記、御徒方萬年記、水戸記。また同年十一月六日、千住邊に狩あり、猪五頭を獲られ、これを堀田加賀守正盛及び步行頭五人に給うた。これが猪狩の最後であつた。日記、御徒方萬年記。

第十五章　文　藝

家光公の精神生活の面、學問、藝術、宗教等についても考察すべきであるが、限られたる紙幅のよく許すところでない。よつてここには主としてその文藝的方面の作品、和歌、連歌、俳諧體について述べ、その精神生活の一端を看ることとする。

一　和　歌

家光公は和歌を詠ずることを好んだ。大猷院殿御實紀の編者が

公、機務の御いとまには、和歌の浦、なみ〳〵ならず御心をよせられ、筑波山、しげき木かげの露をも御袖にかけ給ひ、山水のおかしきさま、あるは月花の興ある折にふれて、いひ出給ひし御歌、片歌ども、世にも遍く傳へしを、いま藻鹽草かきあつめて、御言行の末にしるし奉るも、なほ伊勢の海清き汀の玉を拾ひのこせしためし多かるべし。（附錄巻六）

と記してゐるやうに、今に遺されてゐる作品は多くはないが、いづれも、こせこせせず鷹揚な詠みぶりであつて、公の氣宇を顯はし、澤庵和尚との交渉にも依るものであらうか、禪機に悟入したと思はれる作品もあり、技巧の末に走らずして、かへつて吟誦に堪へる作品が尠くない。以下大體に於て年代順に作品を擧げて一言を費さう。

實紀附錄巻六（以下一々斷らず）の詞書に

堀田加賀守正盛が首服加へて後、はじめて見え奉りしときよみて給はせける
とある歌

あれはてし志賀の都の山ざくらさすがに殘る花の俤

正盛が十五歳で元服したとせば、元和八年（一六二二）のことであるが、寛政重修諸家譜六四四堀田譜に正盛首服のことを記せず。正盛は同九年（一六二三）に、相模國十箇市八朔に於て采地七百石を給せられ、十二月晦日に從五位下、出羽守に敍任してゐるから首服を加へたのはその頃卽ち十六歳の時であらう。因に家光公の元服は十七歳の時である。正盛が加賀守に任ぜられたのはそれよりも後であるが、詞書は後に記したものである。

「あれはてし志賀の都の山ざくら」は「花の俤」を導き出すための序ともいふべきものであつて、「さすがに殘る花の俤」は元服前、日々側近に仕へてゐた前髪立の美しい容姿が理髪後も殘つてゐるといふので、侍臣に對する公の愛情を看取することができる。

〇

よもちらじ繪にかく山の櫻花扇の風はたとへ吹くとも

この歌は年代的に言へば、ずつと後のもののごとくであるが、やはり正盛に賜うた歌であるからここに擧げる。實紀附錄巻六に

「おなじ朝臣が熱病をうけて、今は危篤のよし聞えしとき、彼が家に成せられ、ねもごろの上意どもありて扇をめせしに、櫻の繪かきしを奉りければ」

としてこの歌を記し、後文に

「とかゝせられて、正盛をあふがせ給ひしに、正盛いさゝか涼しくおぼえしが、日にそひ心地さはやぎ、遂に平愈(癒)せしかば、人々げに至誠のいたす所なりと感じ奉りけり。」

と書いてある。正盛の病平癒を祈る感情が強く一首の上に表はるると同時に、前後の文章によつて臣下を愛護する公の動作と心情を察することができる。慶安二年（一六四九）十月十七日、正盛病み、公は酒井讃岐守忠勝、阿部豊後守忠秋、同對馬守重次を遣して保養を加ふべき旨を傳へ、二十二日、親しく正盛の居邸に臨んでその病を問うたことがあるが、或はその時の作であらうか。果してさうならば、この歌は公の晩年の作品といふことができる。寛政重修諸家譜六四。

○

行幸する我大君は千代經べき千尋の竹をためしとぞ思ふ

寛永三年（一六二六）八月、家光公は秀忠公につづいて上洛あり、九月六日、後水尾天皇二條城に行幸あらせられ、その第三日の八日に和歌御會が催されたが、「竹契二遐年一」といふ御題にて公の詠まれた歌。おほどかな聲韻のうちに、大君の萬歲を祝福する公の忠誠心がいみじくも表現せられてゐる。

○

寛永二年（一六二五）二月十八日、公は武藏川越に鷹狩し、彼の地の水尾谷（また三保野谷、美尾谷）の養竹院といふ、百年ばかり以前、岩槻の城主太田十郎氏房が建立し、當時は荒廢してゐた古寺の、梢五、六丈、周圍八尺許の絲垂櫻の老樹一株が今を盛りと咲き匂ふ花下に席を設け、宴を開いたのであつた。從臣柳生新左衞門宗矩和歌を詠じ、儒臣林道春信勝詩を作つてこれを獻じた。柳營譜略、江城年錄。かくて酒井備後守忠利の川越城に宿したのであるが、二十一日には林道春を召して川越城樓にて眺望する所を賦せしめ、二十二日には養竹院花下に、新たに茶亭を營み、稻葉丹後守正勝が亭主となつて茶を獻じた。そして二十四日に江戸城に還つたのであつた。羅山文集、江城年錄。

越えて五年（一六二八）二月二十四日、川越にて鹿狩あり、養竹院の櫻花を賞したが、江城年錄七年（一六三〇）二月二十五日、鴻巢の鷹狩よりまた養竹院に臨んで、庭前の絲垂櫻を賞せられた。その時、

白糸をかけ亂したるみをのやの櫻をけふの主とぞみる

の一首を詠じ、短冊を寺僧に賜うた。この短冊は永く同院に什襲せられた。「白糸をかけ亂したる」は實景の確實な描寫であり、「みをのや」と地名を詠み込んだのも一つの働らきである。

○

寬永十一年（一六三四）六月二十日、公は江戸城を發駕し、上洛の途に就いた。扈從の輩凡そ三十萬七千餘人に及ぶといふ豪勢なものであつたが、七月十一日入洛、十七日、太政大臣に任ぜらるべき勅旨を固く辭退し、十八日參內、閏七月三日、仙洞御料に七千石を增して、一萬石を贈進し、四日、仙洞參入、八月朔日參內、五日二條城發駕、二十日江戸城に還るといふ四箇月に涉る長旅であつたが、その上洛の道すがら公は多くの作をのこしてゐる。

寬永十一年（一六三四）六月廿日京へ首途させたまひ、その日の夕つかた神奈川にやどらせられて、

旅とてもいづくも同じ我國のへだてはあらじ照らす日の本

廿一日藤澤の驛につかせられし折ふし、白雨の降ければ、

一通り降夕立の雨晴てこゝろすゞしきゆふ暮の空

廿二日大磯の海邊を過させ給ふ御道すがら、汀の松の浦浪にうかめるを見そなはし、興じ給ひて、

うつし繪も及ばぬ山の海かけて松に浪こす浦のながめは

「旅とても」の歌は一視同仁の心であつて、征夷大将軍の重職に在り、國の行政を掌るものの公平にして偏頗なき眞情が自らにして出でたるものといふべく、「こゝろすゞしきゆふ暮の空」には爽かに清く澄んだ公の心緒が看取される。「山の海かけて松に浪こす」は言ひ得て妙である。

○

その日〇二十二日の夕かた小田原の城に入御あり、けふ殊の外暑さにたへかね給ひ、端居せさせられしに、近臣等庭に降立て水そゝぎ、はてにはかたみにそゝぎあひてぬれしほたれしさまを御覧じて、

空にしらぬ夕立降らす庭の面に暑さ忘るゝけふの夕暮

「空にしらぬ夕立降らす」は近臣らの水をそそぐ態をそのまま表現したのである。一首こせこせせず朗々たる響を持つてゐる。詞書の「かたみにそゝぎあひてぬれしほたれしさま」に、嚴制なるこの行旅の中にも君臣和樂せる様を察することが出來る。

小田原からは、直ちに箱根にかかるべきであつたが、二十一日夜箱根に火災があり、公の旅館も悉く燒失したので、二十三日は終日小田原に留まられた。

其夜物語のつゐで、高きいやしきのわいだめなく、時にしたがひて世を渡らんこと常のためしなりとて、其心をよませ給ひける。

心あるも心なき身もをのづから時にならへる人の身のはて

廿四日箱根を越給ふとて

越佗る道もさかしき箱根山跡はいつしか遠ざかり行

廿五日田子の浦を見そなはして、

田子の浦に鹽くむ蜑の袖濡てほす日もわかぬ身の業ぞうき

「心あるも」の歌は一種の諦觀であり、「跡はいつしか遠ざかり行」には巧まぬ面白さがある。また「田子の浦」の歌には卑賤の者に對する深い思ひ遣りが詠はれてゐる。

〇

廿六日蒲原の行殿《あんでん》を出給ひ、清見關のいにしへをおぼし召出されて、

清見潟關はむかしの名のみにて浪の關もる月の影かな

おなじ日久能の　御宮にまうでたまひて

東より照す光の神慮けふまうでする久能の御社

「浪の關もる月の影かな」は巧みといふべく、「久能の御宮」は久能山東照社を指すことはいふまでもないが、「東より照す光」と東照公の神威のほどを歌うたところに、公の並々ならぬ平常の家康公尊崇の心が顯はれて居り、「けふまうでする久能の御社」には線の太さがある。

〇

また駿府につかせられ、兼て富士の根まぢかくみそなはさん御あらましなりけるが、おりしも雲かゝりてさだかならねば、ほいなくおぼして、明日もとゞまらんとの仰にて、

思ひこし駿河のふじの雲に隱れ山の名おしと今日は留まる

「雲に隠れ」と六音にしたところが聲調に張りを與へてゐるし、「今日は留まる」に並々の人に見られぬおほどかさがある。

廿八日宇津の山を越給ふに、供奉のともがら旅の長途につかれて、眠がちなるを御覽じて、

旅づかれ蔦の細道たどり行て夢にぞ越る宇津の山邊を

又かくも遊しけるとか

旅づかれうつの山邊の現にも夢にも見ゆる蔦の細道

この二首は、共に新古今和歌集巻十羈旅歌の在原業平朝臣の

駿河なる宇都の山邊の現にも夢にも人にあはぬなりけり

に據つたことは明らかで、公の和歌に於ける造詣の並々ならぬことが知られる。

廿九日大井河常よりも水かれて、はや瀬よどむばかりなれば、

大井河漲る水も世につれてしづけき御代の流なりけり

小夜の中山を越させ給ふ。都のかたいまだはるかなるをおぼしめしつゞけられて、

はる〴〵と行てもつきぬ都路をけふたどり行小夜の中山

上洛の道程はまだ遠い。遠江の小夜の中山は歌の名所であつた。公も長き前途を控へて、この名所を過ぎる時、また一首なかるべからずであつた。そしてこの詠があつたのである。

懸川の城に入せ給ふ。城主靑山大藏少輔幸成饗し奉る。今日は荒和祓する日なりとて、

水無月の名ごしのけふの祓して世のうき事を流す懸川

六月二十九日の作である。この年六月は小の月で、二十九日が卽ち晦であり、夏越祓が行はれたのである。「世のうき事を流す懸川」として地名を讀み込んだのは妙といふべきであらう。

ふみ月の朔日濱松の城にいらせられ、秋とはいへど、まだ風の音もおどろかぬ程の暑さかなと宣ひて、

一夜あけて秋は來ぬれど音にのみ暑さは殘る夏の名殘に

一夜明けて七月に入り、季は秋となつた。しかし殘暑はきびしいのである。「音にのみ」は秋の來た風の音をいふのであらう。またこの「風の音もおどろかぬ」といふ詞書は續後撰和歌集巻七秋歌下の伊勢大輔の歌「風の音におどろかれてや我妹子が寢覺の床に衣うつらむ」から來てゐるのである。

城主高力攝津守忠房饗し奉りて後、高殿にのぼりて涼みとらせらる。この城は　神祖久しくすませ給ひ、台德院殿もこゝにて降誕ましくける事など、とりくおぼし召出されて、

二葉よりそだちし松の千代をへてかはらぬ御代は濱松の風

濱松城は德川氏に緣りが深い。家康公も久しく居城し、三年前卽ち寛永九年（一六三二）正月二十四日世を捐てた秀忠公もここに生れたのである。

「二葉より」も「濱松」も嘗ての德川氏の稱松平氏に緣ある言葉である。ここに於て祖宗の偉勳と慈愛を思ひ、子孫の繁榮を希ふは人情の常である。

その國にいつき祭る所の五社の明神及び諏訪大明神は先代の御產神なればとて、二日の早旦にまうでさせ給ひ、社領若干よせられ、還御のときに、

垂乳根のうぶの社にまうでつつ今あらためて祈る誓ひは

祖宗を思ふと同時に、氏神を崇敬する公の心持が表はれてゐる。

おなじ日荒井の海をわたらせ給ふとて、

音に聞《きく》名こそ荒井の浦風もけふはしづけき浪の内海

「荒井」は卽ち新居の渡である。「けふはしづけき浪の内海」は當時德川氏の威武よく國内の治まれることを象徴するものであらう。

○

三日、矢作の橋を渡らせ給ひ、このあたりいにしへの八橋の跡やあると問はせ給ふに、今は杜若のみ生て、橋ばしらだにみえ侍らずといふを聞せられ、

八橋やはしはむかしに成ぬれど殘るは澤のかきつばたかな

五日は名古屋に御滯留ありて、六日こゝをたゝせ給ひ、萩原の宿を過させ給ふとて、

折にあひて所を聞《きけ》ば萩原の秋のはじめの旅の行末

八橋の故跡を問ふ公の風流を思ふべく、「折にあひて」の歌は素朴溫順な詠みぶりである。

○

七日、夕かた彥根の城に入せ給ひ、納凉のため星夕の宴ありて、

秋のよの千夜を一よになさばやないかに今宵はおもふ織女《たなはた》

八日、永原に着せ給ひ、はるかに鏡山を見そなはして、とりあへずかくなん、

旅づかれ身はやつれけん鏡山面がはりする影は恥かし

九日、風さへ絕て、暑さたへがたければ、矢橋より御船にめし、湖水を渡らせ給ふとて、

浪風のしづけき今日は湖のやばせのふねの舟渡りして

七月七日夕、彥根城に於ては七夕の宴を催して牽牛、織女の上を想ひ、八日の「旅づかれ」の歌には、豪勢とはいへ、長途の旅行は、流石に疲れが見え、「面がはり」もしたであらう。全く實感に根ざす作品である。九日琵琶湖を舟行しての歌は、淡々として飾り氣ない佳品である。

○

十一日、逢坂の關越給ひて都近くなれば、月卿雲客はじめ、あまたの人々待迎へ奉るさまども見給ひて、

いつしかにけふ逢坂の關越てときに色めく九重のうち

「ときに色めく九重のうち」の二句に、月卿、雲客が麗裝をととのへて、公を迎へてゐるさまの、すでに九重の雲深く入つたとさへ感ぜしめるほどであることが活寫されてゐる。

その日、二條の御所に入せたまひ、泉石のさま御覽じ、かへりて東の方こひしくおぼし出されて、

名に高き都の內も何ならぬ我古鄉によもまさらじな

十一日に京都に入り、二條城におちついたのである。行殿の泉石のさまを見るにつけても、顧みるのは古鄉卽ち江戶、それも城內のことである。それは決して京洛二條城の景趣に劣るものではない。「何ならぬ我古鄉によもまさらじな」の句に公の感慨が聽かれる。

○

十八日、公は參內した。是より先、勅使、院使屢〻來つて太政大臣に昇させ給ふべきよしの叡慮を傳へられたが、

固く御辭退申し上げた。かくて公の詠んだ歌、

位山昇れば下る世の中のよの在さまはかくばかりなり

公の謙讓の志の厚きことを見るべきであり、分をもよく知られたといふべきである。上下の人々は深くこれを感じたのであつた。

公の寛永十一年（一六三四）上洛の時の作はこれを以て終つてゐる。合せて二十六首である。公この年三十一歳であつた。寛永日記、上洛記。

○

正保元年（一六四四）八月二十五日、家光公は酒井讚岐守忠勝の牛込の別業（今の矢來邸であらう）に臨んだ。忠勝は茶室にて茶を獻じたが、阿部備中守正次、永井信濃守尚政、柳生但馬守宗矩が相伴に伺候した。茶果てて庭上の松原に於て菌狩あり、また鞭打あり、日暮れてより花火を覽られた。水戸記。

この日、阿部正次が久しく大阪城代として公の膝下を遠ざかつてゐたので、久離の情を思ひ出でて、

聞《きく》やいかにうはの空なる風だにも松に音する習ありとは

といふ古歌を染筆して正次に賜ひ、また菊の歌とて、

菊の水にうかびて廻る盃に秋の野山も色付《づき》にけり

といふ自作を書いて賜うた。重陽の菊水の宴を歌うたので、自然な技巧を弄せぬのびのびとした詠みぶりである。

このほかに正次に「雪月花」の三大字を書して賜うたといふ。阿部家譜。

○

なほ製作年代の不明な歌に、公の代には遍く人材を擧用されたが、なほ遺漏あらんことを思うた作に、

手を分《わけ》て見ねばこそあれ武藏野の芝生がくれの花の色色

といふのがある。公の志を見るべきで、後鳥羽院御製の、住吉の歌合に、山を詠まれた、

奥山のおどろが下も踏み分けて道ある世ぞと人にしらせむ　新古今和歌集十七、雜歌中

といふ歌に、山林に隱れたる徒に出でよかしとの志を述べられたのよりも更に謙遜の心であらう。

○

側近に奉仕する某なる者が、幼兒を喪うたのを聞かれて詠んで與へた歌、

さき立《だつ》をさのみ歎かじ殘り居て跡とふとても同じ夢の世

悲傷してゐる親心を慰むるとともに、佛教哲理の悟道を示したものである。

○

ある時品川にてよませ給ひし、

さりとては世をうき渡る蜑小舟同じ思ひの品かはるとも

公はよく品川御殿または東海寺等に遊んだ。その時の矚目の風景から世の中といふのもを觀じたのであらう。

花の心といふ題にて、

咲《さけ》ばちるちれば又さく梅がえの薫りや花の心なるらん

自然循環の理法と梅花の薫香を歌うたものである。

きのふは今日の昔といふ題にて、

うつり行《ゆく》世のありさまを目の前に昨日はけふの昔なり梟

また御詠とて、

明日有とおもふ心にはかられてけふをあだにも暮しぬる哉

氏よりもそだちなりける人はただ花はみよし野月は更科

恨をば有とはいはじ中々に人にこそよれ數ならぬ身は

あるとても有にはあらぬ世の中のなきにも非ず花の寫し繪

それぞれにその時に應じての公の感慨感動を詠じたものである。「氏よりもそだち」といふやうな俗諺も巧みに詠み込み、「數ならぬ身は」と自らを謙虚に顧み、また「あるとても」の歌など一つの禪機を得た作といふべきであらう。名將名言記、澤庵手簡、備前老人物語。

○

慶安四年（一六五一）正月頃、御鏡に向はせ給ひて、

鏡にはしらぬ翁の影とめてもとのすがたはいづち行《ゆく》らん

この歌は、容顏の年とともに變化し、やがては衰へてゆく理を詠んだのであり、「しらぬ翁の影とめて」はまだ四十八歳の公としてはやや誇張の感がないではないが、やはり實感であることは疑ひない。この年の正月に限つてかかる詠歌のあつたことは、しかし、人々の心に或る暗影を與へたのであつた。そして公はこの頃より病み、つひに幾程もなく、四月二十日には薨去したのである。終に臨みての辭世の歌、

悲まじ悅びもせじとにかくに終には覺る夢の世の中

大悟した歌といふべく、大往生を遂げた英雄の辭世としてふさはしいものと言へるであらう。

○

なほ、寛永十六年（一六三九）十一月五日の夜の夢に、

呉竹の代々を重ねて庭の面に色もかはらぬ世の久しさは

といふ歌を詠まれたので、夢想の連歌あり、同十一日、高家吉良若狭守義冬に日光山東照社への代參使を命じ、太刀目錄を進薦し、かの連歌を神前にて開いた。連歌については別に述べるので、ここには夢想の和歌として擧げておく。吉良日記。

堀田正盛の傳に、寛永十六年（一六三九）八月晦日、御詠の短冊を賜うたことが見えてゐるが、寛政重修諸家譜六四四 それが、いかなる和歌であつたかは明らかでない。

なほ、公の自作でなく、和歌に關する公の逸話の二、三を記さう。

内大臣中院通村は寛永二年（一六二五）武家傳奏となつたが、故あつて勘氣を蒙り、寛永四年（一六二七）八月十三日職を罷められ、久しく江戸にとどめられた。或る年内大臣九條道房から消息のついでに、

さそひえぬ草の枕を月もさぞいでゝやうらむ武藏のゝ原

と詠み贈つた返しに、

行かたの身をばさそはでよな〳〵の袖の露とふむさしのゝ月

と詠んだのを、天海僧正より公の御覽に入れたので、公は、この歌に深く感じ、速かに通村を赦したのであつた。後十輪院殿御詠、明良洪範。

木下勝俊は豊臣秀吉の姻戚であつて、若狭國を領してゐたが、慶長五年(一六〇〇)關ヶ原の役に伏見城を守つてゐた鳥居元忠等が何となく心を措く様子であつたので、敵の寄するを待たず、太閤夫人大政所殿を守護せんと言つて、城を出で京都の上立賣の館に遁れたのであつた。軍終つて後、家康公の氣色よからず、太閤夫人高臺院を頼んで潜居してゐたが、父家定卒去してその遺領を分つに當り、高臺院の取計らひ宜しからずとして所領を收められ、それより遁世して東山に住し、長嘯子と號し　常に和歌を詠じ、風月を友として、その名一時に高かつた。

家光公は夙くより長嘯子の名を聞き及び、或る年岡本玄冶諸品をして、屏風の繪に和歌を詠んで奉るべきことを長嘯子に命じた。長嘯子は命を畏み、「世にかずまへられぬ山の奥、柴の戸の內まで、かうたづねしろしめすは、さかし、をろかなるともがらをも、すておはしますまじき御本意ならし」などと書き續けて、その屏風の繪に合致した和歌七首を詠みて奉り、その末に、

都鳥いざことゝはん君まちて千代に一度すみだ川とは

としるし、かかる有難くかしこき世に遭へることを、河水の一たび澄むに擬らへて公の治政を祝うたのであつた。

脇坂淡路守安元は武家でありながら和歌に於てもその名が高かつた。寛永年間系譜修撰に際し、諸家の系譜を召されたが、安元は已が祖父より以後の事のみを記し、その末に、

北南それとはしらず紫のゆかりばかりはすゑの藤原

と書いて奉つた。北、南はいふまでもなく、藤原氏の北家、南家を謂つたのである。

逸話
寛永

家光公は、この歌を讀み、殊のほか感賞し、官譜成就の時、安元の系譜の末に書き添へて置いたのであつた。

諸家系圖傳。

家光公の代に、大名の家臣の中より、文武兩道を兼備した者を十七人選び出されたことがあつた。その時永井信濃守尙政の家臣佐川田喜六といへる者が、

芳野山花咲ころの朝な〳〵心にかゝる峯のしら雲

といふ歌を詠んだのを聞き及び、殊にこれを賞し、かの十七人のうちに加へられたとのことである。喜六は名を昌俊といひ、當時和歌に名ある者であつた。

或る時、公、二の丸紅葉山の御茶屋に宴を催した折柄、紅葉一葉風に吹き散つて盃に入つたので、殊に興じ、「これを肴に誰か一首を」と望んだので、澤庵和尙とりあへず、

散方《ちりがた》の紅葉も更に蔭高き千とせの松の色に引《ひか》れて

と詠じたので、公は頗る機嫌がよかつたといふ。

また東海寺の經營落成して後、はじめて公が同寺に臨んだ時、「歌詠め」と澤庵和尙に命じたので、和尙はすぐさま

久しかれ寺も新ばりつくば山海となるまで君が代なれば

と詠んだので、公は深く感じたのであつた。寛永聞書、澤庵手簡。

二　連　歌

幕府に於ては每年正月二十日、具足祝の儀あり、つゞいて連歌を興行するを恒例とし、この連歌興行には、將軍は必ず出座、出句した。

家光公は元和九年（一六二三）七月二十七日征夷大將軍の職に就き、翌寛永元年（一六二四）正月二十日、恒例の具足

祝、連歌興行が行はれた。然るに紹之の發句「はえあるやこの神松の若みどり」といふのが傳へられてゐるが、公の句は傳はらない。また寛永二十年（一六四三）の句はすべて傳はらない。これは異例であつて、寛永二年（一六二五）以後慶安四年（一六五一）正月まで、毎年必ず出句してゐる。以下各年のそれを大猷院殿御實紀より抄出しよう。各年の終に記するのは實紀の巻數である。

寛永二年（一六二五）　梅が香や千代萬代の松の風　（紹之）
　さしのぼる日の長閑なる空　（御句）
　野邊の雪高根の雪もけさとけて　（玄仲）（巻四）

寛永三年（一六二六）　松は世に立まさりゆくみどりかな　（紹之）
　永き日影を四方にしる空　（御句）
　時津風浦の船路の長閑にて　（玄仲）（巻六）

寛永四年（一六二七）　春やたゞ千代もといはゞ岩根松　（紹之）
　花ひらけそひ梅かほる山　（御句）
　谷の戸に鶯なるゝ聲はして　（玄仲）（巻九）

寛永五年（一六二八）　松にみむ八百萬代の春の色　（昌琢）
　かざしの梅の立枝そふ庭　（御句）
　朝朗衣手かすむやどゝひて　（玄仲）（巻十一）

寛永六年（一六二九）　かぎりなき月日やためし松の春　（昌琢）

風も治りかすむ大空　（御句）

寛永七年（一六三〇）

歸る鴈さそふ波路の船出して　（玄仲）（巻十三）

若みどり四方におほふや世々の松　（昌琢）

雪晴し日の久方の春　（御句）

寛永八年（一六三一）

今朝遠く鷹のとかへる山見えて　（玄仲）（巻十五）

相生の松てふ松や千代の春　（玄仲）

梅さく庭の鶴はふくこゑ　（御句）

寛永九年（一六三二）

長閑なる池の籬の雪晴て　（昌琢）（巻十七）

咲やみん千年の松の花の春　（玄仲）

幾世長閑に庭のくれたけ　（御句）

寛永十年（一六三三）

鶯の宿にきなるゝ聲きゝて　（應昌）（巻十九）

松もしれ代は今年より千々の春　（昌琢）

長閑に住や國の民の戸　（御句）

寛永十一年（一六三四）

島々も八重にかすみのたちそひて　（玄仲）（巻二十二）

春幾代常磐堅磐の松の色　（玄仲）

天津日かげの長閑なる庭　（御句）

氷とく池の鏡の水はれて　（昌琢）（巻二十四）

寛永十二年（一六三五）　千枝さす松の葉かずや御代の春　（昌琢）
のどけき四方のひろき天地　（御句）
わたづみのなみぢかすめる日の出て　（玄仲）（巻二十七）

寛永十三年（一六三六）　陰高し千代をかさねむ松の春　（玄仲）
かすめる庭にすむ鶴の聲　（御句）
あたゝかに日のさす白洲霜解て　（昌琢）（巻三十）

寛永十四年（一六三七）　あひにあひぬ千年の松に千代の春　（昌程）
のどけき庭に遊ぶ友鶴　（御句）
池廣し歸らぬ鴈の聲はして　（玄仲）（巻三十四）

寛永十五年（一六三八）　世と共にさかゆく春の小松かな　（昌程）
風もおさまりかすむ山々　（御句）
年もいま千里の空に立ぬらん　（忠尊）（巻三十七）

寛永十六年（一六三九）　みさほなる松に祝ふや御代の春　（昌程）
なべて長閑にすめる民の戸　（御句）
見わたせば百千町田を耕して　（忠尊）（巻四十）

寛永十七年（一六四〇）　緑にて春を常なり千代の松　（昌程）
朝日のどかに照す天地　（御句）

鶴あそぶ浦はも山も雪解て　（光海）（巻四十三）
寛永十八年（一六四一）萬代と松も思はん國の春　（昌程）
風ものどけき四方の海山　（御句）
朝づく日霞む汀の雨はれて　（光海）（巻四十六）
寛永十九年（一六四二）春に先千代の陰ある小松かな　（昌程）
鶴住庭の長閑なる山　（御句）
池の水岩ほの雪も隙そひて　（光海）（巻四十九）
正保元年（一六四四）松をきけば千代へんまでの若みどり　（昌程）
朝夕風のゆるき青山　（御句）
日の影も南の海やかすむらむ　（光海）（巻五十六）
正保二年（一六四五）かはらじな八千代はふとも松の春　（昌程）
分てのどけし日本の山　（御句）
唐もけさや霞のなひくらむ　（光海）（巻六十）
正保三年（一六四六）松高し千代とことはに春の宮　（昌程）
朝日夕日の長閑なる峯　（御句）
谷川の霞もともに雨はれて　（光海）（巻六十三）
正保四年（一六四七）世をとはば松やこたへん千々の春　（昌程）

すぐにて竹ののどかなるかげ　（御句）

慶安元年（一六四八）

來る年も鳥おどろかぬ時を得て　（光海）（巻六十六）

八千かへり松やあはなん御代の春　（昌程）

波ものどけき秋津島陰　（御句）

慶安二年（一六四九）

東よりかすまぬ朝日照そひて　（見海）（巻六十九）

萬代を松てふ松や若みどり　（昌程）

光のどけき久かたの山　（御句）

慶安三年（一六五〇）

唐もかすみになびく春のきて　（見海）（巻七十三）

松に見んいよゝますく春のいろ　（昌程）

八重さすあさ日長閑なる峰　（御句）

慶安四年（一六五一）

四方の海山もひとつに年越て　（見海）（巻七十七）

春秋を富たる松や若緑　（昌程）

月日くもらず長閑なる山　（御句）

鶯の音もこゝろよく夜は明て　（見海）（巻八十）

以上のうち、「長閑に住や國の民の戸」（寛永十年（一六三三））「のどけき四方のひろき天地」（同十二年（一六三五））「なべて長閑にすめる民の戸」（同十六年（一六三九））「分てのどけし日本の山」（正保二年（一六四五））等は大柄な佳句であつて、將軍としての公の氣持がよく表現せられてゐる。因みに例年の發句に必ず松が詠まれてゐるのは一つの慣例であつたのであらう。

恒例の連歌始めの興行は上記のごとくであるが、次に夢想連歌に就いて少しく記さう。

寛永十六年(一六二九)十一月五日、夜の夢に「呉竹の代々を重ねて庭の面に色もかはらぬ世の久しさは」といふ歌を詠まれ、夢想の連歌を興行したことは和歌の項に於て記したが、その連歌が日光山東照社神前に於て開かれたことは傳へられるけれども、連歌そのものは明らかでない。

寛永十九年(一六四二)正月十七日、二の丸内宮卽ち二の丸の東照宮に於て夢想の連歌が興行された。これは、その頃、公が

松が枝に花の咲《さき》けるあした哉

といふ句を夢に見られ、それに

霞を分て出る諸鶴

といふ句を附け、つぎつぎ満吟あつて百韻となつたのである。その中の公の句を、大猷院殿御實紀附錄卷六より抄記すれば、

「おくものふかき古寺の門」といふに、

聞ぬれば妙なる法を行ひて、

「絶せぬはそのかみよりのまつりごと」といふに、

民もにぎはふ時ゆたかなり、

「又もやひとりきく松の風」といふに、

涼しさはひらき置たる戸ざしにて
「鳥やどり竹の葉うごき花落て」といふに、
すさびこそすれ野邊の春風
「心のちりもさりし世の中」といふに、
くまもなき月をよな〳〵友として
「ゆふしでやはらへしすてゝながすらん」といふに、
あつきてる日もくれてゆく比
「月にすゝむる醉のさかづき」といふに、
くるゝまで菊をめでつゝたのしみて
「ことなるは春をこのめる住居にて」といふに、
なれてむつまし鶯の聲
といふのであつた。それぞれに所を得た句といふべきであらう。
寛永二十年（一六四三）八月晦日にも夢想の連歌興行あり、公の
眞白にぞふじの高根に雪はふりつつ
といふ句に山名義照が、
幾千代すまむ月さわる山
と附けたことが傳へられてゐる。

次には普通の連歌興行に、公の詠んだ句が斷片的に傳はつてゐるのを擧げよう。

正保二年（一六四五）二月二十六日の會に、公が、

やく束はたが（誰）ためとてかあがため（縣召）し

と作つたのに、山名義世が、

春に色こきむらさきの袖

と附け、同年四月二十七日の會には、

山より山にわくる水かな

といふ公の句に、義世は、

まがねふく袖やすゞしき峰つゞき

と附け、同年の或る時の會に、

山なくて鳥こむ道や多からん

と公が作つたのに、おなじく義世は、

春にしな〴〵さかへぬる國

と附けたのであつた。山名家藏。

また、年は不明であるが、立花左近將監宗茂の亭に公が臨んで連歌を興行した時、公は、

嵐のうへをこす浪の音

の句を作つたのに、誰も附け煩つてゐた時、庭上に蹲つてゐた宗茂の家臣の中より、

杣山の松を筏にくみなして

と附けて奉つたので、公は大いに興を催したとのことである。立花譜。

なほ或る年の九月三日、城櫓にのぼつて新月を觀られたが、細川忠興入道三齋が陪座してゐたので、公は三齋に、

「一句を。」

と所望したので、三齋、

「御櫓は外人ののぼるべきにあらねば、誰も居さむらはで月見ると申ことなり。」

と答へたので、公は猶更三齋を賞美したのであつた。

三　俳諧體

家光公は和歌、連歌の外にも、折に觸れ興に乘じて、不圖言ひ出す一時の戲言にも捷妙の才があつた。

或る時東海寺に臨んだが、澤庵和尚を召して、

海近うして東(遠)海寺とはいかに、

と言はれたので澤庵和尚は卽座に、

なを大君にしてしやう(將、小)ぐんと稱し奉るがごとし、

と答へたので人々一時の機對なりとして感に入つたとのことである。

また石川玄蕃とて、口疾き生れで、俳諧躰の句に長じたものがあつたが、公の意にも叶ひ、何時も供に召された。

或る時、淺草邊に遊んだが、三十三間堂に遊び、數多の佛像の中に、荷を負ひたる像のあるを見て、公は戲れに、

佛も物をおふがあやしき

と言ひ、

「玄蕃々々はやう。」

との催促に、玄蕃は早速、

嵯峨の釋迦しやくせんたむと聞時は

と附けたのであつた。

その歸途、十一、二ばかりの小童が馬に乘りながら道筋へ出たので、先驅の者が甚だしく咎めたので、小童は馬上にて聲を立てて泣き出したのを公が見て、

馬の上でもないてこそゆけ

とあるに、玄蕃、

あさ艸にかりこめられしきりぐゝす

と附けたのは、當意卽妙といふべきであつた。

また或る時、品川に狩をしたが、ある堂に立寄り、公、

南無阿彌陀佛鳥はとるまい

と言つたのに、玄蕃、附けていふ、

あらたかのゑかうくゝに日は暮て

「ゑかう」は回向に「餌飼ふ」を懸けたのであらう。

かくの如く、常に口疾きことを慰めとされたが、或る時、その頃俳諧躰に名を得た町田將監、鷺坂檢校に、かねて仰せ含め、公が發句あらば、速に脇、三の句をひたひたと附けて、玄蕃に手を明けさせ、苦しめようとの手筈にて、玄蕃を御前に召し、公、發句、

あらきたな石川水の濁かな

といふ詞のいまだ畢らざるうちに、玄蕃、

町田へかゝる庭の小便

どぢやう（泥鰌）ふむ鷺坂そこにならびゐて

と早速、脇、三の句を附けたので、町田、鷺坂兩人はかへつて大いに赤面し、公も、

「とかく玄蕃は口疾きものよ。」

といつて笑つたとのことである。葛藤別帋、老士語錄。

附　繪畫・筆蹟

(一)　繪畫

家光公は繪畫を觀ることを好まれ、また自らも折に觸れて彩管を揮はれたやうである。その手ほどきは狩野探幽守信などがしたのであらう。

寛永十四年（一六三七）七月二十八日より晦日まで連日、畫員狩野探幽守信、同右京安信、同主馬尙信を召して、その席畫を觀られたことが寛永日記に見えるなどは、公の好んで繪畫を觀られた一端といふことが出來よう。

家光公の描かれた繪畫も世に若干傳へられて居るが、下に示すものの如きは尤品といふべきであらうか。

1、木　菟　圖　（元子爵松平乘承氏所藏）

素朴な筆致の略畫であるが、どこか鷹揚で風格がある。左の如き林道春信勝の裏書があるので、公が寛永二十一年（一六四四）（十二月十六日改元して正保といふ）四十一歳の時の筆であることが明らかである。よつてこれを最初に擧げた。

寛永二十一年（一六四四）十月十二日

幕下御手自畫三木菟鳥集二古木一、使三和泉守源乘壽一、以被レ遣二之幼君（家綱）一、經二英覽一之後、賜二之乘壽一、乃拜二戴之一、悦甚、早裝レ之、以備二幕下之御覽一、夫木兎者瑞鳥也、昔譽田天皇（應神）賜之紀之、良有レ以哉、乘壽以爲二家寶一、而請三余書二其事于幅背一、以爲二它（他）日之證一云。

民部卿法印道春

右に云ふ和泉守源乘壽は、すなはち松平乘壽で、西丸老中を永く勤め、當時は老中であつた。松平乘承氏はその後裔で舊三河西尾の藩主の家である。

2、木　菟　圖　元子爵松平保男氏所藏

これも木菟の圖であるが、この方が筆致が前の圖よりも、幾分枯淡になつてゐるのではあるまいか。澤庵宗彭の贊がある。即ち、

古王閑夢更應レ驚。

一三　徳川家光公筆木菟圖

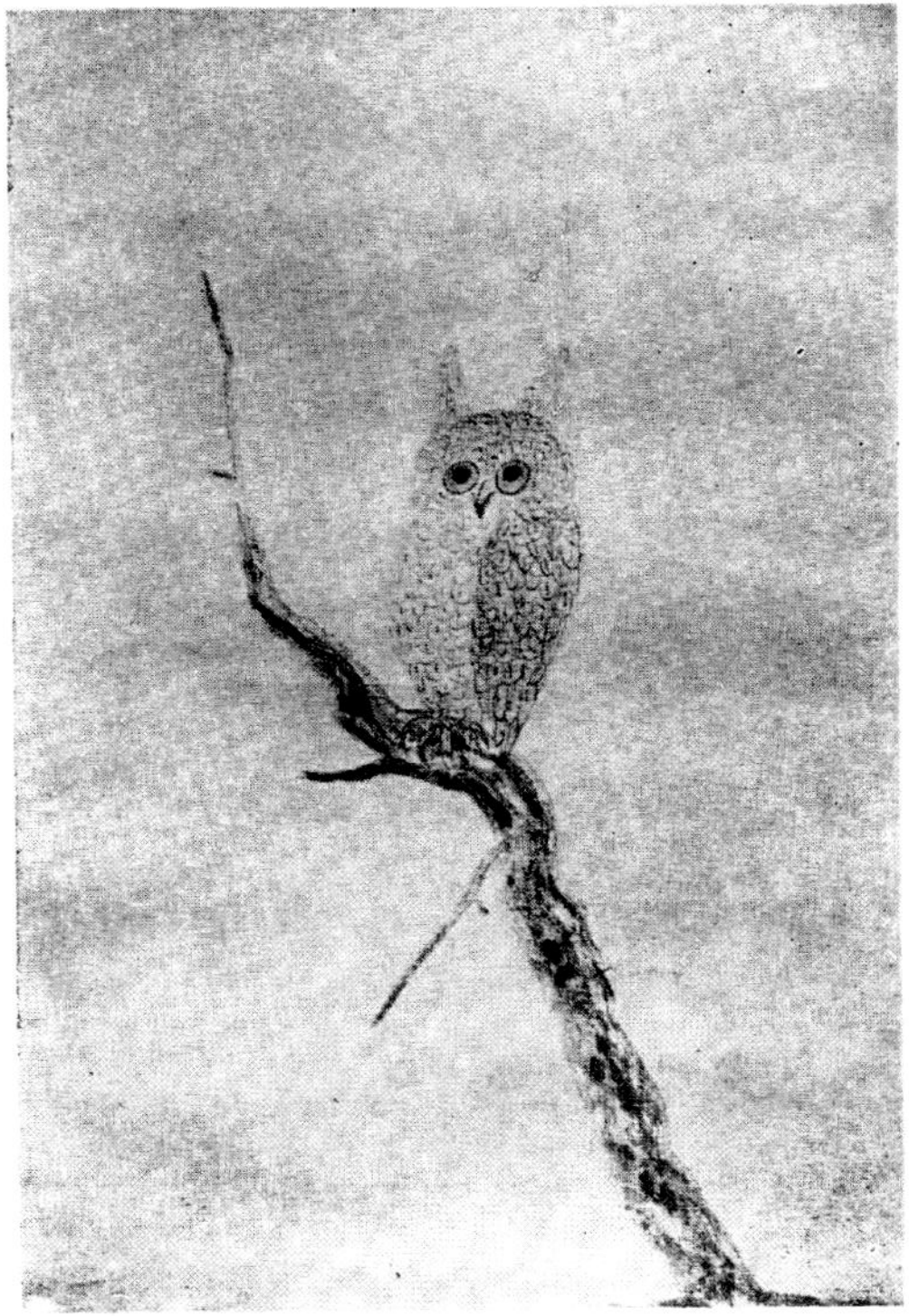
松平乗承氏所藏

（其一）

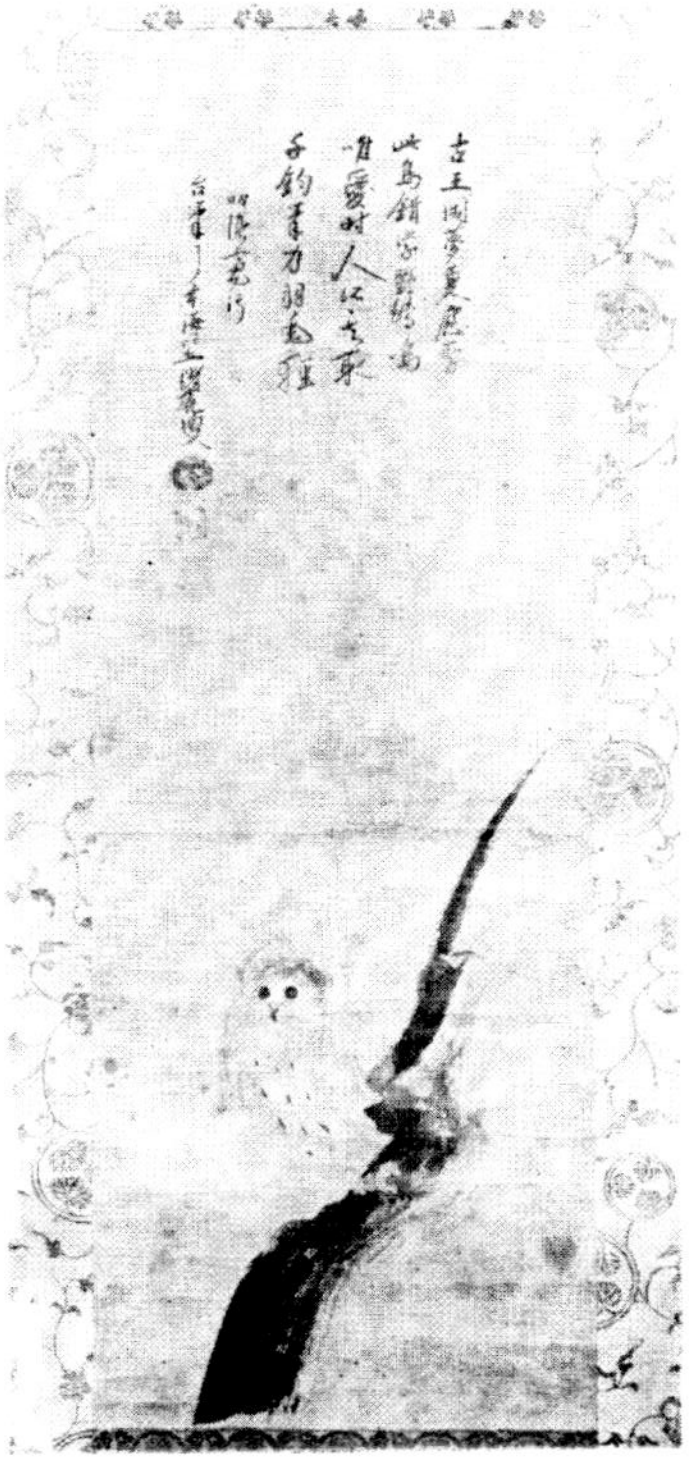
松平保男氏所藏
（葵花餘芳所載）

（其二）

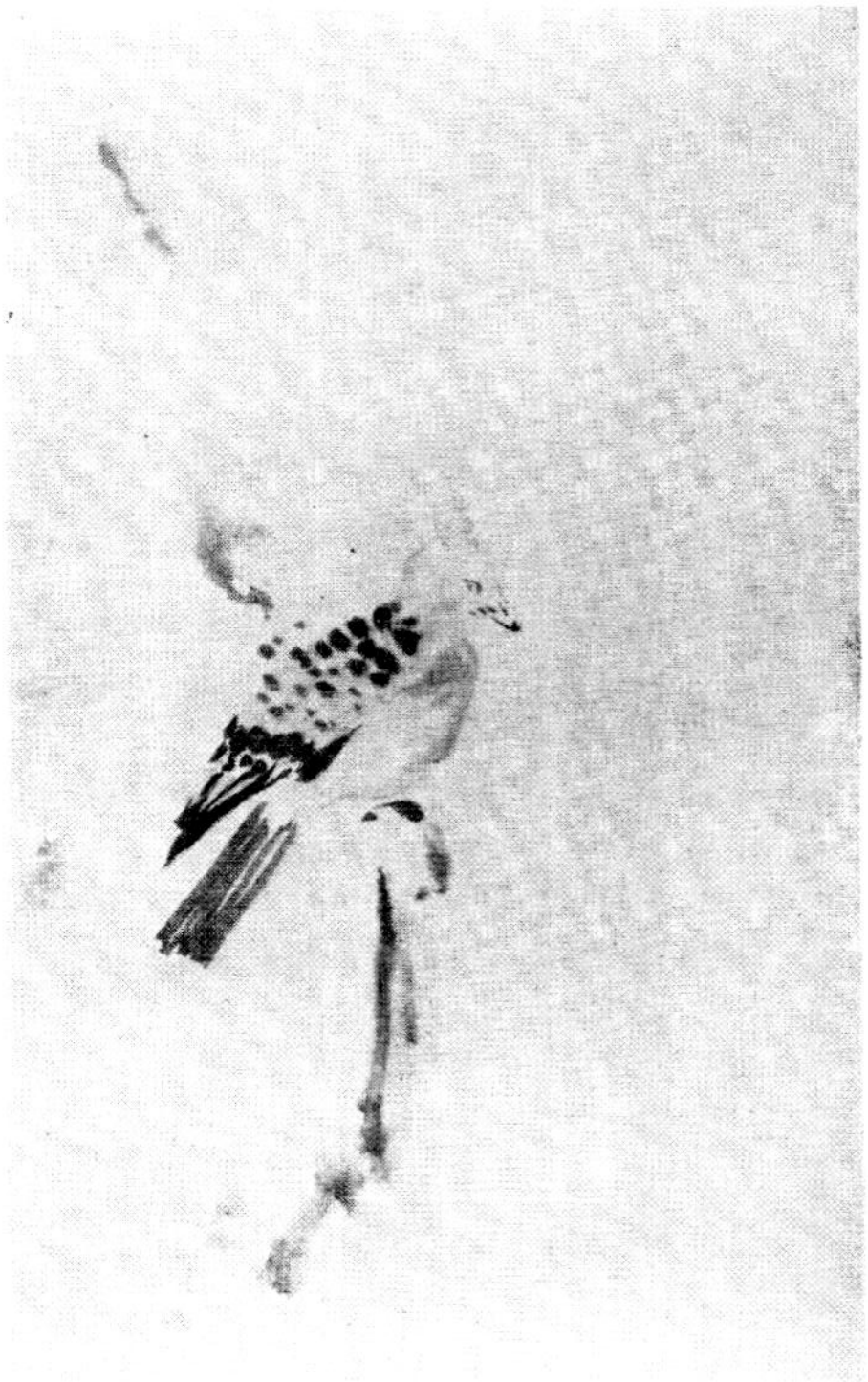

一三　徳川家光公筆枯木鳩圖

大久保忠一氏所藏

（葵花餘芳所載）

一四　徳川家光公筆三大字

愛知縣津島神社所藏

一五　徳川家光公書状

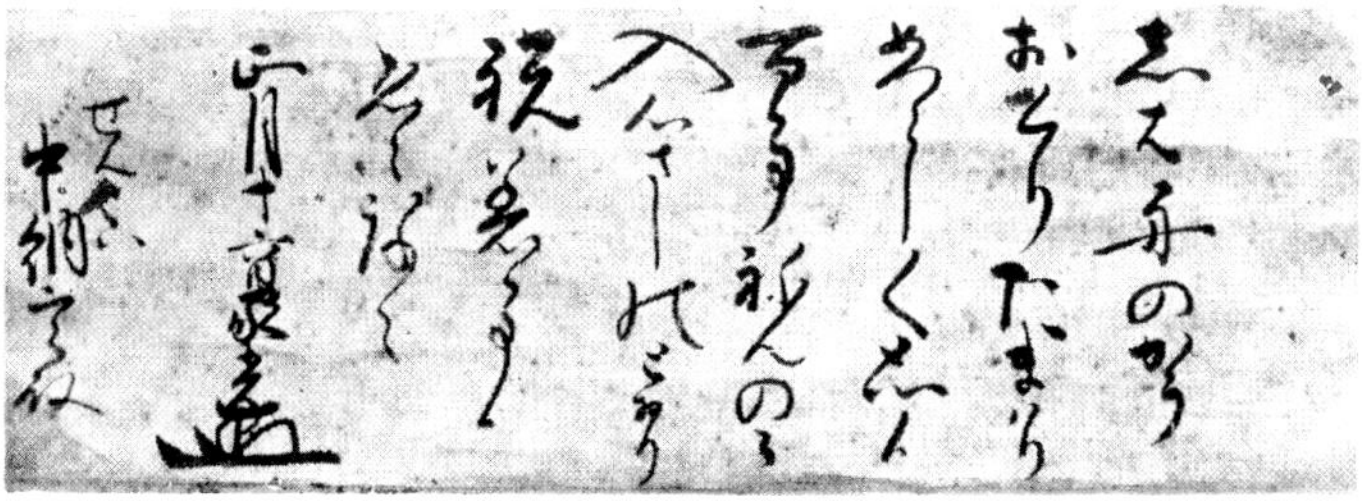

（正月十六日・せんたい中納言宛）

伊達興宗氏所蔵

一六　徳川家光公書状

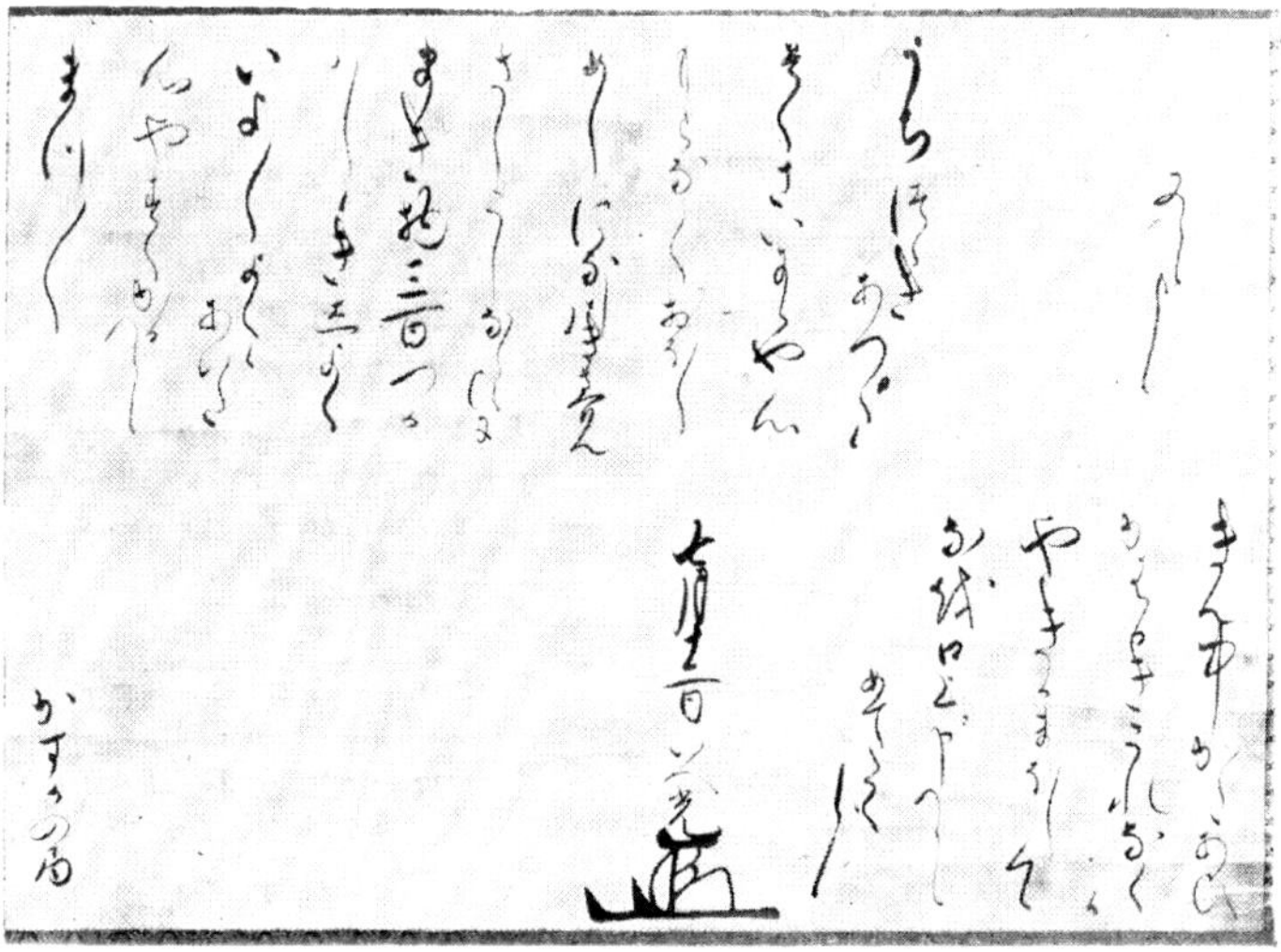

（七月十二日・かすかの局宛）

保坂潤治氏所蔵

此鳥錯學ニ鸚鵡鳴一。
唯愛時人所ニ其取一。
千鈞筆力羽毛輕。
叨染ㇾ毫汚ニ
台筆ニ了。東海比丘澤庵叟 印 印

といふのである。澤庵宗彭が出羽上の山配流より赦されて歸つたのは寛永九年（一六三二）であり、品川に地を給せられて、東海寺を剏建したのは寛永十五年（一六三八）である。家光公がこの繪を描き宗彭をして贊せしめたのはその以後であらう。宗彭の寂した正保三年（一六四六）十二月十一日以前であることはいふまでもない。

松平保男氏は、舊會津若松藩主の家で、かの家光公の實弟保科肥後守正之の後裔であるから、この繪は公より正之に賜うたものであらう。縦八十五糎、横三十糎。

3、枯木鳩圖　元子爵大久保忠一氏所藏

略畫であり、必しも巧みな繪とは言へないが、墨色の愛すべきものがある。大久保忠一氏は舊小田原藩主の家で、かの相模守忠隣の後裔であるから、傳來は確かなものである。

（二）筆蹟

家光公の筆蹟は、かの日光輪王寺に藏する御守袋文書〇第八章參照や、伊達元伯爵家（舊仙臺藩主）所藏の正月十六日附せんたい中納言（伊達政宗）宛書狀、元男爵平野長祥氏（舊大和田原本邑主）所藏覺書、元子爵稻葉正凱氏（舊山城淀藩主）所藏消息（無日附にて、春日局齋藤氏に宛てたことが明らかであるもの）等にてもその一端が窺はれるやうに、いかにも物に拘束せられない、自由に、暢びやかなところがあり、巧みではないが、かへつて不羈な公の人となりを顯はした風格のあるものである。かの尾張津島神社に所藏する「雪月花」の三大字一幅（縱七十糎、橫三十六糎）についてもまた同じことが言へるであらう。

第十六章　大猷廟

附説　梶　定良

大猷廟、正しくいへば大猷院靈廟は家光公を葬り、その靈位を奉安する所である。

慶安四年（一六五一）四月二十日家光公が薨去し、その靈柩を一旦東叡山寛永寺に安置し、やがてこれを日光山に遷し、大黒山慈眼堂の近くに御遺骨を埋葬し、法會を營んだことは既に第十一章に於て述べたごとくである。

家光公の靈を日光山に鎭めまつることは公の遺命にもとづくものであつた。

四月二十二日、酒井讃岐守忠勝が重ねて公の遺命を宗室の方々に傳へた旨趣は、

「生涯東照宮卽ち家康公の神德を仰感し給ふこと並々ならず、世を終ふるの後も魂は日光山中に鎭まり、朝夕家康公の側近に侍して仕へまつらうとの意志ゆゑ、遺骸をば日光山に送り、慈眼大師堂の傍らに葬るべし。」

との事であり、忠勝等はこれを承はつて、

「東照宮の御神德御尊崇の事は臣等常に窺ひ得たり。萬歲の御後の御葬地は神宮（卽ち東照宮）に竝べて營み申さん」

と言上したるに、

「我れ不德の身を以て、いかでか祖廟に竝ぶべき、是れ甚だ恐れ思ふ所である。我が歿後といへども心に安んぜざ

る所であるから、ただ大師堂の側に納むべし。」との言葉を遂の名殘として屬纊に及んだのであつた。依て「いよいよ遺命のごとく、明日、靈柩を東叡山に移しまつり、やがて日光山に導きまつるべし。」といふのであつた。宗室の人々はいづれも涙をおしぬぐうてこれを諸して退出したのであつた。日記。

傳ふる所によれば、家光公は薨御一日前に、安藤右京進重長、松平出雲守勝隆（いづれも寺社奉行）を上使として增上寺に遣し、公の意志として台德院卽ち秀忠公の靈廟に、自分の死後、靈柩を日光山に葬せしめんとすることは、是れ必ず德川家代々の淨土宗門を改變せらるるに非ず。東照公に近づき奉り、且つは天海法師に別して約束の儀あるによつてである旨を言上せしめたとのことである。扶桑名畵傳所引薨日記考。

事の實否はともあれ、增上寺が、第十二世源譽（觀智國師）の天正十八年（一五九〇）八月、家康公に謁して以來、德川家の菩提寺となつたことは事實であり、歷代將軍中、家康公の靈牌所安國殿があるのを初め、二代秀忠公（台德院）・同夫人淺井氏（崇源院）六代家宣公（文昭院）九代家重公（惇信院）十二代家慶公（愼德院）十四代家茂公（昭德院）を葬つて在る。これに對して寬永寺は家光公の創建された寺であり、家光公の靈廟を營んだのをはじめ、四代家綱公（嚴有院）五代綱吉公（常憲院）八代吉宗公（有德院）十代家治公（浚明院）・同嫡子家基公（孝恭院）十一代家齊公（文恭院）十三代家定公（溫恭院）・同夫人島津氏（天璋院）を葬つて在る。これは天海大僧正（慈眼大師）以來德川氏と東叡山寬永寺との深き因緣に依るのであつて、德川家が淨土宗門を脫したのでないことは明らかである。

いづれにせよ、家光公を日光山に埋葬したことは公の素志にもとづく遺命に依つたものであり、その處に大猷廟が營まれたのである。

四月二十二日、幕府は大工頭木原杢允義久に、薙髪して扈從し、靈廟構造のことをうけたまはるべしと命じた。これは差當つては五月六日公の靈柩を日光山に埋葬し、衆僧御葬穴を圍繞し、小石に法華經の文字二三字づつしるし、之を築き籠めて三間四面の假堂を建てた、その用向のためであらうが、兼ねて大猷廟の敷地の觀察、堂宇配置及びその様式に關する構想の爲めであらう。

四月二十二日、大工頭木原杢允義久が日光山派遣を命ぜらるると同時に儒役林民部卿法印道春信勝、新番頭遠山十右衞門景重、北條新藏氏長も同じく派遣された。景重、氏長の任務は在山して諸事勤仕すべしといふのであつた。この三名もまた大猷廟造營に何等か參與したであらうことは察せられる。卽ち氏長は五月四日、日光山より歸府し、新廟指圖、幷に三佛堂法會の圖を進覽してゐるのでもそれは明かである。以下造營、結構、修理等の項に分つて順次述べてゆかう。日記。

一　造營

慶安四年（一六五一）四月二十五日、幕府は奥平美作守忠昌に日光山代參幷に廟所構造の總奉行を命じ、五月二日には保科肥後守正之、土井遠江守利隆に、日光山靈廟構造あるにより人夫千人づつを出すべきことを命じた。日記。尋で六月十八日、日光山靈廟構造の總督に酒井讃岐守忠勝、奉行に新番頭北條新藏氏長、作事奉行舟越三郎四郎永景、書院番石尾七兵衞治昌、小性組渡邊與右衞門正を命じた。酒井忠勝は奥平忠昌と交替せしめられたのではなく、忠昌は埋葬後の假堂建設の總奉行であつたのである。かくて七月九日に至つて靈廟構造による石垣の運夫を出すべきことを松平越前守光通、松平中務少輔昌勝、松平辰之助昌親、松平但馬守直良、本多淡路守重能に命じ、營築の人夫を藤堂大學頭高攷より出すべきことを命じた。ついで同十八日新番頭北條新藏氏長、作事奉行船越三郎四郎永景に日光山靈廟構造奉行を命じ、日記。靈廟は來年構造すべきことが明らかにされた。日記。かくて十二月六日、日光山靈廟に樹木植栽のことを土井遠江守利隆に命ぜられた。水戸記。

翌承應元年（一六五二）二月四日、いよいよ大猷廟建築工事の用務を以て作事奉行舟越三郎四郎永景、新番頭北條新藏氏長、書院番石尾七兵衛治昌、小性組渡邊與右衛門正、大工頭原杢允義久が日光山に派遣された。永景以下四名は靈廟構造奉行なのである。尾張記。

十日、御側内藤出雲守忠由を日光山に遣し、靈廟構造にあづかる輩に、樽肴をたまひ、尾張記。十一日、總督酒井讃岐守忠勝登晃し、公儀日記。十六日、靈廟造營の事始あり、同上。十九日、尾、紀、水三家より使を以て、靈廟普請始ありしを賀した。紀伊記。二十日、幕府は歩行頭大草主膳正高盛を日光山に遣し、靈廟構造の間勤番を命じた。公儀日記。翌二十一日、御側中根壹岐守正盛を、二十二日には目付丹羽平右衛門正長を日光山に遣したのも大猷廟造營に關してであらう。この前後幕府諸役人の日光往反があるが煩はしいので一々記することは省略する。尾張記。

三月七日、御側久世大和守廣之を日光山に遣し、構造の事を督せしめ、酒井忠勝を江戸に召した。忠勝には別に議する所があつたからである。十日中根正盛日光山より歸り、忠勝は十三日に歸つた。尾張記。

造營工事の直接關係者は、大工頭は木原杢允義久であり、被官大工は片山三七郎、吉本嘉右衛門であり、大棟梁は平内大隅應勝であつた。建築技術關係者として最高の地位にあつた彼は、幕府作事方大棟梁を家職とする四天王寺流の匠家であつて、初代平内大隅正信に繼ぐ二代目であつた。彼が作事方として在職したのは正保二年（一六四五）より天和三年（一六八三）に至る三十九年間であつた。彼は華麗なる大猷廟の建築を完成したばかりでなく、慶安二年（一六四九）造營の淺草寺觀音堂、延寶九年（改元天和）（一六八一）造營の上野嚴有院（家綱公）靈廟等をも完成して居り、その技術も初代正信に次いで秀れてゐたものと言はれてゐる。日光山宿坊日記。

四月五日、日光山の廟遷座あり、保科肥後守正之衣冠にて代參した。尾張記。この廟といふのは去年（一六五一）五月六日、家光公の遺骸を埋葬して其處に營んだ三間四面の假堂と考へられる。それをこの度新らしく大猷廟を造營するについて遷座されたのである。

五月二十二日、靈廟の石垣成功し、助役したる松平越前守光通、松平但馬守直良、松平中務少輔昌勝、松平兵部大輔昌親の家人にしてその事に關與した者等に銀、時服を賜うた。公儀日記。二十五日には西丸書院番頭北條右近大夫氏利を日光山に遣した。これは二十七日に靈廟立柱式が行はれ、普請奉行の輩に、樽肴を賜ふためであつた。尾張記。

かくて六月二十五日、酒井讃岐守忠勝靈廟見分に赴くにより帷子、羽織、馬等を賜ひ、直ちに日光山に至り、見分を遂げ、七月十二日歸府した。尾張記、紀伊記。この月二十一日、家光公の代に小納戸を勤めた梶金平定良は、願に依り日光山靈廟定番を命ぜられ、貳百俵の加恩を給し六百石になた。梶定良については後に述べることとする。尾張記。

大猷廟の造營は日日進捗した。九月五日、日光山輪王寺門跡守澄入道親王、毘沙門堂門跡公海登營して、日光登山の辭見をした。これは近く大猷廟に入佛の事があるためであつた。ついで十一日、酒井讃岐守忠勝及び儒役林春齋春勝に日光登山の暇を給した。これまた法會竝に入佛の事あるがためであつたことと察せられる。しかし十三日、處士別木庄左衞門等徒黨して亂を圖るの事を普請奉行城半左衞門朝茂の家臣長崎刑部左衞門喜林が出訴したために忠勝の日光登山をとどめ、これら反人の處刑された二十一日に忠勝等は日光に赴き、尾張記、公儀日記。用務を果して十月十三日歸謁した。紀伊記。

十四日、日光山の靈廟造營成功（といつても全く完成したのではない。）し、入佛の儀が行はれたので、内藤筑後守重種を使として、構造に關與した奉行等に樽肴を給うた。（尾張記。）奉行である新番頭北條新藏氏長、作事奉行舟越三郎四郎永景、書院番石尾七兵衞治昌、小性組渡邊與右衞門正は二十二日日光山より歸府した。（尾張記。）

十一月七日、大猷廟成功の賞が行はれた。卽ち酒井讚岐守忠勝には志津の差添を給ひ、作事奉行舟越永景、新番頭北條氏長、小性組渡邊正、書院番石尾治昌に各銀百枚、時服四づつを給うた。ついで十日、忠勝及び土井遠江守利隆の家人等に、銀、時服、羽織等を給うた。かく略〻成功したるを以て賞を行はれたのはこの造營の特色ともいふべきであつた。（尾張記、日光廟建築。）

承應二年（一六五三）四月朔日、幕府は更に大猷廟構造の賞を行ひ、奉行に敍爵した。卽ち北條氏長は安房守、舟越永景は伊豫守、渡邊正は筑後守、石尾治昌は志摩守、梶定良は左兵衞佐に改めたのである。（三家記、尾張記。）

二日、大猷廟上棟式があり、その注進は翌三日幕府に達した。（尾張記、水戶記。）四日にはまた入佛が行はれた。よつて六日、長松綱重徳松綱吉登營してこれを賀し、家綱公より歌仙竝に伽羅を賜うた。（尾張記。）七日には三家竝に譜代大名衆登營して靈廟入佛を賀した。（尾張記。）

かくて大猷廟の造營は全く工を竣へたのである。承應元年（一六五二）二月十六日工事開始以來一箇年二箇月に過ぎず、かの精巧華麗な大造營がこの極めて短期間に完成したことは實に驚くべきことであつた。そしてこの建築が、東照宮の建築を擔當した幕府作事方の大棟梁甲良氏と相竝んで、同じく幕府作事方の大棟梁職であり、當時の最高技術者ともいふべき平内大隅應勝によつて擔當せられたといふ點に於ても、大猷廟の建築は東照宮の建築と共に、江戶時代初期の建築を代表するものといふうて可なのである。（日光廟建築。）

二　結　構

(一)　配　置

東照宮の石鳥居及び五重塔の聳えてゐる表門前の廣場に入る前を左折して、老杉の欝蒼とした中を進んでゆくと、その突當りにあるのが大猷廟の仁王門である。この門は東照宮の表門に相當し、左右に垣墻が設けられてゐる。この仁王門を入ると直ぐ左側に寶庫があり、前面右側に水盤舍がある。

水盤舍の前面、石敷の神道を左折すると、十數級の石階の上に高く建つてゐるのが樓門卽ち二天門である。大猷廟は地域の關係からこの二天門から內、靈屋に至るまでは東照宮より以上に段々と高く登る。二天門を入ると神道は直ぐ右折し、高い石段を上つて更に左折すると中段に出る。此處には神道の右側に鐘樓、左側に皷樓が建ち、正面に一段高く石階の上に夜叉門がある。この門は單層であるけれども東照宮の陽明門に相當し、左右に廻廊が連り、それが境となつて大猷廟の內院を形成してゐるのである。

夜叉門を入つて神道の正面には數級の石階の上に唐門があり、その左右に透塀が連り、唐門の正面に拜殿・相の間・本殿と連る一構の權現造靈屋があるのである。本殿の後面左方には廊によつて接する神饌所があり、一方夜叉門を入つて正面の唐門に至る前に、神道は右折し、斷崖の石垣に沿うて更に左折し、透塀と石垣との間を進む小路があり、潛門を入つて右折すると直ぐ數級の石段があり、その上にあるのが皇嘉門である。この門は東照宮の坂下門に相當するものであつて、大猷院寶塔に至る入口の門に當つてゐる。皇嘉門を入つて曲折し、石段を登ると、本殿の右方の高處に奥院拜殿があり、更にその背後に家光公の塔があるのである。

大猷廟諸建築物の配置おほよそ上記の如くである。これを東照宮の諸建築配置と比較するとき、東照宮の方は規模も大きく、建築物の種類も多いので一見兩者は全然異る意圖のもとに完成されたものの如くであるが、仔細に觀察するとき、殆んどその揆を一にする同類の計畫に成るものであることが看取される。兩者ともにその配置が自然地形を利用して、それに順應して計畫された所が多分にあり、もとより全然同形式に經營する事は到底出來ぬことであるから、止むを得ず差異を生じた點もあるが、要するに東照宮の規模、結構を範として造營されたことは明らかに察せられる。はじめより東照宮よりは聊か規模を小さくし、また建築物の種類を減じ、建築の細部裝飾を聊か遠慮するといふ方針で造營されたのであることは建築專門家の考察する所である。日光廟建築。

（三）　建　築

以下大猷廟の建築に就いて略記しよう。もとより細部にわたつて記することは紙幅の許さぬところであり、ただ建築の大略を知るにとどめるものである。

1　仁　王　門

大猷廟の境域に入る第一の門で、いはば表門といふべきものであり、仁王像を安置するを以て仁王門と稱される。構造形式は八脚門、單層、屋根切妻造、銅瓦葺である。頭貫以下は柱、扉等總て朱漆塗であり、蟇股、兩妻飾りのみ極彩色とし、斗栱以上軒下等はすべて蠟色漆塗であつて、色彩的には極めて單調であるが、これは東照宮諸建築に比して大猷廟のそれが、すべて裝飾的に大いに單純であることをまづ第一に示すものである。

2　寶　庫

寶庫の正面は仁王門の側面に向つてゐる。構造形式は桁行七間、梁間三間、單層、屋根入母屋造、銅瓦葺、東照宮の神庫に相當する。

正面にだけ椽を附し、勾欄を飾り、中央向拜下に昇勾欄のついた五級の木階が設けられてゐる。中央の柱間を唐戸口とし兩開棧唐戸を裝置してある。その左右の間には蔀を吊り、共に蠟色塗、蔀の左右兩側の間は、壁體の中央部に長押を通し、長押以下は校倉造になつてゐる。

3 水盤舍

正面に軒唐破風を架し、切妻造、銅瓦葺、柱は四隅に花崗石の八角柱を立て、この柱は上方が內面に向つて少し傾斜してゐる。八角柱の脇には四隅ともそれぞれ二本宛の花崗石の方形小形の添柱を立ててある。八角柱は臺輪下に達し、添柱はこれから突出する極彩色の根肘木によつて頭貫を支へてゐる。

この建築の內部天井は鏡天井であり、雲龍の墨繪が描かれてあり、廻緣には繪箔を置いてある。また內部中央には巨石を切つて長方形の水盤を造つて之を置き、筧で谷の水が導かれるやうになつてゐる。

この水盤舍は東照宮の水盤舍と比較して全體の構成が輕快であり、細部意匠乃至裝飾に於ても單なる豪華に流れず優麗であることは東照宮のそれより更に一歩を進めたものであることが肯ける。大猷廟建築中、夜叉門、唐門及び皇嘉門と同列に置かるべきものである。

4 二天門

この門は東照宮・大猷廟を通じて數多く建てられてゐる諸門のうち最大の規模のものである。構造形式は三間一戸、樓門、屋根入母屋造、銅瓦葺、總體朱漆塗である。柱は總圓柱、上下に粽を附し、柱脚部の礎石と礎盤とは一石から造り出し、柱頭部に臺輪、頭貫が附されてゐる。下層中央間は通路となり、この部の頭貫は虹梁となつて、左右の柱に取りつけた金の獅子の彫刻を指肘木としてその兩端を支承してゐる。左右の間には廣目天、持國天の像を安置し、その裏側の左右の間には風神、雷神の像を安置してある。

上層廻椽は周りに朱塗の勾欄を飾り、中央間一間は唐戸口となり、朱塗の兩開棧唐戸が附され、その左右の間には花頭窓を設け、周りに極彩色の彫刻を配し、兩側面の各二間にもそれぞれ花頭窓を用ゐ、花狹間、彫刻等にて裝飾され、上層軸部は極めて裝飾的である。

二天門の建立されてゐる場所は、下段から上段に上る中段に位置し、最も眼につく部分は上層であるので、下層には殆んど裝飾的手法を略し、上層にのみ集中的に裝飾的手法を應用してゐる。これは作者の頭腦の相當洗練されてゐたことを想はしめるものである。

5　鐘樓・皷樓

鐘樓、皷樓ともにその構造、意匠が全然同一で些の變化がない。それ故これは一括して述べるのを便とする。

鐘樓、皷樓の構造形式は、桁行三間、梁間二間、屋根入母屋造、銅瓦葺で袴腰付である。袴腰の下方には地長押、腰長押があり、その間の小羽目に風窓を設けてある。袴腰の部分は總體銅板張りであり、二本宛の吹寄押緣を打ち、背面に戸口を附し、唐戸をたて、内部はすべて構造のままを現はしてゐるのである。袴腰の上端には長押を廻し、上に雨押を附し、この雨押は頭貫の下端に接する。臺輪、頭貫は極彩色、臺輪上に詰組の三手先出組の斗栱は蠟色塗、上層廻椽の腰組となつてゐる。

上層廻椽は蠟色塗、その周りに朱塗の勾欄を飾り、軸部は方三間、臺輪、頭貫以下すべて蠟色塗、金具打、中央一間は幣軸を附し、唐戸口となり、兩開板唐戸を立ててゐる。その左右の間には花頭窓を設け、總べて蠟色塗となつてゐる。

6 夜叉門

構造形式は普通八脚門であつて、桁行三間、梁間二間、單層、屋根は切妻造、正面と背面に軒唐破風をたて、銅瓦葺である。柱は總圓柱、上下に粽を附し、柱脚部の礎石と礎盤とは一石から造り出したものを用ゐ、柱に胡粉殼面を施し、總朱塗、上下に金具を卷いて裝飾してある。中央一間は通路であつて、蠟色塗の兩開棧唐戶を附し、その各羽目には華麗な牡丹の彫刻を嵌め、蠟色塗とし、上部の透しの部は彩色した花狹間である。左右兩脇の間には四軀の夜叉の像を安置し、前にはそれぞれ金剛柵をたててある。この門の欄間にはすべて牡丹の彫刻を施してあるので、一名「牡丹門」と呼ばれてゐる。

夜叉門は東照宮の陽明門に相當する。が、單層であり、彫刻、極彩色等も比較的少く、陽明門よりは大いに簡素な構造・意匠である。然し乍ら柱に胡粉殼面を施し、斗栱に尾棰を廢し、枠肘木に繪樣を刻出し、傍の天井に輪棰の手法を用ゐたのなどは意匠上の創意を見るべきで、陽明門とは異る意味に於て精巧、優麗な建築といふことができる。

7 廻廊

廻廊は夜叉門の左右に續いてゐる。夜叉門に直接連る所は左右共に二間づつは黑塗袖塀であり、それにつづいて廻廊が連つてゐるのである。屋根は夜叉門の脇に入母屋造の妻を造り、銅瓦葺で、內部は床張り、外側は壁面、內側は吹拔になつてゐる。內部は總體朱漆塗、天井は化粧屋根裏、軒は一軒で本繁割の棰を配してある。

8 唐門

唐門は權現造靈屋に入る直接の門である。そして靈屋を圍む透塀はこの門の左右から起つてゐる。この門は東照宮の唐門に相當するが、規模は小さく、正面柱間三米、側面二米十八糎で、大猷廟中に於ても最も規模の小さい門である。しかしその意匠、裝飾の上には甚だ意が用ゐられて居り、氣品もあり、優麗精緻な點では東照宮の唐門と一致する。

形式は二脚制で、本柱の後方にはそれぞれ控柱を立ててあるが簡單なものである。本柱は上下に粽があり、全面漆箔を置き、柱頭には極彩色の金襴卷を施し、柱脚には根包金物として唐草毛彫の鍍金の金物を卷く。控柱は角柱で全面花菱の地模樣に漆箔を置き、本柱と同じくその上下に金襴卷及び根包金物を附してある。また柱の上部には頭貫を通し、その上に臺輪を置き、共に地文を刻し、漆箔を置く。本柱と控柱との間には飛貫及び腰貫を通し、飛貫と腰貫との間に牡丹唐草の透彫を嵌め、金箔を押す。

扉は兩開棧唐戸で、棧は蠟色塗、羽目は漆箔、金鍍金をした金具を打つてある。天井は折上格天井であり、また門の左右には脇障子を附し、地板には麻の葉の地文に秋の草花を盛つた花籠を彫刻し、石灰摺となつてゐる。

9　透　塀

唐門の左右より起る。總體蠟色漆塗で、透しの部分は、格狹間形であり、柱透し窓の緣等はいづれも面取で、面は朱塗となつて居り、軒は一重の棰を配して金具を打つてある。

10　權現造靈屋

唐門内にある拜殿、相の間、本殿が連つて一構の建物をなす。本殿には家光公の靈牌を安置し、大猷廟のうちにあつて、その規模に於て、その意匠、構造に於て最も莊麗なるものである。

イ　拜　殿

一七　大猷廟拝殿・本殿全景

一八　大猷廟拝殿内部

一九　大猷廟奥院寶塔

構造形式は桁行七間、梁間三間、單層入母屋造、銅瓦葺で、地勢の關係上、東北に面して立てられてゐる。平面は横長い一間となり、中央部奥の柱間一間は特に柱間を廣くして相の間に續く。建物は正面中央三間に向拜を設け、その下に五級の蠟色塗の木階を附し、向拜柱は几帳面取である。

建物の周りには蠟色塗の廻緣を繞らし、周圍に朱塗の勾欄を飾つてあり、四隅の親柱には逆蓮頭が附されてゐる。正面中央三間は唐口となり、ここに兩折桟唐戸を附し、扉の各羽目は全面に彫刻を附し、金箔押であり、正面の他の部分と、側面の三間は蔀を吊り、背面は相の間に續く部分を除いて、羽目となつてゐる。棰は本繁割で、軒は二軒、屋根は入母屋造ではあるけれども、正面中央部に大千鳥破風を架し、向拜屋根中央部には小さい軒唐破風が作られてゐる。

拜殿の內部は、天井は折上格天井であり、格間に金にて丸龍を描き、床は拭板張、廻緣斗栱、欄間透彫に極彩色を施し、頭貫、臺輪は全面に地文を刻し、金箔押になつてゐる。左右の胴羽目には金地に唐獅子を彩畫し、華麗な室內裝飾がなされてゐる。

ロ　相の間

相の間は拜殿から本殿に連絡する中殿で、東照宮の石の間に相當する。側面の柱間四間、兩側に拜殿からの廻椽を繞らし、勾欄を飾り軸部で、前方第一の間は妻戸、第二と第四の間は花頭窓、第三の間は唐戸を設けてゐる。內部は、床は拜殿と同高、天井は格天井に彩畫し、廻椽、欄間、長押、斗栱いづれも極彩色が施され、棟及び軸部の高さは拜殿より一段低いため相互內法の高さに高低を生じ、長押、頭貫、臺輪等を拜殿から連絡出來ぬので、上方に海老虹梁を架し、下方に妻戸を設けて連絡を圖つてゐる。本殿との境界には角柱を立て、その左右の小羽目に昇龍、降龍が描かれてゐる。

ハ　本　殿

本殿は桁行、梁間共に五間、重層、屋根入母屋造、銅瓦葺、四周に廻椽を繞らし、勾欄を飾る。相の間との連絡は三級の木階によつて上るやうになつて居り、軸部の連絡は海老虹梁、妻戸等による。正面を中央間は唐戸口、兩脇の間は板戸、更に左右兩端の間は花頭窓がある。側面及び背面は左右兩端の間に花頭窓、中央三間には各棧唐戸を立て、軸部は總體蠟色塗である。上層も臺輪、頭貫の制があり、棰は二重、扇棰になつてゐる。

内部は方三間に圓柱を立て、外廻一間通りは入側で外陣となり、奥の三間は羽目板、奥中央に須彌壇を設け、宮殿を設置する。方三間の天井は鏡天井で丸龍の墨繪を描き、床は蠟色塗の拭板張、須彌壇上の宮殿は、二重屋根、向妻三方軒唐破風ともいふべき複雜な屋根である。

11　皇　嘉　門

皇嘉門は本殿右側透塀の外側に本殿に向つて九級の石階上に建てられてある。東照宮の坂下門と同じく奥院に入口の門である。桁行二米二十五糎、梁間一米八十二糎、小規模ではあるが、形式が一種異つてゐるため俗に龍宮造りと言はれてゐる。土臺は石造、蠟色塗の繪樣地覆をその上に載せ、樣長押を廻し、大壁式に漆喰壁を塗り、壁面は少しく内に傾斜し、上部は饅頭形となり、その上に蠟色塗金具打の繪樣長押を廻し、臺輪、頭貫を設けてある。軒は二軒、棰は本繁割、蠟色塗、金具打、裏板は金箔を置く。屋根は切妻造、大棟は箱棟、兩端に獅子口を置く。

漆喰塗大壁の壁面中央に栱形の入口を設け、内部には左右に三本宛柱をたて、金箔押とし、石製礎盤を設け、柱の上下に粽あり、兩開棧唐戸を附す。天井は折上鏡天井、中央に飛天を彩畫し、門の左右に僅かに袖塀がある。

12　奥院拜殿

皇嘉門を入り、曲折して石段を登つた本殿の右方の高所に在る。構造形式は桁行五間、梁間三間、單層、屋根入母屋造、銅瓦葺、總體蠟色塗。四周に廻椽を附し、勾欄を飾り、正面中央部に三級の石階を設け、正面中央一間に兩開桟唐戶を附し、その左右二間宛は蔀を吊る。更に正面中央部に軒唐破風を架し、破風下に虹梁を架し、その上に蟇股を置く。側面三面は蔀となつてゐる。

13　奥院寶塔

奥院拜殿の後方、鐵柵を以て境する一廓內の中央にある家光公の墳墓が卽ち寶塔である。寶塔への入口の門を奥院唐門または唐銅鑄拔門といふ。總體唐銅にて鑄造された平唐門である。

寶塔は銅製、その構造は基部、塔身部、屋蓋部及び寶頂部の四部から成り、塔身は圓形で、上部に饅頭形を造り、屋蓋は寶形造、その上部に寶頂が立つてゐる。

以上を以て大猷廟の配置、結構、建築についての記述を畢つたが、この項の記述については、工學博士田邊泰氏の著「日光廟建築」中、大猷院靈廟の項に負ふ所多大であることを銘記する。

三　修　理

東照宮も同様であるが、大猷廟は建築の仕上げ方法に於て漆壁、極彩色が基調をなしてゐるので數年後にはそれらに修營が加へられねばならなかつたことは當然のことである。そればかりでなく、災害やその他の理由によつても修營はなされたし、將軍家としての祖廟崇敬の上から、また幕府の威信を保つ上からも、祖廟を莊麗に保存することは絶對に必要であつた。それ故、大猷廟も天和三年（一六八三）以來文政十三年（十二月十日天保と改元。（一八三〇））に至るまで十數回主なる修營をなしてゐる。そしてそれらの修營は東照宮の修理と同時に並行して行はれた場合が多かつた。

大猷廟は前にも記したごとくその創建に當つて關與した最高技術者が幕府の作事方大棟梁平内大隅應勝であつたが、その後の修營も多くの場合、代々の大棟梁平内氏によつて行はれてゐる。これは東照宮の造營が、同じく大棟梁甲良豐後宗廣によつて行はれ、その後の修理もまた甲良氏によつて行はれたのとよき對照をなしてゐる。

以下天和三年（一六八三）以後の主なる修營について略記しよう。

（一）天和三年（一六八三）

天和三年（一六八三）五月十七日、日光山に地震あり、ついで同二十三、二十四兩日大地震數度に及び、二十三日には東照宮及び大猷廟の奧院、東照宮本社、本地堂、九輪塔、石矢來崩壞し、二十四日にはそのほか石垣、石燈等悉く頽傾した。幕府は十九日、日光の目付有馬宮内則故に東照宮、大猷廟、その他諸堂社を巡見すべきことを命じ、二十五日、若年寄堀田對馬守正英を急に遣し、閏五月六日、奏者番松平備前守正信、使番保田甚兵衞宗郷、山下五郎右衞門昌勝に、日光山地震後の修理奉行を命じ、暇を給した。日記。二十六日大久保加賀守忠朝に日光山の事總統すべき旨を命じ、二十七日、日光山修理の助役を、本坊は丹羽若狹守長次、内藤左京亮義泰、津輕越中守信政に、佛殿、卽ち大猷廟、大師堂は眞田伊豆守幸道、戸澤能登守正誠に命じた。なほ久遠壽院公海には時服六を遣して餞とした。日記

堀田正英は五月二十七日、日光に着し、諸所見分の上、二十八日歸府し、保田宗郷は修理奉行任命に先だつて五月二十四日、被害見分の急使として日光に赴き、二十五日日光山に着し、諸所見分の上、二十六日歸府したのであつた。

閏五月九日、總奉行松平正信以下保田、山下の兩奉行、大工頭鈴木長兵衞長頼、被官大工内山淸左衞門、大棟梁鶴飛驒が登晃し、やがて修理工事に着手した。

八月二十九日、また大地震あり、東照宮、大猷廟其外諸所の石垣等普請出來の箇所がまた崩れた。奉行保田宗郷は注進のため江戸に出府し、九月三日登營これを報告した。幕府はその前日二日に、御側朽木和泉守則綱を被害見分のため日光山に遣した。則綱は六日に歸府し、將軍綱吉公に謁して報告してゐる。日記、日光御宮御年忌御修營雜記。十九日、日光普請見分のため幕府は阿部豐後守正武を遣し、正武は二十二日着晃、見分の後、二十五日發晃、二十七日歸府し、ついで十月十九日、修理の功に依り保田宗郷は敍爵しで美濃守、山下昌勝は信濃守となつた。二十七日堀田下總守正仲、普請見分のため日光山に派遣され、十一月朔日着晃、四日歸府した。日記。

かくて修營は成り、十一月二十一日、日光山宮殿修理成功を賞し、松平備前守正信に三原の刀、使番保田美濃守宗郷、山下信濃守昌勝に各金十枚を賜ひ、十二月二日助役した丹羽若狭守長次、眞田伊豆守幸道、内藤左京亮義泰、戸澤能登守正誠、津輕越中守信政の家人に時服、羽織、銀等を給うた。日記。十二日、日光山の寳塔を製造した銅工椎名伊豫に金三百兩を下され、その他の工人に銀を給うてその勞を賞した。日記。

(二) 元祿三年(一六九〇)

元祿の修營は、元年(一六八八)九月の普請奉行使番柴田三左衞門、御書院番中川喜左衞門幷に大工頭鈴木長兵衞長頼、被官大工谷田淸三郎、片山三七郎、大工鶴飛驒等の修理個所見分にはじまり、三年(一六九〇)七月六日總奉行井伊掃部直興の歸府に終つてゐる。東照宮、大猷廟をはじめ神橋をも含む廣汎なものであつた。

總奉行は前記の如く井伊掃部頭直興であり、御堂方卽ち大猷廟普請奉行は大嶋雲四郎義高、神保三郎兵衞政矩であり、後に諏訪五郎左衛門盛條が政矩に代つた。手傳は松平《伊達》陸奥守綱村であつた。

大工頭鈴木長頼の私記である留記に依るに、元祿二年（一六八九）五月六日、日光に於て小納戸衆の御堂（大猷廟）の檢分始あり、十一日、大工鶴飛驒は妻の服忌に依て免ぜられ、甲良豐前宗賀を以て之に代へられ、御堂の檢分を畢へた。六月十日御堂の修理始あり、元祿三年（一六九〇）四月十八日これを完成した。五月十六日、御堂修補見分として駒井半右衛門、神保新五左衛門、木原内匠登晃し、十七日、見分があり、二十四日、地鎭、安鎭、正遷座の式を行ひ、綱吉公の名代織田隼人正長超が參拜したのであつた。二十五日、御堂供養あり、七月四日、御堂奥院正遷座あり、綱吉公の名代六角越前守廣治が參拜した。大工頭鈴木長兵衛長頼はこの日歸府の途に就いた。松平陸奥守綱村は五日に、總奉行井伊掃部頭直興は六日に發足歸府したのであつた。御堂卽ち大猷廟の修理を擔當した最高技術者は平内大隅政治であつた。鈴木長頼留記、日光御宮御年忌御修營雜記、日光廟建築。

（三）　享保十六年（一七三一）

享保十六年（一七三一）の修營も東照宮、本坊等のそれと同時に行はれたのであつた。前年の十五年（一七三〇）八月に修理箇所の見分があり、十一月一日奉行以下の任命があつた。卽ち總奉行酒井讃岐守忠音、奉行小菅因幡守正親、本多彌八郎、布施孫兵衛、大工頭近藤郷右衛門、大棟梁平内七郎左衛門信宣であつた。助役の大名中、大猷廟のそれは内藤備後守政樹であつた。享保日記、日光御宮御年忌御修營雜記、日光廟建築。

（四）　延享元年（一七四四）

この年の修理もまた享保度と同様、東照宮、本坊等と併せて行はれた。前年の寛保三年（一七四三）正月に修營箇所の見分があり、ついで總奉行以下の任命があつた。卽ち總奉行は本多中務大輔忠良、奉行は別所播磨守矩滿、安部主計頭、奥山甚兵衞、大工頭は大栁八左衞門、大棟梁は平内大隅政長、辻内豐後であつた。また助役は松平兵部大輔宗矩であつた。かくて工事に着手し、延享元年（一七四四）九月に工事が完成した。松平宗矩が領内に工費を徴課したのはこの時のことである。御番所日記、延享録、日光御宮御年忌御修營雜記、日光廟建築。

（五）寶暦二年（一七五二）・寶暦十二年（一七六二）

寶暦二年（一七五二）に大猷廟寶塔の修理が行はれた。これは寛延三年（一七五〇）四月に、堀田相模守正亮、寺社奉行靑山因幡守忠朝、勘定奉行曲淵豐後守照親、作事奉行服部大和守保貞等の見分があり、七月、總奉行堀田正亮、奉行服部保貞、土屋長三郎、松平新八郎、大工頭福田久左衞門、大棟梁辻内豐後等の任命があつて着手した東照宮修營工事に從屬して行はれたものである。この工事は本坊、神橋等にまで及ぶ廣範圍のものであつて、然も日光門主より請うたがためのものではなく、將軍家重公の發意に依るものであつた。また助役は松平蜂須賀阿波守宗鎭であつた。東照宮の方は寶暦三年（一七五三）五月に工を竣へてゐる。日光御宮御年忌御修營雜記、日光廟建築。

この後約十年經過して寶暦十二年（一七六二）にも修營の起工あり、東照宮、大猷廟、本坊に及び、明和元年（一七六四）六月總竣工してゐる。總奉行は松平右近將監武元で、助役の大名中大猷廟のそれは松平前田出雲守利與、相馬彈正少弼尊胤であつた。關係技術者は辻内豐後のほか、甲良豐前、平内長門政敷等であつた。寶暦日記、日光御宮御年忌御修營雜記、日光廟建築。

（六）安永七年（一七七八）

この年の修營工事は、同八年（一七七九）にわたるもので、従前と同樣、東照宮はもとより大猷廟、本坊等に及ぶもので、總奉行は松平右京大夫輝高、大猷廟關係の助役は、松平毛利大膳大夫重就及び吉川監物經倫であつた。この工事は總體としては相當の大工事であつて、東照宮その他と合せて總工費金拾五萬千百二十四兩十二匁、米六千五百二十四石五斗六升にのぼつたと言はれてゐる。修營日記、日光廟建築。

(七)　天明八年(一七八八)・寛政五年(一七九三)・文化三年(一八〇六)

天明八年(一七八八)に二天門の修理があり、これには大棟梁辻内大隅が關與し、つづいて寛政五年(一七九三)から六年(一七九四)にかけては作事方が關與した仁王門及び左右銅塀の修理があり、それと同時に日光方大工の關與した皇嘉門左右の袖塀及び黒白柵の修理幷に奥院拜殿、同赤木戸門、黒木戸門等の修理が行はれた。かくて文化三年(一八〇六)に至つて再び作事方の手によつて二天門の修理が行はれた。日光廟建築。

(八)　文政元年(一八一八)・文政二年(一八一九)・文政十三年(天保元)(一八三〇)

文政元年(一八一八)二月三日、幕府より大猷廟幷に諸堂社修理のため見分のことが命ぜられ、三月二十一日、奥院の拜殿修理のことが日光方大工に下命され、二十二日には仁王門、庫、水屋の三箇所を、翌文政二年(一八一九)の一箇年中に修理すべきことが作事方に命ぜられた。また文政二年(一八一九)十月十二日、大猷廟修理のための總奉行以下が任命され、直ちに工事が開始されたのであつた。ついで文政十三年(天保元)(一八三〇)十二月、同廟奥院向黒白柵の修理が行はれた。日光廟建築。

以上は江戸時代に於ける主なる修營であつて細かい修理はこのほかにも行はれたのであるが、それらは總て省略する。

四　別當龍光院

大猷廟創始せらるるとともに、幕府はとりあへず慶安五(承應元)年(一六五二)八月二十日附を以て老中酒井讃岐守忠勝、松平伊豆守信綱、阿部豊後守忠秋連署を以て梶金兵衛定良宛の條目を下し、大猷廟に闕して種々規制する所があつたが、廟の成るや、承應二年（一六五三）四月二十日、大猷廟領として三千六百三拾石八斗六升九合を附し、そのうち五百拾五石七斗一升六合を年中佛供料に宛て、八拾四石を以て年中行事料に、百五拾石を以て別當龍光院領に宛てた。そして年中佛供料及び年中行事についても亘細に規定せられたが、今は省略する。

寛文七年（一六六七）九月十七日、年中行事配當目錄幷に下知狀に損益改替はあつたが、記するほどのことは無く、この後も年中佛供料及び年中行事料、龍光院領には變化がなかつた。

別當龍光院はいふまでもなく、承應二年（一六五三）四月大猷廟の創建成るとともにこれを置かれ、房舍は廟の傍らにあつた。その初祖竹翁は京都の出身であつて、天海大僧正に従つて受戒得度、慶安四年（一六五一）家光公の靈柩本坊假道場に遷座中、毎日の勤行を奉仕した。當時竹翁は本坊の留守居であつたからである。この縁よつて竹翁は初代の別當に抜擢せられたのである。以下二世豪海法印、四世大僧都天祐、いづれも天海大僧正に従つて受戒得度したものであつた。以下初祖竹翁より七世眞海までを略記しよう。

初祖竹翁法印　生國山城京都、北面某の男、日光山養源院住職、承應二年（一六五三）龍光院住職、明暦三年（一六五七）七月退院、寛文四年（一六六四）十月三日磐城にて寂。

二世豪海法印　生國陸奥會津、江戸崎不動院豪仙法印弟子、日光山櫻本坊亮海附弟、明暦三年（一六五七）七月龍光院住職、延寶三年（一六七五）七月退院、同四年正月五日、櫻本坊にて寂。同坊は前住地。

三世豪傳法印　生國陸奥會津、江戸崎不動院豪仙法印弟子、日光山實教院仙海法印附弟、實教院住職、延寶三年（一六七五）七月、龍光院住職、天和元年（一六八一）七月退院、同三年（一六八三）十二月十八日實教院に於て寂。

四世大僧都天祐法印　生國下野那須郡福原郷、那須家一族小瀧刑部右衛門藤信二男、日光山教城院天雄法印附弟、承應二年（一六五三）四月教城院住職、天和元年（一六八一）七月十一日龍光院住職、元祿二年（一六八九）大僧都、寶永六年（一七〇九）退院、教城院に隱居、寶泉院と號す。同年十一月二十八日寂、年八十歳。

五世大僧都行賢法印　生國陸奥會津、葦名盛氏の臣本間氏の末孫、大僧都行海法印弟子、日光山法門院正海附弟、延寶七年（一六七九）三月法門院住職、寶永六年（一七〇九）六月十七日龍光院住職、のち病に依て辭退、法門院に隱居、慈航と改む。年六十一歳。

六世大僧都榮順法印　生國武藏川越、須田氏某の七男、叔父喜多院住職慈海弟子、元祿二年（一六八九）三月十五日、日光山唯心院住職、正徳元年（一七一一）四月十八日、龍光院住職、正徳二年（一七一二）四月十八日大僧都、享保十年（一七二五）五月二十九日退院、隠居、修成院と稱す。寛保二年（一七四二）六月二十九日寂。年八十歳。

七世法印眞海　日光山安居院七世、享保十年（一七二五）六月龍光院住職、同十九年（一七三四）退院、安居院に隠居、年五十九。龍光院傳記幷列祖傳、日光山近世法制史料一。

五　寛永寺大猷廟・紅葉山大猷廟

慶安四年（一六五一）四月二十日、家光公の薨ずるや、二十三日、まず靈柩を東叡山に遷し、二十六日まで滯座、同日日光山に移すべく發途した。この因緣もあり、且つ東叡山寛永寺は公が大僧正天海をして草創せしめた寺院であり、また三緣山增上寺には、家康公の安國殿、秀忠公の台徳院靈廟が既に營まれ、秀忠公夫人淺井氏崇源院の靈牌が安置せられてあるのとの均衡上公平を期する意味もあつたのであらうか、幕府は東叡山に大猷院靈廟を造營することとした。

すなはち同年六月九日、幕府は東叡山新廟構造の總奉行に松平伊豆守信綱、奉行に小性神尾主水元珍、歩行頭小出越中守尹貞を任命し、工事は幕府作事方大棟梁甲良豐前宗賀が擔當した。寛永寺本坊の東南、現在の國立博物館内の兩大師寄りの地にあつた子院護國院、林光院を現在の徳川氏第一靈屋（嚴有院徳川家綱公廟）の地に移し、その跡地に起工したのである。七月七日、手斧始あり、松平信綱、小出尹貞、神尾元珍これに監臨した。日記、水戸記。ついで九月六日、信綱東叡山營作所を巡視し、日記、水戸記。十九日、立柱あり、信綱これに監臨し、樽肴を薦めた。日記、水戸記。

承應元年（一六五二）二月十一日、小出尹貞、神尾元珍、東叡山大猷廟に、諸大名より石燈籠奉獻の事を沙汰すべきことを命ぜられ、公儀日記、天享東鑑。三月十日には、尾、紀、水三家より廟前に銅燈籠進獻のことがあつた。紀伊記。かくて四月三日、靈廟上棟あり、安鎭祭が行はれた。日記、公儀日記。かくて東叡山大猷廟は竣工し、四月十九日、神尾元珍は、これを賞して若狭守と改めしめられた。公儀日記。ついで六月十日、松平信綱の同廟構造總督の勤勞を賞して家綱公より則重の刀を賜ひ、その子甲斐守輝綱にも、時服、羽織を賜うた。公儀日記。

東叡山大猷廟は、山内の一角にその莊麗を誇つたが、享保五年（一七二〇）三月二十七日炎上し、その後再建さるることがなかつた。そして大猷院は嚴有院廟に合祀されたのである。なほこの大猷廟は家光公の薨日に依つて「二十日樣御佛殿」と呼ばれてゐた。甲良若狹覺書、下谷區史、日光廟建築。

江戸城内紅葉山にも大猷院靈廟が營まれ、同城の東照宮、台德院靈廟と共に、家康公、秀忠公、家光公のそれぞれの正忌日及び月忌には後代の將軍が參詣し、病氣その他の支障ある場合は代參を立て追遠の誠を致したのであつた。これは東叡山の大猷廟に於ても同樣であつた。

附説　梶　定　良

大猷廟を語るについて必ず憶起さるるのは梶左兵衞佐定良のことである。

梶定良は慶安四年（一六五一）四月、家光公の靈柩に扈從して日光山に抵り、そのまま同地に止住し、日光守護として山内の政務に關與し、元祿十一年（一六九八）五月十四日、八十七歲の生を畢へるまで公の靈に仕へ、つひに大猷廟後の大黑山に葬られた人である。

定良は慶長十七年（一六一二）七月朔日、伊勢長島城主菅沼織部正定芳の臣菅沼權右衞門定榮の男として生れた。名は初め定治といひ、通稱金平、金兵衞と書かれた場合もある。七歳より馬に乘り、十歳にして鷹を使ひ、十一歳より鐵砲を打ち習ひ、幼より武術に心を入るることが深かつたといふ。

寛永三年（一六二六）八月、家光公上洛の時、叔父梶次郎兵衞正勝（また正利とも、四百石を領す）の扈從せるにより、定良も十五歳にて同道上京した。時に叔父の養子の契約が成つたのであつた。定良は歸府ののち、十七歳にて小幡勘兵衞景憲に軍法を習ひ、小野次郎右衞門忠明に劒術を學んだ。

寛永七年（一六三〇）定良十九歳の時、養父正勝に實子長十郎正持が生れたので、養父の家督財寶等は殘らずこれに渡した。定良はその前年卽ち六年（一六二九）に幕府に召出されて小十人組に列し、後、廩米百俵を賜ひ、九年（一六三二）より家光公に仕へ、八月二十五日、新恩あり二百俵を給せられ、十月二十三日、御腰物持に遷り、二十年（一六四三）七月五日、御小納戸に轉じ、正保二年（一六四五）十二月二十六日、廩米二百俵を加賜せられ、四年（一六四七）十二月晦日、布衣を着することを許された。慶安四年（一六五一）四月二十日、家光公の薨ずるや、二十二日、定良は靈柩に扈從し、落髮して法會の終るまで奉仕することを命ぜられた。之は幕府が彼の素志を汲んだものと解せられる。彼は事終るの後、一旦歸府したが、十月二十日、家綱公の命を承けて日光山に赴き、更に翌承應元年（一六五二）七月二十一日、願によつて日光山大猷廟の定番を命ぜられ、二百俵の加恩あり、六百石となつた。定良はその身分により、家光公に殉死を遂げることをしなかつたが、深き恩寵を蒙つた公の墓側に終生奉仕することは彼の素願であり、それが叶へられたのである。

定良が家光公に仕へたのは前記の如く寛永九年（一六三二）二十一歳の時であるが、常に側近に在つて、髮上げ、風呂、衣服等の用事を勤めた。彼が一生を公の墓側に仕へんと決心した原由は御小納戸勤役中の或る時、公が水風呂に入られ、月代《さかやき》を命ぜられたが、圖らずも剃刀を風呂の中に取落したので、いかなる咎めもはかり難く、平伏して様子を窺つてゐたが、公は平常よりも機嫌よく、何かと言葉をかけられ、彼是れ用事を命ぜられた。それ故彼はその節の恩を深く心に銘じ、身命を差上げて御用に立つべしと思ひつめたとのことである。

梶定良の職名については日光定番、日光守護等呼ばれてゐるが、殊に承應元年（一六五二）七月の發令によれば、大猷廟の定番の如くでさへあるが、承應二年（一六五三）四月二十日酒井讃岐守忠勝、同雅樂頭忠清、松平伊豆守信綱、阿部豊後守忠秋連署の日光山大猷院御堂年中行事に、

「○上略 勘定之時、五人之年行事、兩別當（大樂院、龍光院）幷梶左兵衞佐、目代立合、從二御門跡一相應之仁兩人出レ之相加、可レ遂二結解一、若以來米賣買金子壹兩付自二五石一下直之節者、雖レ爲二定納一、相談之上可レ令二用捨一、修理料之金子者、五人之年行事、兩別當幷左兵衞佐、目代相二封三付之一、納三置於二御倉一、不二修理一而不レ叶破損之所者、以二御門跡差圖一可二申付一之。○下略」

とあり、また以下に示す諸令條等にて明らかなやうに、彼は山中の辻番をも支配し、山内の政務に參與して隱然たる勢力を有してゐたのである。然も彼は慈愛謙虚の念深く、その勢力に奢ることなく、一念家光公の靈に奉仕したのであつた。即ち幕府より下した明暦元年（一六五五）九月十七日附の日光山條目に、「一、山中萬仕置、門跡以二差圖一、梶左兵衞佐幷目代、兩別當可二執行一之、勿論惣山不レ可レ背二門跡之下知一事。○上下略。日光山近世法制史料第一」とあり、同日附の日光山下知條々に、

一修理料之事、年々可二收納一之、破損修復萬入用、小細之時者、梶左兵衞佐、目代幷兩別當相談之上、可二相調一、大分之儀者御門跡江窺レ之、可二申付一。○中略

一辻番三十人之事、梶左兵衞佐可二支配一之、然者番所之儀、於二御本社二王門之内外二ヶ所一、上之御供所御門之外瀧尾口一ヶ所、御堂惣門之外一ヶ所、龍光院下之御供所之上瀧尾口一ヶ所、合五ヶ所共、一ヶ所付而六人宛、替々晝夜無二懈怠一可レ勤之、右之番所毎日組頭兩人見廻可レ改レ之、若越度有レ之者、窺二于左兵衞佐一、而目代出合、相談之上申二付之一、爲レ私不レ可二沙汰一、此外三佛堂前之番所者、從二右之町中一、如二先條一替々可レ勤レ之、是又兩人之組頭改レ之、咎有レ之者、目代江相屆、左兵衞佐相談之上可二申付一之事。

一御菓子屋神前佛前御用之時者、從二兩別當一可二申付一之、大工、鍛冶、飾屋、塗師、檜物師、是者御宮御堂小細之御用之時、梶左兵衞佐、目代幷兩別當吟味之上、可二申付一之、就レ夫兼而御扶持方米被レ下之間、末々迄當山町中居住、不レ依二何時一早速可二相勤一之、但大分之儀者、爲二各別一之間、右四人以二相談一申二付之一、其料可レ出レ之事。

〇中略

一梶左兵衞佐幷目代、兩別當、諸事遂二相談一、可レ致二沙汰一、勿論難レ計儀者、可レ窺二於御門跡一事。〇下略、日光山近世法制史料第一。

と見えるごとくである。定良は承應二年（一六五三）四月三日、從五位下に敍し、左兵衞佐に任ぜられた。これは大猷廟造營のことに參與した功をも認められたことと考へられる。

寛文七年（一六六七）三月二十九日、家綱公より定良に伽羅一木、壹分判金三百粒を驛賜せられた。この年九月十七日、幕府は酒井雅樂頭忠清以下六名連署にて御宮（東照宮）御堂（大猷廟）年中行事配當目錄幷下知狀等之内今度損益改替之覺を出したが、その中に、「一、衆徒一坊諸役人等、於三怠二慢其役儀一者、兩別當改レ之、梶左兵衞佐、目代江相斷、可レ沙二汰之一、其上於レ無二承引一者、御門跡江可二申達一事。」「一、至二于坊舍町中一迄、浪人幷不レ慥者不レ可レ置レ之、若於二拘置一者、可レ爲二曲事一、梶左兵衞佐、目代可レ改レ之事。」と規定され、また、「一、梶左兵衞佐知行六百石之

事、御堂方先帳ニ雖レ載レ之、御堂領之高之外、其上依二訴訟一、切米ニ被二替下一之、故今度之帳面ニ除レ之事。」及び
「一、梶左兵衛佐事、御宮御堂兩別當、其外目代等立合、可レ及二沙汰一之旨、年中行事之奥書幷下知狀ニ雖レ載レ之、向後者可レ爲二無用一、雖レ然、御神寶、御堂御寶物改曝之事、破損修復等之事、其外御條目違背之輩、又者惣難二落着一儀者、左兵衛佐江及二相談一、依レ品御門跡江可レ窺レ之、左兵衛佐茂亦諸事存寄子細等於レ有レ之者、無二遠慮一申斷、可レ及二沙汰一事。」の二條項があり、定良の責務も輕くなつたことが知れる。日光山近世法制史料第一。

承應元年（一六五二）七月二十一日、定良に二百俵加恩あつて、六百石となつた。そして明曆元年（一六五五）九月に、門跡領千八百石、學頭領三百石とともに定納の外と規定せられたが、ここに至り、切米に改められたのである。これはかねて定良の領地鹽野室村が日光の神領と境目が接して居り、神領の百姓と自領の百姓が公事沙汰に及んだ際、若し公儀に罷り出て神領の百姓非分になつては不本意と思つてゐたので知行を差上げたのであるといふ。この後、舊領の鹽野室村の百姓は江戸に至り、本の地頭の知行に變へらるるやうにと二年間も訴訟したと傳へられる。これは彼が領内の政道正しく慈悲深く、ために百姓が彼を慕つたことを示すものである。

寛文九年（一六六九）日光目付代に加藤平内登山の折、定良久しく目見えせざるを以て、祭禮後參府すべき旨の家綱公の意を傳へた。よつて定良は同年十月出府、十七日、公に召されて山中の諸事の垂問に應へ、二十六日、四百俵を加增され二千俵となり、公着御の羽織、八丈紬三端を賜ひ、赴任の暇を給せられた。

延寶八年（一六八〇）家綱公病中、老女方より奉書にて、公着衣の小袖、袷、帶等拜領、上意に、この小袖を着て、東照宮及び大猷廟に參詣せよとのことであつた。またこの年（多分家綱公の薨じた五月八日以前であらう）參府し、特に公に謁したとも傳へられる。

ついで天和元年（一六八一）三月十一日、江戸に參府、この日銀馬代を以て將軍綱吉公に謁し、二十日、公に召されて八丈紬五反、伽羅一木を給うた。かくの如く、家綱、綱吉二公も定良の勞を深く感じられたのであるが、更に同三年（一六八三）五月二日には、定良は從四位下に昇敍し、千石加秩して二千石を給ふこととなつた。これは彼が家光公葬送よりこのかた日光山より他に移ることなく、三十餘年の間如在の禮を怠らず給仕した勞を思うての特恩であつて、全く異例のことであつた。同十四日、定良は登山の暇を給せられ、綱吉公より手づから伽羅一木を給うた。公は定良の勞を思はるること篤く、貞享二年（一六八五）以降元祿十年（一六九七）まで累年、時服、或は羽織、八丈紬、帷子等を驛賜されるのを例とした。また元祿六年（一六九三）十一月十九日には日光山の假橋普請のことを奉行したので時服三領と羽織を賜うた。

元祿十一年（一六九八）四月の頃より定良は老衰のうへ、病に罹り、勤仕に堪へなくなつた。よつて俸祿を返し、剃髮せんことを願ひ出た。

その願書に、「手叶不レ申候云々」と言つてゐるので、彼はもはや病氣のため花押を署する力もなかつたことがわかる。

この四月九日、幕府は目付稻生七郎右衞門正盛を日光山に遣した。これは定良が大病のため、赴いて祭禮の事を取計らはしめるためであつた。

五月三日、幕府は目付長田喜左衞門重昌を日光に遣し、定良の請を許して、剃髮して蓮華石町に隱居を命じた。然し俸祿はそのまま給うて老を養はしめたのである。ここに於て定良は剃髮して蓮入と號したが、同十四日、つひに八十七年の生を終へたのであつた。そして同月大猷廟の後方、大黑山の、慈眼大師堂より少しく登つた所に葬られた。

法名を照光院月嶺圓心大居士といふ。彼はつひに死後も、その希望のごとく家光公の英靈の側近に仕へることとなつたのである。

かくて六月四日、幕府は目付布施孫兵衞重俊、近藤平八郎重興を日光の目付に遣した。これより目付兩人づつ山に交代すべしと定められ、從來、使番を目付代として派遣してゐたことは廢された。日光目付はこの後元祿十三年（一七〇〇）八月二十八日、日光奉行の創置さるるまで繼續された。

定良は終身娶らなかつた。從つて繼嗣がなかつた。幕府は定良の積年の勤勞を嘉みし、實直に彼に仕へた家臣小野善助良直を、六月十四日召出して御家人に列し、日光御殿番となし、切米百俵を給し、同心九人を預け、定良の祀を繼がしめ、先に定良に恩賜せられた具足一領、信國の短刀一腰及び調度財貨に至るまで悉くこれを良直に賜うたのであつた。良直の曾孫善助良純は御殿番より日光奉行支配吟味役となり、寛政十年（一七九八）四月九日、班を進められて御勘定格となつた。

斯く、小野善助良純は定良が將軍家より恩賜された具足等を賜うたのであるが、その品々は日光奉行支配同心柴田泰助手抄によれば左の通りであつた。

三代將軍樣ヨリ梶左兵衞佐拜領品々　八（マヽ）品也。

一御鎧　□皮包茶糸落（マヽ）し

義經家臣佐藤四郎忠信之著給ふ御手入有レ之□

一御兜　筋し金地黒目面南蠻鐵なり

右大將頼朝卿家臣一法子之御着給ふ御兜なり。鎧と一道に御手入有レ之候。

一御短刀來信國
　大猷院樣御指料拜領
一御屏風
　猷廟公御枕屏風なり
一單御羽織
　白羅紗杠カリ八反掛□八丈二ツ
一花生　　一口
　大民（マヽ）國シホウ

このうち御屏風に就いては第六章に述ぶるところがあつたから讀者は夙にこれを知つて居られるであらう。

定良が家光公の洪恩に感じてその廟に祁寒暑雨は厭はず、一日も忽にせずして仕へたことはこれまでも屢〻記した所であるが、彼は衰老してもその廟山に上下するために杖を用ゐたのは八十五歳の時からであるといふ。彼の忠貞の人となりや性格は、寛文三年（一六六三）家光公の十三回忌法會に日光山に派遣された林鵞峯の在山中の日記癸卯于役日錄によつて見ることが出來る。卽ち鵞峯は彼の人となりを記して、「其爲レ人、謙而有レ禮、然亦不レ肯ニ爲レ人卑屈一、故相逢者、皆奇レ之。（四月三日條）」といひ、また「梶氏廉直無欲、在ニ當山一十三年、一日無レ不ニ參廟一、朝設ニ奠供一、夕供ニ茶湯一、手自掃ニ廟內塵一、諸侯參廟者、必以ニ梶氏一爲ニ前導一、然其所ニ贈惠一者、不レ受ニ一物一、（○中略）自嘲曰、余志在レ掃ニ廟內之塵一、然蒙ニ榮寵一、則非ニ素志一、然無レ奈ニ台命一、唯恨執政不レ知ニ余素意一也。」（四月三日條）と記し、更に「其餘所レ談（○定良）皆正而無レ私、河牧（○井上河內守正利、寺社奉行）甲牧（○加々爪甲斐守直澄、寺社奉行）共嘆ニ賞之一、滿山群輩、與ニ梶氏一相逢者、皆無下不レ感ニ其志一者上、此人無欲謙退、不レ諂二權貴一、不レ侮二卑賤一、無レ妻無レ子、唯以二廟奠一爲レ勤、其志欲レ終二身於此一、非二俗士之所一レ及也。（四月五日條）と記してゐる。以て定良の面目を知るべきである。

徳川光圀もかねて、定良の人となりに感じてゐたが、この年の法會に滯山中、定良を引見せんとした。その事に關しても鷲峯がそのことを記した中にも「卓行之士」といひ、「忠直之士」と言うてゐる。共に定良に對する適切なる評言といふべきであらう。鷲峯の左の記事にもまた定良の志を見ることが出來る。

又談曰、執政及舊同僚、憐二我鄭重一、可二以謝一焉、余捨レ身掃二廟堂之草、墓樹之雪一、以爲二報恩之志一、然今所レ食倍二于昔一、則非二素意一、唯慚二拙弱而不一レ殉、然皆台命則違二先君一也、是以不レ能二固辭一、嗚呼若先君再生、則吾亦陪侍以求レ榮而已、滿座皆垂レ涙云々。（四月七日條）

光圀は家光公第十三回忌法會の事を終へた四月二十日、日光を發せんとするに當つて、侍臣伊藤七内を鷲峯の許に遣し、昨日鷲峯と談ずる所のあつた家光公を祀る祭文を示し、且つ之を定良に一覽せしむべきことを傳へた。鷲峯はこの夜二更、定良の訪問を受け、彼の請のままにこの祭文を誦し、その趣旨を說いた。定良は落涙數行、深く感動して必ず家光公の英靈に協はんことを誓つたのであつた。

定良の人となりに感じた光圀は定良の死を聞き、いたくこれを惜み、元祿十一年（一六九八）六月、常陸國玉造法幢院に於て法事を行ひ、駕をここに枉げて三日潔齋逗留あり、燒香して香奠を備へ、左の祭文を捧げ、また馬を庭前に牽かれたのであつた。

祭二梶左兵衞督一文

曾聞、有下孝子廬二親墓一者上、未レ視下有三忠臣廬二君墓一者上、今也、於二居士一覩焉、居士諱某、字某、號二左入一、蚤歲事二大猷公二于ㇾ夙于ㇾ夜、左二右公傍一、食不ㇾ飽、眠無ㇾ熟、拜二寵遇之忝一、浴二恩澤之潤一、公一臥ㇾ疾終不ㇾ起、居士泣ㇾ血呑ㇾ聲刺ㇾ心斷ㇾ腸、從二柩二荒一、其後不ㇾ日淸廟落成、居士伺二晝夜一、候二風雨一、臥ㇾ之掃ㇾ之、親自不ㇾ勞二他力一、悚然如ㇾ事ㇾ存、儼然如ㇾ見ㇾ生、一日無ㇾ怠、四二十有七年于茲一矣、今年五月二十一日居士晏然而逝、嗚呼哀哉、居士素好ㇾ馬、有ㇾ暇秣ㇾ之飲ㇾ之、樂ㇾ得二其趣一、予頃者、得二冀北之產一、將ㇾ授二之居士一、素志不ㇾ遂無二如之何一、於ㇾ是嚫二金法幢院之僧一、作二佛事一、助二彼冥福一、授二馬庭前一、賽二神薦一焉、予非ㇾ報二舊知之恩一、唯旌二忠信之義一而已、欲ㇾ寫二愁情一筆鋒銜ㇾ胷、欲ㇾ述二哀詞一、硯滴添ㇾ淚、嗚呼哀哉、居士自三一廬二君墓邊一、影不ㇾ出ㇾ山四十七年、曩候二淸廟一今從二黃泉一、生仕死仕、彌高彌堅。常山文集二十。

左兵衞督と記したのは文飾であつて龍光院に藏する定良の位牌、林衡碑銘その他諸書に同じく記されたものがあるが、定良は左兵衞督には任ぜられず、左兵衞佐であつた。また定良卒去の日を五月二十一日としたのも、傳聞の誤である。梶左兵衞佐定良略記、梶左兵衞督行狀、左兵衞督梶君之碑、從四位下左兵衞督梶公墓碣銘、大猷院殿御實紀、嚴有院殿御實紀、常憲院殿御實紀、晃山拾葉三、寬政重修諸家譜五六四、羅山林先生詩集、稿本日光山記、林鵞峯癸卯于役日錄、御當代記、日光奉行支配同心柴田泰助手抄、龍光院玄海手抄、桃源遺事、耳袋二、孝經樓漫筆三、日光山隨筆、光嶺秘鑑二、日光山志二、天保七年山崎美成日光筆記、晃山勝槩二、昭代記、西山偉蹟、晃山叢書十、位牌、墓所碑銘。

定良が大猷廟に奉納した品々が御道具之覺及び日光御靈屋御道具帳寫天保十二丑年六月改ㇾ之。の二書に記載されてゐる。左に抄しよう。

諸方奉納之覺

○中略

一心經一卷弘法大師御筆箱黑漆、內梨地、覆沙、外家有　梶左兵衞佐

一銀大火敷　一枚是ハ於万部堂御用　梶左兵衞佐

一延寶三乙卯年（一六七五）六月十四日上、
御法事記錄一箱　內ニ入日記有、　梶左兵衞佐

一石不動像御手水屋瀧ノ上ニ立レ之、　梶左兵衞佐

一錫御茶渡壺一　梶左兵衞佐

○御堂御道具之覺

諸方奉納之覺

○中略

家綱公御十五ノ歳御筆

一御掛物壹幅　梶左兵衞佐

一御掛物壹幅解脫院樣御筆、（輪王寺天眞入道親王）從二後水尾院樣一女院樣江
大猷院樣御他界御悔之御製　同

一觀音繪像壹幅解脫院樣御筆　同

一掛物壹幅陰元（マヽ）禪師筆、酒井空印（忠勝）江ノ書翰
家光公御好ニテ音能鶯ノ圖、探幽筆　同

一鶯繪壹幅　同

一心經壹卷弘法大師筆、從二水野石見守一遣ス　同

家康公御年譜　一冊

寬永皇帝行幸記　一冊

一御法事記錄幷家光公御治世畧記　一冊　一箱　同

家光公戌歲御上洛御道之御歌　一冊

家光公戌歳御上洛御記録　一冊　○中略

右之品々相改之相違無二御座一候。以上。

元祿七年（一六九四）八月　日　　梶左兵衛佐定良（花押）

右之通今度改而注二帳面一被二差出一之候。依レ之各令二判形一者也。

元祿七年（一六九四）八月五日　　相模（土屋政直）印
山城（戸田忠政）印
豐後（阿部正武）印
加賀（大久保忠朝）印

梶左兵衛佐（定良）殿

追奉納

元祿九丙子歳（一六九六）七月日

一御掛物竿壹本袋スカ八條　　梶左兵衛佐
一南蠻土圭　　同
一水晶　　同

○日光御靈屋御道具帳寫　天保十二年六月改レ之

右に擧げたうち寛永皇帝行幸記の奥書に左の如く記されてゐる。

右寛永行幸記一册、爲二後鑑一書寫奉二納之一者也。

于時寛文十一辛亥年（一六七一）四月吉　　梶左兵衛佐定良

定良が茶を嗜んだことは茶杓筒の墨銘として左の如きが遺されてゐるのでも明らかである。

「日のひかり頼てけつる老眼か　　梶左兵衛佐
形見ともなれ茶すくひの竹」

「老たるもわかきも定なきならひ
我もかたミにおくりたきもの　　正昭返」

正昭については明らかでない。

定良が慈悲深かつたことはいろいろ傳へられてゐるが、天和三年（一六八三）東照宮御柵矢來普請の節、請負人等が東照宮の山續にて栗角を切出した際、定良の斡旋によつて無罪となつたので一同深くこれに感じ、定良及び妙道院を神佛同様に三拜し、享保（一七一六—一七三五）の頃まで老人子供の別なく役宅門前を拜したとのことである。また日光山には元祿（一六八八—一七一五）の頃まで日光門主附の療病院（八十石を食む）以外には醫師といふ者はなかつたので、定良は神領村々町方へ施藥したとのことである。煎藥は定良自ら調合し、散・丸藥は家臣柴田幾平に調合せしめ、また老人、長病人には寒さらし粉、道明寺、鳥目等を與へ、產前產後の者には米、味噌、鰹節、鳥目等を與へたと傳へられる。

ともあれ、定良は自ら奉ずること薄く、人に厚く施した。神領幷に彼の私領の人々がその恩德を後々まで永く感じたことは十分察せられることである。

定良の死後、その家臣小野善助良直が日光御殿番に召出され、同心九人を預けられたことは前にも記したが、その同心は村上、平賀（二家）中山、柴田、村上、横地、桑山、大竹の九家で、これらの人々は多く定良の舊臣であるが、定良の忌日五月十四日には毎年、御講と稱して集會し、供物を備へ、廟參するのを例とした。然るに酒宴群酒の弊を生じたので一時中止し、當朝銘々佛參のみとしたが、かくては自然麁末となり、舊恩忘却の基となるので、評議の上、天保十四年（一八四三）より小野家に於て當日供物を備へ、廟の掃除をなし、當朝曉六つ時一同申合せ赤飯三升を蒸し、銘々香花を持參して佛前に備へ、燒香の上、小野家の當主に供して廟參することとなつた。照光院殿再構一件。

後年、定良を稱美する者が多いが、根岸守信は「異人眞忠なるもの」耳袋三。といひ、新井白石は「近代奇代の人物」白石紳書といひ、山本北山は「御奉公いたし候ものたれもかくあり度ものなり」孝經樓漫筆二と記してゐる。喜多村節信が「此人慈眼大師ニ隨ヒ、佛法ヲ信ストイヘトモ元モ無妻ニシテ嗣ヲ絶ツハ何ノ故カ知ラズ、恐ラクハ公ノ比翫童タルモノカ。」と記したのは何等據るところなき想像であらう。天保七年山崎美成日光筆記。

梶定良の畫像と傳へらるるものが日光町御幸町の柳田英三家に襲藏せられてゐる。筆致は稚拙であるが、やや雅致がある。なほ考究を要するものであらう。

定良の墓は大猷廟の後方の大黒山にある。この山は阿彌陀山また御堂山、御靈屋山とも稱されてゐる。杉の大樹の繁茂した奥に凡そ二十一米八十二糎四方程の矢來を構へ、その中に三米六十四糎平方ほどの堂が營まれてあつた。現在はこの堂は廢されて無くなつてゐる。石碑は圓い石で、形は僧侶の墓と同じである。臺石には壇があり、高さは臺座とも二米四十二糎許である。碑面に

元祿十一戊寅（一六九八）

從四位下梶氏左兵衞佐源朝臣定良照光院月嶺圓心大居士

二〇 梶定良墓

（日光大黒山）

二一 阿部忠秋墓

（日光山内）

五月中十四日

と刻されてゐる。（日光山隨筆、光嶺秘鑑、日光山志二、晃山勝概二。）

この墓碑の左方に、寛政九年（一七九七）五月、大學頭林衡（述齋）撰する所の左兵衛督梶君之碑が立つてゐる。高さ約一米六十糎の石の四面に、一面十行、一行二十四字づつ刻されてゐる。寛政九年（一七九七）五月十四日は定良の第百回忌日に相當したので小野善助良純がこの碑を建てたのである。（日光山志二、事實文編二十二。）なほ事實文編二十二に諸葛蠡撰する所の従四位下左兵衛督梶公墓碣銘が載せてあり、林衡の撰文よりも長文であるが、ここには省略する。

境内には槇、楠等の大木あり、石楠花など丈餘に及ぶものがあり、鬱蒼として晝なほ暗い感じがする。

定良の位牌は日光山の大猷廟別當龍光院に在る。高さ四十四糎、上部は白木で台は黒塗である。正面に

照光院四品左兵衛督月嶺圓心之神位

と記し、裏に

義士(マヽ)従四位左兵衛督姓源氏、梶、諱定良、號左入、慶長十七年（一六一二）壬子七月朔生二于勢州長嶋一、元祿十一年（一六九八）戊寅五月十四日卒二于野州日光山私第一、壽八十七。

と誌し、中に

毎自作是念　以何令衆生
得入無上道　速成就佛身

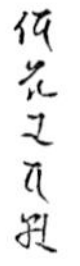

と書かれてある。（梶氏位牌。）

定良の日光山に於ての功績も數多く傳へられてゐるが、はじめ日光山の衆徒、社家は幕府への年禮がなかつたのを、定良が比叡山、東叡山の例を擧げ、東照大權現を尊敬し、親王下向ありて日光門跡に座せらるることを要路に力說し、つひに年禮謁見が聽さるるに至つたのもその一つであると傳へられる。龍光院玄海手抄。

梶定良と阿部忠秋及び忠秋の墓

定良と家光公の重臣阿部忠秋とは身分の差を超えて非常な親交があり、肝膽相照の間柄であつた。その事は前に擧げた林鵞峯の癸卯于役日錄に、

少焉豐後守（阿部忠秋）自訪二梶左兵衞（佐脫カ）定良一、是大猷君近侍小臣、今爲二御廟監一、其宅在二豐牧邸隣一、故豐牧步行、余亦從レ之、梶氏適レ他、豐牧歸レ邸、余亦歸。（四月朔日條）

今般法會之間、湧二浴室一、不レ論二親疎一、隨レ來使二入浴一、不下以二接待一爲上レ心、豐後守平生好二其爲人一、此行再往訪レ之、或入二浴室一、或飲食、梶氏不二自營一レ之、遣二人於豐牧邸一、取二其行厨一進レ之、其不レ拘二世利一者如レ此、蓋其當時之奇人也、惜哉、使三此人志二於學一、則其有レ所レ得乎。（四月三日條）

等の記載があるのでもわかる。豐牧邸とあるのは忠秋の宿舍で、定良邸の隣であるから目代山口圖書邸であつたらうとのことである。忠秋はこの時法會の總奉行として在山したのである。忠秋も再三定良を訪うてゐる。その親密の態が想はれる。前に引いた四月六日夜半忠秋、定良相携へて大猷廟に詣し、落涙數行であつたといふ記事も兩人の間柄を知るに充分である。

忠秋は延寶三年（一六七五）五月三日、七十四歲にて卒したが、その事が直ちに日光山に於ける定良に感應したとい

ふ話が傳へられて居り、日光では現在でもそれが口碑となつてゐる。左にこの事を記載した二書を抄記しよう。

阿部豊後守殿御老病ニ而御座候處、御養生不ニ相叶一御死去有ㇾ之候。其之砌御大病之豊後守殿御行水被ㇾ遊、長上下御着被ㇾ成、日光山に向、御三拜成し給ふ。其間ニ御壽八十余歳（マヽ）して御身は紫雲まき（マヽ）れてきえ給ふ。時于（マヽ）梶（定良）様御居間御座被ㇾ成候處、自然と豊後守長上下ニ而見へ給ふ。左兵衞佐殿平伏可ㇾ致とおもへしが御姿きえ給ふ。兼而被ニ仰合一候成りと江戸表急き之御使差出候處、雀の宮ニ而阿部殿ゟ飛脚たがへ（マヽ）ニ是ハ無事急キ御用なり、□たがひに飛脚いそき候歟、豊後守殿御骨を御靈屋御内捨度御願指出候處、御沙汰無ㇾ之内、左兵衞佐殿ゟ豊後守殿存生之内願御届候間、願之通仕度旨御伺候處、左兵衞佐勝手次第可ㇾ致旨被ニ仰付一候。依ㇾ之御骨を御水屋前捨置侯、梶左兵衞佐殿御骨をあつめ、石御柵矢來外ニ奉ㇾ納、空印（マヽ）殿祭給ふ。其後自ニ御柵矢來一石垣外江、阿部家ゟ地藏尊建立有ㇾ之、前ニ常夜燈有ㇾ之候、是を空印（マヽ）地藏菩薩（マヽ）あかめ奉るなり。

○日光奉行支配同心柴田泰助手抄

扨此人○梶定良存命の頃、或時不圖近習のものに對し語れるには、江戸にて阿部空烟も歿せしならんといひけれは、近習のもの何を主人の話たれることゝ思ひしに、兩三日すきてけれは、阿部空烟のひつきを荷ひ來れりとそ、誠に名譽絶倫の人々なれは、斯る奇異なる事とも有けるならん。此事彼近臣の子孫等今諸士（に脱カ）列せられて日光に住し、先祖ゟ其傳説を得たりとて語れるを聞けり。

○光嶺祕鑑二

日光山志二にも光嶺祕鑑二と殆んど同様の記事がある。柴田泰助手抄に空印とあるのは空烟の誤である。忠秋の法號は透玄院隆譽天朗空烟だからである。○空印は酒井讃岐守忠勝の法名である。忠秋が死の直後、長上下にて定良の前に現はれたといふことはとにかく、定良が忠秋の死をその悲報前に豫知し、或は感應したといふことは有り得ぬことではない。また忠秋は死後日光山に葬られ、その墓は柴田泰助手抄に記する如く石柵矢來の外に現在するのである。また彼の位牌は龍光院に納められてある。

忠秋の墓碑にはただ空烟の二字のみが彫りつけられてある。後にこの塔に石にて覆ひを造つた。上部は屋根の形になつてゐる特殊な構造である。總高さ九十一糎許、四方は四十四糎宛であり、前の正面を窓の如くに彫り透かし二字が見えるやうに造られてゐる。特異の型態である。

忠秋は寛文十一年（一六七一）五月二十五日致仕せる時より、かねて將軍家綱公に願ひ置き、嫡子正能幷に家臣等に、我が歿した時は遺骸を家光公の御靈屋近邊に捨てよと遺言したとのことである。これに因て彼の卒するやこの所に埋葬されたのである。彼の墓は大猷廟の後山にある梶定良の墓と各前後より同廟の本殿に對つてゐる。共に泉下に在つても奉仕すべき宿願であつたと傳へられる。（日光山志二、日光案內童。）

第十七章　忌辰法會

德川家光公の忌辰法會は左の如く行はれた。

一周忌	承應元年（一六五二）四月二十日	
三周忌	承應二年（一六五三）四月二十日	
七周忌	明曆三年（一六五七）四月二十日	
十三回忌	寛文三年（一六六三）四月二十日	
二十一回忌	寛文十一年（一六七一）四月二十日	
二十五回忌	延寶三年（一六七五）四月二十日	
三十三回忌	天和三年（一六八三）四月二十日	
五十回忌	元祿十三年（一六九七）四月二十日	
百回忌	寛延三年（一七五〇）四月二十日	
百五十回忌	寛政十二年（一八〇〇）四月二十日	
二百回忌	嘉永三年（一八五〇）四月二十日	
二百五十回忌	明治三十三年（一九〇〇）四月二十日	
三百回忌	昭和二十五年（一九五〇）四月二十日	

通じて十三回行はれたわけである。うち一周忌より二百回忌までの十一回は江戸時代であり、一周忌より二十五回忌迄の六回は家光公の子將軍家綱公によつて行はれ、三十三回忌と五十回忌は同じく將軍綱吉公によつて行はれた。そして百回忌は將軍家重公により、百五十回忌は同じく家齊公、二百回忌は同じく家慶公によつて行はれたのである。就中、寛文三年（一六六三）四月の十三回忌には將軍家綱公自ら日光東照宮に社參し、且つ亡父家光公の忌辰法會に臨まれたのであつた。以下各忌辰法會に就いて略述しよう。

一　一周忌　承應元年（一六五二）四月二十日

一周忌法會は承應元年（一六五二）四月、日光、東叡兩山に於て行はれた。この兩山に於て忌辰法會の行はれることはこの時に限つたことではなく、恒例となつたのである。

1　日光山法會

日光山に於ては當時大猷廟が、酒井讃岐守忠勝總督の下に造營せられつつあつた。忌辰の法會は、輪王寺本坊に於て或は三佛堂に於て行はれたであらう。四月六日、法華曼荼羅供の修行によつて開始された。輪王寺門跡守澄入道親王、青蓮院門跡尊純法親王、毘沙門堂門跡公海が出座し、勅使前權大納言廣橋兼賢、院使前權大納言園基音、新院使權中納言山科言總、女院使權中納言久我廣通らはじめ公卿參堂して、後光明天皇、後水尾上皇、新院（明正上皇）の香奠を進薦した。保科肥後守正之は束帶して、將軍家綱公の代參をしたのであつた。事に與かる輩はみな衣冠を着した。（公儀日記。）

この法會は十九日に結願した。當時、日光山に於ては大猷廟の造營中であつたので法會はさまで華々しくは行はれず、むしろささやかな儀式であつたやうであり、一周忌法會は東叡山寛永寺に於けるそれに主力をそそがれたやうである。尾張記、吉良日記、公儀日記。

2 東叡山法會

東叡山寛永寺の大猷廟前には今年三月二十日までに紀伊大納言德川賴宣、水戸中納言德川賴房、尾張中將德川光友より銅燈籠の獻備があり、四月三日には同廟の上棟があり、安鎭祭が行はれ、五日には遷座式があり、保科肥後守正之が衣冠にて家綱公の代參を勤めた。承應日記、公儀日記、尾張記。

法會に就いては、幕府は四月二日、御側出頭人牧野佐渡守親成、御側久世大和守廣之、寺社奉行安藤右京進重長、松平出雲守勝隆、太田備中守資宗その事に與かるべきことを命じた。尾張記。

翌三日、家綱公はこの度の法會に參向した勅使前權大納言廣橋兼賢、院○後水尾上皇使前權大納言園基音、新院○明正上皇使權中納言山科言總、女院使權中納言久我廣通の各卿、家綱公の衣紋のことにあづかるため下向した前權大納言高倉永慶、つづいて靑蓮院門跡尊純法親王を引見した。承應日記、公儀日記。

九日、法會について、鴈間詰の輩は三隊にわかつて讀經中參堂し、留守居の輩は一人づつ參拜し、萬部の間四、五度に限り、番頭二人づつ、新番頭一人づつ讀經中參拜すること等を令した。尾張記、紀伊記、天享東鑑。

翌十日、法會初めあり、法華、常行兩堂の間に假御堂を構營し、三堂に於て萬部讀經が行はれた。總督松平伊豆守信綱をはじめ事にあづかる輩が群參した。公儀日記。

十八日、法會に關して、諸大名は二十一日辰刻○午前八時より午刻○正午まで、番頭、物頭は二十一、二日午刻より申刻○午後四時まで、諸有司、寄合は二十二日辰刻より未刻○午後二時まで參拜すること等が定められた。

また香奠の制として、紀伊、尾張兩家と松平前田犬千代は銀二百枚づつ、水戸家及び松平越前守光通は銀百枚づつ、松平伊達陸奥守忠宗、松平島津大隅守光久は銀五十枚づつ、その他を定め、各參詣の日に進薦すべきこと、在封の輩は使者をもつて二十一日に獻ずべきこと、その使者は長袴を着せしむべきこと等を令した。

十九日、明二十日家綱公東叡山大猷廟參詣について、本丸は保科肥後守正之、安藤右京進重長、西丸は小笠原右近大夫忠眞、二の丸は奧平美作守忠昌に留守居を命じ、諸門の加番もそれぞれ命ぜられた。

が、二十日は大雨のため、家綱公の參詣を停め、翌二十一日法會を行ひ、保科肥後守正之、束帶して代參を勤めた。經供養には日光門跡守澄入道親王、毘沙門堂公海、靑蓮院門跡尊純法親王出座し、散花、奏樂畢つて被物あり、三門跡には高家これを行ひ、僧正以下凡僧には諸大夫がこれを執つた。

公卿衆いづれも參堂して、禁裏、兩院はじめ方々の御贈經、納經を進薦あり、事畢つて日光、毘沙門堂兩門跡に布施銀千枚づつ、日光門跡には時服二十を添へられ、學頭修學院に銀二百枚、衆僧に錢三萬二千五百貫を下賜した。

この日、幕府の老臣、高家は束帶、それ以下の輩は衣冠を着した。また歳首を賀するため參向の公家衆は經堂に參詣したのであつた。

香奠は東福門院より銀百枚、長松徳川綱重 徳松徳川綱吉 より銀百枚づつ、本理院鷹司氏より銀三十枚、寶樹院家光公側室朝倉氏 より金三枚、清泰尼家光公養女龜姫、徳川頼房女、 千代姫家光公女、前田光高室、 より別に頓寫料銀三百枚づつ、天樹院秀忠公女、徳川千姫、高田御方秀忠公女勝姫、より銀五十枚づつ進めた。公儀日記、紀伊記、天享東鑑。

二十二日には諸大名登營して法會の無事に終了したことを賀し、萬石以上の大名ならびに十萬石以上の大名の嫡子は東叡山靈廟に參拝して香奠を獻じ、また在封の諸大名は使者を以て香奠を獻じ、物頭以上の有司は各香銀一づつを進めて參拜したのであつた。尾張記、公儀日記。

二十五日には門跡、公卿等饗應の猿樂があり、樂は高砂、田村、芭蕉、國栖、祝言、呉服。狂言は末廣がり、いくゐであつた。尾張記、吉良日記。二十六日には參向の門跡、公卿等、東叡山寛永寺、三緣山增上寺に參詣のことあり、高家、寺社奉行らこれに赴いた。尾張記。

二十七日には公卿ら、家綱公に辭見した。家綱公よりは、歳首ならびに勅會法會を執り行はれたについての謝詞があり、武家傳奏淸閑寺共房、野宮定逸には銀二百枚、綿百把づつ以下、その他攝家の使等に賜祿若干あり、各〻暇を給し、靑蓮院門跡尊純法親王の旅館へは酒井雅樂頭忠淸を使として銀千枚を賜ひ、家司にも若干の賜物があつた。

かくて家光公の一周忌法會はすべて滯なく終了したのであつた。尾張記、公儀日記。

二　三周忌　承應二年（一六五三）四月二十日

1　日光山に於ける法會

承應二年（一六五三）四月には日光山に大猷院靈廟の新營成り、家光公の三周忌法會が盛大に行はれた。

三月十五日、酒井讚岐守忠勝以下儒役林春齋春勝に至る四十四名に日光山法會の事を掌るべきことを命じ、暇を給した。水戸記、尾張記。

四月四日、日光山に於て遷座式あり、假堂の導師は毘沙門堂公海が勤め、御堂の導師は守澄入道親王が勤めた。翌五日より家光公第三周忌法事を開始、巳刻〇午前十時御堂に於て曼荼羅供あり、家綱公名代として井伊靱負佐直滋着座し、勅使前右大臣轉法輪三條實秀、院使前權大納言小川坊城俊完、新院使前權大納言滋野井季吉、東福門院使前權中納言橋本實村、例幣使參議油小路隆貞等も着座した。導師は守澄入道親王、證誠は沙法院門跡堯然入道親王、ほかに梶井門跡慈胤入道親王、靑蓮院門跡尊純法親王、曼殊院門跡良尙入道親王、毘沙門堂公海が列座し、法事僧衆百人も出勤した。舞樂、被物の事も行はれた。承應日記。

同日大猷院廟塔の開眼もあり、家綱公名代井伊靫負佐直滋の參詣あり、導師は公海、證誠は守澄入道親王これを勤めた。法事僧衆二十口、承仕五人、大佛師一人が出仕した。

かくて、九日より十九日まで、うち十七日を闕日として十日間每朝茶湯、靈供のことあり、每日、寅下刻〇午前五時後夜、(法華懺法、舍利禮を行ふ。)辰上刻〇午前八時日中(讀經を行ふ。)申下刻〇午後五時初夜(例時如常本覺讃、光明供、錫杖を行ふ)の法事あり、萬部經を讀誦した。各門跡、院家はじめ經衆一千二百口、役僧三十口、承仕二十口、下役僮僕三十人が勤仕し、音樂が奏せられた。また十日、十三日、十九日には、大猷廟に於て法華問答が行はれ、初日は妙法院堯然入道親王、中日は靑蓮院尊純法親王、結日には曼殊院良尙入道親王がこれを勤めた、講問竝に聽衆二十口、承仕十口であつた。

十九日の逮夜には大猷廟に於て法華三昧あり、導師は梶井慈胤入道親王、證誠は輪王寺守澄入道親王であり、毘沙門堂公海も勤仕した。法華僧衆は三十口、承仕五口であつた。舞樂二番が奏せられた。

二十日卽ち家光公の第三回正當忌日は法事結願の日であつた。巳刻〇午前十時より大猷廟に於て經供養あり、家綱公名代井伊靫負佐直滋、勅使轉法輪三條實秀、院使小川坊城俊完、新院使滋野井季吉以下の公卿着座し、納經の事あり、經供養の導師は毘沙門堂公海、證誠は妙法院堯然入道親王が勤仕した。ほかに梶井慈胤入道親王、靑蓮院尊純法親王、曼殊院良尙入道親王が參仕した。法華僧衆百口、承仕十口であつた。舞樂三番あり、被物も引かれた。承應日記。

2 東叡山寛永寺に於ける法事

寛永寺に於ける家光公三周忌法會は日光山に比すれば簡素なものであつた。四月十七日、幕府は法會について明十八日、明後十九日のうち、諸大名、東叡山佛殿に參詣すべきことを達し、それについて御鐵炮頭一人、御徒頭一人、御目付二人代る代る同山に相詰めるべきことを令した。かくて十九日夜より二十日朝まで法事あり、同日、保科肥後守正之、裝束にて、家綱公の代拜を勤め、老中、旗本ら、何れも長袴にて參詣し、尾、紀、水三家の代拜もまた長袴にて勤仕した。

この日の朝、東叡山に於て輕罪牢舍の者六十三人の赦免が布告された。このうち武藏一國構の者、また江戸中のみ構の者若干があつた。翌々二十二日には、この度の法事に依り輕罪の者は赦免すべき旨、在府の諸大名には老中より、在國のそれには奉書を以て達せられた。これはこの種の法會には恒例の事とは云へ慶すべきことであつた。越えて六月二十四日、概ね士分以上にて勘氣を免ぜらるる者百三十餘人に及んだ。(承應日記。)

3 公卿饗應賜暇等

四月二十一日法會滯りなく終了したことを賀して長松(綱重)徳松(綱吉)登城して、これを賀し、二十二日には、尾、紀、水三家父子、諸大名、黑書院にて家綱公に謁してこれを賀した。ついで二十五日、酒井讃岐守忠勝、井伊靫負佐直滋、日光山より歸府し、御座之間に於て家綱公に謁し、箱肴一種づつを獻じた。

翌二十六日には、妙法院堯然入道親王、曼殊院良尙入道親王、梶井慈胤入道親王、靑蓮院尊純法親王、轉法輪三條實秀、小川坊城俊完、日光山より參着し、二十七日、輪王寺守澄入道親王、滋野井季吉、橋本實村が參着した。

二十八日、白木書院に於て、實秀以下公家門跡等物を獻じて家綱公に謁した。(尾張記、水戸記、公儀日記。)

さて五月朔日、門跡、公家衆饗應の能あり、三家、譜代の衆に陪觀を許され、酒井雅樂頭忠淸、能の事を掌つた。能組は、

翁、三番叟、弓八幡觀世、實盛今春、江口十大夫、是界寶生、祝言金剛、狂言三番末廣がり、いくゐ、犬山伏

であつた。曾我日記、水戸記、公儀日記。

公卿、門跡等は二日、三緣山增上寺に參詣し、三日、登營、家綱公に辭見した。公より勅會の謝詞を述べ、小川坊城俊完以下公家衆、門跡等に物を賜うた。ついで公家衆、門跡らは四日それぞれ歸洛の途に就いたのであつた。かくて三周忌法會はすべて終了したのである。三家記、公儀日記、尾張記、水戸記。

三　七周忌　明曆三年（一六五七）四月二十日

明曆三年（一六五七）四月の七周忌法會は主として東叡山寬永寺に於て行はれた。

四月十日、奏者番朽木民部少輔稙綱、松平出雲守勝隆、小性組番頭小出越中守尹貞、新番頭曾我太郎右衞門包助、勘定頭伊丹藏人勝長に、法會に關與すべきことを命じ、同時に法會參拜の輩の下馬下乘の制を令するところがあつた。水戸記。

十三日、東叡山に奉奠する香資について、尾、紀兩家は銀百枚、水戸家は銀五十枚、紀、水兩世子は各金一枚、綱重、綱吉兩卿は各銀三十枚、以下それぞれ規定せられた。承應日記。

法會は十五日夜より開始された。翌十六日、尾、紀、水三家は使者を以て家綱公の氣色を候し、幕府は東照宮及び諸靈廟に新瓜を進獻した。十七日、東叡山に於ては曼荼羅供を行ひ、十八日には法華八講が、十九日また曼荼羅供が

行はれた。承應日記。

二十日の正當忌日には、家綱公が衣冠にて東叡山大猷院靈廟に參詣あり、井伊掃部頭直孝、松平伊豆守信綱は豫參し、酒井雅樂頭忠淸及び阿部豐後守忠秋は扈從し、尾、紀兩家、水戸中將光圀は陪拜した。これらの人々はみな衣冠を着した。經供養、拜禮終つて、更衣所に莅むや、日光門跡守澄入道親王、毘沙門堂公海より菓子を獻じた。

この日、參詣の駕の經過する道筋に邸宅のある諸大名は、各〻門前に於て家綱公に謁した。

公の參詣により、守澄入道親王へは銀三百枚、毘沙門堂公海へ銀百枚を贈り、施物としては守澄入道親王に銀一千枚、公海大僧正に銀五百枚が贈られた。

布施は東叡山、日光山の僧百十人幷に兩山目代へ銀三千七百二十枚、讀經僧八百二十四人幷に伶人、役人等へ鳥目二萬貫文を給うた。

この日、東福門院より銀五十枚、本理院鷹司氏、千代姬〇德川光友室天樹院德川氏、高田御方〇松平忠直室より各〻銀三十枚を奉つた。その他進獻すること、先に令せられたごとくであつた。

また是日、二天門外にて輕罪の者六人を免し、各國にも赦令を下した。また瞽者に錢五百貫文、盲女に銀百貫文を給し、乞丐に米四百俵を施行した。日記、水戸記、紀伊記。

二十一日、綱重、綱吉二卿登營して昨日の參詣を賀し、諸大名は東叡山大猷廟に參拜した。日記。翌二十二日には尾、紀、水三家及び諸大名登城して二十日の參詣を賀した。守澄入道親王は登城して布施を謝し、衆僧もこれを謝した。日記、水戸記。

かくの如くにして七周忌の法會は終了した。三周忌の勅會に比すれば公卿、門跡等の參向もなく、質實な法事であつた。

四　十三回忌　寛文三年(一六六三)四月　家綱公社參拜廟

第十三回忌は寛文三年(一六六三)四月、將軍家綱公日光東照宮社參、大猷廟詣拜あり、公卿、門跡等も參向して盛大に行はれた。

家綱公の日光社參は、これより先萬治三年(一六六〇)四月に豫定され、同二年(一六五九)十二月三日、四日に扈従の人々をも命ぜられたのであつたが中止されたのである。が寛文三年(一六六〇)四月、家光公の十三回忌に當つて社參詣廟は實現した。

1　社參拜廟

同年正月六日、すでに四月の社參につき、扈従の輩、歩行、若黨、奴僕の類、去年の證狀をもつて召出すべきことを令し、御側日記、日記。十五日、醫員今大路道三親俊、野間三竹成大、金保道訓元尙、笠原養泉宗印、坂立雪元周、川崎周庵繁正に扈従を命じ、歩行頭宮城三左衞門和治等に法會中勤番すべきことを命じた。日記。

十七日、阿部豐後守忠秋に日光山に先發すべきこと、酒井雅樂頭忠淸に扈従、稻葉美濃守正則には留守を命じ、二十六日、扈従の輩に路費を給し、二十七日また賜物あり、(かかる事はこの後も屢〻あつたが一々記さない。)二月三日、井上河內守正利、加々爪甲斐守直澄を法會奉行、松平備前守正信、永井伊賀守尙庸、那須遠江守資彌を被物奉行とし、各三月下旬發程すべき事等が令された。日記。

十五日、扈従法度が令せられ、二十三日、阿部伊豫守正春、土井大炊頭利重、內田出羽守正衆、三浦志摩守安次に暇を給した。各の居城、領邑等が社參の旅館となるためであつた。日記。

三月二十三日、井伊兵部少輔直勝、松平和泉守乘久、水野監物忠善、松平備前守正信、井上河内守正利、加々爪甲斐守直澄、板倉隱岐守重常、永井伊賀守尙庸、那須遠江守資彌、高家吉良若狹守義冬、品川內膳正高如、吉良上野介義央、畠山下總守義重、勘定頭妻木彥右衞門賴熊、儒官林春齋春勝に日光山へ扈從の暇を給し、四月五日、日光山參詣の下知狀、黑印等を賜うた。ついで六日、松平讚岐守賴重、井伊玄蕃頭直澄に日光山へ先發すべきことを命じ、七日、松平(榊原)式部大輔忠次を召し、忠次並に保科肥後守正之、稻葉美濃守正則等に留守を命じて、諸有司に留守の條約を下し、また社參に關して道路、夜警の法度を下し、十二日、また社參に關して、御機嫌伺、日光參詣、香資の法度を下した。日記、御側日記、公儀日記、大成令。

十三日、家綱公は社參詣廟のために江戶を發途した。服裝は羽織袴であつた。黑木書院に於て保科肥後守正之、松平式部大輔忠次が公に謁した。この日若年寄土屋但馬守數直、御側森川下總守重名が先發した。日記、御側日記、公儀日記。

行列は神田橋より本鄉を經て平柳の旅亭に休憩あり、ここに岩槻城主阿部伊豫守正春迎謁して引返し、岩槻町口にて公を待つ。また平柳にては關東郡代伊奈半左衞門忠克、吸物、盃台を獻じ、物を賜うた。以下一々賜物のことは略する。岩槻に着くとき、しめやかに雨が降つた。同城にて土井大炊頭利重、古河城より來つて謁した。城主阿部正春、七五三の御膳を獻じ、盃を賜うた。

十四日辰刻(午前八時)岩槻城を出た。正春は幸手の休息所まで公を送つて歸る。古河城にては土井利重町口に公を迎へ、宇都宮城主奧平美作守忠昌、その子大膳亮昌能、壬生城主三浦志摩守安次も來り謁した。

十五日古河城を發し、小山の休息所及び石橋の茶亭に於てしばし休息した。宇都宮にては町口まで城主奧平美作守忠昌、同大膳亮昌能出迎へ、公を城に導いた。公より忠昌父子に盃を賜ひ、家臣九人へも公より時服、羽織各一づつを賜うた。この日、井伊玄蕃頭直澄來り謁した。この夜、公より目付の輩を召して、扈從の輩の作法について尋ねるところがあつた。日記、御側日記

十六日、宇都宮城を出でた。奥平昌能町際まで公を送る。大澤の休所にて晝餐、浴湯あり、代官、普請奉行、被官大工に至るまで謁す。晝過ぎてより雨となつた。薄暮、日光山に着し、公は行殿に入つた。玄關前にて高家、雁間詰、奏者番、その他公卿饗應使、梶左兵衞佐定良等が謁し、井伊直澄は入謁した。

この日、參着により、家門の方々、公卿、門跡等に使あり、家門の方々よりも賀使を遣し、肴一種づつを獻じた。この頃連夜地震した。日記、御側日記

十七日、東照宮祭禮、家綱公は本房の棧敷に臨み、これを觀た。三家、紀伊の世子德川光貞、松平賴重、井伊直澄、公に謁して棧敷に扈從した。雁間詰の輩は御成門に伺候した。神幸終つて家門、賴重、直澄は對面所にてまた公に謁した。

かくて公は轅に駕して宮參あり、衣裳は束帶であつた。隨身六人は蠻繪の袍、その他五位以上は、束帶にて從つた。助包の太刀、神馬一匹を進薦あり、守澄入道親王幣帛を役し、法會畢つて內陣に入り神酒を奉り、更に奧院にて拜禮あり、毘沙門堂門跡公海先導して大猷廟に登殿拜禮、寶塔をも拜して還つた。

この日、酒井雅樂頭忠清を使として、守澄入道親王に銀三百枚、時服二十、毘沙門堂公海に銀百枚、時服十を遣され、公卿、門跡らへもそれぞれ高家を遣した。

十八日には公卿の引見あり、勅使德大寺前右大臣公信、法皇使權大納言小川坊城俊廣、本院使前權大納言阿野公

業、新院使前權大納言持明院基定、女院使權中納言萬里小路雅房、例幣使中園中將季定、梶井門跡慈胤入道親王、妙法院門跡堯恕入道親王、梶井新門跡盛胤入道親王らが公に謁した。

かくて家綱公は長袴を着して日光門跡守澄入道親王の本坊に渡御あり、親王對面あつて、親王に金二十枚、縟珍二十卷を贈らる。親王は七五三の膳を獻じて、伴食あり、盃の獻酬畢つて、公は歸還した。道すがら公は慈眼大師堂に立寄り、拈香あり、香銀百枚を納めた。ついで三佛堂に臨み、法會の莊嚴を觀た。

十九日、公は大猷廟の曼荼羅供に、直垂にて參會あり、行列の者はみな大紋を着し、阿部豐後守忠秋先導し、酒井雅樂頭忠清、松平讃岐守賴重預參し、吉良若狹守義冬は御簾、本多土佐守忠隆は太刀、松平因幡守信興は刀、大久保兵部少輔忠知は沓を役した。

二十日は家光公の正當忌日である。公は束帶にて大猷廟に詣でた。扈從の行列もみな束帶であつた。主上(靈元)、三院(後水尾、明正、後西)、東福門院よりの御贈經、納經の事滯りなく畢つて公は行殿に還つた。守澄入道親王、毘沙門堂公海は公に謁してこの度のことを謝するところがあつた。日記。

二十一日、卯刻〇午前六時公は日光山を發駕し歸路に就いた。歸路は壬生道を採つたのである。内田出羽守正衆は公を鹿沼の町口に迎へて鹿沼の領所に導き、熨斗を奉り、魚味の膳を獻じた。公より正衆に盃を賜ひ、左文字の刀、時服十、銀百枚を給うた。正衆よりは猩々緋三間、金馬代、刀を獻じた。三浦志摩守安次來り謁し、引かへして壬生の町口に公を待つ。正衆は壬生まで陪從した。公は壬生城に入り、安次より熨斗を奉り、七五三の膳を供した。土井大炊頭利重、古河より來つて公を候し、正衆もまた公に謁した。この日、江戸に於ては諸士が東叡山大猷廟に詣した。公は壬生城に泊した。日記、御側日記、公儀日記。

二十二日、壬生城を發駕し、小山に休憩あり、古河城に入る。この日、幕府に於ては駿府より貢するところの新瓜を日光山の東照宮及び大猷廟に進薦した。日記、御側日記。

二十三日、古河城發駕、幸手の聖福寺に休息あり、この夜の止宿は岩槻城であつた。日記、御側日記。

二十四日、岩槻城を發して、平柳の某寺に休憩あり、寺僧に銀十枚を賜ひ、未刻〇午後二時江戸城に還り着いた。公は留守を總管してゐた保科肥後守正之、松平榊原式部大輔忠次に手づから熨斗、勝栗を賜うてこれを勞した。御側日記、公儀日記。

二十五日、公は歸城したるに依り、三縁山增上寺の台德院殿秀忠公靈廟に告祭した。拜禮畢つて稻葉美濃守正則が使して知恩院門跡尊光入道親王に昨日歸城の旨を告げしめられた。蓋し淨土宗の關係と親王が家光公の猶子である關係からであらう。かくて家綱公日光社參、大猷廟詣拜のことは滯なく濟んだのである。

2　法　會

家光公の十三回法會も近づいた四月十二日、家綱公夫人伏見顯子よりは廣敷番頭本多十藏玄重を日光山に遣して香銀三十枚を進薦された。日記、御側日記、公儀日記。

四月十七日、日光東照宮の參拜を畢へた家綱公は大猷廟幷に寶塔を拜したが、十八日より同廟に於ては曼荼羅供が行はれ、十九日またこれを行うた。導師は日光門跡守澄入道親王これを勤め、その他の門跡、公卿等出座して被物のことがあつた。

二十日、家綱公大猷廟に參詣あり、御經供養が行はれた。この日の導師も守澄入道親王であつた。主上、三院、女院よりの御贈經、納經畢つて公は行殿に歸つたが、その後、女院幷に一門の方々より香奠の奉納があつた。

次に阿部豐後守忠秋より布施物を傳へた。守澄入道親王には銀千枚、時服二十、毘沙門堂公海には銀五百枚、時服

十、修學院圓義には銀五十枚、時服三、大樂院惠海、龍光院豪海ともに銀三十枚宛、その他であつた。

また神領の農商にも銀若干の施行があり、山中構造の助役を勤めた堀美作守親昌、大田原山城守高清以下に物を賜ひ、梶左兵衞佐定良には、家綱公の前に召して、手づから着する所の羽織幷に袷二及び金五枚を賜うたのであつた。

ついで二十八日、この度の法會に依り各藩に大赦を令した。

これより先、二十六日、尾、紀、水三家歸府あり、幕府は傅役本多土佐守忠隆、小性組番頭奥勤松平因幡守信興を遣して慰勞するところがあつた。この日、妙法院門跡堯恕入道親王、梶井門跡慈胤入道親王參着あり、例幣使中御門宰相資熙も參着し、二十七日、德大寺前右大臣公信、小川坊城權大納言俊廣、二十八日、阿野前權大納言公業、持明院前權大納言基定等歸着あり、幕府は酒井雅樂頭忠淸らを遣してこれを慰勞し、五月朔日、家綱公は日光山より歸着した公卿、門跡等を引見した。（日記、御側日記。）

二日、門跡、公卿等三緣山增上寺參詣あり、三日には公卿、門跡饗應の猿樂があつた。能組は、翁、三番叟、白樂天、忠度、松風、谷行、祝言。

であり、狂言は、煎じ物、惡坊、よろひの三番であつた。（日記、御側日記。）

七日、公卿らの辭見があつた。家綱公より禁裏、仙洞等への御返詞を傳へた。公卿らへの賜物は、小川坊城俊廣へ銀三百枚をはじめ、以下それぞれ差があつた。

家綱公夫人顯子からは使をもつて、公信へ時服十、慈胤、堯恕兩入道親王へ時服二十、盛胤入道親王へ時服十、小川坊城、阿野、持明院等へ時服六づつ以下の贈物があつた。

これら公卿、門跡らはやがてそれぞれ歸洛の途についたのである。

十九日、社參を無事に終へた祝の猿樂があり、家門及び國持大名をして觀せしめられた。よつて諸大名よりは菓子折を獻じた。能組は、

翁、三番叟、福神、風流、高砂。

であつた。開口にいふ。

夫れ萬木の中にても、松は千年の色增り、晴れわたりたる夏日の、ながきを添て治れる。萬代までもかぎりなく、めでたかりける時とかや。

次にまた猿樂あり、その能組は、

通盛、野々宮、道成寺、檀風、國栖、猩々、亂。

であり、狂言は、目近米骨、花子、若市、栗燒、蹇の目、の五番であつた。

この日、町人等にも芝居にて觀能のことを許し、鳥目、强飯、菓子などを給うた。纏頭等例のごとくであつた。同じ祝に、公より夫人顯子に金百枚を進め、女房らにも金銀若干を賜うた。日記、御側日記。これを以て社參拜廟、法會に關連する行事はすべて終了した。

ここに五月一日、甲府宰相綱重、四日、館林宰相綱吉各發程して日光山に參詣し、綱吉はその歸途、九日、封地に立寄り、十五日歸謁したことを記して、この項を終へよう。日記。

五　二十一回忌　寛文十一年（一六七一）四月二十日

二十一回忌は寛文十一年（一六七一）四月、日光山に於て勅會として行はれた。

三月二十四日、日光山法會のことにより日光門跡守澄入道親王及び毘沙門堂門跡公海が登營して家綱公に謁した。この日幕府は、法會に關與する高家吉良上野介義央、織田主計頭貞置、上杉伊勢守長之、中奧小性秋田淡路守季久、石川市正總氏、小笠原丹後守長定、稲葉出羽守正喬、大澤右近將監尙親、三好石見守政盛、能勢山城守頼澄、東條因幡守義叔、目付市岡五左衞門正重、島田藤十郎重頼、歩行頭大岡彌右衞門忠高、曾我權之丞助壽、小十人頭松平彥兵衞忠治、納戶頭水上五兵衞正勝、小性組佐藤駿河守吉次、儒役林春常信篤、右筆、醫員、納戶、小十人、勘定の徒にいたるまで日光登山の暇を給ひ、井上相模守政任、增山兵部少輔正彌、三浦志摩守安次らは在府により、各直ちに登晃すべき旨奉書をもつて傳へた。日記、年錄。

二十八日、稲葉美濃守正則、寺社奉行小笠原山城守長矩、本多長門守忠利、勘定頭松浦猪右衞門信貞に日光登山の暇を給した。正則は法會の總奉行であつた。

日光山に於ては四月六日より法會が始められた。八日、若年寄堀田備中守正俊を日光山に派し、十一日、井伊掃部頭直澄に法會代參を命じ、廣敷番頭前島十左衞門重勝を家綱公夫人顯子の代參使、高家畠山下總守義里を家綱公の東照宮代參使に命じ、暇を給した。日記。この日は日光山法會の中日であつたから、諸老臣は東叡山の大猷廟に參詣、拜禮するところがあつた。日記、御側日記。

十二日、堀田備中守正俊日光山より歸謁し、十六日、小性組番奥勤松平內記忠益が日光山に派遣された。

二十日、家綱公は東叡山大猷廟に詣した。衣裝は衣冠、下襲を用ゐた。諸老臣及び事に與かる人々もまた同樣であつた。先導は酒井雅樂頭忠淸。久世大和守廣之、土屋但馬守數直、土井能登守利房は豫參し、尾張中納言光友は陪拜した。この日、雨が降つたので、行列の萬石以上の者には、後より來るべきことを命じ、近習の諸大夫のみが行列に加はつたのであつた。日記、御側日記。

日光山に於ては十九日逮夜の法會があり、二十日には大猷廟拜禮ならびに納經の式があつた。靈元天皇の勅使前右大臣久我廣通、法皇（後水尾）新院（後西）使權大納言油小路隆貞、本院（明正）使權大納言藪嗣孝、女院（東福門院）使權中納言五條爲庸以下の公卿、靑蓮院門跡尊證入道親王、毘沙門堂門跡公海、勝仙院權僧正晃玄以下の僧衆が着座、參仕し、導師は輪王寺門跡守澄入道親王が勤めた。

二十一日、江戸に於ては、家門、諸大名登營して、昨日日光山の法會結願と、東叡山參詣のことを賀し、また四品以下の諸大名、諸役人が東叡山大猷廟に香資銀を獻じた。これによつて柳生飛驒守宗冬等同所に赴いて事にあづかつた。二十二日、昨日から引つづいて旗本の諸士が東叡山大猷廟に參詣した。日記、年錄、御側日記。

二十四日、井伊掃部頭直澄、稻葉美濃守正則、高家吉良上野介義央、織田主計頭貞置、上杉伊勢守長之、寺社奉行小笠原山城守長矩、勘定頭松浦猪右衞門信貞らが日光山から歸謁した。日記。

この日、勅使前右大臣久我廣通、法皇、新院使油小路權大納言隆貞江戸に參着、二十六日本院使藪權大納言嗣孝、女院使權中納言五條爲庸はじめ公卿殿上人らが參着した。日記。

二十七日、靑蓮院門跡尊證入道親王參着、守澄入道親王、毘沙門堂公海へは土屋但馬守數直を使として、法會の勞を褒し、家綱公の懇詞を傳へた。日記、御側日記。

二十八日、家綱公は公卿、門跡等を引見した。久我廣通以下物を獻じて謁した。家綱公夫人へも物を獻じた。日記

五月朔日、公卿饗應の猿樂があり、纏頭等例の如くであつた。能組は、翁、三番叟、竹生島、忠度、松風、土蜘、呉服。

狂言は、夷毘沙門、入間川、比丘貞の三番であつた。日記、御側日記。

二日、守澄入道親王、毘沙門堂公海はじ法會に參仕した天台宗の僧侶等が登營して、家綱公に謁した。日記。是より先、四月二十九日に、家綱公は久我廣通以下の公卿、門跡に物を贈るところあり、五月三日、公卿等は登營、家綱公に辭見した。公よりは勅會に對する謝詞を傳へ、物を賜うた。家綱公夫人からも物を贈つた。かくて彼等はやがて歸洛の途に上つたのである。日記。

八日、儒官林春常信篤はじめ法會に關與した諸役人に賞賜があり、十二日、法會が畢つたのを祝して猿樂があり、守澄入道親王及び公海以下參仕した天台宗の僧侶を饗し、徳川綱重、同綱吉、井伊掃部頭直澄に觀ることを許された。能組は、

翁、三番叟、白髭、兼平、野々宮、國栖、道成寺、現在、鵺、祝言。

狂言は、煎物、通圓、釣狐、柿山伏、三人片輪の五番であつた。日記、年錄。

かくの如くにして二十一回忌法會はことごとく終了したのである。日記。

六　二十五回忌　延寶三年（一六七五）四月二十日

家光公の二十五回忌法會は延寶三年（一六七五）四月、東叡山寛永寺に於て營まれた。

七日、家綱公は、寺社奉行小笠原山城守長矩、戸田伊賀守忠昌、勘定頭甲斐庄喜右衞門正親を召して法會の事を面命し、九日、二十一日の朝に東叡山に香銀を進薦する制を定めた。日記、玉露叢。

法會は九日より開始された。この日萬部讀經始あり、開白の導師は聖護院門跡道寛入道親王、出座の門跡は輪王寺

守澄、梶井慈胤、曼殊院良尙の各入道親王、毘沙門堂公海であつた。日記、玉露叢。

十日の導師は輪王寺門跡守澄入道親王。

十一日の導師は梶井門跡慈胤入道親王。

十二日は曼殊院門跡良尙入道親王導師。

十三日の導師は毘沙門堂門跡公海。

十四日は輪王寺門跡守澄入道親王導師。

この日、勅使前右大臣轉法輪三條公富はじめ公卿、殿上人等參着。日記、御側日記、年錄。

十五日、法會の導師は聖護院門跡道寬入道親王。

十六日、導師曼殊院門跡良尙入道親王。

この日、御側松平因幡守信興を使として守澄入道親王、毘沙門堂公海を慰勞した。

十七日、導師毘沙門堂門跡公海。

十八日、萬部讀經結願。導師梶井門跡慈胤入道親王。

十九日、曼荼羅供を行ふ。導師毘沙門堂門跡公海。舞樂あり、勅使轉法輪三條公富はじめ公卿、殿上人參堂し、被物の事あり、また谷中に於て乞丐に米五百俵を施行した。御側日記。

二十日、家綱公が東叡山大猷廟に參詣された。豫參は酒井雅樂頭忠清、稻葉美濃守正則、土井能登守利房。

これより先、門跡、公卿等參堂して、靈元天皇はじめ、後水尾法皇、明正、後西二上皇、東福門院の御贈經を進められた。

御經供養あり、導師は輪王寺門跡守澄入道親王。花籠は門主へは殿上人、僧正へは中奥の者これを執り、この間、庭上に於て舞樂あり、經終つて被物の事あり、門主へは公富はじめ公卿がこれを被け、僧正へは中奥の者が被けた。次に聖護院、梶井、曼殊院の各門跡幷に公卿等は退出し、守澄入道親王及び公海の導きに依り、家綱公は内陣に入つて燒香あり、尾張中納言光友、紀伊中納言光貞、水戸宰相光圀の三卿これに陪拜した。ついで東福門院、家綱公夫人顯子、綱重、綱吉兩卿の代參使等香銀を進めて拜禮し、公卿、門跡等も納經あり、家門の人々もみな使を以て香銀を獻じた。

次に久世大和守廣之これを傳へて、布施物を賜うた。卽ち、守澄入道親王へ銀千枚、時服十、公海へ銀千枚、以下各差あり、萬部讀經僧への布施は金八千百二十五兩であつた。

二十一日、昨日を以て法會を終了したので、家門、諸大名は登城して老臣に謁し、久世大和守廣之はじめ法會に關與したものは、家綱公に謁した。また東叡山に於ては諸大名、旗本が香銀を進薦し、瞽者に孔方六百貫文、盲女に三百貫文の施行があつた。日記。

二十三日、公卿、門跡等の引見あり、勅使前右大臣轉法輪三條公富以下各物を獻じて家綱公に謁した。家綱公夫人顯子へも、道寛入道親王以下物を贈つた。

二十四日には守澄入道親王幷に毘沙門堂公海の二門跡が登城して家綱公に謁した。また門跡、公卿等は、東叡、三緣兩山に參詣し、翌二十五日、公卿、門跡饗應の猿樂があつた。能組は、

翁、三番叟、老松、八島、江口、紅葉狩、祝言。

であり、狂言は、目近、米骨、通圓の三番。纏頭例の如くであつた。日記。

もそれぞれ賜物があつた。家綱公夫人顯子よりも物を贈られた。日記。
二十八日、公卿等の辭見あり、家綱公より、勅會の謝詞が傳へられ、公富へ銀五百枚、時服二十、その他の公卿に
二十九日、酒井雅樂頭忠淸を使とし、道寛、慈胤、良尙三入道親王に歸洛の餞として銀千枚づつを贈られ、夫人よりも三入道親王に時服二十づつを贈つた。この日、法會に與かつた賤吏にまで賞を行はれた。日記。

ついで閏四月朔日、儒員林春常信篤、同春東勝澄、人見友元宜卿にこの度の法會記錄のことを掌つたのを賞して時服一襲宛を賜うた。翌二日、公卿ら發程歸洛の途に就いた。つづいて門跡等も發途したのである。日記。

八日、輪王寺門跡守澄入道親王、毘沙門堂門跡公海の法會の勞を慰むるため、城中に於て饗應の猿樂があつた。能組は、

翁、三番叟、白髭、淸經、野々宮、張良、三井寺、安宅。

狂言は、夷大黑、ゆうぜん、宗論、齊賴、止動方角、の五番であつた。年錄。

十二日、法會のこと悉く畢つたので、久世大和守廣之の邸に守澄入道親王、公海の兩門跡を迎へ、饗應の事があつた。よつて家綱公は御側石川美作守乘政を使として菓子を贈られ、守澄入道親王は使僧をもつて之を謝した。日記、御側日記。

東叡山寛永寺に於ける家光公二十五回忌法會の始終は上記の如くであるが、日光山に於ても法會が行はれ、また江戸城内紅葉山の大猷廟に於ても法會が行はれた。しかしそれらは小規模であつて勅使の參向等はなかつた。

日光の大猷廟へは、四月十二日、代參として松平下總守忠弘を遣はし、事畢へて、忠弘は同二十四日歸謁して居る。日光山法會關與の大猷廟別當龍光院豪海らへ四月三十日に賜物のことがあつた。すなはち龍光院豪海、銀五十枚、時服二。衆僧へ銀四千八百枚、小袖五百十九。勤行僧へ金七十五兩。伶人へ銀百枚。山麓農商へ銀三千枚であつ

た。また繫獄者七十五人を放つた。日記、御側日記。

紅葉山の法會に關しては、二十九日、知樂院權僧正忠運以下に賜物があつた。日記。

七　三十三回忌　天和三年（一六八三）四月二十日

家光公の三十三回忌法會は、天和三年（一六八三）四月、日光山に於て行はれた。これに先だち三月二十三日、日光山勤番松平豐前守信庸、饗應使松平市正英親以下に法會の所役が任命せられ、暇を給せられた。日記、天享東鑑。そのうち寄合瀧川相模守具章は四月十一日、日光在山中、喪制に服したので、松平兵庫頭直政をこれに代らしめられた。年錄、日記。二十九日、大久保加賀守忠朝、寺社奉行水野右衞門大夫忠春、坂本内記重治、勘定頭中山隱岐守信久に、日光山法會に關與することを命ぜられ、暇を給し、同山に赴かしめた。忠朝には伽羅一木、馬を賜うた。忠朝はこの度の法會を總督したのである。日記。

日光山に於ては、四月六日、大猷廟に於て家光公靈位遷座、初夜の法事が行はれ、七日、後夜の法事を輪王寺門跡天眞入道親王が勤行し、萬部讀經開白の導師は妙法院門跡堯恕入道親王が勤仕し、天眞入道親王及び久遠壽院門跡公海大僧正が着座した。これらのこと及びこの以後日々の法會に、三門跡更番して導師を勤仕したことは一々幕府に注進せられた。日記

十二日、保科肥後守正容に日光山法會の代參を命じ、高家畠山飛驒守義里には東照宮の代參を命じ、共に暇を給せられた。この度は寺社奉行在山するにより、別に祭禮奉行は命ぜられなかつたのである。日記、年錄。十三日、綱吉公は自寫の經を日光山大猷廟に納むるため、御側板倉市正重大に使を命じ、着する所の羽織を重大に賜うた。日記。重大は

十八日歸府して、公に謁してゐる。

十四日、日光山に於ては讀經の衆僧へ布施物金四千五百五十二兩餘、靑蚨若干の施行あり、僧の數八萬六千二百五十人の多きに及んだ。流石に幕府の威力を以て行はるる法會といふべきであつた。日記、御忌辰日記。十六日、法會結願、大谷川に於て米八百俵の施行があつた。日記、人見私記、御忌辰日記。

十七日、東照宮恒例の祭禮が行はれ、寺社奉行坂本内記重治丼に柳生對馬守宗在、神幸に供奉し、高家畠山飛驒守義里が代參した。

二十日は家光公の正當忌日であるので、日光山に於ては、保科肥後守正容、大猷廟に代參し、靈元天皇、明正、後西兩上皇、東宮朝仁親王、中宮藤原房子新上西門院より贈經あり、天眞入道親王導師のもとに經供養が行はれ、舞樂、被物、勅使、院使、諸門跡の拜禮、納經に至るまで、殘るところなく行はれた。

この日の布施物は、僧正、院家、衆僧へ銀三千五百枚、萬部讀經僧へ金八千二百五十兩、山麓の農商へ銀三千枚。瞽者、盲女へ錢五百貫文の施行があつた。また學頭修學院以下にそれぞれ銀、時服等の賜物があつた。日記、御忌辰日記。

江戸に於てはこの日、綱吉公束帶にて親しく東叡山大猷廟に詣でられた。若年寄秋元攝津守喬知、御側金田遠江守正勝扈從し、松平越中守定重、奥平美作守昌章はじめ五位の者百十二人が行列した。豫參は井伊掃部頭直該、堀田筑前守正俊、阿部豐後守正武、牧野備後守成貞、堀田對馬守正英、朽木和泉守則綱等であつた。先導は堀田筑前守正俊、陪拜は紀伊中將綱敎、水戸少將綱條であつた。この日囚獄十九人が放たれた。日記。

二十一日、日光山の法會全く終了したるを以て群臣出仕して老臣に謁し、また寬永寺大猷廟にも參詣した。十萬石以下の者の香資進薦があつたので、寺社奉行、目付、徒頭等が同寺に赴いた。日記、御忌辰日記。

二十四日、日光代參保科肥後守正容、法會總督大久保加賀守忠朝はじめ寺社奉行水野右衞門大夫忠春、坂本内記重治、勘定頭中山隱岐守信久らが日光山より歸謁した。以下役人の歸謁は一々記さない。

二十七日、妙法院門跡堯恕入道親王幷に公卿等日光山より江戸に參着した。日記。

二十八日、公卿、門跡等饗應の猿樂があつた。能組は、

翁、三番叟、大社、箙、龍田、熊坂、融。

狂言は、寶槌、茶壺、の二番であつた。

能始は若年寄秋元攝津守喬知、纏頭は奏者番松平備前守正久が勤めた。日記。

二十九日、公卿等の東叡、三緣兩山參詣あり、また輪王寺門跡天眞入道親王が歸寺された。日記、人見私記。

五月朔日、綱吉公は、公卿等を引見した。卽ち公は公卿に御贈經の謝詞を、禁裏、仙洞に言上すべきことを傳へ、それぞれ暇を給したのである。公卿、門跡等に賜物例の如くであつた。かくて公卿等は三日歸洛の途に就いた。日記。

この日、天眞入道親王へは戸田山城守忠昌を使として、日光山法會の事に因り銀千枚を贈られた。日記、天享東鑑。

四日、天眞入道親王及び近く日光山より歸着した久遠壽院大僧正公海登城し、綱吉公に謁し、天眞入道親王よりは銀馬代、公海よりは繻珍五卷を獻ずるところがあつた。日記。ついで閏五月二十日、公海に歸洛の暇を給し、銀百枚、時服十を賜うた。日記。

同日、法會のことを總督した大久保加賀守忠朝に褒詞を加へ、就封の暇を給した。日記。然し忠朝は、間もなく、二十三日、封地佐倉より歸り、後に述ぶる日光山の地震の被害に依る修理の總統を、二十六日に命ぜられてゐるので席あたたまる暇が無かつた。日記。

なほこれに先だち、二日、日光山の守護職梶左兵衞佐定良を從四位下に陞せ、千石加秩して二千石を給うた。梶左兵衞佐定良については前にも敍ぶるところがあつたが、彼は家光公の近臣であつたが、公の葬禮の時、日光山に登つてより他に遷らず、三十餘年の間、如在の禮を懈らず、故公に給仕した勞を思うての特恩であつた。彼は法會終了ののち出府してゐて、この榮に浴したのである。十四日、定良は日光登山の暇を給せられ、綱吉公より手づから伽羅一木を賜うた。日記、藩翰譜續編、家譜。

五月九日、綱吉公の生母桂昌院本庄氏が東叡山大猷廟に參詣したこともここに附記しよう。卽ち桂昌院には大久保加賀守忠朝、留守居內藤出羽守正方が扈從して參詣あり、留守居番、目付、小十人、徒頭等も同山に赴き、また若年寄秋元攝津守喬知、留守居大久保佐渡守忠高、幷に目付らも先に赴いて桂昌院を迎へた。日記。

なほ附記すべきは、この度の法會の前から日光山にしばしば地震があり、つひに大震に及んだことである。

まづ四月五日、大いに地震し、五月十七日、また地震あり、十九日、日光在山の目付有馬宮內則故に命じて、東照宮、大猷廟幷に諸堂社を巡見せしめた。二十四日、日光山六十餘度地震、東照宮奥院、本地堂、九輪塔、そのほか石垣、石燈等ことごとく頹壞する旨注進あり、よつて急に使番保田甚兵衞宗鄕を日光山に派遣された。日記。二十五日、更に昨日日光山大地震百二十餘度に及び、東照宮及び大猷廟の寶塔傾頹の由注進があつた。よつて若年寄堀田對馬守正英が急に派遣された。昨日も今日も雁の間詰の諸大名は登營し、家門及び四品以上の大名は使を遣して綱吉公に候し、群臣また登城して老臣に謁するといふ有樣であつた。

ついで閏五月六日、奏者番松平備前守正信、使番保田甚兵衞宗鄕、山下五郎右衞門昌勝に日光山地震後の修理奉行を命じて暇を給し、同二十七日、日光山修理の助役を丹羽若狹守長次以下に命じた。卽ち本坊は長次及び內藤左京亮義泰、津輕越中守信政、佛殿、大師堂は眞田伊豆守幸道、戸澤能登守正誠であつた。日記。八月二十九日、また地震あり、日光山に急使を馳せて見分せしめ、九月二日、御側朽木和泉守則綱を日光山に派遣した。

東照宮、大猷廟その他諸堂宇の修理は着々進行し、十一月八日、東照宮の正遷宮を行ひ、二十一日、修理關與者に賞を行ひ、十二月二日、助役の大名に賞を行うたのであつた。日記。

またこれより先、六月二十五日には日光山中に洪水あり、二十九日、目付戸田又兵衛直武に巡察を命じた。日記。

斯くこの年は日光に災害があつたが、すべて法會中にそのことがなかつたことは不思議といへば不思議であつた。

八　五十回忌　元祿十三年（一七〇〇）四月二十日

元祿十三年（一七〇〇）四月の、家光公五十回忌法會は主として日光山に於て行はれた。

三月四日、日光山の法會に際し、香資進薦の制が定められた。すなはち、尾張、紀伊、甲府三卿は銀百枚、水戸家は銀五十枚、致仕尾張權大納言光友、紀伊同光貞、水戸權中納言光圀、前田少將吉孚は金一枚、以下それぞれ差があつた。そして侍從以上及び十萬石より上の諸侯は日光山に使者を出し、それ以下の家々は東叡山寛永寺に使者を以て進ずべしといふのであつた。日記、御忌辰日記。

日光山の法會は勅會であつた。それに先だち三月十九、二十日兩日は桂昌院により東叡山寛永寺に於て追遠作善の法會が行はれた。ために若年寄、寺社奉行、目付等同山に赴き、先手頭が警固に從つた。二十日、東叡山大猷廟には土屋相模守政直代參し、法華懺法が行はれた。輪王寺門跡公辨入道親王道師を勤め、桂昌院が法筵に臨んだ。秋元但馬守喬知等扈從し、柳澤出羽守保明以下若年寄、寺社奉行ら赴いて事に與かつた。公辨入道親王は、かくて翌二十一日登營、綱吉公に辭見し、日光に赴かれた。公は親王を饗し、舞を見せられた上、伽羅一木、繻珍一箱等を贈られた。日記。

これに先だち十五日には、日光山法會の諸役人戸澤上總介正誠、加藤遠江守泰恒等に暇を給した。三月二十八日、阿部豐後守正武に日光山法會の總督を命じて暇を給し、馬幷に時服十を賜ひ、綱吉公手づから伽羅を賜ひ、夫人鷹司氏、桂昌院本庄氏よりも時服、小谷御方〇綱吉公側室、瑞春院、小谷氏。姫君よりも紗綾を贈られた。寺社奉行靑山播磨守幸督、永井伊賀守直敬、大目付仙石伯耆守久尙、勘定奉行久貝因幡守正方にもこの日、日光登山の暇を給した。日記。正武は三十日辭見して日光に赴いた。日記。

日光山に於ては、五日、三佛堂に於て習禮あり、次に遷座、三門跡初夜を修行し、六日には後夜、萬部開白あり、公辨入道親王が導師を勤めた。この事は七日に江戸に注進があつたが、この日より二十日に至る迄の日日の法會の狀況は江戸に注進せられたのである。日記、年錄。

十一日、松平讚岐守賴常、日光山大猷廟に二十日の正當忌日に代參を命じ暇を給し、これと同時に高家品川豐前守伊氏には東照宮への十七日の代參、植村右衞門佐家敬、鳥居播磨守忠英には祭禮奉行を命じ暇を給した。曩に日光山に派遣せられた若年寄稻垣對馬守重富の歸謁したのは十三日である。日記、御忌辰日記。十五日、日光山に於ては乞丐の徒に米二百三十五俵が施行された。

十九日、日光山に於て胎藏曼陀羅供が行はれ、被物があつた。卽ち公辨入道親王に銀千枚、時服二十、妙法院門跡堯延入道親王、曼殊院門跡良應入道親王に銀千枚、その他僧衆各差あり、瞽者、盲女に五百貫文その他といふ盛んなものであつた。日記、憲廟實錄、御忌辰日記、大猷院樣五十回日記。

二十日には綱吉公が東帯にて東叡山大猷廟に參詣した。柳澤出羽守保明、小笠原佐渡守長重、秋元但馬守喬知、松平右京大夫輝貞、稻垣對馬守重富、本多伯耆守正永、水野丹後守重矩豫參し、松平肥後守正容先導し、榊原式部大輔政邦、松平丹波守光永以下五位の者五十人行列して從ひ、勅額門內に於て松平前田加賀守綱紀、松平島津薩摩守綱貴はじめ國持幷に譜代にて四位以上の者公に謁し、唐門の內に於て、紀伊中納言綱敎、水戸宰相綱條が謁した。この日、預を許さるる者九十四人、繫獄を釋放さるる者百二十八人であつた。日記、憲廟實錄、御忌辰日記。

これに先だち、十六日、德川家一門よりは使をもつて、日光山法會の結願を賀し、十八日、驛次して輪王寺門跡公辨入道親王に時服十、龍眼肉一箱を贈り、綱吉公夫人鷹司氏よりは日光山へ銀三十枚、五の丸○綱吉公側室、小谷氏。鶴姫○綱吉公女、紀伊綱敎室。八重姫○綱吉公養女、鷹司氏。等より銀二十枚の香資を使を以て薦められた。また侍從及び十萬石以上の諸大名よりも使をもつて香資銀を捧げた。

二十日には、尾、紀、水三家及び甲府家德川家宣及び松平前田加賀守綱紀より使を日光山に遣して代拜せしめ、二十一日、群臣登營して、昨日法會の終了したことを賀し、家門、諸大名よりは魚物を奉つた。また十萬石以下の諸大名は東叡山大猷廟に使者をもつて香奠進薦のことがあつた。日光山よりは昨日、禁裏はじめ方々の御贈經御納經の式が行はれ、被物のあつたことが注進された。日記、御忌辰日記。

二十二日、公辨入道親王が日光より寛永寺に歸つた。親王がかく早く歸寺したのは、二十六日より寛永寺に於て家綱公の二十一回忌が行はるることになつてゐたためである。親王は二十三日、登營して綱吉公に謁し、二種一荷を獻じた。公は親王を饗し、自ら舞を見せ、陪從の僧侶、家司いづれもこれにあづかつた。親王へ三種二荷、檜重一組、昆布一箱、晒布五十疋、紋羽二重百反が贈られた。日記。

ついで二十四日、妙法院門跡堯延入道親王、曼殊院門跡良應入道親王が日光山より歸府した。この日日光の代參使松平讃岐守頼常、總奉行阿部豐後守正武、寺社奉行青山播磨守幸督、永井伊賀守直敬、勘定奉行久貝因幡守正方も歸謁した。綱吉公より正武には則重の刀を賜ひ、總督の勞を慰した。二十五日、正武は土產として銀花瓶に肴を添へて獻じ、後閤の方々へも紅白縐紗に肴を添へて進じたのであつた。日記。

二十六日、前右大臣大炊御門經光、前權大納言萬里小路淳房、參議梅小路共方、權中納言今城定經、桑原民部大輔長義、久世中將通清、極﨟猪熊式部大丞兼充らが日光山より歸府した。これらはいふまでもなく、日光の法會に參向した人たちである。翌二十七日には日光山の法會に赴いた萬石以上以下の者悉く歸謁した。日記。

二十八日、關東郡代伊奈半左衞門忠順以下日光山法會に關與した者に褒賜があつた。

五月十一日、公卿、門跡饗應の猿樂あり、能組は、

翁、三番叟、氷室、實盛、芭蕉、葵上、祝言、養老。

狂言は、末廣狩、栗燒の二番であつた。奏者番永井伊賀守直敬が纏頭の役を勤めた。

翌十二日、公卿、門跡等の三緣山增上寺參詣あり、綱吉公より堯延、良應兩入道親王、大炊御門經光、萬里小路淳房、今城定經、梅小路共方等に一種一荷を贈つた。日記。

十三日、綱吉公の公卿門跡等引見があつた。大炊御門經光以下それぞれ物を獻じて公に謁した。日記。

綱吉公夫人鷹司氏へは堯延入道親王より燸珍、良應入道親王より縐紗を進めた。賜物は萬里小路淳房に銀三百枚、時服二十、以下各差あり、また鷹司氏及び桂昌院本庄氏よりは使をもつて、兩門跡に時服十づつ、大炊御門經光以下にも同じく物を贈つた。日記。

十四日、兩門跡及び經光はじめ公卿等の願に依り、綱吉公の座所に於て自ら能を舞うて見せ、公辨入道親王も登營してこれを觀た。高家、大目付ならびに法會のことに關與した者どももまた觀しめられた。公の所作の能は八島、羽衣、張良であつた。池田丹波守輝錄に高砂、田村右京大夫建顯に猩々を舞はしめた。饗畢つて公辨入道親王以下に物を賜うた。三門跡及び大炊御門經光より檜重、溜詰以下の大名よりは菓子を獻じた。日記

かくて公卿らは十六日歸洛の途に就き、十八日には堯延、良應兩入道親王が歸洛の發駕をした。この日、幕府は公辨入道親王その他を饗する猿樂を催し、畢つて親王に絹戾子百反、茶苧五十反、絹縮五十反、文庫硯、小廣蓋等數々の贈り物をした。綱吉公の親王に對する厚遇至れり盡せりといふべきである。日記、御忌辰日記。

六月二日、日光法會の總督を勤めた阿部豐後守正武の邸に公辨入道親王を屈請してこれを饗した。これにより綱吉公は御側水野丹後守重矩を使として檜重を贈つた。日記。

これを以て日光法會に關する行事はすべて終了したのである。

なほ四月十八日より二夜三日の間、紅葉山大猷廟に於ても法事が行はれた。よつて二十三日、その法會のことにあづかつた覺王院僧正最純に銀百枚、時服三を賜ひ、事に關與した屬吏にも銀を賜ふこと差があつた。日記、御忌辰日記。

また二十九日、東叡山大猷廟別當東漸院宣英にも、法事を勤めたので、銀五十枚、時服二を賜ひ、同所の供僧十人に靑蚨三百貫文を賜うた。日記。

ついで五月二十日、這般行はれた家光公の法會及び同月八日から行はれた家綱公の法會の事により、かねて勘氣を蒙むつてゐた那須與市資德以下十四名及び改易人宮崎善助重淸以下四名、預人太田又右衞門某以下五名、追放人比企藤十郎淸員以下十二名、流人中根主稅正和以下十名はじめ賤吏、農商に至るまで百九十四人が赦された。日記。

九　百回忌　寛延三年（一七五〇）四月二十日

家光公の百回忌法會は寛延三年（一七五〇）四月、將軍家重公によつて、日光山大猷廟に於て行はれた。

三月十五日、幕府は來月、日光山法會により高家前田信濃守長泰、由良播磨守貞整、作事奉行服部大和守保貞、松平式部少輔近輝、加納大和守久堅、中奥小性太田美濃守資之、松平飛驒守正方、岡部伊賀守長晧、武田越前守信村、小笠原越中守長恒、目付土屋長三郎正方、依田平次郎政次、徒頭堀三左衞門直逵、小十人頭芝山小兵衞正武、拂方納戸頭今井帶刀好昌等に登山の暇を給した。日記。

ついで二十七日、日光山の法會が近づいたので、堀田相模守正亮に奇楠香、時服、馬一疋を下されて暇を給し、寺社奉行青山因幡守忠朝、勘定奉行曲淵豐後守英元と共に日光山に赴かしめた。正亮は法會を總督するのであつた。日記。

四月八日、松平讃岐守頼恭に日光法會の大猷廟代參を命じて暇を給した。この日、高家長澤土佐守資祐には日光山東照宮代參使、植村出羽守家道、大久保長門守敎起には祭禮奉行を命じ、同じく暇を給した。日記。

日光山に於ては、この日、輪王寺門跡公遵入道親王登山あり、十二日、三佛堂に於て初・後夜勤行の習禮あり、申刻〇午後四時より初夜開白、親王着座された。初・後夜の勤行には武家は出仕しなかつた

十三日には、寅刻〇午前四時に後夜の勤行があり、入道親王の出仕はなかつた。その後三佛堂に於て千部讀經が開白された。武家の參堂があり、導師は公遵入道親王が勤めた。十四日を中日とし、十五日に結願。いづれの日も武家が參堂し、導師は公遵入道親王が勤め、僧正、院家、執當、別當、僧衆が出仕したのである。寛延三午年大猷院様御法事日錄書拔。

江戸に於ては、十三日、日光山法會開白により高家、鴈の間詰、奏者番、芙蓉の間伺候の輩は、家重公の氣色を候し、尾、紀、水三家よりは使を以てこれを伺うた。日記。翌十四日は法會の中日なるを以て、また三家より使を以て菓子を獻じ、十五日は、月次諸大名登營の日であるが、法會いまだ終了せざるを以て、家重公は外殿に出でられず、群臣みな宿老に謁して退出し、三家のみ座所に於て公に對面して退いた。日記。

日光に於ては、十五日、例幣使參議小倉貢季登山し、十六日、東照宮昇殿のことあり、十七日は同宮の祭禮にて奉幣、神輿渡御等あり、また大猷廟の代參使松平讃岐守賴恭が到着した。

十八日は三佛堂に於て、公遵入道親王、總奉行堀田相模守正亮以下參列して、尾、紀、水三家、田安宗武、一橋宗尹兩卿、三家世子、溜詰大名、老中、大坂城代、京都所司代及び松平前田加賀守重熙等の使者の香奠獻上があつた。

十九日は大猷廟拜殿に於て逮夜の法事があり、名代松平讃岐守賴恭、總奉行堀田相模守正亮以下の諸役別當龍光院に集合し、武家參殿ののち、やがて公遵入道親王拜殿に出座あり、衆僧參堂、親王導師のもとに法事は滯無く行はれた。

二十日は正當日の法事が行はれた。辰後刻〇午前九時名代、總奉行以下龍光院に集合し、やがて拜殿に着座、導師公遵入道親王入堂、法事畢つて、被物の事あり、親王先行して內陣に着座、將軍家名代松平讃岐守賴恭燒香あり、次に別當龍光院の案內にて、大御所吉宗公、將軍世子大納言家治公名代、ついで三家、兩卿、紀伊宰相重倫、尾張中將宗睦、松平前田加賀守重熙の名代が拜禮し、次に將軍家名代賴恭、奧院に昇つて拜禮あり、次に吉宗公名代以下の拜禮あつて退出、次に奧院御緣に於て總奉行、寺社奉行拜禮、畢つて退下した。

かくて再びいづれも大猷廟拜殿に着座、贈經の規式があつた。總奉行、高家兩人、寺社奉行拜禮、次に公遵入道親王退出、次に總奉行退出、つゞいて總武家拜禮のうへ退出し、伶人退出して行事を終つたのである。寛延三午年大猷院様御法事日錄書抜

この日、江戸に於ては、家重公が東叡山大猷廟に束帯にて參詣した。五位の者六十九人行列に從ひ、本多伯耆守正珍、松平右近將監武元、小出信濃守英持等は豫參した。公は内陣にて燒香拜禮あり、尾張中納言宗勝、水戸宰相宗翰、紀伊宰相宗將、尾張中將宗睦が陪拜した。また世子大納言家治は紅葉山の大猷廟に參詣した。高家長澤土佐守資祜、祭禮奉行植村出羽守家道、大久保長門守敎起は、この日、日光より歸謁した。二十一日、法會が無事に終了したので、群臣登營して宿老に謁し、尾、紀、水三家は座所に於て家重公に對面して退出した。

二十四日、松平讃岐守頼恭、堀田相模守正亮、寺社奉行青山因幡守忠朝、勘定奉行曲淵豊後守英元が日光山より歸謁した。日記。

かくの如くにして百回忌の法會は終つたが、このたびの法會はこれまでと異り、勅使以下公卿の參向も輪王寺以外の門跡の參仕もなく、小規模のものであつた。これは一には幕府財政の緊縮にも因るものと見らるるであらう。

十　百五十回忌　寛政十二年（一八〇〇）四月二十日

百五十回忌は寛政十二年（一八〇〇）四月、幕府により日光山に於て營まれた。

三月十五日、幕府は、高家中條山城守信復以下法會により日光に赴く人々に暇を給した。この日、松平伊豆守信明、寺社奉行植村駿河守家長、勘定奉行中川飛驒守忠英に、日光山への暇を給した。信明は法會の總奉行を命ぜられたのである。

四月二日、家齊公は輪王寺公澄入道親王を饗して對面あり、白綸子二十反を贈つた。八日、松平讃岐守頼儀に日光

山大猷廟法會の代參使を命じ、馬を賜うて暇を給した。

日光山に於ては、すべて百回忌の時の先例に從ひ、十二日、辰刻〇午前八時 讀經の習禮あり、申刻〇午後四時 初夜開白、十三日寅刻〇午前四時 後夜開白、辰刻、千部讀經開白、初夜、後夜勤行、十四日、讀經中日、初夜、十五日卯刻〇午前六時 讀經結願といふ次第で法事が行はれた。公澄入道親王は十二日の初夜開白、十三日の千部讀經開白、十四日の中日、十五日の結願等に導師を勤めた。武家は初・後夜勤行のほかは、いづれも參堂着座したのである。

十六、十七兩日は東照宮の祭禮が恒例のごとく行はれ、十八日には香奠獻上があつた。尾、紀、水三家、溜詰大名、老中その他の香奠が獻備された。これは三佛堂に於て行はれるのを例としたが、この度は輪王寺本坊道場に於て行はれたのであつた。大猷院様百五拾回御忌進達書付寫。

十九日は大猷廟拜殿に於て逮夜の法事があり、胎曼荼羅供を行ひ、公澄入道親王導師を勤め、名代松平讃岐守賴儀、總奉行松平伊豆守信明以下の燒香拜禮があつた。そして二十日の正當日には御經供養があつたのである。この日公澄入道親王が導師を勤めたことはいふまでもないが、名代松平讃岐守賴儀、奉行松平伊豆守信明以下、奥廟塔にも拜禮したことは百回忌の時と異るところがない。

江戸に於ては十三日、日光山法會の初日により、三家及びその世子、使を以て家齊公の起居を候し、高家、溜詰の大名、奏者番らも登營してこれを候した。翌十四日は同じく中日に依り、三家より使を以て菓子を獻じた。十六日、日光より十三日から法會があり、公澄入道親王導師を勤仕された旨報告あり、二十日には家齊公が東叡山の大猷廟に參詣した。二十一日、三家及び群臣出仕して、日光山法會の滯なく濟んだことを賀した。翌二十二日、日光山よりは十九日に法會逮夜・胎曼荼羅供幷に被物の濟んだ注進があつた。かくて二十四日、日光山大猷廟代參使松平讃岐守頼儀、總奉行松平伊豆守信明、寺社奉行植村駿河守家長、勘定奉行中川飛驒守忠英らが歸謁し、公澄入道親王も歸府された。

閏四月朔日、日光山より歸府した松平伊豆守定剛、高家中條山城守信復、宮原長門守義潔、日光奉行森川越前守俊尹以下が家齊公に謁した。二日、日光山法會終了の猿樂あり、公澄入道親王、水戸家徳川治保、治紀父子はじめ萬石以上の父子、東叡山の正僧正、院家、僧中、及び上直の輩に觀ることを許された。

家齊公は白木書院に於て公澄入道親王に對面あり、大廣間にて治保父子に對面、次いで伺候の輩の謁見あり、若年寄堀田攝津守正敦、猿樂始の役を勤めた。能組は、

翁、三番叟、竹生島、忠度、熊野、道成寺、祝言、弓八幡。

狂言は二番、寶の槌、不聞座頭であつた。奏者番をして、唐織の纏頭及び要脚、廣蓋を引かしめた。樂の半に席々に於て饗應あり、喜多七大夫には舞台に於て、はじめて唐織を賜うたのであつた。

十三日、日光山法會に關與した諸役人等に賞賜があつた。上野大猷廟別當東漸院某にも白銀を給うた。

十一　二百回忌　嘉永三年（一八五〇）四月二十日

二百回忌は嘉永三年（一八五〇）四月、日光山に於て幕府がこれを修した。

三月十五日、關係役人に日光山への暇を給し、二十八日牧野備前守忠雅に總奉行として日光山への暇を給し、家慶公自ら伽羅一木を賜ひ、時服、馬を賜うた。この日輪王寺門跡慈性入道親王近日登山により、高家横瀬美濃守貞固を使として小袖を贈り、四月二日、慈性入道親王、日光に登山するため登營して家慶公に對面し、公はこれを厚く饗し

た。ついで八日、幕府は堀田備中守正篤に法會の大猷廟代參使を命じ、世子右大將家定公の使をも兼ねしめたが、高家宮原攝津守義直は日光山東照宮代參使、同品川豐前守氏繁は東照宮外遷宮代參使と家定公の使をも兼ねしめて暇を給した。また土井大隅守利善、小笠原左衞門佐長守にも祭祀の奉行を命じ、同じく暇を給した。

十三日より十五日まで日光山に於ては千部讀經が行はれ、慈性入道親王が導師を勤め、總奉行牧野備前守忠雅以下が着座した。江戸に於ては十三日、日光山の法會の初日により三家よりは使者を登營して、家慶公の氣色を候し、十四日の中日は、三家また使者を以て菓子一匣づつを進め、十五日は法會結願日により家慶公は外殿に出でなかつた。

日光に於ては十六、十七兩日、東照宮の祭禮あり、十八日は大猷廟に於て逮夜法事が行はれ、代參使堀田備中守正篤拜禮燒香した。導師は慈性入道親王であり、總奉行牧野備前守忠雅以下も燒香拜禮したのである。二十日の正當日には大猷廟に於て御經供養あり、導師は慈性入道親王、代參使、總奉行以下昨日のごとく勤仕し、親王はじめ、代參使、總奉行らは奧院廟塔にも拜禮した。

江戸に於ては、十六日、阿部伊勢守正弘に日光山への暇を給し、家慶公手づから羽織を賜うた。

二十日には、家慶公の東叡山大猷廟參詣あり、高家宮原攝津守義直、祭祀奉行土井大隅守利善、小笠原左衞門佐長守日光山より歸謁し、二十一日、日光山の法會終了により、尾、水二家はじめ群臣の總出仕あり、二十二日には世子家定公が東叡山大猷廟に參詣した。

五月四日には阿部伊勢守正弘が日光山より歸謁し、正弘は座所に於て干鯛を獻じた。

九日、二百回法會が滯なく終了したので、營中に於て猿樂あり、慈性入道親王、尾、水二家はじめ、萬石以上の父子、僧正、院家、僧中に至るまで登營してこれを觀た。能組は、

翁、三番叟、竹生島、忠度、湯谷、石橋、祝言、弓八幡。

狂言は、寶の槌、不聞座頭、連獅子、であつた。三番過ぎて、要脚、廣蓋の纏頭あり、中入あつて、席々に於て料理を下された。

上來記したごとく、第百回忌以後は勅使、公卿、諸門跡の參向もなく、法會はすべて簡素に行はれた。これは一つは幕府の財政上の理由もあつたであらうが、一つには家光公薨去より年所も遠く距つたためであつたらう。

十二　二百五十回忌　明治三十三年（一九〇〇）四月二十日

明治三十三年（一九〇〇）四月二十日、家光公の二百五十回忌を迎へた。明治元年（一八六八）三月十二日、神佛混淆を禁じられて以來、神佛は分離され、日光山に於ても、東照宮、二荒山神社、輪王寺の二社一寺となり、大猷廟は輪王寺に屬することとなつた。

よつて二百五十回の法會も、輪王寺に以て盛大にこれを執行した。その詳細については、次の三百回忌法會とともにこれを省略する。

十三　三百回忌　昭和二十五年（一九五〇）四月二十日

三百回忌法會は昭和二十五年（一九五〇）四月二十日、輪王寺によつて執行された。最近のことに屬するが、これまた盛儀であつた。

日光東照宮に於ては、同宮の大造營を行はれた家光公との由緣もつとも深きを思ひ、この三百回忌を記念して徳川家光公傳の編纂出版を企圖し、併せて徳川將軍家歴代中の英主である八代將軍吉宗公の二百回忌を記念する徳川吉宗公傳の編纂出版を行ふこととなつた。

第十八章　結　語

徳川家光公は、徳川家二代の將軍たる秀忠公を父とし、その夫人淺井氏德子を母として、英明なる天資を享けて慶長九年（一五八一）七月十七日、江戸城西丸に於て生誕した。實に秀忠公の次子である。祖父家康公の幼名を繼いで竹千代と稱した。乳母は春日局齋藤氏である。

公の行實に就いては上來述べ來つたごとくであるが、秀忠公夫妻は、はじめ公よりも寧ろ三男國松（後ち忠長といふ。權大納言、駿府に封ぜられた。）を鍾愛し、將軍の世嗣は國松に定められるであらうとの噂さへあつたのであるが、春日局の奔走、といふよりも、家康公の活眼、達識によつて、家光公を以て將軍の世子と定められ、酒井雅樂頭忠世、土井大炊助利勝、靑山伯耆守忠俊を以てその師傅として、將來の武家、幕府の統帥として大政を施行すべき器量は陶冶育成せられたのである。

元和六年（一六二〇）九月七日元服し、從二位權大納言に敍任せられ、名を家光と改めた。ついで元和九年（一六二三）五月の秀忠公の上洛に次いで七月、公も上洛し、二十七日、征夷大將軍の職を拜任したのである。秀忠公は大御所と稱し、寛永九年（一六三二）正月二十四日その薨ずるまでは江戸城西丸に在つて家光公を後見した。

家康公の江戸幕府創業より、秀忠公の創業守成の過渡期を經て、家光公は實に守成の大業を完うせられたと言つて過言でない。家康公によつて開かれた江戸幕府治下二百六十餘年の泰平の基礎は家光公によつて愈〻固められたのである。徳川氏歷代將軍中屈指の名將軍と謳はれるのも宜なりといはねばならぬ。

寛永のはじめ、紫衣勅許破棄の問題に端を發し、つひに後水尾天皇の御讓位にまで發展した事のごときは、從來、史家によつて朝幕大衝突の語を以て呼ばれ、宛かも秀忠、家光二公ならびに江戸幕府が皇室乃至朝廷を蔑如したるが如く見られるけれども、これは法を重んじたのであつて、家康公も秀忠公もさうであつたごとく家光公に於ても皇室ならびに朝廷を尊崇せられたことは他の事實によつても知られることである。

元和九年（一六二三）、上洛して征夷大將軍を拜し、參内拜賀したのはもとより、寛永三年（一六二六）の上洛は皇子御降誕を賀すためであり、二條城に行幸啓を仰いでは、御懇遇申し上ぐること至れり盡せりであつた。寛永十一年（一六三四）の上洛は明正天皇の御卽位を賀しまつつたのであり、この時後水尾上皇に御料七千石を增進しまつつたのも、また太政大臣昇任の叡慮を、その任に非ずとして固く辭退されたのも皇室、朝廷を尊崇したためであり、この上洛によつて朝幕の融和もその實を結んだのである。正保三年（一六四六）伊勢大神宮奉幣を復活したことも、またその一つの例と見ることが出來る。根本に於ては公が皇室、朝廷を尊崇したことは否めないのである。上洛を以てただ大兵を擁して京都に上り、將軍家乃至幕府の權勢を誇示したとのみ見るが如きは全く外面的觀察であつて誤つてゐる。これより先、寛永六年（一六二九）十一月、明正天皇の御卽位に當つて、高御座をはじめ、御禮服、上卿、內辨、外辨等諸司の禮服、器具等すべて新調し、その準備には、酒井雅樂頭忠世、土井大炊頭利勝に、金地院崇傳を副へて上京せしめ、諸事、公卿中の有職故實に明るい者に就いて、萬一の遺漏なきことを期し、結構の善美を盡したごときもまた皇室、朝廷を尊崇した一端とすることが出來るのである。

家光公は寛永のはじめ年寄（後ちの老中）ついで六人衆（後ちの若年寄）等を置き、評定所の制規を定め、武家諸法度を改定し、大目付を置き、諸國巡見使の制を定むるなど、幕府の機構を整備し、分掌を定め、一般施政を改善するほか、武家諸法度に於ては、諸大名より誓紙を徴することを廢止し、參勤交代の期限を定め、武家統御の策を確立したばかりでなく、慶安二年（一六四九）二月、勸農規程三十一條を頒つたのにも見られるごとく民治にも大いに意を注いだのである。

文教方面に於ても、寛永七年（一六三〇）の冬、林道春信勝の江戸忍岡邸地に學寮を建つることを許し、同九年（一六三二）、德川義直が、信勝の忍岡別墅に先聖殿を建つるや、後ち、これを保護し、儒教を中心としての治教は大いに見るべきものがあつた。

宗教に關しても、當時國家に弊害ありと一般に考へられた耶蘇教を禁壓した以外にはすべて公平であつた。正保三年（一六四六）には前にも記したやうに、伊勢大神宮の例幣を復活し、祖廟たる日光東照宮例幣の制も、共に奏請して創始したほか、全國の有數なる諸社寺にその領を寄附し、また諸社寺を造營することも多く、歴代將軍中その比を見なかつた。これ偏へに、神祇を崇敬し、佛教を重んじたからにほかならない。

佛教に對しても、これは家康公以來の方針でもあるが、諸宗に對してすべて公平であつたことはいふまでもない。德川家の宗旨は淨土宗であつたが、淨土宗に偏するといふことはなく、關東に於ける寺院にあつても三緣山增上寺を重んずると同時に、天台宗の天海大僧正の請によつて、寛永元年（一六二四）江戸忍岡に東叡山寛永寺を創建せしめ、寛永十五年（一六三八）、後水尾上皇の第二皇子今宮（守澄入道親王）を天海大僧正の法嗣に申下し、やがて輪王寺宮として日光山輪王寺及び寛永寺を董せられ、日光門跡として、後ち代々入道親王が法燈を繼がせらるることとなり、これを重んじたのも、一に祖廟たる日光東照宮に關連せしめてのことであつた。祖先崇拜の念より由來して居り、決して偏重したのではないのである。このほか各宗の由緒ある寺院は全國的に保護したのであつた。

かの紫衣勅許破棄の問題によつて、寛永六年（一六二九）六月出羽上ノ山に配流された澤庵のごとき、同九年（一六三二）七月召還されてより後ちは、殊遇至らざるなく、肝膽相照し、澤庵の說示が家光公の人間性を豐かにして、その政治の上に影響するところが尠くなかつたのである。公には澤庵を以て宗敎行政の顧問とせんとするの意志があり、澤庵はこれに應じなかつたけれども、大體に於て、その政治上の諸問に應じ、隱々裡に、かの寛永の政治の裏面に功績を遺し、金地院崇傳の後ちを承けて、外面內容を異にしても黑衣の宰相とも言はばいふべき人であつたのである。公が寛永十五年（一六三八）、品川の地に廣大な地を與へ、東海寺を創建せしめ、寺領五百石を寄せ、澤庵をしてこれに住持せしめたのも、決して彼を偏重したのではなかつたのである。

寛永十四年（一六三七）の島原の亂は狂信的な耶蘇敎徒を中心として惹起されたのであるが、ひとり宗敎戰爭と見るべきではなく、そこに社會的、政治經濟的要因があるのであつて、それも幕府の力によつて鎭定することが出來たのである。

寛永十六年（一六三九）決定的に發令された鎖國は、當時わが國に害毒を流し、日本侵略の意圖あるものと考へてゐた耶蘇敎の防遏の手段のためであり、縱しそれが葡萄牙と和蘭の軋轢の影響によるものであつて、その結果に於ては種々得失が論ぜられるにせよ當時の國の內外の情勢からすれば蓋し止むを得ぬものであつた。そして鎖國とは言つても絕對的のものではなく、和蘭及び支那、朝鮮とは交通があり、その文物の一部は輸入せられたのである。

鎖國を斷行したとは言へ、家光公は常に世界圖屛風を枕頭に置いたと言はれ、海外の情勢に暗かつたのではなく、否寧ろ海外のことには大いに留意したとさへ考へられる。鄭芝龍、鄭成功卽ち國姓爺の請援にはつひに應じなかつたけれども、一時は支那出兵の雄圖さへも懷いたのである。そのうへそれに先つて寛永七年（一六三〇）及び十四年（一六三七）には呂宋征伐の計畫さへも樹てたのであつた。かの濱田彌兵衞が蘭領總督ノイツを台灣に捕へて歸つたのは更にそれに先だつ寛永五年（一六二八）のことであつた。

家光公の將軍世嗣として確立せらるるについては偏へに家康公の力と愛護に依つたことは前にも一言した如くである。從つて家光公の家康公を景仰することは深く篤く、殆んど信仰の域に入つてゐた。夢寐常に東照大權現を拜し、その影像を狩野探幽守信をして描かしめ常にこれに拜禮したのである。公の東照公を景仰する至情はその御守袋に納められた自筆文書の片言隻句にもこれを見ることが出來、東照公の再來たることを期したことも察せられるのである。

豪壯華麗、日本近世建築の最も優れたものとして世界に誇る祖廟日光東照宮の寛永大造替を、財力と人力との限りを盡して、わづかに一年七箇月の日子を以て成就したのも、偏へに家光公の家康公崇敬の顯現であつた。日光東照宮に社參すること十回に及び、歴代將軍中その比を絶することも、奏請して正保二年（一六四五）には同宮に宮號を宣下せられ、同三年（一六四六）より例幣使を發遣することを創始せられたのもまた同樣である。

家光公は慶安四年（一六五一）四月二十日病革まり、江戸城本丸に於てその光輝ある生涯の幕を閉ぢた。年四十八歳であつた。遺孤ともいふべき、いまだ幼弱なる家綱公のこと、及び後事は異母弟である陸奥會津城主保科肥後守正之に託したのであつた。この夜老中堀田加賀守正盛、阿部對馬守重次、側衆内田信濃守正信、正盛の母にして大奥に奉仕した、いこの局が殉死し、二十一日には小十人頭奥山茂左衞門安重、二十三日には書院番頭三枝土佐守守惠が殉死した。公がいかに臣僚を信服せしめ、士心を得てゐられたかを知るべきである。

靈柩は二十三日これを東叡山寛永寺に遷し、二十六日、同寺を發し、二十九日、日光山に着し、五月六日、日光大黑山の峰に葬られた。景仰する太祖家康公卽ち東照大權現の神靈の鎭まりますほとりに永久の眠りを營むことは家光公の素志であつたのである。靈柩に隨從した小納戶役であつた梶定良が獨身にて終生廟側に奉仕したのは特記されてよい。

朝廷は公の忠功を嘉賞し、正一位太政大臣を追贈し、謚を大猷院と賜うた。

公と夫人鷹司氏（信房公女、中の丸殿、法名本理院）との間は必しも圓滿でなく、所生もなかつた。しかし側室寶樹院朝倉氏の所生である長子家綱公は四代の大統を繼ぎ、三子綱吉公は入つて五代の大統を繼いで征夷大將軍の職に就き、それぞれ治績あり、次子綱重公の甲府に封ぜられたほか、子女各〻その所を得、子葉の榮えたことはいふまでもない。知恩院門跡尊光入道親王は公の猶子であつた。後ち、歷代の知恩院宮は將軍家の猶子となる例となつた。

家光公は英邁豁達であり、聰明叡智であつた。そして威嚴に富んでゐると同時に寛宏でもあり、下情にも通じてゐた。上に對して謙退、下に對して嚴制であると同時に寛容の一面を有してゐたのである。勇武ではあつたが猪突猛進ではなかつた。從つて多くの逸話を遺してゐる。その人格及び逸話の數々については旣に第十三章に於て述べたところの如くである。

公はその武家の棟梁たる位置から言つても當然のことであるが、その氣性から言つても當然武技を好んだ。柳生但馬守宗矩に就いて劍法を學んで、澤庵和尙に親炙するところもあつたために劍禪一致の境地にも遊ばれたであらう。馬術にも達し、砲術の妙を得られた。從つて旗下の士に武術を奬勵してその技を練らしめ、馬術、水練等をも試みしめ、その達者はよくこれを賞した。病篤きに及んだ慶安四年（一六五一）にも、その初頭より天下の劍法鎗術その他の武藝の達人を江戶城中に召して、しばしばその技を試みしめて、これを覽るのを樂しまれたのは好話柄であつて、眞に治に居て亂を忘れざるものといふべきであらう。

公は放鷹、猪狩、鹿狩等、好んで遊獵をされたが、もとよりその嗜好するところであるけれども、一面これによつて武技を練磨せしむるとともに士氣を皷舞したのである。

斯く公は武を好む一方文藝にも心を用ゐられた。年初恒例の連歌を興行したのは勿論であるが、夢想の連歌を興行したことがあり、和歌も權大納言烏丸光廣の敎を受けて、これを詠じ、寛永十一年（一六三四）六月上洛の途次、殆んど連日の如くに詠じた作品のうちにはこれを傳ふるに足るものがある。和歌に感じて中院通村を赦免したことも一談柄である。俳諧體句を試みてその機才を發揮したこともあるのである。斯く詞句に遊ばれたばかりでなく、繪畫をも好んで描かれ、その遺存するものも幾干か數へられるのである。公は決して一邊の武將ではなかつた。

莊麗日光東照宮に次ぐ大猷廟は公の薨去の翌々年卽ち承應二年（一六五三）四月造營成り、英靈は奥院寶塔の下に永久に鎭まりまし、輪王寺の子院龍光院を以て別當となし、永遠に祭祀せられて居り、香華は參詣者とともに絶ゆることなく、常に遺德が偲ばれてゐるのである。

公の忌日に當つては慶安四年（一六五一）五月七日の初七日忌をはじめとして、二七日忌、三七日忌、五七日忌、六七日忌、七七日忌、百日忌、一周忌、（慶安五（後、改元して承應元年、一六五二）年）三周忌（承應二年（一六五三））七周忌（明暦三年（一六五七））十三回忌（寛文三年（一六六三））二十一回忌（寛文十一年（一六七一））二十五回忌（延寶三年（一六七五））三十三回忌（天和三年（一六八三））五十回忌（元祿十三年（一七〇〇））百回忌（寛延三年（一七五〇））百五十回忌（寛政十二年（一八〇〇））二百回忌（嘉永三年（一八五〇））と滯りなく、或は日光山に於て、或は東叡山寛永寺に於て、或は勅會として或は德川將軍家卽幕府としての法會が盛大に嚴修され、明治以後に於ても二百五十回忌

（明治三十三年（一九〇〇））三百回忌（昭和二十五年（一九五〇））の法會が日光山に於て行はれた。これはただに將軍家乃至幕府の力によつて行はれたのではなく、公の人間としての偉大さと、その治績を深く深く景仰するよりのことであることは、明治維新以後、民主的な最近になつても法會の嚴修されたことによつて明らかであらう。

斯く觀來るとき、家光公は德川將軍家に生を享け、英明宏大勇壯の資性を以て、克く天下を統御し、大政を施行し、父祖創業の後を繼ぎ、頗る治績を擧げて能く守成の功を完うし、三百年に垂んとする泰平の基礎を確固ならしめた。實に國家の柱石といふべきである。薨後、正一位太政大臣を追贈された時の宣命等に、「久施㆓大樹之威名㆒志、專稱㆓累葉之良將㆒須、朝廷乃藩屏、日域乃範規多利」とも「布㆑武化㆓於萬國㆒、播㆑德專㆓於八紘㆒、克守㆓至誠㆒、周理㆓正度㆒」と宣らせられたのも宜なりといふべきであらう。後ち永く上下、公の治を稱するのも當然のことである。

家光公こそは實に不世出の英雄であつた。これを不朽に傳へねばならぬのである。嗚呼偉大なるかな、家光公。

徳川家光公略年譜

凡例

一家光公の生誕以來、各年次の主たる行實を簡單に記した。文章の簡潔を期するため文語體を用ゐた。

一家光公の行實は概ね主格を用ゐぬこととした。

一家光公の父母、兄弟姉妹の行實及び史上重要な事項、關連の事項は一字下げて記した。但し行文の都合上多少の例外がある。

徳川家光公略年譜

慶長九年甲辰（一六〇四）**後陽成天皇・家康公　一歳**

七・一七　江戸城西丸に於て誕生。父秀忠公。母淺井氏。竹千代と名づく。

七・一七　永井熊之助（直貞）ついで水野清吉郎（光綱）・稲葉千熊（正勝）・岡部七之助（永綱）を小性となす。〇二三、七夜の祝あり、松平忠輝、設樂貞代等賀筵に伺候著座す〇二五、松平長四郎（信綱）を小性となす。

八・　八　三七夜の祝あり、松平忠頼、松平信吉等賀筵に著座す。

閏八・一四　家康公伏見を發し、江戸に還る。

一一・八　はじめて江戸山王社に詣す。歸途青山忠成邸を過る。青山忠俊、内藤清次等扈從す。

是　歳　故齋藤利三の女福子乳母として召さる。後春日局と稱す。

同一〇年乙巳（一六〇五）**後陽成天皇・家康公・秀忠公　二歳**

三・二一　秀忠公上洛す。

四・　七　家康公征夷大將軍を辭す。〇一六、秀忠公征夷大將軍に任ず。〇二九、參內拜賀。

同一一年丙午（一六〇六）**同・秀忠公　三歳**

一一・七　姉初姬、京極忠高に嫁す。

一二・三　弟忠長江戸城にて生誕。母淺井氏。

是　歳　病む。

同一二年丁未（一六〇七）**同・同　四歳**

正・四　妹和子生誕。後ち入内、東福門院號宣下。母淺井氏。

同一三年戊申（一六〇八）**同・同　五歳**

同一四年己酉（一六〇九）**同・同　六歳**

同一五年庚戌（一六一〇）**同・同　七歳**

四・二八　御譲位の内旨を家康公に傳ふ。

同一六年辛亥（一六一一）**同・後水尾天皇・同　八歳**

三・二七　後陽成天皇御譲位。〇後水尾天皇踐祚。

四・一二　即位。

五・七　弟保科正之生誕。母神尾氏。（お靜の方、淨光院）

九・五　姉勝姫、松平忠直に許嫁。

同一七年壬子（一六一二）**後水尾天皇・同　九歳**

同一八年癸丑（一六一三）**同・同　十歳**

同一九年甲寅（一六一四）**同・同　十一歳**

四・二〇　妹和子入内宣下あり。

七・一三　姉子々姫（前田利常夫人・天德院）に湯沐料三萬石を授く。

九・七　幕府、西國諸大名の誓書を徴す。〇二四、長崎及び有馬地方の耶蘇教徒を禁壓し、高山南坊、內藤德菴等を海外に放つ。

一〇・一　片桐且元、茨木に退居す。〇家康公大坂征討の令を發す。〇一一、家康公、駿府を發す。〇二三、將軍秀忠公江戸を發す。

一二・二〇　東西兩軍和議成る。

元和元年乙卯（七月十三日改元）（一六一五）**同・同　十二歳**

二・一四　家康公駿府に著し、秀忠公江戸に著す。

三・一二　板倉勝重、大坂再擧の狀を駿府に報ず。

四・四　家康公、駿府を發す。○六、家康公大坂征討の令を發す。○秀忠公江戸を發す。○二九、樫井合戰。

五・六　道明寺若江合戰、○七、茶臼山岡山附近合戰。○八、大坂城陷り、豐臣氏滅ぶ。

閏六・三　幕府、淡路を阿波徳島城主蜂須賀至鎭に與ふ。○一三、一國一城の制を布く。

七・七　武家法度十三條を頒つ。○一〇、豐國廟を廢す。○一七、禁中、公家諸法度を定む。○二四、家康公、諸宗本山本寺の諸法度を定む。

八・四　秀忠公、江戸に著す。○二三、家康公駿府に著す。

九・　酒井忠世・土井利勝・青山忠俊を師傅となす。

是　歳　齋藤氏（春日局）、家康公に家光公世嗣確立のことを訴ふ。

同二年丙辰（一六一六）**同・同　十三歳**

四・一七　家康公駿府に薨ず。七十五歳、久能山に葬る。

五・二九　幕府、酒井忠利、青山忠俊（一説）、内藤清次郎を公の傅となす。

八・八　耶蘇教を禁ず、明國の商船を除き、外國商船の長崎、平戸の外寄港することを禁ず。

九・一三　秀忠公、二子國松忠長に甲斐を與ふ。○一六、家康公、東照大權現の號を勅賜さる。

是　月　姉千姫、本多忠刻に再嫁す。

一〇・一四　幕府、武家諸法度を改書せしむ。

同三年丁巳（一六一七）**同・同　十四歳**

四・一四　家康公を久能山より下野日光山に改

葬す。東照社御鎭座。

六・二九　秀忠公上洛す。

七・二一　幕府、諸寺の法度を頒つ。

八・一六　幕府、和蘭人に朱印を與ふ。○**二六**後陽成上皇崩御。○朝鮮信使來朝、秀忠公これを伏見城に引見す。

九・二七　秀忠公江戸に歸る。

一一・二一　西丸に移徙す。

是　歳　弟正之、信濃高遠城主保科正光の養子となる。

同四年戊午（一六一八）**同・同　十五歳**

四・一七　紅葉山東照社正遷宮。

八・　長崎、平戸の兩港を英吉利貿易港となし、耶蘇敎を禁ず。

一二・一五　弟國松忠長従四位下に敍し、左近衛權少將に任ず。

是　歳　川越に放鷹す。

同五年己未（一六一九）**同・同　十六歳**

五・八　秀忠公上洛、江戸發駕。

・一四　小性坂部五左衛門を手刄す。

・二七　秀忠公入洛す。

七・　伏見城番を罷め、大坂城代を置き、尋で伏見城を毀つ。

九・一五　金地院崇傳、僧錄司となる。○**二〇**秀忠公江戸に歸る。

一〇・一三　秀忠公日光社參發駕、○**一六**、日光に著す。○**一七**、東照社參拜、○**一八**、日光發駕、○**二一**、江戸に歸る

同六年庚申（一六二〇）**同・同　十七歳**

正・五　正三位に敍す。○**一一**、權大納言に任ず。

五・八　妹和子入内、江戸發駕。○**二八**、二條城著御。

六・六　和子入内。

八・二二　忠長、從四位上に叙し、參議に任ず

右近衛權中將を兼ぬ。

九・　七　元服す。

同七年辛酉（一六二一）同・同　十八歳

三・一〇　川越に放鷹す。

八・二六　暹羅國使、江戸に入る。

同八年壬戌（一六二二）同・同　十九歳

四・一三　秀忠公日光社參、江戸發駕。○一七東照社に詣す。○一八、中禪寺に詣す。○二一、江戸城に歸る。

七・　三　姉子々姫（前田利常室・天德院）逝去。

同九年癸亥（一六二三）同・同　家光公　二十歳

正・一七　忠長、駿河、遠江、信濃に於て二十五萬石を加賜せらる。

三・一五　右近衛大將、右馬寮御監を兼ぬ。

四・一三　日光社參、江戸發途。○一七、東照社參拜。○二一、江戸に歸る。

二・二三　越前松平忠直を豐後に謫し、其子光長をして舊封を襲がしむ。

五・一二　秀忠公上洛、江戸發駕。

・一八　瘧を病む。

六・　一　癒ゆ。

八　秀忠公、二條城に入る。○二五、參內す。

二八　上洛、江戸發駕。

是　月　姉勝姫（松平忠直夫人、高田御方）、江戸に移る。

七・一三　入洛、伏見城に入る。○二三、參內、退出二條城に入る。○二六、任將軍のため、土御門久脩、天曹地府祭を執行す。○二七、秀忠公、征夷大將軍を辭す。大御所と稱す。家光公、征夷大將軍に補し、正二位に叙し、內大臣に任じ、淳和・奨學兩院別當、源氏長者と

八・六　なされ、牛車を聴され、隨身兵仗を賜はる。德川忠長を從三位に敍し、權中納言に任ず。○二八、秀忠公參內。

六　拜賀參內。女御德川和子、中和門院近衞前子に候す。○九、諸大名伏見城に將軍宣下を賀す。○一一、勅使等伏見城に參向す。○一四、二條城に將軍繼職慶賀の猿樂を催す。○大阪に赴く。ついで奈良を見物す。○二四、禁裏御料一萬石を進む。

閏八・一　秀忠公、二條城に暹羅國使を引見す

二　印判を彫刻せしむ。○三、伏見城に暹羅國使を引見す。

八　二條城に秀忠公に謁し、江戸歸府發途○一二、名古屋城に泊す。

二一　秀忠公、後水尾天皇に麝香を獻じ、歸府發途。

・二四　江戸に歸る。

九・六　秀忠公江戸に歸る。

一〇・一九　武藏岩槻城主青山忠俊を上總大多喜に貶し、二萬石を給す。

一二・一九　皇女興子内親王降誕あらせらる。（明正天皇）

二〇　鷹司信房女孝子、公と定婚の故を以て江戸に下向、西丸に入る。（中の丸、本理院）

是月　側室藤枝氏（お夏の方、順性院）お里佐（またお佐野、定光院）江戸に下向。

是歲　堀田正盛の首服を加へし時和歌を詠ず。

寛永元年甲子（二月三十日改元）（一六二四）**同・家光公二十一歲**

正・二〇　連歌始出句。

四・二九　西丸普請始に依り德川頼房邸に移徙す。

五・　青山忠俊を舊領相模溝ノ郷に退居せしむ。
八・一一　忠長に駿河、遠江二國五十五萬石を加へ、駿府城に居らしむ。
九・　八　德川賴房邸に於て先手組同心の弓銃技を覽る。
一一・一〇　秀忠公西丸に移徙す。○二八、女御德川和子を中宮となす。
一二・一〇　賴房邸より本丸に移徙す。夫人鷹司氏もまた本丸に移徙す。○一九、朝鮮使節を引見す。
是　歲　江戸忍岡東叡山寛永寺草創。

同二年乙丑（一六二五）同・同　二十二歲

正・二〇　連歌始出句。
二・一八　川越に放鷹し、三・三に及ぶ。
四・　二　始めて二條城番を置く。
七・一三　日光社參、江戸發駕、忠長從ふ。旅中眼を疾む。○二〇、江戸に歸る。
八・　九　鷹司孝子と婚儀を擧ぐ。
一一・三〇　武藏牟禮野に鹿狩を催す。
是　歲　青山忠俊遠江小林に退居す。

同三年丙寅（一六二六）同・同　二十三歲

正・二〇　連歌始出句。
二・　四　川越に鹿狩を催し、鴻巣に放鷹す。○二四、馬を疾驅して江戸に歸城す。
三・　側室岡氏（お振の方、自證院）大奧勤となる。
四・二四　松平忠輝を配所飛驒より信濃に遷す。
閏四・二七　人身賣買を禁ず。
五・　七　本多忠刻卒す。
是　月　明人陳元贇を引見す。
六・二〇　秀忠公上洛、江戸發駕。
六・　七　秀忠公二條城に入る。○一二、參内す。

・一二　上洛、江戸發駕。神奈川泊。〇一九、久能山東照社に詣す。〇二七、大坂城番の制を定む。

八・二　京都に著し、二條城に入る。後、淀城に入る。〇一八、參內す。從一位に敍し、右大臣に任ず。この日秀忠公左大臣に任ず。

・一九　忠長、從二位に敍し、權大納言に任ず。

・二〇　淀川に船逍遙を催す。

九・六　後水尾天皇二條城に行幸、駐輦五日。〇八、和歌御會に、秀忠公と共に「竹契二遐年一」の和歌を詠ず。〇一三、左大臣に任ず。秀忠公は太政大臣に任ぜらる。

・一五　母淺井氏逝く、五十四歳。法謚崇源院殿昌譽和興仁淸大禪定尼。

・一六　大坂に赴く。〇一七、郡山を過り、二條城に歸る。

・一八　淺井氏の靈柩を三緣山に遷し、靈牌を增上寺方丈に安置す。

・一五　京都を發駕、歸府の途に就く。

是月　京都の伶人をして、東遊を日光山伶人に相傳せしむ。

一〇・六　秀忠公京都を發駕、歸途に就く。

・九　江戸に歸城す。〇一八、淺井氏の葬儀を麻布野に行ふ。

一二・六　千姫（本多忠刻夫人）落飾して天樹院と號し、家に歸る。

同四年丁卯（一六二七）**同・同　二十四歳**

正・二〇　連歌始出句。

五・二三　德川賴房女龜姬生る。（八年、公の養女となる）

六・二六　淺草川に御家人の水馬を覽る。

七・一九　僧侶出世の法を定む。
同五年戊辰（一六二八）同・同　二十五歳
正・二〇　連歌始出句。
二・二一　川越に赴く。〇二四、川越にて鹿狩を催す。
三・　二　川越より歸城す。
四・一三　秀忠公日光社參發途。
・一六　東照公十三回神忌、朝廷奉幣。〇是日、秀忠公著山。〇一七、東照社參拜。〇一八、東照社參拜、內院寶塔授戒灌頂。〇一九、日光發駕。〇二一、江戸城に歸る。
・二三　日光社參發途、忠長從ふ。岩槻城に宿す。〇二三、壬生城に宿す。〇二四、宇都宮城に宿す。〇二五、著山。〇二六、東照社參拜。法會あり、宸翰心經奉納あり、大赦を行ふ。〇二七、東照社參拜。歸府の途に就く。
是　月　是より先、幕府、大德・妙心二寺の出世を停む。是に至り日光の祭期に會するに依り妙心寺の出世を宥す。
五・　一　江戸城に歸る。〇公家衆・門跡等を引見す。
六・　五　京都伶人の舞樂を觀る。〇一五、脚を疾む。
是　歲　長崎代官末次平藏船長濱田彌兵衞、蘭領總督ノイツを臺灣に捕へて歸る
同六年己巳（一六二九）同・明正天皇・同　二十六歳
正・二〇　連歌始出句。
二・　疱瘡を病む。
閏二・　一　公の病を京都に注進す。〇一〇、中宮和子の問病使江戸に來る。〇一五、酒湯を行ふ。〇一七、二番湯を行ふ。〇一九、三番湯を行ふ。〇二一、四番湯

を行ふ。問病の勅使江戸に參向す。○二三、京都五山の祈禱札來る。

是　月　病癒ゆ。

三・一七　中宮和子、使を遣し、公の病平癒を賀す。

四・一三　日光社參發途、岩槻城に宿す。○一四古河城に宿す。○一五、宇都宮城に宿す。○一六、日光著山。○一七、東照社に參拜す。○一八、日光發途。○一九、宇都宮城に宿す。○一九、古河城に宿す。○二〇、岩槻城に宿す。○二一、江戸城に歸る。

五・二三　勅使江戸城に臨み、皇女一宮興子內親王への御讓位の內旨を公に傳ふ。

六・　五　勅使江戸城に參向、公の病平癒を賀す○二〇、江戸府下に辻番所を置く。

是　月　幕府大德寺澤庵、玉室等を出羽、陸奥に流す。

七・一三　本丸に於て公の痘病平癒祝あり、猿樂を催す。

八・二五　西丸に於て公の痘病平癒祝あり、猿樂を催す。

九・　六　武家諸法度を改定す。○一九、暹羅國使を引見す。山田長政、國使に附して書及び物を上る。

一〇・一〇　公の乳母齋藤氏上洛し、天皇に謁し、盃を賜はり、春日局の名を賜ふ。

一一・　八　後水尾天皇、俄に位を一宮興子內親王に讓り賜ふ。內親王踐祚あらせらる。（明正天皇）幕府、高御座等の調度を新調す。○九、中宮和子に東福門院號を宣下さる。

同七年庚午（一六三〇）**明正天皇・同　二十七歳**

正・二〇　連歌始出句。

二・二五　鴻巣の放鷹より川越養竹院に遊び、垂絲櫻を賞し、歌詠あり。
三・　二　江戸城に歸る。○四、姉初姫逝く、二十九歳。
六・二三　保科正之、公に謁す。
九・一二　天皇卽位あらせらる。○一五、幕府武家傳奏中院通村を罷め、日野資勝を之に替ふ。
是　冬　林道春、忍岡に學寮を建つ。
是　歳　幕府、呂宋征伐を計畫す。耶蘇敎に關する書籍の舶載を禁ず。

同八年辛未（一六三一）同・同　二十八歳

二・一八　川越に放鷹す。
三・　一　感冒を病む。○三、江戸城に歸る。
五・二八　忠長を甲斐に幽す。
六・二〇　幕府、外國へ航する商船に朱印の外奉書を長崎奉行に下すことを定む。

佐藤繼成等に日光山造營奉行を命ず。
八・　九　養女鶴姫（松平忠直女）關白九條道房と婚す。
・一六　保科正之、秀忠の病を候す。
閏一〇・二〇　幕府、禁令を京中に頒ち、耶蘇敎徒及び浪人を匿し、且つ私に寺院を建つるを禁ず。
一一・一二　保科正之、養父正光の遺領を襲ひ、從五位下に敍し、肥後守に任ぜらる。

同九年壬申（一六三二）同・同　二十九歳

正・二〇　連歌始出句。
・二四　秀忠公西丸に薨去。五十四歳。○二六、增上寺に入棺。
四・一三　秀忠公、正一位を追贈さる。勅諡台德院。

四・一三 日光社參、江戸發駕、岩槻城に宿す。○**一五**、宇都宮城に宿す。○**一六**、今市旅館に著す**是日**、奉幣使日光東照社に奉幣す。○**一七**、東照公第十七回神忌、祭禮。公服喪中につき參拜せず。日光藥師堂法華曼荼羅供。○**一八**、今市旅館に公家衆・門跡等を饗す。日光東照社萬部經供養、**一九**また同じ。○**一九**、今市發駕。○**二一**、江戸城に歸る。○**二九**、門跡・公家衆を引見す。

五・一 公家衆・門跡を饗す。○**二九**、肥後國主加藤忠廣の封を沒す。

六・二九 江戸城内廐下の溝に水泳を試む。

七・二 淺草川に水馬を觀る。

・七 幕府、大德寺澤庵、玉室等を召還す

・二三 增上寺台德院靈廟入佛。○**二四**、公これに詣す。

一〇・一二 忠長の封を沒し、上野高崎に幽す。

一二・一七 幕府、始て大目附四員を置く。○**二八**、保科正之、從四位下に敍す。

是歳 德川義直、林道春の忍岡別墅に先聖殿を建つ。○青山忠俊、相模今泉村に遷居す。

同一〇年癸酉（一六三三）**同・同 三十歳**

正・六 幕府、諸國巡見使を派遣す。

・二〇 連歌始出句。

二・七 幕府、兩御番大御番一統に二百石宛を加增す。○奉書船の外海外渡航を禁じ、海外渡航者の歸國を禁ず。

三・二三 幕府、六人衆を置く。

是春 本丸東照社を二の丸に遷す。○黑田忠之對栗山利章の訴訟を裁す。

八・三 品川御殿に諸番士の馬揃を觀る。

九・一一 深川邊に放鷹す。

一二・六　忠長高崎に自殺す。年二十八歳。同地大信寺に葬る。法諡峯巖院殿晴徹曉雲大居士。

是冬　安宅丸を造らしむ。

同一一年甲戌（一六三四）同・同　三十一歳

正・二〇　連歌始出句。

三・三　老中等に命じ、課を分ちて諸政を管當せしむ。〇二〇、板橋邊に鹿狩を催す

・二三　幕府王子權現社造營奉行、品川常行寺塔構造奉行等を任命す。

五・二四　新營增上寺台德院靈廟を檢閱す。

・二八　幕府、邦人の外國往來及び耶蘇教を禁じ、尋で長崎に出島を築きて外國人を之に移す。

六・二〇　上洛、江戸發駕、保科正之從ふ。神奈川に宿す。歌詠。〇二一、藤澤に宿す歌詠。〇二三、大磯にて歌詠、小田原城に宿す。歌詠。〇二三、滯座、歌詠〇二四、箱根にて歌詠、三島に宿す。〇二五、田子の浦にて歌詠、蒲原に宿す。〇二六、清見關にて歌詠、久能山東照社に詣し、造營を督す。歌詠、駿府城に宿す。〇二七、滯座、淺間神社に詣し社殿再建を督す、歌詠。〇二八宇津の山にて歌詠、田中城に宿す。〇二九、大井川、小夜の中山にて歌詠、掛川城に宿す。歌詠。

七・朔　濱松城に泊す。〇二、滯座、五社、諏訪明神兩社に詣し、各社領を加增す。歌詠。荒井にて歌詠。吉田城に泊す。〇三、八橋の歌詠あり、岡崎城に宿す〇四、名古屋城に入る。〇五、滯座。〇六、萩原にて歌詠、大垣城に宿す。〇七、彥根城に宿す。七夕の歌詠あり

○八、永原に宿す。鏡山の歌詠あり。○九、矢橋より船にて琵琶湖を渡る。歌詠、膳所城に入る。○一〇、滯座。○一一、逢坂にて歌詠、入洛、二條城に入る。歌詠。○一五、太政大臣に昇任の恩命を傳へらる。固辭す。歌詠。○一六、保科正之侍從に任ず。○一八參內。○二〇、後水尾上皇に萬葉集注を獻ず。○二一、二條城に猿樂を催し親王、攝家、門跡、公家衆、三家、諸大名等を饗す。○二三、京洛の町中に銀十二萬枚を賜ふ。○二六、二條康道の子を猶子とし、尋で偏諱を賜ひ光平と名づく。○二九、九條幸家の子千代鶴丸をして松殿家再興の事を奏請す。

是月 林道春に命じて御參內記、御入洛記を撰進せしむ。○近江坂本に東照社を營ましむ。

閏七・三 上皇御料に七千石を加へ、一萬石を進む。○四、院參、東福門院御所に伺候す。○一九、北野天神社、清水寺に詣す。○二三、上皇に院政を奏請す。江戶城西丸火あり、留守居酒井忠世、大いに恐れ寬永寺に入りて罪を待つ。二七報達す、公その怯臆を怒る。○二五大坂に赴く。途、淀城を過る。○二六大坂、堺、奈良の地子錢を免ず。城內に乘馬を覽、天王寺に赴く。淀城主永井尙政に江戶に至り西丸火災の跡を視察することを命ず。○二八、橋本より乘船、長岡勝龍寺を經て入洛す。

八・朔 參內。院參、東福門院御所に候す。○四、譜代大名の妻子を所領に置くもの、今年より江戶に移さしむ。○五、二條城發輿、歸府の途に就く。膳所城に宿す。○六、水口に宿る。永井尙政江戸より歸謁す。○七、龜山城に宿す。○八、桑名城に入る。舟にて漁を覽る。○九、熱田に著す。○一〇、岡崎城に泊す。三河伊賀八幡宮に社領を加增す。○一一、吉田城に泊す。○一二、濱松城に宿す。○一三、掛川城に宿す。○一四、田中城に泊す。○一五、駿府に着し、町中に米五千石を賜ふ。○一六、滯座。○一七、久能山東照社參拜。三島に宿す。○一八、小田原城に宿す。○一九、藤澤に泊す。○二〇江戸に歸る。直ちに增上寺台德院靈廟、崇源院靈牌所に詣す。

是月 小堀政一をして仙洞御所庭園泉石を修めしむ。

九・朔 江戸府民に銀五千貫を賜ふ。○一二、增上寺台德院靈廟に詣す。○一三、日光社參、江戸發駕。岩槻城に宿す。○一四、古河城に宿す。○一五、宇都宮城に宿す。○一六、今市如來寺內旅館に宿す。町民に金を賜ふ。○一七、日光著山、東照社參拜、同社大造替を意圖す。直ちに下山、宇都宮城に泊す。○一八、古河城に宿す。○一九、岩槻城に宿す。○二〇、江戸城に歸る。

一一・一七 江戸に於て日光東照社造替普請始。

同一二年乙亥（一六三五）**同・同　三十二歳**

正・七 板橋に鹿狩を催す。○二〇、連歌始出句。

三・一一 對馬宗義成と柳川調興との訴訟を裁す。

四・一四 幕府、宗義成に命じ、朝鮮國書の式を改めて日本國大君と書せしむ。
・二〇　朝鮮人の馬術を城内に觀る。〇咳氣。
是月　日光東照社造替入杣式木造始。
五・一四　病平癒す。
・二〇　幕府、長崎を互市場となし、外船の他港に入るを禁ず。
是月　日光東照社造替地曳式・居礎式・外遷宮。
六・二　品川沖に安宅丸を泛べしめ、之を覽る〇二一、武家法度を改定す。〇三〇、參勤交代の制を定む。
七・　日光東照社造替立柱式。
一一・九　幕府、始めて寺社奉行を置く。〇一〇、評定所寄合の日及び諸有司分課を定む。
一二・二　幕府、評定所條規を定む。
是月　病む。天海をして東照大權現緣起を撰述せしむ。

同一三年丙子（一六三六）同・同　三十三歲
正・二〇　連歌始出句。
是月　幕府、高田馬場を築造す。
二・　林道春、和漢荒政恤民法制を撰進す
四・八　日光東照社造替上棟。〇一〇、同社正遷宮。
・一二　增上寺台德院靈廟に詣す。〇奉幣使姉小路公景日光東照社奉幣。
・一三　日光社參、江戶發駕。岩槻城に宿す。〇一四、古河城に宿す。〇一五、宇都宮城に宿す。〇一六、今市如來寺內旅館に入る。〇一七、早朝日光山に著し東照社祭禮を觀、ついで參拜。三十二相の舞を復活せしむ。公卿、門跡等に對面す。〇一八、東照社御經供養、天皇宸翰妙典一部を奉納あらせらる。法華曼荼羅供、公これに臨む。瀧尾權現に詣す。○一九、藥師堂供養、法華曼荼羅供に臨む。日光山御殿を發し、今市如來寺內旅館に泊す。○二〇、壬生城に宿す。○二一、岩槻城に宿す。○二二、江戸城に歸る。○二三、諸大名公の歸城を賀す。○二四、增上寺台德院靈廟に詣す。○二五、德川義直、同賴宣、公の歸城を賀す。

五・二一　伊達政宗の病を問ふ。

七・二一　幕府、保科正之を出羽山形城主となし、二十萬石に封ず。

八・　二　箱根關令を定む。

・一九　高田馬場に臨む。○二二、葛西に放鷹す。

九・二三　高田に放鷹す。

一二・一三　朝鮮信使を引見す。○二二、高田北方の原に鞭打を覽る。

同一四年丁丑（一六三七）**同・同　三十四歲**

正・二〇　連歌始出句。○二二、病む。

閏三・　五　長女千代姬生る。母岡氏。（自證院）。

是　春　江戸城本丸造替始、公西丸に移る。

四・　一　城內二の丸東照社敷地に鶴舞ひ下る。○一七、病癒ゆ。屢々東照公を夢む。

五・一八　天皇、春日局に公の病を問はせらる。

六・一四　公病むに依り、淸涼殿に於て御修法あり。

七・一四　幸若舞を觀る。○二八、狩野探幽等の席畫を觀る。晦に及ぶ。○二九、勅使院使、東福門院使等參向、公の病を問はせらる。

八・一五　江戸城天主臺成る。○二七、本丸造營成り、公これに移る。

一〇・一一　諸社寺、公の病氣平癒祈禱の符錄を進む。

・二五　肥前島原松倉勝家の封内耶蘇教徒蜂起す。

一一・　九　島原教徒蜂起の報江戸に達す、幕府板倉重昌、石谷貞清を遣して之を討たしむ。〇二七、松平信綱、戸田氏鉄を島原に遣す。

一二・　三　島原亂徒の首領益田時貞、原城址に據る。

是　歳　幕府、再び呂宋征伐を計畫す。

同一五年戊寅（一六三八）同・同　三十五歳

正・　一　板倉重昌戰死す。

・二〇　連歌始出句。

二・二〇　千代姫、徳川光友尾張と婚約す。

・二八　原城陷る。

四・　四　島原城主松倉勝家の封を沒し、肥前唐津城主寺澤堅高の封を削る。〇八老中武藏川越城主堀田正盛を信濃松本城に移し、尋常文書の連署を止め特に大議に參せしむ。〇一三、高力忠房に肥前島原城を與へ、山崎家治に肥後天草を與ふ。

五・一三　松平信綱凱旋し、征討始末を復命す。

七・一九　松倉勝家を斬に處す。

九・二〇　耶蘇教を嚴禁す。

一〇・二九　藥園を品川、牛込に開く。

是　歳　奏請して今宮守澄入道親王を天海の法嗣となす。〇澤菴をして品川に東海寺を創建せしめ、寺領五百石を與ふ。

同一六年己卯（一六三九）同・同　三十六歳

正・二〇　連歌始出句。

三・　六條氏（お萬の方、永光院）を召す。

四・　幕府、儉約を令す。

五・二〇　和蘭人をして進貢の石火矢を麻布村に

試みしむ。
六・一九 葛西、府中、船橋等に放鷹す。
七・四 幕府、太田資宗を長崎に遣し、葡萄牙人を放逐す。○二五・和蘭船平戸に來る。
是月 葡萄牙船三隻長崎に來る。幕府、諭して之を還す。
八・一六 江戸城本丸炎上す。公、西丸に移る。ついで二の丸に移る。
九・八 柳生宗矩劍術奥儀の書を獻ず。○二一千代姫徳川光友尾張に入輿。
是秋 天海をして東照大權現眞名緣起二卷・假名緣起五卷を選述せしむ。
一一・五 夢に歌を詠じ、夢想連歌を興行す。
閏一一・二 柳生宗矩の品川の別業に劍法を試む。
一二・一六 狩野探幽をして靈夢の東照大權現影像を畫かしむ。

同一七年庚辰（一六四〇）**同・同 三十七歳**
正・二〇 連歌始出句。
三・一三 千住邊に猪狩を催す。
是春 東照大權現眞名・假名緣起完成す。
四・九 品川御殿に於て自ら鞭打及び劍法を試む。○一二、增上寺台德院靈廟に詣す。○一三、日光社參發駕、岩槻城に宿す。○一四、古河城に宿す。○一五宇都宮城に宿す。○一六、日光著山。○一七、東照公第二十五回神忌。大雨に依り東照社祭典を停む。東照大權現緣起を奉納す。天海及び毘沙門堂公海を引見す。○一八、東照社祭禮を觀る○一九、東照社法華曼荼羅供に臨む。近衞信尋はじめ門跡等と對面す。寶塔その他社殿を巡覽す。○二〇、下山、室の八島を巡覽し、壬生城に宿す。○

二一、岩槻城に宿す。○二二、滯座、城邊を遊覽す。○二三、江戸城に歸る○二五、大赦を令す。○二九、麻布の柳生宗矩の別業に臨み、自ら劍法を試む。

五・五　公卿・門跡等を引見す。○八、公卿・門跡等を饗す、猿樂あり。○九、公卿門跡等に暇を給す。各登城辭見す。○二九、東海寺に於て自ら劍法を試む。

六・七　柳生宗矩の別業にて自ら劍法を試む。

・一六　葡萄牙人六十一人を長崎に斬る。

七・一二　酒井忠勝の別業にて鞭打、鐵炮、花火乘馬等を覽る。

九・一六　品川御殿に臨む。毛利秀元茶を獻ず。

一〇・一八　千住邊に放鷹す。

一一・七　柳生宗矩の別業にて自ら劍法を試む。

一二・八　柳生宗矩の別業にて自ら劍法を試む。

同一八年辛巳（一六四一）**同・同　三十八歳**

正・一三　江戸大火。

・二〇　連歌始出句。

二・七　林道春を總裁として諸家系圖を編ましむ。○八、外舶來航の虞あり、筑前福岡城主黑田忠之等の江戸參勤を止め、之に備へしむ。

三・一〇　戸田に鹿狩を催す。

八・三　側室增山氏（お樂の方、寶樹院）家綱公を生む。公、以後躍を觀ることなし。

九・一六　日光東照社奥院寶塔供養。

是歳　德圓寺女（お琴、芳心院）を召す。

同一九年壬午（一六四二）**同・同　三十九歳**

正・一七　江戸城内二の丸東照社夢想連歌興行。

二〇　連歌始出句。

四・三　東叡山寛永寺天海の本坊に臨む。猿樂あり。○一二、增上寺台德院靈廟及び崇源院靈牌所に詣す。○一三、日光社參、江戸發駕、岩槻城に宿す。○一四古河城に宿す。○一五、宇都宮城に宿す。○一六、日光著山。○一七、東照社祭禮・法會。雨に依り公の參拜を延滯す。○内々奥院廟塔に詣す。○一八東照社祭禮、神幸を觀る。東照社に詣す。尋で奥院廟塔を拜す。天海の本坊に臨み、歸途瀧尾邊を散策す。○一九天海七五三の御膳を獻ず、下山、宇都宮城に宿す、城主奥平忠昌の去年日光山構造入精を賞す。○二〇、古河城に宿す。○二一、岩槻城に宿す。○二三江戸城に歸る。○二四、增上寺台德院靈廟に詣す。○二八、公家衆、門跡、大小名を饗し、猿樂あり。○三〇、公家衆、門跡等登城辭見す。

五・五　天海を饗し、猿樂あり。

・九　幕府、譜代大名小笠原忠眞等七十人の江戸在勤の期を定む。

七・二九　酒井忠勝の別業に、鞭打、水泳を覽る

八・八　柳生宗矩の別業に、自ら劍法を試む。

九・一　幕府、譜代大名青山幸成等二十三人の江戸在勤の期を定む。

閏九・二八　堀田正盛の別業に鞭打、拳法、鎗術を觀る。

一〇・一六　堀田正盛の別業に鎗術を觀る。

一二・七　堀田正盛の別業に鞭打、擊劍を觀る。○一七、狩野探幽をして靈夢の東照大權現影像二幅を畫かしむ。

同二〇年癸未（一六四三）**同・後光明天皇・同　四十歳**

三・一一　幕府、田畑永代賣買の罰則等を定む

四・七　酒井忠勝の別業に鞭打、劍法を觀る。

・一五　青山忠俊、相模今泉村に卒す。六十

六歳。溝の郷天應院に葬る。○二二淺草三十三間堂成り、射始めの典を擧ぐ。

五・二　幕府、會津城主加藤明成の封及び弟二本松領主明利の遺封を沒す。

是月　日光東照社奥院相輪樘造立。

六・二三　幕府、南部領に漂著せる和蘭人を推問し、其の五人を留めて火技醫術の師とす。

七・四　幕府、山形城主保科正之を會津に移し、陸奥白河城主丹羽光重を同二本松に移す。

八・一　幕府、諸大名參賀の順序を定む。

・二三　狩野探幽をして靈夢東照大權現影像を畫かしむ。○晦、夢想の連歌を興行す

九・二五　寛永諸家系圖傳成る。

・二九　狩野探幽をして靈夢の東照大權現影像を畫かしむ。

一〇・二　大僧正天海寂す。尋で日光大黒山に葬る。○三、明正天皇、皇弟紹仁親王に御讓位。親王、踐祚あらせらる○二一、後光明天皇卽位。

一二・二八　狩野探幽をして靈夢の東照大權現影像を畫かしむ。

正保元年甲申（十二月十六日改元）（一六四四）**後光明天皇・同　四十一歳**

正・一三　木菟を畫く。○二〇、連歌始出句。

三・九　幕府、唐糸割賦の制を定め、京都、江戸、堺、大坂、長崎に頒つ。

・一一　目黒邊に放鷹す。○二二、小園、猪山柿木山等に猪狩を催す。

五・二一　隅田川邊に放鷹す。○二四、次子綱重長松生誕。母藤枝氏。（お夏の方、順性院）

六・二五　幕府、琉球使を引見す。

七・一六　二の丸園地に小性の水泳を觀る。
八・二五　菊の歌を詠じ、「雪月花」の三大字とともに阿部正次に賜ふ。
一〇・五　中野邊、品川邊に放鷹す。
是月　林道春、本朝編年錄若干卷を幕府に上る。
一一・二二　王子邊に放鷹す。
一二・一七　長子竹千代に家綱と名づく。
・二五　幕府、諸國に令し、鄕村高帳及び國郡諸城の圖を製せしむ。

同二年乙酉（一六四五）同・同　四十二歲

正・一七　東叡山にて射禮を行ふ。
・二〇　連歌始出句。
二・一二　酒井忠勝の牛込の別業に乘馬を觀る。○二六、連歌興行。○二九、三子龜松生誕。母本庄氏（お玉の方、桂昌院）
四・二一　保科正之、左近衞少將に任ず。
・二七　連歌興行。
六・二〇　隅田川に狩す。
七・二八　先年稻富重次所獻の鐵炮祕傳書を稻富重吉に返却す。
是月　東照宮本社背後石垣普請、三佛堂、新宮拜殿造營。
一一・三　かねて公の奏請に依り、東照社に宮號宣下あり、正一位に昇敍さる。○九、勅使參向す。○一七、紅葉山東照社に宮號宣下並に贈位を奉告す。○二七、東照宮に例幣使の創始を奏請す。

同三年丙戌（一六四六）同・同　四十三歲

正・八　四子綱吉徳松生誕。母本庄氏。（お玉の方桂昌院）。○二〇、連歌始出句。
二・三　柳生宗矩の病を麻布の別業に問ふ。
三・三　柳生宗矩の病を問ふ。○七、宗矩のために京都より武田道安を召す。○一〇公請ふ所の日光例幣使を發遣す。〇一一、山口弘隆の品川の別墅に於て猪狩あり。〇一三、王子邊に鹿及び猪を狩る。〇二六、柳生宗矩卒す。七十六歳下谷廣徳寺に葬る。
是月　千住邊に於て猪狩を催す。
四・六　奏請して柳生宗矩を従四位下に敍す。
・一七　徳川義直、東照宮年譜を撰進す。
六・　後水尾上皇の腫物平癒を賀す。
一〇・二〇　幕府、明人鄭芝龍の請援を却く。
一一・六　千住邊に猪狩を催す。
是歳　奏請して伊勢大神宮の例幣を復活す。

同四年丁亥（一六四七）同・同　四十四歳

正・二〇　連歌始出句。
六・二五　隅田川に歩行士の水泳を覽る。
・二六　葡萄牙船、長崎に來り通商を乞ふ。九州の諸侯、兵を集めて之に備ふ。
八・四　三子龜松早世。三歳。傳通院に葬る。
・六　幕府、葡萄牙船を諭して歸航せしむ。
九・三　隅田川邊に放鷹す。
・一四　皇弟守澄入道親王、輪王寺門跡となり、江戸に下向す。
一〇・一六　酒井忠勝の別業に近習等の鞭打を覽る〇一九、池田光政女通後輝、一條敎輔に緣組す。〇二七、近臣の刀劍の技を試む。
一一・一三　王子村に、島津光久再興の犬追物を覽る。
一二・二五　狩野探幽をして、靈夢の東照大權現影像を畫かしむ。

慶安元年戊子（二月十五日改元）（一六四八）同・同　四十五歳

正・一〇　五子鶴松生誕。母は定光院。（お里佐、お佐野）。〇二〇、連歌始出句。〇二四秀忠公の十七周忌を増上寺に修す。

四・一一　大僧正天海に慈眼大師と諡す。

・一二　増上寺台徳院靈廟、崇源院靈牌所に詣す。〇一三、日光社參、江戸發駕、岩槻城に宿す。〇一四、古河城に宿す。腹を病む。〇一五、宇都宮城に宿す。〇一六、日光著山。例幣使平松時庸東照宮に奉幣す。〇一七、東照公三十三回神忌。東照宮祭禮、神幸を覽る。尋で參拜。〇一八、天海版一切經成る。是日之を藥師堂に轉讀せしむ。法華八講第三日、公之を聽聞す。〇一九、藥師堂曼荼羅供に臨む。東照宮神前に新刻一切經を轉讀す。〇二〇、慈眼大師祠堂に詣す。公家衆、門跡等を引見す〇二一、東照宮奥院寶塔に詣拜す。下山、壬生城に宿す。〇二二、岩槻城に宿す。〇二三、角屋七郎次郎訴狀を捧ぐ、江戸城に歸る。〇二四、増上寺台德院靈廟、崇源院靈牌所に詣す。世子家綱公の日光社參を延滯す。〇二六、角屋七郎次郎に朱印を賜ふ。

五・一　東福門院使、公の歸府を賀す。〇五、日光參向の伏原賢忠、古河の旅舍に病む。池田光政の家醫及圓をして診療せしむ。〇八、日光より參府の公家衆、門跡等を引見す。〇一〇、微恙あり、〇一二、公家衆、門跡等を饗應す。猿樂あり。〇一三、公家衆登營辭見す。〇一六、下冷泉爲景、家再興を謝す。〇二四、靑蓮院尊純法親王に寺領三百石を加増す。

六・三　高野山學侶無量壽院澄榮、寶性院政算行人見樹院立佺の蟄居を免ず。酒井忠知、德永昌勝等十四名の勘氣を免ず。

七・四　五子鶴松早世す。天德寺に葬る。法諡齡眞院秋感利貞大童子。

九・一五　母淺井氏の二十三周忌を増上寺に修す。○二〇、葛西邊に放鷹す。○二三綱重に竹橋に邸地を賜ふ。○二八、綱吉三の丸に移徙す。

一一・二八　江戸城中に猿樂を催し、德川光貞以下大小名を饗す、明日また同じ。

一二・一〇　幕府、武總兩國の地圖を調製せしむ

是歳　知恩院尊光入道親王を猶子となす。

同二年己丑（一六四九）**同・同　四十六歳**

正・二〇　連歌始出句。

二・二六　幕府、勸農規程三十一條を頒つ。

三・六　幕府、諸大名に節儉を命ず。

六・二〇　江戸大地震。

・二三　池田光政女輝を養女となす。

九・一　琉球使を引見す。

一一・二一　養女輝一條教輔に入輿す。

一二・二六　肥後熊本城主細川光尚卒す、領邑返還を乞ふ。公、これを子六丸綱利に安堵せしむ。

同三年庚寅（一六五〇）**同・同　四十七歳**

正・二〇　連歌始出句。

三・八　幕府、和蘭使を引見し、**是日**之を還す。

八・一三　二の丸に於て自ら鎗術を試む。

是月　瘧を病む。

九・二〇　家綱公西丸に移徙す。

是月　瘧癒ゆ。

一二・八　淺草邊に放鷹す。

一二・四　淺草、王子、千駄木邊に放鷹す。○九平川口より下谷邊に放鷹す。○二五、千住邊に放鷹す。狩野探幽をして斑毛

の鴨を寫生せしむ。

是　冬　病む。

同四年辛卯（一六五一）同・同　四十八歳

正・元　不例のため諸大名の參賀を受けず。家綱公代りて之を受く。〇**三**、品川邊に放鷹す。〇**八**、淺草邊に放鷹す。〇**一一**、千住邊に放鷹す。〇**一二**、所獲の鶴を禁裏及び仙洞に贈進す。酒井忠勝等、奈須玄竹、內田玄勝等に投藥のことを議せしむ。〇**一四**、內々綱吉を訪ふ。擊劍を觀る。〇**一六**、自ら劍法を試み、狂言盡しを觀る。〇**一七**、感冒家綱公をして紅葉山東照宮に代參せしむ。**是日**大歌舞妓勘三郎座を觀る。〇**二〇**、連歌始出句。〇**二四**、家綱公をして增上寺台德院靈廟及び崇源院靈牌所に代拜せしむ。〇**二五**、病重し。

是　月　「鏡に向ひて」の歌を詠ず。

二・二　劍法を觀る。〇**三**、和蘭人入貢す、老臣之を引見す。〇**七**、淺草川邊に放鷹す。〇**一四**、胸を病む。〇**一五**、家綱公、公を候す。〇**一七**、家綱公、二の丸東照宮に代參す。〇**二二**、家綱公、東叡山に公の病氣平癒祈願を命ず。〇**二五**、二の丸に猿樂を觀る。歌舞妓勘三郎、彥作の双舞を觀る。〇**二六**、山本加兵衛の無遍流鎗法を覽る。〇**二七**歌舞妓勘三郎等の放下を觀る。〇**二八**德川頼宣、同頼房、家綱公を候す。

三・二　山本久茂の鎗法、溝口重長の劍法を觀る。〇**三**、家綱公をして節句の賀を代り受けしむ。歌舞妓を觀る。〇**五**、東福門院、公の病狀を問はせらる。〇**六**木村助九郎の劍法等を觀る。〇**八**、幕府、諸社寺をして公の病氣平癒を祈禱せしむ。○一二、家門、公を候す。東叡山、公の病氣平癒祈禱を行ふ。○一四、徳川頼宣、光貞父子、同頼房、光圀父子等公を候す。○一七、家綱公二の丸東照宮に參詣し、公を候す、病漸く快し。○一八、上杉綱勝、伊勢內宮に公の病氣平癒を祈禱す。○朝廷、石清水八番宮平癒祈願奉幣使發遣日時定あり、○二六、東福門院內侍所臨時神樂。○二八、明正上皇內侍所臨時神樂。

四・二

徳川頼宣、熊野三山に公の病氣平癒祈願代參使を立つ。○八、家綱公、公に代り年頭勅使を引見す。○九、百舌雀を觀る。○一四、堀田正盛等の劍法を觀る。○一六、東叡山東照宮正遷宮、○一七、家綱公、同宮に代參す。○一

九、死なば日光山に埋葬の意を、增上寺台徳院靈廟に告ぐ。○二〇、薨去。徳川頼宣、同頼房、同光友、保科正之等に世嗣家綱公未だ幼稚なるを以て輔導に意を盡さむことを遺托す。夫人鷹司氏落飾、本理院と號す。下總佐倉城主堀田正盛、武藏岩槻城主阿部重次、下總小見川領主內田正信殉死す。○二一、奥山安重殉死す。○二二、酒井忠勝、朽木稙綱等をして公の靈柩に日光に扈從すべきことを命ず。木原義久をして靈廟（假）構造のことを掌らしむ○二三、公の靈柩を東叡山に移す。三枝守恵殉死す。○二五、奥平忠昌に日光山代參を命じ靈廟（假）構造總奉行となす。○二六、廢朝五日。是日、公の靈柩東叡山を發し日光山に赴く。

是月　側室本庄氏落飾し、桂昌院といふ。同藤枝氏落飾し、順性院といふ。梶定良、公の靈柩に扈從し日光山に至りその儘止住尋で日光守護となる。

五・二　幕府、寺社奉行安藤重長等に東叡山納經事務掌理を命ず。爾後同山に於て諸法會あり。

・三　朝廷、公に太政大臣、正一位を贈り、諡號を大猷院と賜ふ。○六、公の遺體を日光大黒山頂に埋葬す。○七、日光山に初七日の法會を行ふ。○九、逮夜○一〇、同所に二七日法會を行ふ。○一三、三七日法會を修す。○一七、四七日法會を修す。○一七、勅使前内大臣西園寺實晴日光山に就いて公の贈官位、諡號を納め、納經式會あり。○一八、東福門院、公の追福法會を京都養源院に修す。○二〇、歩行頭小出尹貞輪王寺守澄入道親王染筆の公の靈牌を捧持し日光より江戸に歸る。初月忌法會尋で五七日法會を修す。○二一、幕府、公に奉仕の女員に金を賜ひ、悉く家に歸らしむ。○二二、六七日法會を修す。○二四、盡七法會を修す。○二五、滿百法會を修す。○二七、酒井忠勝等日光下山。

六・九　東叡山大猷院新廟構造に着手す。總奉行松平信綱、大棟梁甲良宗賀。○一〇、幕府、大赦を行ふ。○一八、東福門院、綱重、綱吉公、本理院その他に公の遺物を贈進頒賜す。○二三、家綱公、統を繼ぐ。

七・一三　家綱公、征夷大將軍、右近衛大將、右馬寮御監、淳和・奨學兩院別當、

源氏長者に補任さる。○二四、江戸浪人丸橋忠彌捕へらる。○二六、家綱公、内大臣に任ぜられ、右近衞大將故の如く、牛車を聽され、隨身兵仗を賜ふ。是日、由井正雪駿府に自殺す。

八・一八　勅使今出川經季・飛鳥井雅音江戸城に莅み、家綱公に宣旨等を賜ひ、將軍宣下の禮を行ふ。

一〇・一一　幕府、浪人を置くを禁ず。

（完）

徳川家光公傳補註

凡例

一これは德川家光公傳本文記述又は引用文中の語句に、必要と認めたものの補註である。

一語句は五十音順に排列した。

一語句の下に註記したのは本文記述又は引用文所出の頁及び行であり、原則として初出の頁・行を示した。

一語句の掲出は撿出の便宜上、原則として新假名遣に従つたが、記述の文章は歴史假名遣に據つた。本文と照應せしめるためである。

一引用文の掲出はその原文に從ひ、新假名遣に據らなかつた。

あ

アーチ形　栱形　四七〇・一六　建築用語、上部の圓い入口。

アガタメシ　あがためし　四五〇・三　江戸時代まで正月十一日から十三日までの間に地方官を召して任官せられた公事、正しくは縣召除目といふ。除目は除書ともいひ、召名卽ち任官者を列記したものである。除は拜官の意、故官を去り、新官に就くをいふのである。江戸時代は形式のみで實質的ではなかつた。

アクヤ　幄屋(舍)　二七六・二　また幄舍(あくしや)ともいふ。神事などを行ふ時に設ける。上と四方に幄(あげばり)を引廻した假屋をいふ。

アシヲリ　足折　一三二・五　足打折敷をいふか。普通は足付の折敷を足打といふが、その一稱であらう。

アナゼイ　穴稅　七六・七　寛永年中肥前島原城主松倉家に於て死者の埋葬に課した稅。

アマオサエ　雨押　四六六・一四　建築用語、土台の上角などに附ける雨止めの小板。

アラウチ　荒打　五四・一〇　硬直で温和柔軟でないこと。

アンデン　行殿　四三二・七　將軍臨御の時の假の御殿をいふ。

い

イギシ　威儀師　二三七・六　授戒の時の三師七證の中に教授師がある。授戒者に坐作進退の威儀を指示するもので、この教授師を威儀師といふ。また一般の法會に衆僧の儀式作法を指揮する役僧を威儀師といふ。この場合は後者である。

イシヰガキ　石井垣　二二七・一二　兩側から造りつけた井の字形の石垣をいふ。木造の場合はただ井垣といふ。

イシバイズリ　石灰摺　四六八・一〇　建築用語、石灰を水に溶いて塗ること。

イツキスワリ　一季居　七三・四　江戸時代出替季より翌年の出替季まで雇傭されるのを一季奉公といつた。さういふ奉公人を一季奉公人、一季者、一季居と稱した。一季奉公は武家奉公に於ける若黨、仲間、小者、草履取、一般には下男、下女である。出替季ははじめ二月二日、寛文九年(一六六九)以後は三月五日と定められた。

イリガワ　入側　四七〇・七　建築用語、座敷外廻りの疊廊下。

イルマン　いるまん　一〇一・六　伊留滿とも書く。和蘭語の **irmas** から出た。基督教の法兄弟の意で、わが國では、切支丹伴天連の語とともに用ゐられ、切支丹制札に書かれ、禁制の對象とされてゐた。

う

ウチアカボン　內赤盆　三四三・九　內側を赤く塗つた盆。

ウチエダ　打枝　一三四・一六　金銀で造つた花の枝である。廣蓋に載せた小袖のおさへに用ゐる具である。

え

エキシン　驛進　四一三・一七　宿驛傳へに進上すること。

エキソウ　役送　二六四・一三　何かの行事や儀式の際捧げもの等を手送りすること。

エキシ　驛賜　四八四・七　宿驛傳へに賜はること。

エヨウジフク　繪様地覆　四七〇・一三　建築用語、地覆に彫りのあること。

エンブ　振桙〔三節〕　二三八・五　高麗樂の一つ。又厭舞と書く、厭はまじなふ意味があり、また伏す意がある。邪鬼を降伏し災を消すのである。振鉾の亂聲といつて三度桙を振る。天地人に配するので三節といふのはそれである。最初に舞ふ。

お

オオタカ　大高　二三九・一一　大高は大鷹檀紙のこと。檀紙はマユミを以て製し、厚手白色で縮緬のやうな皺のある紙、縦一尺七寸餘、横二尺二寸餘のものを大鷹檀紙といひ、それより狭く短いのを小鷹（高）檀紙又は鷹（高）檀紙と稱した。陸奥讃岐等に產し、近世になつて多く越前に產した。引合ともいふ。

オオトノホガイ　大殿祭　一二九・一四　宮殿の災異なからんことを祈る祭で神今食、新嘗祭、大嘗祭等の前後、皇居の遷移、齋宮、齋院卜定の後等に行はれる。屋船久久能遲命、屋船豊宇氣命及び大宮賣神を祭る。

オコナンド　御小納戸　四八〇・九　小納戸、江戸幕府の職名、小性と共に將軍の側近に在り、その身邊のことを掌る。御髪、月代、御膳番、御庭方、御馬方、御鷹方、御筒方等の受持あり、若年寄の支配に屬し、頭役五名、高千五百石、小納戸衆は後世百名以上に及び、寄合、小普請、両番、新番等の子がこれに當てられた。役高五百石、席は山吹の間であつた。

オスエノマ　御末の間　三五三・二　大奥女中に御末頭及び御末あり、御末は諸向町人の娘も取親にて濟む。その間。

オゾウニ　お雑煮　一四六・一三　普通雑煮は餅を野菜鳥肉などとともに仕立てた清汁または味噌汁をいふ。新年の祝ひに食するのを例とするが、必しもそれに限らない。

オタルキ　尾棰　四六七・九　建築用語、組物の外に出る棰。

オンヨウリヨウ　陰陽寮　二九六・六　天文暦數や風氣雲色によつて吉凶禍福を豫知することを掌る官衙、天武天皇の頃設けられ、大寶令の制では中務省の被管であつた。維新前まで續いたが公的力を有したのは平安中期まで。以後は安倍、賀茂両家の家業化した。

か・が

カイケツニキヨウ　開結二經　二四七・一四　天台宗で定めたもの、無量義經は法華經の度說として說いたもの故開經といひ、普賢經は法華の後に說き、法華經の意を總結したもの故結經といふ。すべて法華經を本經としての別である。

カイモチ　階持　三五・三　階持は、儀式や神佛事に階（きざはし）を持ち運ぶ役。

カイロウ　戒﨟　四五・一一　また戒臘。受戒の年數。比丘の坐次は戒臘の多少に依て定められる。

カキシロ　垣代　一三一・一五　垣の代りにする圍い。ここでは殿上人たちがそれを勤める。

カシラヌキ　頭貫　四六四・一三　建築用語、柱の上部に通した貫（ヌキ）。

カダ　伽陀　二三六・五　術語。Gāthā 又伽他、譯句、頌、孤起頌、不重頌。二種あり、一に通、頌文と散文（長行と云）を論ぜず凡そ經文の文字を數へて三十二字に至るもの之を首盧伽陀 Sloka と云ふ。二に別、必ず四句を以て文義具備するもの三言乃至八言等を問ふことなく必ず四句を要す、之を結句伽陀と云ふ、通の伽陀を句と譯し、別の伽陀を頌と譯す。伽陀の中に又二種ある。一は單獨に句を結んで法義を演べ又は佛德を讃嘆するもの、十二部經の中には之を伽陀と稱して孤起頌又は不重頌と譯する、二は前にいふ散文の經義を重ねて伽陀に結んだもの、十二部經の中には之を祇夜 Geya と稱し、應頌又は重頌と譯してゐる。

四種伽陀は一に八字一句の四句偈、阿菟陀闡提 Anustubk-chandas と名づけ處中偈と云ふ。二に六字一句の四句偈、初偈と名づける。三に二十六字一句の四句偈、摩羅 Malā と名づけ、後偈と云ふ四に六字以下を以て句とした四句偈、これを周利偈 Sri と云ふ。

カタウタ 片歌 四二七・八 三句であつて、五句六句の歌の半分なるを以て片歌といふ。また一說に歌には本末があり、片歌といふのは本ばかりで末を繼がぬのを片歌といふ。半ば詠めるを片歌といひ、片歌に末を繼げば連歌となる。

カチガシラ 歩行頭 二五二・二 江戸時代幕府の職名、將軍出行等の際徒歩にて隨從し、道路を警衞する。平常、玄關、中の口、廊下等に宿直して非常を警しめることを職としたのである。これを徒士といひ、歩行頭はその長である。

カチツ 加秩 四八四・三 秩は俸祿よつて俸祿を增すことをいふ。

カヅケモノ 被物 二四八・一 功を賞し、勞をねぎらつて賜ふ物。

カツジキ 喝食 三五七・一六 大衆齋粥を食する時、食堂の一面に立ち、聲を擧げて就食の案内を爲し、食物の名を唱へて勸める役。古は老少を擇ばずこの役を勤めたが、後には少年に限り、且つ垂髮の童子をして勤めしむるやうになつた。この場合はただの名である。

カトウマド 花頭窓 四六六・四 建築用語、窓枠が花形をした曲線形の窓。火灯窓とも書く場合がある。

カモンリヨウ 掃部寮 二四七・一三 はじめ大寶令の制、掃部司（かもりづかさ）といふ。鋪設洒掃及び牀席のことを掌る。嵯峨天皇の弘仁十一年(八二〇)この司と宮內省の內掃部司と併せて掃部寮と號し宮內省に屬した。ここではその役人をいふ。

カリドノキヨソ 假殿居礎 一九九・四 社殿の造營修覆等に際して御神體を假に鎭坐しまつる假殿の基礎を居ゑることをいふ。

カリドノジビキ 假殿地曳 一九九・二 假殿とは神社の造營修覆の時、御神體を假に鎭坐する所、また權殿といふ。地曳は建築の際、地鎭祭の後に執行する儀式、良き日時を撰び建築敷地の周圍に繩を張り、竹を建て中央に祭壇を設けて四方の盛土に幣を立て工匠の長が祭主となり、祝詞を奏する。

ガンココウシ 紈袴公子 六八・一一 紈袴は、しろねり（白練）のはかま、貴族の子弟の着するもの、それより貴族の子弟を紈袴公子といふ。

カンザラシコ 寒晒粉 四九一・一三 寒晒は穀類などを寒中水に浸して後、陰乾にするをいふ。寒晒粉は寒晒にして挽いた米の粉をいふ。

ガンザンエ 元三會 二九六・一〇 正月元日の法儀をいふ。元日は年の始、月の始、日の始であるので元三日といふ

カンジヨウ　灌頂　二五七・一　梵語Abhiseconi 天竺の國王即位の時、四大海の水を以て頂に灌ぎ祝意を表したのに因る。密教にてはこの世法に傚つて其の人加行成就して阿闍梨の位を嗣ぐ時壇を設けて灌頂の式を行ふ。顯教に於てはこれを實行する法則を說くものはない。

ガンドウ　翫童　四九二・八　狎れ愛づる少年、時に男色の相手とするもの。

き・ぎ

キガン　起龕　三三八・四　棺を家より出す時の佛事をいふ。

キクドウのハンモツ　鞠道の判物　二六〇・九　鞠道正しくは蹴鞠道といふ、「けまり」のこと、詠歌と合せて兩道といふ、禁廷貴紳の行ふところであつた。その判物は蹴鞠道を免許するもので、後世公卿の飛鳥井家から出された。

ギチウ　儀注　二九四・一三　神事法會等の儀式のことを注記した文章またはその書籍名。

キチヨウメンドリ　几帳面取　四六九・三　建築用語、柱の角の面の形をいふ

キノフハケフノムカシナリケリ　昨日は今日の昔なり鳧　四三九・一　時は絶えず過ぎ行くものであるから、昨日は即ち今日からは昔であるとの意。

キユウジン　究鞠　三七五・一四　どこまでも罪人を取糺すこと。

ギヨウニン　行人　二八三・一〇　學侶方、聖方と共に高野山三方の一。高野山はもとは學侶方のみであつたが大治五年（一一三〇）より行人方が始まつた。もとは學侶方法事修行の際、承仕の役を勤めた輩であつた。興山寺を主領とする聖方は貞應三年（一二二四）に始まつた。

キヨメチヨウ　清帳　七二・一六　御藏納諸入用を書き立てる勘定帳をいふ。

キリマイ　切米　四八三・一　德川幕府に於て領地を有せざる旗本及び御家人に對して給與した俸祿米の一。享保八年（一七二三）以後は春季（二月）夏季（五月）冬季（十月）に給し、前二者を春供米又は夏供米と稱し俸祿額の四分の一づつを給し、殘額を冬季に渡すのを切米と稱した。勿論特例もあつた。

キンウマダイ　金馬代　二二五・一四　馬を進物とする代りに金を以てするもの、金額一定せず、銀貨を以てするときは銀馬代といふ。

く

クニモチダイミヨウ　國持大名　二五八・一六　江戸時代、大名の領地の大小によつて國持、國持並、城主、無城の稱があつた。國持大名は一國以上を領するもの、一國を領しないでも權力が大きく家格の高いものを呼ぶ例外もあつた。

クニン　公人　三四・一二　三四・一二　はじめ鎌倉幕府の政所、問注所の寄人を政所公人、問注所公人といつたが、室町幕府になつてから別個の職名となり、政所、侍所の寄人の下にあつて雜務を執るものをいひ、また下部とも稱し番直して雜事に奔走せしめた。ここでは後者の意。

クホウベン　九方便　二七五・一六　名數。法會に勤める法式の名、作禮方便、出罪方便、歸依方便、施身方便、發願方便、隨喜方便、勸請方便、奉請方便、廻向方便の九つをいふ。一つ一つに偈頌があり節をつけて之を諷詠するのである。

け・げ

ケギ 化儀 二四七・一三 化導（教化教導）の儀式、釋尊一代の間、衆生を教化した儀式方法をいふ。天台一代教を判ずるに化儀と化法との二門を分ち、各四教を立つ。化儀四教は頓教、漸教、祕密教、不定教。化法四教は三藏教、通教別教、圓教。

ケンチヤクキシヨウモン 檢地役起請文 七二・一五 田畑の反別を量り、土地の境界を正すのを檢地といふが、その役人を檢地役といひ、事に當つて不正なきを起請したのがその起請文である。

ゲンバダイ 玄蕃代 二四・一二 玄蕃は玄蕃寮の意、代はそれを代行するものである。玄は佛教を指し、蕃は外蕃を指す、よつて「ほふしまらひとのつかさ」と稱し、音讀して「ゲンバレウ」ともいつた。佛寺、僧侶、齋舍、ならびに外蕃客館等のことを掌つた。文武天皇の大寶元年(七〇一)創置し、貞觀年中（八五九〜八七六）僚掌一人を置き、また長官を頭といひ、後世次官に權官を設けた。

こ・ご

ゴウウツシテンマ 鄉移傳馬 七二・一五 傳馬は上代から驛に設備して人及び物の輸送等に宛てたものである。後には各道の宿驛に備えた。宿驛によつて員數が異るがそれにも不足を告げた場合は助鄉、加助鄉の制があり、何れも駄賃を徵した。鄉移傳馬は鄉次傳馬の意であらう。

コウザマガタ 格狹間形 四六八・一二 建築用語、透し模樣の一種。

コウジユサン 香薷散 二二五・三 香薷は植物、犬荏、犬あららぎ、ねずみあぶら、いゐかうじゆ、蜜蜂草などいふ。大小あり、小さいのは葉細く、長刀のやうに見える。小の方を散藥として藥用に供する。卽ち香薷散である。暑氣當り等に効があるらしい。

コウトウナイジ 勾當內侍 二三五・三 內侍所の女官。尙侍、典侍に次ぐ掌侍の第一を勾當の內侍といふ。勾當の掌侍ともよぶ。長橋の局に居る故後には長橋の局といふ。內々の取次をなす役である。內侍の勅を奉じて書き出す文書を女奉書、又女房奉書といふ。

コウホウ 孔方 二五七・一五 正しくは孔方先。（とうほうひん）錢の異名。孔は穴、錢は四方の穴があるのでいふ。先は尊敬していふのであるが略される場合がある。

ゴカシヨソウダイ 五箇所總代 九八・一二 ここでは德川家康公が慶長九年（一六〇四）に創始した白絲割符の特權を與へられた京、堺、長崎、江戶、大坂五箇所の商人の總代をいふ。

ゴゴサンのキヨウ 五五三の饗 二五七・一二 七五三の膳を略したもの。五五三の膳とし、五（の膳）とは、飯にても、湯漬にても、五の膳まで出すこと。次の五は初獻、二獻、三獻、四獻、五獻三は、きやらの膳をいふ。

コゴシヨ 小御所 一四三・一七 京都御所內にある御殿、清涼殿の東北にある。所司代又は幕府の使者などに謁見をたまはつた所である。

コシヌキ 腰貫 四六八・七 建築用語、柱の下部、地貫の上にある貫。

コジユウニングミ 小十人組 二五二・二 將軍出行に際し前驅することを任とし、江戶城本丸桧の間に勤番した。元和九年（一六二三）に四組を置かれたが後增して十餘組となり文久三年（一八六三）二十組となり慶應二年（一八六六）急に五組に減じた。小十人頭は一組に一人を置き寛文以後役料を給したが天和年間これを廢し享保八年（一七二三）以後千石高の職となつた。組頭ははじめ一組一人であつたが承應元年（一六五二）一組二人三百石高のものを補し、小十人頭の支配に屬した。組衆は組に二十人、西丸にも小十人は慶安三年（一六五〇）にはじめてこれを置き、組衆は組頭と共に二十五人を定員とし、その資格待遇すべて本丸に準じた。

ゴダンゴマ　五壇護摩　二九六・一二　五大明王を祈禱する修法を五壇法といふ。即ち中壇は大聖不動明王、東壇は降三世明王、南壇は軍荼利明王、北壇は金剛夜叉明王、西壇は大威德明王である。阿闍梨五人を要する。その五壇法の護摩であらう。

コブシのオホトリ　拳の鴻　三〇五・八　鷹狩（放鷹）は鷹を拳に据ゑて行ふゆゑその獲物を拳の何といふ、この場合は鴻。

ゴマガラメン　胡摩殼面　四六七・一○　建築用語、胡摩の莖の様に柱に附ける竪筋。

コンゴウカイカンジョウ　金剛界灌頂　二七七・一七　金剛界は術語。Vajra-dhātu　大日如來の智德を開示した部門、如來內證の智德はその體堅固にして一切の煩惱を破摧する勝用があるので、譬へて金剛といふのである。

さ

サガン　鎖龕　三三八・四　また蓋棺（かつくわん）といふ。棺を寢室より法堂に移して、僧を請じて佛事を行ひ、佛事の畢るを待つて鎖を以て棺の蓋を鎖づる式をいふ。

サキテガシラ　先手頭　二五二・二　先手組は先手弓組、先手鐵砲組を併稱しての職名。その頭を先手頭といふ。分稱するときは總御弓頭、總御鐵砲頭と呼ぶ。組毎に頭一人を置き、與力同心を率ゐて江戶城下蓮池門、平川口、下梅林、紅葉山下門、坂下門等に交替勤番せしめた。將軍の出行に隨ひその地を警固し、臨時に市中を巡回して非常を警戒した。また一組を以て火附盜賊の警戒に充て、冬季には他の組をして補助せしめたのであつた。先手頭は若年寄の支配に屬し、はじめ役料を給せられたが、後ち千五百石高と定められた。與力は十騎、同心は五十人までであつた。西丸にも弓二組鐵砲四組があり、吹上門に勤番しその待遇は本丸に準じた。慶應二年（一八六六）廢された。

サゲコ　提子　一四七・一　提重のことであらう。重は重箱の略であらう。手に提げ得る重箱であらう。重箱は既に文龜頃の饅頭屋本節用集に見えてゐる。

ササユ　酒湯　一五六・一三　昔時、疱瘡の癒えたのち、酒を混じてつかはせた湯、「さかゆ」ともいふ。

サシヒヂキ　指肘木　四六六・一△　建築用語、柱に差した肘木。（本文に根肘木としたのは誤植）

サゼン　作善　二七六・一四　善根を作すこと。供佛、施僧、立像、寫經など

サンゲンゴマ　三元護摩　二七五・九　三元とは天元、地元、人元をいふ、神道長上吉田家の唯一神道說に據るに、天に元氣圓滿神道あり、これに天の五行を加へて六神道とし、地に一靈感應神道ありこれに地の五行を加へて六神道あり、人

に性命成就の神道あり、人の五臓を加へて六神道とし、合せて十八神道あり、その説に従つて行ふ護摩を三元護摩といふ。

サンゴのノシ　三五の熨斗　三七・四　熨斗とは進物に添へる熨斗鮑をいふ。三五の熨斗はその一種。

サンザシユギヨウ　三座執行　三一・九　天曹地府祭を土御門家に於て三座執行したことをいふ。座とは祭事祈禱の一區切である。

サンシユウ　讚衆　二四九・一七　法會の讃偈を唱へる衆僧、四智讃、吉祥讃などを唱へるのである。

サンダンのホウ　三壇の法　二七五・九　佛教にて行ふ修法の一、中央は藥師左は如意輪觀音、右は十二天の壇を設けて行ふ。中尊を不動とし、右を延命地藏とすることもある。如意輪に加星供を添へ、ほかに助呪の人を添へることがある。これは護摩を焚くのである。

サンチヨのレイ　纘緒の禮　三七・三　いとぐちをつぐこと。ここでは將軍家の系を繼ぐこと、その大禮。

サントウ　讃頭〔鉢音を發し〕　二四九・一六　法會の職務の名、讃衆の中の頭首にて讃の音頭を發するもの。

サンマヤカイカンジヨウ　三昧耶戒灌頂　二五七・一一　三昧耶戒と灌頂法。三昧耶戒は傳法灌頂を授くる以前に授くる作法、三昧耶は不違越の義、故に戒に通ずといふ。三昧耶戒を受けて後に學法或は傳法の灌頂を受けるのである。

し・じ

ジウシウ　什襲　四三〇・六　大切に祕藏すること。

シウシヤ　縐紗　二八三・四　縐は縮布（ちぢみ）をいひ、紗は輕く薄い織物をいふ。

ジウデシ　十弟子　二四八・八　如來の十大弟子に擬して大法會の大導師又は灌頂式の大阿闍梨等が十弟子を引率する。よつてこれを阿闍梨弟子といふ。戒體箱等の道具を持して大阿闍梨の後の左右に随從する。庭儀には六人、略して四人、堂上には四人、略して二人、此の數を減じてはならない。因みに如來の十大弟子とは、舍利弗、目揵連、摩訶迦葉、阿那律、須菩提、富樓那、迦旃延、優婆離、羅睺羅、阿難陀をいふ。

シキブ　式部　二四九・七　式部省の略「のりのつかさ」と稱する。「のり」は禮法である。朝廷の禮儀、文官の考選、祿賜のことを掌る。文官を判じ補し、功を論じ、賞を行ひ、學政を總轄し、學校を管轄し、秀才明經の貢人を管試する。被管に大學・散位の二寮がある。散位寮は宇多天皇の寛平八年（八九六）、本省に併せられた。

ジケン　辭見　二六〇・二〇　いとまごひにまみゆること。

シシグチ　獅子口　四七〇・一五　建築用語、京都風の棟飾りをいふ。

シチサン　四智讃　二七五・一五　阿閦佛の大圓鏡智、寶生佛の平等性智、彌陀佛の妙觀察智、不空成就の成所作智の四智を讃詠したもの、其の梵語は時處軌に、其の漢語は略出經に出てゐる。

シヤウライ　唱禮　二七五・一六　法會に表白終るの後、唱禮師禮盤に登りて五悔五大願等の文を唱ふるをいふ。其の唱禮の初に唱ふる所奉請の佛名に金、胎合の三種の差別がある。

シヤクセムタムトキクトキハ　しやく

せむたむと聞時は　四五二・五　「借錢溜むと聞く時は」の意である。「佛も物をおふ（負ふ）があやしき」といふ家光公の句に石川玄蕃が當意卽妙に附けたのである。

シヤスヰ　灑水　二七五・一〇　法會にて、灑ぎ淨めるための香水、及びその作法。

シヤダ　射垜　二八八・一一　的をかけるために築いた土手、卽ちあづちをいふ、またあむつちをいふ。

ジユウギシ　從儀師　二四九・二　法會の際威儀師に從つて威儀の事を掌る僧職、卽ち威儀師の副員である。類聚三代格によるに定員は八人であつた。

シユウシシヨウモン　宗旨證文　九一・六　宗旨には諸經に說く主要の旨趣の意と、所信所屬の宗派の意とある。ここでは後者を意味し、江戸時代に諸人の提出した自己の屬する宗旨の證文をいふ。檀那寺が證した。

ジユウハチシントウ　十八神道　二七五・九　吉田神道にて說く所、天の五行卽ち風暑濕燥寒に元氣圓滿加持神道を加へ六神道、地の五行木火土金水に一靈感應神道を加へ六神道、人の五行肝心脾肺腎に性命成就神道を加へ六神道、合せて十八神道。

シユツセ　出世　四五・七　本來の意義は如來の世に出現するをいふ。又智德兼備し、所作已辨の後、退隱長養する人、一旦人天推轂して大小寺院に住せしむるを出世といふ。佛世尊の世に出現するに比するのである。また叡山の階位。公卿にして院號を有するものをも云つた。

シユフクをクワウ　首服を加ふ　四二八・一　首服は首の服飾、くびかざり、冠をいふ、それを加へるとは、元服することである。

シユヘイのナガヘ　朱柄の長柄　三一二・二　長柄はこの場合長柄の鎗をいふ、その長柄が朱色に塗られてゐるので朱柄といふ。

シユモツココロも有之候　〔御〕腫物心も有之候　五〇・二　心はここでは氣味の意、腫物（できもの）の氣味もあるの意。

シヨウシノテイ　咲止ノ躰　二八・一一　咲止は笑止と書くに同じ、はじめ笑が止まる、卽ち氣の毒といふ意味であつたが、後には可笑（をかしい）といふ意味になつてしまつた。ここでは初めの意味である。

ジヨウジ　承仕　二四九・七　シヨウジともよぶ。持佛堂の事などを掌る。法會などに莊嚴をし、佛具などを取扱ふ童子の長じたものなどを任ずる。僧職の一。

シヨウジヨウ　證誠　二七五・一五　證義者を證誠師ともいふ。證義者は又精義者といふ。職位。法華會等の時に探題者が高座に昇り、竪義（りふぎ）の問答の是非を判斷する役、中古以來題者が之を兼ねた。

證誠大菩薩は熊野證誠殿に安置する權現の名。證誠の名は本地の阿彌陀如來なることを示す。

シヨウニンナリ　上人成り　四五・一三　上人は上德ある人。德號であつて官位ではない。日本の俗、空也上人、法然上人の如く隱者の高德又は念佛者を指していふ、後世勅許によつて上人と號するのは淨土宗に限る。

シヨウリヨウ　省寮　二四九・一二　大寶令制、延喜式制、職原鈔制の中務、式部、治部、民部、兵部、刑部、大藏、宮内の八省及びそれらの省に屬する各寮をいふ。ここではその吏僚を指す。

シヨクコウ　屬纊　四五八・二　人の臨終をいふ。纊は新らしい綿である。臨終にはこの新らしい綿を口鼻に屬(つ)けて氣息の有無をしらべるので云ふ。禮記喪大記に「屬レ纊以候二絶氣一」とある。

シヨケリヨウ　所化寮　二六六・一六　所化の居る寮、所化の本來の意義は、教化を施す者を化主又は能化といふのに對して教化を受ける者を所化といつた。が普通には比較的下級の僧を所化といつた。維摩經佛國品に「菩薩隨二所化衆生一而取二佛土一」とある。

シヨシキ　諸色　九八・三　諸色とは近世に於て諸種の貨物、又は諸商品を指していつた語である。「諸色大坂積高」とか、「諸色江戸積高」とか「諸色高直」「諸色下直」などの語が用ゐられた。

シンアニキヨウ　心阿二經　二四七・一四　般若心經と佛說阿含經をいふ。

シンエのソウトク　神會の總督　二四五・一一　神會は佛教の法會に對して、祭儀・神事をいふ。總督はすべくくつて取締ること、總指揮者、ここではその神事の總指揮者をいふ。

シンドウ　神道　四六三・六　ここでは宗教の神道を指すのではなく、墓場に行く道路をいふ。

シンブン　神分　二四八・一〇　法事の初めに五類の諸天兩神に對して般若心經一卷を誦するをいふ。

ジンノギ　陣儀　一九八・一七　陣定等の儀式をいふ。陣定とは大臣以下陣の座に著きて政治を評議するをいふ。陣の庭はまた仗座といふ。通常左右近衛府をいふが宜陽殿の公卿の座をもいふ。陣の座に著くを着陣といふ。

す

スヰトウ　出納　二四九・七　藏人所にて出し納れをつかさどる役、官名ではない。代々傳へてその家がある。一﨟二﨟三﨟四﨟の四人、四番目のを新出納または雜出納といふ。雜具を出し納れするからである。

スギジユウ　杉重　四〇八・一六　杉材で製した重箱。(但し後に一般にいふ重箱ではない)

スキトヨクオンイリソウロウテ　すきとよく御入候て　五二・三　すつきりとよくおなりなさいましての意、御入候はおいでなさいましてと解してもよい。

スキヤ　數寄屋　三三九・五　茶寮をいふ。數寄屋ははじめ數奇屋で數奇は不遇の意、構造に貪寠不遇の式を用ゐるからといふ說と、數奇は侘の意であるといふ說、また透屋であらうといふ說がある。

せ

セイイ　盛意　三六七・一三　盛旨に同じ、かたじけなきおぼしめしをいふ。「孔叢子」に盛指、盛意とある。

セイセキのエン　星夕の宴　四三五・一四　七夕の宴會をいふ。牽牛星と織女星の逢ふ夕なので星夕といふのである。

セイフ　青蚨　二五七・一三　青蚨の母子の血を錢に塗ることによつて市場に圓轉流通した故事から、「ぜに」のことを青蚨といふのである。また青鳧とも青鳧錢とも書く。

セガレ　世忰　三〇七・五　單に忰とも倅とも書く、自分の子の謙稱、また少年を卑めていふ言葉。

セツロク　攝籙　二五三・一六　攝政に同じ、攝政はわが國では天皇を助けて政を行う大臣をいふ。ここでは攝政乃至五攝家と同意に解してよい。

センサイカ　剪綵花　四〇九・七　剪綵はあやぎぬをたちきつて衣を作ること李白の詩に「呉刀剪綵縫二舞衣一」とある。

そ・ぞ

ソウゲンギヨウジ　宗源行事　二七五・九　神祇大副吉田家にて說く唯一神道の一つの行事、密家にて說く金剛胎藏兩界の本次第とせるものといふ。神道護摩十八神道宗源行事の三つを唯一神道の三科といひ、三科を兼ねたのを三壇行事といふ。

ソウサン　早讚　二七五・一七　早引ともいふ。本願寺などで念佛を略して和讚を忽忽に續け誦することをいふ。七高僧の命日に各其の讚を引く。早懺法ともいふ。忽忽に懺法を誦する法式の名である。

ソウシツ　宗室　四五八・三　一族の總本家、ここでは德川將軍家。

ソウトンダイ　草蓻代　二四九・一五　草蓻とは陪膳采女の座に用ゐるもので、蔣二圍、苧八を以て作る。代はその代用を爲すものである。圓座の如きもの。

ゾウヒ　臧否　二八〇・七　臧は善の意、よしあしなり、またあつし(厚)の意もあり、をさむといふ意もある。否はその反對の場合、また臧には官吏がまひない(賄賂)を受ける意あり、賄賂そのものを意味する。

た・だ

ダイギヨウドウ　大行道　二七四・一二　盛大なる行道の儀式、行道とは佛を敬禮するためにその周圍を、佛の右方に向つて旋繞するをいふ。また行道誦經は、行道しつつ誦經すること、天台の常行三昧。

ダイサン　大讚　二七五・一七　密行の法會に用うる讚文の名。その漢語讚は略出經に、その梵語讚は金剛頂儀軌に出てゐる。

タイゾウカイカンジヨウ　胎藏界灌頂　二七七・一四　胎藏界は術語。梵語、蘖縛俱舍、Garbhakaśa (dhātu) 二義ある。一は隱覆の義で、人の母胎にあつて、その胎を隱し覆ふやうに、理體煩惱の中に隱れて顯現せぬ故に胎藏といふ、二には含藏の義、母の胎內に子體を含藏してこれを覆育する如く、理體能く一切の功德を具足して之を失はざる故に胎藏と云ふ。而してこの含藏に執持と出生との二義がある。(カンジヨウ參照)

タカチヨウ　高帳　七二・一六　江戸時代、郡代、代官新任のとき、又は任地轉換の際には新管轄地の高を郡別に明記した勘定奉行、勘定吟味役、及び勘定組頭連署の帳簿を與へられた。それを高帳と呼んだ。また江戸幕府は明和三年(一七六六)、萬石以下の知行所の石高を書上げしめ、天保三年(一八三二)、諸國寺社領の石高を報告させた。それらの帳簿を高帳と稱した。

タケカネンをチギル　竹契遐年　一三三・六　寬永三年(一六二六)九月、二條城行幸和歌御會の御題、遐は、はるかの意ゆゑ、遐年は長命のこと、竹は多年生植物でもあり、清やかなものでもあるので、竹に長命を約する意の題である。

ダンジヨウ　彈正　二四九・七　正しくは彈正台、タダスツカサと稱し、又ダンジヨウダイと稱す、内外の非違を糺彈し、風俗を肅清することを掌る。親王、左右大臣以下を彈劾することが出來る。天武天皇の頃からはじまる。弘仁年中檢非違使を置くに及んで力が衰へるに至つた。

ダンシン　檀嚫　三三八・九　達嚫（ダツシン）に同じ、Dakṣiṇā また噠親、達嚫、達親、大嚫と云ふ、財施の義、又右手の義、右手を以て施物を受くるのである。卽ち齋食の後に僧に財物を施し、右手をしてこれを受けしむるを云ふ。然るに僧はその施物に對して之れに報ゆる爲めに說法をなせば、其の說法を稱してまた達嚫と云ふ。是れ財施を轉じて法施の義となすのである。

ち・ぢ

ヂシセン　地子錢　一四五・六　江戶時代には、都府市街地の宅地に課した正租、金錢又は銀を以て徵したので地子錢、地子銀の稱があつた。寬永十一年（一六三四）家光公が大坂、奈良、堺の地子銀を免じたことは有名である。

チソウニン　馳走人　二五二・一〇　馳走は普通一般に御馳走卽ち饗應を意味するが、本來は經營、斡旋のために馳せ廻ることをいふ。馳走人はさういふ人をいふ。ここでは接伴員をいふ。

ヂブダイ　治部代　二四九・一二　治部省の代りの意。治部省は音讀するほか「をさむるつかさ」とも稱した。姓氏のことを掌り、五位以上の繼嗣、婚姻のことを管した。解部を置いて譜第の諍訟を審問した。雅樂、祥瑞、外蕃、僧尼、國忌、諸陵、喪葬、贈賻のことをも掌つた管轄に雅樂、玄蕃の二寮、諸陵（後ち寮）喪儀（後兵部省の鼓吹司に併す）の二司があつた。代は治部省を代行することを意味する。

チマキ　粽　四六五・一六　建築用語柱の上部の圓みをいふ。

チヨウモク　鳥目　二八一・一二　錢をいふ、錢が鵙鳥の眼に似てゐるからである。また鵝眼とも稱した。轉じて一般にぜに、かねのことを指して鳥目といつた。

チヨウロウナリ　長老成　四五・七　長老とは禪宗の臨濟宗では西堂、和尙の上にある重職であり、又住持をもかく呼んだ。曹洞宗では和尙の下位にあり、淨土宗に於てもさうである。ここでは臨濟宗の場合をいひ、成とは長老に成ることをいふ。

て・で

テラウケシヨウモン　寺請證文　九一・六　德川幕府は耶蘇教を嚴禁し慶長十九年（一六一四）より宗門改を嚴にし、寬永十五年（一六三八）以後更にこれを嚴重にした。そして檀那寺をしてその檀家の耶蘇教徒に非ざることを證せしめた。その寺の證明した文書を宗旨手形又は寺請證文といつた。

テンシヤク　天酌　一四六・一三　天皇が酒盃に親しく酌したまふこと。

テンジヨウビト　殿上人　二三六・六　禁廷で昇殿するは四箇間に限る、四位以上の人に許される。それを殿上人といふ

デンズウヰンフジン　傳通院夫人　四・一六　德川廣忠公室。德川家康公を生む。水野右衞門大夫忠政女、實は青木加賀守式宗の男政信の女、忠政に養はれた。後ち離緣されて久松佐渡守俊勝に嫁し三男三女を生んだ。慶長七年（一六〇

二）八月二十九日卒去、年七十五歲、江戸小石川宗慶寺に葬つた。家康公宗慶寺の寺號を紫雲山傳通院壽經寺と改め寺領五百石を寄せられた。よつて水野氏を傳通院夫人といふ。

テンソウチフサイ　天曹地府祭　三〇・七　陰陽道の祭事の一。一に六道冥官祭また冥道供ともいふ。壽命長久を祈るので御衣を以て祭る。災厄をはらひ、中世以後は土御門家でこれを掌つた。

テンパイ　天盃　一四六・一三　天皇の賜はる酒盃。

と・ど

トウモチ　榻持　三五・三　榻は腰掛　榻持は儀式や神佛事に腰掛をもつ役。

トジヨウ　都狀　三〇・一二　陰陽道にて泰山府君を祭る時の祭文。

トウジンマヘ　唐人前　九八・四　唐人とはここでは和蘭人、葡萄牙人等西歐人をいふ。前は「の所」といふほどの意である。

ドウドウジ　堂童子　二四九・一〇　この場合、童子とは僧が近親又は郷里より信心の童子を取つて供侍とするをいふ。堂童子とは勅齋の法會に五位の殿上人が勤める役で、布施取りなどをなす。

ドウミヤウジ　道明寺　四九一・一三　河内の道明寺といふ寺で作つたのでこの名がある。糒（乾飯）である。三寸幅の布で袋をつくり、それに糒を詰め、やはらかくした味噌に漬けたものを道明寺漬といふ。

な

ナガエ　轅　二五四・五　長柄の輿をいふ。諸家參內、節會隨役、勅使等の時の乘輿であり、また神職も神事の時に乘る。

ナワガシラ　繩頭　七二・一五　檢地の際、繩を打つ者の頭目たる人。

ナンジヤク　輭弱　三六六・二　やはらかく弱いこと。

に

ニチジカンシン　日時勘申　四〇・一二　朝廷にて行ふ儀式、勅使參向等の神社の祭事、寺院の法會の吉き日時を勘がへ上申すること、陰陽道の賀茂家が掌つてゐた。

ニツチヨウ　入朝　三三三・一四　元來は外國の使臣などが來つて參內することをいふのであるが、國內の人臣が參內することにも言つた。

ニヨウ　鐃　二七五・一七　僧家の樂器、銅鑼をいふ。軍器に用ゐられたこともある。

ニンジヨウ　人長　二九五・一一　御神樂行事の者、近衞の家人が勤める。その祖は天鈿女命といふ。

ぬ

ヌグイイタバリ　拭板張　四七〇・八　建築用語、板張りのままの床板をいふ。

の

ノセン　野錢　三七七・一六　江戸時代の小物成（租稅）の一種、高反別のない原野に課せられたもの。野永、野地永といはれるものもこれと同一である。米納される場合には野米とも呼んだ。

ノチヨウ　野帳　七二・一五　江戸時代檢地を行ふに當つて、現場に臨み實測するに從つて、田畑一筆每に地番、字、持主、縱橫の間數、面積、四至等を記載する帳簿を手帳と云つたが、その手帳を浄書したものを野帳といつた。野外にて記する假帳簿の意である。

は・ば

ハイチ　廢地　三五一・三　神社寺院などの、他に移轉撤去された後の地をいふ。

バイノク　唄匿　二七五・一六　單に唄と云ひ、又婆陟、婆師といふ、梵音の歌詠である、聲を引いて偈頌を詠ずるのである。三寶の功徳を讚嘆する爲なれば唄讚ともいふ。

ハシリシユウ　走衆　二四五・六　室町時代には走衆は江戸時代の徒士に類するものであつた。

ハチ　鈸　二七五・一七　法會の樂器もとは西戎南蠻の樂器、はじめ鐃と鈸は別物であつたが、後に混じて一つとし鐃鈸(ネウハチ)といふ。また鈸を銅鈸、銅鈸子、銅盤などといふ。

ハチオン　鉢音　二四九・一六　鉢は梵語鉢多羅（Pātra）の略。比丘の飯器、行事鈔下之二に「十誦ニ鉢、是諸佛ノ標諸不レ得ニ惡用一」とある。その音。

ハツサクのガ　八朔の賀　一四七・一　毎年八月朔日に物品を贈答して、その日を祝ふのをいふ。朝廷及び幕府で、この式を行うに至つたのは鎌倉時代以後である。田ノ實の節ともいふ。稻熟を祈り祝ふ意から來てゐる。

ハナザマ　花狹間　四六六・四　建築用語、棧の組手を花模樣に飾つたもの。

バンシ　番士　二四五・六　關所などの番をする士、衞兵である。

バンセン　番船　九八・一　一般に海上を疾走して先着を競ふ船舶の意に解して第一着船を一番船、第二着船を二番船と呼ぶと說かれてゐる。又、何次かに亘つて出港する群船の意に解して第一群船を一番船、第二群船を二番船と呼ぶとも言はれてゐる。江戸時代、菱垣廻船、樽廻船はいづれも番船を出してゐたのである。

ひ

ヒキメのヤク　引目の役　一・七　引目は正しく蟇目と書く、響目の約であるといふ。朴、桐などで製作した鏃、竪の長さ五寸、横の太さ六寸位、數個の穴がある。射る時この穴から風が入つて音を發する。この響が妖魔を伏するといふ。蟇目を附けた矢も蟇目といふ。出産や犬追物、笠懸の時射る。ここは出産の場合で、男子の時は三度、女子の時は二度、射手は男子の時は白直垂を着、女子の時は黑直垂を着する。蟇目の役はその射手の役をするものをいふ。

ヒテン　飛天　四七〇・一七　天人天女をいふ。

ヒヌキ　飛貫　四六八・七　建築用語柱の上部、頭貫の下の貫。

ヒノキジユウ　檜重　三二七・一五　檜材で製した重箱。（但し後にいふ重箱とは異る）

ヒヤウロウマイ　兵粮米（俵）　四二・七　鎌倉時代には租税の一種であり、地頭の得分として公領、莊園を問はず段別五升を課したものであり、足利氏も兵粮料所を設けたが、ここでは單に軍事の兵粮米の意味であらう。

ヒヨウハク　表白　二四八・一〇　仁王講、唯識會その他法會の時その法會を營む趣旨を記した文章で、これを讀誦する。

ふ・ぶ

フウリユウ　風流　一六〇・二　狂言方の演ずる狂言と能樂との中間に位置する簡單な祝賀の演技。

フグ　不虞　二九九・一五　あてにせず。豫期せざること。

ブケデンソウ　武家傳奏　四六・一〇　武家の奏請を傳奏する役、室町幕府より始まつた。江戸時代に於ては頗る要職とした。二人を置いたので兩傳奏とも稱した。

フサツカイ　布薩戒　二九四・一五　布薩はもと梵語で淨住、善宿、長養などと譯する。その戒。出家にあつては半月毎に僧を集めて戒經を說き、比丘をして淨く戒中に安住せしめ、能く善法を長養せしめる。俗家にあつては六齋日に八戒を持して善法を增長すること。また斷增長と譯し、惡を斷じて善を長ずることをいふ。

フタノキ　二軒　四七〇・一四　建築用語、飛檐と地棰と棰が前後二た通りになること。

ブツサン　佛讚　二七五・一七　法會に諷誦する讚文の名、蘇悉地經に見える

へ

ヘラガタナノヤク　箆刀の役　一・七　箆正しくはあをひえといふ、竹にて作る長さ一尺二寸、幅一寸二分に切り、皮の方に刃をつける。これにて出產の時臍の緒を切る。これを箆刀の役といふ。

ヘンキ　偏諱　六五・八　偏は片よる又は半分の意。諱は忌み名。偏諱は豐臣秀吉が德川秀忠に名の一字を與へたやうに、目上のものが目下のものに名の一字を與へた名をいふ。

ほ・ぼ

ボウカン　坊官　三二八・四　また房官とも書く。はじめ殿上人らの出家を遂げ乍らなほ法躰で官位を有したものをいつたが、後には門跡に奉公し、僧房の政事を執るものを指し、廳務ともいふ。僧衣を着し、白袴を着け腰刀を帶ぶ。魚類を食し、妻子をもつ。

ホロ　母衣　三九四・三　武裝具の一甲に附屬するものと見てよい。緥、保侶とも書く。介冑を助け、敵矢を防ぎ、身を保つためのものである。家紋、氏名、神佛名、經陀羅尼等を書く。

ホンシゲワリ　本繁割　四六七・一五　建築用語、棰の幅と間隔を同じに割ること。

ま

マナセヨウアンヰン　曲直瀨養安院玄理　一六一・二　曲直瀨氏は一柳氏の出代々幕府の典醫、養安院と號した。玄理は正圓三益の子、實は沼津氏の出。延壽院道三の術を承けた。二百五十石を領し法眼に敍し、のち法印にすすんだ。寛文七年(一六六七)三月二十四日死す。年六十四。

マハリブチ　廻緣　四六五・九　建築用語、柱の上部にて天井を支へる橫木。

み

ミガタメ　身固　一四〇・四　陰陽道にて身の堅固なるやうにする加持、將軍家のは安倍(土御門)賀茂兩家で掌つた。

ミダレバコ　亂箱　三二・一四　衣服などを疊んで入れる箱、蓋のない淺い箱また打亂箱ともいふ。

ミノオドリにショス 簑踊に處す 七六・七 寛永年中、肥前島原城主松倉家に於て行つた極刑、兩手兩足を縛り、身體に簑を着せ、それに火をつけ、苦しんではねたり、ころがつたりする有様を稱して簑踊といつた。

め

メイエン 茗燕 三三九・四 茗は茶、燕は醼に同じ、茶の湯の會。

メヤス 目安 二四三・一四 古く鎌倉時代、室町時代には訴訟の訴狀及び答辯書である陳狀をいつた。江戸時代になると訴狀のみを目安といつた。訴狀も陳狀も個條書にして、標註を附して見安くしてあるので目安といつたのである。

も

モノガシラ 物頭 二四五・六 弓、鐵砲の頭を物頭といふ。物とは物部より出たので武を意味するといふ說がある。また物は物の具卽ち武器の頭の意であるともいふ。

や

ヤナイバコ 柳筥 三一・一〇 柳の細い枝で編んだ四角な箱、後世、その蓋のみを云ふ。硯、墨、筆、短冊、經卷等を載せたもの、更に後には柳の木を細く三角に削り、生絲又は紙撚で二箇所を編んで作つた。「やないばこ」ともいつた。

ヤマザト 山里 一五九・一四 江戸城内苑地のうち。役人に山里庭番、山里庭之者などがあつた。前者は御屋敷用人支配、後者は御目見以下の卑官であつた。

ゆ

ユウダスキのテイ 木綿襷の躰 二七二・一三 白き木綿の絲を以て四組或は八組にとんぼう結びにしてむすび下ぐるのである。千早の代りにかけることもある。すべて神事に用うる。その木綿襷の形式に歌を縱横斜めに書いたのである。

よ

ヨウキヤク 要脚 一四一・一三 錢の異稱、要は、かなめで、この物がなくてはかなはぬ故にいひ、脚は足で、錢は世上をめぐり歩く故にいふとの說がある。また料足ともいふ。

ヨツアシモン 四足門 三四・九 親王家大臣家にある門、禁中の唐門をも俗に四足門といふ、ここでは後者を指す。

ヨツメユヒ 四目結 三五・一一 方形を四つ組合はせて書いた模樣の衣裝。

ら

ライバン 禮盤 二四九・一三 本尊の前にある高い壇。導師が上つて禮拜を行ふ所。前に經机、右には磬が、左には柄香爐台が置かれてある。

ランジヤタイ 蘭奢待 三九・一六 伽羅の一種、太子とともに天下一の名香、東大寺より出づ。

り

リキシヤ 力者 三四・一二 剃髮した中間の如きもので出張頭巾をかぶり、白布の狩衣袴に脚絆を着く、馬の口にもつき、馬柄杓を持つ、また輿を舁くもの。

リヨウキヨク 兩局 二四九・七 太政官にある。はじめ三局あつた。左右辨官と外記である。左右大史がこれを掌つた。のち左大史が左右を兼ね、これを官務といひ、外記の上首を局務といつた。よつてこの二者を兩局といつた。

れ

レイリン 伶倫　二〇六・一七　樂人及び樂人を司る官を伶人といふが、伶倫は黃帝の臣で嶰谷の竹を取つて樂律を製した人。それより樂人を意味することとなつた。

ろ

ロヂ 露地　三八九・二　茶席へ行く時通る庭、茶庭などをいふ。元來は草庵寂莫の境を總べた名。白露地ともいふ、一身清淨、無一物底の意。

わ

ワイダメナク わいだめなく　四三一・一四　わいだめは差別・區別・けじめをいふ。なくはその無いことゆゑ、差別のないことなどをいふ。

ワクヒジキ 栟肘木　四六七・一〇　建築用語、柱の上部に十文字に組んだ肘木をいふ。

ワタルキ 輪棰　四六七・一〇　建築用語、唐破風の中にある曲線の棰。

徳川家光公傳索引

凡　例

一　この索引は、人名・件名の二項に分けた。
一　二項とも重點的に採取したが、かなりに要を盡したつもりである。
一　二項とも五十音順に排列し、原則として新假名遣に従つた。
一　件名の中には便宜、神社名、寺院名、地名、書名等を含めた。

人　名

あ

い・ゐ

き

く

け

こ・ご

さ

し・じ

す

せ

そ

た・だ

ち

つ

て

と・ど

な

に

の

は

ひ

ふ

へ

ほ

ま

み

む

も

や

よ

り

れ

ろ

わ

件　　名

あ

い・ゐ

う

え・ゑ

お

か

き

く・ぐ

け

こ・ご

さ

し・じ

す

せ

そ

た

ち

て

と

な

に

の

は

ひ

ふ

後　記

優美壯麗、日本近世建築の粹として世界に誇る日光東照宮は、太祖東照大權現德川家康公を景仰すること深く篤く、ほとんど信仰の域にまで入つてゐた德川家光公の至誠によつて、幕府の財力を擧げて造營されたものであることは、遍く人の知るところである。

家光公は慶安四年（一六五一）四月二十日、四十八歳を以て永眠せられた。そしてその英靈は日光大黑山に鎭まり、幽冥界にあつて、なほ東照大權現の靈域近く仕へられたのである。昭和二十五年（一九五〇）は家光公の三百回忌に相當した。四月二十日、東照宮に於ては盛大な祭儀を、大猷廟に於ては輪王寺によつて嚴かな法會が執り行はれ、その英靈の愈〻安らかに鎭まりまさむことを祈念したことであつた。

この三百回忌を記念して、日光東照宮に於ては、當時の宮司古川左京氏が、德川家光公傳と、これも歴代將軍中の英主である德川吉宗公傳の編纂刊行を企劃された。私は、この兩傳編纂刊行の監修となられた恩師文學博士辻善之助先生の御推擧によつて、同年六月、德川家光公傳編纂主任の囑を受けた。淺學菲才を顧みず敢てこれを受けたのは、恩師の御推擧もさること乍ら、一つには私は大正七年、國學院大學卒業後、間もなく平泉澄博士を主任とする東照宮史の編纂に、その完成まで助手として働いた由緣もあつたからである。

日光東照宮に於ては、古川宮司の下に、主として權宮司額賀大興氏が事業を推進され、事務は禰宜池上宗義氏が擔當し、史料蒐集は囑託柴田豐久氏が助けてくれた。

私はいろいろ腹案した結果、徳川家光公傳の構成を十八章に分つた。これは幸ひにして監修辻先生の贊成を得ることが出來た。そして更に日光東照宮當局の希望もあり、附錄として家光公略年譜、補註、索引を添へることとしたのである。辻先生が序文に述べてゐられるやうに、從來、家光公の傳記には成書がない。よつて私は公の傳記執筆に當り、事蹟を出來得る限り詳細に記述することを念とした。即ち或る程度の限界はあるとしても、細大漏らさず記述する方針を執つたのである。

公務の餘暇、史料蒐集のために、再三日光に出張し、輪王寺圖書館に通ひ、同本坊に國寶の家光公靈夢東照大權現影像、家光公御守袋文書等を展したこと、夏の暑い日、妙道院釋迦堂境內に殉死者の墓碑の苔を掃ひ、銘文を寫し、寸法を測り、更に大黒山の逕を登り、木立深い梶定良の墓に詣したことなど、今でも思ひ出深いものがある。さういふ時、いつも行を共にして私を助けてくれたのは柴田豐久氏である。梶定良の史料については特に同氏に負ふ所が多い。

一應史料が集まつてから執筆にかかつたが、これも豫定通りには進まなかつた。菲才で遲筆であるのと、前記のやうに努めて詳密を念としたために、執筆にかかつてから史料の補足を怠らなかつたからである。このために監修の辻先生、日光東照宮當局の心を勞したことの尠くないことは、顧みて甚だ忸怩たるものがある。

脫稿するに從つて辻先生の監修校閱を仰いだ。先生は實に懇切に几帳面に指敎を垂れられた。或る時は病臥せられた枕頭に引見されて、私をして原稿を讀ましめ、懇篤な指示を垂れられたのである。卷頭に賜はつた心籠れる序文も病床に於て執筆されたのである。

昭和三十年十月、私は公務のため秋田縣下に出張してゐたが、十四日田澤湖方面に赴かんとする途、生保內驛に下車して、朝刊を買ひ、思ひがけなくも十三日の辻先生の訃を讀んで驚愕措くところを知らなかつた。近來病ひ勝ちであつたとはいへ、天は何故に寛宏慈仁海の如きこの碩學の生命を奪つたのであらうか。長嘆痛惜これを久しくして、取敢へず町の郵便局に於てお宅に弔電を打つたのであつた。右の次第で厚恩を蒙むつた先生の葬儀にも參列出來ず、家人をして代つて燒香せしめたこと千秋の恨事であつた。

古川宮司が病氣靜養さるることとなり、額賀權宮司が宮司代務者となられ、德川家光公傳編纂の事業もいよいよ推進され、やうやくにして本傳の稿成り、附錄のすべても微力なる私の手によつて稿を脫した。この間に古川宮司の退職あり、代つて青木仁藏宮司が來任され、ここに德川家光公傳もつひに印刷に附するの運びとなつた。そして校正等一切も不肖私に委ねられた。成本についての一切の責は私が負ふべきである。

ここに私は、終始懇切周到な監修指導を賜はつた故辻先生はじめ、公務の餘暇、この事業に携はることを許された前東京大學史料編纂所長龍肅先生、現所長坂本太郎先生、常に助言を吝まれなかつた先輩高柳光壽博士、ならびに鞭撻を賜はつた古川前宮司、青木現宮司、額賀權宮司、常に事務を擔當された禰宜池上宗義氏、史料蒐集に助力された柴田豐久氏、印刷に努力されつつある明善印刷株式會社社長矢板東一郎氏、社員赤塚正博、石川善市その他關係諸氏に深く感謝の意を捧げるものである。

想ふに、近世以降の日光の今日あるは、東照宮の御祭神德川家康公の偉大なる恩賴と、これを奉祀した德川秀忠公、常住坐臥、家康公を景仰し、日光東照宮の大造替をされた家光公に負ふところが多い。また日光東照宮御鎭座については日光山中興の天海大僧正の力も與かつて大である。われわれは深く思をここに致すべきではあるまいか。

なほ最後に、家光公及び前將軍幷に將軍世子に公の敬稱を用ゐたのは日光東照宮當局の要望に依るものであることを附記して擱筆する。

昭和三十五年十月

廣野三郎

徳川家光公傳奥付
（非賣品）

昭和三十八年三月二十六日　印刷
昭和三十八年三月三十日　再版発行

編纂兼發行者　日光東照宮社務所
右代表者　栃木縣日光市山内　青木仁藏
印刷者　東京都台東區龍泉寺町三六五　矢板東一郎
印刷所　東京都台東區龍泉寺町三六五　明善印刷株式會社

A BIOGRAPHY OF TOKUGAWA IEMITSU: ENGLISH SUMMARY

Preface

This book was edited by the Tōshōgū Shrine in Nikko as part of the commemoration of the three hundredth anniversary of the death of Tokugawa Iemitsu (1604–1651) which was held at the Shrine in April 1950.

When this edition was planned, The Tōshōgū asked Mr. Saburō Hirono, Research Member of the Historiographical Institute (*Shiryo Hensan-jo*) of the University of Tokyo, to write this book under the supervision of the late Dr. Zennosuke Tsuji, Professor Emeritus of the same university and a well-known authority on Japanese history. Mr. Hirono endeavoured to gather source material, organize them, and write the text of this book. Professor Tsuji kindly gave him many suggestions and read through the drafts, chapter by chapter, making careful revisions. The manuscript of this book was thus completed in March, 1955.

Iemitsu was the third Tokugawa Shogun. The first was the well-known Tokugawa Ieyasu, who founded the Shogunate in 1603 after having pacified the warring country and was Iemitsu's grand-father. Iemitsu's father was the second Shogun, who earnestly worked to conserve and continue the founder's achievements. Iemitsu, a man of indomitable and lofty spirit, maintained control over the territorial lords under his suzerainty, laid a solid foundation for the military government of Edo and thus firmly established Japanese feudalism. Blessed with talent as well as reliable officials and qualified attendants, he organized the government machinery, carried out effective policies, achieved successful administration, while also attending to foreign affairs.

It was this Iemitsu who inaugurated the grand construction of the Tōshōgū in Nikko, brilliantly assembling the best of contemporary architecture, in order to express his deepest reverence for, or his implicit faith in, his own grandfather, who had

been given posthumously the title Tōshō the *Daigongen*, or Great Avatar of Buddha, by the Emperor. After its completion, Iemitsu visited the shrine as many as ten times, the most frequent of the later successive Shoguns.

Though his life was of such brilliance and luster that he occupies a position of great important in Japanese history, there has been no complete biography of this personality. Since it was agreed that it would be an indispensable and timely work to investigate minutely into the facts about Iemitsu and publish the results, this book was written was this objective.

This biography of Tokugawa Iemitsu consists of eighteen chapters plus appendices. The following is a summary of these chapters prepared by the author, Mr. Hirono, himself.

Chapter 1. Nativity.

Tokugawa Iemitsu was a precocious child, born at the Nishinomaru Palace of the Edo Castle on the 17th day of the 7th month of the 9th year of Keichō (August 12, 1604, Gregorian calendar)[1]. He was the second son of Hidetada, the second Shogun[2], by his lawful wife named Tokuko, daughter of Asai Nagamasa, *Bizen-no-kami*[3], Lord of Echizen. Iemitsu was first called Takechiyo, after the infant name of his grandfather Ieyasu,

1) In this summary, the dates follow the Japanese luner calendar, with the equivalent Western dates added in parentheses. In the old Japanese calendar before 1871, intercalary months occured frequently.

2) *Shogun*—correctly, *Sei-i-tai-shōgun*; literary, Barbarian-Quelling Generalissimo—a post which had been assigned to commanders intermittently ever since the late eighth century. The Shogunate, the name of the military government which assumed the suzerainty under the approval of the Emperor's traditional sovereignty was established first by Minamoto-no Yoritomo in 1192. After the precedents of Kamakura and Muromachi, Tokugawa created one in Edo in 1603. Japanese term for Shogunate, *Bakufu*, means a tent camp of a person entitled *konoe taishō*, (General of Imperial Guard Troop).

3) Literally, Governor of Bizen Province. During the Tokugawa period, however, such titles as this affixed to *samurai* were merely nominal

the first Shogun, and placed under the care of Saitō Fukuko, later known as Lady Kasuga (Kausga-no-Tsubone), official nurse. Juvenile pages were also appointed from among the children of important *samurai* families.

Chapter 2. Heirship Confirmed.

The parents first showed a preference for their third son Kunimatsu, who was, according to rumour, to be nominated as the legitimate heir. Thanks to the good offices of Lady Kasuga, or rather thanks to Ieyasu's perspicacity, Iemitsu finally was designated as the heir. Kunimatsu adopted his new name Tadanaga, and received the title of the Junior Vice-Minister of State (*Gon-Dainagon*) from the Imperial court and was granted a fief at Suruga, the residence of his grandfather Ieyasu.

Chapter 3. Tutors.

Sakai Tadakatsu, *Uta-no-kami*, Doi Toshikatsu, *Ōi-no-kami*, and Aoyama Tadatoshi, *Hōki-no-kami*, were selected as personal tutors for Iemitsu, by Ieyasu, or according to some, by Hidetada. Sakai's benevolence, Doi's wisdom, and Aoyama's bravery are said to have cultivated young Iemitsu's personality as a prospective commander of military government of Edo.

Chapter 4. Succession.

On the 7th day of the 9th month of the 6th year of Genna (Oct. 2, 1620), Takechiyo assumed the toga virilis, was invested with Junior Second Rank (*Ju-ni-i*) by the Emperor[4], and appointed as a Junior Vice-Minister of State. It was at this time that his

---

and parallelled the Imperial Court nobles' titles. Court nobles lost their influences in state affairs and their offices were limited to the affairs of the Imperial Court, but these traditional offices as well as ranks were maintained in name. Such ranks as *Shō-ichi-i*, were also dual and effective for both Imperial and Military Courts.

4) See 3).

name was changed to Iemitsu. In the 9th year of Genna (1623), Hidetada visited Kyoto in the 5th month. Iemitsu followed him there in the 7th month to be appointed the third Shogun on the 27th day of the 7th month (August 23, 1623). Since this succession, Hidetada called himself Ōgosho, or Retired Master, and continued to have the wardship of Iemitsu from the Nishinomaru Palace until his death on the 24th day of the 1st month of the 9th year of Kan'ei (March 14, 1632). As the third Shogun, Iemitsu became famous for placing the Shogunate on an even firmer basis.

Chapter 5. Politics.

1. Reverence for the Imperial Court.

At the beginning of Kan'ei period, the Shogunate revoked the Imperial grant of purple gowns to uncompetent priests and banished reverend Takuan Sōhō and other priests when they protested to the Shogunate against this measure. This event led further to Emperor Go-Minoo's reluctant abdication and the enthronement of Empress Meisei. This incident has been termed the great collision between the Imperial and Shogunal Courts and historians have interpreted it to show that Hidetada, Iemitsu, and their government were contemptous of the Imperial family and their court. But Iemitsu's motive in this treatment was with regard for the laws and none other. There is much evidence to show that Iemitsu, like his predecessors, felt deep reverence for the Imperial family and their court. Needless to say, he visited the Emperor in Kyoto to receive the title of the Shogun in the 9th year of Genna (1623). He went up again to Kyoto in the 3rd year of Kan'ei (1626) to congratulate the Emperor on the birth of a prince at the Nijō Castle, where he invited the Emperor and Empress to entertainment. Iemitsu went to Kyoto again in the 11th year of Kan'ei (1634) to offer congratulations on the Princess Meisei's accession to the Throne, and to present an additional estate of 7,000 *koku*[5)] to the Ex-Emperor Go-Minoo.

On this occasion, it was suggested that he be promoted to the position of Grand Minister of State (*Daijō-Daijin*), but he declined it saying that he is not suited for such high office. The motive of his refusal was again his veneration for the Imperial family and their court; and as result reconciliation between Imperial and military courts was realized. Thus, in the 3rd year of Shōho (1646), the old practice of the annual Imperial messenger to the Grand Shrine of Ise was revived.

2. Administration.

At the beginning of the Kan'ei period, Iemitsu established the *Toshiyori* (Council of Elders, the proto-type of the *Rōjū*) and *Rokunin-shū* (Six Councillors, the proto-type of the *Waka-doshiyori*), enacted the regulations for the *Hyōjōsho* (Counselling Board), revised the *Buke Shohatto* (Law of Military Houses), appointed *Ō-Metsuke* (Senior Inspectors) and *Shokoku Junkenshi* (Visitatorials to the Provinces). Thus he organized the machinery of the central government, assigned duties to the officials and introduced various innovations in administration. In the revised text of the Law of Military Houses, the submission of the oaths from the daimyo to the Shogun was abrogated, the terms of daimyo's attendance at Edo was fixed, various measures to control military houses, large and small, were established. Also Iemitsu took care of civil administration; for instance, he circulated a 31-article regulations in order to stimulate rural population in the 2nd year of Keian (1649).

3. Education.

In winter of the 7th year of Kan'ei (1630), Iemitsu granted

---

5) *Koku*, a dry measure of rice equal to 4.9629 bushels. Tokugawa fiefs were estimated in this unit, showing the annual productivity of the domain. Rice was mostly planted in paddy fields, but this unit was extended to dry fields on which other crops were planted. A lord's annual income was 40–60% of this estimate. Estates of the Imperial family and court nobles as well as Shinto and Buddhist institutions were also estimated with this unit, and donated by the Shogun or *daimyo*.

a Confucian teacher named Hayashi Nobukatsu (Dōshun) permission to build a school within Hayashi's villa at Shinobu-ga-oka in Edo. When Tokugawa Yoshinao, Lord of Owari, annexed a shrine to house an image of Confucius in the 9th year of Kan'ei (1632), Iemitsu patronized it to promote politics in line with the Confucianism interpreted by the Chu Hsi school (*Shushi-gaku*). This school of Confucianism all but became the government-sponsored orthodoxy in his days.

4. Religion.

Except for the suppression of Christianity which seemed to him to exert an evil influence upon the nation, Iemitsu assumed an unprejudiced attitude towards the principles of existing religions. In the 3rd year of Shōho (1646), he revived, as mentioned above, the practice of sending Imperial messengers to the Ise Shrine and established at the same time a similar practice for the Tōshōgū in Nikko upon Imperial approval. Not only did he donate estates (or fiefs) to famous and traditional Shinto shrines and Buddhist temples all over the country, but he also constructed many new shrines and temples; the frequency of such construction works was the largest among the successive shoguns. These is much evidence of his adoration of Gods and deference to Buddha.

5. The Shimabara Rebellion.

Towards the end of the 14th year of Kan'ei (1637) peasants centering around fanatic Christians in Shimabara rose up and the Shogun's government mobilized troops from Kyushu daimyo domains in order to suppress them. On the 1st day of the 1st month of the 15th year of Kan'ei (February 14, 1638), the special commander, named Itakura Shigemasa, *Naizen-no-shō*, was killed in the field; Matsudaira Nobutsuna, *Izu-no-kami*, was then appointed as general and eventually suppressed the rebellion by the end of the 2nd month. This was not a mere religious war but one caused by social, political and economic factors of the times.

Chapter 6. Seclusion of the Country.

In the 16th year of Kan'ei (1639) the policy of seclusion of the country was decisively carried out by Iemitsu. It was a measure taken to defend the country against Christianity, which was thought widely to be exerting an evil influence and threatening to eventually conquer the country. There have been many arguments about this policy, some saying it was effected by the conflict between Portuguese and the Dutch, some saying that its effects were either advantageous or harmful; but, from the domestic and international circumstances of the day, it is easily confirmed that it was inevitable. Indeed, while it closed the country, it was not complete isolation, because the Dutch, Chinese and Korean nations continued to come to Japan and their culture was imported over the years.

While he carried out the policy of secluion, Iemitsu was not ignorant regarding foreign affairs; rather, he was so interested in this matter that he is said to have place a folding screen with a map of the world on it at his bedside. When Chen Che-lung (Hirado Ikkan) and his half-Japanese son Chen Ch'eng-kung (Kokusenya), the remnants of the Ming Dynasty, called for his help in their restoration movement, Iemitsu conceived an ambitious enterprise to invade China, although in the end he took no action. Before this, he had even planned a conquest of Luzon in the 7th and 14th years of Kan'ei (1630 and 1637). There was another event in the 5th year of Kan'ei (1628), in which Hamada Yahyōe, a shipper, seized Pieter Nuijts, Dutch Governor of Zeelandia and brought back this person on the charge of interference in Japanese trade in Formosa.

Chapter 7. Trips to Kyoto.

Iemitsu went three times to Kyoto, the traditional site of the Imperial palace, for Imperial audiences.

1. From the 28th day of the 6th month of the 9th year of

Genna (July 25, 1623) to, presumably, the 24th day of the second 8th month of the same year (October 19, 1623) :

This trip took 86 days. Then 20, Iemitsu was appointed as Shogun, and was promoted to the Senior First Rank and the office of Minister of Interior (*Nai-Daijin*). After a personal call at the Imperial Palace to see the Emperor Go-Minoo on the 6th day of the 8th month (August 31, 1623), Iemitsu visited Osaka. His father Hidetada left Edo for Kyoto before his departure and came back later than Iemitsu. For a minute description, the reader is referred to Chapter 4.

2. From the 12th day of the 7th month of the 3rd year of Kan'ei (September 2, 1626) to the 9th day of the 10th month of the same year (November 27, 1626) :

This took 87 days in all. Now 23 and Shogun, Iemitsu visited Kyoto together with his father Hidetada, who left Edo earlier and came back later than his son. While in Kyoto, on the 6th day of the 9th month (Octobar 25), he had the honour to receive the same Emperor at the Nijō Castle, where the Emperor and Empress Kazuko, Iemitsu's sister, stayed for four nights. And on the 18th day of the 9th month (November 6), he was, at the same castle, informed of the death of his mother Tokuko in Edo.

3. From the 20th day of the 6th month of the 11th year of Kan'ei (July 15, 1634) to the 20th day of the 8th month (August 11, 1634) :

This took 89 days (including an intercalary month). Now 31, having been bereaved of his father Hidetada (died on the 24th day of the 1st month of the 9th year of Kan'ei, or March 14, 1632), Iemitsu visited Kyoto in order to commemorate Princess Meisei's accession to the Throne which had been held four years before. It was on this occasion when a promotion to the Grand Minister of State was repeatedly suggested before his visit to the palace, but he did not accept it. On the 23rd day of the second 7th month (September 15), Iemitsu made a recommendation to the Ex-Emperor Go-Minoo to deal with the Imperial Court

affairs after the old practice of *In-sei* (Cloistered Ex-Emperor's Government). The suggestion was accepted.

Chater 8 Reverence for Ieyasu.

When Ieyasu was confirmed as heir to the Shogun Hidetada, the influence and patronage of his grandfather Ieyasu was such that Iemitsu deeply venerated him, as if he himself was a devotee of the Avater of Buddha Tōshō. Iemitsu often dreamt of his grandfather and had an official painter named Kanō Morinobu (Tanyū), paint his portrait in order to adore it everyday. Iemitsu's deep reverence for Ieyasu is shown also in his words of several holographs discovered in his amulet-cases, which tell us that Iemitsu considered himself to be the second advent of Ieyasu.

Chapter 9. Construction of the Tōshōgū.

The ancestral mausoleum Tōshōgū was first built in the 3rd year of Genna (1617), but the grand and brilliant buildings now extant and enjoying world-wide fame were constrcted by Iemitsu at great expense of money and labour. The work was completed in only one year and seven months, beginning on the 17th day of the 11th month of the 11th year of Kan'ei (January 5, 1635). The author treats the process of this re-construction minutely, not only including the details of buildings but also the facts about later repairs, and, based on the study made by the late Professor Kiyoshi Hiraizumi of the University of Tokyo, has corrected the erroroneous theory that 13 years were required for the work. The grand design of this mausoleum originated in Iemitsu's deep-rooted adoration for the divinity of the late Ieyasu.

Capter 10. Visits to Nikko.

Before and after its grand construction, Iemitsu visited the Tōshōgū in Nikko ten times. This was also solely motivated by his piety towards Ieyasu. The frequency of his visits to Nikko was the greatest of the successive Shoguns. The dates of worship

are as follows:

1. The 17th day of the 4th month of the 9th year of Genna (May 18, 1623).
2. The 17th(?) day of the 7th month of the 2nd year of Kan'ei (August 19, 1625).
3. The 17th day of the 4th month of the 5th year of Kan'ei (May 20, 1628).
4. The 17th day of the 4th month of the 6th year of Kan'ei (June 8, 1629).
5. The 17th day of the 4th month of the 9th year of Kan'ei (June 4, 1632).
6. The 17th day of the 9th month of the 11th year of Kan'ei (November 7, 1634).
7. The 17th day of the 4th month of the 13th year of Kan'ei (May 21, 1636).
8. The 17th day of the 4th month of the 17th year of Kan'ei (June 6, 1640).
9. The 18th day of the 4th month of the 19th year of Kan'ei (May 16, 1642).
10. The 17th day of the 4th month of the 1st year of Keian (June 7. 1648).

Capter 11. Demise.

On the 20th day of the 4th month of the 4th year of Keian (June 8, 1651), Iemitsu closed his glorious life and succombed to an illness at the age of 48 at the Hon'maru Palace of the Edo Castle. Hoshina Masayuki, *Higo-no-kami*, Lord of Aizu in Mutsu and Iemitsu's brother by a different mother, was entrusted with the care of his heir Ietsuna, then 11 years old, and with looking after the affairs of his family and government. When Iemitsu died, a number of his leading retainers took their own lives and followed their master to the grave: Two *rōjū*, Hotta Masamori, *Kaga-no-kami*, and Abe Shigetsuna, *Tsushima-no-kami*; a *sobashū* (Attendant) Uchida Masanobu, *Shinano-no-kami*; a court lady named Iko-no-Tsubone, mother of the said Hotta; who died on

the very night of Iemitsu's death. Also the *kojūnin-gashira* (Head of Ten Footmen) Okuyama Yasushige (Mozaemon) on the next day; and the *shoin-ban-gashira* (Head of Domestic Guards) Saegusa Morishige, *Tosa-no-kami*, four days after. These facts reveal clearly how Iemitsu won the confidence and reliance of his retainers.

The coffin of Iemitsu was removed to the Kan'eiji Temple, Tōeizan, in Ueno of Edo, on the 23rd day of the same month. On the 26th day of the month it left the temple for Nikko and arrived three days later. The body was buried on the hilltop of Daikoku-yama on the 6th day of the 5th month (June 23, 1651) according Iemitsu's own wish to sleep eternally close to the soul of grandfather he idolized. It should not be forgotten that Kaji Sadayoshi, *konando-yaku* (junior official in charge of dresses and furniture) followed the coffin from Edo to Nikko and stayed there long unmarried till the end of his own life, serving as the guard of the mausoleum.

The Imperial Court was pleased to confer a posthumous honour of the Senior First Rank (*Shō-ichi-i*) and the title of the Grand Minister of State on Iemitsu and granted him the posthumous name of Daiyū-in.

Capter 12. Family.

In this chapter the author gives the details of the lineal and collateral relatives of Iemitsu and supplies fairly minute biographical notes. A summary is as follows:

1. Parents and Legitimate Consort.

Father: HIDETADA.

The third son of Ieyasu. Born on the 7th day of the 4th month of the 7th year of Tenshō (May 2, 1579, Julian Calendar). Appointed to the Shogun with the title of the Minister of Interior and the Senior Second Rank on the 16th day of the 4th month of the 10th year of Keichō (June 2, 1605, Gregorian Calendar). Was bereaved of his father on the 17th day of the 4th month of

the 2nd year of Genna, June 1, 1616). Constructed the Tōshōgū in Nikko to enshrine the soul of his father in the following year (1617). Abdicated his office of Shogun and was succeeded by Iemitsu on the 27th day of the 7th month of the 9th year of Genna (August 23, 1623). Died at 54 on the 24th day of the 1st month of the 9th year of Kan'ei (March 14, 1632). Buried at the Zōjōji Temple in Edo and granted the posthumous name of Taitoku-in by the Empress Meisei.

Mother: TOKUKO.

Born in the 1st year of Tenshō (1573) as the third daughter of Asai Nagamasa, *Bizen-no-kami*. Married to Hidetada on the 17th day of the 9th month of the 4th year of Bunroku (October 20, 1595) and bore him seven children. Died at 54 on the 15th day of the 9th month of the 3rd year of Kan'ei (November 3, 1626). Buried at the Zōjōji Temple in Edo and given the posthumous name of Sūgen-in.

Wife: TAKAKO.

Born in the 7th year of Keichō (1602) as the daughter of Takatsukasa Nobufusa, Senior Regent to the Emperor (*Kampaku*) and Minister of the Left (*Sa-Daijin*). Betrothed to Iemitsu on the 20th day of the 12th month of the 9th year of Genna (February 8, 1624) and married on the 9th day of the 8th month of the 2nd year of Kan'ei (September 10, 1625). Died at 73 without child on the 8th day of the 6th month of the 2nd year of Empō (July 12, 1674) and was given the posthumous name of Honri-in.

2. Children.

Iemitsu had five sons and a daughter by other wives and adopted four daughters of daimyos (as *junjo* or *yōjo*) and two sons of the nobles (as *yūshi*).

CHIYO-HIME: the only daughter, by O-Furi-no-kata.

Born on the 5th day of the second 3rd month of the 14th year of Kan'ei (April 29, 1637). Married to Tokugawa Mitsutomo, *U-hyōe-no-jō*, Lord of Owari. Died at 62 on the 10th day of the

12th month of the 11th year of Genroku (January 10, 1699).

IETSUNA: the first son, by O-Raku-no-kata.

Born on the 3rd day of the 8th month of the 18th year of Kan'ei (September 7, 1641). Succeeded the headship of the Tokugawa family on the 23rd day of the 6th month of the 4th year of Keian (August 9, 1651) and, immediately after that, appointed to the Shogun and Minister of the Right (*U-Daijin*). Died at 40 on the 8th day of the 5th month of the 8th year of Empō (June 4, 1680). Buried at the Kan'eiji Temple in Ueno of Edo and granted the posthumous name of Genyū-in by the Emperor Reigen.

TSUNASHIGE: the second son, by O-Natsu-no-kata.

Born on the 24th day of the 5th month of the 1st year of Shōho (June 28, 1644). Entitled the Councillor (*Sangi*) by the Imperial Court. Lived in Kōfu as the Lord of Kai. Died at 25 on the 14th day of the 9th month of the 6th year of Empō (October 29, 1678) and named posthumously Seiyō-in. The rank of Senior First Rank and the office of Grand Minister of State were posthumously confered by the Imperial Court.

His son, TSUNATOYO, born on the 25th day of the 4th month of the 3rd year of Kambun (June 1, 1663) was adopted by Tsunatoyo's uncle and the fifth shogun Tsunayoshi as his heir, on the 5th day of the 12th month of the 1st year of Hōei (December 31, 1704), changing the name to Ienobu. Ienobu succeeded the Shogunate on the 1st day of the 5th month of the 6th year of the same (June 8, 1709), and died at 50 on the 14th day of the 10th month of the 3rd year of Shōtoku (December 1, 1713). Ienobu was granted the posthumous name of Bunshō-in by the Emperor Nakamikado.

KAMEMATSU: the third son, by O-Tama-no-kata.

Born on the 19th day of the 2nd month of the 4th year of Shōho (March 16, 1645). Died at the age of 3 on the 4th day of the 8th month of the 4th year of the same (September 2, 1647).

TSUNAYOSHI: the fourth son, by O-Tama-no-kata.

Born on the 8th day of the 1st month of the 3rd year of

Shōho (February 23, 1646). Heirship was confirmed on the 7th day of the 5th month of the 8th year of Empō (June 3. 1680). Appointed to the Shogun on the 21st day of the 8th month of the same year (September 13, 1680) and later Minister of the Interior. Died at 64 on the 10th day of the 1st month of the 6th year of Hōei (February 19, 1709) and buried at the Kan'eiji Temple in Edo. Granted the posthumous name of Jōken-in by the Emperor Higashiyama. The rank of Senior First Rank and the office of Grand Minister of State were confered. Learned and intelligent, but once nicknamed Inu-Kubō (Prince of Dogs) because of his enactment of the Animal Protection Law.

TSURUMATSU: the fifth son, by O-Risa-no-kata.

Born on the 10th day of the 1st month of the 1st year of Keian (February 3, 1648) but died on the 4th day of the 7th month of the same year (August 22, 1648).

KAMETSURU-HIME: adopted as *junjo*.

Born as a daughter of Maeda Toshitsune, *Chūnagon*, Lord of Kaga, by Iemitsu's sister Nene, in the 19th year of Keichō (1614). Wife of Mori Tadahiro. Died at 17 on the 4th day of the 8th month of the 7th year of Kan'ei (September 10, 1630).

KAME-HIME: adopted as *yōjo*.

Born as a daughter of Tokugawa Yorifusa, Lord of Mito, one of Ietsuna's uncles, on the 23th day of the 5th month of the 4th year of Kan'ei (July 6, 1627). Wife of Maeda Mitsutaka, *Chikuzen-no-kami*, died at 30 on the 23th day of the 9th month of the 2nd year of Meireki (November 9, 1656).

TSURU-HIME: adopted as *yōjo*.

Born as a daughter of Matsudaira Tadanao, Lord of Echizen and one of Iemitsu's cousins. Wife of Kujō Michifusa, Imperial Court noble, died at 54 on the 11th day of the 9th month of the 11th year of Kambun (October 13, 1671).

Tsū, later Teru: adopted as *yōjo*.

Born as a daughter of Ikeda Mitsumasa, *Sa-konnoe-shōshō*, Lord of Bizen, who was born by one of Hidetada's *yōjo*. Wife

of Ichijō Norisuke, Imperial Court noble, died at 82 on the 15th day of the 4th month of the 2nd year of Kyōho (May 25, 1717).

PRINCE YOSHIKATA: adopted as *yūshi*.

The 25th prince of the Emperor Go-Minoo. Later cloistered in the Chion-in and known as Reverend Prince Sonkō.

NIJO MITSUHIRA: adopted as *yūshi*.

A son of Nijō Yasumichi, Senior Regent to the Emperor (*Kampaku*). Later appointed to the same office.

3. Secondary wives.

Iemitsu had seven *sokushitsu* or secondary wives as follows:

O-FURI-NO-KATA: Of the Oka family, and named posthumously Jishō-in. Mother of Chiyo-hime.

O-RAKU-NO-KATA: Of the Masuyama family, and named posthumously Hōju-in. Mother of Ietsuna.

O-NATSU-NO-KATA: Of the Fujieda family, and named posthumously Junshō-in. Mother of Tsunashige.

O-TAMA-NO-KATA: Of the Honjō family, and named posthumouly Keishō-in. Mother of Kamematsu and Tsunayoshi. Granted the Junior First Rank by the Emperor Higashiyama.

O-MAN-NO-KATA, also known as O-UME-NO-KATA: Daughter of Rokujō-Arizumi, Imperial Court noble. Named posthumously Eikō-in. No children.

O-RISA, also known as O-SANO:

Opinion is divided on her origin, some saying the Saito's, or the Ōta's, or others. Mother of Tsurumatsu.

O-KOTO: Daughter of a superior of the Tokuenji Temple in Edo. Named posthumously Hōshin-in. No children.

4. Brothers and Sisters.

Iemitsu had three brothers and five sisters, as follows:

SEN-HIME:

Elder sister born of Tokuko, wife of Hidetada, on the 11th day of the 4th month of the 2nd year of Keichō (May 26, 1597). Became wife of Toyotomi Hideyori, aged 11, in the 8th year of Keichō (1603). When Osaka Castle fell and Hideyori committed

suicide, Sen-hime escaped and returned to Edo. Re-married to Honda Tadatoki, *Nakatsukasa-Daiyū*, in the 4th year of Genna (1618), but as Tadatoki died in the 3rd year of Kan'ei (1626), she was cloistered and named Tenju-in.

NENE-HIME :

Elder sister born of Tokuko on the 11th day of the 6th month of the 4th year of Keichō (August 1, 1599). Wife of Maeda Toshitsune.

KATSU-HIME, also known as KATSUSHIKI :

Elder sister, born in the 5th year of Keichō (1600). Wife of Matsudaira Tadanao.

CHŌMARU :

Elder brother, born of Tokuko on the 3rd day of the 12th month of the 6th year of Keichō (January 25, 1602). Died at 2.

HATSU-HIME :

Elder sister, born on the 9th day of the 7th month of the 7th year of Keichō (August 19, 1602). Wife of Kyōgoku Tadataka.

TADANAGA :

Younger brother, born of Tokuko on the 3rd day of the 12th month of the 11th year of Keichō (January 1, 1607). Named first Kunimaru and also called Kunichiyo or Kunimatsu. Won his parents' favour and appointed to the Lord of Suruga with a fief of 1,050,000 *koku* in the Provinces of Suruga and Tōtōmi, on the 11th day of the 6th month of the 1st year of Kan'ei (September 23, 1624). Occupied the Castle of Suruga and known as Suruga Dainagon after he was granted the Junior Vice-Minister of State. For some reason Tadanaga was confined in Kai Province on the 28th day of the 5th month of the 8th year of Kan'ei (June 27, 1631) and removed to Takasaki in Kōzuke Province on the 20th day of the 10th month of the following year (December 1, 1632). There he committed suicide on the 6th day of the 12th month of the 10th year of Kan'ei (January 5, 1634), at the age of 28, and was buried at Daishinji Temple in Takasaki. Named posthumously Hōgon-in.

KAZUKO:

Younger sister, born of Tokuko on the 4th day of the 10th month of the 12th year of Keichō (November 23, 1607). Invited by the Emperor Go-Minoo as a *nyōgo* on the 6th day of the 6th month of the 6th year of Genna (July 5, 1620) and gave birth to Princess Okiko (who later acceeded to the Throne as the Empress Meisei), on the 19th day of the 12th month of the 9th year of Genna (February 7, 1624). Promoted to the *chūgū*, or Empress, on the 28th day of the 11th month of the 1st year of Kan'ei (January 7, 1625) and granted the title of Tōfuku-mon'in on the 9th day of the 11th month of the 6th year of Kan'ei (December 23, 1629) when Go-Minoo abdicated from the Throne. Died at 72 on the 15th day of the 6th month of the 6th year of Empō (August 2, 1678) and was buried at Sennyūji Temple in Kyoto.

MASAYUKI:

Younger brother, born of O-Shizu-no-kata on the 7th day of the 5th month of the 16th year of Keichō (June 17, 1611) and named first Yukimatsumaru. Was adopted by Hoshina Masamitsu, *Higo-no-kami*, Lord of Takatō in Shinano Province, in the 3rd year of Genna (1617). Succeeded to the fief of his father-in-law of 30,000 *koku* on the 7th day of the 10th month of the 8th year of Kan'ei (October 31, 1631), when the latter died. Removed to Yamagata in Dewa Province to receive the new fief of 200,000 *koku* on the 21st day of the 7th month of the 13th year of Kan'ei (August 21, 1636) and again to Wakamatsu in Mutsu Province to receive the new fief of 230,000 *koku* in the 20th year of Kan'ei (1643). Was entrusted with the care of Ietsuna by the dying Shōgun Iemitsu on the 20th day of the 4th month of the 4th year of Keian (June 8, 1651). Resigned due to illness in the 6th year of Kambun (1666) and died at 62 on the 18th day of the 12th month of the 12th year of the same (February 4, 1673).

Chapter 13. Personality and Anecdotes.

Iemitsu was a man of indomitable and lofty spirit blessed

with intelligence and wisdom. He had both dignity and tolerance, and fully understood the life of the common people. While being modesty and humble before superiors, he knew how to employ properly strictness and generosity when dealing with subordinates. His bravery did not extend to foolhardiness. From among the many anecdotes concerning his life the author has selected nineteen stories vividly illustrative of his personality.

Chapter 14. Military Arts and the Pastime of Hunting.

It was but fitting as chief of the *samurai* class that Iemitsu should have been quite fond of military arts. He learned swordsmanship from Yagyū Munenori, *Tajima-no-kami*, and was acquaninted with Takuan Sōhō, a Zen priest. Thus he presumably mastered the harmony of swordsmanship and Zen philosophy. He was also initiated into the mysteries of horsemanship and artillery. Iemitsu encourage his liege vassals to undertake military trainning, and gave prizes to those who excelled in horsemanship and swimming. When seriously ill at the beginning of the 4th year of Keian (1651), he enjoyed tourney matches between experts in the use of the sword, spear, and other such arts, which were held in the fortification of Edo. This is evidence of the fact that Iemitsu did not forget war in peacetime.

Chapter 15. Literary Accomplishments.

Iemitsu enjoyed literary pursuits as well as the military arts. At the beginning of each year he gave a party devoted to *renga* (verse-capping match); and whenever he happened to dream of a good verse, he would hold a *renga* party. Iemitsu was taught *waka* (the 31-syllable verse) by Master Karasumaru Mitsuhiro, Junior Vice-Minister of State. When he went to Kyoto in the 6th month of the 11th year of Kan'ei (July 1634), Iemitsu composed many *waka* among which there are admirable pieces. There is an episode told in which he grandted an amnesty to Nakanoin

Michimura, *Buke-tensō* (Liason Official between Imperial and Military Courts), because he was impressed by a piece of *waka* of the delinquent on which his eyes chanced to rest. He enjoyed also a variety of *haikai* (17-syllable verse of humorous content) with his attendants. He sometimes took brushes out with him to draw birds. Iemitsu was thus not merely an uncultivated *samurai*.

Chapter 16. Mausoleums (with Reference to Kaji Sadayoshi).

There are three mausoleums of Iemitsu, the Daiyūbyō: in Nikko; in Kan'eiji of Ueno in Edo; and in Momijiyama within the Edo Castle. The Nikko Daiyūbyō is said to contain the most brilliant buildings next to the Tōshōgū itself. Kaji Sadayoshi, served loyally as the guard of the Daiyūbyō at Nikko until his death at 87 on the 14th day of the 5th month of the 11th year of Genroku (June 21, 1698).

The construction of the Nikko Daiyūbyō was completed at the beginning of the 4th month of the 2nd year of Shōō (April 1653). The distinguished spirit of the departed Shogun rests forever under the treasured tower of copper located at the Oku-no-in. The ceremonial services and management of the grave-yard was entrusted to the Ryūkō-in, newly established for the intendant next to the Daiyūbyō as a branch of the Rinnōji Temple. Incense is burned, and flowers are offered, as an unbroken line of visitors pass through each and every day. The memory of Iemitsu thus remains as bright as ever.

Chapter 17. Memorial Services.

After the funeral ceremony for the departed Iemitsu, his greatness as a man and his public achievements were glorified and periodical services performed to pray for the repose of his soul by the successive Shoguns.

In the year of his death, the 4th year of Keian (1651), memorial services were solemnly held once a week from the 7th

day of the 5th month (June 24, 1651) through the 7th week and again on the 100th day after his death. There then followed grand ceremonies at each of the annivarsaries according to the Buddhist practice: the first in the 5th year of Keian, that is, the 1st year of Shōō (1652), the 3rd (actually the 2nd) in the 2nd year of Shōō (1653), the 7th in the 3rd year of Meireki (1657), the 13th in the 3rd year of Kambun (1663), the 21st in the 11th year of Kambun (1671), the 25th in the 3rd year of Empō (1675), the 33rd in the 3rd year of Tenna (1683), the 50th in the 13th year of Genroku (1700), the 100th in the 2nd year of Kan'en (1750), the 150th in the 12th year of Kansei (1800) and the 200th in the 3rd year of Kaei (1850). These have been performed either in Nikko or in Ueno, and the 21st anniversary was performed under the auspices of the Imperial Court.

After the Meiji Restoration this function has been continued at the Tōshōgū by the Rinnōji, to which the Nikko Daiyūbyō has been attached since the 1st year of Meiji (1868). The 250th anniversary took place in the 33rd year of Meiji (1900) and the 300th in the 25th year of Shōwa (1950). This present biography of Iemitsu was originally planned by the Tōshōgū in commemoration of this 300th anniversary.

Chapter 18. Conclusion.

The author summarizes in this chapter the contents of the preceeding chapters and praises the character of Iemitsu as both an eminent soldier and a statesman, and the conduct of his personal life and public career.

Appendices.

At the end of this book, there is appended a chronological table of personal and public events, supplementary annotations on technical terms, and an index. In addition, this book also contains 26 plates including a portrait of Iemitsu selected as a frontispiece.